Wandtke/Bullinger (Hg.)
Gesetz zur Regelung des Urheberrechts
in der Informationsgesellschaft

Gesetz zur Regelung des Urheberrechts in der Informationsgesellschaft

Ergänzungsband zum Praxiskommentar zum Urheberrecht

Herausgegeben von

Dr. Artur-Axel Wandtke

o. Professor an der Humboldt-Universität Berlin

und

Dr. Winfried Bullinger

Rechtsanwalt in Berlin,
Honorarprofessor an der Brandenburger Technischen Universität Cottbus

Bearbeitet von

Rechtsanwalt *Dr. Ulrich Block, LL.M.*, Berlin; *Dr. Michael Bohne*, Universität Münster; *Dr. Thorsten Braun*, Hamburg; Rechtsanwältin *Dr. Mareile Büscher, LL.M.*, Berlin; Rechtsanwalt *Prof. Dr. Winfried Bullinger*, Berlin; Rechtsanwalt und Justitiar *Dr. Jan Ehrhardt*, Berlin; Rechtsanwalt *Michael Fricke*, Hamburg; Rechtsanwalt *Dr. Tilo Gerlach*, Hamburg; Rechtsanwalt *Dr. Eike Wilhelm Grunert*, München; Rechtsanwalt *Dr. Malte Grützmacher, LL.M.*, Hamburg; Rechtsanwalt *Dr. Jan Dirk Heerma*, Berlin; Rechtsanwalt *Dr. Ulrich Hildebrandt*, Düsseldorf; Rechtsanwalt *Dr. Martin Kefferpütz*, Hamburg; Rechtsanwalt *Stefan Lüft*, München; Rechtsanwalt *Dr. Bartholomäus Manegold*, Berlin; Rechtsanwalt *Dr. Malte C.G. Marquardt, LL.M.*, Berlin; *Dr. Claudia Ohst*, Berlin; Rechtsanwalt *Dr. Martin Schaefer*, Berlin; Rechtsanwältin *Dorothee Thum*, München; *Prof. Dr. Artur-Axel Wandtke*, Humboldt-Universität Berlin; Rechtsanwalt *Dr. Marcus von Welser*, Berlin; Rechtsanwalt *Dr. Bodo von Wolff, LL.M.*, Berlin

Gesamtredaktion Dr. Eike Wilhelm Grunert

Verlag C. H. Beck München 2003

Zitiervorschlag: Wandtke/Bullinger-*Bearbeiter*, ErgBd. § . . . (Gesetz) Rn . . .

Verlag C. H. Beck im Internet:
beck.de

ISBN 3 406 49703 9
Gesamtwerk (Haupt- und Ergänzungsband): ISBN 3 406 49868 X

© 2003 Verlag C. H. Beck oHG
Wilhelmstraße 9, 80801 München
Druck und Bindung: fgb · Freiburger Graphische Betriebe
Bebelstraße 11, 79108 Freiburg i. Br.

Satz: Druckerei C. H. Beck Nördlingen
(Adresse wie Verlag)

Gedruckt auf säurefreiem, alterungsbeständigem Papier
(hergestellt aus chlorfrei gebleichtem Zellstoff)

Vorwort zum Ergänzungsband

Das Gesetz zur Regelung des Urheberrechts in der Informationsgesellschaft ist am 13. September in Kraft getreten. Der Gesetzgeber hat damit die Richtlinie 2001/29/EG des europäischen Parlaments und des Rats vom 22. 5. 2001 zur Harmonisierung bestimmter Aspekte des Urheberrechts und der verwandten Schutzrechte in der Informationsgesellschaft (Multimedia-Richtlinie) umgesetzt. Die Bundesrepublik Deutschland folgt ihren internationalen Verpflichtungen. So hat die Bundesrepublik Deutschland am 20. 12. 1996 den WIPO Copyright Treaty (WCT) und den WIPO Performance and Phonograms Treaty (WPPT) unterzeichnet. Die anstehende Ratifizierung beider Verträge machte Anpassungen des Urheberrechtsgesetzes erforderlich. Die europäische Gemeinschaft ist am 16. 3. 2000 den beiden WIPO-Abkommen beigetreten und hat in der Folge die Multimedia-Richtlinie am 22. 5. 2001 erlassen, die am 22. 6. 2001 in Kraft getreten ist. Mit der Gesetzesnovelle verfolgte der Gesetzgeber das Ziel, den Anforderungen der Multimedia-Richtlinie und damit den WIPO-Verträgen zu genügen, ohne das nationale Urheberrecht grundlegend zu ändern. Die Umsetzung der EU-Multimedia-Richtlinie durch die Mitgliedstaaten führt zu einer weiteren Harmonisierung des Urheberrechts innerhalb der Europäischen Gemeinschaft.

§ 5 (Amtliche Werke) wurde um einen Abs. 3 für das Urheberrecht an privaten Normwerken ergänzt. § 19a regelt das Recht der öffentlichen Zugänglichmachung und kann als eine der Kernbestimmungen zum „Internetrecht" angesehen werden. Die Kostenregelung für die Schlichtungsstelle nach § 36a wurde reformiert. Vorübergehende Vervielfältigungshandlungen, die beispielsweise mit dem Surfen im Internet einhergehen, werden in § 44a geregelt. Der ausübende Künstler erhält an Stelle bloßer Zustimmungsrechte Verwertungsrechte, die im Wesentlichen den Verwertungsrechten des Urhebers angeglichen sind (§ 78). Das Persönlichkeitsrecht des ausübenden Künstlers wird erweitert (§§ 74, 75). Der ausübende Künstler erhält mit § 74 ein Recht auf Anerkennung seiner Leistung, das der urheberrechtlichen Bestimmung des § 13 nachgebildet ist. Das Urheberrecht schützt künftig wirksame technische Maßnahmen zum Schutz des Urhebers und anderer Rechtsinhaber sowie zur Rechtewahrnehmung erforderliche Informationen (§§ 95a ff.). Neu eingefügt werden zur Ergänzung der §§ 95a ff. auch die Straf- und Bußgeldvorschriften der §§ 108a, 111a. Zur Sicherung der Ansprüche der Schrankenbegünstigen wurde das Unterlassungsklagegesetz ergänzt.

Erhebliche Neuerungen gibt es weiter im Bereich der Schrankenvorschriften. Neu eingefügt wurde das Vervielfältigungs- und Verbreitungsrecht für behinderte Menschen (§ 45a). Weiter ist das bis zuletzt im Rahmen des Gesetzgebungsverfahren heftig umstrittene Recht der öffentlichen Zugänglichmachung des Werks für Unterricht und Forschung (§ 52a) eingefügt worden, dem vor allem für die Intranets der Universitäten erhebliche praktische Bedeutung zukommen wird. Eine einschneidende Änderung gibt es auch im Bereich der Vervielfältigung zum privaten Gebrauch (§ 53). Die Digitalkopie zum privaten Gebrauch wird künftig nicht mehr zulässig sein, wenn der Rechtsinhaber eine wirksame technische Maßnahme zu seinem Schutz benutzt (§ 95b). Die neu in das Urheberrecht aufgenom-

Vorwort

menen Regelungen strahlen aus und führen zu Ergänzungen bestehender Vorschriften. Darüber hinaus werden bestehende Vorschriften an die Vorgaben der EU-Multimedia-Richtlinie angepasst. So werden beispielsweise die Katalogbildfreiheit (§ 58) erweitert und die Anforderung an die Quellenangabe (§ 63) erhöht. Im Hinblick auf die BGH-Entscheidung zum elektronischen Pressespiegel vom 11. 7. 2002, die zu einer neuen, großzügigeren Auslegung des § 49 führt, hat der Gesetzgeber keine Notwendigkeit zur Anpassung der Vorschrift gesehen, so dass diese unverändert blieb.

Das vorliegende Buch ergänzt den Hauptband des Praxiskommentars. Es ist dazu gedacht, in Verbindung mit dem Hauptband benutzt zu werden und dem Verwender den einfachen und schnellen Zugang zu den gesetzlichen Neuerungen zu verschaffen. Die Gestaltung des Ergänzungsbandes erfolgt gemäß dieser Zielsetzung. Wo dies den Umgang mit dem Ergänzungsband erleichtert, werden vorbestehende geänderte gesetzliche Bestimmungen völlig neu kommentiert. Teilweise erfolgen Verweisungen auf den Hauptband, die mit der Abkürzung „HauptB" gekennzeichnet sind. Änderungen der Gesetzestexte sind durch Querstriche am Rand drucktechnisch besonders hervorgehoben, um das schnelle Auffinden zu erleichtern.

Das Team des Lehrstuhls Prof. Wandtke, allen voran Frau cand. iur. Kirsten-Inger Wöhrn, haben auch diesmal wertvolle Hilfe geleistet bei der Redaktion der Einzelbeiträge.

Berlin, im September 2003   Die Herausgeber

Inhaltsverzeichnis

Vorwort zum Ergänzungsband	V
Verzeichnis der Verfasser	XI
Literaturverzeichnis	XIII
Abkürzungsverzeichnis	XV

Urheberrechtsgesetz
– Auszug –

Teil 1. Urheberrecht

Abschnitt 2. Das Werk

§ 5	Amtliche Werke	1

Abschnitt 4. Inhalt des Urheberrechts

Unterabschnitt 3. Verwertungsrechte

§ 15	Allgemeines	9
§ 16	Vervielfältigungsrecht	18
§ 19	Vortrags-, Aufführungs- und Vorführungsrecht	19
§ 19 a	Recht der öffentlichen Zugänglichmachung	22
§ 22	Recht der Wiedergabe von Funksendungen und von öffentlicher Zugänglichmachung	31

Abschnitt 5. Rechtsverkehr im Urheberrecht

Unterabschnitt 2. Nutzungsrechte

§ 36 a	Schlichtungsstelle	32
§ 42 a	Zwangslizenz zur Herstellung von Tonträgern	37

Abschnitt 6. Schranken des Urheberrechts

Vorbemerkung vor §§ 44 a ff.		38
§ 44 a	Vorübergehende Vervielfältigungshandlungen	42
§ 45 a	Behinderte Menschen	50
§ 46	Sammlungen für Kirchen-, Schul- oder Unterrichtsgebrauch	52
§ 48	Öffentliche Reden	57
§ 49	Zeitungsartikel und Rundfunkkommentare	60
§ 50	Berichterstattung über Tagesereignisse	62
§ 52	Öffentliche Wiedergabe	64
§ 52 a	Öffentliche Zugänglichmachung für Unterricht und Forschung ...	66
§ 53	Vervielfältigungen zum privaten und sonstigen eigenen Gebrauch	73

Inhaltsverzeichnis

§ 56	Vervielfältigung und öffentliche Wiedergabe in Geschäftsbetrieben	89
§ 58	Werke in Ausstellungen, öffentlichem Verkauf und öffentlich zugänglichen Einrichtungen	91
§ 60	Bildnisse	94
§ 61	*(weggefallen)*	97
§ 62	Änderungsverbot	97
§ 63	Quellenangabe	98

Abschnitt 8. Besondere Bestimmungen für Computerprogramme

§ 69 a	Gegenstand des Schutzes	99
§ 69 c	Zustimmungsbedürftige Handlungen	102

Teil 2. Verwandte Schutzrechte

Abschnitt 1. Schutz bestimmter Ausgaben

§ 70	Wissenschaftliche Ausgaben	109

Abschnitt 2. Schutz der Lichtbilder

§ 72	Lichtbilder	109

Abschnitt 3. Schutz des ausübenden Künstlers

Vorbemerkung vor §§ 73 ff.		110
§ 73	Ausübender Künstler	115
§ 74	Anerkennung als ausübender Künstler	118
§ 75	Beeinträchtigungen der Darbietung	126
§ 76	Dauer der Persönlichkeitsrechte	128
§ 77	Aufnahme, Vervielfältigung und Verbreitung	130
§ 78	Öffentliche Wiedergabe	131
§ 79	Nutzungsrechte	137
§ 80	Gemeinsame Darbietung mehrerer ausübender Künstler	143
§ 81	Schutz des Veranstalters	147
§ 82	Dauer der Verwertungsrechte	149
§ 83	Schranken der Verwertungsrechte	150
§ 84	*(weggefallen)*	151

Abschnitt 4. Schutz des Herstellers von Tonträgern

§ 85	Verwertungsrechte	151
§ 86	Anspruch auf Beteiligung	154

Abschnitt 5. Schutz des Sendeunternehmens

§ 87	Sendeunternehmen	155

Inhaltsverzeichnis

Teil 3. Besondere Bestimmungen für Filme

Abschnitt 1. Filmwerke

§ 92	Ausübende Künstler	159
§ 93	Schutz gegen Entstellung	160
§ 94	Schutz des Filmherstellers	160

Teil 4. Gemeinsame Bestimmungen für Urheberrecht und verwandte Schutzrechte

Abschnitt 1. Ergänzende Schutzbestimmungen

§ 95 a	Schutz technischer Maßnahmen	162
§ 95 b	Durchsetzung von Schrankenbestimmungen	181
§ 95 c	Schutz der zur Rechtewahrnehmung erforderlichen Informationen	195
§ 95 d	Kennzeichnungspflichten	203
§ 96	Verwertungsverbot	207

Abschnitt 2. Rechtsverletzungen

Unterabschnitt 2. Straf- und Bußgeldvorschriften

§ 108	Unerlaubte Eingriffe in verwandte Schutzrechte	207
§ 108 b	Unerlaubte Eingriffe in technische Schutzmaßnahmen und zur Rechtewahrnehmung erforderliche Informationen	208
§ 109	Strafantrag	215
§ 110	Einziehung	216
§ 111	Bekanntgabe der Verurteilung	216
§ 111 a	Bußgeldvorschriften	217

Unterabschnitt 3. Vorschriften über Maßnahmen der Zollbehörde

§ 111 b	Maßnahmen der Zollbehörde	222

Abschnitt 3. Zwangsvollstreckung

Unterabschnitt 5. Zwangsvollstreckung wegen Geldforderungen in bestimmte Vorrichtungen

§ 119	Zwangsvollstreckung in bestimmte Vorrichtungen	223

Teil 5. Anwendungsbereich, Übergangs- und Schlussbestimmungen

Abschnitt 1. Anwendungsbereich des Gesetzes

Unterabschnitt 2. Verwandte Schutzrechte

§ 125	Schutz des ausübenden Künstlers	225
§ 126	Schutz des Herstellers von Tonträgern	226
§ 127	Schutz des Sendeunternehmens	226

Inhaltsverzeichnis

Abschnitt 2. Übergangsbestimmungen

§ 132	Verträge	227
§ 137 d	Computerprogramme	228
§ 137 e	Übergangsregelung bei Umsetzung der Richtlinie 92/100/EWG	228
§ 137 g	Übergangsregelung bei Umsetzung der Richtlinie 96/9/EG	228
§ 137 j	Übergangsregelung aus Anlass der Umsetzung der Richtlinie 2001/29/EG	229
§ 137 k	Übergangsregelung zur öffentlichen Zugänglichmachung für Unterricht und Forschung	233

Abschnitt 3. Schlussbestimmungen

§ 142	*(weggefallen)*	234

Urheberrechtswahrnehmungsgesetz
– Auszug –

Zweiter Abschnitt. Rechte und Pflichten der Verwertungsgesellschaft

§ 11	Abschlusszwang	235
§ 13	Tarife	235
§ 13 b	Vermutung der Sachbefugnis; Außenseiter bei Kabelweitersendung	237

Dritter Abschnitt. Aufsicht über die Verwertungsgesellschaft

§ 19	Inhalt der Aufsicht	237

Vierter Abschnitt. Übergangs- und Schlussbestimmungen

§ 21	Zwangsgeld	239

Unterlassungsklagengesetz
– Auszug –

Abschnitt 1. Ansprüche bei Verbraucherrechts- und anderen Verstößen

§ 2 a	Unterlassungsanspruch nach dem Urheberrechtsgesetz	241
§ 3 a	Anspruchsberechtigte Verbände nach § 2 a	242
§ 6	Zuständigkeit	242

Anhang

1. Urheberrechtsgesetz idF des Gesetzes zur Regelung des Urheberrechts in der Informationsgesellschaft	245
2. Gesetz zur Regelung des Urheberrechts in der Informationsgesellschaft (Art. 1–5)	304
Sachverzeichnis	307

Verzeichnis der Verfasser

EB = Ergänzungsband, HauptB = Hauptband

Dr. Ulrich Block, LL. M., Rechtsanwalt in Berlin	HauptB §§ 28–30
Dr. Michael Bohne, Wissenschaftlicher Assistent am Institut für Informations-, Telekommunikations- und Medienrecht der Universität Münster	HauptB §§ 98–103
Dr. Thorsten Braun, Deutsche Landesgruppe der International Federation of the Phonographic Industry (IFPI), Hamburg	EB §§ 125, 126, 132, 137d, 137e, 137g, 137j, 137k, HauptB §§ 125, 126, 130–137, 137d, 137e, 137f, 137g, 139–143
Dr. Mareile Büscher, LL. M., Rechtsanwältin in Berlin	EB Vor §§ 73 ff., §§ 73–83, HauptB §§ 73–84
Professor Dr. Winfried Bullinger, Rechtsanwalt in Berlin, Lehrbeauftragter für Urheber- und Medienrecht an der Humboldt-Universität zu Berlin	EB §§ 19a, 42a, 62, 63, HauptB §§ 1–3, 11–14, 18, 23–27, 61–63a, 96, 137i
Dr. Jan Ehrhardt, Rechtsanwalt in Berlin	EB §§ 19, 22, 87, HauptB §§ 19–22, 87
Michael Fricke, Rechtsanwalt in Hamburg	HauptB §§ 22–24 KUG
Dr. Tilo Gerlach, Rechtsanwalt in Hamburg, Geschäftsführer der Gesellschaft zur Verwertung von Leistungsschutzrechten (GVL), Hamburg	EB WahrnehmungsG §§ 11, 13, 13 b, 19, 21, HauptB WahrnehmungsG
Dr. Eike Wilhelm Grunert, Rechtsanwalt in München	EB § 36a, HauptB Vor §§ 31 ff., §§ 31–32a, §§ 33–39
Dr. Malte Grützmacher, LL. M., Rechtsanwalt in Hamburg	EB §§ 69a, 69c HauptB Vor §§ 69a ff., §§ 69 a–69g
Dr. Jan Dirk Heerma, Rechtsanwalt in Berlin	EB §§ 15, 16, HauptB §§ 15–17, 27
Dr. Ulrich Hildebrandt, Rechtsanwalt in Düsseldorf, Lehrbeauftragter an der Heinrich-Heine Universität Düsseldorf	EB §§ 108, 108b, 109, 110, 111, 111 a, HauptB §§ 106–111
Dr. Martin Kefferpütz, Rechtsanwalt in Hamburg	EB §§ 111b, 119, HauptB Vor §§ 97 ff., §§ 104–105, 111a–119
Stefan Lüft, Rechtsanwalt in München	EB Vor §§ 44a ff., 45 a, 46, 48, 49, 50, 52, 52 a, 53, 56, 58, 60, HauptB §§ 45–60, 64–69
Dr. Bartholomäus Manegold, Rechtsanwalt in Berlin	EB §§ 92, 93, 94, HauptB Vor §§ 88 ff., §§ 88–95
Dr. Malte C. G. Marquardt, LL. M., Rechtsanwalt in Berlin	EB § 5, HauptB §§ 4–6
Dr. Claudia Ohst, Berlin	EB §§ 95a–95d; UKlaG
Dr. Martin Schaefer, Rechtsanwalt in Berlin	EB §§ 85, 86, HauptB §§ 85–86, 129, 137a–137c, 137h
Dorothee Thum, Rechtsanwältin in München	EB §§ 70, 72, HauptB §§ 7–10, 70–72, Vor §§ 87a ff., §§ 87a–87e
Professor Dr. Artur-Axel Wandtke, Juristische Fakultät der Humboldt-Universität zu Berlin	EB §§ 36a, 95a–95d, UKlaG HauptB Vor §§ 31 ff., §§ 31–32a, §§ 33–44, Einigungsvertrag
Dr. Marcus v. Welser, Rechtsanwalt in Berlin	EB §§ 44a, 127, HauptB § 32b, Vor §§ 120 ff., §§ 120–124, 127–128
Dr. Bodo v. Wolff, LL. M., Rechtsanwalt in Berlin	HauptB § 97

Literaturverzeichnis

Hier ist nur übergreifende und allgemeine Literatur angegeben – Spezialliteratur zu den Sachgebieten findet sich am Anfang der Kommentierung der einzelnen Paragraphen

Baumbach/Lauterbach/Albers/Hartmann, Kommentar zur ZPO, 61. Aufl. München 2001 (zit. Baumbach/Lauterbach/*Bearbeiter*)

Ersthaler/Bosch/Völker, Handbuch Urheberrecht und Internet, Heidelberg 2002 (zit. *Bearbeiter* in: Ernsthaler/Bosch/Völker)
Ermann, Kommentar zum BGB, 10. Aufl. Münster 2000 (zit. Ermann/*Bearbeiter*)

Fischer/Reich, Der Künstler und sein Recht, München 1992 (zit. Fischer/Reich/*Bearbeiter,* Künstler Seite)
Fischer/Reich, Urhebervertragsrecht, München 1993, (zit. *Fischer/Reich,* Urhebervertragsrecht Kapitel Rn.)
Fromm/Nordemann, Urheberrechtskommentar, 9. Aufl. Stuttgart u. a. 1998 (zit. Fromm/Nordemann/*Bearbeiter*)

Haberstumpf, Handbuch des Urheberrechts, 2. Aufl. Neuwied 2000 (zit. *Haberstumpf* Seite)
Hilty (Hrsg.), Information Highway, München 1996 (zit. Hilty/*Bearbeiter* Seite)
Hoeren/Sieber (Hrsg.), Handbuch Multimedia-Recht, Loseblattsammlung München 1999, Stand Februar 2000 (zit. *Bearbeiter* in Hoeren/Sieber Teil Rn.)

Kissel, Kommentar zum GVG, 3. Aufl. München 2001 (zit. *Kissel*)

Larenz/Wolf, Lehrbuch des Allgemeinen Teils des BGB, 8. Aufl. München 1997 (zit. *Larenz* BGB AT § Seite)
Larenz, Lehrbuch des Schuldrechts Band I Allgemeiner Teil, 14. Aufl. München 1987 (zit. *Larenz* SchR AT § Seite)
Lehmann (Hrsg.), Internet- und Multimediarecht (Cyberlaw), Stuttgart 1997 (zit. *Bearbeiter* in: Lehmann Cyberlaw Seite)

Mestmäcker/Schulze (Hrsg.), Kommentar zum deutschen Urheberrecht, Loseblattsammlung, Neuwied u. a. (zit. *Mestmäcker/Schulze* § Seite)
Möhring/Nicolini (Hrsg.), Urheberrechtsgesetz, 2. Aufl. München 2000 (zit. Möhring/Nicolini/*Bearbeiter*)
Münchner Kommentar zum BGB, 3. Aufl. München 1993 ff.; – Bd. 2, §§ 241–432 BGB, 3. Aufl. München 1997 – Bd. 7 (EGBGB), 3. Aufl. München 1997 (zit. MünchKomm/*Bearbeiter*)
Münchner Kommentar zur ZPO, München Stand 2000 (zit. MünchKommZPO/*Bearbeiter* § Rn.)

Palandt, Bürgerliches Gesetzbuch, 62. Aufl. München 2003 (zit. Palandt/*Bearbeiter* § Rn.)

Rehbinder, Urheber- und Verlagsrecht, 12. Aufl. München 2002 (zit. *Rehbinder* Seite)
Reichsgerichtsrätekommentar, 12. Aufl. Berlin 1974 (zit. RGRK/*Bearbeiter*)

Samson, Urheberrecht, Pullach bei München 1973 (zit. *Samson* Seite)
Schack, Urheber- und Urhebervertragsrecht, 2. Aufl. Tübingen 2001 (zit. *Schack* Rn.)
Schricker (Hrsg.), Urheberrechtskommentar, 2. Aufl. München 1999 (zit. Schricker/*Bearbeiter* § Rn.)
Schricker, Verlagsrecht Kommentar, 3. Aufl. München 2001 (zit. *Schricker* § VerlG Rn.)
Schulze, M., Materialien zum Urheberrechtsgesetz, 2 Bände, 2. Aufl. Weinheim 1997 (zit. *M. Schulze* Materialien Seite)
Soergel, BGB, 12. Aufl. Stuttgart 1992 (zit. Soergel/*Bearbeiter*)
Stein/Jonas, Kommentar zur ZPO, 21. Aufl. Tübingen 1993 ff. (zit. Stein/Jonas/*Bearbeiter*)

Thomas/Putzo, ZPO, 25. Aufl. München 2003 (zit. *Thomas/Putzo*)

Ulmer, Urheber- und Verlagsrecht, 3. Aufl. Berlin u.a. 1980 (zit. *Ulmer* Seite)

v. Gamm, Urheberrechtsgesetz Kommentar, München 1968 (zit. *v. Gamm* § Rn.)

Walter (Hrsg.), Europäisches Urheberrecht, Kommentar, Wien 2001 (zit. Walter/*Bearbeiter*)
Wieczorek/Schütze, Kommentar zur ZPO, 4. Aufl. Berlin u.a. 1994 ff. (zit. Wieczorek/Schütze/*Bearbeiter*)

Zöller, Kommentar zur ZPO, 23. Aufl. Köln 2002 (zit. Zöller/*Bearbeiter* § Rn.)

Abkürzungsverzeichnis

a. A.	anderer Ansicht
a. a. O.	am angegebenen Ort
abl.	ablehnend
ABl.	Amtsblatt der Europäischen Gemeinschaft
a. E.	am Ende
a. F.	alte Fassung
AfP	Archiv für Presserecht
AG	Amtsgericht; Arbeitsgemeinschaft
AGB	Allgemeine Geschäftsbedingungen
AGC	Automatic Gain Control
AGICOA	Association de Gestion Internationale Collective des Œuvres Audiovisuelles
AIPPI	Association Internationale pour la Protection de la Propriété Industrielle
allg. M.	allgemeine Meinung
AmtlBegr.	Amtliche Begründung
Anm.	Anmerkung
AP	Arbeitsrechtliche Praxis (Nachschlagewerk des Bundesarbeitsgerichts)
ArbG	Arbeitsgericht
ArbNErfG	Gesetz über Arbeitnehmererfindungen
ARD	Arbeitsgemeinschaft der öffentlich-rechtlichen Rundfunkanstalten der Bundesrepublik Deutschland
ASCAP	American Society of Composers, Authors and Publishers (www.ascap.com)
AuR	Arbeit und Recht
BAG	Bundesarbeitsgericht
BAGE	Entscheidungen des Bundesarbeitsgerichts
BayObLG	Bayerisches Oberstes Landesgericht
BB	Betriebs-Berater
BDS	Bund Deutscher Schriftsteller
BdÜ	Bund deutscher Übersetzer
Bek.	Bekanntmachung
BG	(Schweizerisches) Bundesgericht
BGB	Bürgerliches Gesetzbuch
BGBl.	Bundesgesetzblatt
BGH	Bundesgerichtshof
BGHSt.	Entscheidungen des Bundesgerichtshofes in Strafsachen
BGHZ.	Entscheidungen des Bundesgerichtshofes in Zivilsachen
BIEM	Bureau International gérant les Droits de l'Enrégistrement et de la Reproduction Méchanique
BKartA	Bundeskartellamt
BlPMZ	Blatt für Patent-, Muster- und Zeichenwesen
BMJ	Bundesministerium der Justiz
BNotO	Bundesnotarordnung
BOS(chG)	Bühnenoberschiedsgericht
BPatG	Bundespatentgericht
BR-Drucks.	Bundesrats-Drucksache
BRRG	Beamtenrechtsrahmengesetz
BSHG	Bundessozialhilfegesetz
BT-Drucks.	Bundestags-Drucksache
BuB	Buch und Bibliothek
BVerfG	Bundesverfassungsgericht
BVerfGE	Entscheidungen des Bundesverfassungsgerichts
BVerwG	Bundesverwaltungsgericht
CGMS	Copy Generation Management System
CIS	Common Information System
CISAC	Confédération Internationale des Sociétés d'Auteurs et Compositeurs
CMMV	Clearingstelle Multimedia (www.cmmv.de)

Abkürzungsverzeichnis

CORE	Internet Council of Registrars (www.corenic.org)
CPRM/CPPM	Content Protection for Recordable and Prerecorded Media
CR	Computer und Recht
CRi	Computer und Recht International
CSS	Control Scrambling System
c't	Magazin für Computertechnik
DAT	Digital Audio Tape
DB	Der Betrieb
DEFA	Deutsche Film AG (www.defa-stiftung.de)
DENIC	Domain Verwaltungs- und Betriebsgesellschaft eG (www.denic.de)
ders.	derselbe
dies.	dieselbe(n)
DIN-Mitt.	Mitteilungen des Deutschen Instituts für Normung e. V.
Diss.	Dissertation
DMCA	Digital Millennium Copyright Act (US-Bundesgesetz)
DOI	Digital Object Identifier
Dok.	Dokument
DPMA	Deutsches Patent- und Markenamt
DRM	Digital Rights Management
DTCP	Digital Transmission Content Protection
DtZ	Deutsch-Deutsche Rechts-Zeitschrift
DVB	Digital Video Broadcasting
DVBl.	Deutsches Verwaltungsblatt
DVD	Digital Versatile Disc
DZWiR	Deutsche Zeitschrift für Wirtschaftsrecht
E	Entwurf
EB	Ergänzungsband (dieses Werkes)
ECMS	Electronic Copyright Management System
EG	Europäische Gemeinschaft
EGBGB	Einführungsgesetz zum Bürgerlichen Gesetzbuch
EGV	Vertrag zur Gründung der Europäischen Gemeinschaft
Einf.	Einführung
Einl.	Einleitung
EIPR	European Intellectual Property Review
EPA	Europäisches Patentamt
EuFSA	Europäisches Fernsehschutzabkommen
EuG	Europäisches Gericht erster Instanz
EuGH	Europäischer Gerichtshof
EuGV(V)O	Verordnung (EG) Nr. 44/2001 des Rates über die gerichtliche Zuständigkeit und die Anerkennung und Vollstreckung von Entscheidungen in Zivil- und Handelssachen
EuGVÜ	Europäisches Gerichtsstands- und Vollstreckungsübereinkommen
EuZW	Europäische Zeitschrift für Wirtschaftsrecht
EVertr	Einigungsvertrag
EWG	Europäische Wirtschaftsgemeinschaft, jetzt EG
EWR	Europäischer Wirtschaftsraum
EWS	Europäisches Wirtschafts- und Steuerrecht
f., ff.	folgende
FIDE	Féderation Internationale pour le droit Européen
FinG	Finanzgericht
Fn.	Fußnote
FS	Festschrift
FSK	Freiwillige Selbstkontrolle der deutschen Filmwirtschaft
FuR	Film und Recht
GA	Goltdammer's Archiv für Strafrecht
GATT	General Agreement on Tariffs and Trade
GBl	Gesetzblatt (der DDR)
GebrMG	Gebrauchsmustergesetz
GEMA	Gesellschaft für musikalische Aufführungs- und mechanische Vervielfältigungsrechte (www.gema.de)

Abkürzungsverzeichnis

GeschmMG	Geschmacksmustergesetz
GG	Grundgesetz
gif	Graphic Interchange Format (Format für Bilddateien)
GMBl.	Gemeinsames Ministerialblatt
GPRS	General Packet Radio Service
GRUR	Gewerblicher Rechtsschutz und Urheberrecht
GRUR Int.	Gewerblicher Rechtsschutz und Urheberrecht International
GRUR-RR	Gewerblicher Rechtsschutz und Urheberrecht Rechtsprechungs-Report
GTA	Genfer Tonträgerabkommen
GÜFA	Gesellschaft zur Übernahme und Wahrnehmung von Filmaufführungsrechten (www.guefa.de)
GVBl.	Gesetz- und Verordnungsblatt
GVL	Gesellschaft zur Verwertung von Leistungsschutzrechten (www.gvl.de)
GWB	Gesetz gegen Wettbewerbsbeschränkungen
GWFF	Gesellschaft zur Wahrnehmung von Film- und Fernsehrechten (www.gwff.de)
Halbs.	Halbsatz
HauptB	Hauptband (dieses Werkes)
Hdb.	Handbuch
HDCP	High-bandwidth Digital Content Protection
Hg.	Herausgeber
h. L.	herrschende Lehre
h. M.	herrschende Meinung
ICANN	Internet Corporation for Assigned Names and Numbers (www.icann.org)
idF	in der Fassung
idR	in der Regel
IFPI	International Federation of the Phonographic Industry (www.ifpi.org)
IIC	International Review of Industrial Property and Copyright Law
insb.	insbesondere
IPR	Internationales Privatrecht
IPRax	Praxis des Internationalen Privat- und Verfahrensrechts
ISO	International Standards Organization
ITRB	Der IT-Rechtsberater
ITU	International Telecommunication Union
IuKDG	Informations- und Kommunikationsdienste-Gesetz
IuR	Informatik und Recht
i. V. m.	in Verbindung mit
jpg	Dateinamenerweiterung von Bilddateien im Format JPEG, benannt nach der *J*oint *P*hotographic *E*xperts *G*roup der ITU und der ISO
Jura	Juristische Ausbildung
JurPC	Internet-Zeitschrift für Rechtsinformatik
JW	Juristische Wochenschrift
JZ	Juristenzeitung
Kap.	Kapitel
KG	Kammergericht; Kommanditgesellschaft
krit.	kritisch
KUG	Gesetz betreffend das Urheberrecht an Werken der bildenden Künste und der Photographie
KUR	Kunstrecht und Urheberrecht
K&R	Kommunikation und Recht
LAG	Landesarbeitsgericht
LAN	Local Area Network
LG	Landgericht; *(in Österreich:)* Landesgericht
lit.	littera (Buchstabe)
LM	Lindenmaier/Möhring, Nachschlagewerk des Bundesgerichtshofes
LUG	Gesetz betreffend das Urheberrecht an Werken der Literatur und der Tonkunst
LZ	Leipziger Zeitschrift für Deutsches Recht
MA	Der Markenartikel
MarkenG	Markengesetz
MDR	Monatsschrift für Deutsches Recht

XVII

Abkürzungsverzeichnis

MDStV	Mediendienste-Staatsvertrag
Mitt.	Mitteilungen (der deutschen Patentanwälte)
MMA	Madrider Markenrechtsabkommen
MMR	Multimedia und Recht, Zeitschrift für Informations-, Telekommunikations- und Medienrecht
mpeg	Komprimierungsstandard für digitale Bewegtbilder und Toninformationen, benannt nach der *Moving Pictures Experts Group* der ISO
mp3	Dateinamenerweiterung für bestimmte mpeg-Tondateien
m. w. N.	mit weiteren Nachweisen
Nachw.	Nachweise
n. F.	neue Fassung
NJ	Neue Justiz
NJW	Neue Juristische Wochenschrift
NJW-RR	NJW-Rechtsprechungs-Report Zivilrecht
NJW-CoR	NJW-Computerreport
NJWE-WettbR	NJW-Entscheidungsdienst Wettbewerbsrecht (jetzt GRUR-RR)
NV	Normalvertrag
ÖBGBl.	Österreichisches Bundesgesetzblatt
ÖBl.	Österreichische Blätter für gewerblichen Rechtsschutz und Urheberrecht
ÖSGRUM	Österreichische Schriftenreihe zum Gewerblichen Rechtsschutz, Urheber- und Medienrecht
öUrhG	öst. UrhG
OGH	Oberster Gerichtshof (Wien)
ÖJZ	Österreichische Juristenzeitung
OLG	Oberlandesgericht
OLGZ	Entscheidungen der Oberlandesgerichte in Zivilsachen
OMPI	Organisation Mondiale de la Propriété Intellectuelle
OVG	Oberverwaltungsgericht
OWiG	Gesetz über Ordnungswidrigkeiten
PatG	Patentgesetz
PGP	Pretty Good Privacy (ein Computerprogramm zur Datenverschlüsselung)
PIN	Personal Identification Number
PR	Public Relations
PrPG	Gesetz zur Stärkung des Schutzes des geistigen Eigentums und zur Bekämpfung der Produktpiraterie
PVÜ	Pariser Verbandsübereinkunft zum Schutz des gewerblichen Eigentums
RabelsZ	Zeitschrift für ausländisches und internationales Privatrecht
RBÜ	Revidierte Berner Übereinkunft zum Schutz von Werken der Literatur und der Kunst
RdA	Recht der Arbeit
RefE	Referentenentwurf
RegE	Regierungsentwurf
RG	Reichsgericht
RGBl.	Reichsgesetzblatt
RGSt.	Entscheidungen des Reichsgerichts in Strafsachen
RGZ	Entscheidungen des Reichsgerichts in Zivilsachen
RIDA	Revue Internationale du Droit d'Auteur
RiStBV	Richtlinien für das Strafverfahren und das Bußgeldverfahren
RIW	Recht der Internationalen Wirtschaft
RL	Richtlinie
Rn.	Randnummer
RzU	E. Schulze (Hg.), Rechtsprechung zum Urheberrecht
S.	Seite
s.	siehe
SACEM	Société des Auteurs, Compositeurs et Éditeurs de Musique (www.sacem.fr)
SatÜ	Brüsseler Satellitenübereinkommen
SCMS	Serial Copyright Management System
SigG	Gesetz zur digitalen Signatur – Signaturgesetz
SJZ	Süddeutsche Juristenzeitung
SMI	Schweizerische Mitteilungen zum Immaterialgüterrecht

Abkürzungsverzeichnis

s. o.	siehe oben
STAGMA	Staatlich genehmigte Gesellschaft zur Verwertung musikalischer Urheberrechte
StGB	Strafgesetzbuch
str.	strittig
stRspr.	ständige Rechtsprechung
s. u.	siehe unter/unten
TCPA	Trusted Computing Platform Alliance
TDG	Gesetz über die Nutzung von Telediensten (Teledienstegesetz)
TKG	Telekommunikationsdienstegesetz
TKMR	Telekommunikations- & Medienrecht
TRIPS	WTO-Übereinkommen über handelsbezogene Aspekte der Rechte des geistigen Eigentums
TV	Tarifvertrag
TVG	Tarifvertragsgesetz
u. a.	unter anderem
UFITA	Archiv für Urheber-, Film-, Funk- und Theaterrecht
UMTS	Universal Mobile Telecommunications System
URG	Urheberrechtsgesetz (der DDR)
UrhG	Urheberrechtsgesetz
UrhGÄndG	Gesetz zur Änderung des Urheberrechtsgesetzes
UWG	Gesetz gegen den unlauteren Wettbewerb
VerlG	Gesetz über das Verlagsrecht
VFF	Verwertungsgesellschaft der Film- und Fernsehproduzenten (www.vffvg.de)
VG	Verwertungsgesellschaft; Verwaltungsgericht
VG Bild-Kunst	Verwertungsgesellschaft Bild-Kunst (www.bildkunst.de)
VGF	Verwertungsgesellschaft für Nutzungsrechte an Filmwerken
vgl.	vergleiche
VG Media	Gesellschaft zur Verwertung der Urheber- und Leistungsschutzrechte von Medienunternehmen mbH
VG Musikedition	Verwertungsgesellschaft zur Wahrnehmung von Nutzungsrechten an Editionen (Ausgaben) von Musikwerken (www.vg-musikedition.de)
VG Satellit	Gesellschaft zur Verwertung der Leistungsschutzrechte von Sendeunternehmen
VG WORT	Verwertungsgesellschaft der Wortautoren (www.vgwort.de)
VO	Verordnung
VS	Verband deutscher Schriftsteller
WahrnG	Gesetz über die Wahrnehmung von Urheberrechten und verwandten Schutzrechten
WAN	Wide Area Network
WCT	WIPO Copyright Treaty
WIPO	World Intellectual Property Organization (www.wipo.org)
WM	Wertpapier-Mitteilungen
WPPT	WIPO Performances and Phonograms Treaty
WRP	Wettbewerb in Recht und Praxis
WTO	World Trade Organization (www.wto.org)
WUA	Welturheberrechtsabkommen
WuW	Wirtschaft und Wettbewerb
z. B.	zum Beispiel
ZBT	Zentralstelle Bibliothekstantieme
ZDF	Zweites Deutsches Fernsehen
ZEuP	Zeitschrift für Europäisches Privatrecht
ZFS	Zentralstelle Fotokopieren an Schulen
ZHR	Zeitschrift für das gesamte Handelsrecht und Wirtschaftsrecht
ZIP	Zeitschrift für Wirtschaftsrecht
ZKDSG	Zugangskontrolldiensteschutzgesetz
ZPO	Zivilprozeßordnung
ZPÜ	Zentralstelle für private Überspielungsrechte
ZS	Zivilsenat
ZSR NF	Zeitschrift für Schweizerisches Recht – Neue Folge

Abkürzungsverzeichnis

ZUM . . . . Zeitschrift für Urheber- und Medienrecht
ZUM-RD . . . . Rechtsprechungsdienst der ZUM
zust. . . . . zustimmend
ZVV . . . . Zentralstelle Videovermietung
ZZP . . . . Zeitschrift für Zivilprozeß

Gesetz über Urheberrecht und verwandte Schutzrechte (Urheberrechtsgesetz)

Vom 9. September 1965

(BGBl. I S. 1273, zuletzt geändert durch Art. 1 Gesetz zur Regelung des Urheberrechts in der Informationsgesellschaft v. 10. September 2003, BGBl. I S. 1774)

– Auszug –

Teil 1. Urheberrecht

Abschnitt 2. Das Werk

§ 5. Amtliche Werke

(1) Gesetze, Verordnungen, amtliche Erlasse und Bekanntmachungen sowie Entscheidungen und amtliche Leitsätze zu Entscheidungen genießen keinen urheberrechtlichen Schutz.

(2) Das gleiche gilt für andere amtliche Werke, die im amtlichen Interesse zur allgemeinen Kenntnisnahme veröffentlicht worden sind, mit der Einschränkung, daß die Bestimmungen über Änderungsverbot und Quellenangabe in § 62 Abs. 1 und § 63 Abs. 1 und 2 entsprechend anzuwenden sind.

(3) Das Urheberrecht an privaten Normwerken wird durch die Absätze 1 und 2 nicht berührt, wenn Gesetze, Verordnungen, Erlasse oder amtliche Bekanntmachungen auf sie verweisen, ohne ihren Wortlaut wiederzugeben. In diesem Fall ist der Urheber verpflichtet, jedem Verleger zu angemessenen Bedingungen ein Recht zur Vervielfältigung und Verbreitung einzuräumen. Ist ein Dritter Inhaber des ausschließlichen Rechts zur Vervielfältigung und Verbreitung, so ist dieser zur Einräumung des Nutzungsrechts nach Satz 2 verpflichtet.

Literatur: *Arnold,* Amtliche Werke im Urheberrecht, Baden-Baden 1994; *Arnold,* Ist § 5 UrhG verfassungskonform?, ZUM 1999, 283; *Fischer,* Die urheberrechtliche Schutzfähigkeit gerichtlicher Leitsätze, NJW 1993, 1228; *v. Gamm,* Urheberrechtsschutz für allgemeine Geschäfts- und Vertragsbedingungen, Formularverträge, Tarifverträge und Wettbewerbsregeln, GRUR 1969, 593; *Häde,* Banknoten, Münzen und Briefmarken im Urheberrecht, ZUM 1991, 536; *Katzenberger,* Die Frage des urheberrechtlichen Schutzes amtlicher Werke, GRUR 1972, 686; *Leuze,* Urheberrechte im Beamtenverhältnis, ZfBeamtR 1997, 37; *Leuze,* Urheberrechte der Beschäftigten im öffentlichen Dienst und in den Hochschulen, Berlin 1999; *Lukes,* Überbetriebliche technische Normen als urheberrechtsfreie Werke, NJW 1984, 1595; *Reichel,* Sind DIN-Normen amtliche Werke i. S. d. § 5 UrhG?, GRUR 1977, 774; *Rehbinder,* Kann für Allgemeine Geschäftsbedingungen Urheberrechtsschutz in Anspruch genommen werden?, UFITA 80 (1977), 73; *Samson,* Urheberechtliche Fragen bei der Datenverarbeitung, DVR 1977, 201; *Schaub,* Arbeitsrechts-Handbuch, 10. Aufl. München 2002.

Übersicht

	Rn.		Rn.
I. Bedeutung und Systematik der Vorschrift	1–4	2. Gesetze und Verordnungen	9, 10
II. Amtliche Werke i. S. d. § 5 Abs. 1	5–16	3. Amtliche Erlasse und Bekanntmachungen	11
1. Begriff des amtlichen Werks	5–8	4. Entscheidungen	12, 13

	Rn.		Rn.
5. Amtlich verfasste Leitsätze zu Entscheidungen	14–16	IV. Rechtsfolgen: Kein urheberrechtlicher Schutz; Einschränkung durch Bestimmungen über Änderungsverbot und Quellenangabe	22–24
III. Andere amtliche Werke i. S. d. § 5 Abs. 2	17–21	V. Urheberrechte an privaten Normwerken i. S. d. § 5 Abs. 3	25–27
1. Im amtlichen Interesse	17–20		
2. Zur allgemeinen Kenntnisnahme veröffentlicht	21		

I. Bedeutung und Systematik der Vorschrift

1 Mit den Regelungen des § 5 werden amtliche und gerichtliche Entscheidungen, die die besonderen Voraussetzungen der Abs. 1 und 2 erfüllen, als amtliche Werke ausdrücklich vom urheberrechtlichen Schutz ausgenommen und damit als **gemeinfreie** Werke qualifiziert. Dabei unterscheidet die Vorschrift zwischen amtlichen Werken, die absolut schutzunfähig sind (Abs. 1), und denen, die nur relativen Schutz genießen (Abs. 2). Mit der gesetzgeberischen Neufassung werden die Urheberrechte an privaten Normwerken in Zusammenhang mit Werken im Sinne des Abs. 1 gestärkt (Abs. 3 n. F.). Sofern amtliche Werke die Voraussetzungen des § 5 nicht erfüllen, unterfallen sie den allgemeinen Regeln und können urheberrechtlichen Schutz genießen.

2 Mit § 5 wird das gesetzgeberische Ziel umgesetzt, im Gemeinwohlinteresse eine möglichst weite Verbreitung der aufgeführten Werke zu sichern (BVerfG GRUR 1999, 226, 228 – DIN-Normen), denn die Publikation von Gesetzen und Verordnungen hat Verfassungsrang, Art. 82 Abs. 1 GG. § 5 Abs. 1 lehnt sich an die bisherigen §§ 16, 26 LUG (Gesetz betreffend das Urheberrecht an Werken der Literatur und Tonkunst vom 19. 6. 1901, RBGl. 227) an und nimmt die amtlichen Werke vom urheberrechtlichen Schutz aus (sog. **Gemeinfreiheit**). Der Rechtsgrundsatz der urheberrechtlichen Gemeinfreiheit von Gesetzen, Verordnungen und amtlichen Schriften hatte zwar bereits in § 16 LUG seine Aufnahme gefunden; dort wurde jedoch lediglich die Verwertung freigestellt, während die Urheberschutzfähigkeit von amtlichen Werken offen blieb (v. Gamm § 5 Rn. 16). Dies stellt § 5 nunmehr klar (siehe auch Materialien zum RegE BT-Drucks. IV/270, 39; eingehend Schricker/Katzenberger § 5 Rn. 6). § 5 Abs. 2 verlangt für andere amtliche Werke als Voraussetzung für die Freistellung vom Urheberrechtsschutz, dass das Werk im amtlichen Interesse zur allgemeinen Kenntnisnahme veröffentlicht sein muss.

3 Zwar handelt es sich weder bei § 5 Abs. 1 noch bei Abs. 2 um eine abschließende Aufzählung, in Hinblick auf die Ausnahmequalität des Grundsatzes der Gemeinfreiheit nach dem UrhG ist § 5 gleichwohl als **Ausnahmevorschrift eng auszulegen** (BGH GRUR 1982, 37, 40 – WK-Dokumentation; BGH GRUR 1987, 166, 167 – AOK-Merkblatt; BGH 1988, 33, 35 – Topographische Landeskarten; LG München I Schulze Rspr. LGZ 203, 8, m. Anm. *Katzenberger;* Schricker/*Katzenberger* § 5 Rn. 18; Möhring/Nicolini/*Ahlberg* § 4 Rn. 3 f., 23). § 5 findet daher keine analoge Anwendung auf andere aus einem Amt stammenden Werke (str., bejahend Möhring/Nicolini/*Ahlberg* § 4 Rn. 4; Schricker/*Katzenberger* § 5 Rn. 18; Fromm/Nordemann/*Nordemann* § 5 Rn. 9; siehe im Einzelnen Rn. 5 ff.).

4 Der Ausnahmecharakter der Abs. 1 und 2 ist nunmehr durch die Hinzufügung des Abs. 3 nochmals verstärkt worden. Gleichzeitig wird damit das hohe Schutzniveau des Urheberrechts und seiner verwandten Schutzrechte hervorgehoben (siehe im Einzelnen Rn. 25).

II. Amtliche Werke i. S. d. § 5 Abs. 1

1. Begriff des amtlichen Werks

Eine **Legaldefinition** des Begriffs des amtlichen Werks findet sich nicht, auch wenn er in der Überschrift der Norm benutzt wird. Bei der Aufzählung in § 5 handelt es sich nur um eine beispielhafte Aufzählung, was dadurch deutlich wird, dass das Gesetz in Abs. 2 eine weitergehende Regelung zu „anderen amtlichen Werken" in Abs. 2 trifft.

Unter **amtlich** ist ein Werk zu verstehen, das von einer mit Hoheitsbefugnissen und Verwaltungskompetenz betrauten Behörde stammt. Zu diesen zählen neben Ämtern und **Behörden** auch **Körperschaften des öffentlichen Rechts** (z. B. Kirchen und Religionsgemeinschaften i. S. d. Art. 140, 137 Abs. 5 Weimarer Rechtsverfassung), **öffentlich-rechtliche Anstalten** und **Beliehene** (BGH GRUR 1984, 117, 118 – VOB/C; *Katzenberger* GRUR 1972, 686, 687; Fromm/Nordemann/*Nordemann* § 5 Rn. 1). Entscheidend dabei ist, ob die Tätigkeit der Institutionen öffentlich- oder privatrechtlicher Natur ist (BVerfG GRUR 1999, 226 – DIN-Normen; Möhring/Nicolini/*Ahlberg* § 5 Rn. 6). Denn die Tatsache, dass ein Werk von einer **Privatperson** verfasst worden ist, schließt die Annahme eines amtlichen Werkes nicht aus. Sofern die öffentliche Hand Privatpersonen mit der Erfüllung öffentlich-rechtlicher Aufgaben betraut und diese ein Werk schaffen, bestimmt sich die Einstufung dieses Werkes als amtlich danach, ob ein Amt erkennbar für den Inhalt des Werkes verantwortlich zeichnet bzw. ob die Verlautbarung dem Amt zuzurechnen ist, d. h. auf den Träger der öffentlichen Gewalt zurückzuführen ist (BGH GRUR 1972, 713, 714 – Im Rhythmus der Jahrhunderte; BGH GRUR 1982, 37, 40 – WK-Dokumentation; BGH GRUR 1990, 1003, 1004 – DIN-Normen; BGH NJW 1316, 1319 = GRUR 1992, 382, 385 – Leitsätze).

Daran fehlt es, wenn weder die Form noch der Inhalt und der Zweck des Werkes dieses als amtliches Werk erscheinen lassen. Eine **unabhängige Kommission,** die von einem Ministerium eingesetzt und aus Haushaltsmitteln finanziert wird, jedoch weisungsfrei ist, ist kein Amt i. S. d. § 5 (BGH GRUR 1982, 37, 40 – WK-Dokumentation). Sofern sie im Rahmen der ihr übertragenen öffentlichen Aufgaben tätig werden, fallen die **technischen Überwachungsvereine** (TÜV) ebenso unter § 5 wie das **Deutsche Institut für Normung e. V.** (DIN) als beliehene Person des Privatrechts (BVerfG GRUR 1999, 226 – DIN-Normen; nunmehr wohl h. M., zu den vorher vertretenen Ansichten in der Literatur vgl. Fromm/Nordemann/*Nordemann* § 5 Rn. 1).

Ein Werk kann auch nachträglich durch **bloße Bezugnahme** in einer amtlichen Verlautbarung zu einem amtlichen Werk werden (vgl. dazu aber den neuen Abs. 3, unten Rn. 25). Hierfür ist erforderlich, dass sich die Behörde den Inhalt zu Eigen macht. Private Werke werden jedoch nicht bereits dadurch zu amtlichen Werken, dass auf diese in einem amtlichen Werk wie Gesetzen, Erlassen oder Verordnungen Bezug genommen wird (BGH GRUR 1984, 117, 118 – VOB/C; OLG Köln ZUM-RD 1998, 110, 111 – Technische Regelwerke). Nach alter Fassung des § 5 konnte ein privates Werk jedoch dann amtlich werden, wenn die Bezugnahme auf das Werk **normergänzenden Charakter** hatte (BGH GRUR 1990, 1003, 1004 – DIN-Normen; KG GRUR 1988, 450; Schricker/*Katzenberger* § 5 Rn. 25; Fromm/Nordemann/*Nordemann* § 5 Rn. 2). Einen eigenen Urheberrechtsschutz solcher privater Werke wird man nunmehr aber wegen § 5 Abs. 3 n. F. gewähren müssen (vgl. unten Rn. 24). Dies wird bei den **DIN-Normen** bejaht. **Allgemeine Geschäftsbedingungen** sind jedoch grundsätzlich privatrechtliche Vereinbarungen und fallen nicht unter § 5 (h. M.; *Schack* Rn. 516; Schricker/*Katzenberger* § 5 Rn. 35 m. w. N.; näher § 2 Rn. 58 im HauptB). AGB werden auch nicht dadurch amtlich, dass sie **amtlich bekanntgemacht** und etwa im Bundesanzeiger veröffentlicht werden, wie die Allgemeinen Deutschen Spediteurbedingungen **(ADSp)** oder die Verdingungsordnung für Bauleistungen **(VOB)**, denn sie haben keine Allgemeingültigkeit und müssen für ihre Anwendbarkeit jeweils vertraglich vereinbart werden (h. M.; BGH GRUR 1984, 117, 119 – VOB/C; *Schack* Rn. 516; Schricker/*Katzenberger* § 5 Rn. 36; a. A. *Samson* DVR 1977, 201, 207; *Lukes* NJW 1984, 1595, 1597). Auch die Veröffentlichungen der Deutschen Telekom AG sind nicht amtlich, so dass **Telefonbücher** keine amtlichen Werke i. S. d. § 5 Abs. 2 darstellen (BGH NJW 1999, 2898 = GRUR 1999, 923, 926 – Tele-Info-CD; siehe im Einzelnen § 2 Rn. 60 im HauptB).

2. Gesetze und Verordnungen

9   Unter diese fallen neben **Verordnungen** und den in den Gesetzgebungsverfahren zustande gekommenen **Gesetzen** auch die **Rechtsnormen in Tarifverträgen**, denn sie gelten gemäß § 4 Abs. 1, 2 TVG unmittelbar und zwingend und sind Gesetze im materiellen Sinne (vgl. *Schaub* § 198 III 1), unabhängig davon, ob sie für **allgemein verbindlich erklärt** wurden (so BAG NJW 1969, 861; *v. Gamm* GRUR 1969, 593, 595; *Rehbinder* UFITA 80 (1977) 73, 79; *Samson* DVR 1977, 201, 204; a. A. Fromm/Nordemann/*Nordemann* § 5 Rn. 2, der die Allgemeinverbindlicherklärung verlangt und das Recht zur Veröffentlichung dieser Werke aus der Einräumung eines konkludenten Nutzungsrechtes gemäß §§ 16, 17 herleitet).

10 Gleichwohl kann in der Auswahl und Anordnung von Gesetzen als **Gesetzessammlung** eine Schöpfung eines selbständigen Werkes (Sammelwerk) liegen, sofern es sich nicht nur um eine lose Zusammenstellung handelt (OLG Frankfurt NJW-RR 1986, 612 für Gesetzessammlung Apotheken- und Arzneimittelrecht; OLG München NJW 1997, 1931; vgl. § 4 Rn. 6 in HauptB). Entsprechendes findet für Sammlungen von Tarifverträgen Anwendung.

3. Amtliche Erlasse und Bekanntmachungen

11 Amtliche Erlasse oder Bekanntmachungen sind nur dann amtlich i. S. d. § 5, wenn diese im Rahmen der dem Amt übertragenen Befugnisse und Verpflichtungen veröffentlicht wurden und nicht nur bei Gelegenheit. Erlasse oder Verordnungen sind ihrem Wesen nach nur solche amtlichen Erklärungen oder Verlautbarungen, die auf die Regelung von abstrakten oder konkreten Sachverhalten gerichtet sind oder die eine Abgabe einer offiziellen Erklärung, Stellungnahme oder Einschätzung zum Inhalt haben.

4. Entscheidungen

12 Entscheidungen sind Urteile, Beschlüsse und Verfügungen von staatlichen Gerichten und Disziplinargerichten. Institutionelle oder private Schiedsgerichte oder -gutachter, die nicht hoheitlich tätig werden, fallen nicht hierunter. Entscheidungen i. S. d. Abs. 1 sind auch alle behördlichen Regelungen, die zur Wahrung und Durchsetzung der Rechtsordnung im Einzelfall getroffen werden, wie Verwaltungsakte, Verfügungen oder sonstige Bescheide (Schricker/*Katzenberger* § 5 Rn. 32; Möhring/Nicolini/*Ahlberg* § 5 Rn. 16). In ihrer unbearbeiteten Form sind Gerichtsentscheidungen „gemeinfrei" und genießen keinen urheberrechtlichen Schutz. Damit können sie von jedermann beliebig bearbeitet, vervielfältigt und

veröffentlicht werden (OVG Berlin NJW 1993, 675). Ihre Veröffentlichung ist eine öffentliche Aufgabe der Gerichtsverwaltung (OVG Lüneburg NJW 1996, 1489 = DVBl. 1996, 443).

Unter § 5 fallen jedoch nur die Urfassungen der jeweiligen Entscheidungen. **Nicht** dem § 5 unterfallen hingegen **Kurzzusammenfassungen** oder **private Bearbeitungen** etwa von Entscheidungen und Urteilen, die unter den Voraussetzungen des § 3 UrhG selbst Gegenstand von Urheberschutzrechten sein können. Hierzu gehören die für Veröffentlichungen in Fachzeitschriften oder Entscheidungssammlungen zusammengefassten oder bearbeiteten Urteile und Entscheidungen, wie auch die in den Sammlungen BGHZ, BGHSt, BArbGE, BVerfGE veröffentlichten Leitsätze und Entscheidungen, da diese trotz ihrer regelmäßigen Bezeichnung als „Amtliche Sammlung" **private Sammlungen** sind. In den Anwendungsbereich des § 5 fallen ebenfalls nicht die **Akten** der amtlichen Stellen oder Gerichte, auch wenn diese Grundlage der Entscheidung waren oder öffentlich verhandelt wurden, da diese regelmäßig nicht der Öffentlichkeit mit Zustimmung des Berechtigten zugänglich gemacht werden (BGH GRUR 1986, 739, 740 – Anwaltsschriftsatz). 13

5. Amtlich verfasste Leitsätze zu Entscheidungen

Ein **amtlich verfasster Leitsatz** ist eine an die Öffentlichkeit gerichtete Äußerung des Spruchkörpers, regelmäßig eines staatlichen Gerichts, in der die Kernaussage der Entscheidung zusammengefasst ist. Da der Leitsatz grundsätzlich nicht Bestandteil der Entscheidung ist, sondern eine außergerichtliche Hinzufügung, wird er aus diesem Grund besonders vom UrhG erwähnt (BGH NJW 1992, 1316, 1319 – Leitsätze). Die Formulierung von Leitsätzen und deren Veröffentlichung dienen dem Bedürfnis der interessierten Öffentlichkeit nach Unterrichtung über die neueste Entwicklung der Rechtsprechung und dienen gleichzeitig der Rechtsfindung und Vereinheitlichung der Rechtsprechung und Rechtsanwendung. Nur wenn die Leitsätze amtlich verfasst sind, sind sie vom Urheberschutz ausgenommen (AmtlBegr. BT-Drucks. IV/270, 39). 14

Amtlich verfasst ist ein Leitsatz nur dann, wenn er von einem Mitglied des Spruchkörpers mit dessen Billigung formuliert und der Öffentlichkeit zugänglich gemacht worden ist (BGH NJW 1992, 1316 = BGHZ 116, 136 – Leitsätze). Unerheblich ist dabei, ob eine dienstliche Verpflichtung zur Abfassung von Leitsätzen besteht oder ob die Leitsätze zusammen mit dem Urteil verfasst oder den Parteien zugestellt wurden; entscheidend ist vielmehr allein, ob der Inhalt der Verlautbarung erkennbar dem Gericht zuzurechnen ist, also vom Träger der öffentlichen Gewalt herrührt (BGH NJW 1992, 1316, 1319 – Leitsätze). 15

Wird der Leitsatz hingegen von einem das Urteil **kommentierenden Autor** oder von der die Entscheidung veröffentlichenden **Fachzeitschrift** oder einem von dieser beauftragten Autor verfasst, fällt der Leitsatz nicht unter § 5 mit der Folge, dass der Urheber Schutz nach § 3 als Bearbeiter genießen kann, wenn die Bearbeitung des Leitsatzes eine eigenschöpferische Leistung aufweist (Schricker/*Katzenberger* § 5 Rn. 33; Möhring/Nicolini/*Ahlberg* § 5 Rn. 17; *Fischer* NJW 1993, 1228, 1230). Ein nichtamtlicher Leitsatz kann daher dann Urheberschutz genießen, wenn er nicht lediglich eine wörtliche Formulierung der Entscheidungsgründe darstellt oder sich in einer bloß auszugsweisen Veröffentlichung dieser Gründe erschöpft (OLG Köln NJW 1989, 3227). Die Beurteilung des Leitsatzes als selbstständiges Werk nach § 2 Abs. 1 Nr. 1 dürfte im Hinblick auf seine Eigenart ausscheiden, da es sich im Wesentlichen um ein Extrakt des wesentlichen Entscheidungsgehalts einer gerichtlichen Entscheidung handelt (vgl. aber zur Rechtsprechung § 2 Rn. 62 im HauptB). 16

III. Andere amtliche Werke i. S. d. § 5 Abs. 2

1. Im amtlichen Interesse

17 Nach § 5 Abs. 2 werden auch andere amtliche Werke gemeinfrei gestellt, wenn sie im **amtlichen Interesse** zur allgemeinen Kenntnisnahme veröffentlicht sind. Nach der Rechtsprechung kommt dem Begriff „im öffentlichen Interesse" kein staats- und verwaltungsrechtlicher Inhalt zu. Es kommt für das amtliche Interesse nicht darauf an, ob die dem Amt zugewiesenen Aufgaben eingehalten wurden oder das Amt innerhalb seines Amtsbereichs gehandelt hat. Das amtliche Interesse muss sich vielmehr unmittelbar auf die Veröffentlichung beziehen. Es muss zwar nicht besonders dringend und unabweisbar (so BGH GRUR 1965, 45, 46 – Stadtplan zu § 16 LUG; *Katzenberger* GRUR 1972, 686, 691), jedoch nach Art und Bedeutung der Information gerade darauf gerichtet sein, dass der Nachdruck oder die sonstige Verwertung des die Information vermittelnden Werkes jedermann freigegeben wird (BGH GRUR 1972, 713, 714 – Im Rhythmus der Jahrhunderte; BGH GRUR 1988, 33 – Topographische Landeskarten). Ein solches Bedürfnis kann sich aus den sozialstaatlichen Verpflichtungen des Staates zur Daseinsvorsorge oder dem Schutz gesellschaftlicher oder individueller Rechtsgüter ergeben, wie etwa die **Kennzeichnung gefährlicher Badestellen** (AmtlBegr. BT-Drucks. IV/270, 39), **amtliche Schriften zum Gesundheits-, Jugend-** und **Umweltschutz,** zur **Ausländerpolitik** oder den Gefahren im Straßenverkehr (vgl. Schricker/*Katzenberger* § 5 Rn. 51; Möhring/Nicolini/*Ahlberg* § 5 Rn. 24) oder **Merkblätter** (BGH GRUR 1987, 166, 167 – AOK-Merkblatt; a. A. Fromm/Nordemann/*Nordemann* § 5 Rn. 4). Ein amtliches Interesse besteht auch an den **patentamtlichen Veröffentlichungen** der Offenlegungs-, Auslege- oder Patentschriften, da erst durch die Veröffentlichung Dritte die Möglichkeit erhalten, die Einlegung eines Rechtsmittels zu prüfen (Schricker/*Katzenberger* § 5 Rn. 46; Möhring/Nicolini/*Ahlberg* § 5 Rn. 24).

18 **Nicht genügend** ist, dass die Veröffentlichung nur einen **notwendigen Zwischenschritt** zu einer beabsichtigten (z. B. Werbe-)Wirkung in der Öffentlichkeit darstellt oder nur ein allgemeines Interesse daran besteht, dass die Öffentlichkeit Kenntnis von dem Werk erhält. **Keine amtlichen Werke** i. S. d. § 5 Abs. 2 sind **Werbepublikationen** staatlicher Einrichtungen oder anderer öffentlicher Stellen, die der Werbung von Kunden oder neuen Mitarbeitern dienen, da diese Veröffentlichung nicht im amtlichen Interesse i. S. d. § 5 Abs. 2 erfolgt, sondern mit ihnen ein dahinterstehendes Ziel verfolgt wird (z. B. Werbefilm der Bundeswehr: BGH GRUR 1972, 713, 714 – Im Rhythmus der Jahrhunderte; Schricker/*Katzenberger* § 5 Rn. 53; a. A. Fromm/Nordemann/*Nordemann* § 5 Rn. 4).

19 Gleiches gilt für Werke, die der **politischen Information** und Meinungsbildung dienen, auch wenn sie von staatlichen Organen oder Behörden stammen, wie auch politische **Reden** von Ministern oder Staatssekretären, Schriften zur politischen Aufklärung u. ä., weil für diese in §§ 48 und 49 Sonderregelungen bestehen (zur Systematik vgl. im Einzelnen die Kommentierung zu §§ 48 und 49 im HauptB; Schricker/*Katzenberger* § 5 Rn. 47; so auch Möhring/Nicolini/*Ahlberg* § 5 Rn. 26, der bereits wegen der fehlenden amtlichen Verbindlichkeit die Anwendung des § 5 Abs. 2 ablehnt).

20 Von § 5 Abs. 2 werden weder **wissenschaftliche Publikationen** von Behörden oder staatlichen Universitäten noch **Lehr- und Unterrichtsmaterialien** staatlicher Schulen, öffentlich-rechtliche **Schulfunksendungen, Kataloge** und **Verzeichnisse** öffentlicher Museen und Bibliotheken oder amtliche **Statistiken** erfasst (Schricker/*Katzenberger* § 5 Rn. 52 m. w. N.; a. A. Fromm/Nordemann/*Nordemann* § 5 Rn. 4). Auch bei **amtlichen Karten-**

§ 5. Amtliche Werke

werken ist ein amtliches Interesse grundsätzlich nicht gegeben (so bereits AmtlBegr. BT-Drucks. IV/270, 39; BGH GRUR 1988, 33, 35 = WRP 1988, 233 – Topographische Landeskarten; BGH GRUR 1998, 916 – Stadtplanwerk). Gleiches gilt für **Briefmarken** und **Banknoten** sowie **Münzen,** die nicht unter § 5 Abs. 2 fallen, da sie nicht zur allgemeinen Kenntnisnahme veröffentlicht, sondern zum allgemeinen Gebrauch im Geldverkehr herausgebracht werden (LG München I GRUR 1987, 436 – Briefmarke; Schricker/*Katzenberger* § 5 Rn. 49; Fromm/Nordemann/*Nordemann* § 5 Rn. 4).

2. Zur allgemeinen Kenntnisnahme veröffentlicht

Das amtliche Werk muss auch **veröffentlicht** sein. Der Begriff der Veröffentlichung entspricht dem des § 6 Abs. 1, so dass das Werk **mit Zustimmung des Berechtigten** der Öffentlichkeit zugänglich gemacht worden sein muss. Nicht hierunter fallen daher Werke, die für den internen Behördengebrauch bestimmt sind, wie z. B. Anweisungen und Weisungen, Anfragen, Verhandlungsprotokolle, Sitzungsberichte und sonstige Schreiben oder Informationsmaterial zu Vorgängen innerhalb der Behörde oder im Verkehr mit anderen Behörden oder entsprechende Materialien die allein für das konkrete Verhältnis zwischen Behörde und Bürger oder Drittem bestimmt sind, wie Baupläne, Bauvorlagen oder öffentlich-rechtliche Verträge. 21

IV. Rechtsfolgen: Kein urheberrechtlicher Schutz; Einschränkung durch Bestimmungen über Änderungsverbot und Quellenangabe

Die amtlichen und gerichtlichen Entscheidungen, die die besonderen Voraussetzungen der Abs. 1 und 2 erfüllen, sind vom urheberrechtlichen Schutz ausgenommen. Damit können an ihnen weder Urheberpersönlichkeitsrechte, Verwertungsrechte noch sonstige Rechte bestehen oder geltend gemacht werden (h. M.; Schricker/*Katzenberger* § 5 Rn. 57; Fromm/Nordemann/*Nordemann* § 5 Rn. 2; Möhring/Nicolini/*Ahlberg* § 5 Rn. 3 jeweils m. w. N.). Eine Ausnahme von der Ausnahmeregelung des § 5 stellt wiederum Abs. 3 n. F. für Urheberrechte an privaten Normwerken dar, wenn Gesetze, Verordnungen, Erlasse oder amtliche Bekanntmachungen auf sie verweisen (siehe unten Rn. 25). 22

Für amtliche Werke, auf die § 5 Abs. 2 Anwendung findet, sind die Bestimmungen über **Änderungsverbot** gemäß § 62 Abs. 1 bis 3 und **Quellenangabe** gemäß § 63 Abs. 1 und 2 entsprechend anzuwenden. Mit der nur „entsprechenden" Anwendbarkeit der Vorschriften zum Änderungsverbot und zu Quellenangaben wird klargestellt, dass ein auch nur begrenzter Bestand eines urheberrechtlichen Schutzes bei diesen Werken nicht vorliegt oder erlischt, wenn es zu einem amtlichen Werk wird (h. M.; vgl. nur Möhring/Nicolini/*Ahlberg* § 6 Rn. 29; a. A. *Schack* Rn. 522, der einen Restbestand des Urheberpersönlichkeitsrechts annimmt). Daher sind erforderlichenfalls zu erteilende Genehmigungen in den Fällen der §§ 62, 63 nicht vom Urheber des amtlichen Werkes, sondern vom Rechtsträger der veröffentlichenden Behörde zu erteilen (Möhring/Nicolini/*Ahlberg* § 5 Rn. 29; Schricker/ *Katzenberger* § 5 Rn. 58; vgl. auch die Kommentierung zu §§ 62, 63). 23

Amtliche Werke, die nicht unter § 5 fallen, wie solche zum allein inneramtlichen Gebrauch oder solche, die nicht im amtlichen Interesse veröffentlicht werden, genießen **weiterhin Urheberschutz.** Mit diesem Regelungsgehalt werden die Regelungen des § 2 UrhG wie auch bereits durch die §§ 3 und 4 UrhG ergänzt, wenn auch mit umgekehrter Rechtsfolge, nämlich dass nicht ein (im Fall eines Übersetzers oder Bearbeiters gemäß § 3) oder ggf. mehrere weitere Urheber- und Leistungsschutzrechte begründet werden können 24 (im Fall eines Sammelwerks gemäß § 4). § 5 schließt daher nicht die Schaffung urheberrechtlich geschützter Werke in Erfüllung der Pflichten aus einem Dienst- oder Beamtenverhältnis aus, § 43 (vgl. § 43 Rn. 18 ff. im HauptB; *Leuze* ZfBeamtR 1997, 37).

V. Urheberrechte an privaten Normwerken i. S. d. § 5 Abs. 3

25 Abs. 3 ist dem § 5 mit dem Gesetz zur Regelung des Urheberrechtes in der Informationsgesellschaft angefügt worden. Mit diesem Gesetz soll die Multimedia-Richtlinie (siehe Anhang 2 im HauptB) zur Harmonisierung bestimmter Aspekte des Urheberrechts und der verwandten Schutzrechte in der Informationsgesellschaft (ABl. EG Nr. L 167, 10) umgesetzt werden. Neben der Harmonisierung von Teilen des Urheberrechts bezweckt die Richtlinie auch die EU-weite gemeinsame Ratifizierung des WIPO-Urheberrechtsvertrags (ABl. EG Nr. L 89, 8) und des WIPO-Vertrags über Darbietungen und Tonträger (ABl. EG Nr. L 89, 15). Mit dem Gesetz sollen im Wesentlichen zunächst nur die zwingenden, fristgebundenen Vorgaben der Richtlinie sowie die verbindlichen Vorgaben der beiden WIPO-Verträge umgesetzt werden (siehe Begr. RegE BT-Drucks. 15/38). Mit Abs. 3 soll dem hohen Schutzniveau des Urheberrechts und seiner verwandten Schutzrechte Rechnung getragen werden, da diese Rechte für das geistige Schaffen wesentlich sind. Dies heben das Europäische Parlament und der Rat der Europäischen Union unter Ziff. 9 der Gründe für den Erlass der Richtlinie 2001/29/EG (ABl. EG Nr. L 167, 10, 11) hervor: Danach trägt der Schutz des Urheberrechts und seiner verwandten Schutzrechte dazu bei, die Erhaltung und Entwicklung kreativer Tätigkeit im Interesse der Urheber, ausübenden Künstler, Hersteller, Verbraucher von Kultur und Wirtschaft sowie der breiten Öffentlichkeit sicherzustellen. Dass der deutsche Gesetzgeber derartige private Normwerke (wieder) unter urheberrechtlichen Schutz stellt, ist wegen der Multimedia-Richtlinie erforderlich geworden (den Mitgliedstaaten wurden lediglich Ausnahme- und Beschränkungsregelungen bei dem Vervielfältigungsrecht und dem Recht der öffentlichen Wiedergabe und Zugänglichmachung gewährt; vgl. insbesondere Art. 5 der Richtlinie).

26 Unter dieser Prämisse musste der nationale Gesetzgeber auch konkretisieren, welche Teile eines amtlichen Werkes (entsprechend Abs. 1) unter Umständen doch urheberrechtlichen Schutz genießen können. Denn während Werke nach bisheriger Fassung des § 5 auch nachträglich durch bloße Bezugnahme in einer amtlichen Verlautbarung zu einem amtlichen Werk werden konnten, mit der Folge fehlenden Urheberrechtsschutzes (vgl. oben Rn. 7), wird man dies nunmehr anders bewerten müssen.

27 Unter **private Normwerke** dürften **nunmehr auch** solche Werke zu fassen sein, die etwa von unabhängigen Ausschüssen erstellt werden, auf die in einem amtlichen Werk wie Gesetz, Erlass, Verordnung oder amtlicher Bekanntmachung Bezug genommen wird. Hiernach hängt es nicht mehr davon ab, ob jenes Werk normergänzenden Charakter hat (etwa DIN-Normen – BGH GRUR 1990, 1003, 1004) oder nicht (etwa technische Regelwerke oder VOB, VOL, VOF – OLG Köln ZUM-RD 1998, 110, 111). Allein maßgeblich ist der dahinterstehende urheberrechtliche Schutz der schöpferischen Leistung, auf die verwiesen wird. Zur Vermeidung von Rechtsunsicherheiten dürfte der Gesetz- und Verordnungsgeber daher verstärkt die Regelungen des § 5 Abs. 3 a. E. nutzen und die jeweiligen privaten Normwerke in den Gesetzen, Verordnungen, Erlassen und amtlichen Bekanntmachungen in den Regelungen in ihrem Wortlaut wiedergeben. Dabei dürfte die Wiedergabe der privaten Normwerke etwa in einem Anhang einer Verordnung ausreichend sein, um den Anforderungen des § 5 Abs. 3 zu genügen.

Abschnitt 4. Inhalt des Urheberrechts

Unterabschnitt 3. Verwertungsrechte

§ 15. Allgemeines

(1) Der Urheber hat das ausschließliche Recht, sein Werk in körperlicher Form zu verwerten; das Recht umfasst insbesondere
1. das Vervielfältigungsrecht (§ 16),
2. das Verbreitungsrecht (§ 17),
3. das Ausstellungsrecht (§ 18).

(2) Der Urheber hat ferner das ausschließliche Recht, sein Werk in unkörperlicher Form öffentlich wiederzugeben (Recht der öffentlichen Wiedergabe). Das Recht der öffentlichen Wiedergabe umfasst insbesondere
1. das Vortrags-, Aufführungs- und Vorführungsrecht (§ 19),
2. das Recht der öffentlichen Zugänglichmachung (§ 19a),
3. das Senderecht (§ 20),
4. das Recht der Wiedergabe durch Bild- oder Tonträger (§ 21),
5. das Recht der Wiedergabe von Funksendungen und von öffentlicher Zugänglichmachung (§ 22).

(3) Die Wiedergabe ist öffentlich, wenn sie für eine Mehrzahl von Mitgliedern der Öffentlichkeit bestimmt ist. Zur Öffentlichkeit gehört jeder, der nicht mit demjenigen, der das Werk verwertet, oder mit den anderen Personen, denen das Werk in unkörperlicher Form wahrnehmbar oder zugänglich gemacht wird, durch persönliche Beziehungen verbunden ist.

Literatur: *Ahrens,* Napster, Gnutella, FreeNet & Co – die immaterialgüterrechtliche Beurteilung von Internet-Musiktauschbörsen, ZUM 2000, 1029; *Berger,* Urheberrechtliche Erschöpfungslehre und digitale Informationstechnologie, GRUR 2002, 198; *Bornkamm,* Die Erschöpfung des Senderechts: Ein Irrweg?, in: Erdmann (Hrsg.), Festschrift für v. Gamm, Köln 1990, 329; *Ernst,* Urheberrechtliche Probleme bei der Veranstaltung von On-Demand-Diensten, GRUR 1997, 592; *Gounalakis,* Erschöpfung des Senderechts, ZUM 1986, 638; *Hoeren,* Überlegungen zur urheberrechtlichen Qualifizierung des elektronischen Abrufs, CR 1996, 516; *Kotthoff,* Zum Schutz von Datenbanken beim Einsatz von CD-ROMs in Netzwerken, GRUR 1997, 597; *Kur,* Händlerwerbung für Markenartikel aus urheberrechtlicher Sicht – Präsentationsrecht als neue Schutzschranke?, GRUR Int. 1999, 24; *Leupold,* Auswirkung der Multimediagesetzgebung auf das Urheberrecht, CR 1998, 234; *Leupold/Demisch,* Bereithalten von Musikwerken zum Abruf in digitalen Netzen, ZUM 2000, 379; *Reinbothe,* Die Umsetzung der EU-Urheberrechtsrichtlinie in deutsches Recht, ZUM 2002, 43; *Ulmer,* Die Entscheidung zur Kabelübertragung von Rundfunksendungen im Lichte urheberrechtlicher Grundsätze, GRUR Int. 1981, 372; *Wandtke/Schäfer,* Music-on-Demand – Neue Nutzungsart im Internet?, GRUR Int. 2000, 187; *Zscherpe,* Urheberrechtsschutz digitalisierter Werke im Internet, MMR 1998, 404.

Übersicht

	Rn.		Rn.
I. Regelungsgehalt	1–4	III. Zusammenspiel mit anderen Bestimmungen des UrhG	8–10
1. Bedeutung	1	IV. Bereithalten zum elektronischen Abruf	11
2. Systematik	2		
3. Privater Werkgenuss	3	V. Öffentliche Wiedergabe, § 15 Abs. 3	12–19
4. Beteiligung des Urhebers	4	1. Mehrzahl von Personen	13
II. Körperliche/unkörperliche Verwertung	5–7	2. Gleichzeitigkeit	14

	Rn.		Rn.
3. Räumliche Verbundenheit	15	1. Frühere Rechtsprechung	21, 22
4. Privater Personenkreis	16–19	2. Neuere Rechtsprechung	23–25
VI. Erschöpfungsgrundsatz	20–25		

I. Regelungsgehalt

1. Bedeutung

1 Für die wirtschaftliche Auswertung des Urheberrechts sind die Verwertungsrechte von entscheidender Bedeutung. Sie regeln die materiellen Befugnisse des Urhebers. Der Urheber allein darf entscheiden, ob und wie sein Werk verwertet wird. Zweck **dieses absoluten Rechtes** ist es in erster Linie, dem Urheber die wirtschaftliche Verwertung seines Werkes zu ermöglichen (AmtlBegr. bei: *M. Schulze* 397). Diese Befugnis ermöglicht es dem Urheber, anderen gemäß § 31 Nutzungsrechte an seinem Werk einzuräumen und hierfür eine Vergütung zu verlangen. Dieser vertragliche Vergütungsanspruch ist gegebenenfalls nach § 32 anzupassen, falls die Vergütung unangemessen sein sollte (siehe § 32 Rn. 12 ff. im HauptB).

2. Systematik

2 § 15 gewährt als **Generalklausel** dem Urheber das alleinige Recht, sein Werk zu nutzen (positives Benutzungsrecht) und Dritte von der Benutzung auszuschließen (negatives Verbietungsrecht). Die häufigsten Nutzungsarten sind in § 15 aufgeführt. Die Aufzählung ist nicht abschließend. Der Gesetzgeber wollte 1965 ganz bewusst eine Regelung treffen, die dem Urheber auch seinerzeit noch nicht bekannte Verwertungsrechte vorbehielt (AmtlBegr. bei: *M. Schulze* 436). Das Verwertungsrecht des Urhebers erstreckt sich damit automatisch auf **neue Verwertungsformen.** So war es bereits vor der gesetzlichen Normierung des Rechts der Zugänglichmachung in § 19a unstreitig, dass dieses Recht unter die Generalklausel des § 15 fiel und damit dem Urheber vorbehalten war (siehe § 15 a. F. Rn. 11 ff. im HauptB). Auch durch Einführung des § 19a hat sich nichts daran geändert, dass § 15 keine abschließende Aufzählung der Rechte des Urhebers enthält (Begr. BT-Drucks. 15/38, 17). Die nachfolgenden Vorschriften (§§ 16–22) enthalten die Definitionen der in § 15 genannten Rechte. Für einzelne Verwertungsarten enthalten sie auch sehr weitgehende Einschränkungen von dem in § 15 normierten Grundsatz, dass der Urheber allein entscheiden darf, ob und wie sein Werk verwertet wird. So ist das Verbreitungsrecht nach § 17 Abs. 2 auf die Erstverbreitung eines Werkexemplars (dazu § 17 Rn. 12 ff. im HauptB) und das Ausstellungsrecht nach § 18 auf die Ausstellung von unveröffentlichten Werkstücken beschränkt (dazu § 18 Rn. 2 im HauptB). Das Verwertungsrecht des Urhebers greift bei mehreren aufeinander folgenden Werknutzungen grundsätzlich bei jeder einzelnen Nutzung ein. Der Urheber kann beispielsweise nach § 17 auch über die Verbreitung von mit seiner Zustimmung hergestellten Vervielfältigungsstücken entscheiden und er kann nach § 21 über die Wiedergabe von mit seiner Zustimmung hergestellten und verbreiteten Tonträgern entscheiden. § 15 Abs. 1 regelt die Verwertung des Werkes in körperlicher Form, § 15 Abs. 2 die Verwertung in unkörperlicher Form (dazu § 15 Rn. 5). § 15 Abs. 3 definiert, wann eine Wiedergabe „öffentlich" i. S. d. § 15 Abs. 2 ist (dazu § 15 Rn. 12 ff.).

3. Privater Werkgenuss

Die Verwertungsrechte des Urhebers erfassen nicht den schlichten Genuss des Werkes (Lesen, Hören, Anschauen) durch den Endverbraucher. Die private Nutzung ist gemeinfrei. Mittelbar aber ist es der Endverbraucher, der die Vergütung für die Nutzung zu zahlen hat. Denn die Werkverwerter (Verlage, Verleiher) wälzen die von ihnen für die Verwertung zu zahlenden Entgelte über den Preis der Produkte regelmäßig auf den Endverbraucher ab. Wirtschaftlich handelt es sich daher bei den Verwertungsrechten um ein Stufensystem zur mittelbaren Erfassung der Endverbraucher (BVerfGE 31, 255, 267; BVerfG GRUR 1997, 123 – Kopierladen I).

4. Beteiligung des Urhebers

§ 15 wird häufig verstanden als eine Ausprägung des „Grundsatzes der tunlichst angemessenen Beteiligung des Urhebers an dem wirtschaftlichen Nutzen, der aus dem Werk gezogen wird" (AmtlBegr. bei: *M. Schulze* 401; BGH NJW 2002, 3393, 3395 – Elektronischer Pressespiegel; BGHZ 116, 305, 308 – Altenwohnheim II; BGH GRUR 1990, 1005, 1007 – Salome I; BGH GRUR 1993, 822, 824 – Katalogbild). Danach soll der Urheber grundsätzlich an jedem neuen Verwertungsvorgang teilhaben, der eine neue gewerbliche Ausbeutung mit sich bringt. Die Rechtsprechung leitet diesen Grundsatz aus der verfassungsrechtlichen Garantie des geistigen Eigentums in Art. 14 GG ab (BGH GRUR 1985, 131, 132 – Zeitschriftenauslage beim Friseur). Sie zieht diesen Grundsatz heran, um eine restriktive Auslegung der Schranken des Urheberrechtes zu begründen (BGH NJW 2002, 3393, 3395 – Elektronischer Pressespiegel; BGH WRP 2002, 712, 713 – Verhüllter Reichstag; BGHZ 116, 305, 308 – Altenwohnheim II). Dieser Grundsatz ist indes nur von begrenztem Erkenntniswert. Denn zum einen ist der Grundsatz zu weit. Er besagt nicht, dass dem Urheber jede nur denkbare wirtschaftliche Verwertungsmöglichkeit zuzuordnen wäre (BGH GRUR 1985, 131, 132 – Zeitschriftenauslage beim Friseur). Das ist auch durch Art. 14 GG nicht geboten (BVerfG GRUR 1988, 687, 689 – Zeitschriftenauslage). Zudem sind neben den Interessen der Urheber auch die durch die Schrankenbestimmungen geschützten Interessen zu beachten und bei der Auslegung gegen die Interessen der Urheber abzuwägen (BGH NJW 2002, 3393, 3395 – Elektronischer Pressespiegel; BGH WRP 2002, 712, 713 – Verhüllter Reichstag). Zum anderen ist der Grundsatz zu eng, denn auf die gewerbliche Ausbeutung kommt es nicht an. § 15 eröffnet vielmehr auch dann ein Verwertungsrecht des Urhebers, wenn das Werk nicht gewerbsmäßig genutzt wird (BGHZ 17, 266, 282 – Grundig-Reporter). Dass bei aufeinander folgenden Nutzungen grundsätzlich jede einzelne Nutzung unter die Verwertungsrechte fällt, ergibt sich unmittelbar aus der Systematik des UrhG. So greift das Verbreitungsrecht nach § 17 Abs. 1 auch bei Vervielfältigungsstücken, obgleich bereits die Herstellung dieser Vervielfältigungsstücke nach § 16 Abs. 1 der Zustimmung des Urhebers bedarf.

II. Körperliche/unkörperliche Verwertung

Die Verwertung in körperlicher Form ist nach § 15 Abs. 1 dem Urheber vorbehalten, soweit nicht §§ 16–18 Ausnahmen enthalten. Unkörperliche Verwertungshandlungen dagegen sind nach § 15 Abs. 2 nur dann dem Urheber vorbehalten, wenn sie öffentlich sind. Nichtöffentliche unkörperliche Verwertungshandlungen haben privaten Charakter und sind gemeinfrei.

6 Jede **körperliche** Verwertung i. S. d. § 15 Abs. 1 setzt eine körperliche Festlegung des Werkes voraus, die geeignet ist, das Werk – mittelbar oder unmittelbar – den menschlichen Sinnen zugänglich zu machen (AmtlBegr. bei: *M. Schulze* 439; st. Rspr., vgl. BGH GRUR 1983, 28, 29 – Presseberichterstattung und Kunstwerkwiedergabe II). Mittelbar ist das Werk zugänglich, wenn es auf einem Speichermedium (DVD, Videokassette, CD, CD-ROM, Diskette, Festplatte) festgelegt ist. Unter die körperliche Verwertung fallen somit alle Verwertungsarten, die das Original oder Vervielfältigungen des Werkes zum Gegenstand haben (Werkstücke).

7 **Unkörperliche** Verwertung ist jede Wiedergabe des Werkes, die nicht mit einer körperlichen Festlegung einhergeht, also der Vortrag, die Sendung, die Aufführung. Nur die öffentliche Wiedergabe ist dem Urheber vorbehalten; die nichtöffentliche Wiedergabe eines Werkes ist gemeinfrei. Wann die Wiedergabe öffentlich ist, regelt § 15 Abs. 3, und zwar deutlich enger, als es dem allgemeinen Sprachgebrauch entspricht. Eine Wiedergabe ist schon dann öffentlich, wenn sie für eine Mehrzahl von Mitgliedern der Öffentlichkeit bestimmt ist. Darauf, ob und von wie vielen Rezipienten die Wiedergabe tatsächlich wahrgenommen wird, kommt es nicht an (näher § 15 Rn. 13).

III. Zusammenspiel mit anderen Bestimmungen des UrhG

8 Die Regelungen der §§ 16–22 gehen der Generalklausel des § 15 als speziellere Regelungen vor. Wenn eine der dort einzeln definierten Verwertungsarten einschlägig ist, erübrigt sich der Rückgriff auf die Grundsätze des § 15. Mitunter ist der Rückgriff auf § 15 auch falsch, weil die dort festgehaltenen Grundsätze bei den einzelnen Verwertungsarten teilweise deutlich eingeschränkt sind, z. B. in § 17 und § 18. Nur wenn keine der in §§ 16–22 genannten Verwertungsarten einschlägig ist, ist zu fragen, ob eine körperliche Verwertung i. S. d. § 15 Abs. 1 oder eine unkörperliche öffentliche Wiedergabe i. S. d. § 15 Abs. 2 vorliegt. Weitere Schranken des in § 15 normierten Grundsatzes enthalten die §§ 44 a–63. Ist ein Werkstück mit Zustimmung des Urhebers in den Verkehr gelangt, so bildet der Erschöpfungsgrundsatz eine weitere Schranke der Verwertungsrechte (Einzelheiten § 15 Rn. 20 ff.).

9 Da nach § 15 grundsätzlich dem Urheber das Recht zusteht, sein Werk zu verwerten, kann er gegen Dritte, die das Werk widerrechtlich verwerten, vorgehen. Er kann diese nach § 97 Abs. 1 auf **Beseitigung** der Beeinträchtigung, auf **Unterlassung** und auf **Schadenersatz** in Anspruch nehmen. Zudem ist der Verstoß gegen §§ 15 ff. in § 106 strafrechtlich sanktioniert.

10 Das **Verfilmungsrecht** des Urhebers ist in § 23 nicht als eigene Verwertungsart aufgenommen, sondern als Sonderfall der Bearbeitung. Abweichend von dem sonst für die Bearbeitung geltenden Grundsatz bedarf bereits die Verfilmung, also die Herstellung der Bearbeitung, der Einwilligung des Urhebers (siehe § 23 Rn. 15 im HauptB). Wird ein Werk dagegen ohne Bearbeitung in einem Film gezeigt, handelt es sich um eine Vervielfältigung und es gilt § 16 (siehe § 23 Rn. 25 im HauptB).

IV. Bereithalten zum elektronischen Abruf

11 Die Qualifikation des **Bereithaltens** urheberrechtlich geschützter Werke **zum elektronischen Abruf** war lange umstritten (siehe § 15 a. F. Rn. 11–19 im HauptB). § 15 Abs. 2 Nr. 2 regelt dieses Recht nunmehr in Einklang mit Art. 3 Multimedia-Richtlinie als Unterfall

§ 15. Allgemeines

der öffentlichen Wiedergabe. Das entspricht den Vorgaben in Art. 3 Multimedia-Richtlinie, Art. 8 WCT und Art. 14 WPPT. Diese Qualifikation bringt es mit sich, dass nicht jedes Bereithalten zum elektronischen Abruf dem Urheber vorbehalten ist, sondern nur das Bereithalten zum elektronischen Abruf durch die Öffentlichkeit. Die Definition des Rechtes der öffentlichen Zugänglichmachung in § 19a ist allerdings recht eng. § 19a ist nur einschlägig, wenn das Werk von Orten und zu Zeiten nach Wahl des Abrufers zugänglich ist (siehe § 19a Rn. 7 ff.). Die Definition ist insofern enger als in Art. 3 Abs. 1 Multimedia-Richtlinie, Art. 8 WCT und Art. 14 WPPT. Alle genannten Normen sehen vor, dass das Recht der öffentlichen Zugänglichmachung **einschließlich** der Zugänglichmachung an Orten und zu Zeiten nach Wahl der Mitglieder der Öffentlichkeit dem Urheber vorbehalten ist. Der Erwägungsgrund Nr. 24 der Multimedia-Richlinie stellt ausdrücklich klar, dass das Recht der öffentlichen Zugänglichmachung so verstanden werden soll, dass es „alle Handlungen der Zugänglichmachung ... umfasst, die an dem Ort, an dem die Zugänglichmachung ihren Ursprung nimmt, nicht anwesend sind." Somit verbleibt in diesem Bereich nach wie vor ein Anwendungsbereich für die Generalklausel des § 15 Abs. 2. So sind z. B. im Bereich digitaler Netze Nutzungsformen denkbar, bei denen das Kriterium „zu Zeit der Wahl" nicht erfüllt ist (so auch Begr. BT-Drucks. 15/38, 17). In diesen Fällen ist – wie zuvor – auf die Generalklausel des § 15 Abs. 2 zurückzugreifen, sofern nicht §§ 19, 20, 21 oder 22 einschlägig sind.

V. Öffentliche Wiedergabe, § 15 Abs. 3

§ 15 Abs. 3 S. 1 definiert den Begriff der öffentlichen Wiedergabe. Anders als in der **12** früheren Fassung der Vorschrift (siehe § 15 a. F. Rn. 20 im HauptB) enthält S. 2 nunmehr eine allgemeine Definition der Öffentlichkeit, die bei der Auslegung des Begriffes der „Öffentlichkeit" in anderen Vorschriften heranzuziehen ist. Das Kriterium „Mehrzahl" hingegen betrifft allein die Definition der öffentlichen Wiedergabe (so zur alten Rechtslage bereits BGHZ 113, 159, 161 – Einzelangebot).

1. Mehrzahl von Personen

Erforderlich ist zunächst, dass die Wiedergabe für eine Mehrzahl von Personen bestimmt **13** ist. Dies ist nach objektiven Kriterien zu beurteilen. Wer ein Werk vor einer Mehrzahl von Personen wiedergibt, kann sich nicht darauf berufen, die Wiedergabe sei lediglich für einen Teil der Personen „bestimmt" gewesen (AG Kassel NJW-RR 2000, 493). Darauf, ob die Wiedergabe tatsächlich von einer Mehrzahl von Personen wahrgenommen wird, kommt es nicht an (BGHZ 123, 149, 152 – Verteileranlage in Haftanstalt). Der BGH hat offengelassen, ob bereits **zwei Personen** eine „Mehrzahl von Personen" i. S. d. § 15 Abs. 3 a. F. sind (BGH GRUR 1996, 875, 876 – Zweibettzimmer im Krankenhaus). Die Frage ist richtigerweise sowohl nach alter als auch nach neuer Rechtslage zu bejahen (für die alte Rechtslage: Fromm/Nordemann/*Nordemann* § 15 Rn. 4). Allerdings ist kaum ein Fall vorstellbar, bei dem die zwei Personen, für die die Wiedergabe bestimmt ist, nicht durch persönliche Beziehungen untereinander oder zum Verwerter verbunden sind.

2. Gleichzeitigkeit

Nach einer früher verbreiteten Meinung soll eine Wiedergabe nur dann öffentlich sein, **14** wenn ein Werk gegenüber einer Mehrzahl der Personen gleichzeitig wiedergegeben wird

(*Hoeren* CR 1996, 517, 518; Schricker/*v. Ungern-Sternberg* § 15 Rn. 59 m. w. N.; obiter dictum: BGHZ 113, 159, 161 – Einzelangebot; OLG München ZUM 1998, 413, 415). § 19 a stellt indes mittlerweile ausdrücklich klar, dass eine öffentliche Wiedergabe auch dann vorliegt, wenn das Werk Mitgliedern der Öffentlichkeit zu Zeiten ihrer Wahl zugänglich ist, so dass es auf eine Gleichzeitigkeit der Wiedergabe nicht ankommt. § 15 Abs. 3 enthält zwar keine entsprechende Klarstellung. Aber § 19 a regelt nach dem eindeutigen Wortlaut des § 15 Abs. 2 lediglich einen Unterfall der öffentlichen Wiedergabe. Es wäre daher systemwidrig, wenn dieser Unterfall einen weitergehenden Anwendungsbereich als § 15 Abs. 2 hätte. Eine öffentliche Wiedergabe liegt daher auch dann vor, wenn sie nicht gegenüber einer Mehrzahl von Personen gleichzeitig erfolgt (so auch schon für die alte Rechtslage: Fromm/Nordemann/*Nordemann* § 15 Rn. 4; *Ernst* GRUR 1997, 592, 594; *Leupold* CR 1998, 234, 240; *Zscherpe* MMR 1998, 404, 407; *Wandtke/Schäfer* GRUR Int. 2000, 187, 190).

3. Räumliche Verbundenheit

15 Anders als die Definition des § 15 Abs. 3 nahelegt, ist der Begriff der öffentlichen Wiedergabe abhängig von der Verwertungsart leicht unterschiedlich auszulegen (so auch Fromm/Nordemann/*Nordemann* § 15 Rn. 4). Grundsätzlich ist es nicht erforderlich, dass sich alle Personen, an die sich die Wiedergabe richtet, in einem Raum befinden, wie § 19 a belegt. Es ist auch nicht erforderlich, dass überhaupt eine räumliche Verbundenheit zwischen diesen Personen besteht. Öffentlich ist eine Wiedergabe daher auch dann, wenn sie gegenüber räumlich getrennten Nutzern – beispielsweise über das Internet – erfolgt. Im Rahmen der §§ 21 und 22 hingegen gilt die etwas engere Definition. Bei diesen Vorschriften ist auf das einzelne Wiedergabegerät abzustellen. Die Wiedergabe ist nur dann öffentlich, wenn der Empfängerkreis an einem Ort versammelt und die Wiedergabe für ihn gemeinsam wahrnehmbar ist. Im Rahmen dieser Vorschriften kommt es auch auf das ansonsten abzulehnende Merkmal der „gemeinsamen" Wiedergabe an. Dies folgt indes nicht aus § 15 Abs. 3, sondern aus der Auslegung der §§ 21 und 22 (siehe § 21 Rn. 4 und § 22 Rn. 2, jeweils im HauptB).

4. Privater Personenkreis

16 Auch wenn sich die Wiedergabe an mehrere Personen richtet, ist sie nach § 15 Abs. 3 nicht öffentlich, wenn der Kreis der Personen bestimmt abgegrenzt ist und diese entweder untereinander oder durch denjenigen, der das Werk verwertet, **persönlich verbunden** sind. Beide Voraussetzungen werden meist nicht genau auseinandergehalten. Bei Veranstaltungen kommt es letztlich darauf an, ob es sich um eine private Veranstaltung handelt. Steht der Eintritt jedermann – gegebenenfalls nach Kauf einer Eintrittskarte – frei, ist der Personenkreis nicht abgegrenzt. Hieran hat sich durch die Neuformulierung des § 15 Abs. 3 nichts geändert, so dass die Rechtsprechung zu § 15 Abs. 3 a. F. nach wie vor heranzuziehen ist. Ob eine persönliche Beziehung vorliegt, hängt sowohl von der Zahl der Personen als auch der Art ihrer durch die jeweiligen Umstände geprägten Beziehung ab. Eine familiäre oder freundschaftliche Verbindung ist nicht notwendig (OLG München ZUM 1986, 482, 483). Entscheidend ist, ob ein enger gegenseitiger Kontakt besteht. Nicht ausreichend ist eine vertragliche Beziehung (OLG Frankfurt NJW-RR 1986, 1056, 1057 – Tanzkurs III; BGH GRUR 1983, 562, 563 – Zoll- und Finanzschulen; BGH GRUR 1955, 549, 550 – Betriebsfeier). Auch die Zugehörigkeit aller Anwesenden zu einer bestimmten Gruppe reicht nicht. Öffentlich ist daher die Wiedergabe im Wohnheim (BGH GRUR 1975, 33, 34

– Altersmwohnheim) und im Gefängnis (BGH GRUR 1984, 734, 735 – Vollzugsanstalten). Auch die Wiedergabe bei Betriebsfeiern ist öffentlich, wenn es sich nicht um einen kleinen Betrieb handelt, bei dem tatsächlich engere Bindungen bestehen (KG ZUM 2002, 828, 831 – Versendung von Pressespiegeln per E-Mail; BGH GRUR 1955, 549, 551 – Betriebsfeiern). Ausreichend ist es hingegen, wenn eine gemeinsame private Sphäre entsteht. Sympathie ist nicht entscheidend. Persönlich verbunden sind danach zwei Personen, die sich ein Zweibettzimmer im Krankenhaus teilen (BGH GRUR 1996, 875, 876 – Zweibettzimmer im Krankenhaus). Bei zehntägigen berufsbildenden Seminaren hingegen sollen „nach der Lebenserfahrung" trotz internatsmäßiger Unterbringung keine persönlichen Beziehungen aller Teilnehmer untereinander entstehen (BGH GRUR 1983, 562, 563 – Zoll- und Finanzschulen; BGH vom 26. 6. 1986, I ZR 5/84, juris Nr. KORE 554 759 105).

Bei der Zulassung Außenstehender soll das erforderliche persönliche Band auch dann **17** fehlen, wenn es sich um Angehörige oder Freunde von Beteiligten handelt (BGH GRUR 1955, 549, 551 – Betriebsfeiern; BGH GRUR 1960, 338, 339 – Tanzstundenabschlussbälle). Das dürfte zu weit gehen. Die vereinzelte Zulassung von Freunden oder Verwandten lässt den privaten Charakter einer Veranstaltung nicht entfallen. Etwas anderes gilt aber dann, wenn gezielt auch dieser Personenkreis angesprochen wird.

Der Begriff des „Veranstalters" hat in § 15 Abs. 3 keine Bedeutung mehr. Er wurde durch **18** die Formulierung „demjenigen, der das Werk verwertet" ersetzt, um so dem erweiterten Anwendungsbereich der Definition (vgl. § 15 Rn. 12) Rechnung zu tragen (Begr. BT-Drucks. 15/38, 17). Verwerter ist derjenige, der die Verwertung des Werkes angeordnet hat und durch dessen Tätigkeit sie ins Werk gesetzt ist (so für den Begriff des Veranstalters in § 15 Abs. 3 a. F.: BGH GRUR 1956, 515, 516 – Tanzkurse). Es kann sich um eine natürliche oder eine juristische Person handeln (so für den Begriff des Veranstalters in § 15 Abs. 3 a. F.: Möhring/Nicolini/*Kroitzsch* § 15 Rn. 32; BGH GRUR 1975, 33, 34 – Altersmwohnheim). Im letzten Fall ist darauf abzustellen, ob eine persönliche Verbundenheit zwischen den Teilnehmern und der für die juristische Person handelnden natürlichen Person zustande kommt (BGH GRUR 1975, 33, 34 – Altersmwohnheim). Auch hier sind persönliche Beziehungen zu fordern. Diese sind bei Vorlesungen in Hochschulen und vergleichbaren Veranstaltungen mit großem Teilnehmerkreis in der Regel nicht gegeben (OLG Koblenz NJW-RR 1987, 699, 700).

Als **Faustregel** gilt: Je mehr Personen, desto eher fehlt es an der persönlichen Verbunden- **19** heit. Je weniger Personen, desto eher sind sie persönlich verbunden (OLG München ZUM 1986, 482, 483). Bei 100 Personen spricht die Lebenserfahrung gegen einen hinreichend persönlichen Kontakt untereinander.

VI. Erschöpfungsgrundsatz

Nach § 17 Abs. 2 ist die Weiterverbreitung eines Werkstücks, das mit Zustimmung des **20** Berechtigen im europäischen Wirtschaftsraum in den Verkehr gekommen ist, mit Ausnahme der Vermietung zulässig. Die Erstverbreitung bedarf der Zustimmung des Urhebers, jede weitere Verbreitung ist ohne seine Zustimmung zulässig. Die übrigen Verwertungsrechte aber bleiben durch die Erstverbreitung grundsätzlich unberührt. Parallele Regelungen finden sich in § 69c Nr. 3 für Computerprogramme und in § 87b Abs. 2 für Datenbanken. Diese Regelungen sind Ausnahmen von dem allgemeinen Grundsatz, dass der Urheber bei mehreren aufeinander folgenden Werknutzungen jeder Nutzung zustimmen muss (vgl. oben § 15

Rn. 4). § 17 Abs. 2 ist indes nach der Rechtsprechung Ausdruck eines allgemeinen Rechtsgedankens, der im gesamten gewerblichen Rechtsschutz und Urheberrecht Anwendung findet – dem Erschöpfungsgrundsatz. Ob und gegebenenfalls mit welchem Inhalt ein solcher Grundsatz über die gesetzlich geregelten Fälle hinaus anzuerkennen ist, wird seit langem kontrovers diskutiert.

1. Frühere Rechtsprechung

21 Die Rechtsprechung meinte früher, es gebe einen allgemeinen Rechtsgrundsatz, wonach „der Rechtsinhaber durch eigene Benutzungshandlungen das ihm vom Gesetz eingeräumte ausschließliche Verwertungsrecht ausgenutzt und damit verbraucht hat, so dass bestimmte weitere Verwertungshandlungen nicht mehr vom Schutzrecht umfasst werden" (BGHZ 79, 350, 357 – Kabelfernsehen in Abschattungsgebieten; BGH GRUR 1988, 206, 210 – Kabelfernsehen II; so auch *Gounalakis* ZUM 1986, 638; *Bornkamm* FS v. Gamm 329, 339). Diese Formel führte aber über die konkret entschiedenen Fälle hinaus nicht weiter. Denn die Frage schloß sich an, welche weiteren Verwertungsformen nicht mehr umfasst würden und welche Kriterien gelten sollten. Der BGH meinte, mittels dieser vagen Formel eine Erschöpfung auch auf Grund anderer Verwertungsvorgänge als der Verbreitung begründen zu können, z. B. des Senderechtes. Der Berechtigte könne nicht verbieten, dass die empfangenen Signale per Kabel in Gebiete, die im Funkschatten von Hochhäusern liegen, weitergeleitet würden (BGHZ 79, 350, 357 – Kabelfernsehen in Abschattungsgebieten). In der Folgezeit schränkte der BGH zunächst ein, dass bei einer Kabelweiterleitung außerhalb des Versorgungsbereiches des Ursprungsunternehmens keine Erschöpfung eintrete (BGH GRUR 1988, 206 – Kabelfernsehen II). In der Literatur wurde der so verstandene Erschöpfungsgrundsatz überwiegend abgelehnt (*Ulmer* GRUR Int. 1981, 372, 375 f.; Fromm/Nordemann/*Nordemann* § 15 Rn. 3; Möhring/Nicolini/*Kroitzsch* § 15 Rn. 25; Schricker/*v. Ungern-Sternberg* § 15 Rn. 34 ff. m. w. N.).

22 Mittlerweile hat der BGH sehr deutlich – wenn auch als obiter dictum – ganz allgemein in Frage gestellt, ob bei den Rechten der öffentlichen Wiedergabe eine Erschöpfung des Rechtes eintreten könne (BGH ZUM 2000, 749, 751 – Kabelweitersendung). Die Bedenken, die der BGH geäußert hat, sind überzeugend: Art. 8 Abs. 1 der Richtlinie 93/83/EWG vom 27. 9. 1993 zur Koordinierung bestimmter urheber- und leistungsschutzrechtlicher Vorschriften betreffend Satellitenrundfunk und Kabelweiterverbreitung (Satelliten- und Kabelrichtlinie) lässt die Annahme nicht zu, das Recht zur Kabelweitersendung könne durch das Senderecht erschöpft werden (Einzelheiten bei Schricker/*v. Ungern-Sternberg* § 15 Rn. 37). Die Erwägungsgründe Nr. 33 und 43 der Richtlinie 96/9/EG vom 11. 3. 1996 über den rechtlichen Schutz von Datenbanken (Datenbankrichtlinie) schließen eine Erschöpfung des Verbreitungsrechts durch Online-Leistungen aus. Mittlerweile sieht Art. 3.3 Multimedia-Richtlinie ausdrücklich vor, dass sich weder das Recht der öffentlichen Wiedergabe noch das Recht der „öffentlichen Zugänglichmachung der Werke in der Weise, dass sie Mitgliedern der Öffentlichkeit von Orten und zu Zeiten ihrer Wahl zugänglich sind", mit Handlungen der öffentlichen Wiedergabe oder der Zugänglichmachung für die Öffentlichkeit erschöpfen.

2. Neuere Rechtsprechung

23 Richtigerweise muss man die Verwertungsrechte über die gesetzlich geregelten Fälle hinaus im Interesse an der Verkehrsfähigkeit der mit Zustimmung des Berechtigten in

§ 15. Allgemeines   24, 25   § 15 UrhG

Verkehr gesetzten Waren in gewissem Maße einschränken (BGH ZUM 2000, 1082, 1084 – Parfumflakons; BGH GRUR 1986, 736, 737 f. – Schallplattenvermietung). Das gilt in erster Linie für urheberrechtlich geschützte Gebrauchsartikel. § 17 Abs. 2 sieht zwar – wie § 69 c Nr. 3 und § 87 b Abs. 2 – lediglich eine Erschöpfung des Verbreitungsrechtes vor, nicht aber des Vervielfältigungsrechtes. Der Weitervertrieb von Waren ist aber häufig nur mit werblichen Ankündigungen möglich, auf denen das Produkt abgebildet ist. Könnte der Hersteller mit Hilfe des Urheberrechts die Abbildung eines urheberrechtlich geschützten Produktes in einem solchen Werbeprospekt verbieten, könnte er entgegen der Wertung des § 17 Abs. 2 den Weitervertrieb des Produktes kontrollieren. Auf europäischer Ebene wäre dies eine unzulässige Beschränkung des freien Warenverkehrs (EuGH GRUR Int. 1998, 140, 144 – Dior/Evora). Nach Auffassung des EuGH kann daher der Inhaber eines Urheberrechts „einen Wiederverkäufer, der gewöhnlich Artikel der gleichen Art, aber nicht unbedingt gleicher Qualität wie die geschützten Waren vertreibt, nicht daran hindern ..., diese im Rahmen der für seine Branche üblichen Werbeformen zu benutzen, um der Öffentlichkeit den weiteren Vertrieb anzukündigen, sofern nicht erwiesen ist, dass die Benutzung dieser Waren ihren Ruf im konkreten Fall erheblich schädigt" (EuGH GRUR Int. 1998, 140, 144 – Dior/Evora). Der BGH hat sich diesem Gedanken in einem sehr ähnlichen Fall angeschlossen, ihn allerdings – da ein Inlandssachverhalt zu entscheiden war – als allgemeinen Grundsatz § 17 Abs. 2 entnommen. Der Hersteller eines Parfums in einem urheberrechtlich geschützten Flakon könne die Abbildung des Flakons auf einem Prospekt nicht verbieten. Der BGH argumentierte damit, die Zustimmung des Berechtigten zum Vertrieb der Flakons umfasse nicht nur den Weitervertrieb, sondern auch eine werbliche Ankündigung, die „im Zusammenhang mit dem (zulässigen) Weitervertrieb steht und sich im Rahmen dessen hält, was für einen solchen Vertrieb üblich ist" (BGH ZUM 2000, 1082, 1084 – Parfumflakons). Den Ausdruck „Erschöpfungsgrundsatz" hat der BGH nicht benutzt. Der Sache nach geht es aber um nichts anderes als um einen allgemeinen Rechtsgedanken, der § 17 Abs. 2 UrhG und § 24 MarkenG zu entnehmen ist. Da für diesen Rechtsgedanken der Begriff **„Erschöpfungsgrundsatz"** üblich geworden ist, wird er hier auch verwendet.

Dieser Rechtsprechung ist im Grundsatz zuzustimmen (a. A. Schricker/*v. Ungern-Sternberg* **24** § 15 Rn. 34 m. w. N.). Sie entspricht den Vorgaben des europäischen Rechts und sie führt bei der gebotenen restriktiven Handhabung nicht zu einer unangemessenen Benachteiligung der Urheber. Richtigerweise sollte diese Schranke der Verwertungsrechte auf die Fälle beschränkt bleiben, in denen die Wiedergabe des Werkes keine selbständige wirtschaftliche Bedeutung besitzt (*Kur* GRUR Int. 1999, 24, 29). Für Werke der bildenden Kunst enthält § 58 UrhG eine spezielle Regelung, die letztlich auch den Zweck hat, die Verkehrsfähigkeit der Werke zu sichern. Seinen eigentlichen Anwendungsbereich hat der so verstandene Erschöpfungsgrundsatz daher bei Werken, die die Produktausstattung betreffen. Hier ist es in der Praxis ohnehin nicht der Urheber, der sich gegen die Abbildung seines Werkes wehrt, sondern der Hersteller, der auf diese Weise den Vertrieb beschränken möchte. Der Urheber hat es in der Hand, die Erstverbreitung des Werkstücks von einer angemessenen, auch diese Nutzung umfassenden Vergütung abhängig zu machen, er hat zudem den Anspruch nach § 32.

Folgende **Grundsätze** lassen sich festhalten: Nach § 17 Abs. 2 tritt eine Erschöpfung nur **25** hinsichtlich des Verbreitungsrechtes ein. Wenn das Verbreitungsrecht nach dieser Vorschrift erloschen ist, erlischt es auch hinsichtlich solcher Verwertungshandlungen, die zur Weiterveräußerung der Werkstücke wirtschaftlich erforderlich sind. Das wird häufig die Werbung mit einer Abbildung des Produktes sein – sei sie in körperlicher Form, also beispielsweise in Prospekten oder Zeitungsanzeigen, sei sie in unkörperlicher Form, also beispielsweise im Internet. Eine Erschöpfung kann daher auch unkörperliche Verwertungsformen ergreifen, wenn es sich um eine übliche werbliche Ankündigung handelt, die im Zusammenhang mit dem Weitervertrieb eines Produktes steht, hinsichtlich dessen das Verbreitungsrecht erschöpft ist. Aber die Erschöpfung kann immer nur auf Grund einer zulässigen Erstverbreitung eintreten, nicht auf Grund anderer Verwertungsarten. Das unterscheidet den hier vertretenen Ansatz von dem früher in der Rechtsprechung vertretenen. Andere Verwertungsformen dagegen führen nie zur Erschöpfung. Denn Grundgedanke der Erschöpfung ist die Sicherung der Verkehrsfähigkeit von Werkstücken.

§ 16. Vervielfältigungsrecht

(1) **Das Vervielfältigungsrecht ist das Recht, Vervielfältigungsstücke des Werkes herzustellen, gleichviel ob vorübergehend oder dauerhaft, in welchem Verfahren und in welcher Zahl.**

(2) **Eine Vervielfältigung ist auch die Übertragung des Werkes auf Vorrichtungen zur wiederholbaren Wiedergabe von Bild- oder Tonfolgen (Bild- oder Tonträger), gleichviel, ob es sich um die Aufnahme einer Wiedergabe des Werkes auf einen Bild- oder Tonträger oder um die Übertragung des Werkes von einem Bild- oder Tonträger auf einen anderen handelt.**

Literatur: *Haupt,* „E-Mail-Versand" – eine neue Nutzungsart im urheberrechtlichen Sinn?", ZUM 2002, 797; *Maslaton,* Anm. zu LG München, MMR 2003, 197– Framing III, MMR 2003, 198.

1 Durch das Gesetz zur Regelung des Urheberrechts in der Informationsgesellschaft wurde § 16 nur geringfügig verändert: In Abs. 1 wurden die Wörter „ob vorübergehend oder dauerhaft," eingefügt. Diese Änderung beruht auf Art. 2 der Multimedia-Richtlinie. Früher war es streitig, ob auch vorübergehende Vervielfältigungshandlungen, die keine eigenständige Bedeutung haben, unter den Begriff der Vervielfältigung i. S. d. § 16 fielen (siehe § 16 a. F. Rn. 9, 15 im HauptB). Die Streitfrage ist durch § 16 n. F. nur scheinbar i. S. d. weitergehenden Definition geklärt. Denn die Änderung ist im Zusammenhang mit § 44a zu lesen, der derartige flüchtige oder begleitende Vervielfältigungshandlungen für zulässig erklärt. Der durch § 16 erweiterte Anwendungsbereich wird durch § 44a wieder eingeschränkt. Die im HauptB vertretene Auffassung, § 16 a. F. sei richtlinienkonform in der Weise auszulegen, dass Zwischenspeicherungen, die wirtschaftlich keine eigenständige Bedeutung haben, nicht unter § 16 a. F. fielen, ist mit der Neuregelung obsolet.

2 Demnach ist das Abspeichern im Arbeitsspeicher des Computers entgegen der Auffassung des KG Berlin (ZUM 2002, 828, 830 – Versendung von Pressespiegeln per E-Mail) eine Vervielfältigung (so zur alten Rechtslage auch LG München I, MMR 2003, 197 – Framing III; *Maslaton,* MMR 2003, 198; vgl. ferner die Nachweise im HauptB § 16 a. F. Rn. 15). Dem Argument des KG Berlin, der Datensatz im Arbeitsspeicher sei von der Fortdauer der Energieversorgung abhängig und damit nicht hinreichend körperlich, ist durch die Klarstellung im Gesetzeswortlaut der Boden entzogen. Denn auf eine Dauerhaftigkeit der Festlegung kommt es ausdrücklich nicht an. Die Dauerhaftigkeit der Festlegung ist lediglich von Bedeutung bei der Prüfung, ob die Schranke des § 44a einschlägig ist.

§ 19. Vortrags-, Aufführungs- und Vorführungsrecht § 19 UrhG

Bei der Versendung von E-Mails wird der versandte Datensatz auf der Festplatte des 3
Serverbetreibers gespeichert und dann mit Abruf durch den Empfänger auf der Festplatte
von dessen Computer gespeichert. Die abweichende Darstellung des KG Berlin (ZUM
2002, 828, 830 – Versendung von Pressespiegeln per E-Mail), wonach der Datensatz
lediglich vorübergehend im Arbeitsspeicher des Empfängers festgelegt wird und die Vervielfältigung durch den Empfänger ermöglicht, ist falsch und beruht offenbar darauf, dass das
KG Berlin Browsing und Versendung per E-Mail verwechselt. Die Zwischenspeicherung
beim Serverbetreiber ist daher eine Vervielfältigung i. S. d. § 16, die indes nach § 44 a Nr. 1
zulässig ist (so auch *Haupt* ZUM 2002, 797, 79). Die Speicherung beim Empfänger hingegen ist eine dauerhafte und nicht nur begleitend. Sie ist daher nicht nach § 44 a zulässig.
Der Vervielfältigende ist in diesem Fall der Absender der E-Mail, denn dieser setzt einen
Ablauf in Gang, der bei ordnungsgemäßem Ablauf zur Speicherung des Datensatzes auf der
Festplatte des Empfängers führt. Der Absender rechnet damit, dass der Empfänger seine
E-Mails vom Server des Serverbetreibers herunterlädt. Es erscheint gekünstelt, hier eine
Vervielfältigung durch den Empfänger anzunehmen (so aber KG Berlin, ZUM 2002, 828,
830 – Versendung von Pressespiegeln per E-Mail; *Haupt* ZUM 2002, 797, 79). Denn dieser
weiß in der Regel nicht, welche E-Mails und damit welche Werke er durch den Befehl
„Senden/Empfangen" vom Server herunterlädt.

§ 19. Vortrags-, Aufführungs- und Vorführungsrecht

(1) **Das Vortragsrecht ist das Recht, ein Sprachwerk durch persönliche Darbietung öffentlich zu Gehör zu bringen.**

(2) **Das Aufführungsrecht ist das Recht, ein Werk der Musik durch persönliche Darbietung öffentlich zu Gehör zu bringen oder ein Werk öffentlich bühnenmäßig darzustellen.**

(3) **Das Vortrags- und das Aufführungsrecht umfassen das Recht, Vorträge und Aufführungen außerhalb des Raumes, in dem die persönliche Darbietung stattfindet, durch Bildschirm, Lautsprecher oder ähnliche technische Einrichtungen öffentlich wahrnehmbar zu machen.**

(4) **Das Vorführungsrecht ist das Recht, ein Werk der bildenden Künste, ein Lichtbildwerk, ein Filmwerk oder Darstellungen wissenschaftlicher oder technischer Art durch technische Einrichtungen öffentlich wahrnehmbar zu machen. Das Vorführungsrecht umfasst nicht das Recht, die Funksendung oder öffentliche Zugänglichmachung solcher Werke öffentlich wahrnehmbar zu machen (§ 22).**

Übersicht

	Rn.		Rn.
I. Recht der Öffentlichen Wiedergabe	1–3	3. Vortrag und Aufführung via Internet	siehe § 19 Rn. 3 im HauptB
1. Bedeutung … siehe § 19 Rn. 1 im HauptB		II. Öffentliche Wahrnehmbarmachung durch Bildschirm u. a.	4–7
2. Öffentlich	1–3	1. Bedeutung	4
a) Definition	1	2. Außerhalb des Raumes	5, 6
b) Rechtslage vor Inkrafttreten des Gesetzes zur Regelung des Urheberrechts in der Informationsgesellschaft	2	a) Definition	5
		b) Art und Weise technischer Vermittlung	6
c) Rechtslage nach Inkrafttreten des Gesetzes zur Regelung des Urheberrechts in der Informationsgesellschaft	3	3. Vertragspraxis	7
		III. Vorführungsrecht	8

§ 19. Vortrags-, Aufführungs- und Vorführungsrecht

I. Recht der öffentlichen Wiedergabe

1. Bedeutung

siehe § 19 Rn. 1 im HauptB

2. Öffentlich

a) Definition

1   Vorbehalten ist allerdings nur die Entscheidung über die **öffentliche Werkwiedergabe;** die Wiedergabe im privaten Kreis (siehe § 15 Rn. 16 ff.) berührt kein vom Gesetz geschütztes Recht (Fromm/Nordemann/*Nordemann* § 19 Rn. 1; Schricker/*v. Ungern-Sternberg* § 19 Rn. 9, § 15 Rn. 58 ff.; Möhring/Nicolini/*Kroitzsch* § 19 Rn. 6, § 15 Rn. 27 ff.). Eine **öffentliche Wiedergabe** liegt nach der **Legaldefinition** des § 15 Abs. 3 vor, wenn sie für eine **Mehrzahl von Personen** bestimmt ist, die nicht durch persönliche Beziehungen untereinander oder mit dem Verwerter des Werkes verbunden sind. Durch die Aufgliederung des alten Abs. 3 in zwei selbständige Sätze wollte der Gesetzgeber den Begriff der Öffentlichkeit sprachlich klarer fassen, um einerseits Unklarheiten in Bezug auf eine rein technisch bedingte „zufällige Öffentlichkeit" auszuschließen und andererseits auch für die öffentliche Zugänglichmachung (§§ 15 Abs. 2 Nr. 2, 19 a) typische sukzessive Öffentlichkeit einbeziehen zu können. Eine inhaltliche Änderung ist mit der Neufassung nicht verbunden (so Begr. BT-Drucks. 15/38, 17), so dass die überkommene Rechtsprechung zum Begriff der Öffentlichkeit ihre Bedeutung behält (Öffentlichkeit verneint etwa für Fachschulen zur Ausbildung von Beamten BGHZ 87, 126 – Zoll- und Finanzschulen; ausführlicher GRUR 1983, 562, 563 ff.; für besondere Gewaltverhältnisse BGH GRUR 1984, 734, 735 ff. – Vollzugsanstalten und BGHZ 123, 149, 151 ff. – Verteileranlagen, dort zu § 20; für Altersheime BGH GRUR 1975, 33, 34 – Alterswohnheim I; für sogenannte Eigenhörstellen in Krankenhäusern BGH GRUR 1994, 797, 798 – Verteileranlagen in Krankenhäusern; anders dagegen BGH GRUR 1996, 875, 876 – Zweibettzimmer in Krankenhaus, der eine persönliche Verbundenheit annimmt; weitere Beispiele Schricker/*v. Ungern-Sternberg* § 15 Rn. 69 ff.). Dieses Verständnis des Begriffs der Öffentlichkeit gilt somit auch für das **öffentliche Zugänglichmachen** eines Werkes i. S. d. durch das Gesetz zur Regelung des Urheberrechts in der Informationsgesellschaft vom 13. 9. 2003 (BGBl. I Nr. 46 S. 1774–1798) neu gefassten bzw. eingefügten §§ 15 Abs. 2 Nr. 2, 19 a, wie sich aus § 15 Abs. 3 S. 2 ergibt (vgl. AmtlBegr. B. Einzelerläuterungen zu Art. 1 Nr. 2, 5 und 6 §§ 15, 19 a, 22).

b) Rechtslage vor Inkrafttreten des Gesetzes zur Regelung des Urheberrechts in der Informationsgesellschaft

2   Unterschiedlich gesehen wurde, ob der öffentlichen Wiedergabe die **gleichzeitige Erreichbarkeit des Adressatenkreises als ungeschriebenes Tatbestandsmerkmal** immanent war bzw. zusätzlich vorausgesetzt wurde und überdies einheitlich für sämtliche Formen unkörperlicher Werkverwertung Geltung beanspruchen konnte. Die Diskussion war auf dem Hintergrund der regelmäßig von beliebigen Orten aus und zu unterschiedlichen Zeiten verlaufenden **individuellen Online-Nutzung** deswegen von Bedeutung, weil diese je nach Standpunkt bereits de lege lata zumindest als unbenanntes Recht i. S. d. § 15 Abs. 2 zu dem, dem Urheber vorbehaltenen Recht der unkörperlichen Wiedergabe zu zählen (so zutreffend Fromm/Nordemann/*Nordemann* § 15 Rn. 4; *Schack* Rn. 419; *Loewenheim* in: Loewenheim/

§ 19. Vortrags-, Aufführungs- und Vorführungsrecht   3–5   § 19 UrhG

Koch 303 f.; *Dreier* in: Schricker Informationsgesellschaft 134 f.) oder aber insoweit urheberrechtlich ohne Bedeutung war (so die wohl h. M.: Schricker/*v. Ungern-Sternberg* § 15 Rn. 59; Möhring/Nicolini/*Kroitzsch* § 19 Rn. 28; *Gahrau* in: Hoeren/Sieber Teil 7.1 Rn. 73 ff.; *Schwarz/Kreuzer* in: Schwarz Teil 3–2.2, 30 ff.; *Haberstumpf* Rn. 154; ohne Stellungnahme BGHZ 113, 159, 161 – Einzelangebot, dort im Zusammenhang mit dem Vervielfältigungsrecht aus § 17 Abs. 1; OLG München ZUM 1998, 413, 415 für Übertragung des Video-on-Demand-Rechts als Teil des vertraglich eingeräumten Rechts zur audiovisuellen Auswertung; *Rehbinder* Rn. 196, 201; zum Ganzen § 15 Rn. 11 ff. im HauptB).

c) Rechtslage nach Inkrafttreten des Gesetzes zur Regelung des Urheberrechts in der Informationsgesellschaft

Der vorstehend wiedergegebene Meinungsstreit hat durch die Reformgesetzgebung in Gefolge der internationalen Rechtsentwicklung (Art. 8 WCT, 14 WPPT; Art. 3 Abs. 1 der Multimedia-Richtlinie ABl. EG L 167 vom 22. 6. 2001, S. 10) an Bedeutung verloren: Durch die ausdrückliche Benennung des **Rechts der öffentlichen Zugänglichmachung** als **weiteres** dem Urheber vorbehaltenes **Auschließlichkeitsrecht** (§§ 15 Abs. 2 Nr. 2, 19 a) wird die diesem Recht immanente **sukzessive Öffentlichkeit** dem überkommenen Öffentlichkeitsbegriff gleichgestellt (siehe §§ 15 Rn. 11, 19 a Rn. 6).   3

3. Vortrag und Aufführung via Internet

siehe § 19 Rn. 3 im HauptB

II. Öffentliche Wahrnehmbarmachung durch Bildschirm u. a.

1. Bedeutung

Die Regelung (§ 19 Abs. 3) gestaltet die **untergeordnete integrale technische Vermittlung** eines **Vortrages** bzw. einer **Aufführung** als besonderes, allerdings nicht selbstständiges und deshalb vom ersteren mit umfassten anhängigen **(Zweitverwertungs-)Recht** aus. Zwar erscheint dieses gerade aufgrund der Wortwahl („umfassen") als automatischer Annex zu den beiden genannten Formen der unkörperlichen Wiedergabe. Wie sich jedoch aus § 37 Abs. 3 ergibt, besteht diese Zwangsläufigkeit nicht. Das gilt zumal für das Mitlaufenlassen des Textes (Librettos) in oder zur Originalsprache über in der Bestuhlung eingebaute Monitore oder eines Laufbandes oberhalb der Bühne. Auch hier bedarf es der ausdrücklichen Rechteeinräumung (so zutreffend Fromm/Nordemann/*Nordemann* § 19 Rn. 4, Fromm/Nordemann/*Hertin* § 37 Rn. 4; Möhring/Nicolini/*Kroitzsch* § 19 Rn. 31 ff.; Schricker/*v. Ungern-Sternberg* § 19 Rn. 34).   4

2. Außerhalb des Raumes

a) Definition

Gemeint ist die **öffentliche Wahrnehmbarmachung außerhalb des Raumes,** in dem (Theateraufführung in Studiobühne) oder auf dem (Freiluftkonzerte) die Darbietung stattfindet. Sie ist deshalb nicht auf geschlossene Räume beschränkt (allg. M., siehe Nachweise § 19 Rn. 39 im HauptB).   5

b) Art und Weise technischer Vermittlung

6 Die nach § 19 Abs. 3 – grundsätzlich vorbehaltlich entsprechender vertraglicher Vereinbarung – zulässige technische Vermittlung der persönlichen Darbietung **beschränkt sich auf technische Hilfsmittel** wie **Lautsprecherübertragung,** den **Einsatz von Bildwänden, Monitoren** u. ä. Immer aber muss es sich um technische Maßnahmen handeln, die lediglich ergänzenden untergeordneten Charakter haben und keine zusätzliche Verwertung eröffnen. Die Vorschrift ermöglicht deshalb weder unmittelbar noch mittelbar den Zugriff auf das Senderecht (§§ 20, 20 a) als weiteres selbständiges Erstverwertungsrecht oder auf das als originäres Zweitverwertungsrecht angelegte Recht der Wiedergabe durch Bild- oder Tonträger (§ 21). Es handelt sich um urheberrechtlich zu unterscheidende selbständige Vorgänge, die unabhängig von der persönlichen Darbietung sind und denen der untergeordnete integrale Charakter fehlt (vgl. Schricker/*v. Ungern-Sternberg* § 19 Rn. 35). Gleiches gilt für die **Wiedergabe von Funksendungen oder Wiedergabe von öffentlicher Zugänglichmachung** nach Maßgabe des § 22 S. 1, da hier die Existenz einer Funksendung und damit ein Sendevorgang i. S. d. §§ 20, 20 a (zutreffend Schricker/*v. Ungern-Sternberg* § 35 Rn. 36 a. E.; abweichend Möhring/Nicolini/*Kroitzsch* § 19 Rn. 31, der zur Abgrenzung auf die räumliche Nähe zwischen Darbietung und Übertragung abstellen will) bzw. die bereits erfolgte öffentliche Zugänglichmachung vorausgesetzt wird. Ähnliche technische Einrichtung i. S. d. Abs. 3 ist deshalb ebenso wenig das Internet mit der Möglichkeit des Live-Streaming, da auch hier urheberrechtlich eigenständige Vorgänge (insbesondere Vervielfältigungshandlungen) erforderlich sind, die keine Nähe mehr zum Vortrags- und Aufführungsrecht aufweisen.

3. Vertragspraxis

7 Im **Geschäftsverkehr** auf der Grundlage der **Regelsammlung Verlage (Vertriebe/Bühnen)** (siehe § 19 Rn. 21 ff., 26 im HauptB) wird den Theatern das Recht aus § 19 Abs. 3 grundsätzlich **nicht eingeräumt.** Gestattet ist lediglich die öffentliche Wahrnehmbarmachung für **betriebsinterne Zwecke** (vgl. hierzu OLG München ZUM 1993, 42 für Bandaufnahmen für den theater- oder orchestereigenen Gebrauch i. S. d. § 7 TVK) sowie **innerhalb des Theaters für zu spät kommende Besucher,** die im Besitz einer Eintrittskarte sind. Beides wird im Aufführungsvertrag ausdrücklich festgehalten. Gestattet ist danach ausschließlich die öffentliche Wahrnehmbarmachung der Produktion zeitgleich zur Aufführung selbst innerhalb des Hauses. Nicht gedeckt von dieser Regelung ist das endlose Abspielen eines – ohnehin nach § 21 S. 1 genehmigungspflichtigen – Bild-/Tonträgers, insbesondere wenn die Wiedergabevorrichtung zur Wahrnehmung für Passanten bestimmt ist. Etwas anderes ergibt sich auch nicht aus § 22, der u. a. die Wiedergabe öffentlich zugänglich gemachter Werke im Schaufenster erfasst (AmtlBegr. B. Einzelerläuterungen zu Art. 1 Nr. 2, 5 und 6 §§ 15, 19 a, 22): Das (Erstverwertungs-)Recht der öffentlichen Zugänglichmachung ist regelmäßig nicht Gegenstand des Aufführungsvertrages.

siehe im Übrigen § 19 Rn. 41–44 im HauptB

III. Vorführungsrecht

8 Die Vorschrift (Abs. 4) regelt die Befugnis, die in S. 1 im Einzelnen aufgeführten Werkarten i. S. d. § 2 Abs. 1 Nr. 4–7 **durch technische Einrichtungen öffentlich wahr-**

§ 19a. Recht der öffentlichen Zugänglichmachung

nehmbar zu machen. Hierunter fallen – ebenso wenig wie bei § 19 Abs. 3 (siehe § 19 Rn. 37 im HauptB) – urheberrechtlich selbständig zu bewertende Vorgänge, insbesondere vermittelt die Vorschrift nicht das Recht, die Funksendung oder öffentliche Zugänglichmachung der genannten Werke öffentlich wahrnehmbar zu machen (§ 19 Abs. 4 S. 2).

siehe im Übrigen § 19 Rn. 46–50 im HauptB

§ 19a. Recht der öffentlichen Zugänglichmachung

Das Recht der öffentlichen Zugänglichmachung ist das Recht, das Werk drahtgebunden oder drahtlos der Öffentlichkeit in einer Weise zugänglich zu machen, dass es Mitgliedern der Öffentlichkeit von Orten und zu Zeiten ihrer Wahl zugänglich ist.

Literatur: *Dreier*, Die Umsetzung der Urheberrechtsrichtlinie 2001/29/EG in deutsches Recht, ZUM 2002, 28; *Flechsig*, EU-Harmonisierung des Urheberrechts und der verwandten Schutzrechte in der Informationsgesellschaft, ZUM 1998, 139; *Gloy/Loschelder*, Eingabe zum Diskussionsentwurf eines Fünften Gesetzes zur Änderung des Urheberrechtsgesetzes, GRUR 1999, 320; *Heermann*, Urheberrechtliche Probleme bei der Nutzung von E-Mail, MMR 1999, 3; *Katzenberger*, Elektronische Printmedien und Urheberrecht, Stuttgart 1996; *Kotthoff*, Zum Schutz von Datenbanken beim Einsatz von CD-ROMs in Netzwerken, GRUR 1997, 597; *Kröger*, Die Urheberrechtsrichtlinie für die Informationsgesellschaft – Bestandsaufnahme und kritische Bewertung, CR 2001, 316; *Michel*, Rechtsfragen von Rundfunk und Printmedien im Internet, ZUM 2000, 425; *Ory*, Urheberrecht in der Informationsgesellschaft, JurPC Web-Dok. 126/2002; *Reinbothe*, Die Umsetzung der EU-Urheberrechtsrichtlinie in deutsches Recht, ZUM 2002, 43; *Reinbothe*, Die EG-Richtlinie zum Urheberrecht in der Informationsgesellschaft, GRUR Int. 2001, 733; *Wachter*, Multimedia und Recht, GRUR Int. 1995, 860; *Wittmann*, Die EU-Urheberrechtsrichtlinie – ein Überblick, Medien und Recht 2001, 143; *Zecher*, Die Umsetzung der EU-Urheberrechtsrichtlinie in deutsches Recht, ZUM 2002, 52 (Teil I), 451 (Teil II).

Übersicht

	Rn.		Rn.
I. Allgemeines	1–4	IV. Abgrenzung zum Senderecht des § 20	14–21
1. Bedeutung der Vorschrift	1, 2	1. Praktische Bedeutung der Abgrenzung	14
2. Terminologie	3	2. Abgrenzungskriterien	15–18
3. Verhältnis zur Multimedia-Richtlinie und zum WIPO-Vertrag	4	3. Grenzfälle	19–21
II. Inhalt des Rechts	5–11	V. Beispiele für den Anwendungsbereich des § 19a	22–32
1. „Drahtgebunden oder drahtlos"	5	1. Erfasste Werknutzungen	22–27
2. Öffentlichkeit/Mitglieder der Öffentlichkeit	6	2. Nicht erfasste Handlungen	28–32
3. „Von Orten ... ihrer Wahl"	7, 8	VI. Übersicht zu verwandten Bestimmungen, insbesondere Schrankenbestimmungen	33–36
4. „Zu Zeiten ihrer Wahl"	9		
5. „Zugänglich machen"	10, 11		
III. Einordnung des Rechts auf öffentliche Zugänglichmachung bei Online-Nutzung eines Werkes	12, 13		

I. Allgemeines

1. Bedeutung der Vorschrift

§ 19a führt ein urheberrechtliches Verwertungsrecht neu ein. Es ist das Ausschließlichkeitsrecht, ein Werk öffentlich zugänglich zu machen. Das Verwertungsrecht bezieht sich auf eine Form der unkörperlichen Werkverwertung. Es gehört systematisch zu dem Recht der öffentlichen Wiedergabe des § 15 Abs. 2 (*Ory* JurPC Web-Dok. 126/2002, Abs. 5).

2 Das Recht der öffentlichen Zugänglichmachung bezieht sich von seiner praktischen Bedeutung her im Wesentlichen auf die Nutzung von Werken in elektronischen Netzen, insbesondere im Internet. Es soll die Rechtsunsicherheit wegen der Art und des Umfangs des Schutzes der netzvermittelten Übertragung von Werken auf Abruf beseitigen (Multimedia-Richtlinie, ABl. L 167/12, Ziff. 25).

2. Terminologie

3 Der Begriff „Recht der öffentlichen Zugänglichmachung" geht auf die jeweilige englische Fassung von Art. 8 des WIPO-Vertrages und Art. 3 der EU-Multimedia-Richtlinie zurück. „Communication to the public" wird mit dem Begriff „öffentliche Zugänglichmachung" ins Deutsche übertragen. Die Bezeichnung ist wegen der in ihr enthaltenen Substantiierung sprachlich unschön, aber präzise. Sie umschreibt die Verwertungshandlung zutreffend. Die ursprünglich von der Literatur und im Diskussionsentwurf benutzten Begriffe Übertragungs- und Bereithaltungsrecht fanden keinen Eingang in die Formulierung der gesetzlichen Bestimmung des § 19 a. Insbesondere der Begriff „Übertragung" wird im Urheberrechtsgesetz bereits mehrfach an anderen Stellen, beispielsweise in der Vorschrift § 20 b, benutzt und würde deshalb zu Unklarheiten bei der Abgrenzung der Begriffe führen (*Gloy/Loschelder* GRUR 1999, 320, 321). Er erfasst aber auch in Alleinstellung nicht den Vorgang des Zugänglichmachens als Vorstufe der Übertragung. Durch die Entscheidung des Gesetzgebers ist die sprachliche Fassung des Verwertungsrechts nun festgelegt.

3. Verhältnis zur Multimedia-Richtlinie und zum WIPO-Vertrag

4 § 19 a hält sich eng an den Wortlaut des Art. 3 Abs. 1 der Multimedia-Richtlinie und geht dabei über die Regelung im WIPO-Vertrag hinaus, der sich auf Werke der Literatur und Kunst beschränkt und damit etwa wissenschaftliche oder amtliche Werke ausschließt. § 19 a hebt diese Begrenzung auf bestimmte Gattungen von Werken vollständig auf, so dass der Rechtsschutz auf alle Werke erstreckt wird.

II. Inhalt des Rechts

1. „Drahtgebunden oder drahtlos"

5 Das Tatbestandsmerkmal „drahtgebunden oder drahtlos" bringt zum Ausdruck, dass § 19 a jegliche öffentliche Übertragung oder Weiterverbreitung eines Werkes, einschließlich der Rundfunkübertragung, erfassen soll. Die Formulierung geht auf die Multimedia-Richtlinie zurück (ABl. L 167/12, Ziff. 23). Beispiele für die drahtgebundene Übertragung: Internet über Telefonmodem, Faxabruf. Beispiele für drahtlose Übertragung: WAN (Wide Area Network), UMTS (Universal Mobile Telecommunications System), GPRS (General Packet Radio Service).

2. Öffentlichkeit/Mitglieder der Öffentlichkeit

6 Der Begriff Öffentlichkeit ergibt sich aus der Bestimmung des § 15 Abs. 3. Die Wiedergabe ist danach öffentlich, wenn sie für eine Mehrzahl von Mitgliedern der Öffentlichkeit bestimmt ist (siehe im Einzelnen § 15 Rn. 12 ff.). Zur Öffentlichkeit gehört jeder, der nicht mit demjenigen, der das Werk verwertet, oder mit anderen Personen, denen das Werk in

unkörperlicher Form wahrnehmbar oder zugänglich gemacht wird, durch persönliche Beziehungen verbunden ist. Der Öffentlichkeitsbegriff wurde mit der Gesetzesnovellierung so angepasst, dass er den zeitlich versetzten Abruf von Werken, wie er bei der Internetnutzung geschieht, erfasst (siehe § 15 Rn. 11; § 19 Rn. 3). Dass auch die sukzessive Wiedergabe nunmehr als öffentlich zu betrachten ist, wird von § 19 a noch einmal klargestellt („zu Zeiten ... ihrer Wahl").

3. „Von Orten ... ihrer Wahl"

Die Bestimmung des § 19 a setzt als Tatbestandsmerkmal voraus, dass der Werknutzer das Werk an einem von ihm bestimmten Ort abrufen kann. Der Werknutzer, nicht der Anbieter des Werkes, gibt vor, an welchem Ort das Werk abgerufen werden kann. Dieses Merkmal spiegelt wider, dass der Gesetzgeber die Vorschrift vor allem auf das **Internet** zugeschnitten hat. Bei der Internetnutzung kann sich jeder Nutzer an einem beliebigen Ort von seinem Computer aus das Werk zugänglich machen. 7

Die Orte der Bereithaltung des Werkes und der Wahrnehmbarmachung müssen verschiedene sein. Der Nutzer muss eine **Wahlmöglichkeit** haben, von welchem Ort aus er das Werk abruft. Die gesetzliche Anforderung ist aber nicht so weit auszulegen, dass der Werknutzer die Möglichkeit haben muss, das Werk von jedem erdenklichen Ort aus abrufen zu können. Es sollen keine Schutzlücken entstehen, die mit der gesetzgeberischen Absicht, die wirtschaftlich bedeutenden Formen der Werkverwertung möglichst vollständig zu erfassen, im Widerspruch stünden. Das Merkmal von einem Ort „seiner Wahl" ist deshalb auch dann gegeben, wenn der Nutzer unter mehreren Orten wählen kann. Es ist beispielsweise erfüllt, wenn bei einem unternehmensgebundenen **Intranet** das Werk an verschiedenen Arbeitsplätzen oder Orten, an denen das Unternehmen tätig ist, zugänglich ist. Mit dem Merkmal wollte der Gesetzgeber sicherstellen, dass sich die Vorschrift des § 19 a nur auf Sachverhalte bezieht, bei denen der Werknutzer das Werk nicht nur an einem ganz bestimmten Ort abrufen kann. Nicht unter § 19 a fällt es deshalb, wenn der Werknutzer beispielsweise an einem bestimmten Standort in einer Bibliothek audio-visuelle Medien abrufen kann. Er kann bei einer solchen Einrichtung zwar darüber bestimmen, zu welchem Zeitpunkt er sich das Werk zugänglich macht. Er ist aber in Bezug auf die Wahl des Ortes nicht frei, sondern gebunden. Der Ort der Bereithaltung und der Wahrnehmbarmachung fallen zusammen. Etwas anderes gilt bei der gemeinsamen Werknutzung durch mehrere Bibliotheken im Rahmen eines Bibliotheksverbunds (z. B. Südwestdeutscher Bibliotheksverbund). 8

4. „Zu Zeiten ihrer Wahl"

Zum Wesen des Rechts auf öffentliche Zugänglichmachung gehört das Tatbestandsmerkmal, dass der Nutzer die Möglichkeit hat zu entscheiden, zu welchem Zeitpunkt er auf das Werk zugreift. Die Wahlmöglichkeit des Zugriffszeitpunkts kennzeichnet die Nutzung von Werken durch Bereithalten zum Abruf, wie sie im Internet geschieht. Sie grenzt das Recht der öffentlichen Zugänglichmachung des § 19 a vom Senderecht nach § 20 ab. Die praktisch wichtige Abgrenzung beider Rechte ist unter Rn. 14 besprochen. Damit das Tatbestandsmerkmal „zu Zeiten ihrer Wahl" erfüllt ist, darf ein Werk nicht nur kurzzeitig zugänglich gemacht werden. Nur wenn das Werk tatsächlich über einen längeren Zeitraum zum Abruf bereitgehalten wird, hat der Anwender die Möglichkeit, den Zeitpunkt zu wählen, an dem 9 er das Werk abruft. Der erforderliche Zeitraum lässt sich nicht einheitlich für alle Werknutzungen festlegen, sondern ist im Einzelfall zu bestimmen. Nach dem Sinn und Zweck des Gesetzes soll § 19 a wirtschaftlich eigenständige Werknutzungen erfassen und keine Lücken entstehen lassen. Es ist deshalb nicht erforderlich, dass ein Werk 24 Stunden am Tag oder dauerhaft zugänglich ist. Genügend ist ein Zeitraum beispielsweise von einigen Stunden, der dem Anwender ein Zeitfenster öffnet, um zu bestimmen, wann er das Werk abruft.

5. „Zugänglich machen"

10 Gegenstand des Rechts der öffentlichen Zugänglichmachung ist das Bereitstellen von Werken zum **interaktiven Abruf.** Die maßgebliche Verwertungshandlung ist das Zugänglichmachen des Werkes für den interaktiven Abruf. Auf den tatsächlichen Abruf des Werkes kommt es nicht an. Das Merkmal ist beispielsweise erfüllt, wenn der Webmaster ein Werk auf seiner Homepage öffentlich bereithält.

11 Es bedarf für einen Eingriff in das Verwertungsrecht des § 19 a deshalb keiner Vervielfältigungshandlung, wie beispielsweise dem Herunterladen und Abspeichern des Werkes auf der Festplatte eines Computers. § 19 a stellt damit einen weitgehenden und frühzeitigen Schutz des Urhebers sicher. Dieser muss bei einem Urheberrechtsstreit nicht den häufig schwierigen Nachweis erbringen, dass im Internet vom Verletzer bereitgehaltene Werke tatsächlich von Nutzern abgerufen und gespeichert wurden. Es ist genügend, wenn der Urheber nachweisen kann, dass das Werk im Internetangebot des Verletzers für die Öffentlichkeit bereitgehalten und damit zugänglich gemacht wurde.

III. Einordnung des Rechts auf öffentliche Zugänglichmachung bei Online-Nutzung eines Werkes

12 Bei einer stufenweisen Betrachtung der Online-Werknutzung im Internet lässt sich das Recht der öffentlichen Zugänglichmachung des § 19 a wie folgt in den typischen Geschehensablauf einordnen: Bevor ein Werk im Internet öffentlich zugänglich gemacht werden kann, muss es auf Seiten des Anbieters zunächst in einem Computersystem abgespeichert werden. Da diese Abspeicherung des Werkes eine Vervielfältigung gemäß § 16 Abs. 1 darstellt und keine nur vorübergehende Vervielfältigung i. S. d. § 44 a, benötigt der Anbieter hierfür die Einräumung eines Nutzungsrechts vom Urheber. Der anschließende Nutzungsvorgang, das Bereithalten des Werkes im Internet, wird von § 19 a erfasst. Der Nutzer benötigt hierfür ebenfalls ein eigenes Nutzungsrecht. Die Einräumung beispielsweise nur des Vervielfältigungsrechts genügt nicht. Macht der Nutzer das Werk auf seinem Bildschirm sichtbar, so wird dieser Vorgang isoliert urheberrechtlich nicht erfasst (siehe § 16 Rn. 13 im HauptB). Teilweise wird deshalb von der Literatur eine Regelungslücke gesehen und die Einführung eines sogenannten „Bildschirmrechts" gefordert (*Gloy/Loschelder* GRUR 1999, 320, 321). Da der Sichtbarmachung des Werkes auf einem Bildschirm keine wirtschaftlich eigenständige Bedeutung zukommt, besteht kein Anlass, ein weiteres Verwertungsrecht zu schaffen. Im Gegenteil steht es im Einklang mit dem gesetzgeberischen Ziel, wirtschaftlich bedeutungslose Akte wie das reine Surfen im Internet nicht zu erfassen. Substanzlose Urheberrechtsverletzungen werden hierdurch vermieden. Durch die Neufassung des § 16 Abs. 1 und die Einfügung des § 44 a hat der Gesetzgeber dies nunmehr klargestellt: Die mit dem Zugriff durch den „Internetanwender" einhergehende Abspeicherung bedeutet zwar eine Vervielfältigung i. S. d. § 16 Abs. 1, ist aber nach § 44 a zulässig (vgl. § 16 Rn. 1). Die dauerhafte Abspeicherung des Werkes auf der Festplatte des Computers oder einem anderen Speichermedium wie einer CD-ROM stellt eine Vervielfältigung des Werkes nach § 16 Abs. 1 dar. Druckt der Anwender das Werk auf einem Drucker aus, so begeht er eine Vervielfältigung nach § 16 Abs. 1. Eine Verbreitung i. S. v. § 17 ist mit der Online-Werknutzung im Internet hingegen nicht verbunden. Denn das Verbreitungsrecht ist ein Recht zur Verwertung in körperlicher Form (§ 15 Abs. 1) und setzt ein körperliches Werkstück voraus. Die bei der Online-Nutzung übermittelten Daten sind hingegen unkörperlicher Natur.

Die Nutzungsvorgänge bei dem typischen Ablauf einer Internetnutzung des Werkes werden damit nach Einführung des § 19 a urheberrechtlich in ihrem Gehalt vollständig erfasst. **13**

IV. Abgrenzung zum Senderecht des § 20

1. Praktische Bedeutung der Abgrenzung

Die Abgrenzung ist von Bedeutung, damit das Recht der öffentlichen Zugänglichmachung des § 19 a nicht unterlaufen wird. Die exakte Abgrenzung der beiden Rechte schützt den Urheber vor einer überdehnten Auslegung von **Nutzungsrechtseinräumungen** in Verträgen. Sie bietet dem Werknutzer andererseits Rechtssicherheit. Während beispielsweise das zeitgleiche Angebot von Werken im Internet von der Einräumung des Senderechts zugunsten einer Rundfunkanstalt bei neueren Lizenzverträgen meist abgedeckt ist, gilt dies nicht bei sogenannten On-Demand-Angeboten, bei denen der Nutzer zeitlich ungebunden Werke nach Bedarf abrufen kann. Bei der On-Demand-Nutzung handelt es sich um eine eigenständige Nutzungsart, so dass es einer speziellen vertraglichen Regelung bei der Nutzungsrechtseinräumung bedarf (vgl. im Einzelnen § 31 Rn. 61 ff. im HauptB). **14**

2. Abgrenzungskriterien

Die Abgrenzung des Rechts auf öffentliche Zugänglichmachung nach § 19 a vom Senderecht des § 20 ist schwierig. Das Recht der öffentlichen Zugänglichmachung und das Senderecht stimmen in Bezug auf mehrere Merkmale überein: In beiden Fällen wird das Werk der Öffentlichkeit an verschiedenen Orten zugänglich gemacht. § 19 a enthält mit der Formulierung „von Orten ... ihrer Wahl" ausdrücklich die Anforderung, dass das Werk von unterschiedlichen Orten aus abgerufen werden kann (§ 19 a Rn. 7). Dies geschieht beim Senderecht stets und beim Recht der öffentlichen Zugänglichmachung meist, aber nicht zwingend, mittels elektromagnetischer Verfahren. **15**

Eine Differenzierung zwischen beiden Rechten ist damit nur in Bezug auf das **zeitliche Moment** der Nutzung des Werkes möglich. Eine Werknutzung fällt unter § 19 a, wenn der Nutzer den Zeitpunkt des Zugriffs selbst bestimmen kann. § 20 erfasst dagegen die Werknutzung zu fest vorgegebenen Zeiten. Das Senderecht ist auf ein sequentielles Programm ausgerichtet, das zeitgleich gesendet wird (*Dreier* ZUM 2002, 28, 31; *Michel* ZUM 2000, 425, 426). Das Recht der öffentlichen Wiedergabe bezieht sich dagegen auf die sukzessive Werknutzung. **16**

17 Nicht geeignet zur Abgrenzung der beiden Verwertungsrechte aus § 19a und § 20 ist der Begriff „Orte ihrer Wahl". Denn in beiden Fällen kann das Werk von der Öffentlichkeit an unterschiedlichen Orten, die der Nutzer jeweils selbst bestimmt, wahrgenommen werden.

18 Teilweise wird in der Literatur als Abgrenzungskriterium auch das Merkmal „gestaltetes Programm" herangezogen (*Gloy/Loschelder* GRUR 1999, 320, 321). Es ist aber zur Abgrenzung untauglich. Der Begriff „gestaltetes Programm" ist von seinem Inhalt her nicht eindeutig genug, und es gibt in der Praxis viele Zwischenformen, die als gestaltetes Programm angesehen werden können. Der Begriff wird deshalb nicht einheitlich verwandt (*Gloy/Loschelder* GRUR 1999, 320, 321). Auch On-Demand-Dienste, die in den Kernanwendungsbereich des § 19a fallen, können von dem Anbieter geschaffene Werkaneinanderreihungen im Sinne eines Programms enthalten. Die Programmabläufe können vom Nutzer beispielsweise im Internet zu beliebigen Zeitpunkten an beliebigen Stellen des Werkes abgerufen werden. Sie fallen dann unter die Bestimmung des § 19a.

3. Grenzfälle

19 Als Grenzfälle bei der rechtlichen Einordnung nach § 19a sind Werknutzungen anzusehen, bei denen das Werk zwar aus technischer Sicht nur zu einem von dem Anbieter vorgegebenen Zeitpunkt empfangen werden kann, der Werknutzer dies aber wegen der engen zeitlichen Staffelung der Bereitstellung des Werkes nicht oder nur kaum wahrnimmt **(Near-on-Demand-Dienste)**. Beispielsweise kann die Videoanlage eines Hotels so gestaltet sein, dass ein 90-minütiger Spielfilm auf mehreren Wiedergabegeräten versetzt in einer Weise abgespielt wird, dass der Benutzer die Möglichkeit hat, nach seiner Wahl den Spielfilm von seinem Zimmer aus in kurzen Abständen abzurufen. Die Technik dient dazu, dem Ziel einer jederzeitigen Verfügbarkeit des Werkes für den Konsumenten nahezukommen. Je geringer die Abstände zwischen den einzelnen Abspielvorgängen liegen, desto stärker gleicht das System einer technisch reinen On-Demand-Einrichtung mit einem interaktiven Zugriff. Der Nutzer hat den Eindruck, das Werk jederzeit abrufen zu können.

20 Solche Near-on-Demand-Dienste werden von der Vorschrift des § 19a nach der hier vertretenen Auffassung dann erfasst, wenn aus der Sicht des Werknutzers das Werk in so kurzen Abständen abgerufen werden kann, dass es für ihn als nahezu jederzeit zugänglich erscheint. Entscheidend ist der Eindruck, der auf den Werknutzer entsteht, über das Werk jederzeit bei Bedarf verfügen zu können. § 19a stellt auf die Nutzerperspektive, nicht auf eine bestimmte Übertragungstechnik ab. Das eigenständige Verwertungsrecht des § 19a darf nicht dadurch unterlaufen werden, dass der Werknutzer technisch eine Near-on-Demand-Werkbereitstellung wählt, um keiner weiteren Nutzungsrechtseinräumung durch den Urheber zu bedürfen. Entscheidend für die Abgrenzung ist deshalb bei solchen Near-on-Demand-Diensten die zeitliche Staffelung, mit der das Werk jeweils abgerufen werden kann. Je nach Art und Länge wird der Werknutzer eine Abrufbarkeit eines Werkes mit unterschiedlichen Zeitintervallen als noch „jederzeit bei Bedarf abrufbar" ansehen. Beispielsweise fällt eine Abrufbarkeit im 5-Minuten-Takt bei einem Spielfilm von 90 Minuten Gesamtdauer unter § 19a. Bei einem kurzen Musikstück muss der zeitliche Abstand entsprechend kürzer sein. Auch eine wirtschaftliche Betrachtungsweise spricht für die Gleichstellung von On-Demand und zeitlich eng gestaffelten Near-on-Demand-Diensten. Denn der wirtschaftliche Nutzen, der aus beiden Arten der Werknutzung gezogen werden kann, ist angesichts der kurzen Zugriffszeiten letztlich derselbe.

Die hier vertretene Auffassung ist umstritten. Die überwiegende Literaturmeinung ordnet Near-on-Demand-Dienste nicht der Bestimmung des § 19 a zu. Sie führt zur Begründung an, es fehle bei diesen Diensten aus technischer Sicht an einem interaktiven Vorgang (*Reinbothe* GRUR Int. 2001, 733, 736; *Kröger* CR 2001, 316, 318; siehe auch § 69 c Rn. 4; zweifelnd: *Dreier* ZUM 2002, 28, 30). Dieses Merkmal ist nicht durch bestimmte technische Methoden, sondern durch eine Auslegung anhand des Gesetzeszwecks zu bestimmen.

V. Beispiele für den Anwendungsbereich des § 19 a

1. Erfasste Werknutzungen

Folgende Formen der Werkverwertung werden von § 19 a erfasst: Das sogenannte **„Ins-Netz-Stellen"** von Werken fällt unter die Bestimmung. Der Webmaster, der ein fremdes Werk, beispielsweise eine Fotografie, unlizenziert auf seiner Homepage wiedergibt, verletzt das Recht des Urhebers auf öffentliche Zugänglichmachung (*Wittman* Media und Recht 2001, 143, 144).

On-Demand-Dienste fallen unter § 19 a, wenn sie Werke zum individuellen Abruf in elektronischen Netzen oder per Funk bereithalten. Erfasst werden Dienste im Internet aber auch in anderen elektronischen Netzen, die nach ihrer Bestimmung öffentlich zugänglich sind.

Die Nutzung einer Datenbank oder CD-ROM im **Intranet** einer Organisation oder eines Unternehmens wird von der Vorschrift des § 19 a erfasst, wenn bestimmungsgemäß nicht nur Mitglieder oder Unternehmensangehörige Zugriff auf die Datenbank haben. (*Zecher* ZUM 2002, 451, 453; *Kotthoff* GRUR 1997, 597, 599). Das Intranet muss dazu die Anforderung erfüllen, dass der Nutzer den Ort des Abrufs bestimmen kann (siehe § 19 a Rn. 8). Ein Eingriff in das Recht der öffentlichen Wiedergabe ist dann bereits gegeben, wenn ein Werk unlizenziert in die Datenbank des Intranets aufgenommen wird und das Intranet Außenstehenden bestimmungsgemäß zugänglich ist. Es kommt nicht darauf an, dass ein Außenstehender tatsächlich auf das Werk zugegriffen hat (§ 19 a Rn. 10).

Das Vorhalten von Videos oder Musikstücken auf elektronischen Abruf (**Video-on-Demand** und **Audio-on-Demand**) fällt unter § 19 a. Dies gilt einmal dann, wenn der Nutzer zu einem beliebigen Zeitpunkt durch Zugriff das Abspielen auslösen kann.

Nach der hier vertretenen Auffassung (§ 19 a Rn. 20) ist § 19 a auch anwendbar, wenn der Zugriff in sehr engen zeitlichen Intervallen (beispielsweise im 5-Minuten-Takt bei 90-Minuten-Filmen) erfolgen kann. Near-on-Demand-Dienste sind On-Demand-Diensten rechtlich gleichzustellen, wenn aus der Sicht des Werknutzers wegen der kurzen Zugriffszeiten sich eine praktisch jederzeitige Nutzungsmöglichkeit des Werks ergibt.

Der sogenannte **elektronische Versand** von Werken fällt unter § 19 a, wenn das Werk wie Filme (mpeg-Dateien), Tonaufnahmen (mp3-Dateien), Bilder (jpg- oder gif-Dateien), Software oder Texte in einer Datenbank zum Abruf bereitgestellt wird. Der Nutzer soll beim elektronischen Versand das abgerufene Werk zweckgerichtet mittels eines neuen Mediums dauerhaft speichern. Ein als Datei vom Versender bereitgehaltenes Sprachwerk soll beispielsweise vom Nutzer abgerufen, heruntergeladen und ausgedruckt werden, um als Buch benutzt werden zu können. Das Bereithalten des Werkes durch den Versender zum beliebigen Abruf durch den Nutzer erfüllt die Tatbestandsvoraussetzungen des § 19 a. Die Vorschrift erfasst auch den wirtschaftlichen Gehalt der Verwertungshandlung. Einer analogen Anwendung der Vorschrift des § 17 bedarf es nicht, auch wenn die Online-Übermittlung die Übersendung eines physischen Werkexemplars ersetzen soll (so zur alten Rechtslage: *Katzenberger* 48 f.; *Wachte*r GRUR Int. 1995, 860, 865 f.). Den elektronischen Versand als Verbreitungsakt i. S. v. § 17 einzuordnen, widerspricht dem Gebot, körperliche und unkörperlichen Werkverwertungen systematisch strikt voneinander zu trennen. Etwas anderes gilt, wenn das Werk direkt an einen Empfänger z. B. per E-Mail versandt wird. Dann liegt kein Bereitstellen zum jederzeitigen Abrufen mehr vor, sondern der Empfänger ist direkt auf das Versenden durch den Nutzer angewiesen. Es fehlt am Merkmal „zu Zeiten ihrer Wahl" (siehe § 19 a Rn. 9).

2. Nicht erfasste Handlungen

28   Von § 19 a wird nicht die bloße Bereitstellung der technischen Einrichtungen erfasst, die die öffentliche Wiedergabe ermöglichen oder bewirken. Beispielsweise ist der **Provider,** der die Homepage rein technisch unterstützt, kein Störer. Die Multimedia-Richtlinie schließt diese Handlungen ausdrücklich vom Anwendungsbereich der Vorschrift des § 19 a aus (ABl. L 167/12 Ziff. 27). Diese Zielvorgabe hat der deutsche Gesetzgeber bei der Gestaltung des § 19 a berücksichtigt.

29   Nicht erfasst wird weiter von § 19 a das Setzen von **Hyperlinks.** Wer auf eine fremde Internetseite, auf der rechtswidrig ein Werk öffentlich zugänglich gemacht wird, per Link verweist, macht das Werk weder selbst öffentlich zugänglich noch leistet er hierzu Beihilfe. Das Werk, auf das der Link verweist, wurde bereits zuvor öffentlich zugänglich gemacht. Dies kann nur einmal geschehen und ist einheitlich zu beurteilen.

30   Auch sogenannte **„Push-Media"** fallen nicht unter § 19 a. Während bei so genannten „Pull-Media" der Empfänger die Inhalte aktiv bei dem Bereitstellenden abruft, übersendet bei „Push-Media" der Dienste-Anbieter von sich aus ausgewählte Nachrichten u. ä. an zahlreiche Empfänger. Darin ist kein Bereitstellen i. S. v. § 19 a zu sehen. Die Gegenansicht verweist ohne nähere Begründung darauf, dass zwischen Push- und Pull-Media in der Praxis kaum unterschieden werden könne (*Flechsig* ZUM 1998, 139, 144). **Videotext** fällt nicht unter § 19 a, sondern unter § 20 (Schricker/*v. Ungern-Sternberg* § 20 Rn. 9), da die Informationen auf dem Videotext-Bildschirm auch nur sequentiell hinter dem eigentlichen Programm gesendet wird.

31   **E-Mail**-Sendungen unterfallen ebenfalls nicht dem § 19 a. Zwar kann der Empfänger jederzeit auf die in seiner Mailbox gespeicherten Nachrichten zugreifen. Doch auch hier fehlt es an dem für den § 19 a erforderlichen Bereitstellen, da der Absender die E-Mail nur einmal verschickt. Es handelt sich daher um eine schlichte Vervielfältigung gemäß § 16 Abs. 1. Das gilt auch dann, wenn E-Mails an Personen verschickt werden, die mit dem Versender persönlich nicht verbunden sind (a. A. *Heermann* MMR 1999, 3, 4; *Zecher* ZUM 2002, 451, 453; siehe auch § 16 Rn. 3).

32   Wer ein Werk auf einer **nicht der Öffentlichkeit zugänglichen Homepage** ins Internet stellt, verletzt nicht das Recht der öffentlichen Zugänglichmachung des § 19 a. Dies ist beispielsweise gegeben, wenn der Webmaster die Homepage durch ein Codewort vor dem Zugriff nicht mit ihm persönlich verbundener Dritter schützt. Die Homepage mit dem Werk kann dann nur von Personen aufgerufen werden, die mit ihm persönlich verbunden sind. So fällt beispielsweise eine nur für Familienmitglieder zugängliche Kampagne mit urheberrechtlich geschützten Werken nicht unter § 19 a.

§ 22. Recht der Wiedergabe von Funksendungen

VI. Übersicht zu verwandten Bestimmungen, insbesondere Schrankenbestimmungen

Die Urheberrechtsreform sieht neue und angepasste Schrankenbestimmungen in Bezug auf das Recht der öffentlichen Zugänglichmachung vor. **33**

Ausdrücklich erwähnt wird das Recht der öffentlichen Zugänglichmachung nunmehr in § 46 (Sammlungen für Kirchen-, Schul- oder Unterrichtsgebrauch), § 48 (Öffentliche Reden), § 50 (Bild- und Tonberichterstattung), § 56 (Vervielfältigung und öffentliche Wiedergabe durch Geschäftsbetriebe), § 58 (Katalogbildfreiheit) und in dem gänzlich neu geschaffenen § 52 a (Öffentliche Zugänglichmachung für Unterricht und Forschung), deren Schranken es unterworfen ist. **34**

Weiterhin wird das Recht der öffentlichen Zugänglichmachung als Bestandteil des Rechts der öffentlichen Wiedergabe durch die unverändert gebliebenen §§ 51 (Zitate) und 59 (Werke an öffentlichen Plätzen) beschränkt. **35**

Dagegen ist die Privilegierung in § 52 nicht auf das Recht der öffentlichen Zugänglichmachung anwendbar; dies ergibt sich aus dem neu gefassten § 52 Abs. 3. **36**

§ 22. Recht der Wiedergabe von Funksendungen und von öffentlicher Zugänglichmachung

Das Recht der Wiedergabe von Funksendungen und der Wiedergabe von öffentlicher Zugänglichmachung ist das Recht, Funksendungen und auf öffentlicher Zugänglichmachung beruhende Wiedergaben des Werkes durch Bildschirm, Lautsprecher oder ähnliche technische Einrichtungen öffentlich wahrnehmbar zu machen. § 19 Abs. 3 gilt entsprechend.

Literatur: Siehe die Angaben zu § 22 im HauptB.

Übersicht

	Rn.		Rn.
I. Bedeutung der Vorschrift	1	IV. Verwertungsgesellschaften	
II. Gegenstand	2		siehe § 22 Rn. 4 im HauptB
III. Schranken	3		

I. Bedeutung der Vorschrift

Die Vorschrift ergänzte bereits in der überkommenen Fassung – in Übereinstimmung mit Art. 11 bis Abs. 1 Nr. 3 RBÜ – das Senderecht (§ 20), indem sie ein gesondertes, vom Vorführungsrecht ausdrücklich nicht erfasstes (§ 19 Abs. 4 S. 2) **Zweitverwertungsrecht für die öffentliche Wahrnehmbarmachung einer Funksendung** begründete. Durch das Gesetz zur Regelung des Urheberrechts in der Informationsgesellschaft ist die Bestimmung neu gefasst worden. Sie trägt jetzt der **Anerkennung des Rechts der öffentlichen Zugänglichmachung** als weiterem Ausschließlichkeitsrecht (§§ 15 Abs. 2 Nr. 2, 19 a) Rechnung und erweitert das Recht der Wiedergabe. In Aufbau und Funktion entspricht die Bestimmung § 21. – Zur früheren Rechtslage nach dem LUG Schricker/*v. Ungern-Sternberg* § 22 Rn. 3; Fromm/Nordemann/*Nordemann* § 22 Rn. 1 m. w. N. **1**

II. Gegenstand

2   Das Gesetz gewährt dem Urheber das **ausschließliche Recht,** das mit seiner Zustimmung gesendete oder öffentlich zugänglich gemachte Werk darüber hinaus auf die in der Vorschrift genannte Weise öffentlich wahrnehmbar zu machen. Wegen des Begriffs der öffentlichen Wahrnehmbarmachung siehe § 21 Rn. 4 im HauptB; BGHZ 123, 149, 151 f. – Verteileranlagen; BGH GRUR 1996, 875, 876 f. – Zweibettzimmer im Krankenhaus.

III. Schranken

3   Das Recht unterliegt den allgemeinen Schranken aus §§ 47, 48 Abs. 1, 49, 50, 52, 56 und 59.

IV. Verwertungsgesellschaften

siehe § 22 Rn. 4 im HauptB

Abschnitt 5. Rechtsverkehr im Urheberrecht

Unterabschnitt 2. Nutzungsrechte

§ 36a. Schlichtungsstelle

(1) **Zur Aufstellung gemeinsamer Vergütungsregeln bilden Vereinigungen von Urhebern mit Vereinigungen von Werknutzern oder einzelnen Werknutzern eine Schlichtungsstelle, wenn die Parteien dies vereinbaren oder eine Partei die Durchführung des Schlichtungsverfahrens verlangt.**

(2) **Die Schlichtungsstelle besteht aus einer gleichen Anzahl von Beisitzern, die jeweils von einer Partei bestellt werden, und einem unparteiischen Vorsitzenden, auf dessen Person sich beide Parteien einigen sollen.**

(3) [1] **Kommt eine Einigung über die Person des Vorsitzenden nicht zustande, so bestellt ihn das nach § 1062 der Zivilprozessordnung zuständige Oberlandesgericht.** [2] **Das Oberlandesgericht entscheidet auch, wenn keine Einigung über die Zahl der Beisitzer erzielt wird.** [3] **Für das Verfahren vor dem Oberlandesgericht gelten die §§ 1063, 1065 der Zivilprozessordnung entsprechend.**

(4) **Das Verlangen auf Durchführung des Schlichtungsverfahrens gemäß § 36 Abs. 3 Satz 2 muss einen Vorschlag über die Aufstellung gemeinsamer Vergütungsregeln enthalten.**

(5) [1] **Die Schlichtungsstelle fasst ihren Beschluss nach mündlicher Beratung mit Stimmenmehrheit.** [2] **Die Beschlussfassung erfolgt zunächst unter den Beisitzern; kommt eine Stimmenmehrheit nicht zustande, so nimmt der Vorsitzende nach weiterer Beratung an der erneuten Beschlussfassung teil.** [3] **Benennt eine Partei keine Mitglieder oder bleiben die von einer Partei genannten Mitglieder trotz rechtzeitiger Einladung der Sitzung fern, so entscheiden der Vorsitzende und die erschienenen Mitglieder nach Maßgabe der Sätze 1 und 2 allein.** [4] **Der Beschluss der Schlichtungsstelle ist schriftlich niederzulegen, vom Vorsitzenden zu unterschreiben und beiden Parteien zuzuleiten.**

§ 36 a. Schlichtungsstelle

(6) **Die Parteien tragen ihre eigenen Kosten sowie die Kosten der von ihnen bestellten Beisitzer. Die sonstigen Kosten tragen die Parteien jeweils zur Hälfte. Die Parteien haben als Gesamtschuldner auf Anforderung des Vorsitzenden zu dessen Händen einen für die Tätigkeit der Schlichtungsstelle erforderlichen Vorschuss zu leisten.**

(7) **Die Parteien können durch Vereinbarung die Einzelheiten des Verfahrens vor der Schlichtungsstelle regeln.**

(8) **Das Bundesministerium der Justiz wird ermächtigt, durch Rechtsverordnung ohne Zustimmung des Bundesrates die weiteren Einzelheiten des Verfahrens vor der Schlichtungsstelle zu regeln sowie weitere Vorschriften über die Kosten des Verfahrens und die Entschädigung der Mitglieder der Schlichtungsstelle zu erlassen.**

Literatur: *Berger*, Das neue Urhebervertragsrecht, Baden-Baden 2003; *Flechsig/Hendricks*, Konsensorientierte Streitschlichtung im Urhebervertragsrecht, ZUM 2002, 433; *Ory*, Das neue Urhebervertragsrecht, AfP 2002, 93; siehe im übrigen die Angaben im Hauptband zu § 36 a.

Übersicht

	Rn.		Rn.
I. Reform der Kostenregelung	1, 2	b) Erstellungskosten für den Vorschlag nach § 36 a Abs. 4	8, 9
II. Kosten (§ 36 a Abs. 6)	3–17	4. Kostenvorschuss (§ 36 a Abs. 6 S. 3)	10–17
1. Anwendungsbereich und Überblick	3, 4	a) Überblick	10
2. Parteieigene Kosten (§ 36 a Abs. 6 S. 1)	5, 6	b) Erforderlichkeit	11, 12
3. Sonstige Kosten (§ 36 a Abs. 6 S. 2)	7–9	c) Gesamtschuldnerische Haftung	13, 14
a) Allgemeine Verfahrenskosten	7	d) Verwaltung der Kosten, Nachforderungen, Abrechnung	15–17

I. Reform der Kostenregelung

Als eine Möglichkeit zur Aufstellung gemeinsamer Vergütungsregeln nach § 36 steht **1** Urhebern und Werkverwertern seit dem 1. 7. 2002 das Schlichtungsverfahren nach § 36 a zur Verfügung (siehe § 36 Rn. 2, 27 ff. im HauptB). Das Schlichtungsverfahren kommt nur zum Tragen, wenn die Parteien dies vereinbaren (§ 36 Abs. 3 S. 1, § 36 a Abs. 1 Alt. 1), oder eine Partei dies verlangt (§ 36 Abs. 3 S. 2 Nr. 1, 2 oder 3, § 36 a Abs. 1 Alt. 2). Die bisherige Kostenregelung des § 36 a Abs. 6 benachteiligte denjenigen, der die Durchführung eines Schlichtungsverfahrens verlangte und im beiderseitigen Interesse aktiv tätig wurde, während die sich verweigernde oder untätige Seite kostenrechtlich belohnt wurde (siehe im Einzelnen die Kritik § 36 a Rn. 19 im HauptB; zurückhaltender, aber ähnlich kritisch *Berger* Rn. 245; *Flechsig/Hendricks* ZUM 2002, 423, 431).

Die neue Regelung des Abs. 6 entspricht weitgehend dem ursprünglichen Regierungs- **2** entwurf in der Fassung der sogenannten Formulierungshilfen vom 19. 11. 2001 und 14. 1. 2002 (vgl. Begr. BT-Drucks. 15/837, 34). Der ursprüngliche Entwurf wurde insoweit erst kurz vor Verabschiedung des Gesetzes am 25. 1. 2002 im Rahmen der Formulierungshilfe vom 23. 1. 2002 geändert, angeblich auf Vorschlag der Landesjustizverwaltungen (zum hektischen Ablauf des Gesetzgebungsverfahrens insgesamt *Ory* AfP 2002, 93, 94 f.; die Begründung spricht allerdings von einem Redaktionsversehen, BT-Drucks. 15/837, 34). Mit der Neufassung des § 36 a Abs. 6 hat der Gesetzgeber die verfehlte bisherige Regelung korrigiert. Die übrigen Regelungen des § 36 a blieben unverändert, weshalb insoweit auf die Kommentierung im Hauptband (zum Verfahren insbesondere § 36 a Rn. 2 ff., 9 ff. im HauptB) verwiesen werden kann.

II. Kosten (§ 36a Abs. 6)

1. Anwendungsbereich und Überblick

3   § 36a Abs. 6 kommt nur zum Tragen, wenn sich die Parteien einvernehmlich oder auf Verlangen einer Seite des Schlichtungsverfahrens nach § 36a bedienen, um gemeinsame Vergütungsregeln aufzustellen. Soweit sich die Parteien auf ein anderes Verfahren verständigen (vgl. § 36 Rn. 24 im HauptB), können sie die Kosten auch anders verteilen. Ferner können die Parteien im Rahmen des § 36a Abs. 7 auch für das Schlichtungsverfahren nach § 36a eine von Abs. 6 **abweichende Kostenverteilung vereinbaren** (siehe § 36a Rn. 9 im HauptB; ebenso zur alten Fassung des § 36a Abs. 6 *Flechsig/Hendricks* ZUM 2002, 423, 431). § 36a Abs. 6 kommt dabei allerdings Vorbildfunktion zu.

4   § 36a Abs. 6 unterscheidet zwischen parteieigenen Kosten (S. 1) und sonstigen Kosten (S. 2), und sorgt für die Arbeitsfähigkeit der Schlichtungsstelle durch einen Kostenvorschuss (S. 3). Die Regelungen des § 36a Abs. 6 sind speziell auf das besondere Schlichtungsverfahren des § 36a zugeschnitten; eine entsprechende Anwendung anderer Kostenregelungen, etwa der §§ 91 ff. ZPO, der §§ 14 f. der Urheberrechtsschiedstellenverordnung (abgedruckt im HauptB bei § 15 WahrnG) oder des § 76a BetrVG 1972 kommt mangels Vergleichbarkeit der geregelten Sachverhalte regelmäßig nicht in Betracht.

2. Parteieigene Kosten (§ 36a Abs. 6 S. 1)

5   Die Parteien tragen ihre eigenen Kosten sowie die Kosten der von ihnen bestellten Beisitzer (§ 36a Abs. 6 S. 1). Da jede Partei eine gleiche Zahl von Beisitzern benennt (§ 36a Abs. 2) und diese frei auswählen kann (zur Beisitzerauswahl siehe § 36a Rn. 3 f. im HauptB), ist die Kostenbelastung strukturell gleichmäßig und liegt in der Hand der jeweiligen Partei selbst. **Parteieigene Kosten** sind Honorare oder Aufwandsentschädigungen sowie Unkosten (Fahrtkosten, Unterkunft, Kommunikationskosten) der eigenen Mitarbeiter und der eigenen Beisitzer für Verhandlungen der Schlichtungsstelle und sonstige Sachkosten, sowie mögliche Kosten für die eigene Rechtsberatung und eigene Gutachterkosten im Zusammenhang mit dem Schlichtungsverfahren, nicht aber etwaige Kosten vorangegangener Verhandlungen. Die **Auswahl** kostengünstiger Verbandsfunktionäre oder auch ehrenamtlich tätiger Personen mit Branchenkenntnissen als **Beisitzer** entspricht durchaus dem Regelungszweck der §§ 36, 36a (vgl. § 36a Rn. 3 im HauptB).

6   Die Möglichkeit einer späteren **Erstattung parteieigener Kosten** von der Gegenseite ist nicht vorgesehen. Auch derjenige, der im Fall des § 36 Abs. 3 S. 2 Nr. 1 die Durchführung des Schlichtungsverfahrens verlangt, sowie derjenige, der bei Scheitern der Verhandlungen nach § 36 Abs. 3 S. 2 Nr. 2 und 3 als erster aktiv wird und das Schlichtungsverfahren verlangt, kann von der anderen Seite keinen Ersatz der eigenen Kosten verlangen (zu den Erstellungskosten eines Vorschlages nach § 36a Abs. 4 siehe aber § 36a Rn. 8 f.). Aufgrund der Kontrollmöglichkeit über die eigenen Kosten und des Wegfalls der bisherigen generellen Kostentragungspflicht der verlangenden Partei (siehe § 36a Rn. 1) ist diese Regelung hinnehmbar. Sie ist auch insoweit sachgerecht, als dem Verursacherprinzip Rechung getragen ist und kostenrechtlich nunmehr auf beiden Seiten ein gewisser Druck besteht, sich zügig auf die vom Gesetz gewollten (vgl. § 36 Rn. 1 f. im HauptB) gemeinsamen Vergütungsregeln zu einigen.

3. Sonstige Kosten (§ 36 a Abs. 6 S. 2)

a) Allgemeine Verfahrenskosten

Die sonstigen Kosten tragen die Parteien jeweils zur Hälfte (§ 36 a Abs. 6 S. 2). **Sonstige** 7 **Kosten** sind alle weiteren Kosten, die nicht auf Seiten der jeweiligen Partei anfallen und nicht ihrer eigenen Dispositionsmöglichkeit unterliegen, sondern die zur Durchführung des Schlichtungsverfahrens erforderlich sind, oder von beiden Parteien einvernehmlich als erforderlich angesehen werden. Hierzu gehören das **Honorar** oder die **Aufwandsentschädigung** für den gemeinsam oder gerichtlich bestellten **Vorsitzenden** (siehe § 36 a Rn. 5 f. im HauptB) sowie dessen Unkosten. Wollen die Parteien im Rahmen des Schlichtungsverfahrens gemeinsam einzelne Punkte durch externe Gutachter klären lassen oder weitere Tatsachenforschung (Marktforschungen, statistische Erhebungen) betreiben, sind auch die hierfür anfallenden Kosten sonstige Kosten nach § 36 a Abs. 6 S. 2. Sonstige Kosten sind ferner weitere **Unkosten des Schlichtungsverfahrens** (etwaige Raummieten, Kommunikationskosten, etc.).

b) Erstellungskosten für den Vorschlag nach § 36 a Abs. 4

Problematisch ist, ob bei einem auf einseitiges Verlangen durchgeführten Schlichtungs- 8 verfahren (§ 36 Abs. 3 S. 2) die **Erstellungskosten für den verfahrensnotwendigen Vorschlag** (§ 36 a Abs. 4) als parteieigene Kosten der verlangenden Partei (§ 36 a Abs. 6 S. 1) oder als hälftig zu teilende, sonstige Kosten (§ 36 a Abs. 6 S. 2) anzusehen sind. Nach der bisherigen Regelung traf die Kostenlast stets die verlangende Partei, und diese hatte auch die Erstellungskosten für den verfahrensnotwendigen Vorschlag zu tragen (vgl. *Berger* Rn. 246). Die neue Regelung geht in bewusster Abkehr von der bisherigen Norm erkennbar von einer gleichmäßigen Verteilung der Kosten auf beide Seiten aus (vgl. Begr. BT-Drucks. 15/837, 34. Da es sich bei dem Vorschlag gemäß § 36 Abs. 4 um eine notwenige, verfahrensbeschleunigende Voraussetzung handelt, und das Verfahren im beiderseitigen Interesse der Parteien liegt (vgl. § 36 Rn. 2 im HauptB; *Berger* Rn. 245), sind diese Kosten regelmäßig als hälftig zu teilende **sonstige Kosten nach § 36 a Abs. 6 S. 2** anzusehen. Dies ist auch deshalb angemessen, weil die Initiative der verlangenden Partei nach § 36 Abs. 3 S. 2 stets auch auf dem Verhalten der anderen Partei im Rahmen der Verhandlungen beruht.

Ob und inwieweit diesbezügliche **Erstattungsansprüche** der verlangenden Partei beste- 9 hen (siehe § 36 a Rn. 14), hängt von den konkreten Umständen ab. Ist der eingereichte Vorschlag lediglich das Ergebnis bereits durchgeführter, aber gescheiterter Verhandlungen, haben beide Parteien an seiner Entstehung mitgewirkt, und eine Erstattungspflicht der verlangenden Partei kommt kaum in Frage. Geht die verlangende Partei aber mit dem Vorschlag im beiderseitigen Interesse in Vorleistung, und betreibt sie hierbei einen nennenswerten und objektiv notwendigen (§ 670 BGB, siehe § 36 a Rn. 14) Aufwand, ist eine hälftige Erstattung möglich und auch angemessen. Dies ist bei einem nach § 36 Abs. 3 S. 2 Nr. 1 verlangten Verfahren in aller Regel der Fall.

4. Kostenvorschuss (§ 36 a Abs. 6 S. 3)

a) Überblick

Der Vorsitzende kann von den Parteien als Gesamtschuldner einen für die Tätigkeit der 10 Schlichtungsstelle erforderlichen **Vorschuss** anfordern (§ 36 a Abs. 6 S. 3). Durch den

Vorschuss will das Gesetz sicherstellen, dass die Schlichtungsstelle ihre Arbeit unabhängig von Auseinandersetzungen über die gemeinsam zu tragenden Kosten durchführen kann, und hinsichtlich Zeit- und Sachaufwendung nicht in Vorleistung treten muss (vgl. § 669 BGB). Da jeder Partei die finanzielle Ausstattung ihrer eigenen Beisitzer obliegt (siehe § 36 a Rn. 5), bezieht sich der Vorschuss alleine auf die jeweils hälftig zu tragenden sonstigen Kosten nach § 36 a Abs. 6 S. 3 (§ 36 a Rn. 7), nicht jedoch auf die parteieigenen Kosten nach § 36 a Abs. 6 S. 1 einschließlich der Kosten für die Beisitzer (§ 36 a Rn. 5 f.). Sofern das Schlichtungsverfahren auf Verlangen einer Partei nach § 36 Abs. 3 S. 2 durchgeführt wird, sind auch etwaige erstattungsfähige Aufwendungen für die Erstellung des verfahrensnotwendigen Vorschlages im Sinne des § 36 a Abs. 4 (siehe § 36 a Rn. 8 f.) für den Vorschuss nicht zu berücksichtigen, da der Vorschlag zu Verfahrensbeginn bereits vorliegt.

b) Erforderlichkeit

11 Welcher Vorschuss **erforderlich** ist, richtet sich nach dem finanziellen Aufwand, den die Durchführung des konkreten Schlichtungsverfahrens voraussichtlich mit sich bringen wird. In der Praxis obliegt die Beurteilung zunächst dem Vorsitzenden im Rahmen der Vorbereitung des Schlichtungsverfahrens. Hierbei wird der Vorsitzende nach billigem Ermessen (Rechtsgedanke des § 317 BGB) die voraussichtlichen weiteren **Gesamtkosten des Schlichtungsverfahrens** ermitteln, die vornehmlich von der Dauer seines eigenen Einsatzes, den anfallenden Sachkosten und den gemeinsamen Vorstellungen der Parteien über die Durchführung des Verfahrens abhängen.

12 Fraglich ist, ob sogleich die Gesamtkosten als Vorschuss angefordert werden können, oder lediglich ein Betrag, der zunächst nur zur Aufnahme der Tätigkeit der Schlichtungsstelle ausreicht. Der Wortlaut des § 36 a Abs. 6 S. 3 spricht dafür, sämtliche hälftig zu tragende Kosten (vgl. § 36 a Rn. 10) des Schlichtungsverfahrens von Beginn der Einsetzung des Vorsitzenden an über die Übermittlung eines begründeten Einigungsvorschlages nach § 36 Abs. 4 bis hin zur Überwachung des Ablaufs der dreimonatigen Widerspruchsfrist als erforderlich im Sinne der Norm anzusehen. Dafür spricht auch der Sinn und Zweck der Regelung. Denn nur so kann sichergestellt werden, dass das Schlichtungsverfahren unabhängig von etwaigen späteren Auseinandersetzungen über die Kosten erfolgreich zu Ende geführt wird und wirksame gemeinsame Vergütungsregeln nach § 36 tatsächlich aufgestellt werden. Ähnlich wie der angemessene Vorschuss des Rechtsanwalts nach § 17 BRAGO soll auch der erforderliche Vorschuss nach § 36 a Abs. 6 S. 3 den voraussichtlich entstehenden Gesamtaufwand abdecken.

c) Gesamtschuldnerische Haftung

13 Die Parteien haften für den Vorschuss als Gesamtschuldner. Im Interesse eines spannungsfreien Verfahrens wird der Vorsitzende den Kostenvorschuss gleichmäßig von beiden Seiten zu gleichen Teilen anfordern. Der Vorsitzende kann den gesamten Vorschuss aber auch von einer Partei alleine anfordern (§ 421 S. 1 BGB), und diese auf die interne **Ausgleichspflicht der anderen Partei** nach § 426 Abs. 1 S. 1 BGB verweisen. Im Innenverhältnis haften die Parteien nach § 36 a Abs. 6 S. 2 jeweils zur Hälfte für die sonstigen Kosten.

14 Die gesamtschuldnerische Haftung gilt nur hinsichtlich des Vorschusses, nicht aber allgemein für die sonstigen zu teilenden Kosten nach § 36 a Abs. 6 S. 2. Wurde kein Vorschuss angefordert, oder reicht der Vorschuss zur Deckung der Gesamtkosten nicht aus, haftet jede

§ 42 a. Zwangslizenz zur Herstellung von Tonträgern § **42 a UrhG**

Partei nur für den von ihr selbst zu tragenden Anteil. Kommt eine Partei im Laufe des Verfahrens alleine für sonstige Kosten im Sinne des § 36 a Abs. 6 S. 2 auf, oder übersteigen ihre Aufwendungen für gemeinsam zu tragende Kosten die der Gegenseite, hat sie einen **Erstattungsanspruch** gegenüber der anderen Partei in Höhe der Hälfte ihrer diesbezüglichen Aufwendungen nach §§ 677, 683, 670 BGB i. V. m. § 36 a Abs. 6 S. 2.

d) Verwaltung der Kosten, Nachforderungen, Abrechnung

Der Vorsitzende verwahrt und verwaltet geleistete Vorschüsse im Rahmen seines Bestellungsverhältnisses treuhänderisch für die Parteien. Hierfür entstehende Kosten etwa für ein Treuhandkonto sind hälftig zu teilende sonstige Kosten im Sinne des § 36 a Abs. 6 S. 2. **15**

Sobald sich abzeichnet, dass die bisher angeforderten Vorschüsse zur Deckung der Gesamtkosten des Schlichtungsverfahrens nicht ausreichen, kann der Vorsitzende nach § 36 a Abs. 6 S. 3 **weitere Vorschusszahlungen** bei den Parteien anfordern. Die Vorschrift sichert die Tätigkeit der Schlichtungsstelle in finanzieller Hinsicht während der gesamten Verfahrensdauer bis zum Abschluss der Schlichtung. **16**

Soweit geleistete Vorschüsse für die Durchführung des Schlichtungsverfahrens nicht benötigt werden, sind Überschüsse nach erfolgter **Abrechnung über die sonstigen Kosten** im Sinne des § 36 a Abs. 6 S. 2 an die Parteien zurückzuzahlen. Anspruchsgrundlage ist dabei die Herausgabepflicht nach § 667 BGB aufgrund des zwischen den Parteien und dem Vorsitzenden aufgrund seiner Bestellung bestehenden Geschäftsbesorgungs- oder Auftragsverhältnisses (§§ 675 Abs. 1, 662 ff. BGB, vgl. Palandt/*Sprau* § 669 BGB Rn. 3, § 667 BGB Rn. 2; *Flechsig/Hendricks* ZUM 2002, 423, 430 sprechen insoweit von einem Schiedsrichtervertrag). **17**

§ 42 a. Zwangslizenz zur Herstellung von Tonträgern

(1) Ist einem Hersteller von Tonträgern ein Nutzungsrecht an einem Werk der Musik eingeräumt worden mit dem Inhalt, das Werk zu gewerblichen Zwecken auf Tonträger zu übertragen und diese zu vervielfältigen und zu verbreiten, so ist der Urheber verpflichtet, jedem anderen Hersteller von Tonträgern, der im Geltungsbereich dieses Gesetzes seine Hauptniederlassung oder seinen Wohnsitz hat, nach Erscheinen des Werkes gleichfalls ein Nutzungsrecht mit diesem Inhalt zu angemessenen Bedingungen einzuräumen; dies gilt nicht, wenn das bezeichnete Nutzungsrecht erlaubterweise von einer Verwertungsgesellschaft wahrgenommen wird oder wenn das Werk der Überzeugung des Urhebers nicht mehr entspricht, ihm deshalb die Verwertung des Werkes nicht mehr zugemutet werden kann und er ein etwa bestehendes Nutzungsrecht aus diesem Grunde zurückgerufen hat. Der Urheber ist nicht verpflichtet, die Benutzung des Werkes zur Herstellung eines Filmes zu gestatten.

(2) Gegenüber einem Hersteller von Tonträgern, der weder seine Hauptniederlassung noch seinen Wohnsitz im Geltungsbereich dieses Gesetzes hat, besteht die Verpflichtung nach Absatz 1, soweit in dem Staat, in dem er seine Hauptniederlassung oder seinen Wohnsitz hat, den Herstellern von Tonträgern, die ihre Hauptniederlassung oder ihren Wohnsitz im Geltungsbereich dieses Gesetzes haben, nach einer Bekanntmachung des Bundesministeriums der Justiz im Bundesgesetzblatt ein entsprechendes Recht gewährt wird.

(3) **Das nach den vorstehenden Bestimmungen einzuräumende Nutzungsrecht wirkt nur im Geltungsbereich dieses Gesetzes und für die Ausfuhr nach Staaten, in denen das Werk keinen Schutz gegen die Übertragung auf Tonträger genießt.**

§ 42 a. Zwangslizenz zur Herstellung von Tonträgern

(4) Hat der Urheber einem anderen das ausschließliche Nutzungsrecht eingeräumt mit dem Inhalt, das Werk zu gewerblichen Zwecken auf Tonträger zu übertragen und diese zu vervielfältigen und zu verbreiten, so gelten die vorstehenden Bestimmungen mit der Maßgabe, dass der Inhaber des ausschließlichen Nutzungsrechts zur Einräumung des in Absatz 1 bezeichneten Nutzungsrechts verpflichtet ist.

(5) Auf ein Sprachwerk, das als Text mit einem Werk der Musik verbunden ist, sind die vorstehenden Bestimmungen entsprechend anzuwenden, wenn einem Hersteller von Tonträgern ein Nutzungsrecht eingeräumt worden ist mit dem Inhalt, das Sprachwerk in Verbindung mit dem Werk der Musik auf Tonträger zu übertragen und diese zu vervielfältigen und zu verbreiten.

(6) Für Klagen, durch die ein Anspruch auf Einräumung des Nutzungsrechts geltend gemacht wird, sind, sofern der Urheber oder im Falle des Absatzes 4 der Inhaber des ausschließlichen Nutzungsrechts im Geltungsbereich dieses Gesetzes keinen allgemeinen Gerichtsstand hat, die Gerichte zuständig, in deren Bezirk das Patentamt seinen Sitz hat. Einstweilige Verfügungen können erlassen werden, auch wenn die in den §§ 935 und 940 der Zivilprozessordnung bezeichneten Voraussetzungen nicht zutreffen.

(7) Die vorstehenden Bestimmungen sind nicht anzuwenden, wenn das in Absatz 1 bezeichnete Nutzungsrecht lediglich zur Herstellung eines Filmes eingeräumt worden ist.

Übersicht

	Rn.		Rn.
I. Bedeutung der Vorschrift	1	II. Eingliederung	2

I. Bedeutung der Vorschrift

1 § 42 a entspricht der bisherigen Bestimmung des § 61 ohne jede inhaltliche Änderung. Die alte und die neue Vorschrift sind deckungsgleich; zur Erläuterung im Einzelnen siehe § 61 a. F. im HauptB. Die Bestimmung zur Verpflichtung zur Einräumung eines Nutzungsrechts wurde innerhalb des Urheberrechtsgesetzes systematisch neu eingeordnet. Ihre bisherige Zuordnung zu den Schranken des Urheberrechts gemäß §§ 45 ff. wurde aufgegeben. Bei der Bestimmung handelt es sich systematisch nicht um eine Schranke oder Ausnahme zu den vom Urheberrecht gewährten Ausschließlichkeitsrechten, sondern um eine Regelung zur Ausübung der Rechte (*Schack* Rn. 435; *Schricker/Melichar* Vor §§ 45 ff. Rn. 6, 29, Begr. BT-Drucks. 15/38, 17). Es liegt keine Ausnahme oder Schranke i. S. v. Art. 5 Abs. 1 bis 3 der Multimedia-Richtlinie vor, die einer Ausnahme in dem abschließenden Katalog zu Ausnahmen und Schranken bedürfte (Begr. BT-Drucks. 15/38, 17).

II. Eingliederung

2 Die neue Einordnung der Bestimmung beugt dem Streit vor, ob die Verpflichtung zur Einräumung eines Nutzungsrechts mangels Anführung im Ausnahmenkatalog zu Art. 5 eine unzulässige Ausnahme oder Schranke zu den Ausschließlichkeitsrechten darstellt. Dabei harmoniert die Neuzuordnung mit der Vorstellung des Richtliniengebers. Art. 9 der Kabel- und Satellitenrichtlinie sieht nach deren Erwägungsgrund 28 durch Einführung einer Verwertungsgesellschaftspflichtigkeit eine ausschließlich kollektive Ausübung des Verbotsrechts vor.

Abschnitt 6. Schranken des Urheberrechts

Vorbemerkung vor §§ 44 a ff.

Literatur: *Bayreuther,* Beschränkungen des Urheberrechts nach der EU-Urheberrechtsrichtlinie, ZUM 2001, 828; *Bornkamm,* Ungeschriebene Schranken des Urheberrechts?, Anmerkungen zum Rechtsstreit Botho Strauß/Theater heute, in: Erdmann u. a. (Hrsg.), Festschrift für Henning Pieper, Müchen 1996, 641; *Dreier,* Die Umsetzung der Urheberrechtsrichtlinie 2001/29/EG in deutsches Recht, ZUM 2002, 28; *Flechsig,* Grundlagen des Europäischen Urheberrechts, ZUM 2002, 1; *Metzger/Kreutzer,* Richtlinie zum Urheberrecht in der „Informationsgesellschaft", MMR 2002, 139; *Lindner,* Der Referentenentwurf für ein Gesetz zur Regelung des Urheberrechts in der Informationsgesellschaft vom 18. 3. 2002, KUR 2002, 56; *Reinbothe,* Die Umsetzung der EU-Urheberrechtsrichtlinie in deutsches Recht, ZUM 2002, 43; *Reinbothe,* Die EG-Richtlinie zum Urheberrecht in der Informationsgesellschaft, GRUR Int. 2001, 733; *Spindler,* Europäisches Urheberrecht in der Informationsgesellschaft, GRUR 2002, 105; *Zecher,* Die Umsetzung der EU-Urheberrechtsrichtlinie in deutsches Recht, ZUM 2002, 52 (Teil I), 451 (Teil II).

Übersicht

	Rn.		Rn.
I. Grundlagen zu den Schranken des Urheberrechts	1, 2	1. Schrankenregelung der Multimedia-Richtlinie	5–7
II. Systematik des sechsten Abschnittes	3, 4	2. Umsetzung in deutsches Recht	8
III. Umsetzung der Mulitmedia-Richtlinie	5–8		

I. Grundlagen zu den Schranken des Urheberrechts

Wie das Sacheigentum unterliegt auch das **Urheberrecht als sozialgebundenes Recht** 1 gewissen Schranken im Interesse der Allgemeinheit. Zwar gebietet Art. 14 Abs. 1 S. 1 GG die grundsätzliche Zuordnung des wirtschaftlichen Wertes eines geschützten Werkes an den Urheber. Der Gesetzgeber hat im Rahmen der Ausprägung des Urheberrechts sachgerechte Maßstäbe festzulegen, die eine der Natur und der sozialen Bedeutung des Urheberrechts entsprechende Nutzung und angemessene Verwertung sicherstellen (BVerfGE 31, 229 – Kirchen- und Schulgebrauch). Mit den Regelungen der **§§ 44 a bis 63** sowie den außerhalb des sechsten Abschnittes eingefügten speziellen Schrankenregelungen in den §§ 69 d, 69 e und 87 c (siehe § 69 d Rn. 6 ff., § 69 e Rn. 1, § 87 c Rn. 1 ff. im HauptB) ist der Gesetzgeber diesem Auftrag nachgekommen. Sobald der Urheber Beschränkungen seiner ausschließlichen Verwertungsrechte dulden muss, handelt es sich um Ausnahmen vom allgemeinen Grundsatz, dass ihm diese Rechte zustehen. Die Schrankenbestimmungen ermöglichen teilweise eine **unentgeltliche Nutzung** der Werke des Urhebers, teilweise erhält der Urheber einen Anspruch auf angemessene Vergütung. Insoweit wird das urheberrechtliche Ausschließlichkeitsrecht im Wege einer **gesetzlichen Lizenz** zu einem Vergütungsanspruch herabgestuft. Die Schrankenbestimmungen sind **grundsätzlich eng auszulegen** (BGHZ 50, 147 – Kandinsky I; BGHZ 87, 126 – Zoll- und Finanzschulen; BGHZ 123, 149 – Verteileranlagen; BGHZ 144, 232 – Parfumflakon; BGH GRUR 2002, 963 – Elektronischer Pressespiegel; Schricker/*Melichar* vor §§ 45 ff. Rn. 15 f.; Fromm/Nordemann/*Nordemann* vor § 45 Rn. 3). Diese enge Auslegung hat ihren Grund weniger darin, dass Ausnahmevorschriften generell eng auszulegen wären, sondern beruht darauf, dass der

Urheber an der wirtschaftlichen Nutzung seiner Werke angemessen zu beteiligen ist und die ihm zustehenden Ausschließlichkeitsrechte nicht übermäßig beschränkt werden dürfen. Da mit den Schrankenbestimmungen teilweise besonderen verfassungsrechtlich geschützten Positionen Rechnung getragen wird, sind bei der Auslegung neben den Interessen des Urhebers auch die durch die Schrankenbestimmung geschützten Interessen zu beachten (BGH GRUR 2002, 963 – Elektronischer Pressespiegel m. w. N.; BVerfG GRUR 2001, 149 – Germania 3).

2 Bei der Auslegung der urheberrechtlichen Schrankenbestimmungen hat sich das Verständnis der privilegierenden Norm vor allem an den **technischen Gegebenheiten zum Zeitpunkt der Einführung des Privilegierungstatbestandes** zu orientieren (BGHZ 17, 266 – Grundig-Reporter; BGHZ 134, 250 – CB-Infobank I; BGH GRUR 2002, 963 – Elektronischer Pressespiegel). Dieses Verständnis stellt jedoch keine starre Grenze dar. Tritt an die Stelle einer privilegierten Nutzung eine neue Form, ist im Einzelfall zu prüfen, ob der Beteiligungsgrundsatz des Urhebers einerseits und die mit der Schrankenregelung verfolgte Intention andererseits eine weitergehende Auslegung der Schrankenregelung erlauben. Eine analoge Anwendung ist daher durchaus denkbar (siehe BGHZ 87, 126 – Zoll- und Finanzschulen; BGH GRUR 1987, 362 – Filmzitat; BGH GRUR 1999, 707 – Kopienversanddienst; BGH GRUR 2002, 246 – Scanner; BGH GRUR 2002, 963 – Elektronischer Pressespiegel).

II. Systematik des sechsten Abschnittes

3 Die **§§ 44 a bis 53** erlauben zugunsten einzelner Nutzer oder im Interesse der Allgemeinheit die Verwertung von bestimmten urheberrechtlich geschützten Werken unter besonderen Bedingungen. Die **§§ 54 bis 54 h** enthalten Regelungen zur Vergütung des Urhebers für Fälle der Vervielfältigung der Werke zum privaten oder sonstigen eigenen Gebrauch des Nutzers i. S. d. § 53. **§§ 55 bis 60** ermöglichen wiederum die Verwertung von bestimmten Werken zugunsten einzelner Nutzer oder im Interesse der Informationsfreiheit. Die **§§ 62 und 63** enthalten zur Wahrung des Urheberpersönlichkeitsrechts das grundsätzliche Verbot zur Änderung von Werken im Rahmen einer nach einer Schranke des sechsten Abschnittes erlaubten Benutzung (§ 62) sowie zur Pflicht der Quellenangabe (§ 63).

4 **Schranken** des Urheberrechts **außerhalb des sechsten Abschnittes** ergeben sich aus den §§ 69 d, 69 e und 87 c sowie den allgemeinen Rechtfertigungsgründen des **Schikaneverbots** (§ 226 BGB) und der **Notwehr** (§ 227 BGB). Ergänzend erscheint die Anwendung der Vorschrift über den zivilrechtlichen **Notstand** (§ 904 BGB), der im Patentrecht anerkannt ist (BGHZ 116, 122 – Heliumeinspeisung), im Gegensatz zur Heranziehung des Instituts des übergesetzlichen Notstands nahezuliegen (*Bornkamm* FS Piper 641; Schricker/ *Melichar* vor §§ 45 ff. Rn. 14; Fromm/Nordemann/*Nordemann* vor § 45 Rn. 6; a. A. KG NJW 1995, 3392 – Botho Strauß mit Hinweis auf Schricker/*Wild* § 97 Rn. 20).

III. Umsetzung der Multimedia-Richtlinie

1. Schrankenregelung der Multimedia-Richtlinie

5 Mit der Richtlinie 2001/29/EG des Europäischen Parlaments und des Rates zur Harmonisierung bestimmter Aspekte des Urheberrechts und der verwandten Schutzrechte

in der Informationsgesellschaft vom 22. 5. 2001 (siehe Anhang 2 im HauptB), die von den Mitgliedsstaaten bis zum 22. 12. 2002 umzusetzen war, sollte der Wettbewerb innerhalb des Binnenmarkts vor Verzerrung geschützt werden (Erwägungsgrund 1), die substantielle Investition in Kreativität und Innovation durch erhöhte Rechtssicherheit und die Wahrung eines hohen Schutzniveaus im Bereich des geistigen Eigentums gefördert werden (Erwägungsgrund 4) sowie die Bestimmungen im Bereich des Urheberrechts und der verwandten Schutzrechte an die technische Entwicklung angepasst werden (Erwägungsgrund 5). Die Regelungen zu den **Ausnahmen und Beschränkungen** des Vervielfältigungsrechts (Art. 2), dem Recht der öffentlichen Wiedergabe von Werken und dem Recht der öffentlichen Zugänglichmachung sonstiger Schutzgegenstände (Art. 3) sowie des Verbreitungsrechts (Art. 4) sind in Art. 5 der Richtlinie enthalten. Die Auflistung der Ausnahmen und Beschränkungen der Rechte in Art. 5 der Richtlinie ist, wie sich aus Erwägungsgrund 32 ergibt, **abschließend.** Außer den genannten Schranken und Ausnahmen dürfen die Mitgliedsstaaten folglich keine weiteren Ausnahmen vorsehen. Das Ziel der Harmonisierung soll durch die Festlegung des abschließenden Katalogs erreicht werden.

Art. 5 Abs. 1 legt für die Mitgliedsstaaten verpflichtend fest, dass das Vervielfältigungsrecht nicht betroffen ist, wenn Vervielfältigungshandlungen kumulativ flüchtig oder begleitend sind, einen integralen und wesentlichen Teil eines technischen Verfahrens darstellen, es deren alleiniger Zweck ist, eine Übertragung in einem Netz zwischen Dritten durch einen Vermittler oder eine rechtmäßige Nutzung eines Werkes oder eines sonstigen Schutzgegenstandes zu ermöglichen und diese keine eigenständige wirtschaftliche Bedeutung haben. Wenn diese Voraussetzungen erfüllt sind, erfasst diese Ausnahme Handlungen, die das „Browsing" sowie das „Caching" ermöglichen (Erwägungsgrund 33, zur Umsetzung vgl. § 44a Rn. 1). **Art. 5 Abs. 2** lässt Regelungen der Mitgliedsstaaten zur Beschränkung des Vervielfältigungsrechts unter den dort aufgeführten Voraussetzungen zu. Es handelt sich hierbei beispielsweise um die Herstellung von Vervielfältigungen auf Papier durch Kopieren, wenn ein gerechter Ausgleich bezahlt wird, die Vervielfältigung auf beliebigen Trägern durch eine natürliche Person zum privaten Gebrauch bei gerechtem Ausgleich, Vervielfältigungshandlungen von öffentlich zugänglichen Bibliotheken, vorübergehende Aufzeichnungen von Werken, die von Sendeunternehmen mit eigenen Mitteln und für eigene Sendungen vorgenommen werden und Vervielfältigungen, die von nicht kommerziellen Sozialeinrichtungen angefertigt werden, wenn die Rechtsinhaber einen gerechten Ausgleich erhalten. 6

Art. 5 Abs. 3 lässt in den dort aufgeführten Fällen Beschränkungen des Vervielfältigungs- und des Rechts der öffentlichen Wiedergabe sowie der öffentlichen Zugänglichmachung sonstiger Schutzgegenstände zu. Die Bestimmung geht auf Regelungen in den nationalen Urheberrechtsordnungen zurück (*Reinbothe* GRUR Int. 2001, 733). Soweit die Regelungen des Art. 5 der Richtlinie die §§ 45 ff. betreffen, siehe Kommentierung zu den einzelnen Paragrafen. Nach **Art. 5 Abs. 4** der Richtlinie dürfen die Mitgliedsstaaten in den Fällen, in denen eine Beschränkung in Bezug auf das Vervielfältigungsrecht vorgesehen wird, auch das Verbreitungsrecht beschränken, soweit dies durch den Zweck der erlaubten Vervielfältigung gerechtfertigt ist. **Alle** in den Absätzen des Art. 5 genannten Ausnahmen und Beschränkungen der Rechte unterliegen nach Art. 5 Abs. 5 dem sogenannten **Drei-Stufen-Test** (entspr. Art. 9 Abs. 2 RBÜ, Art. 10 WCT und Art. 16 WPPT). Danach dürfen die in Art. 5 aufgeführten Ausnahmen und Beschränkungen nur in Sonderfällen angewandt werden, in denen die normale Verwertung des Werkes oder des sonstigen Schutzgegenstandes nicht beeinträchtigt wird und die berechtigten Interessen des Rechtsinhabers nicht ungebührlich 7 verletzt werden (vgl. § 44 a Rn. 22). Im Hinblick auf die gesteigerte wirtschaftliche Bedeutung, die Ausnahmen und Beschränkungen im elektronischen Umfeld erlangen können, kann es insoweit sein, dass der Umfang bestimmter Ausnahmen oder Beschränkungen bei bestimmten neuen Formen der Nutzung urheberrechtlich geschützter Werke und sonstiger Schutzgegenstände möglicherweise noch enger begrenzt werden muss (Erwägungsgrund 44; *Flechsig* ZUM 2002, 1).

2. Umsetzung in deutsches Recht

8 Die mit dem Gesetz zur Regelung des Urheberrechts in der Informationsgesellschaft vom 10. 9. 2003 erfolgte Novellierung des Urhebergesetzes beschränkt sich auf die Umsetzung der Multimedia-Richtlinie sowie die Implementierung der WIPO-Verträge (WCT und WPPT vom 20. 12. 1996; siehe § 121 Rn. 28 ff. im HauptB) sowie notwendige Folgeänderungen. Das Änderungsgesetz enthielt deshalb auch keine Regelung zur Ausfüllung der Kann-Vorschriften zum elektronischen Pressespiegel (siehe § 49 Rn. 1 ff.) und zur Durchsetzung der Privatkopieschranke bei der Anwendung technischer Schutzmaßnahmen gegen Vervielfältigungen i. S. d. § 95 a; Art. 6 Multimedia-Richtlinie (siehe Anhang 2 im HauptB). Diese Fragen sollen ausdrücklich weiter geprüft und mit allen Betroffenen ohne Zeitdruck erörtert sowie Gegenstand eines weiteren Gesetzgebungsvorhabens werden (AmtlBegr. BT-Drucks. 15/38, 15). Im Rahmen der Novellierung wurden die – weitestgehend bereits richtlinienkonformen – deutschen Schrankenregeln an die Vorgaben der Richtlinie angepasst; von der Möglichkeit der Einführung weiterer Schranken wurde nur in zwei Fällen Gebrauch gemacht. Lediglich die Schranke zugunsten behinderter Menschen (siehe § 45 a) sowie die Schranke zur Ermöglichung der öffentlichen Zugänglichmachung für Unterricht und Forschung (§ 52 a) wurden neugefasst. Das gemäß der Richtlinie in § 19 a geschaffene Recht der öffentlichen Zugänglichmachung wurde den Schrankenregelungen unterworfen. Die zwingende Ausnahme für vorübergehende, ephemere Vervielfältigungshandlungen gemäß Art. 5 Abs. 1 der Multimedia-Richtlinie führte zur Einfügung des § 44 a. Der Drei-Stufen-Test gemäß Art. 5 Abs. 5 der Richtlinie, nach dem die zugelassenen Ausnahmen und Beschränkungen der Rechte des Urhebers nur in Sonderfällen angewandt werden dürfen, in denen die normale Verwertung des Werkes oder des sonstigen Schutzgegenstandes nicht beeinträchtigt und die berechtigen Interessen des Rechteinhabers nicht ungebührlich verletzt werden, wurde ausdrücklich nicht in das Gesetz aufgenommen, da die Schrankenregelungen bereits jenen Anforderungen entsprechen (AmtlBegr. BT-Drucks. 15/38, 15).

§ 44 a. Vorübergehende Vervielfältigungshandlungen

Zulässig sind vorübergehende Vervielfältigungshandlungen, die flüchtig oder begleitend sind und einen integralen und wesentlichen Teil eines technischen Verfahrens darstellen und deren alleiniger Zweck es ist,
1. eine Übertragung in einem Netz zwischen Dritten durch einen Vermittler oder
2. eine rechtmäßige Nutzung
eines Werkes oder sonstigen Schutzgegenstands zu ermöglichen, und die keine eigenständige wirtschaftliche Bedeutung haben.

Literatur: *Bayreuther,* Beschränkungen des Urheberrechts nach der EU-Urheberrechtsrichtlinie, ZUM 2001, 828; *Becker,* Bewertung der Richtlinienentwürfe der EU aus der Sicht der Urheber und Verwertungsgesellschaften, in: J. Schwarze (Hrsg.), Rechtsschutz gegen Urheberrechtsverletzungen und Wettbewerbs-

§ 44 a. Vorübergehende Vervielfältigungshandlungen § 44 a UrhG

verstöße in grenzüberschreitenden Medien, Baden-Baden 2000, 29; *Burmeister,* Urheberrechtsschutz gegen Framing im Internet, Lohmar Köln 2000; *Cichon,* Urheberrechte an Webseiten, ZUM 1998, 897; *Ernst,* Wirtschaftsrecht im Internet, BB 1997, 1057; *Flechsig,* Grundlagen des Europäischen Urheberrechts, ZUM 2002, 1; *Garrote,* Linking and Framing, EIPR (European Intellectual Property Review) 2002, 184; *Hart,* The Copyright in the Information Society Directive, EIPR 2002, 58; *Hoeren,* Entwurf einer EU-Richtlinie zum Urheberrecht in der Informationsgesellschaft, MMR 2000, 515; *Hoeren,* Rechtliche Zulässigkeit von Meta-Suchmaschinen, MMR Beilage 8/2001; *Hugenholtz,* Caching and Copyright: The right of temporary copying, EIPR 2000, 482; *Hugenholtz,* Why the Copyright Directive is unimportant and possibly invalid, EIPR 2000, 499; *Intveen,* Internationales Urheberrecht und Internet, Baden-Baden 1999; *Klett,* Urheberrecht im Internet aus deutscher und amerikanischer Sicht, Baden-Baden 1998; *Koch,* Grundlagen des Urheberrechtsschutzes im Internet und in Online-Diensten, GRUR 1997, 417; *Köhler/Arndt,* Recht des Internet, 3. Auflage, Heidelberg 2001; *Leistner/Bettinger,* Creating Cyberspace, Immaterialgüterrechtlicher und wettbewerbsrechtlicher Schutz des Web-Designers, CR Beilage 12/1999, 1; *Leupold,* Auswirkungen der Multimedia-Gesetzgebung auf das Urheberrecht, CR 1998, 234; *v. Lewinski,* Die diplomatische Konferenz der WIPO 1996 zum Urheberrecht und zu verwandten Schutzrechten, GRUR Int. 1997, 667; *Lodder/Kaspersen* (Hrsg.), eDirectives: Guide to European Union Law on E-Commerce, 1. Auflage, Den Haag 2002; *Plaß,* Hyperlinks im Spannungsfeld von Urheber-, Wettbewerbs- und Haftungsrecht, WRP 2000, 599; *Reinbothe,* Die EG-Richtlinie zum Urheberrecht in der Informationsgesellschaft, GRUR Int. 2001, 733; *Schack,* Neue Techniken und Geistiges Eigentum, JZ 1998, 753; *Schack,* Urheberrechtliche Gestaltung von Webseiten unter Einsatz von Links und Frames, MMR 2001, 9; *Sosnitza,* Das Internet im Gravitationsfeld des Rechts: Zur rechtlichen Beurteilung so genannter Deep Links, CR 2001, 693; *Spindler,* E-Commerce in Europa, MMR-Beilage 7/2000, 4; *Spindler,* Europäisches Urheberrecht in der Informationsgesellschaft, GRUR 2002, 105.

Übersicht

	Rn.		Rn.
I. Bedeutung der Vorschrift	1	a) Zustimmung durch den Rechtsinhaber	17
II. Flüchtige oder begleitende Vervielfältigungen	2–6	b) Keine gesetzliche Beschränkung	20
1. Browsing	3	V. Keine eigenständige wirtschaftliche Bedeutung	21
2. Caching	4		
a) Client-Caching	5	VI. Drei-Stufen-Test	22
b) Proxy-Caching	6	VII. Computerprogramme, Datenbankwerke und Datenbanken	23–27
III. Teil eines technischen Verfahrens	7	1. Computerprogramme	25
IV. Zweck der Vervielfältigung	8–20	2. Datenbankwerke	26
1. Übertragung durch einen Vermittler (§ 44 a Nr. 1)	9	3. Datenbanken	27
a) Schutz gegen Veränderungen	10	VIII. Hyperlinks	28
b) Sanktionen gegen den Vermittler	14	IX. Rechtslage vor Inkrafttreten des Gesetzes	29
2. Rechtmäßige Nutzung (§ 44 a Nr. 2)	16–20		

I. Bedeutung der Vorschrift

§ 44 a setzt **Art. 5 Abs. 1** der Multimedia-Richtlinie (Richtlinie 2001/29/EG; siehe Anhang 2 im HauptB) nahezu wörtlich um. Art. 5 Abs. 1 Multimedia-Richtlinie enthält die **einzige zwingende, von allen EG-Mitgliedstaaten einzuführende Ausnahme vom Vervielfältigungsrecht** und korrespondiert mit Art. 2 Multimedia-Richtlinie, der klarstellt, dass auch vorübergehende Vervielfältigungshandlungen von den Verwertungsrechten der Urheber und Leistungsschutzberechtigten umfasst werden (*Flechsig* ZUM 2002, 1, 9). Dem Vorschlag, die Regelung als inhaltliche Begrenzung des Vervielfältigungsrechtes auszugestalten, ist der Gesetzgeber nicht gefolgt. Art. 5 Abs. 1 Multimedia-Richtlinie enthält ebenso wie Art. 5 Abs. 2–4 eine Ausnahmeregelung, auf die der Drei-Stufen-Test (siehe § 44a Rn. 22) gemäß Art. 5 Abs. 5 Multimedia-Richtlinie anzuwenden ist (*Spindler* GRUR 2002, 105, 111; *Reinbothe* GRUR Int. 2001, 733, 738; *Hugenholtz* EIPR 2000, 482, 488; *Hugenholtz* EIPR 2000, 499, 501; Walter/*Walter* Kap. IV Info-RL Rn. 96). Mit § 44a hat der Gesetzgeber Art. 5 Abs. 1 Multimedia-Richtlinie zutreffend den Schrankenregelungen zugeordnet. Privilegiert werden insbesondere die bei Online-Nutzungen anfallenden kurzfristigen Speicherungen. Gegenstand der Speicherung sind typischerweise **Webseiten,** die in der Literatur als eigenständige Werkarten **(Multimediawerke)** charakterisiert werden (*Schack* MMR 2001, 9, 12; näher § 2 Rn. 102, 143 im HauptB).

II. Flüchtige oder begleitende Vervielfältigungen

2 Die flüchtige Natur und der begleitende Charakter müssen nicht kumulativ, sondern nur alternativ vorliegen. **Flüchtig** (englisch: transient) ist die Vervielfältigung, wenn es sich lediglich um besonders kurzlebige Speicherung handelt, die automatisch nach Beendigung einer Arbeitssitzung oder nach einem bestimmten Zeitablauf gelöscht wird (Walter/*Walter* Kap. IV Info-Richtlinie Rn. 107). **Begleitend** (englisch: incidental) sind Vervielfältigungen, die lediglich beiläufig während eines technischen Vorgangs anfallen.

1. Browsing

3 Browser sind Programme, mit denen Webseiten nutzbar gemacht werden, indem sie eine in der **Seitenbeschreibungssprache HTML (Hyper Text Markup Language)** oder – nach entsprechender Erweiterung – in einer Programmiersprache wie Java verfasste Seite grafisch darstellen. Gängige Browser sind beispielsweise der Microsoft Internet Explorer und der Netscape Navigator. Beim Browsing (Blättern) werden die Informationen in dem **Arbeitsspeicher (RAM: Random Access Memory)** gelagert, bevor sie auf dem Bildschirm sichtbar gemacht werden können. Auch kurzfristige Speicherungen sind Vervielfältigungen (OLG Hamburg MMR 2001, 533, 534; OLG Köln MMR 2001, 387, 389; OLG Düsseldorf CR 1996, 728, 729; siehe § 16 Rn. 1). Die h. M. sieht deshalb im Browsing eine Vervielfältigungshandlung (*Sosnitza* CR 2001, 693, 698; *Schack* JZ 1998, 753, 755; *Völker* in: Enthaler/Bosch/Völker 187; *Dreier* in: Schricker, Informationsgesellschaft 112; *Klett* 123; *Burmeister* 104 ff.; dagegen *Köhler/Arndt* Rn. 381). Diese Auffassung wird auch durch Erwägungsgrund 33 der Multimedia-Richtlinie bestätigt, der klarstellt, dass das Browsing nur unter den in Art. 5 Abs. 1 Multimedia-Richtlinie geregelten Voraussetzungen zulässig ist. Die beim Browsen vorgenommene Vervielfältigung im Arbeitsspeicher ist nur flüchtiger Natur. Sie endet spätestens mit Abschalten des Rechners. Da die Speicherkapazität des Arbeitsspeichers begrenzt ist, werden die Daten zum Teil auch schon vor dem Abschalten des Rechners gelöscht.

2. Caching

4 Als **Cache** wird ein **Zwischenspeicher** bezeichnet, der häufig angeforderte Daten aufnimmt, um sie bei Bedarf wieder zur Verfügung zu stellen. Bei diesem Vorgang (Caching) werden die Daten vervielfältigt (*Ernst* BB 1997, 1057, 1059; *Koch* GRUR 1997, 417, 424; *Völker* in: Enthaler/Bosch/Völker 183). Zu unterscheiden sind das Client-Caching durch den Nutzer und das Proxy-Caching durch einen Provider.

a) Client-Caching

Beim Client-Caching werden die angeforderten Daten aus dem Arbeitsspeicher (oder von der Festplatte) in den Zwischenspeicher aufgenommen, um sie bei Bedarf wieder zur Verfügung zu stellen. Werden die Daten vom Prozessor angefordert, so prüft der Cache, ob er die Daten bereits enthält und übermittelt sie ggf. direkt an den Prozessor. Da der Cache eine **höhere Zugriffsgeschwindigkeit** als der Hauptspeicher bietet, erhöht das Cachen die Arbeitsgeschwindigkeit des Rechners. Die gängigen Browser speichern die Information automatisch in einem Zwischenspeicher. Dort bleibt die Webseite solange gespeichert, bis der Speicher durch den nachfolgenden Aufruf anderer Seiten zu voll wird und die älteren Speicherungen gelöscht werden. Dieser Vorgang ist als begleitende Vervielfältigung von der Privilegierung des Browsing mitumfasst. Darüber hinaus kann die Speicherung durch § 53 gerechtfertigt sein (*Hugenholtz* EIPR 2000, 482, 488; LG München I MMR 2003, 197, 198; zu § 53 Abs. 2 Nr. 4 a vgl. OLG Köln MMR 2001, 387, 389).

b) Proxy-Caching

Beim Proxy-Caching wird die Seite von einem **Provider** gespeichert. Der Proxy-Server dient in einem **lokalen Netzwerk (LAN: Local Area Network)** als Zwischenspeicher für Internet-Seiten, die bereits abgerufen wurden. Bei einem erneuten Abruf prüft der **Proxy-Server (Proxy)**, ob die Seite bereits gespeichert wurde und schickt diese dann ggf. direkt an den Browser des Nutzers. Durch die Proxy-Server verringert sich die Belastung des Netzes und damit zugleich die Wartezeit für den Nutzer. Eine ähnliche Funktion haben die sogenannten Mirror-Server, auf denen fremde Webseiten unverändert und vollständig wiedergeben (gespiegelt) werden.

III. Teil eines technischen Verfahrens

Die Vervielfältigungshandlung muss einen integralen und wesentlichen Bestandteil eines technischen Verfahrens darstellen. Hierfür ist nicht erforderlich, dass die Vervielfältigung technisch unabdingbar ist. Es reicht schon aus, dass die Vervielfältigung während des Verfahrens anfällt (*Spindler* GRUR 2002, 105, 111). Das ist bei Caching und Browsing der Fall.

IV. Zweck der Vervielfältigung

Sind die bereits genannten Voraussetzungen erfüllt, muss mit der Vervielfältigung zusätzlich der alleinige Zweck verfolgt werden, entweder die Übertragung zwischen Dritten durch einen Vermittler oder eine rechtmäßige Nutzung zu ermöglichen. Dabei erfasst § 44 a Nr. 1 typischerweise das Proxy-Caching, § 44 a Nr. 2 das Browsing und Client-Caching (*Hugenholtz* EIPR 2000, 482, 488).

1. Übertragung durch einen Vermittler (§ 44 a Nr. 1)

§ 44 a Nr. 1 privilegiert den Übermittler und ist **unabhängig davon, ob die Nutzung, die der Übermittlung dient, rechtmäßig ist** (*Reinbothe* GRUR Int. 2001, 733, 738). Nach Erwägungsgrund 33 soll Art. 5 Abs. 1 Multimedia-Richtlinie das effiziente Funktionieren von Übertragungssystemen ermöglichen. Das Proxy-Caching ist deshalb grundsätzlich als erlaubt anzusehen (zum E-Mail Versand vgl. § 16 Rn. 3).

a) Schutz gegen Veränderungen

10 Die Übertragung durch den Vermittler ist nach Erwägungsgrund 33 der Multimedia-Richtlinie privilegiert, wenn der Vermittler die Informationen nicht verändert und technische Vorkehrungen zur Sammlung von Nutzungsdaten nicht beeinträchtigt. Die Formulierung entspricht § 10 S. 1 Nr. 1 und 4 TDG **(Teledienstegesetz)** und beruht auf Art. 13 der **E-Commerce-Richtlinie** (RL 2000/31/EG GRUR Int. 2000, 1004). Diensteanbieter sind nach § 10 S. 1 Nr. 4 TDG für automatische, zeitlich begrenzte Zwischenspeicherungen nicht verantwortlich, wenn technische Vorkehrungen zur **Sammlung von Nutzungsdaten** nicht beeinträchtigt werden (*Köhler/Arndt* Rn. 493; *Lodder/Kaspersen/Lodder* 88; *Spindler* MMR-B 7/2000, 4, 17). Für die Haftung mag diese Regelung sinnvoll sein. Im Rahmen des § 44a sind diese Erwägungen hingegen wenig sachgerecht (*Hoeren* MMR 2000, 515, 516).

11 Die Kopie des Proxy-Servers muss nach § 10 S. 1 Nr. 1 TDG dem Original entsprechen, um die Verantwortlichkeit des Providers entfallen zu lassen. Zutreffend wird in der Literatur darauf hingewiesen, dass **Änderungen gecachter Information** nicht zur Folge haben können, dass der Vorgang als erlaubnispflichtige Vervielfältigung eingeordnet wird (*Hoeren* MMR 2000, 515, 516). Soweit es sich um urheberrechtliche relevante Änderungen i. S. d. § 39 handelt, fallen diese nicht unter die Schranke des § 44a. Dies gilt erst recht für **Bearbeitungen** nach § 23.

12 Bei der Verwendung von **Filtersoftware,** die Werbung aus den Webseiten herausfiltert, kommt es unter anderem darauf an, wie diese Software verwendet wird. Nach einer Ansicht in der Literatur soll das **Herausfiltern von Werbung** eine Umgestaltung nach § 23 darstellen (*Köhler/Arndt* Rn. 398). Anders als die in § 23 genannten Bearbeitungen setzen Umgestaltungen keine schöpferische Leistung voraus (siehe § 23 Rn. 4 im HauptB; *von Gamm* § 23 Rn. 8). Vervielfältigungen, welche die erforderliche Schöpfungshöhe nicht erreichen, fallen unter § 16 und nicht unter § 23. Wird bei der Speicherung einer Webseite ein **Werbebanner** entfernt, ändert das nichts an der Einordnung des Vorganges als Vervielfältigung. Abhängig von der Gestaltung des Werbebanners und der Webseite kann ein Werkverbund nach § 9 oder ein einheitliches Multimediawerk vorliegen. Ob die Entfernung der Werbung zulässig ist, muss im Rahmen des § 14 anhand einer **Interessenabwägung** geprüft werden.

13 Handelt es sich um Filtersoftware, die sich nur auf dem Rechner des Nutzers befindet, wird eine **Verletzung des § 14** regelmäßig nicht vorliegen, da Werkveränderungen, die im privaten Bereich vorgenommen werden und von denen die Öffentlichkeit keine Kenntnis erhält, nicht geeignet sind, die Persönlichkeitsrechte des Urhebers zu beeinträchtigen (siehe § 14 Rn. 7 im HauptB; *Schack* Rn. 349). Anders ist die Frage zu beurteilen, wenn die Filtersoftware in Kombination mit einem Proxy-Server eingesetzt wird, der die Webseite dann einer Vielzahl von Nutzern in veränderter Form präsentiert.

b) Sanktionen gegen Vermittler

14 Da § 44a Nr. 1 unabhängig von der Rechtmäßigkeit der Nutzung ist, sofern die Daten nur vorübergehend gespeichert und nicht verändert werden, könnte der Rechteinhaber den Vermittler auch bei rechtswidrigen Nutzungen nicht einmal auf Unterlassung in Anspruch nehmen (*Becker* in: Schwarze, 29, 38 ff.). Aus diesem Grund sieht **Art. 8 Abs. 3 Multimedia-Richtlinie** vor, dass die Rechteinhaber **gerichtliche Anordnungen gegen Vermittler** beantragen können, deren Dienste von einem Dritten zur Rechtsverletzung genutzt werden (*Walter/Walter* Kap. IV Info-Richtlinie Rn. 114; *Reinbothe* GRUR Int. 2001, 733,

743; *Bayreuther* ZUM 2001, 828, 838). Der Gemeinschaftsgesetzgeber ging davon aus, dass die Provider häufig am besten in der Lage sind, Urheberrechtsverletzungen zu unterbinden. Erwägungsgrund 59 der Multimedia-Richtlinie stellt klar, dass ein **Unterlassungsanspruch** auch dann besteht, wenn die Handlung des Vermittlers nach Art. 5 Multimedia-Richtlinie freigestellt ist.

§§ 8 bis 11 TDG regeln die Verantwortlichkeit von Providern. Nach **§ 8 Abs. 2 S. 2 TDG** bleiben **Verpflichtungen zur Entfernung oder Sperrung der Nutzung von Informationen nach den allgemeinen Gesetzen** auch im Fall der Nichtverantwortlichkeit der Dienstanbieter nach §§ 9 bis 11 TDG unberührt. Bei richtlinienkonformer Auslegung dieser Vorschriften besteht ein Unterlassungsanspruch aus § 97 gegen Provider, die an einer rechtswidrigen Übermittlung mitwirken.

2. Rechtmäßige Nutzung (§ 44a Nr. 2)

§ 44a Nr. 2 privilegiert Handlungen, welche die rechtmäßige Nutzung ermöglichen sollen. Nach Erwägungsgrund 33 der Multimedia-Richtlinie sollen Nutzungen als rechtmäßig gelten, soweit sie vom Rechteinhaber zugelassen bzw. nicht durch Gesetze beschränkt werden.

a) Zustimmung durch den Rechtsinhaber

Praktische Bedeutung hat dabei insbesondere der Fall der Zustimmung durch den Rechtseinhaber. Erfolgt die Bereitstellung im Internet mit Zustimmung des Rechtsinhabers, so liegt darin zugleich eine **konkludente Willenserklärung** dergestalt, dass Nutzer die entsprechende Seite aufrufen und mit einem Browser ansehen dürfen und dass die Seite zugleich von Proxy-Servern gespeichert werden darf (vgl. LG München I K&R 2002, 258, 259; *Hart* EIPR 2002, 58, 59; *Sosnitza* CR 2001, 693, 699; *Leupold* CR 1998, 234, 239; *Ernst* BB 1997, 1057, 1059; dagegen *Intveen* 41f.). Wer seine Werke online in einem Datennetz zur Verfügung stellt, bringt damit zum Ausdruck, dass er keine Ansprüche wegen vorübergehender Vervielfältigungen durch Browser oder Proxy-Server geltend machen will. Dogmatisch handelt es sich bei dieser konkludenten Willenserklärung um ein **tatbestandsausschließendes Einverständnis**. Nach Auffassung der Literatur kann ein Rechtsinhaber generell gegenüber der Allgemeinheit auf seine Verwertungsrechte verzichten (Schricker/*Schricker* § 29 Rn. 18). Nichts anderes gilt für das tatbestandsausschließende Einverständnis. Nach § 31 Abs. 5 ist das Einverständnis aber auf die technisch notwendigen Vervielfältigungshandlungen beschränkt.

Zugleich kann das Einverständnis nach § 31 Abs. 5 auch zeitlich beschränkt sein (Schricker/*Schricker* §§ 31, 32 Rn. 36). Die Seitenbeschreibungssprache **HTML (Hyper Text Markup Language)** ermöglicht es dem Gestalter der Webseite, für jeden Bestandteil der Seite einen **Zeitpunkt (TTL: Time To Live)** zu bestimmen, ab dem der Seitenbestandteil nicht mehr genutzt werden kann (*Hugenholtz* EIPR 2000, 482, 490). Dieser Zeitbestimmung wird von Proxy-Servern grundsätzlich automatisch erkannt. Wird ein solcher Zeitpunkt nicht technisch bestimmt, so ist davon auszugehen, dass das Einverständnis des Rechtsinhabers zeitlich uneingeschränkt gilt.

Eine Privilegierung nach § 44a Nr. 2 scheidet demgegenüber aus, wenn der Nutzer die vom Anbieter gestellten Bedingungen, etwa auf Zahlung eines Entgelts, missachtet, indem er beispielsweise **Schutzmechanismen** umgeht (Walter/*Walter* Kap. IV Info-Richtlinie Rn. 110).

b) Keine gesetzliche Beschränkung

20 Die zweite Variante (keine Beschränkung durch Gesetze) dürfte kaum praktische Bedeutung erlangen. Zutreffend wird in der Literatur darauf hingewiesen, dass es gerade Aufgabe ist, die Zulässigkeit der Nutzung zu regeln und es deshalb nicht sinnvoll sein kann, die gesetzliche Erlaubnis in der Definition der rechtmäßigen Nutzung vorauszusetzen (Walter/*Walter* Kap. IV Info-Richtlinie Rn. 108).

V. Keine eigenständige wirtschaftliche Bedeutung

21 Die kurzfristige Vervielfältigung darf keine wirtschaftlich eigenständige Bedeutung haben. Das **Browsing** und das damit einhergehende **Client-Caching** hat regelmäßig keine eigenständige wirtschaftliche Bedeutung. Anders soll es nach verbreiteter Ansicht aber beim Proxy-Caching sein (*Spindler* GRUR 2002, 109, 112). Diese Ansicht überzeugt nicht. Zwar erhöht das **Proxy-Caching** die Leistungsfähigkeit und die Geschwindigkeit digitaler Netzwerke. Das kommt sowohl Providern als auch Nutzern zugute. Das wirtschaftliche Interesse bezieht sich indes allein auf die **Minimierung der Leitungskosten** und nicht auf eine Verwertung der gecachten Inhalte. Manche sprechen dem Merkmal eine eigenständige Bedeutung ab (*Lodder/Kaspersen/Vivant* 107). Danach haben solche Vervielfältigungen, die die anderen Tatbestandsvoraussetzungen erfüllen, generell keine eigenständige wirtschaftliche Bedeutung.

VI. Drei-Stufen-Test

22 Nach **Art. 5 Abs. 5 der Multimedia-Richtlinie** dürfen die in Art. 5 Abs. 1–4 genannten Ausnahmen und Beschränkungen (1) nur in bestimmten Sonderfällen angewandt werden, in denen (2) die normale Verwertung des Werkes oder des sonstigen Schutzgegenstandes nicht beeinträchtigt wird und (3) die berechtigten Interessen des Rechtsinhabers nicht ungebührlich verletzt werden. Der Gemeinschaftsgesetzgeber hat mit dieser Regelung **Art. 10 Abs. 1 WCT (WIPO Copyright Treaty)** und **Art. 16 Abs. 2 WPPT (WIPO Phonograms and Performances Treaty)** umgesetzt (vgl. § 121 Rn. 32 im HauptB; *Reinbothe* GRUR Int. 2001, 733; 740; *v. Lewinski* GRUR Int. 1997, 667, 675). Der deutsche Gesetzgeber hat darauf verzichtet, diese Schranken-Schranke wörtlich zu übernehmen, da die Ausgestaltung der Schrankenregelungen die Vorgaben des Art. 5 Abs. 5 Multimedia-Richtlinie bereits inhaltlich berücksichtigt.

VII. Computerprogramme, Datenbankwerke und Datenbanken

23 Nach Art. 1 Abs. 2 Multimedia-Richtlinie bleiben die Regelungen der **Computerprogramm-Richtlinie** und der **Datenbank-Richtlinie** unberührt. Vervielfältigungen von Computerprogrammen und Datenbanken wurden in der Computerprogramm-Richtlinie und der Datenbank-Richtlinie autonom geregelt (*Reinbothe* GRUR Int. 2001, 733, 735; *Hoeren* MMR 2000, 515, 517; Walter/*Walter* Info-Richtlinie IV. Kap Rn. 91). Für Computerprogramme und Datenbanken bleibt es deshalb bei den bestehenden Regelungen.

24 Da Webseiten durch Computerprogramme gesteuert werden, sind die Schranken für Computerprogramme von großer praktischer Bedeutung. § 44a würde sein Ziel, das Cachen und Browsen zu privilegieren, verfehlen, wenn eine mit diesen Handlungen einhergehende Vervielfältigung des Computerprogramms unzulässig wäre. Die Regelungen über Datenbankwerke und Datenbanken spielen demgegenüber nur dann eine Rolle, wenn die vervielfältigte Seite überhaupt ein Datenbankwerk oder eine Datenbank enthält. Webseiten können nicht unabhängig von ihrem Inhalt als Datenbankwerke oder Datenbanken qualifiziert werden (*Schack* MMR 2001, 9, 11; *Plaß* WRP 2000, 599, 600; *Leistner/Bettinger* CR Beilage 12/1999, 1, 10 f.; *Cichon* ZUM 1998, 897, 898; dagegen *Köhler/Arndt* Rn. 357 ff.).

1. Computerprogramme

Für Computerprogramme ergibt sich bereits aus § 69 c Nr. 1, dass auch die kurzfristige Übernahme in den Arbeitsspeicher eine Vervielfältigung darstellt (OLG Köln MMR 2001, 387, 389; *Schack* Rn. 379; Schricker/*Loewenheim* § 69 c Rn. 9; für eine teleologische Reduktion siehe § 69 c Rn. 15 im HauptB). Da Webseiten regelmäßig auf – einfachen – Programmen beruhen, müssen auch die entsprechenden Vervielfältigungshandlungen durch das Browsen und Cachen als erlaubt gelten. Ob das Computerprogramm, das der Webseite zugrunde liegt, überhaupt schutzfähig ist, ist eine Frage des Einzelfalls. Bei der Verwendung komplexerer Programmiersprachen wird die Schutzfähigkeit eher zu bejahen sein, als bei Verwendung der Sprache HTML (*Schack* MMR 2001, 9, 13; *Leistner/Bettinger* CR-B 12/1999, 1, 17 f.). Das Browsen und Cachen ist aber als **bestimmungsgemäßer Gebrauch** nach § 69 d Abs. 1 zulässig. 25

2. Datenbankwerke

Bei Datenbankwerken sind die Festlegung im Arbeitsspeicher und das Browsing als Vervielfältigungshandlung dem Urheber vorbehalten (Schricker/*Loewenheim* § 4 Rn. 44). Nach § 53 Abs. 5 S. 1 gilt die Zulässigkeit von Privatkopien bei elektronisch zugänglichen Datenbankwerken nicht (Möhring/Nicolini/*Decker* § 53 Rn. 51). Das Browsen in Datenbankwerken ist nur im Rahmen des § 55 a erlaubnisfrei. 26

3. Datenbanken

§ 87 b Abs. 1 S. 1 gibt dem Datenbankhersteller das ausschließliche Recht, die Datenbank **insgesamt oder einen wesentlichen Teil** daraus zu vervielfältigen. Ob Teile einer Datenbank wesentlich sind, bestimmt sich insbesondere nach dem Umfang, der Qualität und dem wirtschaftlichen Wert (KG NJW-RR 2000, 1495, 1496; OLG Köln MMR 2001, 387, 389; LG München I K&R 2002, 258, 260). § 87 Abs. 1 S. 2 stellt die **wiederholte und systematische Vervielfältigung unwesentlicher Teile** unter bestimmten Voraussetzungen der Vervielfältigung wesentlicher Teile gleich (vgl. OLG Köln MMR 2001, 387, 390). Diese Regelung erfasst auch die vorübergehende Festlegung im Arbeitsspeicher (siehe § 87 b Rn. 26 im HauptB). Nach § 87 c Abs. 1 Nr. 1 gilt die Zulässigkeit von Privatkopien bei elektronisch zugänglichen Datenbanken nicht. § 55 a gilt nicht für das Sui-generis-Recht des Datenbankherstellers (Möhring/Nicolini/*Decker* § 87 b Rn. 3). Um Datenbanken i. S. d. § 87 a handelt es sich beispielsweise bei **Suchmaschinen** (siehe § 87 a Rn. 41 im HauptB; *Hoeren* MMR Beilage 8/2001, 2). Aus diesem Grunde benötigen **Meta-Suchmaschinen** (Suchdienste, die andere Suchmaschinen recherchieren) die Zustimmung der jeweiligen Suchmaschinenbetreiber (*Hoeren* MMR Beilage 8/2001, 2, 6). 27

VIII. Hyperlinks

28 Ein beliebtes Gestaltungsmittel bei Webseiten sind **Hyperlinks,** die Verknüpfungen zu anderen Seiten herstellen und es dem Nutzer ermöglichen, durch das Anklicken entsprechend kenntlich gemachter Felder im Netz zu surfen. Zu unterscheiden sind **Surface-Links,** die auf die **Startseite einer fremden Webseite (Homepage)** weisen und **Deep-Links,** die nicht auf eine Startseite, sondern auf eine darunterliegende Seite verweisen. Beim **Framing** wird der Nutzer nicht auf eine fremde Seite weitergeleitet. Vielmehr erscheint ein Teil der fremden Seite in einem Rahmen **(Frame)** auf der Ausgangsseite. Die Seite, auf die der Link verweist, liegt auf dem Server des fremden Anbieters (LG München I MMR 2003, 197, 198; OHG K&R 2003, 420; *Garrote* EIPR 2002, 184, 185). Sie wird erst dann im Arbeitsspeicher des Nutzers vervielfältigt, wenn der Nutzer den Link durch Anklicken des markierten Feldes aufruft (OLG Köln MMR 2001, 387, 388; LG München I K&R 2002, 258, 260; *Plaß* WRP 2000, 599, 601). Eine rechtlich relevante Vervielfältigung wird durch das Setzen eines Links noch nicht bewirkt (vgl. § 19a Rn. 29). Für denjenigen, der den Link gesetzt hat, wird eine Haftung als Teilnehmer oder als mittelbarer Täter vorgeschlagen (*Sosnitza* CR 2001, 693, 698; *Schack* MMR 2001, 9, 14). Hyperlinks stellen **keinen integralen und wesentlichen Teil eines technischen Verfahrens** dar und werden deshalb von § 44a grundsätzlich nicht erfasst. Insbesondere bei Deep-Links kann auch nicht generell von einem stillschweigenden Einverständnis ausgegangen werden (*Schack* MMR 2001, 9, 14; *Garrote* EIPR 2002, 184, 192 dagegen LG München I K&R 2002, 258, 259; BGH Urteil vom 17. Juli 2003, I ZR 259/00, juris Nr. KORE 315 172 003).

IX. Rechtslage vor Inkrafttreten des Gesetzes

29 § 137j regelt nicht die Behandlung von vorübergehenden Vervielfältigungshandlungen, die vor dem Inkrafttreten des Gesetzes erfolgten. In der Literatur besteht aber weitestgehende Einigkeit darüber, dass Browsing und Caching auch nach bisherigem Recht keine Rechtsverletzungen darstellten. Sofern man diese Vorgänge überhaupt unter § 16 fassen konnte (siehe § 16 Rn. 15 im HauptB), durften sie jedenfalls als zulässig angesehen sein, soweit sie mit konkludentem Einverständnis der Rechteinhaber erfolgten.

§ 45a. Behinderte Menschen

(1) **Zulässig ist die nicht Erwerbszwecken dienende Vervielfältigung eines Werkes für und deren Verbreitung ausschließlich an Menschen, soweit diesen der Zugang zu dem Werk in einer bereits verfügbaren Art der sinnlichen Wahrnehmung auf Grund einer Behinderung nicht möglich oder erheblich erschwert ist, soweit es zur Ermöglichung des Zugangs erforderlich ist.**

(2) **Für die Vervielfältigung und Verbreitung ist dem Urheber eine angemessene Vergütung zu zahlen; ausgenommen ist die Herstellung lediglich einzelner Vervielfältigungsstücke. Der Anspruch kann nur durch eine Verwertungsgesellschaft geltend gemacht werden.**

Literatur: Bayreuther, Beschränkungen des Urheberrechts nach der neuen EU-Urheberrechtsrichtlinie, ZUM 2001, 828; *Dreier,* Die Umsetzung der Urheberrechtsrichtlinie 2001/29/EG in deutsches Recht, ZUM 2002, 28; *Flechsig,* Grundlagen des europäischen Urheberrechts, ZUM 2002, 1; *Reinbothe,* Die Umsetzung der

§ 45 a. Behinderte Menschen

EU-Urheberrechtsrichtlinie in deutsches Recht, ZUM 2002, 43; *Reinbothe,* Die EG-Richtlinie zum Urheberrecht in der Informationsgesellschaft, GRUR Int. 2001, 733; *Spindler,* Europäisches Urheberrecht in der Informationsgesellschaft, GRUR 2002, 105; *Zecher,* Die Umsetzung der EU-Urheberrechtsrichtlinie in deutsches Recht, ZUM 2002, 52 (Teil I), 451 (Teil II).

Übersicht

	Rn.		Rn.
I. Bedeutung	1	1. Zur Ermöglichung des Zugangs erforderlich	3
II. Vervielfältigung für und Verbreitung an Behinderte	2	2. Vervielfältigung und Verbreitung	4
		III. Angemessene Vergütung	5

I. Bedeutung

Mit dem neu eingeführten § 45 a wird im deutschen Urheberrecht erstmals eine **1** Schranke zugunsten behinderter Menschen eingeführt. Art. 5 Abs. 3 b) i. V. m. Abs. 4 der Multimedia-Richtlinie (siehe Anhang 2 im HauptB) erlauben die Beschränkung des Vervielfältigungs- und Verbreitungsrechts sowie des Rechts der öffentlichen Wiedergabe für die Nutzung zugunsten behinderter Personen, wenn die Nutzung mit der Behinderung unmittelbar im Zusammenhang steht, nichtkommerzieller Art ist und durch die betreffende Behinderung erforderlich wird. Wie alle weiteren, auf der Sozialbindung des geistigen Eigentums beruhenden Schrankenbestimmungen ist auch diese Vorschrift **grundsätzlich eng auszulegen** (BGHZ 144, 232 – Parfumflakon; BGH GRUR 2002, 605 – Verhüllter Reichstag; BGH GRUR 2002, 963 – Elektronischer Pressespiegel). Dies beruht darauf, dass der Urheber an einer wirtschaftlichen Nutzung seiner Werke angemessen zu beteiligen ist und die ihm hinsichtlich der Werkverwertung zustehenden Ausschließlichkeitsrechte nicht übermäßig beschränkt werden dürfen. Neben den Interessen des Urhebers sind die durch die Schrankenbestimmung geschützten Interessen zu beachten und ihrem Gewicht entsprechend für die Auslegung der gesetzlichen Regelung heranzuziehen (BGH GRUR 2002, 963 – Elektronischer Pressespiegel). Das **Urheberpersönlichkeitsrecht** wird durch das Änderungsverbot (§ 62) und die Pflicht zur Quellenangabe (§ 63) geschützt. Nach § 45 a Abs. 2 ist dem Urheber eine angemessene Vergütung zu zahlen, wenn nicht nur einzelne Vervielfältigungsstücke hergestellt werden. Hiermit dürfte dem **Drei-Stufen-Test** des Art. 5 Abs. 5 Multimedia-Richtlinie (siehe vor § 44 a Rn. 7) entsprochen sein, da die Schrankenregelung weder die normale Verwertung des Werkes beeinträchtigt noch die berechtigten Interessen des Rechtsinhabers ungebührlich verletzt werden. Zur **Durchsetzung der Schrankenbestimmung gegenüber technischen Maßnahmen zum Schutz eines Werkes** i. S. d. § 95 a siehe § 95 b Abs. 1 Nr. 2. Der Anwendungsbereich des § 45 a überschneidet sich weitgehend mit dem der Schrankenregelung zum privaten Gebrauch gemäß § 53 Abs. 1. Anders als § 53 Abs. 1 ist die Schranke des § 45 a auch gegenüber mit einem Kopierschutz versehenen digitalen Originalen privilegiert (siehe § 95 b Rn. 21).

II. Vervielfältigung für und Verbreitung an Behinderte

Nach Erwägungsgrund 43 der Multimedia-Richtlinie sollen die Mitgliedsstaaten alle **2** erforderlichen Maßnahmen ergreifen, um für Personen mit Behinderungen, die ihnen die

Nutzung der Werke selbst erschweren, den Zugang zu diesen Werken zu erleichtern. § 45 a erlaubt folglich die **Vervielfältigung** (siehe § 16) eines Werkes und dessen körperliche **Verbreitung** (siehe § 17), um Behinderten den Zugang zu ermöglichen. § 45 a erfasst alle urheberrechtsschutzfähigen **Werke** i. S. d. § 2 einschließlich der selbstständig geschützten Bearbeitungen i. S. d. § 3. Über die Verweisungsvorschriften der §§ 72 Abs. 1, 83, 85 Abs. 4, 87 Abs. 4, 94 Abs. 4 und 95 ist eine Anwendung auf **Lichtbilder, Filmwerke, Multimediawerke, Laufbilder und Leistungsschutzrechte** möglich. § 45 a erlaubt die Vervielfältigung von Werken für und die Verbreitung von Vervielfältigungsstücken an Menschen, die aufgrund einer körperlichen oder geistigen Beeinträchtigung nicht in der Lage sind, ein Werk in einem bereits verfügbaren Format sinnlich wahrzunehmen. In Betracht kommen insbesondere Blinde und Gehörlose, aber auch Körperbehinderte, die beispielsweise nicht in der Lage sind, eine Zeitung oder ein Buch halten zu können.

1. Zur Ermöglichung des Zugangs erforderlich

3 Die Vervielfältigung und Verbreitung ist nur soweit zulässig, wie es zur Ermöglichung des Zugangs des Behinderten erforderlich ist. Dies ist dann nicht mehr der Fall, wenn das Werk in einer für den Begünstigten wahrnehmbaren Art zu einem der nicht wahrnehmbaren Art entsprechenden Preis bereits verfügbar ist und sich die verfügbare Form für die konkret vorgesehene Nutzung eignet (AmtlBegr. BT-Drucks. 15/38, 18). Dies wäre beispielsweise nicht mehr der Fall, wenn ein Sehbehinderter im Rahmen seines Literaturstudiums Zugang zu einem Buch benötigt, das zwar zu einem vergleichbaren Preis als Hörbuch verfügbar ist, mit dem aber nicht den Erfordernissen einer wissenschaftlichen Zitierweise genügt werden kann (AmtlBegr. BT-Drucks. 15/38, 18).

2. Vervielfältigung und Verbreitung

4 Zulässig ist nur die nicht Erwerbszwecken dienende körperliche Vervielfältigung (siehe § 16) für und Verbreitung (siehe § 17) an die Begünstigten. Bei einem Werk der Literatur kann dies etwa für Blinde oder Sehbehinderte die Aufnahme auf Tonträger oder die Übertragung in Blindenschrift umfassen (AmtlBegr. BT-Drucks. 15/38, 18). In Analogie zu § 52 Abs. 1 dient eine Vervielfältigung und Verbreitung dann keinem Erwerbszweck, wenn sie weder unmittelbar oder mittelbar die betrieblichen oder gewerblichen Interessen des Behinderten fördert. Dient die Verwertung **auch** einem Erwerbszweck, dürfte die Privilegierung entfallen, wenn dieser nicht völlig hinter anderen Zwecken zurücktritt.

III. Angemessene Vergütung

5 Nach § 45 a Abs. 2 ist dem Urheber für die Vervielfältigung und Verbreitung eine **angemessene Vergütung** zu zahlen, wenn nicht lediglich einzelne Vervielfältigungsstücke hergestellt werden. In Analogie zu § 53 Abs. 1 sind einzelne Vervielfältigungsstücke einige wenige; eine genaue Festlegung vermeidet das Gesetz zu Recht. Maßgeblich dürfte der mit der Erstellung der Vervielfältigungsstücke und dessen Verbreitung bestimmte Zweck sein (siehe § 53 a. F. Rn. 7 im HauptB). Die vom Gesetz vorgenommene Ausnahme von der Vergütungspflicht ist praktisch erforderlich, da in diesen Fällen eine tatsächliche Überprüfung nicht möglich ist und entspricht der Regelung des § 53 Abs. 1 und Abs. 2.

§ 46. Sammlungen für Unterrichtsgebrauch § 46 UrhG

Gerechtfertigt wird die Ausnahme der Vergütungspflicht dadurch, dass bei Einzelvervielfältigungen regelmäßig Geräte und Medien verwendet werden, die einer urheberrechtlichen Vergütung nach den §§ 54, 54a (Geräte- und Betreiberabgabe) unterliegen (siehe § 54 Rn. 4 ff. und § 54 a Rn. 2 ff. im HauptB). Werden mehr als einzelne Vervielfältigungsstücke hergestellt, steht dem Urheber eine angemessene Vergütung zu, die nach § 45 Abs. 2 S. 2, wie beispielsweise auch die Ansprüche auf Geräte- und Betreibervergütung gemäß § 54 a Abs. 1, nur durch eine Verwertungsgesellschaft geltend gemacht werden kann. Über § 13 Abs. 3 S. 4 WahrnG wird insoweit sichergestellt, dass sowohl „bei der Tarifgestaltung als auch bei der Einziehung der tariflichen Vergütung namentlich kulturelle und soziale Belange der Vergütungspflicht angemessen berücksichtigt werden" (AmtlBegr. BT-Drucks. 15/38, 18; siehe § 13 Abs. 3 und 4 WahrnG).

§ 46. Sammlungen für Kirchen-, Schul- oder Unterrichtsgebrauch

(1) Nach der Veröffentlichung zulässig ist die Vervielfältigung, Verbreitung und öffentliche Zugänglichmachung von Teilen eines Werkes, von Sprachwerken oder von Werken der Musik von geringem Umfang, von einzelnen Werken der bildenden Künste oder einzelnen Lichtbildwerken als Element einer Sammlung, die Werke einer größeren Anzahl von Urhebern vereinigt und die nach ihrer Beschaffenheit nur für den Unterrichtsgebrauch in Schulen, in nichtgewerblichen Einrichtungen der Aus- und Weiterbildung oder in Einrichtungen der Berufsbildung oder für den Kirchengebrauch bestimmt ist. In den Vervielfältigungsstücken oder bei der öffentlichen Zugänglichmachung ist deutlich anzugeben, wozu die Sammlung bestimmt ist.

(2) Abs. 1 gilt für Werke der Musik nur, wenn diese Elemente einer Sammlung sind, die für den Gebrauch im Musikunterricht in Schulen mit Ausnahme der Musikschulen bestimmt ist.

(3) Mit der Vervielfältigung oder der öffentlichen Zugänglichmachung darf erst begonnen werden, wenn die Absicht, von der Berechtigung nach Abs. 1 Gebrauch zu machen, dem Urheber oder, wenn sein Wohnort oder Aufenthaltsort unbekannt ist, dem Inhaber des ausschließlichen Nutzungsrechts durch eingeschriebenen Brief mitgeteilt worden ist und seit Absendung des Briefes zwei Wochen verstrichen sind. Ist auch der Wohnort oder Aufenthaltsort des Inhabers des ausschließlichen Nutzungsrechts unbekannt, so kann die Mitteilung durch Veröffentlichung im Bundesanzeiger bewirkt werden.

(4) Für die nach den Absätzen 1 und 2 zulässige Verwertung ist dem Urheber eine angemessene Vergütung zu zahlen.

(5) Der Urheber kann die nach den Absätzen 1 und 2 zulässige Verwertung verbieten, wenn das Werk seiner Überzeugung nicht mehr entspricht, ihn deshalb die Verwertung des Werkes nicht mehr zugemutet werden kann und er ein etwa bestehendes Nutzungsrecht aus diesem Grunde zurückgerufen hat (§ 42). Die Bestimmungen in § 136 Abs. 1 und 2 sind entsprechend anzuwenden.

Literatur: *Bayreuther,* Beschränkungen des Urheberrechts nach der neuen EU-Urheberrechtsrichtlinie, ZUM 2001, 828; *Dreier,* Die Umsetzung der Urheberrechtsrichtlinie 2001/29/EG in deutsches Recht, ZUM 2002, 28; *Flechsig,* Grundlagen des europäischen Urheberrechts, ZUM 2002, 1; *Reinbothe,* Die Umsetzung der EU-Urheberrechtsrichtlinie in deutsches Recht, ZUM 2002, 43; *Reinbothe,* Die EG-Richtlinie zum Urheberrecht in der Informationsgesellschaft, GRUR Int. 2001, 733; *Spindler,* Europäisches Urheberrecht in der Informationsgesellschaft, GRUR 2002, 105; *Zecher,* Die Umsetzung der EU-Urheberrechtsrichtlinie in deutsches Recht, ZUM 2002, 52 (Teil I), 451 (Teil II).

§ 46. Sammlungen für Unterrichtsgebrauch

Übersicht

	Rn.		Rn.
I. Bedeutung	1	3. Zweck der Sammlung	4–6
II. Vervielfältigung, Verbreitung und öffentliche Zugänglichmachung als Element einer Sammlung	2–8	4. Privilegierte Zwecke	7, 8
		III. Übernommene Werke	9, 10
1. Verwertungshandlungen	2	IV. Beginn der Verwertung, Vergütung, Verbotsrecht	11
2. Element einer Sammlung	3		

I. Bedeutung

1 § 46, der sogenannte **Schulbuchparagraf**, ermöglicht in der neuen Fassung zusätzlich zur Vervielfältigung und Verbreitung von Werken im Rahmen von Sammlungen im Interesse des Kirchen-, Schul- und Unterrichtsgebrauchs die öffentliche Zugänglichmachung von definierten Werken und Werkteilen i. S. d. § 19 a, d. h. das Werk drahtgebunden oder drahtlos der Öffentlichkeit zugänglich zu machen, so dass es nach Wahl abgerufen werden kann. Erlaubt wird damit das Online-Angebot der Werke in digitalisierter Form, beispielsweise im Internet (siehe § 19 a; zur Entwicklungsgeschichte der Vorschrift siehe § 46 Rn. 1 im HauptB). Da die privilegierten Sammlungen ihrer Beschaffenheit nach nur für die privilegierten Zwecke bestimmt sein dürfen, darf der Zugriff jedoch nicht beliebigen Personen möglich sein. Durch die Erweiterung der Schrankenregelung auf die Verwertungsart der öffentlichen Zugänglichmachung erfolgt eine Gleichstellung von digitalen Online-Medien mit digitalen Offline-Medien (AmtlBegr. BT-Drucks. 15/38, 19). Die **Multimedia-Richtlinie** (siehe Anhang 2 im HauptB) lässt über Art. 5 Abs. 3 a) i. V. m. Abs. 4 eine Einschränkung des Vervielfältigungs- und Verbreitungsrechts und des Rechts der öffentlichen Wiedergabe von Werken zur Veranschaulichung im Unterricht zu, wenn und soweit dies zur Verfolgung nicht kommerzieller Zwecke gerechtfertigt ist. Nach Erwägungsgrund 42 sind organisatorische Struktur und Finanzierung der Einrichtung keine maßgeblichen Faktoren. Gemäß Art. 5 Abs. 3 g) der Multimedia-Richtlinie ist eine Beschränkung der Rechte des Urhebers zur Nutzung bei religiösen Veranstaltungen erlaubt. Zur Durchsetzung der Schrankenbestimmung gegenüber **technischen Schutzmaßnahmen** nach § 95 a vgl. § 95 b.

II. Vervielfältigung, Verbreitung und öffentliche Zugänglichmachung als Element einer Sammlung

1. Verwertungshandlungen

2 § 46 Abs. 1 erlaubt in der neuen Fassung neben **Vervielfältigung** (siehe § 16) und **Verbreitung** körperlicher Werk- oder Vervielfältigungsstücke (siehe § 17) die **öffentliche Zugänglichmachung** von bestimmten Werken und Werkteilen, d. h. die drahtgebundene oder drahtlose öffentliche Wiedergabe in der Weise, dass sie Mitgliedern der Öffentlichkeit von Orten und zu Zeiten ihrer Wahl zugänglich sind (siehe § 19 a Rn. 5 ff.). Die Werke können folglich bei Vorliegen der sonstigen Voraussetzungen in elektronische Datennetze zum Abruf eingestellt werden. Andere Formen der öffentlichen Wiedergabe i. S. d. § 15 Abs. 2 werden durch § 46 nicht privilegiert. Die Verwertung der Werke und Werkteile darf nur als Element einer Sammlung erfolgen, die nach ihrer objektiven Beschaffenheit nur für die privilegierten Zwecke bestimmt ist (§ 46 Rn. 4). Dieses Erfordernis gewinnt bei dem Recht auf öffentliche Zugänglichmachung entscheidende Bedeutung. Der Zugriff darf daher nur den Teilnehmern des Unterrichts oder ggf. den Kirchenbesuchern möglich sein. Eine Zugangsmöglichkeit durch beliebige Personen ist nicht gedeckt (siehe § 46 Rn. 4).

2. Element einer Sammlung

§ 46 erlaubt ausschließlich die Verwendung der bestimmten Werke und Werkteile als Element einer für definierte Zwecke bestimmten **Sammlung.** Die Sammlung i. S. d. § 46 Abs. 1 entspricht der Sammlung i. S. d. § 4 Abs. 1, es muss sich folglich um eine Zusammenstellung mehrerer Werke handeln, die jedoch keine persönliche geistige Schöpfung, also kein Sammelwerk sein muss (zum Begriff der Sammlung siehe § 46 a. F. Rn. 3 im HauptB). Eine Verwertung ist, wie sich aus der Formulierung „als Element einer Sammlung" ergibt, nur im Zusammenhang mit einer **Verwertung der Sammlung insgesamt** zulässig. Ob eine Sammlung, wie für die Anwendbarkeit des § 46 notwendig, Werke einer **größeren Anzahl von Urhebern** vereinigt, ergibt sich aus Gebrauchszweck der Sammlung und deren Umfang im Verhältnis zur Anzahl der Urheber. *Melichar* und *Nordemann* gehen davon aus, dass mindestens Werke von sieben Urhebern enthalten sein müssen (Schricker/ *Melichar* § 46 Rn. 7; Fromm/Nordemann/*Nordemann* § 46 Rn. 3). Diese Zahl wird jedenfalls als Anhaltpunkt dienen können.

3

3. Zweck der Sammlung

Die Sammlung darf ihrer Beschaffenheit nach nur für die privilegierten Zwecke bestimmt sein, es muss sich hierbei nach dem eindeutigen Wortlaut um den **ausschließlichen Zweck** der Sammlung handeln. Dieses subjektive Element muss objektiv der **Beschaffenheit** der Sammlung nach Aufmachung und Inhalt zu entnehmen sein (BGH GRUR 1972, 432 – Schulbuch). Die Tatsache, dass eine Sammlung theoretisch auch anderen Zwecken dienen kann, schadet der Privilegierung nicht, jeder weitere Zweck lässt sie jedoch entfallen, beispielsweise, wenn eine Sammlung jedermann zum Kauf angeboten wird (BGHZ 114, 368 – Liederbuch; OLG Frankfurt GRUR 1994, 116 – Städel). Bei der Beurteilung der äußeren Beschaffenheit können die Ausstattung, der Einband, die Druckqualität, die Gestaltung des Titels und der Titelseite zu berücksichtigen sein. Auch der Inhalt der Sammlung muss erkennen lassen, dass sie nur für einen der privilegierten Zwecke bestimmt ist, hier sind Auswahl und Zusammenstellung der einzelnen Werke, deren Anordnung, Anmerkungen, Erklärungen etc. beachtlich (BGH GRUR 1972, 432 – Schulbuch). An die Erkennbarkeit der ausschließlich privilegierten Zweckbestimmung aus der äußeren Beschaffenheit sind strenge Anforderungen zu stellen, wenn sich die Zweckbestimmung nicht aus der inneren Gestaltung folgern lässt.

4

Der notwendige **objektive Niederschlag** der ausschließlichen Zweckbestimmung der Sammlung erhält bei der nunmehr zulässigen Verwertungsform der **öffentlichen Zugänglichmachung** eine entscheidende Bedeutung. Die Sammlung ist jedenfalls nicht mehr für ausschließlich einen privilegierten Zweck bestimmt, wenn sie in einer Art und Weise zugänglich gemacht wird, beispielsweise durch die allgemeine Einstellung in das Internet, dass beliebigen Personen der Zugriff möglich ist. Eine Einstellung der Sammlung in das lokale Netzwerk einer Schule, so dass ausschließlich von im Unterricht genutzten Arbeits-

5

plätzen zugegriffen werden kann, genügt dagegen den Anforderungen. Der Gesetzgeber hat ausdrücklich die insoweit jeweils gebotenen technischen und organisatorischen Maßnahmen nicht positiv und abschließend festgelegt, sie „werden vielmehr im Einzelfall vor dem Hintergrund des aktuellen Standes der praktisch zur Verfügung stehenden Technik zu bestimmen sein" (AmtlBegr. BT-Drucks. 15/38, 19).

6 Zusätzlich zu den objektiven Anforderungen an die Erkennbarkeit der Zweckbestimmung muss gemäß § 46 Abs. 1 S. 2 in den Vervielfältigungsstücken und bei der öffentlichen Zugänglichmachung **deutlich angegeben** sein, zu welchem Zweck die Sammlung bestimmt ist. Entgegen der a. F. wird nunmehr nicht mehr ausdrücklich der Hinweis auf der Titelseite oder an einer entsprechenden Stelle der Sammlung verlangt. Es reicht folglich aus, wenn der Hinweis deutlich sichtbar und erkennbar ist. Der zur a. F. vertretenen Auffassung, dass bei Büchern der Vermerk ausschließlich auf der Titelseite und beispielsweise nicht auf der Einbandvorder- oder -rückseite erforderlich ist (Schricker/*Melichar* § 46 Rn. 12; Fromm/Nordemann/*Nordemann* § 46 Rn. 8), wurde durch die Neufassung die Grundlage entzogen. Ein Hinweis auf dem Einband, sei es Vorder- oder Rückseite oder auf einer Umhüllung einer CD, dürfte ausreichen. Beim Abruf einer Sammlung aus dem Internet wird ein Hinweis auf der ersten aufzurufenden Seite erforderlich sein. Eine **wörtliche Angabe** des ausschließlichen Bestimmungszwecks ist nicht erforderlich, maßgeblich ist allein, wie der Verkehr die Angabe versteht (ausreichend ist beispielsweise „Liedersammlung für Schulen" anstatt „nur für den Musikunterricht in Schulen", BGHZ 114, 368 – Liedersammlung).

4. Privilegierte Zwecke

7 Die Sammlung muss ausschließlich für den **Unterrichtsgebrauch** in **Schulen**, in **nichtgewerblichen Einrichtungen der Aus- und Weiterbildung** oder in **Einrichtungen der Berufsbildung** oder für den **Kirchengebrauch** bestimmt sein. Dem Unterrichtsgebrauch dienen Sammlungen, die zu Lehrzwecken verwendet werden sollen. Unterricht setzt insoweit eine pädagogische Anleitung des Lernenden voraus, so dass Arbeitsgemeinschaften Lernender nicht erfasst sind. **Schulen** sind alle öffentlich zugänglichen Schulen, seien es staatliche oder anerkannte Schulen. Erfasst sind alle allgemeinbildenden Schulen, aber auch Berufs- und Sonderschulen sowie Blindenschulen (v. *Gamm* § 46 Rn. 8). Ob es sich um staatliche oder anerkannte Schulen handelt, ist unerheblich. Die nichtgewerblichen Einrichtungen der Aus- und Weiterbildung sowie Einrichtungen der Berufsbildung erstrecken sich auch auf die betriebliche Weiterbildung von Auszubildenden, sei es in betrieblichen oder überbetrieblichen Ausbildungsstätten; hierzu zählen auch staatliche Stellen für die Referendarausbildung nach Abschluss eines Hochschulstudiums (OLG Karlsruhe GRUR 1987, 818 – Referendarkurs). Der Unterricht in Universitäten und Fachhochschulen ist, wie sich aus dem Vergleich des wortgleichen § 53 Abs. 3 Nr. 1 mit § 53 Abs. 3 Nr. 2 ergibt, nicht erfasst.

8 **Kirchengebrauch** ist gegeben, wenn eine Sammlung in der Kirche durch die Allgemeinheit benutzt werden soll; dies wird für Gesang- und Gebetbücher zutreffen, nicht aber für Predigtsammlungen, die zum Gebrauch durch den Pfarrer oder bei Sammlungen, die auch für die häusliche Erbauung bestimmt sind. Letzteres gilt beispielsweise für das katholische „Einheitsgesangbuch Gotteslob" (v. *Gamm* § 46 Rn. 7; Schricker/*Melichar* § 46 Rn. 9; a. A. Fromm/Nordemann/*Nordemann* § 46 Rn. 6). **Kirchen** sind Religionsgemeinschaften i. S. d. Art. 137 Weimarer Verfassung, Art. 140 GG.

III. Übernommene Werke

§ 46 Abs. 1 erlaubt entgegen der a. F. die Übernahme **(Entlehnung)** von Teilen von **9** Werken, Sprachwerken oder Werken der Musik von geringem Umfang, von einzelnen Werken der bildenden Künste oder einzelnen Lichtbildwerken nicht mehr erst nach deren Erscheinen i. S. d. § 6 Abs. 2, sondern nach der **Veröffentlichung** i. S. d. § 6 Abs. 1. Eine vorherige Verbreitung körperlicher Werkstücke ist nicht mehr erforderlich, ausreichend ist nunmehr auch die bloße Einstellung der Werke ausschließlich in digitale Online-Medien oder die Ausstrahlung im Fernsehen (AmtlBegr. BT-Drucks. 15/38, 19). Die dem Urheberpersönlichkeitsrecht zuzuordnende Entscheidung, ob ein Werk veröffentlicht wird (§ 12 Abs. 1), wird durch die Neufassung des § 46 nicht angetastet. **Änderungen** der Werke und Werkteile sind gemäß § 62 Abs. 1 grundsätzlich nicht zulässig. Für Änderungen, die für den Kirchen-, Schul- oder Unterrichtsgebrauch erforderlich sind, ist die Zustimmung des Urhebers erforderlich (siehe § 62 Abs. 4).

„**Teile von Werken**" bezieht sich auf alle in § 2 Abs. 1 aufgelisteten Werkarten ein- **10** schließlich deren Bearbeitungen. Über die Verweisungsvorschriften der §§ 72 Abs. 1, 83, 85 Abs. 4, 87 Abs. 4, 94 Abs. 4 und 95 ist eine Anwendung auf Lichtbilder, Filmwerke, Multimediawerke, Laufbilder und Leistungsschutzrechte möglich. Ob ein Teil eines Werkes vorliegt, ist quantitativ im Hinblick auf das benutzte Werk festzustellen; es muss sich um einen beschränkten Teil eines Werkes handeln. **Vollständige Sprachwerke** (siehe § 2 Rn. 44 im HauptB) und **vollständige Werke der Musik** (siehe § 2 Rn. 67 ff. im HauptB) dürfen ausnahmsweise entlehnt werden, wenn sie von geringem Umfang sind. Ob dies der Fall ist, ist quantitativ im Hinblick auf die Werkart zu ermitteln. In Betracht kommen beispielsweise Aufsätze, Lieder, kleinere Novellen (RGZ 80, 78 – engl. und franz. Schriftsteller der neueren Zeit) sowie Gedichte (BGH GRUR 1972, 432 – Schulbuch; vgl. *v. Gamm* § 46 Rn. 12; *Ulmer* 316). Ob **einzelne Werke der bildenden Künste** (siehe § 2 Rn. 80 ff. im HauptB) oder **einzelne Lichtbildwerke** (siehe § 2 Rn. 109 im HauptB) vorliegen, ist einerseits im Hinblick auf die Sammlung, andererseits im Hinblick auf das Werkschaffen des Urhebers zu prüfen. Das Gesamtwerk oder wesentliche Teile eines Gesamtwerkes eines Urhebers dürfen nach § 46 nicht im Rahmen einer Sammlung vervielfältigt, verbreitet oder öffentlich zugänglich gemacht werden. **Werke der Musik** dürfen nach § 46 Abs. 2 nur in Sammlungen für den Gebrauch im Musikunterricht in Schulen mit Ausnahme der Musikschulen aufgenommen werden. Musikwerke dürfen folglich nicht für Sammlungen für Schulen, deren Hauptzweck der Musikunterricht ist, sowie für Sammlungen zur Verwendung im Kirchengebrauch oder in allgemein bildenden Schulen entlehnt werden.

IV. Beginn der Verwertung, Vergütung, Verbotsrecht

Nach § 46 Abs. 3 darf mit der Vervielfältigung und der öffentlichen Zugänglichmachung **11** der privilegierten Sammlung erst **begonnen werden**, wenn dies dem Urheber oder dem Inhaber des ausschließlichen Nutzungsrechtes durch eingeschriebenen Brief mitgeteilt wurde und eine 2-Wochen-Frist verstrichen ist. Nach § 46 Abs. 4 ist dem Urheber für die nach § 46 Abs. 1 und 2 zulässige Verwertung seiner Werke in einer privilegierten Sammlung eine **angemessene Vergütung** zu bezahlen. Als Ausprägung des **Urheberpersönlichkeitsrecht** gibt Abs. 5 dem Urheber das Recht, die Verwertung seiner Werke in einer privilegierten Sammlung zu verbieten, wenn ihm die Verwertung des Werkes aufgrund gewandelter Überzeugung nicht mehr zugemutet werden kann und er ein etwa bestehendes Nutzungsrecht deshalb gemäß § 42 bereits zurückgerufen hat; zu den Voraussetzungen des Rückrufes eines Nutzungsrechtes wegen gewandelter Überzeugung siehe § 42 Rn. 5 ff. im HauptB. Für den Fall, dass keine Nutzungsverträge (mehr) bestehen, reicht die Erklärung des Urhebers gemäß § 46 Abs. 5. Im Einzelnen siehe § 46 a. F. Rn. 14 ff. im HauptB.

§ 48. Öffentliche Reden

(1) **Zulässig ist**
1. die Vervielfältigung und Verbreitung von Reden über Tagesfragen in Zeitungen, Zeitschriften sowie in anderen Druckschriften oder sonstigen Datenträgern, die im wesentlichen den Tagesinteressen Rechnung tragen, wenn die Reden bei öffentlichen Versammlungen gehalten oder durch öffentliche Wiedergabe im Sinne von § 19 a oder § 20 veröffentlicht worden sind, sowie die öffentliche Wiedergabe solcher Reden;
2. die Vervielfältigung, Verbreitung und öffentliche Wiedergabe von Reden, die bei öffentlichen Verhandlungen vor staatlichen, kommunalen oder kirchlichen Organen gehalten worden sind.

(2) **Unzulässig ist** jedoch die Vervielfältigung und Verbreitung der in Absatz 1 Nr. 2 bezeichneten Reden in Form einer Sammlung, die überwiegend Reden desselben Urhebers enthält.

Literatur: *Bayreuther,* Beschränkungen des Urheberrechts nach der neuen EU-Urheberrechtsrichtlinie, ZUM 2001, 828; *Dreier,* Die Umsetzung der Urheberrechtsrichtlinie 2001/29/EG in deutsches Recht, ZUM 2002, 28; *Flechsig,* Grundlagen des europäischen Urheberrechts, ZUM 2002, 1; *Reinbothe,* Die Umsetzung der EU-Urheberrechtsrichtlinie in deutsches Recht, ZUM 2002, 43; *Reinbothe,* Die EG-Richtlinie zum Urheberrecht in der Informationsgesellschaft, GRUR Int. 2001, 733; *Spindler,* Europäisches Urheberrecht in der Informationsgesellschaft, GRUR 2002, 105; *Zecher,* Die Umsetzung der EU-Urheberrechtsrichtlinie in deutsches Recht, ZUM 2002, 52 (Teil I), 451 (Teil II).

Übersicht

	Rn.		Rn.
I. Bedeutung	1	III. Vervielfältigung und Verbreitung in Zeitungen, Zeitschriften sowie in anderen Druckschriften oder Datenträgern und öffentliche Wiedergabe	4, 5
II. Reden über Tagesfragen bei öffentlichen Versammlungen und öffentlich i. S. v. § 19 a oder § 20 wiedergegebene Reden (§ 48 Abs. 1 Nr. 1)	2, 3	IV. Verweisung (§ 48 Abs. 1 Nr. 2; Abs. 2)	6

I. Bedeutung

1 § 48 ermöglicht im Interesse der **Informationsfreiheit** die vergütungsfreie Vervielfältigung, Verbreitung sowie öffentliche Wiedergabe von Reden zu tagesaktuellen Fragen sowie von Reden, die vor staatlichen, kommunalen oder kirchlichen Organen gehalten worden sind. Das **Urheberpersönlichkeitsrecht** wird durch das grundsätzliche Änderungsverbot und die Pflicht zur Quellenangabe (§§ 62 und 63) geschützt. Die **Multimedia-Richtlinie** (siehe Anhang 2 im HauptB) erlaubt in Art. 5 Abs. 3 e) Einschränkungen des Vervielfältigungsrechts und des Rechts auf öffentliche Wiedergabe zu Zwecken der Berichterstattung über Verwaltungsverfahren, parlamentarische Verfahren oder Gerichtsverfahren sowie in Art. 5 Abs. 3 f) die Nutzung von politischen Reden oder Auszügen aus öffentlichen Vor-

§ 48. Öffentliche Reden

trägen oder ähnlichen Werken oder Schutzgegenständen, soweit der Informationszweck dies rechtfertigt und die Quelle einschließlich des Namens des Urhebers – wenn möglich – angegeben wird. Über Art. 5 Abs. 4 erlaubt die Multimedia-Richtlinie entsprechende Beschränkungen des Verbreitungsrechts. Im Rahmen der Novellierung des Urheberrechts wurde ausschließlich § 48 Abs. 1 Nr. 1 geändert. Hinsichtlich § 48 Abs. 1 Nr. 2 sowie § 48 Abs. 2 wird auf die Kommentierung im HauptB verwiesen.

II. Reden über Tagesfragen bei öffentlichen Versammlungen und öffentlich i. S. v. § 19 a oder § 20 wiedergegebene Reden (§ 48 Abs. 1 Nr. 1)

§ 48 Abs. 1 Nr. 1 ermöglicht die wortgetreue Vervielfältigung, Verbreitung und öffentliche Wiedergabe von **Reden** über Tagesfragen, die bei **öffentlichen Versammlungen** gehalten oder **i. S. v. § 19 a oder § 20 öffentlich wiedergegeben** wurden. Nur die tatsächlich vorgetragene Rede ist erfasst. **Tagesfragen** sind aktuelle Ereignisse, die kurz vor der Rede stattgefunden haben. Die Reden müssen das Thema in allgemein verständlicher Form behandeln, wissenschaftliche oder künstlerische Darstellungen sind vom Begriff der Rede über Tagesfragen nicht erfasst (Schricker/*Melichar* § 48 Rn. 4). Ob die Rede politische, wirtschaftliche, kulturelle oder sonstige öffentliche Themen behandelt, ist unerheblich. Den Gegensatz zu Reden über Tagesfragen bilden Reden über nicht tagesgebundene Themen, die nicht genutzt werden dürfen, wie beispielsweise Predigten, Dichterlesungen, wissenschaftliche Vorträge (*Rehbinder* Rn. 280) oder Laudationes für Preisträger, wenn diese nicht ausnahmsweise Tagesthemen behandeln (Möhring/Nicolini/*Engels* § 48 Rn. 6). Befasst sich nur ein Teil einer Rede mit Tagesfragen in diesem Sinne, ist nur dieser Teil verwertbar (Fromm/Nordemann/*Nordemann* § 48 Rn. 2).

Eine **öffentliche Versammlung,** die keine Aussprache im Anschluss an die Rede voraussetzt, ist gegeben, wenn die Allgemeinheit Zugang hat, eine Beschränkung aufgrund räumlicher Gegebenheiten oder die Ausgabe von Eintrittskarten ändern den Charakter der Veranstaltung nicht. Politische Kundgebungen sind öffentliche Versammlungen; nicht hierunter fallen Mitglieds- oder Aktionärsversammlungen (Schricker/*Melichar* § 48 Rn. 5). Verwendet werden dürfen auch alle Reden über Tagesfragen, die gemäß § 19 a öffentlich zugänglich gemacht wurden, d. h. drahtgebunden oder drahtlos der Öffentlichkeit online zum Abruf zur Verfügung gestellt wurden oder gemäß § 20 **durch Funk, wie Ton- und Fernsehrundfunk, Satellitenrundfunk, Kabelfunk und ähnliche technischen Mittel** der Öffentlichkeit zugänglich gemacht worden waren (zu den Begriffen siehe § 19 a Rn. 5 ff., sowie §§ 20–20 b Rn. 8 ff. im HauptB). Durch die Novellierung wurden zusätzlich die online-abrufbaren Reden in den Anwendungsbereich des § 48 aufgenommen.

III. Vervielfältigung und Verbreitung in Zeitungen, Zeitschriften sowie in anderen Druckschriften oder Datenträgern und öffentliche Wiedergabe

Reden über Tagesfragen dürfen – auch in Auszügen (siehe § 62 Abs. 2) – in Zeitungen, Zeitschriften sowie in anderen Druckschriften oder sonstigen Datenträgern, die im Wesentlichen den Tagesinteressen Rechnung tragen, vervielfältigt und verbreitet werden. **Zeitungen** sind regelmäßig, oft täglich, aber auch wöchentlich erscheinende Publikationen, die der Übermittlung von Tagesneuigkeiten dienen (beispielsweise „Frankfurter Allgemeine

Zeitung", „Süddeutsche Zeitung"). Der Begriff der **Zeitschrift** i. S. d. § 48 umfasst die zeitungsähnlichen Zeitschriften, die ebenfalls der Übermittlung von Tagesneuigkeiten dienen, regelmäßig erscheinen und gebunden sind (z. B. „Der Spiegel", „Focus"; siehe § 48 Rn. 4 im HauptB), aber auch diejenigen Fachzeitschriften, die regelmäßig über Fachgebiete berichten, sofern sie im Wesentlichen den Tagesinteressen Rechnung tragen (Schricker/*Melichar* § 48 Rn. 7 f.; Möhring/Nicolini/*Engels* § 48 Rn. 11 ff.; *Ulmer* 324). Darüber hinaus erlaubt § 48 Abs. 1 Nr. 1 die Vervielfältigung und Verbreitung von Reden in **anderen Druckschriften oder Datenträgern,** die im Wesentlichen den Tagesinteressen Rechnung tragen. Der in § 46 a. F. verwendete Begriff der „Informationsblätter" wurde insoweit ersetzt. Erfasst sind weiterhin Nachrichtendienste von Presseagenturen, Brancheninformationsdienste, Verbandsmitteilungen sowie weitere Druckschriften, soweit sie im Wesentlichen den Tagesinteressen Rechnung tragen, einzelne Beiträge mit längerlebigem Charakter schaden insoweit nicht (OLG München GRUR 2002, 875, 876 – Herkömmlicher Pressespiegel; zu Informationsblättern i. S. d. § 49 Abs. 1 S. 1). Darüber hinaus ist die Vervielfältigung und Verbreitung auf sonstigen Datenträgern – auch digitalen Offline-Medien (CD-ROM etc.) – erlaubt, solange diese ebenfalls im Wesentlichen Tagesinteressen Rechnung tragen.

5   Abs. 1 Nr. 1 a. E. erlaubt des Weiteren die öffentliche Wiedergabe von entsprechenden Reden über Tagesfragen in jeder Form der öffentlichen Wiedergabe i. S. d. § 15 Abs. 2, insbesondere auch das Zugänglichmachen zum Online-Abruf gemäß § 19 a. Aus § 55 folgt das Recht eines Sendeunternehmens, die Rede zunächst auf Bild- oder Tonträger zu übertragen und dann zeitversetzt gemäß § 20 zu senden (Schricker/*Melichar* § 48 Rn. 9).

IV. Verweisung (§ 48 Abs. 1 Nr. 2; Abs. 2)

6   Durch die Novellierung wurden die Abs. 1 Nr. 2 und Abs. 2 nicht geändert. Insoweit kann auf die Kommentierung im HauptB verwiesen werden (siehe § 46 a. F. Rn. 6 f. im HauptB).

§ 49. Zeitungsartikel und Rundfunkkommentare

(1) **Zulässig ist die Vervielfältigung und Verbreitung einzelner Rundfunkkommentare und einzelner Artikel aus Zeitungen und anderen lediglich Tagesinteressen dienenden Informationsblättern in anderen Zeitungen und Informationsblättern dieser Art sowie die öffentliche Wiedergabe solcher Kommentare und Artikel, wenn sie politische, wirtschaftliche oder religiöse Tagesfragen betreffen und nicht mit einem Vorbehalt der Rechte versehen sind. Für die Vervielfältigung, Verbreitung und öffentliche Wiedergabe ist dem Urheber eine angemessene Vergütung zu zahlen, es sei denn, daß es sich um eine Vervielfältigung, Verbreitung oder öffentliche Wiedergabe kurzer Auszüge aus mehreren Kommentaren oder Artikeln in Form einer Übersicht handelt. Der Anspruch kann nur durch eine Verwertungsgesellschaft geltend gemacht werden.**

(2) **Unbeschränkt zulässig ist die Vervielfältigung, Verbreitung und öffentliche Wiedergabe von vermischten Nachrichten tatsächlichen Inhalts und von Tagesneuigkeiten, die durch Presse oder Funk veröffentlicht worden sind; ein durch andere gesetzliche Vorschriften gewährter Schutz bleibt unberührt.**

§ 49. Zeitungsartikel und Rundfunkkommentare 1–3 § 49 UrhG

Literatur: *Bayreuther,* Beschränkungen des Urheberrechts nach neuer EU-Urheberrechtsrichtlinie, ZUM 2001, 828; *Dreier,* Die Umsetzung der Urheberrechtsrichtlinie 2001/29/EG in deutsches Recht, ZUM 2002, 28; *Flechsig,* Grundlagen des europäischen Urheberrechts, ZUM 2002, 1; *Hoeren,* Pressespiegel und das Urheberrecht, GRUR 2002, 1022; *Loewenheim,* Die urheber- und wettbewerbsrechtliche Beurteilung der Herstellung und Verbreitung kommerzieller elektronischer Pressespiegel, GRUR 1996, 636; *Niemann,* Pressespiegel de lege ferenade, CR 2003, 119; *Reinbothe,* Die Umsetzung der EU-Urheberrechtsrichtlinie in deutsches Recht, ZUM 2002, 43; *Reinbothe,* Die EG-Richtlinie zum Urheberrecht in der Informationsgesellschaft, GRUR Int. 2001, 733; *Rogge,* Elektronische Pressespiegel in urheber- und wettbewerbsrechtlicher Beurteilung, Hamburg 2001; *Schippan,* Harmonisierung oder Wahrung der nationalen Kulturhoheit? – Die wundersame Vermehrung der Schrankenbestimmungen in Art. 5 der „Multimedia-RL", ZUM 2001, 116; *Spindler,* Europäisches Urheberrecht in der Informationsgesellschaft, GRUR 2002, 105; *Bayreuther,* Beschränkungen des Urheberrechts nach der neuen EU-Urheberrechtsrichtlinie, ZUM 2001, 828; *Wandtke,* Copyright und virtueller Markt in der Informationsgesellschaft, GRUR 2002, 1; *Zecher,* Die Umsetzung der EU-Urheberrechtsrichtlinie in deutsches Recht, ZUM 2002, 52 (Teil I), 451 (Teil II).

Übersicht

	Rn.		Rn.
I. Elektronische Pressespiegel	1–5	II. Einschränkungen	6
1. Multimedia-Richtlinie	1–3		
2. Elektronische Pressespiegel	4, 5		

I. Elektronische Pressespiegel

1. Multimedia-Richtlinie

Die Vorschrift wurde im Rahmen der bisher erfolgten Umsetzung der **Multimedia-** **1** **Richtlinie** (siehe Anhang 2 im HauptB) nicht geändert. Es kann daher vollumfänglich auf die Kommentierung im HauptB verwiesen werden. Die **Entscheidung des BGH vom 11. 7. 2002** (BGH GRUR 2002, 963 – **Elektronischer Pressespiegel**) enthält jedoch für die Anwendung und Auslegung der Schrankenregelung auch unter Berücksichtigung der Multimedia-Richtlinie entscheidende Leitlinien, die im Rahmen der Kommentierung der Umsetzung der Multimedia-Richtlinie auch bei unverändertem Gesetzestext darzustellen sind.

Die Multimedia-Richtlinie erlaubt in Art. 5 Abs. 3 c) die Beschränkung des Vervielfälti- **2** gungsrechts und des Rechts der öffentlichen Wiedergabe sowie des Verbreitungsrechts für die Vervielfältigung durch die Presse, die öffentliche Wiedergabe und die Zugänglichmachung von veröffentlichten Artikeln zu Tagesfragen wirtschaftlicher, politischer oder religiöser Natur oder von gesendeten Werken und sonstigen Schutzgegenständen dieser Art, sofern eine solche Nutzung nicht ausdrücklich vorbehalten ist und die Quelle, einschließlich des Namens des Urhebers, angegeben wird. Die Richtlinie gestattet damit nicht nur eine Privilegierung herkömmlicher Pressespiegel, sondern erfasst ausdrücklich auch den elektronisch übermittelten, also nach Art. 3 Abs. 1 Multimedia-Richtlinie öffentlich zugänglich gemachten Pressespiegel (BGH GRUR 2002, 963 – Elektronischer Pressespiegel; *Hoeren* GRUR 2002, 1022; *Bayreuther* ZUM 2001, 828; *Schippan* ZUM 2001, 116; *Dreier* ZUM 2002, 28; a. A. *Spindler* GRUR 2002, 105).

Die bisher erfolgte Umsetzung der Multimedia-Richtlinie beschränkte sich aber aus- **3** drücklich auf die Implementierung der WIPO-Verträge vom 20. 12. 1996 (WCT und WPPT; siehe § 121 Rn. 29 ff. im HauptB) und enthält deshalb auch „keine Regelung zur Ausfüllung der Kann-Vorschriften der Richtlinie zum elektronischen Pressespiegel und zur Durchsetzung der Privatkopieschranke bei der Anwendung technischer Schutzmaßnahmen" (AmtlBegr. BT-Drucks. 15/38, 15). Jene Frage soll wie die Durchsetzung der Privatkopieschranke bei der Anwendung technischer Schutzmaßnahmen gesondert mit allen Betroffenen und ohne Zeitdruck erörtert und Gegenstand einer weiteren Novelle werden.

2. Elektronische Pressespiegel

4 Die zum bestehenden § 49 umstrittene Frage, ob **elektronische Pressespiegel** nach § 49 zulässig sind (siehe § 49 Rn. 11 ff. im HauptB), hatte der BGH in der zitierten Entscheidung vom 11. 7. 2002 zu beantworten. Er bestätigte zunächst, dass § 49 Abs. 1 den zum internen Gebrauch erstellten **herkömmlichen Pressespiegel,** also Informationsblätter, die aus einer Vielzahl von Kopien von Presseausschnitten bestehen, erfasst. Zum Begriff der anderen lediglich Tagesinteressen dienenden Informationsblätter siehe OLG München GRUR 2002, 875 – Herkömmlicher Pressespiegel. Herkömmliche Pressespiegel in diesem Sinn sind alle Pressespiegel, die in Papierform verbreitet werden, unabhängig davon, wie sie hergestellt werden. An der Einordnung ändere es nichts, dass die Pressespiegel nicht mehr wie früher durch Ausschneiden, Aufkleben und Fotokopieren der in Frage kommenden Zeitungsartikel oder -ausschnitte hergestellt werden, sondern durch Einscannen der Artikel und deren elektronische Anpassung sowie Ausdruck. Die in § 49 Abs. 1 S. 2 enthaltene Vergütungspflicht erfasst gerade jenen herkömmlichen Pressespiegel (BGH GRUR 2002, 963 – Elektronischer Pressespiegel m. w. N.; siehe § 49 Rn. 5 im HauptB).

5 Zur Anwendung des § 49 auf in **elektronischer Form** verbreitete Pressespiegel stellte der BGH fest, dass die urheberrechtlichen Schrankenbestimmungen zwar grundsätzlich eng auszulegen seien und man sich bei der Auslegung am Verständnis der privilegierenden Norm an den technischen Gegebenheiten zum Zeitpunkt der Einführung des Privilegierungstatbestandes zu orientieren habe, hierin aber keine starre Grenze zu sehen sei. Trete anstelle einer privilegierten Nutzung eine neue Form, sei im Einzelfall zu prüfen, ob der verfassungsrechtlich verankerte Beteiligungsgrundsatz des Urhebers (Art. 14 Abs. 1 GG) auf der einen Seite und der mit der Schrankenregelung verfolgte Zweck auf der anderen Seite eine weitergehende Auslegung der fraglichen Bestimmung erlauben. Besonders sei zu beachten, wie sich eine extensive Auslegung der Schrankenbestimmung auf die Interessen des Urhebers auswirke. Für eine Schranke, die eine unentgeltliche Nutzung ermöglicht, könnten andere Kriterien maßgeblich sein, als im Fall einer gesetzlichen Lizenz, bei der das Ausschließlichkeitsrecht zu einem Vergütungsanspruch herabgestuft wird.

II. Einschränkungen

6 Da beim elektronischen Pressespiegel lediglich anstatt des Ausdrucks und der Versendung die Übermittlung einer Datei oder die Speicherung einer Datei an einer Stelle tritt, auf die die Nutzer von ihrem Arbeitsplatz aus zugreifen können, unterscheide sich der Pressespiegel, den der Bezieher am eigenen Arbeitsplatz ausdruckt, nicht wesentlich von einem ihm auf herkömmliche Weise übermittelten ausgedruckten Exemplar. Um auszuschließen, dass mit der elektronischen Übermittlung zusätzliche, die Belange des Urhebers beeinträchtigenden Nutzungs- und Missbrauchsmöglichkeiten verbunden sind, erfordert die Zulassung der elektronischen Pressespiegel nach dem BGH folgende **Einschränkungen:** Der elektro-

§ 50. Berichterstattung über Tagesereignisse   **1   § 50 UrhG**

nische Pressespiegel darf nur betriebs- oder behördenintern verbreitet werden, es muss sich um einen **„In-House"-Pressespiegel** handeln. An der Herstellung eines Archivs (siehe § 53 Abs. 2 Nr. 2) könne das Unternehmen, das den Pressespiegel für die Mitarbeiter erstellt, interessiert sein, wie der Endbezieher. Um insoweit einen Missbrauch auszuschließen, muss sich der Einsatz der Datenverarbeitung bei Erstellung und Versendung des elektronischen Pressespiegels darauf beschränken, dass die fremden Presseartikel – als Faksimile – grafisch dargestellt werden. Eine Volltexterfassung, die es ermögliche, die einzelnen Presseartikel indizierbar zu machen und in eine Datenbank einzustellen, sei dagegen vom Privileg nicht erfasst. Werden diese Voraussetzungen eingehalten, sei die Gefahr für die Rechte der Urheber nicht größer als bei dem Versenden von Pressespiegeln in herkömmlicher Form (BGH GRUR 2002, 963 – Elektronischer Pressespiegel; zu den technischen Fragen siehe *Hoeren* GRUR 2002, 1022).

§ 50. Berichterstattung über Tagesereignisse

Zur Berichterstattung über Tagesereignisse durch Funk und durch ähnliche technische Mittel, in Zeitungen, Zeitschriften und in anderen Druckschriften oder sonstigen Datenträgern, die im wesentlichen Tagesinteressen Rechnung tragen, sowie im Film, ist die Vervielfältigung, Verbreitung und öffentliche Wiedergabe von Werken, die im Verlauf dieser Ereignisse wahrnehmbar werden, in einem durch den Zweck gebotenen Umfang zulässig.

Literatur: *Bayreuther*, Beschränkungen des Urheberrechts nach der neuen EU-Urheberrechtsrichtlinie, ZUM 2001, 828; *Dreier*, Die Umsetzung der Urheberrechtsrichtlinie 2001/29/EG in deutsches Recht, ZUM 2002, 28; *Flechsig*, Grundlagen des europäischen Urheberrechts, ZUM 2002, 1; *Reinbothe*, Die Umsetzung der EU-Urheberrechtsrichtlinie in deutsches Recht, ZUM 2002, 43; *Reinbothe*, Die EG-Richtlinie zum Urheberrecht in der Informationsgesellschaft, GRUR Int. 2001, 733; *Spindler*, Europäisches Urheberrecht in der Informationsgesellschaft, GRUR 2002, 105; *Zecher*, Die Umsetzung der EU-Urheberrechtsrichtlinie in deutsches Recht, ZUM 2002, 52 (Teil I), 451 (Teil II).

Übersicht

	Rn.		Rn.
I. Bedeutung	1	1. Berichterstattung	2, 3
II. Berichterstattung über Tagesereignisse	2–4	2. Tagesereignisse	4
		III. Verwertung von Werken, die wahrnehmbar werden	5

I. Bedeutung

Im Interesse der **Berichterstattung über Tagesereignisse** schränkt § 50 die Rechte des   **1**
Urhebers zugunsten der Berichterstattung ein und erlaubt im notwendigen Umfang die **vergütungsfreie Vervielfältigung, Verbreitung und öffentliche Wiedergabe** von Werken, die im Verlauf der Tagesereignisse wahrnehmbar werden. Die Multimedia-Richtlinie (siehe Anhang 2 im HauptB) lässt in Art. 5 Abs. 3 c) i. V. m. Abs. 4 eine Einschränkung der genannten Rechte für die Nutzung von Werken in Verbindung mit der Berichterstattung von Tagesereignissen zu, wenn dies der Informationszweck rechtfertigt und – soweit möglich – die Quelle einschließlich des Namens des Urhebers angegeben wird. Die Pflicht zur **Quellenangabe** ergibt sich aus § 63.

II. Berichterstattung über Tagesereignisse

1. Berichterstattung

2 § 50 erlaubt in bestimmtem Umfang die Verwertung von Werken im Rahmen der **Berichterstattung** über Tagesereignisse durch Funk, ähnliche Mittel, in Zeitungen, Zeitschriften und anderen Druckschriften oder sonstigen Datenträgern, die im Wesentlichen dem Tagesinteresse Rechnung tragen, sowie im Film. Berichterstattung ist insoweit die wirklichkeitsgetreue, sachliche Schilderung einer tatsächlichen Begebenheit (Schricker/*Vogel* § 50 Rn. 9 unter Hinweis auf *Roeber* UFITA 9 (1936) 336). Abzugrenzen ist die sachliche Berichterstattung von Kommentaren oder sonstigen Meinungsäußerungen des Autors. Auch Darstellungen, die Berichterstattungen mit Meinungsäußerungen kombinieren, bei denen jedoch die Berichterstattung den Schwerpunkt bildet, sind zu privilegieren (Möhring/Nicolini/*Engels* § 50 Rn. 5). Anders als § 50 a. F. begünstigt die Regelung nicht mehr nur die Bild- und Tonberichterstattung, sondern erlaubt auch die Aufnahme eines Werkes in ein reines Sprachwerk. Diese Erweiterung der Privilegierung dürfte insbesondere im Rahmen **digitaler Online-Medien** relevant werden (AmtlBegr. BT-Drucks. 15/38, 19).

3 Die Berichterstattung durch **Funk** erfasst die Ausstrahlung durch terrestrischen Rundfunk, Satellitenrundfunk und Kabelfunk i. S. d. § 20 (siehe §§ 20–20b Rn. 8 im HauptB). Durch die Erweiterung der Privilegierung auf die Berichterstattung durch dem Funk **ähnliche technische Mittel** soll insbesondere die Berichterstattung im Rahmen digitaler Online-Medien erfasst werden (AmtlBegr. BT-Drucks. 15/38, 19). Die Frage, ob diese bereits durch § 50 a. F. privilegiert waren, war umstritten; nach *Vogel* war bereits die Berichterstattung über neue Medien wie Videotext, Kabeltext, Online-Abrufdienste und Internet begünstigt (Schricker/*Vogel* § 50 Rn. 12; siehe § 50 a. F. Rn. 3 im HauptB m. w. N.). § 50 privilegiert ebenfalls die Berichterstattung über Tagesereignisse in **Zeitungen, Zeitschriften und in anderen Druckschriften oder sonstigen Datenträgern,** die im Wesentlichen Tagesinteressen Rechnung tragen sowie im **Film;** d. h. durch Vorführung eines Filmwerks oder von Laufbildern (siehe § 19 Abs. 4). Zum Begriff der **Zeitungen** siehe § 48 Rn. 4. Wie in § 48 Abs. 1 sind mit **Zeitschriften** zeitungsähnliche Zeitschriften, die im Wesentlichen der Übermittlung von Tagesneuigkeiten dienen (beispielsweise „Der Spiegel", „Focus") gemeint. Durch die Novellierung wurden entsprechend der Regelung in § 48 Abs. 1 Nr. 1 auch andere **Druckschriften** oder **sonstige Datenträger,** die im Wesentlichen den Tagesinteressen Rechnung tragen, privilegiert. Die Privilegierung erfasst folglich auch Nachrichtendienste von Presseagenturen und Branchendienste sowie die Berichterstattung in digitalen Offline-Medien (CD-ROM etc.; siehe § 48 Rn. 4).

2. Tagesereignisse

4 Die Berichterstattung muss sich auf **Tagesereignisse** beziehen, d. h. tatsächliche Begebenheiten, unabhängig ob sie den Bereichen Politik, Wirtschaft, Sport oder Kunst und Kultur zugehören. Das Ereignis muss aktuell sein und die Allgemeinheit, mindestens aber eine größere Gruppe, interessieren; ob es bedeutend oder eher banal ist, spiele keine Rolle (BGH GRUR 2002, 1050 – Zeitungsbericht als Tagesereignis). Die Aktualität ist so lange gegeben, wie der Verkehr die Berichterstattung als „Gegenwartsberichterstattung" versteht

§ 52. Öffentliche Wiedergabe   § 52 UrhG

(Möhring/Nicolini/*Engels* § 50 Rn. 5). Hierbei kann die Erscheinungsweise des Mediums relevant werden; berichtet eine monatlich erscheinende Kulturzeitschrift erst im nächsten Monat über eine Theaterpremiere, ist dies noch aktuell (LG Hamburg GRUR 1989, 591 – Neonrevier), eine Berichterstattung über dieselbe Premiere im Radio wäre jedoch nur einige wenige Tage nach dem Premierendatum aktuell in diesem Sinn.

III. Verwertung von Werken, die wahrnehmbar werden

Nach § 50 dürfen nur Werke zur Berichterstattung vervielfältigt, verbreitet und öffentlich 5 wiedergegeben werden, die im Verlauf der Vorgänge, über die berichtet wird, wahrnehmbar, d. h. hör- oder sichtbar werden. Die Verwertung der Werke darf nur in einem durch den Zweck der Bild- und Tonberichterstattung gebotenem Umfang erfolgen, das Werk darf nicht alleiniger Gegenstand der Berichterstattung sein. Im Einzelnen zur Verwertung der wahrnehmbar werdenden Werke und dem zulässigen Umfang der Verwertung siehe § 50 a. F. Rn. 6 ff. im HauptB.

§ 52. Öffentliche Wiedergabe

(1) **Zulässig ist die öffentliche Wiedergabe eines veröffentlichten Werkes, wenn die Wiedergabe keinem Erwerbszweck des Veranstalters dient, die Teilnehmer ohne Entgelt zugelassen werden und im Falle des Vortrages oder der Aufführung des Werkes keiner der ausübenden Künstler (§ 73) eine besondere Vergütung erhält. Für die Wiedergabe ist eine angemessene Vergütung zu zahlen. Die Vergütungspflicht entfällt für Veranstaltungen der Jugendhilfe, der Sozialhilfe, der Alten- und Wohlfahrtspflege, der Gefangenenbetreuung sowie für Schulveranstaltungen, sofern sie nach ihrer sozialen oder erzieherischen Zweckbestimmung nur einem bestimmt abgegrenzten Kreis von Personen zugänglich sind. Dies gilt nicht, wenn die Veranstaltung dem Erwerbszweck eines Dritten dient; in diesem Fall hat der Dritte die Vergütung zu zahlen.**

(2) **Zulässig ist die öffentliche Wiedergabe eines erschienen Werkes auch bei einem Gottesdienst oder einer kirchlichen Feier der Kirchen oder Religionsgemeinschaften. Jedoch hat der Veranstalter dem Urheber eine angemessene Vergütung zu zahlen.**

(3) **Öffentliche bühnenmäßige Darstellungen, öffentliche Zugänglichmachungen und Funksendungen eines Werkes sowie öffentliche Vorführungen eines Filmwerkes sind stets nur mit Einwilligung des Berechtigten zulässig.**

Literatur: *Bayreuther,* Beschränkungen des Urheberrechts nach der neuen EU-Urheberrechtsrichtlinie, ZUM 2001, 828; *Dreier,* Die Umsetzung der Urheberrechtsrichtlinie 2001/29/EG in deutsches Recht, ZUM 2002, 28; *Flechsig,* Grundlagen des europäischen Urheberrechts, ZUM 2002, 1; *Reinbothe,* Die Umsetzung der EU-Urheberrechtsrichtlinie in deutsches Recht, ZUM 2002, 43; *Reinbothe,* Die EG-Richtlinie zum Urheberrecht in der Informationsgesellschaft, GRUR Int. 2001, 733; *Spindler,* Europäisches Urheberrecht in der Informationsgesellschaft, GRUR 2002, 105; *Zecher,* Die Umsetzung der EU-Urheberrechtsrichtlinie in deutsches Recht, ZUM 2002, 52 (Teil I), 451 (Teil II).

Übersicht

	Rn.		Rn.
I. Bedeutung	1	2. Abs. 3	3, 4
II. Novellierung	2–5	3. Verweisung	5
1. Abs. 1	2		

Lüft

§ 52. Öffentliche Wiedergabe

I. Bedeutung

1 Bei Vorliegen seiner Voraussetzungen erlaubt § 52 im **Interesse der Allgemeinheit** die öffentliche Wiedergabe urheberrechtlich geschützter Werke, wenn diese keinem Erwerbszweck des Veranstalters dient, die Teilnehmer ohne Entgelt zugelassen werden und auch keiner der ausübenden Künstler im Falle des Vortrages oder der Aufführung eine besondere Vergütung erhält. Im sozialen oder erzieherischen Bereich kann die Vergütungspflicht entfallen. Öffentliche bühnenmäßige Aufführungen, öffentliche Zugänglichmachungen sowie Funksendungen und die öffentliche Vorführung eines Filmwerkes sind in keinem Fall privilegiert und dürfen nur mit der Zustimmung des Berechtigten erfolgen. Wie bei allen Schrankenregelungen ist zu beachten, dass sie **grundsätzlich eng auszulegen** ist (BGH GRUR 1992, 386 – Altenwohnheim II; siehe vor § 44 Rn. 2 sowie § 52 a. F. Rn. 2 und § 45 Rn. 1 im HauptB). Der Schutz des Urheberpersönlichkeitsrechts ist durch die §§ 12 und 14 sowie durch das Änderungsverbot (§ 62) und die Verpflichtung zur Quellenangabe (§ 63 Abs. 2) sichergestellt.

II. Novellierung

1. Abs. 1

2 Nach der Novellierung privilegiert **§ 52 Abs. 1** nicht mehr nur die öffentliche Wiedergabe von i. S. d. § 6 Abs. 2 erschienenen Werken, vielmehr reicht jetzt aus, wenn das Werk auch in unkörperlicher Art und Weise der Öffentlichkeit gemäß § 6 Abs. 1 zugänglich gemacht, also **veröffentlicht** wurde. Ein im Internet veröffentlichtes Werk kann folglich gemäß § 52 unter Vorliegen der sonstigen Voraussetzungen erlaubnisfrei öffentlich wiedergegeben werden. Nachdem **§ 52 Abs. 2** weiterhin auf **erschienene Werke** i. S. d. § 6 Abs. 2 Bezug nimmt, ist die öffentliche Wiedergabe bei einem Gottesdienst oder einer kirchlichen Feier nur zulässig, wenn Vervielfältigungsstücke des Werkes mit Zustimmung des Berechtigten in genügender Anzahl (siehe § 6 Rn. 31 im HauptB) der Öffentlichkeit angeboten oder in Verkehr gebracht wurden.

2. Abs. 3

3 Gemäß § 52 Abs. 3 dürfen öffentliche bühnenmäßige Darstellungen, öffentliche Zugänglichmachungen und Funksendungen eines Werkes sowie öffentliche Vorführungen eines Filmwerkes stets nur mit Einwilligung des Berechtigten erfolgen. Nach dem Willen des Gesetzgebers sollte die Privilegierung des § 52 auf das neu eingefügte Rechte der öffentlichen Zugänglichmachung nicht erweitert werden (AmtlBegr. BT-Drucks. 15/38, 20).

4 Ausdrücklich ausgenommen von der öffentlichen Wiedergabe sind damit die öffentliche bühnenmäßige Aufführung (siehe § 19 Rn. 15 im HauptB), die Funksendung (siehe § 20 bis § 20 b Rn. 8 im HauptB) einschließlich der Übertragung geschützter Werke über anstaltseigene Verteiler, Anlagen in Haftraümen oder im Patientenzimmer (BGHZ 123, 149 – Verteileranlagen; BGH GRUR 1994, 797 – Verteileranlagen im Krankenhaus). Von der von § 52 nicht erfassten Vorführung eines Filmwerkes (siehe § 19 Rn. 46 ff. im HauptB), ist die öffentliche Wahrnehmbarmachung eines Filmwerks zu unterscheiden (siehe § 19 Abs. 4 S. 2). Dieses kann unter den Voraussetzungen des § 52 Abs. 1 und 2 öffentlich wiedergegeben werden (§ 22) (Schricker/*Melichar* § 52 Rn 49). Im Gegensatz zur öffent-

§ 52a. Öffentliche Zugänglichmachung § 52a UrhG

lichen Vorführung eines Films, beispielsweise ausgehend von einer 35 mm-Kopie, kann folglich die Vorführung eines im Fernsehen ausgestrahlten Filmwerkes über Bildschirm und Lautsprecher (Zweitverwertung) zulässig sein. Die zur alten Fassung streitige Frage, ob die **Online-Verbreitung** geschützter Werke durch § 52 privilegiert sein kann (vgl. § 52 a. F. Rn. 5 im HauptB), ist durch die Aufnahme des Rechts der öffentlichen Zugänglichmachung in § 52 Abs. 3 beantwortet: dies ist nicht der Fall.

3. Verweisung

Zu den **weiteren Tatbestandsmerkmalen** des § 52, der insoweit unverändert blieb, siehe die Kommentierung im HauptB. 5

§ 52a. Öffentliche Zugänglichmachung für Unterricht und Forschung

(1) Zulässig ist,
1. veröffentlichte kleine Teile eines Werkes, Werke geringen Umfangs sowie einzelne Beiträge aus Zeitungen oder Zeitschriften zur Veranschaulichung im Unterricht an Schulen, Hochschulen, nichtgewerblichen Einrichtungen der Aus- und Weiterbildung sowie an Einrichtungen der Berufsbildung ausschließlich für den bestimmt abgegrenzten Kreis von Unterrichtsteilnehmern oder
2. veröffentlichte Teile eines Werkes, Werke geringen Umfangs sowie einzelne Beiträge aus Zeitungen oder Zeitschriften ausschließlich für einen bestimmt abgegrenzten Kreis von Personen für deren eigene wissenschaftliche Forschung

öffentlich zugänglich zu machen, soweit dies zu dem jeweiligen Zweck geboten und zur Verfolgung nicht kommerzieller Zwecke gerechtfertigt ist.

(2) Die öffentliche Zugänglichmachung eines für den Unterrichtsgebrauch an Schulen bestimmten Werkes ist stets nur mit Einwilligung des Berechtigten zulässig. Die öffentliche Zugänglichmachung eines Filmwerkes ist vor Ablauf von zwei Jahren nach Beginn der üblichen regulären Auswertung in Filmtheatern im Geltungsbereich dieses Gesetzes stets nur mit Einwilligung des Berechtigten zulässig.

(3) Zulässig sind in den Fällen des Absatzes 1 auch die zur öffentlichen Zugänglichmachung erforderlichen Vervielfältigungen.

(4) Für die öffentliche Zugänglichmachung nach Absatz 1 ist eine angemessene Vergütung zu zahlen. Der Anspruch kann nur durch eine Verwertungsgesellschaft geltend gemacht werden.

Literatur: *Bayreuther,* Beschränkungen des Urheberrechts nach der neuen EU-Urheberrechtsrichtlinie, ZUM 2001, 828; *v. Bernuth,* Streitpunkt – der Regelungsgehalt des § 52 a UrhG, ZUM 2003, 438 ff.; *Dreier,* Die Umsetzung der Urheberrechtsrichtlinie 2001/29/EG in deutsches Recht, ZUM 2002, 28; *Evers/Schwarz,* Stellungnahme der Filmwirtschaft zu dem Regierungsentwurf Urheberrecht in der Informationsgesellschaft vom 31. 7. 2002, abrufbar unter www.urheberrecht.org; *Flechsig,* Grundlagen des europäischen Urheberrechts, ZUM 2002, 1; *Hoeren,* Stellungnahme zu § 52 a des Entwurfs eines Gesetzes zur Regelung des Urheberrechts in der Informationsgesellschaft vom 2. 10. 2002, abrufbar unter www.urheberrecht.org; *Reinbothe,* Die Umsetzung der EU-Urheberrechtsrichtlinie in deutsches Recht, ZUM 2002, 43; *Reinbothe,* Die EG-Richtlinie zum Urheberrecht in der Informationsgesellschaft, GRUR Int. 2001, 733; *Simon,* Gewährleistung des freien Zugangs für Studium, Lehre und Forschung zur Information in der digitalen Informationsgesellschaft, Stellungnahme zum § 52 a im Regierungsentwurf vom 31. 7. 2002 vom 4. 10. 2002, abrufbar unter www.urheberrecht.org; *Spindler,* Europäisches Urheberrecht in der Informationsgesellschaft, GRUR 2002, 105; *Zecher,* Die Umsetzung der EU-Urheberrechtsrichtlinie in deutsches Recht, ZUM 2002, 52 (Teil I), 451 (Teil II).

§ 52 a. Öffentliche Zugänglichmachung

Übersicht

	Rn.		Rn.
I. Bedeutung	1–3	IV. Ausnahmeregelung für Werke, die für den Schulunterricht bestimmt sind und Filmwerke (Abs. 2)	16–19
II. Verwertung im Unterricht (Abs. 1 Nr. 1)	4–10	V. Vervielfältigungen (Abs. 3)	20
1. Verwertungsbasis	4–7	VI. Angemessene Vergütung (Abs. 4)	21
2. Öffentliche Zugänglichmachung im Unterricht	8–10		
III. Verwertung zur eigenen wissenschaftlichen Forschung (Abs. 1 Nr. 2)	11–15		

I. Bedeutung

1 Im **Interesse der Informationsfreiheit** erlaubt der in der Entstehungsgeschichte zwischen den Rechtsinhabern einerseits und den begünstigten Institutionen andererseits heftig umstrittene § 52 a (siehe Stellungnahme des Bundesrates BT-Drucks. 15/38, 35 und Berichts des Rechtsausschusses BT-Drucks. 15/837, 58 ff.) zugunsten des **Unterrichts** an den genannten Institutionen sowie der **wissenschaftlichen Forschung** das vergütungspflichtige öffentliche Zugänglichmachen von Werkteilen, Werken geringen Umfangs sowie einzelnen Beiträgen aus Zeitungen oder Zeitschriften i. S. d. § 19 a, und damit das Bereitstellen zum Online-Abruf von veröffentlichten Werken, für einen jeweils abgegrenzten Kreis von Personen. Ausdrücklich zugelassen ist durch Abs. 3 die Herstellung der zur öffentlichen Zugänglichmachung erforderlichen Vervielfältigungen. Abs. 2 begünstigt insbesondere die Schulbuch-Verlage sowie die Filmwirtschaft.

2 Eine unzumutbare Beeinträchtigung der Erstverwertung der verwendeten Werke ist durch § 52 a in der geltenden Fassung wohl nicht mehr zu erwarten. Im Interesse der Rechtsinhaber ist nach dem Bericht des Rechtsausschusses sorgfältig zu beobachten, wie sich die Regelung des § 52 a in der Praxis auswirkt. Käme es zu wesentlichen Missbräuchen und Beeinträchtigungen der Verlage, ist der Gesetzgeber aufgerufen, unverzüglich korrigierend einzugreifen (Bericht des Rechtsausschusses, BT-Drucks. 15/538, 76). Darüber hinaus ist der Geltungszeitraum der Norm bis zum 31. 12. 2006 befristet worden (siehe § 137 h Rn. 1, Bericht des Rechtsausschusses, BT-Drucks. 15/837, 2).

3 Mit der Vorschrift wurde von der Möglichkeit nach Art. 5 Abs. 3 a) Multimedia-RL Gebrauch gemacht, das Vervielfältigungsrecht und das Recht der öffentlichen Wiedergabe für die Nutzung von Werken zur Veranschaulichung im Unterricht sowie für Zwecke der wissenschaftlichen Forschung zu beschränken, wenn die Quelle einschließlich des Namens des Urhebers angegeben wird und die Verwertung zur Verfolgung nicht kommerzieller Zwecke gerechtfertigt ist. Wie alle auf der **Sozialbindung des geistigen Eigentums** beruhenden Schrankenbestimmungen ist auch § 52 a grundsätzlich **eng auszulegen**, da der Urheber an der wirtschaftlichen Nutzung seiner Werke tunlichst angemessen zu beteiligen ist und die ihm hinsichtlich der Werkverwertung zustehenden Ausschließlichkeitsrechte nicht übermäßig beschränkt werden dürfen (BGH GRUR 2002, 605 – Verhüllter Reichstag; BGH GRUR 2002, 963 – Elektronischer Pressespiegel m. w. N.). Das **Urheberpersönlichkeitsrecht** wird durch das Änderungsverbot (§ 62) und die Verpflichtung zur Angabe der Quelle (§ 63 Abs. 2 S. 2) gewahrt. Zur **Durchsetzung der Schrankenbestimmung gegenüber dem Verwender technischer Kopierschutzmaßnahmen** siehe § 95 b.

II. Verwertung im Unterricht (Abs. 1 Nr. 1)

1. Verwertungsbasis

§ 52a Abs. 1 ermöglicht die öffentliche Zugänglichmachung von veröffentlichten **klei-** **4** **nen Teilen eines Werkes, Werken von geringem Umfang** sowie **einzelnen Beiträgen aus Zeitungen oder Zeitschriften** zur Veranschaulichung im Unterricht. Anders als in der ursprünglichen Entwurfsfassung wurde die Verwertungsbasis eingeschränkt. Ursprünglich war geplant, die öffentliche Zugänglichmachung vollständiger Werke aller Arten zu erlauben. Da aus der Sicht der Urheber der durch § 52a Abs. 1 Nr. 1 für zulässig erklärte Gesamtvorgang funktional der Herstellung von Vervielfältigungsstücken für den Unterricht gemäß § 53 Abs. 3 Nr. 1 entspricht, wurde auch die Verwertungsbasis identisch definiert (Bericht des Rechtsausschusses BT-Drucks. 15/837, 78). Die verwendeten Werke und Werkteile müssen nur i. S. d. § 6 Abs. 1 veröffentlicht sein. Nicht erforderlich ist, dass sie vorher in verkörperter Form der Öffentlichkeit angeboten oder in Verkehr gebracht wurden (vgl. § 6 Abs. 1). § 52a erfasst alle Werke des § 2 einschließlich der selbstständig geschützten Bearbeitungen (§ 3) sowie über die Verweisungsvorschriften der §§ 72 Abs. 1, 83, 85 Abs. 4, 87 Abs. 4, 94 Abs. 4 und 95 Lichtbilder, Filmwerke, Multimedia-Werke, Laufbilder und Leistungsschutzrechte; zur Bereichsausnahme für Werke, die für den **Schulunterricht** bestimmt sind, sowie für **Filmwerke** siehe Abs. 2 (§ 52a Rn. 16 ff.).

Ein kleiner Teil eines Werkes liegt nicht mehr vor, wenn der verwendete Anteil das Werk **5** ersetzen kann (Möhring/Nicolini/*Decker* § 53 Rn. 28), als Obergrenze eines kleinen Teils werden 20% eines Werkes angesehen (Schricker/*Loewenheim* § 53 Rn. 31; Fromm/Nordemann/*Nordemann* § 53 Rn. 12). Nach OLG Karlsruhe GRUR 1987, 818 – Referendarkurs übersteigen 10% eines Gesamtwerkes den kleinen Teil nicht (siehe § 53 Rn. 29). Bei der Beantwortung der Frage, ob ein kleiner Teil eines Werkes vorliegt, darf jedoch nicht nur auf das Verhältnis des Teiles des Werkes zum Gesamtwerk abgestellt werden, da ansonsten beispielsweise ganze Bände eines mehrbändigen Kommentars oder eines mehrbändigen Geschichtslexikons verwendet werden dürften. Im verfassungsmäßig geschützten Interesse der Rechtsinhaber ist der Gesamtumfang eines kleinen Teils daher objektiv im Hinblick auf die Werkgattung zu begrenzen. Ein kleiner Teil eines Sprachwerkes dürfte jedenfalls nicht mehr vorliegen, wenn dieser den Umfang von zehn DIN-A5 Seiten übersteigt (Schricker/*Melichar* § 46 Rn. 15; siehe § 46 a. F. Rn. 11 im HauptB). Von der Aufnahme einer Theateraufführung dürfte Schülern nach § 52a nur eine Szene, nicht aber ein vollständiger Akt zugänglich gemacht werden dürfen, bei Musikwerken dürfte die Zugänglichmachung einzelner Takte, die ein Thema wiedergeben, nicht jedoch eines ganzen Sonatensatzes gedeckt sein.

Nachdem der Gesetzgeber sich bei der Neuformulierung von § 53 Abs. 3 sowie entspre- **6** chend bei § 52a an § 46 orientiert hat (AmtlBegr. BT-Drucks. 15/38, 21) kann zur Bestimmung von **Werken geringen Umfangs** auf die dortige Kommentierung verwiesen werden (siehe § 46 Rn. 10). Maßgeblich ist insoweit die Werkart. In Betracht kommen Aufsätze, Lieder, kleine Novellen, sowie Gedichte (RGZ 80, 78 – Engl. und franz. Schriftsteller der neueren Zeit; BGH GRUR 1972, 432 – Schulbuch, vgl. *von Gamm* § 46 Rn. 12; *Ulmer* 316; *v. Bernuth* ZUM 2003, 438, 440) und kleinere wissenschaftliche Arbeiten (RGZ 80, 78). Nach Fromm/Nordemann/*Nordemann*, § 46 Rn. 2 sollte ein Sprach- oder Musikwerk, um noch von geringem Umfang zu sein, im Regelfall drei DIN-A5-Seiten, in Ausnahmefällen bei Sprachwerken bis zu sechs Seiten, nicht überschreiten.

7 Erstaunlicherweise zählt die Gesetzesbegründung (Bericht des Rechtsausschusses, BT-Drucks. 15/538, 78) Monografien unter Werke geringem Umfangs. Im Hinblick auf die durch Art. 14 GG geschützte Position des Urhebers und dem bei der Auslegung der Schrankenbestimmungen zu beachtenden 3-Stufen-Test gem. Art. 5 Abs. 5 Multimedia-RL (vgl. §§ 44 a ff. Rn. 7) dürfte diese Auffassung zu weit gehen. Zu berücksichtigen ist das Ziel des § 52 a, einem Lehrer zu ermöglichen, seiner Klasse nicht mehr Kopien eines Aufsatzes zu verteilen, sondern diesen Aufsatz seinen Schülern auf Bildschirmen zugänglich zu machen (*Zypries* NJW 2003/Heft 16 – Editorial). Auch wenn die öffentliche Zugänglichmachung von ganzen Werken für Unterrichtszwecke selten geboten sein wird und schon deshalb durch § 52 a Abs. 1 Nr. 1 nicht gedeckt sein wird (siehe § 52 a Rn. 9), ist folglich die Grenze der Werke von geringem Umfang objektiv zu bestimmen, wobei sich jedoch eine schematische Festlegung verbietet. Eine wissenschaftliche Monografie ist im Gegensatz zu einem 5-seitigen Beitrag in einer juristischen Fachzeitschrift nicht mehr als Werk von geringem Umfang einzuordnen, gleiches gilt im Gegensatz zum Text eines Liedes für das Libretto einer Oper. Zugrunde zu legen ist der Standard auf dem betreffenden Sachgebiet (Möhring/Nicolini/*Nicolini* § 46 Rn. 11). **Einzelne Beiträge** aus Zeitungen oder Zeitschriften sind nur einige wenige Beiträge (zum Begriff der Zeitungen und Zeitschriften siehe § 48 Rn. 4).

2. Öffentliche Zugänglichmachung im Unterricht

8 Zulässig ist nach § 52 a Abs. 1 Nr. 1 die öffentliche Zugänglichmachung der definierten Werke zur Veranschaulichung im Unterricht an Schulen, Hochschulen, nicht gewerblichen Einrichtungen der Aus- und Weiterbildung sowie an Einrichtungen der Berufsbildung. Auch insoweit orientiert sich die Regelung an dem Vorbild des § 53 Abs. 3 Nr. 1, privilegiert jedoch ergänzend die Hochschulen, um deren Wettbewerbsfähigkeit im internationalen Vergleich zu gewährleisten (Bericht des Rechtsausschusses, BT-Drucks. 15/538, 78). **Schulen** sind insoweit alle öffentlich zugänglichen Schulen, unabhängig ob es staatliche oder anerkannte Schulen sind. Neben den allgemein bildenden Schulen sind auch Berufs- und Sonderschulen erfasst (siehe § 46 Rn. 7). Die **nicht gewerblichen Einrichtungen der Aus- und Weiterbildung** sowie **Einrichtungen der Berufsbildung** erstrecken sich auch auf die Weiterbildung von Auszubildenden, sei es in betrieblichen oder überbetrieblichen Ausbildungsstätten; hierzu zählen auch staatliche Stellen für die Referendarausbildung nach Abschluss eines Hochschulstudiums (OLG Karlsruhe GRUR 1987, 818 – Referendarkurs).

9 Die Zugänglichmachung der Werke bzw. Werkteile darf im Unterricht ausschließlich für den **abgegrenzten Kreis von Unterrichtsteilnehmern** erfolgen, muss durch den **Unterrichtszweck geboten** und zur Verfolgung **nicht kommerzieller Zwecke** gerechtfertigt sein. Zugreifen dürfen folglich nur der Lehrer und dessen Schüler, ein Zugriff durch die Verwaltung der Schule oder zur bloßen Unterhaltung der Schüler (Überbrückung einer Freistunde) ist durch § 52 a Abs. 1 Nr. 1 nicht gedeckt. Im universitären Bereich dürfen alle Teilnehmer einer Lehrveranstaltung, aber auch nur diese, zugreifen. Ein Zugriff von Studierenden außerhalb einer Lehrveranstaltung muss daher technisch durch geeignete Zugangskontrollsysteme vermieden werden. Geboten ist die Zugänglichmachung nicht, wenn das Werk ohne erheblichen zusätzlichen Aufwand offline, sei es analog oder digital zur Verfügung gestellt werden kann. Nicht zulässig ist die öffentliche Zugänglichmachung der Werke zu kommerziellen Zwecken, es ist folglich nicht erlaubt, dass beispielsweise eine Schule oder eine sonstige privilegierte Bildungsinstitution für die Zugänglichmachung der Werke ein Entgelt verlangt.

§ 52a. Öffentliche Zugänglichmachung   10–13 § 52a UrhG

Durch die Beschränkung der Verwertungsbasis auf kleine Teile eines Werkes, Werke **10** geringem Umfangs sowie einzelner Beiträge aus Zeitungen oder Zeitschriften dürfte die Befürchtung, dass Lehrmittelhersteller ihren Primärmarkt verlieren würden, da jede Schule von einer neuen Auflage eines Werkes nur noch ein Exemplar zur Einspeisung in das eigene Übertragungsnetz anschaffen müsse, ausgeräumt sein. Den Herstellern von für den Unterrichtsgebrauch an Schulen bestimmten Werken ist es gelungen, den Gesetzgeber zu einer generellen Ausnahme (siehe Abs. 2 S. 1) zu bewegen. Auch die Filmwirtschaft hat eine Beschränkung durchgesetzt (Abs. 2 S. 2; siehe § 52a Rn. 16 ff.; zum begrenzten Geltungszeitraum und zur Beobachtungspflicht der Gesetzgeber siehe oben § 52a Rn. 2). Die angemessene Beteiligung der Urheber ist durch die Pflicht zur Zahlung einer angemessenen Vergütung gemäß Abs. 4 sichergestellt, es ist Sache der Rechtsinhaber, mit den Verwertungsgesellschaften entsprechende Verträge über die Zweitverwertung abzuschließen.

III. Verwertung zur eigenen wissenschaftlichen Forschung (Abs. 1 Nr. 2)

Die öffentliche Zugänglichmachung zu Zwecken der eigenen wissenschaftlichen For- **11** schung ist durch § 52a Abs. 1 Nr. 2 gedeckt, soweit es sich um veröffentlichte (siehe § 6 Abs. 1) Teile eines Werkes, Werke geringen Umfangs sowie einzelne Beiträge aus Zeitungen oder Zeitschriften handelt. Abs. 1 Nr. 2 erfasst ebenfalls alle Werkarten i. S. d. § 2, die selbstständig geschützten Bearbeitungen i. S. d. § 3 sowie über die Verweisungsvorschriften der §§ 72 Abs. 1, 83, 85 Abs. 4, 87 Abs. 4, 94 Abs. 4 und 95 Lichtbilder, Filmwerke, Multimedia-Werke, Laufbilder und Leistungsschutzrechte. Hinsichtlich der für den Unterrichtsgebrauch an Schulen bestimmten Werke und Filmwerke ist auf die Sonderregelung in Abs. 2 (siehe § 52a Rn. 16 ff.) hinzuweisen.

Zur Definition der **Werke geringen Umfangs** sowie der **einzelnen Beiträge aus** **12** **Zeitungen oder Zeitschriften** kann auf Rn. 6 f. verwiesen werden. Anders als Abs. 1 Nr. 1 erlaubt Abs. 1 Nr. 2 nicht nur die Zugänglichmachung von kleinen Teilen eines Werkes, sondern von **Teilen eines Werkes**. Die Differenzierung zwischen Abs. 1 Nr. 1 und Abs. 1 Nr. 2 ist ausdrücklich beabsichtigt (Bericht des Rechtsausschusses, BT-Drucks. 15/538, 78). Im Ergebnis bedeutet dies, dass hier ein großzügigerer Maßstab anzulegen ist, als bei der Verwendung für den Unterricht. Teile eines Werkes dürfen jedenfalls nicht anstelle des Gesamtwerkes treten können, es muss sich immer um einen untergeordneten Werkbestandteil handeln, der zum einen vom Umfang her deutlich unter 50% des Gesamtwerkes liegen muss und zum anderen die objektive Grenze für kleine Teile i. S. d. Abs. 1 Nr. 1 nicht deutlich übersteigt. Zulässig dürfe die öffentliche Zugänglichmachung einzelner Buchkapitel sowie einzelner Szenen eines Bühnenwerkes sein. Eine Zugänglichmachung von Texten im Umfang von mehr als 20 DIN-A5 Seiten dürfte den Umfang von Teilen eines Werkes übersteigen.

Die öffentliche Zugänglichmachung der Werke bzw. Werkteile darf nur für einen **be- 13** **stimmt abgegrenzten Kreis von Personen** für deren eigene wissenschaftliche Forschung erfolgen. Nach der Begründung „ist der zugelassene Kreis durch konkrete und nach dem jeweiligen Stand der Technik wirksame Vorkehrungen ausschließlich auf Personen einzugrenzen, die das Angebot für eigene wissenschaftliche Zwecke abrufen (AmtlBegr. BT-Drucks. 15/538, 20). Gedacht ist hierbei an kleine Forschungsteams, nicht zulässig ist es, Werke so in das Intranet einer Universität einzustellen, dass sämtlichen dort tätigen Forschern die Nutzung des Werkes ermöglicht wird (Bericht des Rechtsausschusses, BT-

Drucks. 15/538, 78). Eine ausreichende Abgrenzung des Benutzerkreises dürfte sich durch Passwort kontrollierte Intranet-Angebote etc. sicherstellen lassen; es wäre zulässig, wenn in einem wissenschaftlichen Institut Artikel aus Fachzeitschriften so ins Intranet gestellt würden, dass nur die in einem entsprechenden Forschungsteam arbeitenden Mitarbeiter Passwortgeschützten Zugriff haben.

14   Die privilegierte Verwertung nach Abs. 1 Nr. 2 ist nur zur Verfolgung **nicht kommerzieller Zwecke** gerechtfertigt. Wie aus Erwägungsgrund 42 der Multimedia-RL ersichtlich, kommt es hierbei nicht auf die organische Struktur und die Finanzierung der betreffenden Einrichtung an, sondern auf die Forschungstätigkeit als solche, die Auftragsforschung ist daher nicht privilegiert. Die öffentliche Verfügbarmachung muss durch den Zweck der wissenschaftlichen Forschung geboten sein. Der Begriff der wissenschaftlichen Forschung ist Art. 5 Abs. 3 a) Multimedia-RL entnommen und weder dort noch in der amtlichen Begründung näher definiert. Als wissenschaftliche Forschung ist in diesem Sinne nicht nur die Forschung, d. h. das methodisch-systematische Streben nach Erkenntnis an universitären Forschungsinstituten, sondern auch die selbstständige Anfertigung von wissenschaftlichen Arbeiten im Rahmen des Studiums anzusehen (*Hoeren* Stellungnahme vom 2. 10. 2002). Geboten ist das Verfügbarmachen von Werken und Werkteilen zur eigenen wissenschaftlichen Forschung dann nicht mehr, wenn das betreffende Werk ohne erheblichen Aufwand, sei es in digitalisierter Form offline, sei es in analoger Form, beschafft werden kann (siehe § 53 Rn. 23).

15   Durch die Begrenzung der Verwertungsbasis auf veröffentlichte Teile eines Werkes, Werke geringen Umfangs sowie einzelne Beiträge aus Zeitungen oder Zeitschriften, sowie die Forderung nach der „Gebotenheit", scheint die von den Gegnern der Vorschrift im Gesetzgebungsverfahren ins Spiel befürchtete Enteignung der wissenschaftlichen Verlage ausgeräumt zu sein. Die Beteiligung der Urheber im Rahmen der Zweitverwertung ist durch den in Abs. 4 geregelten Anspruch auf angemessene Vergütung sichergestellt. Es ist Sache der Rechtsinhaber, mit den Verwertungsgesellschaften entsprechende Verträge über die Vergütung der Zweitverwertung abzuschließen. Zur Befristung der Regelung bis 31. 12. 2006 und zur Überwachung der Auswirkungen siehe § 52a Rn. 2.

IV. Ausnahmeregelung für Werke, die für den Schulunterricht bestimmt sind und Filmwerke (Abs. 2)

16   § 52a Abs. 2 bestimmt, in welchen Fällen die öffentliche Zugänglichmachung i. S. d. Abs. 1 stets nur mit Einwilligung des Berechtigten zulässig ist. Durch die Bereichsausnahme für **Werke, die für den Unterricht an Schulen bestimmt** sind, soll ein Eingriff in den Primärmarkt der Schulbuchverlage vermieden werden (Bericht des Rechtsausschusses, BT-Drucks. 15/538, 78 f.). Zum Begriff der Schulen siehe § 52a Rn. 8. Werke, die für den Unterrichtsgebrauch an Hochschulen, nicht gewerblichen Einrichtungen der Aus- und Weiterbildung sowie an Einrichtungen der Berufsbildung bestimmt sind (siehe § 52a Rn. 8), sind von der Bereichsausnahme nicht erfasst.

17   Zur Beantwortung der Frage, wann ein Werk für den Unterrichtsgebrauch an Schulen bestimmt ist, kann auf die Grundsätze zu § 46 zurückgegriffen werden. Auch wenn Abs. 2, anders als § 46, nicht ausdrücklich verlangt, dass das Werk ausschließlich für den Unterrichtsgebrauch an Schulen bestimmt ist, sind im Interesse der Informationsfreiheit nur solche Werke von der Anwendung des § 52a ausgenommen, die ausschließlich für den Schulgebrauch

bestimmt sind; eine Privilegierung von Werken, die auch im Unterrichtsgebrauch verwendet werden können, ist gegenüber den Urhebern anderer Werke nicht zu rechtfertigen.

Für den Unterrichtsgebrauch an Schulen bestimmte Werke sind Werke, die speziell für jenen Gebrauch zusammengestellt, vervielfältigt und verbreitet werden. Ob dies der Fall ist, muss sich objektiv der Beschaffenheit des Werkes entnehmen lassen. Es kann hier sowohl auf die äußere Beschaffenheit wie auch auf den Inhalt des Werkes ankommen, sie muss ihre Bestimmung erkennen lassen. Ein expliziter Hinweis auf den Text des Werkes, wie ihn § 46 fordert (siehe § 46 Rn. 6), ist nach dem Wortlaut von § 52 a Abs. 2 jedoch nicht notwendig, zu Zwecken der Rechtssicherheit jedoch zu empfehlen. **18**

Die Bereichsausnahme für **Filmwerke** (Abs. 2 S. 2) stellt auf die für den Film typische Verwertungskaskade (vgl. Vor §§ 88 ff. Rn. 23 im HauptB) ab. Als Kompromiss zwischen den Interessen der Filmwirtschaft und der durch § 52 a begünstigten Institutionen wurde festgelegt, dass die öffentliche Zugänglichmachung für Unterrichtszwecke und für die eigene wissenschaftliche Forschung erst 2 Jahre nach Beginn der Kinoauswertung eines Filmwerkes in Deutschland zulässig ist. Erfolgt die Verwertung eines Filmwerkes ausschließlich über Video oder DVD oder im Fernsehen, ist die Anwendung von § 52 a auf jenes Werk folglich dauerhaft ausgeschlossen. **19**

V. Vervielfältigungen (Abs. 3)

§ 52 a Abs. 3 lässt in den Fällen des Abs. 1 auch die zur öffentlichen Zugänglichmachung erforderlichen Vervielfältigungen i. S. d. § 16 zu. Da § 52 a die erlaubnisfreie Nutzung urheberrechtlich geschützter Werke und verwandter Schutzgüter im Online-Bereich regelt, müssen die zu diesem Zweck erforderlichen Vervielfältigungen ebenfalls erlaubt sein. Insoweit ist insbesondere dem Umstand Rechnung zu tragen, dass sowohl beim Anbieter wie auch beim Abrufenden die Notwendigkeit zur Herstellung von Vervielfältigungen bestehen kann. Hierbei ist insoweit an lokale Speicherungen (beispielsweise beim Einscannen) oder beim Speichern in den Arbeitsspeicher zu denken. Ausdrucke werden nicht erlaubt sein, da sie für die öffentliche insoweit Zugänglichmachung nicht erforderlich sind. Die rechtlichen Grundlagen für Vervielfältigungen, die nicht für die öffentliche Zugänglichmachung erforderlich sind, wird durch Abs. 3 nicht verändert, dieser wird für den Bereich des Unterrichts und der Wissenschaft insbesondere von § 53 Abs. 2 und 3 bestimmt (Bericht des Rechtsausschusses, BT-Drucks. 15/538, 79). **20**

VI. Angemessene Vergütung (Abs. 4)

Im Rahmen des Gesetzgebungsverfahrens wurde auch für die ursprünglich als vergütungsfrei vorgesehene öffentliche Zugänglichmachung für Unterrichtszwecke die Pflicht zur Zahlung einer angemessenen Vergütung in Abs. 4 festgelegt. Die Vergütung ist ausschließlich für die öffentliche Zugänglichmachung zu bezahlen; die Herstellung von Vervielfältigungsstücken, die für die öffentliche Zugänglichmachung erforderlich sind (Abs. 3), ist vergütungsfrei. Der Anspruch auf Zahlung der angemessenen Vergütung kann nach Abs. 4 S. 2 nur durch eine Verwertungsgesellschaft geltend gemacht werden, bei Abschluss der entsprechenden Verträge zwischen den Verwertungsgesellschaften und den Rechtsinhabern wird eine angemessene Beteiligung der Rechtsinhaber sicherzustellen sein, um auf diesem **21**

UrhG § 53 § 53. Vervielfältigungen zum privaten Gebrauch

Wege dem im Gesetzgebungsverfahren vorgebrachten Vorwurf der „Enteignung" der Verlage etc. die Grundlage zu entziehen.

§ 53. Vervielfältigungen zum privaten und sonstigen eigenen Gebrauch

(1) Zulässig sind einzelne Vervielfältigungen eines Werkes durch eine natürliche Person zum privaten Gebrauch auf beliebigen Trägern, sofern sie weder unmittelbar noch mittelbar Erwerbszwecken dienen, soweit nicht zur Vervielfältigung eine offensichtlich rechtswidrig hergestellte Vorlage verwendet wird. Der zur Vervielfältigung Befugte darf die Vervielfältigungsstücke auch durch einen anderen herstellen lassen, sofern dies unentgeltlich geschieht oder es sich um Vervielfältigungen auf Papier oder einem ähnlichen Träger mittels beliebiger photomechanischer Verfahren oder anderer Verfahren mit ähnlicher Wirkung handelt.

(2) Zulässig ist, einzelne Vervielfältigungsstücke eines Werkes herzustellen oder herstellen zu lassen

1. zum eigenen wissenschaftlichen Gebrauch, wenn und soweit die Vervielfältigung zu diesem Zweck geboten ist,
2. zur Aufnahme in ein eigenes Archiv, wenn und soweit die Vervielfältigung zu diesem Zweck geboten ist und als Vorlage für die Vervielfältigung ein eigenes Werkstück benutzt wird,
3. zur eigenen Unterrichtung über Tagesfragen, wenn es sich um ein durch Funk gesendetes Werk handelt,
4. zum sonstigen eigenen Gebrauch,
    a) wenn es sich um kleine Teile eines erschienenen Werkes oder um einzelne Beiträge handelt, die in Zeitungen oder Zeitschriften erschienen sind,
    b) wenn es sich um ein seit mindestens zwei Jahren vergriffenes Werk handelt.

Dies gilt im Fall des Satzes 1 Nr. 2 nur, wenn zusätzlich

1. die Vervielfältigung auf Papier oder einem ähnlichen Träger mittels beliebiger photomechanischer Verfahren oder anderer Verfahren mit ähnlicher Wirkung vorgenommen wird oder
2. eine ausschließliche analoge Nutzung stattfindet oder
3. das Archiv keinen unmittelbar oder mittelbar wirtschaftlichen oder Erwerbszweck verfolgt.

Dies gilt in den Fällen des Satzes 1 Nr. 3 und 4 nur, wenn zusätzlich eine der Voraussetzungen des Satzes 2 Nr. 1 oder 2 vorliegt.

(3) Zulässig ist, Vervielfältigungsstücke von kleinen Teilen eines Werkes, von Werken von geringem Umfang oder von einzelnen Beiträgen, die Zeitungen oder Zeitschriften erschienen oder öffentlich zugänglich gemacht worden sind, zum eigenen Gebrauch

1. im Schulunterricht, in nichtgewerblichen Einrichtungen der Aus- und Weiterbildung sowie in Einrichtungen der Berufsbildung in der für eine Schulklasse erforderlichen Anzahl oder
2. für staatliche Prüfungen und Prüfungen in Schulen, Hochschulen, in nichtgewerblichen Einrichtungen der Aus- und Weiterbildung sowie in der Berufsbildung in der erforderlichen Anzahl herzustellen oder herstellen zu lassen, wenn und soweit die Vervielfältigung zu diesem Zweck geboten ist.

(4) Die Vervielfältigung

a) graphischer Aufzeichnungen von Werken der Musik,
b) eines Buches oder einer Zeitschrift, wenn es sich um eine im wesentlichen vollständige Vervielfältigung handelt,

§ 53. Vervielfältigungen zum privaten Gebrauch   § 53 UrhG

ist, soweit sie nicht durch Abschreiben vorgenommen wird, stets nur mit Einwilligung des Berechtigten zulässig oder unter den Voraussetzungen des Absatzes 2 Nr. 2 oder zum eigenen Gebrauch, wenn es sich um ein seit mindestens zwei Jahren vergriffenes Werk handelt.

(5) **Absatz 1, Absatz 2 Nr. 2 bis 4 sowie Absatz 3 Nr. 2 finden keine Anwendung auf Datenbankwerke, deren Elemente einzeln mit Hilfe elektronischer Mittel zugänglich sind. Absatz 2 Nr. 1 sowie Absatz 3 Nr. 1 findet auf solche Datenbankwerke mit der Maßgabe Anwendung, dass der wissenschaftliche Gebrauch sowie der Gebrauch im Unterricht nicht zu gewerblichen Zwecken erfolgen.**

(6) **Die Vervielfältigungsstücke dürfen weder verbreitet noch zu öffentlichen Wiedergaben benutzt werden. Zulässig ist jedoch, rechtmäßig hergestellte Vervielfältigungsstücke von Zeitungen und vergriffenen Werken sowie solche Werkstücke zu verleihen, bei denen kleine beschädigte oder abhanden gekommene Teile durch Vervielfältigungsstücke ersetzt worden sind.**

(7) **Die Aufnahme öffentlicher Vorträge, Aufführungen oder Vorführungen eines Werkes auf Bild- oder Tonträger, die Ausführung von Plänen und Entwürfen zu Werken der bildenden Künste und der Nachbau eines Werkes der Baukunst sind stets nur mit Einwilligung des Berechtigten zulässig.**

Literatur: *Bayreuther,* Beschränkungen des Urheberrechts nach der neuen EU-Urheberrechtsrichtlinie, ZUM 2001, 828; *Dreier,* Die Umsetzung der Urheberrechtsrichtlinie 2001/29/EG in deutsches Recht, ZUM 2002, 28; *Evers/Schwarz* Stellungnahme der Filmwirtschaft zum Regierungsentwurf Urheberrecht in der Informationsgesellschaft vom 31. 7. 2002, abzurufen über www.urheberrecht.org; *Flechsig,* Grundlagen des europäischen Urheberrechts, ZUM 2002, 1; *Knies,* Kopierschutz für Audio-CDs, ZUM 2002, 793; *Kreutzer,* Napster, Gnutella & Co.: Rechtsfragen zu Filesharing-Netzen aus der Sicht des deutschen Urheberrechts de lege lata und de lege ferenda – Teil I, GRUR 2001, 193; *Reinbothe,* Die Umsetzung der EU-Urheberrechtsrichtlinie in deutsches Recht, ZUM 2002, 43; *Reinbothe,* Die EG-Richtlinie zum Urheberrecht in der Informationsgesellschaft, GRUR Int. 2001, 733; *Schack,* Schutz digitaler Werke vor privater Vervielfältigung – Zu den Auswirkungen der Digitalisierung auf § 53 UrhG, ZUM 2002, 497; *Spindler,* Europäisches Urheberrecht in der Informationsgesellschaft, GRUR 2002, 105; *Wandtke,* Copyright und virtueller Markt in der Informationsgesellschaft, GRUR 2002, 1; *Winghardt,* Kopiervergütung für den PC, ZUM 2002, 349; *Zecher,* Die Umsetzung der EU-Urheberrechtsrichtlinie in deutsches Recht, ZUM 2002, 52 (Teil I), 451 (Teil II).

Übersicht

	Rn.		Rn.
I. Bedeutung	1–5	b) Aufnahme in ein eigenes Archiv	24–26
1. Zweck der Vorschrift	1–4	c) Vervielfältigung eines durch Funk gesendeten Werkes	27, 28
2. Systematik	5	d) Vervielfältigung zum sonstigen eigenen Gebrauch	29–31
II. Vervielfältigung zum privaten Gebrauch (§ 53 Abs. 1)	6–18	IV. Vervielfältigung für Unterricht und Ausbildung sowie Prüfungen (§ 53 Abs. 3)	32–35
1. Einzelne Vervielfältigungen	6–10	1. Vervielfältigung für Unterrichtszwecke	32–34
2. Vervielfältigtes Werk	11–13	2. Vervielfältigung für Prüfungszwecke	35
3. Herstellung durch natürliche Personen und Dritte	14–16	V. Beschränkungen der Freiheit zur Vervielfältigung und der Benutzung der Vervielfältigungsstücke (§ 53 Abs. 4 bis 7)	36–43
4. Privater Gebrauch	17, 18		
III. Vervielfältigung zum sonstigen eigenen Gebrauch (§ 53 Abs. 2)	19–31		
1. Einzelne Vervielfältigungen von Werken	19		
2. Eigener Gebrauch	20		
3. Herstellung durch Dritte	21	1. Vervielfältigung von Noten sowie vollständiger Bücher und Zeitschriften (§ 53 Abs. 4)	36–38
4. Einzelne Arten des sonstigen eigenen Gebrauchs	22–31		
a) Eigener wissenschaftlicher Gebrauch	22, 23		

	Rn.		Rn.
2. Elektronisch zugängliche Datenbankwerke (§ 53 Abs. 5)	39	4. Weitere Schranken bei öffentlichen Vorträgen oder Aufführungen, Plänen zu Werken der bildenden Künste und Nachbauten (§ 53 Abs. 7)	42, 43
3. Unzulässige Verbreitung von Vervielfältigungsstücken und öffentliche Wiedergabe (§ 53 Abs. 6) ...	40, 41		

I. Bedeutung

1. Zweck der Vorschrift

1 Die von *Hoeren* als **„Magna Charta" der gesetzlichen Lizenzen** bezeichnete Vorschrift (*Hoeren* in: Lehmann Cyberlaw 104) dient dem Interesse der Allgemeinheit, im Rahmen der Entwicklung der modernen Industriegesellschaften zu vorhandenen Informationen und Dokumentationen einen unkomplizierten Zugang zu haben. Sie berücksichtigt, dass ein Verbot von Vervielfältigungen im privaten Bereich kaum durchsetzbar ist (BGHZ 134, 250 – CB-Infobank I). Der Ausgleich mit den Interessen der Urheber, deren Rechte der Sozialbindung unterliegen, erfolgt durch detaillierte Regelungen der zulässigen Vervielfältigungshandlungen sowie die Festlegung einer **Vergütungspflicht** gemäß §§ 54 bis 54 h, die in einer Abgabe der Hersteller, Importeure und Händler der zur Vervielfältigung bestimmten Geräte, von Bild- und Tonträgern und Großbetreibern von Kopiergeräten besteht und nicht auf den einzelnen Vervielfältigungsakt abstellt. Zum **Änderungsverbot** siehe § 62, zur **Pflicht zur Quellenangabe** in den Fällen des § 53 Abs. 2 Nr. 1 und Abs. 3 Nr. 1 für Vervielfältigungen eines Datenbankwerkes siehe § 63. Zum **Verhältnis zu technischen Schutzmaßnahmen** gegen Kopiervorgänge siehe § 95 b Abs. 1.

2 § 53 hat durch die **elektronische Vervielfältigung** erheblich an Bedeutung gewonnen; aufgrund der Digitalisierung von Werken aller Art und deren Online-Verfügbarkeit sowie der Verfügbarkeit auf CD, DVD und anderen Speichermedien hat der Umfang privater Vervielfältigungen erheblich zugenommen. Massenhaftes Kopieren ohne jeglichen Qualitätsverlust ist zwischenzeitlich möglich, erinnert sei nur an die weitverbreiteten CD-Brenner, die eine Kopie einer CD ohne jeglichen Qualitätsverlust sowie das Speichern von heruntergeladenen Texten und von MP3-Musikdateien auf verschiedensten Datenträgern erlauben. Die private Kopiertätigkeit erreicht einen für die Rechtsinhaber bedrohlichen Umfang, exemplarisch genannt sei die Plattenindustrie (*Schack* ZUM 2002, 497).

3 Als Schrankenregelung ist auch § 53 **grundsätzlich eng auszulegen** (BGHZ 134, 250 – CB-Infobank I; BGH GRUR 2002, 605 – Verhüllter Reichstag; BGH GRUR 2002, 963 – Elektronischer Pressespiegel), da der Urheber an der wirtschaftlichen Nutzung seiner Werke angemessen zu beteiligen ist und die ihm zustehenden Ausschließlichkeitsrechte nicht übermäßig beschränkt werden dürfen. Das Verständnis der Norm hat sich daher „vor allem an den technischen Gegebenheiten der Information im Zeitpunkt der Einführung des Privilegierungstatbestands zu orientieren" (BGHZ 134, 250 – CB-Infobank I; BGHZ 17, 266 – Grundig-Reporter), dies darf jedoch nicht zu einer starren Grenze führen. Tritt an die Stelle einer privilegierten Nutzung eine neue Form, ist im Einzelfall zu prüfen, ob der in § 14 Abs. 1 GG verankerte Beteiligungsgrundsatz einerseits und der mit der Schrankenregelung verfolgte Zweck andererseits eine weitergehende

Auslegung des Privilegierungstatbestandes erlauben (BGH GRUR 2002, 963 – Elektronischer Pressespiegel).

Im Rahmen der Umsetzung der **Multimedia-Richtlinie** (siehe Anhang 2 im HauptB) **4** war die Behandlung digitaler Privatkopien umstritten (*Schack* ZUM 2002, 494; *Lindner* KUR 2002, 56; *Zacher* ZUM 2002, 451; Stellungnahme des Bundesrats zum Gesetzentwurf, BT-Drucks. 15/38, 35). In Erwägungsgrund 38 der Multimedia-Richtlinie wurde unter Hinweis auf die weitere Verbreitung und größere wirtschaftliche Bedeutung der digitalen privaten Vervielfältigung gegenüber der analogen privaten Vervielfältigung festgehalten, dass deshalb den Unterschieden der Vervielfältigungsarten gebührend Rechnung getragen und hinsichtlich bestimmter Punkte zwischen ihnen unterschieden werden sollte. Ein gerechter Ausgleich zugunsten des Urhebers ist sicherzustellen; dies könne durch die Einführung oder Beibehaltung von Vergütungsregelungen erfolgen, die Nachteile für Rechteinhaber ausgleichen sollen. Zur **Entstehungsgeschichte** der Vorschrift siehe § 53 a. F. Rn. 4 im HauptB.

2. Systematik

§ 53 Abs. 1 bis 3 enthält die Regelungen über die Zulässigkeit von Vervielfältigungen **5** zum **privaten** (Abs. 1), **sonstigen eigenen** (Abs. 2) und **Unterrichts- sowie Prüfungsgebrauch** (Abs. 3). Abs. 4 beschränkt die Vervielfältigung von **Noten** sowie ganzen oder nahezu vollständigen **Büchern und Zeitschriften.** Abs. 5 schließt die Anwendung des wesentlichen Teils der Vorschrift für **elektronisch zugängliche Datenbankwerke** aus. Abs. 6 legt fest, dass die hergestellten Vervielfältigungsstücke grundsätzlich **weder verbreitet** noch **zur öffentlichen Wiedergabe** benutzt werden dürfen. Abs. 7 nimmt einzelne **öffentliche Werkwiedergaben,** die **Ausführung von Plänen und Entwürfen von Werken der bildenden Künste** und den **Nachbau eines Werkes der Baukunst** von der Vervielfältigungsfreiheit aus. Nicht von der Regelung des § 53 erfasst sind **Computerprogramme;** für diese gelten die Spezialvorschriften der §§ 69 d und 69 e.

II. Vervielfältigung zum privaten Gebrauch (§ 53 Abs. 1)

1. Einzelne Vervielfältigungen

Die Multimedia-Richtlinie lässt in Art. 5 Abs. 2 a) Beschränkungen vom Vervielfälti- **6** gungsrecht im Hinblick auf Vervielfältigungen auf Papier oder einem ähnlichen Träger mittels beliebiger fotomechanischer Verfahren oder anderer Verfahren mit ähnlicher Wirkung zu, wenn die Rechtsinhaber einen gerechten Ausgleich erhalten; ausgenommen sind ausdrücklich Notenblätter. Art. 5 Abs. 2 b) erlaubt zwar Vervielfältigungen zum privaten Gebrauch ohne zahlenmäßige Beschränkung auf beliebigen Trägern, also auch auf elektronischen Datenträgern, nicht jedoch die Herstellung durch Dritte. Nach der Gesetzesbegründung dienen die im Rahmen der Novellierung vorgenommenen Änderungen in § 53 vor allem der Klarstellung hinsichtlich der Geltung der Vorschrift auch für digitale Vervielfältigungen. Eine inhaltliche Änderung gegenüber dem bisherigen geltenden Recht sollte sich dadurch nicht ergeben. Die Schranke sollte aber entsprechend der Vorgaben der Multimedia-Richtlinie in Art. 5 Abs. 2 und 3 entsprechend ausgestaltet werden (AmtlBegr. BT-Drucks. 15/38, 20).

7 Zur **Durchsetzung der Schranke gegen technische Schutzmaßnahmen** gegen Vervielfältigungen i. S. d. § 95a siehe § 95b Abs. 1 Nr. 6a). Die Nutzer technischer Schutzmaßnahmen haben nach jener Vorschrift nur Vervielfältigungen auf Papier oder einem ähnlichen Träger mittels beliebiger fotomechanischer Verfahren oder anderer Verfahren mit ähnlicher Wirkung zu ermöglichen. Den Vervielfältigungen auf anderen Medien, insbesondere Bild- und Tonträgern oder Datenträgern, gehen demnach technische Schutzmaßnahmen vor. Eine Musik-CD kann daher mit einem Kopierschutz versehen werden, der die Herstellung einer Kopie zu privaten Zwecken ausschließt (im Einzelnen siehe § 95b Rn. 26 ff.). Diese Regelung dürfte in der Praxis die Schranke zugunsten des privaten Gebrauchs in vielen Bereichen leerlaufen lassen.

8 § 53 Abs. 1 erlaubt die Herstellung **einzelner Vervielfältigungen** eines Werkes auf **beliebigen Trägern** zum privaten Gebrauch durch eine natürliche Person. Nicht erlaubt ist die Verbreitung der hergestellten Vervielfältigungsstücke sowie deren öffentliche Wiedergabe (siehe Abs. 6). Zum Begriff der Vervielfältigung siehe § 16 Rn. 2ff. im HauptB. Zur Eigenschaft eines PC als Vervielfältigungsgerät, der neben einem Arbeitsspeicher über interne Vorrichtungen zur längerfristigen Speicherung von Daten ausgerüstet ist und der daraus folgenden Verpflichtung zur Zahlung einer Geräteabgabe nach dem § 54a Abs. 1 siehe Einigungsvorschlag der Schiedsstelle vom 31. 1. 2003 (Az.: Sch-Urh 8/2001) (*Wandtke* GRUR 2002, 1; *Winghardt* ZUM 2002, 349; *Schack* Rn. 447).

9 **Vervielfältigungsstück** ist jede körperliche Fixierung eines Werkes oder eines Teils davon, die geeignet ist, das Werk den menschlichen Sinnen auf irgendeine Art mittelbar oder unmittelbar wahrnehmbar zu machen (BGHZ 17, 266 – Grundig-Reporter; BGH GRUR 1983, 28 – Presseberichterstattung und Kunstwerkwiedergabe II). Als **Zielmedium der Kopie** kommt ausdrücklich **jeder beliebige Träger** in Betracht. Insoweit erfolgt keine Differenzierung nach der verwendeten Technik (analog oder digital); erfasst sind Fotokopien, Ausdrucke, Aufnahmen auf Videokassetten, sonstige Bild- oder Tonträger sowie die Speicherung auf jeglichen elektronischen Datenträgern. **Der Gesetzgeber behandelt digitale und analoge Vervielfältigungen in § 53 Abs. 1 S. 1 gleich.** Da Vervielfältigungen zum privaten Gebrauch nicht kontrollierbar seien, könne ein Verbot der privaten Vervielfältigung in der Praxis – unabhängig von der verwandten Vervielfältigungstechnologie – nicht durchgesetzt werden. Aufgrund der immer geringeren Bedeutung der analogen Kopie würde die Schranke der Privatkopie in Zukunft weitgehend leerlaufen, wenn diese nicht auch auf digitale Kopien angewandt würde. Eine Differenzierung zwischen den Vervielfältigungstechnologien empfehle sich im Rahmen weiterer Gesetzgebungsverfahren bei der Gestaltung der pauschalen Vergütungssätze (Gegenäußerung der Bundesregierung zur Stellungnahme des Bundesrats BT-Drucks. 15/38, 40; zur Vergütung siehe §§ 54ff. im HauptB).

10 Erlaubt wird die Herstellung von **einzelnen Vervielfältigungsstücken,** also nur einigen wenigen. Eine genaue Festlegung der zulässigen Anzahl von Vervielfältigungen durch das Gesetz erfolgt nicht, da eine solche Festlegung zum Ausschöpfen der genannten Zahl anregen würde. In einer grundlegenden Entscheidung (BGH GRUR 1978, 474 – Vervielfältigungsstücke) verwies das Gericht auf das in der damaligen Literatur genannte Maximum von sechs bis sieben Vervielfältigungsstücken. Der BGH legte sich nicht fest, hielt aber eine Anzahl von mehr als sieben Vervielfältigungsstücken für unzulässig, wozu er offensichtlich durch den Klageantrag bewegt wurde. Eine starre Orientierung an der Zahl Sieben erscheint nicht angemessen. Maßgeblich ist der jeweils mit der Erstellung der Vervielfältigungsstücke verfolgte Zweck, so dass im einzelnen Fall die Herstellung eines oder zwei Vervielfältigungsstücke bereits ausreichen kann, während in anderen Fällen fünf oder gegebenenfalls auch zehn Vervielfältigungsstücke zulässig sein müssen (so auch Schricker/*Loewenheim* § 53 Rn. 14; a. A. Fromm/Nordemann/*Nordemann* § 53 Rn. 3; sowie *Schack* ZUM 2002, 497, die eine Höchstzahl von drei Vervielfältigungsstücken für anwendbar halten).

2. Vervielfältigtes Werk

Privilegiert ist grundsätzlich die Herstellung einzelner Vervielfältigungsstücke von Werken **11** oder Teilen eines Werkes jeglicher Art einschließlich Lichtbilder, Filmwerken, Multimediawerken, Laufbilder und Leistungsschutzrechten (§§ 72 Abs. 1, 83, 85 Abs. 4, 87 Abs. 4, 94 Abs. 4 und 95), die nicht erschienen sein müssen (§ 6 Abs. 2); zu beachten sind jedoch die Ausnahmen gemäß Abs. 4 für grafische Aufzeichnungen von Werken der Musik sowie vollständige Vervielfältigungen von Büchern und Zeitschriften. Ausgenommen sind ebenfalls die Aufnahme öffentlicher Vorträge und Aufführungen auf Bild- oder Tonträger sowie die Ausführung von Entwürfen von Werken der bildenden Künste und der Nachbau von Werken der Baukunst (Abs. 7). Keine Anwendung findet § 53 Abs. 1 auf elektronische Datenbankwerke (Abs. 5); für Datenbanken i. S. d. § 87 a gilt § 87 c, für Computerprogramme sind ausschließlich die §§ 69 d und 69 e anwendbar.

§ 53 Abs. 1 setzt **nicht** voraus, dass das vervielfältigte Werkstück **im Eigentum** des **12** Begünstigten steht, es kann folglich durchaus ein fremdes Werkstück vervielfältigt werden (BGHZ 134, 250 – CB-Infobank I), dies folgt im Umkehrschluss aus § 53 Abs. 2 Nr. 2, der für den Zweck der erlaubnisfreien Archivierung ausdrücklich fordert, dass ein eigenes Werkstück genutzt wird. Im Zuge der Umsetzung der Multimedia-Richtlinie wurde vom Bundesrat, der herrschenden Meinung der Literatur folgend, verlangt, in den Gesetzentwurf aufzunehmen, dass Kopien nur von Werkstücken zulässig sind, soweit der Nutzer auf das Original oder eine zulässige Kopie **berechtigten Zugriff** hat (Stellungnahme des Bundesrats zum Gesetzentwurf BT-Drucks. 15/38, 37; KG GRUR 1992, 168 – Dia-Kopien; Schricker/*Loewenheim* § 53 Rn. 13; Fromm/Nordemann/*Nordemann* § 53 Rn. 9; siehe § 53 a. F. Rn. 9 im HauptB). Der BGH hat die Frage, ob es für die Anwendung von § 53 Abs. 1 wesentlich sei, dass der Vervielfältigende rechtmäßig in den Besitz der vervielfältigten Werke gelangt sei, ausdrücklich offengelassen (BGH GRUR 1993, 899 – Dia-Duplikate).

Die Bundesregierung hat im Gesetzgebungsverfahren darauf verwiesen, dass beim Erlass **13** von Rechtsnormen darauf zu achten ist, dass die Normadressaten die Norm befolgen werden. Ließe man die Herstellung von Privatkopien ausschließlich von legalen Quellen zu, sei dies aber zweifelhaft, da sich insbesondere beim Online-Zugriff und auch in vielen Fällen der Offline-Vervielfältigung die Rechtmäßigkeit der Kopiervorlage nicht beurteilen lasse. Setze man eine legale Quelle voraus, liefe dies auf ein Verbot der Herstellung von Kopien zum privaten Gebrauch hinaus (BT-Drucks. 15/38, 39). Als Ergebnis der Diskussionen wurde in den Gesetzestext aufgenommen, dass die Herstellung von Privatkopien nicht zulässig ist, wenn hierfür eine **offensichtlich rechtswidrig hergestellte Vorlage** verwendet wird (BT-Drucks. 15/1353). Es wird der Rechtsprechung überlassen bleiben, Auslegungskriterien für die Beurteilung zu erarbeiten, wann eine verwendete Vorlage offensichtlich rechtswidrig hergestellt wurde. Der gutgläubige Nutzer einer zum privaten Gebrauch hergestellten Kopie soll geschützt werden; bei der Beurteilung, ob eine offensichtlich rechtswidrig hergestellte Vorlage verwendet wurde, ist folglich auf die Sicht des Nutzers abzustellen. Die vom Gesetzgeber vorgenommene Beschränkung der Basis der Vervielfältigung kann nur in eindeutigen

Fällen zur Anwendung kommen. Unzulässig ist damit das Herunterladen und Speichern von Musikdateien oder Filmen bevor diese i. S. d. § 6 Abs. 1 erschienen sind. Ausgeschlossen ist ebenfalls die Herstellung von erkennbar ohne Zustimmung des Rechtsinhabers hergestellten Konzertmitschnitten (§ 53 Abs. 7). Da beim Herunterladen von Dateien von illegalen Tauschbörsen bei erschienenen Werken, beispielsweise auf CD veröffentlichten Musikstücken, für den User nicht erkennbar sein wird, ob die für das öffentliche Zugänglichmachen verwendete Vorlage rechtmäßig oder rechtswidrig hergestellt wurde und der Gesetzeswortlaut eindeutig nicht darauf abstellt, ob die verwendete Vorlage rechtmäßig öffentlich wiedergegeben wurde, bleibt das Kopieren von aus solchen Tauschbörsen heruntergeladenen Dateien zum privaten Gebrauch sanktionslos (vgl. aber zu Tonträgern § 85 Rn. 9). Nachdem § 53 Abs. 1 nur den gutgläubigen Nutzer schützen soll, ist über den Gesetzeswortlaut hinaus die Herstellung von Vervielfältigungsstücken zum privaten Gebrauch dann als unzulässig anzusehen, wenn sich der private Nutzer die Möglichkeit zur Vervielfältigung nicht auf rechtmäßige Art verschafft hat, also beispielsweise in eine nicht für den öffentlichen Zugang bestimmte Datenbank eingebrochen ist (KG GRUR 1992, 168 – Dia-Kopien; *Kreutzer* GRUR 2001, 193).

3. Herstellung durch natürliche Personen und Dritte

14 Nach Abs. 1 S. 1 darf die Herstellung zum privaten Gebrauch (hierzu § 53 Rn. 17) einer natürlichen Person, also nicht einer juristischen Person, erfolgen. Nach Abs. 1 S. 2 muss die Herstellung der Vervielfältigungsstücke jedoch nicht durch den Befugten selbst erfolgen; er kann die Vervielfältigungsstücke auch **durch einen Dritten** herstellen lassen. Trotz verschiedenster Vorschläge, dies für den digitalen Bereich auszuschließen (*Schack* ZUM 2002, 497; *Evers/Schwarz* Stellungnahme der Filmwirtschaft zum Regierungsentwurf), ist die Möglichkeit der Herstellung durch Dritte auch für digitale Privatkopien aufrecht erhalten worden, wenn die Vervielfältigung unentgeltlich erfolgt, da es praktisch unmöglich ist, eine gegenteilige Lösung zu überwachen (AmtlBegr. BT-Drucks. 15/38, 20). Voraussetzung für die Zulässigkeit der Herstellung der Vervielfältigungsstücke durch einen Dritten ist, dass sich dessen Tätigkeit auf die **technisch-mechanische Vervielfältigung** beschränkt und er sich **im Rahmen einer konkreten Anweisung** zur Herstellung des bestimmten Vervielfältigungsstückes des vom Gesetz begünstigten Nutzers hält (BGHZ 134, 250 – CB-Infobank I; BGH GRUR 1997, 464 – CB-Infobank II). Erfolgt die Vervielfältigung durch einen Dritten im Zusammenhang mit einem von diesem betriebenen Recherchedienst, der auf interessierende Dokumente von sich aus hinweist oder diese zusammenstellt, ist der Bereich der technisch-maschinellen Vervielfältigung überschritten und die Herstellung der Vervielfältigungsstücke durch jenen Dritten nicht mehr durch § 53 Abs. 1 privilegiert.

15 Der Bereich der zulässigen Herstellung der einzelnen Vervielfältigungsstücke von Werken durch Dritte für eine natürliche Person ist ebenfalls überschritten, wenn ein Medienbeobachtungsunternehmen Dokumentarfilme, die im Fernsehen ausgestrahlt wurden, mitschneidet, um erst anschließend eine Auswahl zu treffen, inwieweit die Mitschnitte für einzelne Auftraggeber von Bedeutung sein können (KG GRUR 2000, 49 – Mitschnitt-Einzelangebot). Im Rahmen der zulässigen Tätigkeiten eines Dritten nach § 53 Abs. 1 hält sich aber eine öffentliche Bibliothek, die auf Bestellungen von Kunden zum privaten Gebrauch, die vorher in einem online verbreiteten Katalog unterrichtet wurden, Vervielfältigungsstücke von Zeitschriftenbeiträgen fertigt und diese per Telefax übersendet. Dieses Versenden auf Bestellung durch den Dritten, der zulässigerweise für den Berechtigten die Vervielfältigung durchgeführt hat, stellt kein Verbreiten in der Form des Inverkehrbringens dar (BGH GRUR 1999, 707 – Kopienversanddienst). Die Privilegierung gilt auch in Fällen, in denen ein Verbund deutscher Bibliotheken dem Besteller urheberrechtlich geschützte Werke auf Anfrage per E-Mail zusendet (Subito). Um die erforderliche Beteiligung des Urhebers an der Werkverwertung sicherzustellen, steht diesem in analoger Anwendung der §§ 27 Abs. 2 und 3, 49 sowie 54 a Abs. 2 i. V. m. 54 h Abs. 1 ein Anspruch auf angemessene Vergütung zu, der nur durch eine Verwertungsgesellschaft geltend gemacht werden kann (BGH GRUR 1999, 707 – Kopienversanddienst).

Entgeltliche Herstellung von Vervielfältigungsstücken durch einen Dritten ist durch **16** Abs. 1 S. 2 nur dann erlaubt, wenn es sich um Vervielfältigungen auf Papier oder einem ähnlichen Träger mittels beliebiger fotomechanischer Verfahren oder anderer Verfahren mit ähnlicher Wirkung handelt; erfasst ist die klassische Kopie, die im Wege der Reprografie auf Papier hergestellt wird. Jede digitale Kopie, aber auch jede Kopie, die beispielsweise auf einem Magnetband gespeichert wird, ist durch Dritte nur zulässig, wenn sie unentgeltlich erfolgt. Diese Sonderregelung soll potentielle Mißbräuche durch das Entstehen gewerblicher Kopierunternehmen für beispielsweise Filme und Tonträger verhindern (Schricker/*Loewenheim* § 53 Rn. 16; Möhring/Nicolini/*Decker* § 53 Rn. 14). Nach der Gesetzesbegründung ist eine Vervielfältigung auch dann noch unentgeltlich i. S. d. § 53 Abs. 1 S. 2, wenn sie beispielsweise durch Bibliotheken gefertigt wird, die Gebühren oder Entgelte für die Ausleihe erheben, soweit die Kostendeckung nicht überschritten wird (BT-Drucks. 15/38, 20). Die Erstattung der reinen Herstellungskosten, insbesondere der Materialkosten, führt daher nicht zur Entgeltlichkeit (Schricker/*Loewenheim* § 53 Rn. 14; Möhring/Nicolini/*Decker* § 53 Rn. 16; a. A. Fromm/Nordemann/*Nordemann* § 53 Rn. 2; siehe § 53 a. F. Rn. 12 im HauptB).

4. Privater Gebrauch

§ 53 Abs. 1 erlaubt die Herstellung einzelner Vervielfältigungen nur zum **privaten Ge-** **17** **brauch,** sie darf weder mittelbar noch unmittelbar Erwerbszwecken dienen. Der private Gebrauch kann lediglich bei **natürlichen Personen** gegeben sein, so dass eine Privilegierung nach Abs. 1 bei juristischen Personen nicht in Betracht kommen kann (BGHZ 134, 250 – CB-Infobank I). Juristische Personen können sich jedoch ggf. auf die Privilegierung des sonstigen Eigengebrauchs nach Abs. 2 berufen.

Privater Gebrauch ist dann gegeben, wenn die Vervielfältigung ausschließlich zum Ge- **18** brauch in der **Privatsphäre** zur Befriedigung rein persönlicher Bedürfnisse außerberuflicher sowie außerwirtschaftlicher Art dienen soll (BGH GRUR 1978, 474 – Vervielfältigungsstücke). Von der Privatsphäre umfasst sind beispielsweise Familienmitglieder und Freunde. Der private Gebrauch darf keinen kommerziellen Zwecken dienen. Wenn die Vervielfältigungsstücke auch beruflichen Zwecken dienen, liegt privater Gebrauch bereits nicht mehr vor (BGH GRUR 1993, 899 – Dia-Duplikate; Fromm/Nordemann/*Nordemann* § 53 Rn. 2). Ein Indiz für das Vorliegen von privatem Gebrauch ist die Verwendung der Vervielfältigungsstücke im Rahmen eines Hobbys. Privilegiert ist beispielsweise die Videoaufzeichnung von im Fernsehen ausgestrahlten Musikclips zum Gebrauch im Rahmen der eigenen Geburtstagsparty oder die Fertigung einer Kopie von CDs zur Verwendung im eigenen Privatwagen. Ebenfalls gedeckt ist das Abschreiben von Noten zur Verwendung im Rahmen einer Schülerband. Nicht unter den Begriff des privaten Gebrauchs fällt die Nutzung von Vervielfältigungsstücken für die Ausbildung, wie beispielsweise das Kopieren von Ausbildungsskripten durch Referendare im Rahmen der Lehramtsausbildung (BGH GRUR 1984, 54 – Kopierläden; Schricker/*Loewenheim* § 53 Rn. 12; a. A. *Rehbinder* 193).

III. Vervielfältigung zum sonstigen eigenen Gebrauch (§ 53 Abs. 2)

1. Einzelne Vervielfältigungen von Werken

19 Ergänzend zu Abs. 1 stellt Abs. 2 die Herstellung **einzelner Vervielfältigungen,** nicht die Verbreitung oder öffentliche Widergabe, eines Werkes zum sonstigen eigenen Gebrauch außerhalb des Privatbereiches in den Fällen der in Nr. 1 bis 4 aufgeführten Konstellationen frei; zu dem Begriff der einzelnen Vervielfältigungsstücke siehe § 53 Rn. 10. Im Rahmen der Umsetzung der Multimedia-Richtlinie waren Änderungen dieser Vorschrift notwendig, da die Regelungen zur Aufnahme in ein eigenes Archiv (§ 53 Abs. 2 S. 1 Nr. 2), Funksendungen über Tagesfragen (§ 53 Abs. 2 S. 1 Nr. 3) und über die Vervielfältigung kleiner Teile erschienener Werke (§ 53 Abs. 2 S. 1 Nr. 4) weiterer zusätzlicher Voraussetzungen bedurften. Auch nach Abs. 2 ist grundsätzlich die Vervielfältigung von Werken aller Art zulässig. Zu beachten sind jedoch die Ausnahmen des Abs. 5 für elektronische Datenbankwerke sowie die Sondervorschriften für Computerprogramme (§§ 69 c bis e) und sonstige Datenbanken (§ 87 c). Die Vervielfältigung von Musiknoten oder ganzen Büchern bzw. Zeitschriften ist nur unter den gesonderten Voraussetzungen des Abs. 4 zulässig. Zu beachten ist auch die Ausnahme des Abs. 7 für die Aufnahme öffentlicher Vorträge und Aufführungen auf Bild- oder Tonträger, sowie für die Ausführung von Plänen zu Werken der bildenden Künste und über Werke der Baukunst.

2. Eigener Gebrauch

20 Im Gegensatz zu Abs. 1, der nur die Vervielfältigung im privaten Bereich erlaubt, erfasst Abs. 2 auch berufliche und erwerbswirtschaftliche Zwecke sowie juristische Personen (BGHZ 134, 250 – CB-Infobank I; OLG Köln GRUR 2000, 414 – GRUR/GRUR Int.; Schricker/*Loewenheim* § 53 Rn. 17). Der eigene Gebrauch ist grundsätzlich dadurch definiert, dass Vervielfältigungsstücke **zur eigenen Verwendung** und nicht zur Weitergabe an Dritte hergestellt werden (AmtlBegr. BT-Drucks. X/837, 9). Dieser interne Gebrauch ist überschritten, wenn das Vervielfältigungsstück auch zur Verwendung durch außenstehende Dritte bestimmt ist, wie dies gerade bei Recherchediensten der Fall ist, die auf Kundenwunsch Recherchen zu einem bestimmten Thema durchführen und dem Kunden Kopien der recherchierten Beiträge übermitteln (BGHZ 134, 250 – CB-Infobank I).

3. Herstellung durch Dritte

21 Auch im Rahmen des Abs. 2 darf der Berechtigte die Vervielfältigungsstücke durch **Dritte** herstellen lassen. Im Rahmen des Abs. 2 ist es, anders als in Abs. 1, unerheblich, ob die Herstellung durch den Dritten **entgeltlich oder unentgeltlich** erfolgt. Bei Vorliegen der sonstigen Voraussetzungen des Abs. 2 S. 2 und 3 ist auch die Herstellung von Digitalkopien, die Herstellung von Werken auf Bild- oder Tonträger sonstigen Datenträgern durch Dritte entgeltlich zulässig (siehe auch Schricker/*Loewenheim* § 53 Rn. 19). Gerade im Hinblick darauf, dass die Weitergabe von Vervielfältigungsstücken an Dritte nicht mehr im Rahmen des eigenen Gebrauchs liegt, sind bei der zulässigen Herstellung durch Dritte enge

Maßstäbe anzuwenden. Soweit die Tätigkeit des Dritten über die bloße Vervielfältigung hinausgeht, wenn dieser beispielsweise die Auswahl der zu vervielfältigenden Werke übernimmt, liegt kein Fall des zulässigen Herstellens durch einen Dritten vor; im Einzelnen siehe § 53 Rn. 14 f. (OLG Köln GRUR 2000, 414 – GRUR/GRUR Int.).

4. Einzelne Arten des sonstigen eigenen Gebrauchs

a) Eigener wissenschaftlicher Gebrauch

Mit der Freistellung der Anfertigung von Vervielfältigungen zum **eigenen wissenschaft- 22 lichen Gebrauch** soll sichergestellt werden, dass die wissenschaftliche Tätigkeit, die auch in der Auseinandersetzung mit Werken anderer Urheber besteht, nicht durch die sonst notwendige ständige Einholung von Nutzungserlaubnissen behindert wird. Die Schranke ist durch Art. 5 Abs. 3 a) der Multimedia-Richtlinie gedeckt, sofern die Vervielfältigung zur Verfolgung nichtkommerzieller Zwecke gerechtfertigt ist. Nicht nur Forschungsinstitute und Wissenschaftler, sondern auch Personen, die sonst nicht wissenschaftlich tätig sind, können Vervielfältigungen im Rahmen des wissenschaftlichen Gebrauchs nutzen, wenn sie sich über den Stand der Wissenschaft informieren wollen oder beispielsweise einen Aufsatz für eine Fachzeitschrift schreiben. Zu eng erscheint es, Wissenschaft nur auf das zu beschränken, was an Universitäten gelehrt wird. Entscheidend ist allein, ob die Vervielfältigung für das **methodisch-systematische Streben nach Erkenntnis** verwendet werden soll (siehe § 51 Rn. 11 im HauptB; *Rehbinder* 194). Die Forschung in kommerziellen Forschungseinrichtungen der Privatwirtschaft dürfte aufgrund des Wortlauts des Art. 5 Abs. 3 a) der Multimedia-Richtlinie nicht mehr privilegiert sein (anders zur a. F.: siehe § 53 a. F. Rn. 18 im HauptB; *Hoeren* in: Lehmann Cyberlaw 105; *Loewenheim* in: Hoeren/Sieber Teil 7.4 Rn. 22).

Die Vervielfältigung zum eigenen wissenschaftlichen Gebrauch ist nur zulässig, wenn und 23 soweit diese zum Erreichen dieses Zwecks geboten ist; maßgeblich ist die **Erforderlichkeit.** Diese dürfte zu verneinen sein, wenn das betreffende Werk ohne erheblichen Aufwand, sei es durch Kauf, sei es durch Ausleihe in einer Bibliothek, beschafft werden kann. Ob das vervielfältigte Werk für die wissenschaftliche Arbeit erforderlich war, muss dem wissenschaftlich Tätigen vorbehalten bleiben. Die Vervielfältigung von vollständigen Büchern oder Zeitschriften ist grundsätzlich nicht von der Vorschrift gedeckt (*Hoeren* in: Lehmann Cyberlaw 105; Schricker/*Loewenheim* § 53 Rn. 23; Möhring/Nicolini/*Decker* § 53 Rn. 23). Zur **Durchsetzung der Schranke gegenüber technischen Schutzmaßnahmen** gegen Vervielfältigungen siehe § 95 b Abs. 1.

b) Aufnahme in ein eigenes Archiv

Abs. 2 S. 1 Nr. 2 erlaubt die Herstellung von einzelnen Vervielfältigungsstücken eines 24 Werkes zur Aufnahme in ein eigenes Archiv, soweit die Vervielfältigung hierdurch geboten ist und – insoweit abweichend von den weiteren Alternativen des § 53 – ein **eigenes,** im Eigentum des Archivbetreibers stehendes **Werkstück** als Vorlage verwendet wird. Im Rahmen der Umsetzung der Multimedia-Richtlinie wurde Abs. 2 S. 2 an die Vorschrift angefügt, da Art. 5 Abs. 2 a) der Richtlinie nur eine Schranke zugunsten reprografischer Vervielfältigungen, Art. 5 Abs. 3 o) eine Schranke zugunsten ausschließlich analoger Nutzung und Art. 5 Abs. 2 c) nur eine Beschränkung des Vervielfältigungsrechts zugunsten der Aufnahme in Archive rechtfertigt, die keinen unmittelbaren oder mittelbaren wirtschaftlichen oder kommerziellen Zweck verfolgen. Im Fall, dass die Herstellung der Vervielfältigung einem Dritten übertragen wird, reicht es nicht aus, wenn der Dritte Eigentümer der Vorlage ist (Möhring/Nicolini/*Decker* § 53 Rn. 25; Schricker/*Loewenheim* § 53 Rn. 28). Für jede Archivierung eines Dokumentes, auch wenn diese nur unter einem anderen Stichwort erfolgt, ist jeweils ein eigenes Werkstück erforderlich (BGHZ 134, 250 – CB-Infobank I).

25 Die Vervielfältigung muss durch den Zweck der Archivierung **geboten** sein; Sinn der Vorschrift ist es, einer Bibliothek zu ermöglichen, ihre Bestände auf Mikrofilm abzubilden, um Raum zu sparen oder die Filme an einem vor Katastrophen sicheren Ort aufzubewahren; den Bibliotheken sollte nicht die Möglichkeit gegeben werden, ihre Bestände zu erweitern (AmtlBegr. BT-Drucks. IV/270, 73; *Loewenheim* in: Hoeren/Sieber Teil 7.4 Rn. 23). Ein **Archiv** im Sinne der Vorschrift ist eine unter sachlichen Gesichtspunkten geordnete Sammlung vorhandener Werke aller Art zum **internen Gebrauch** (BGHZ 134, 250 – CB-Infobank I).

26 Dieser interne Gebrauch ist überschritten, wenn die archivierten Vervielfältigungsstücke auch zur **Verwendung durch außenstehende Dritte** bestimmt sind. Ein elektronisches Pressearchiv, das ein Unternehmen zur Benutzung durch eine Mehrzahl von eigenen Mitarbeitern einrichtet und auf das gleichzeitig eine Vielzahl von Nutzern elektronisch zurückgreifen kann, war nach § 53 a. F. nicht privilegiert (BGH ZUM 1999, 240 – Elektronische Pressearchive). Nach neuer Rechtslage sind **elektronische Archive,** die ausschließlich dem Zweck der Bestandssicherung dienen (siehe *Loewenheim* in: Hoeren/Sieber Teil 7.4 Rn. 25; Möhring/Nicolini/*Decker* § 53 Rn 2), nur zulässig, wenn das Archiv keinen unmittelbar und mittelbar wirtschaftlichen oder Erwerbszweck verfolgt (Abs. 2 S. 2 Nr. 3). Gewerbliche Unternehmen sind folglich, anders als etwa gemeinnützige Stiftungen, insoweit nicht privilegiert. Die gemäß S. 2 Nr. 2 zulässige analoge Nutzung liegt beispielsweise bei Mikroverfilmung vor. Die Einrichtung eines Mikrofilm-Archivs durch gewerbliche Unternehmen ist daher auch in Zukunft erlaubt.

c) Vervielfältigung eines durch Funk gesendeten Werkes

27 Abs. 2 S. 1 Nr. 3 erlaubt die Vervielfältigung eines durch **Funk** gesendeten Werkes zur **eigenen Unterrichtung über Tagesfragen.** Erfasst sind neben terrestrischem Ton- und Fernsehrundfunk auch Kabelrundfunk sowie Satellitenrundfunk (siehe §§ 20–20 b Rn. 15 ff. im HauptB). Im Zuge der Umsetzung der Multimedia-Richtlinie wurde Abs. 2 S. 3 aufgenommen. Danach sind Vervielfältigungen nach Abs. 2 S. 1 Nr. 3 nur noch zulässig, wenn die Vervielfältigung auf Papier oder einem ähnlichen Träger mittels beliebiger fotomechanischer Verfahren oder anderer Verfahren mit ähnlicher Wirkung vorgenommen werden oder ausschließlich eine analoge Nutzung stattfindet. Eine Vervielfältigung eines gesendeten Werkes durch Aufnahme auf einen digitalen Datenträger ist daher nicht zulässig. Die Streitfrage, ob die Online-Wiedergabe von Beiträgen in Rechnernetzen ebenfalls Grundlage für eine privilegierte Vervielfältigungshandlung sein kann, ist durch die Novelle beantwortet. Nachdem Abs. 2 S. 1 Nr. 3 ausdrücklich Bezug nur auf die Sendung durch Funk i. S. d. § 20 nimmt, sind öffentlich zugänglich gemachte Werke (§ 19 a) nicht erfasst.

28 Ein Werk behandelt **Tagesfragen,** wenn es sich mit zum Zeitpunkt der Sendung aktuellen Ereignissen befasst; nicht maßgeblich ist, ob es sich um politische, wirtschaftliche, kulturelle oder sonstige öffentliche Themen handelt (siehe § 48 Rn. 2). Abs. 2 S. 1 Nr. 3 erlaubt die Vervielfältigung nur zur **eigenen Unterrichtung,** d. h. zum internen Gebrauch, die Weitergabe der Vervielfältigungsstücke an außenstehende Dritte ist nicht zulässig. Zulässig ist nur die Herstellung einzelner Vervielfältigungsstücke, gemeint sind wiederum nur einige wenige Stücke (siehe § 53 Rn. 9), wie sie zur eigenen Unterrichtung erforderlich

sind. Die praktische Relevanz der Vorschrift beschränkt sich auf die Vervielfältigung zu **beruflichen und gewerblichen Zwecken,** da die Vervielfältigung von Funksendungen im privaten Bereich bereits von Abs. 1 erfasst ist.

d) Vervielfältigung zum sonstigen eigenen Gebrauch

Abs. 2 S. 1 Nr. 4 a) lässt die Herstellung **einzelner Vervielfältigungen** generalklauselartig ohne Beschränkung auf den Verwertungszweck zu, jedoch wiederum nur für den **eigenen Gebrauch.** Im Rahmen der Umsetzung der Multimedia-Richtlinie wurde der S. 3 dem Abs. 2 angefügt, so dass die Herstellung einzelner Vervielfältigungen nur **auf Papier** oder einem ähnlichen Träger mittels beliebiger fotomechanischer Verfahren oder im Fall der **ausschließlich analogen Nutzung** zulässig ist. Vervielfältigt werden dürfen **kleine Teile** eines erschienenen Werkes; zum Erscheinen eines Werkes siehe § 6 Abs. 2. Die Vorschrift soll es dem Benutzer ersparen, ein ganzes Werk zu erwerben, wenn er nur einen kleinen Teil benötigt (AmtlBegr. BT-Drucks. IV/270, 73). Als **Obergrenze** eines kleinen Teiles werden 20% eines Werkes angesehen. Nach OLG Karlsruhe (GRUR 1987, 818 – Referendarkurs) übersteigen 10% eines Gesamtwerkes den kleinen Teil nicht. Jede statische Festlegung eines Grenzwertes erscheint unangebracht. Sobald der vervielfältigte Anteil das Werk ersetzen kann, ist die zulässige Obergrenze jedenfalls überschritten (Möhring/Nicolini/*Decker* § 53 Rn. 28). Ein **eigenes** Werkstück braucht der Vervielfältigung nicht zugrunde zu liegen (siehe Abs. 2 S. 1 Nr. 2). **29**

Ebenfalls nach Abs. 2 S. 1 Nr. 4 a) zulässig ist die Vervielfältigung von **einzelnen Beiträgen** zum eigenen Gebrauch, die in Zeitungen oder Zeitschriften erschienen sind. Im Gegensatz zur ersten Alternative der Nr. 4 a) ist auch die Vervielfältigung **ganzer** Artikel, Lichtbilder und Grafiken gedeckt (Schricker/*Loewenheim* § 53 Rn. 32). Zulässig ist nur die Vervielfältigung von **einigen wenigen Beiträgen,** die aber in einer oder mehreren Zeitschriften erschienen (§ 6 Abs. 2) sein können (zum Begriff der Zeitungen und Zeitschriften siehe § 48 Rn. 4). Ein Pressearchiv kann über Abs. 2 S. 1 Nr. 4 b) nicht zusammengestellt werden, da die Grenze der einzelnen Artikel hier überschritten würde. **30**

Abs. 2 S. 1 Nr. 4 b) erlaubt die Herstellung einzelner Vervielfältigungen von Werken aller Art zum eigenen Gebrauch, wenn das vervielfältigte Werk seit mindestens **zwei Jahren vergriffen** ist. Zulässig ist nur die Herstellung von Kopien auf Papier oder ähnlichen Trägern mittels fotomechanischer oder ähnlicher Verfahren oder die ausschließlich analoge Nutzung (Abs. 2 S. 3). Auch in dieser Alternative ist die Herstellung durch einen Dritten zulässig, wenn sich dieser auf die Tätigkeit der reinen Vervielfältigung beschränkt (siehe Rn. 13). Die Vorschrift ermöglicht Bibliotheken, die ihre Bestände vervollständigen wollen, die Vervielfältigung und den Verleih (siehe Abs. 6 S. 2) fehlender Werke. **Vergriffen** ist ein Werk, wenn es nicht mehr über die allgemeinen Vertriebswege zu erhalten ist; dies entspricht der Auslegung des § 29 VerlG. Nicht notwendig ist, dass das Werk auch antiquarisch nicht mehr bezogen werden kann. Dies wäre schon aus Gründen der Rechtssicherheit nicht praktikabel (wie hier Schricker/*Loewenheim* § 53 Rn. 34; Möhring/Nicolini/*Decker* § 53 Rn. 33; a. A. Fromm/Nordemann/*Nordemann* § 53 Rn. 9). **31**

IV. Vervielfältigung für Unterricht und Ausbildung sowie Prüfungen (§ 53 Abs. 3)

1. Vervielfältigung für Unterrichtszwecke

32 Abs. 3 Nr. 1 erlaubt die Herstellung von Vervielfältigungen von kleinen Teilen eines Werkes, von Werken von geringem Umfang oder von einzelnen Beiträgen, die in Zeitungen oder Zeitschriften erschienen sind oder öffentlich zugänglich gemacht wurden (§ 19a), zum eigenen Gebrauch für Schul- und Unterrichtszwecke in der **hierfür erforderlichen Anzahl.** Die im Rahmen der Umsetzung der Multimedia-Richtlinie vorgenommene Erweiterung der Verwertungsbasis (ursprünglich durften nur kleine Teile eines Druckwerks oder von einzelnen Beiträgen, die in Zeitungen oder Zeitschriften erschienen sind, verwertet werden) erfolgte im Hinblick auf die geänderte Veröffentlichungspraxis. Es wird nun auch die Nutzung von Material ermöglicht, das ausschließlich in den Formen öffentlicher Zugänglichmachung verbreitet wurde (AmtlBegr. BT-Drucks. 15/38, 21). Die eigentliche Herstellung des Vervielfältigungsstücks kann auch Dritten übertragen werden, insoweit sich deren Tätigkeit auf die bloße Anfertigung des Vervielfältigungsstückes beschränkt (siehe Rn. 13). Hergestellt werden dürfen Vervielfältigungsstücke von **kleinen Teilen eines Werkes, von Werken von geringem Umfang** oder von **einzelnen Beiträgen, die in Zeitungen oder Zeitschriften** erschienen sind oder i. S. d. § 19a zugänglich gemacht werden. Diese Beschränkung lehnt sich an § 46 an (AmtlBegr. BT-Drucks. 15/38, 21). Zu dem Begriff „kleine Teile" siehe § 53 Rn. 29. Zu den einzelnen Beiträgen in Zeitungen und Zeitschriften siehe § 53 Rn. 30. Entsprechend der Erweiterung der Verwertungsbasis wird nicht mehr verlangt, dass die vervielfältigten Werke i. S. d. § 6 Abs. 2 erschienen sind. Die Veröffentlichung i. S. d. § 6 Abs. 1 reicht aus. Zur **Durchsetzung der Schranke gegenüber den Verwendern technischer Schutzmaßnahmen** i. S. d. § 95a siehe § 95b Abs. 1 Nr. 6e).

33 Nach Abs. 3 Nr. 1 ist die Herstellung von Vervielfältigungsstücken der genannten Werke für den eigenen Gebrauch der Institution für den Unterricht in **Schulen, nicht gewerblichen Einrichtungen der Aus- und Weiterbildung** sowie **Einrichtungen der Berufsausbildung** jeweils nur in der für eine Schulklasse erforderlichen Anzahl zulässig. Die Aufzählung der in Abs. 3 Nr. 1 genannten Institutionen ist **abschließend.** Schulunterricht ist insoweit der Unterricht an allen öffentlich zugänglichen Schulen, seien es staatliche oder staatlich anerkannte Schulen. Erfasst sind alle allgemeinbildenden Schulen, aber auch Berufs- und Sonderschulen (siehe § 46 Rn. 7). Die nicht gewerblichen Einrichtungen der Aus- und Weiterbildung sowie Einrichtungen der Berufsbildung erstrecken sich auch auf die betriebliche Weiterbildung von Auszubildenden, sei es in betrieblichen oder überbetrieblichen Ausbildungsstätten; hierzu zählen auch staatliche Stellen für die Referendarausbildung nach Abschluss eines Hochschulstudiums (OLG Karlsruhe GRUR 1987, 818 – Referendarkurs). Hochschulen sind von Abs. 3 Nr. 1, wie sich im Umkehrschluss aus Abs. 3 Nr. 2 ergibt, nicht erfasst.

34 Nachdem nur die Vervielfältigung zum eigenen Gebrauch zugelassen ist, müssen die Vervielfältigungsstücke innerhalb der Institution verbleiben und dürfen nur in der Anzahl hergestellt werden, wie sie für den Unterricht in einer Einheit, sei es Klasse oder Kurs, benötigt werden. Zulässig ist die Vervielfältigung nur für den **Unterrichtszweck,** da sie nur insoweit durch diesen geboten sein kann. Eine Vervielfältigung für andere Zwecke, beispielsweise für die Vorbereitung der Lehrer, ist nicht durch Abs. 3 Nr. 1 gedeckt.

2. Vervielfältigung für Prüfungszwecke

Ebenfalls freigegeben ist gemäß Abs. 3 Nr. 2 die Herstellung von Vervielfältigungen für **35** **staatliche Prüfungen und Prüfungen in den aufgeführten Institutionen,** wenn die Vervielfältigung zu jenem Zweck geboten ist. Zusätzlich zu den in Abs. 3 Nr. 1 genannten Institutionen (siehe § 53 Rn. 33) sind die Hochschulen privilegiert, da im Gegensatz zu Lehrmaterial Prüfungsmaterialien nicht von den Studenten beschafft werden können. **Prüfungen** im Sinne der Vorschrift sind Leistungskontrollen am Ende eines Lehr- oder Studienabschnitts, wie Zwischenprüfungen und Abschlussexamina. Nicht erfasst sind Leistungsnachweise im Rahmen des Unterrichts, wie Klausuren oder Hausarbeiten (Schricker/ *Loewenheim* § 53 Rn. 41; Möhring/Nicolini/*Decker* § 53 Rn. 39). Die Anzahl der Vervielfältigungsstücke wird durch die Anzahl der Prüflinge bestimmt. Zur Durchsetzung der **Schrankenregelung gegenüber den Verwendern technischer Schutzmaßnahmen** siehe § 95 b Abs. 1 Nr. 6 (§ 95 b Rn. 34). Zweifelhaft ist, inwieweit jene Schranke durch die Multimedia-Richtlinie gedeckt ist. Soweit die Vervielfältigung nur auf Papier oder einem ähnlichen Träger mittels beliebiger fotomechanischer Verfahren oder Verfahren ähnlicher Wirkung erfolgt, ist die Schranke von Art. 5 Abs. 2 a) erfasst. Art. 5 Abs. 3 a) kommt dagegen als Grundlage nicht in Betracht, da dieser die Vervielfältigung ausschließlich zur Veranschaulichung im Unterricht erlaubt. Art. 5 Abs. 3 o) erlaubt ausschließlich die analoge Nutzung. Aus diesem Grunde dürfte davon auszugehen sein, dass eine digitale Vervielfältigung von Werken für Prüfungszwecke im Sinne der Vorschrift nicht durch die Befugnisse der Multimedia-Richtlinie gedeckt ist.

V. Beschränkungen der Freiheit zur Vervielfältigung und der Benutzung der Vervielfältigungsstücke (§ 53 Abs. 4 bis 7)

1. Vervielfältigung von Noten sowie vollständiger Bücher und Zeitschriften (§ 53 Abs. 4)

Die Vervielfältigung von **Noten** sowie eines im Wesentlichen **vollständigen Buches** **36** oder einer im Wesentlichen **vollständigen Zeitschrift** ist ohne Genehmigung des Rechtsinhabers nur zur Aufnahme in ein eigenes Archiv nach Abs. 2 Nr. 2 oder für den eigenen Gebrauch zulässig, falls das Werk seit mindestens zwei Jahren vergriffen ist. Ergänzend sind Vervielfältigungen zum privaten oder sonstigen eigenen Gebrauch i. S. d. Abs. 1 bis 3 zulässig, wenn die betreffenden Werke **abgeschrieben** werden. Insoweit ist nicht das handschriftliche Abschreiben erforderlich, auch das manuelle Eingeben in den Computer erfüllt dieses Tatbestandsmerkmal, nicht aber das Einscannen (Schricker/*Loewenheim* § 53 Rn. 50; Fromm/Nordemann/*Nordemann* § 53 Rn. 11).

Die Vervielfältigung von **grafischen Aufzeichnungen von Werken der Musik** zur **37** Aufnahme in ein eigenes Archiv nach Abs. 2 Nr. 2 setzt ebenfalls die Verwendung eines im Eigentum des Archivbetreibers stehenden Werkstücks als Vorlage voraus; zum Begriff des Archivs siehe § 53 Rn. 24. Ebenso zulässig ist die Vervielfältigung von Noten zum eigenen Gebrauch, also nicht zur Weitergabe an Dritte (zur Ausnahme des Verleihs siehe Abs. 6 S. 2), wenn das Werk seit zwei Jahren vergriffen ist (siehe § 53 Rn. 30).

Unter den geschilderten Voraussetzungen ist auch die Vervielfältigung eines **nahezu** **38** **vollständigen Buches** oder einer **nahezu vollständigen Zeitschrift** zulässig. Erfolgt kein Abschreiben und liegt keine Einwilligung des Berechtigten vor, darf das Werk nur zur

Aufnahme in ein eigenes Archiv unter Nutzung einer im eigenen Eigentum stehenden Vorlage vervielfältigt werden. Zum weiteren eigenen Gebrauch (Abs. 1 bis 3) dürfen diese Werke nur vervielfältigt werden, wenn sie seit wenigstens zwei Jahren vergriffen sind (siehe § 53 Rn. 30). Ob eine im Wesentlichen vollständige Vervielfältigung eines Buches oder einer Zeitschrift erfolgte – Zeitungen sind nicht erfasst, insoweit gelten die Abs. 1 bis 3 unmittelbar –, ist sowohl nach qualitativen wie auch quantitativen Gesichtspunkten zu bestimmen. Es kommt darauf an, ob alle wesentlichen Hauptbestandteile des Buches oder der Zeitschrift und mehr als 90% des Inhaltes wiedergegeben sind; Register, Inhaltsverzeichnisse etc. sind nicht zu berücksichtigen (Schricker/*Loewenheim* § 53 Rn. 36; a. A. Fromm/Nordemann/*Nordemann,* der bereits bei dem Erreichen von 75% des Umfangs von einer nahezu vollständigen Vervielfältigung ausgeht).

2. Elektronisch zugängliche Datenbankwerke (§ 53 Abs. 5)

39   Elektronisch zugängliche Datenbankwerke dürften nach Abs. 5 weder zum privaten Gebrauch noch zur Aufnahme in ein eigenes Archiv, zur Unterrichtung von Tagesfragen oder dem sonstigen eigenen Gebrauch (Abs. 2 Nr. 2 bis 4) vervielfältigt werden (OLG Hamburg GRUR 2001, 831 – Roche Lexikon Medizin). Ein elektronisch zugängliches Datenbankwerk ist gemäß § 4 Abs. 2 ein Sammelwerk, dessen Elemente systematisch oder methodisch angeordnet und einzeln mit Hilfe elektronischer Mittel zugänglich sind (siehe § 4 Rn. 8 im HauptB). Eine Vervielfältigung von Datenbankwerken zur Verwendung für staatliche Prüfungen und Prüfungen in Schulen und sonstigen Ausbildungsstellen gemäß Abs. 3 Nr. 2 ist ebenfalls ausgeschlossen. Die entsprechende Ergänzung des Gesetzes wurde im Rahmen der Novellierung erforderlich, da die Verwertungsbasis des Abs. 3 auch auf öffentlich zugänglich gemachte Werke ausgedehnt wurde (siehe § 53 Rn. 32). Zugelassen ist die Vervielfältigung zum eigenen wissenschaftlichen Gebrauch i. S. d. Abs. 2 S. 1 Nr. 1, wenn dieser nicht zu gewerblichen Zwecken erfolgt. Ohne Erlaubnis der Berechtigten ist folglich die Vervielfältigung von elektronisch zugänglichen Datenbankwerken durch gewerblich forschende Unternehmen, wie Biotech-Unternehmen, nicht zulässig. Erlaubt ist dagegen die Vervielfältigung von elektronisch zugänglichen Datenbankwerken zur Verwendung im Schulunterricht sowie in den Ausbildungseinrichtungen gem. Abs. 3 Nr. 1, solange der Gebrauch nicht zu gewerblichen Zwecken erfolgt. Die Vorschrift beruht auf Art. 6 Abs. 2 a) und b) der Datenbankrichtlinie 96/9/EG. Zu den Schranken des Leistungsschutzrechts des Datenbankherstellers siehe § 87 c. Der Ausschluss der Vervielfältigungsrechte an elektronisch zugänglichen Datenbankwerken gemäß Abs. 5 erfasst nur die Bestandteile des Datenbankwerkes, die die urheberrechtliche Qualität als Sammelwerk begründen, demnach nur die Komponenten, in denen aufgrund Auswahl oder Anordnung die persönliche geistige Schöpfung zum Ausdruck kommt; für die in der Datenbank gespeicherten Dokumente kann § 87 b einschlägig sein (*Loewenheim* in: Hoeren/Sieber Teil 7.4 Rn. 37).

3. Unzulässige Verbreitung von Vervielfältigungsstücken und öffentliche Wiedergabe (§ 53 Abs. 6)

40   Nach Abs. 6 ist die Verbreitung (siehe § 17 Rn. 4 ff. im HauptB) der nach Abs. 1 bis 4 in zulässiger Weise hergestellten Vervielfältigungsstücke unzulässig. Erfolgte die Herstellung des Vervielfältigungsstückes zum Zweck der Weitergabe an Dritte, liegt schon keine Vervielfältigung zum eigenen Gebrauch vor. Wird dagegen eine zunächst in zulässiger Weise beispiels-

§ 56. Vervielfältigung und öffentliche Wiedergabe § 56 UrhG

weise für ein betriebsinternes Archiv hergestellte Kopie später an einen Dritten weitergegeben, liegt ein Verstoß gegen Abs. 6 vor. Bereits das Angebot an Dritte, diesen die Vervielfältigungsstücke zukommen zu lassen, begründet den aus dem Vervielfältigungsrecht (§ 16) folgenden Verbotsanspruch (BGHZ 134, 250 – CB-Infobank I). Ebenso unzulässig ist die Verwendung der in zulässiger Weise hergestellten Vervielfältigungsstücke zur **öffentlichen Wiedergabe** i. S. d. § 15 Abs. 2.

Als Ausnahme zu dem grundsätzlichen Verbot der Verbreitung von rechtmäßig nach § 53 hergestellten Vervielfältigungsstücken erlaubt Abs. 6 S. 2 den Berechtigten den Verleih der Vervielfältigungsstücke zum Verleih von Zeitungen, vergriffenen Werken sowie Werkstücken, bei denen kleine beschädigte oder abhanden gekommene Teile durch rechtmäßig hergestellte Vervielfältigungsstücke ersetzt wurden (zum Begriff der „kleinen Teile" siehe § 53 Rn. 29, zu den vergriffenen Werken siehe § 53 Rn. 31). **41**

4. Weitere Schranken bei öffentlichen Vorträgen oder Aufführungen, Plänen zu Werken der bildenden Künste und Nachbauten (§ 53 Abs. 7)

Ohne Zustimmung des Berechtigten dürfen auch bei Vorliegen der sonstigen Voraussetzungen des § 53 weder **öffentliche Vorträge** noch **öffentliche Aufführungen** oder **Vorführungen** auf Bild- oder Tonträger aufgenommen werden; zu den Begriffen Vortrag, Aufführung und Vorführung siehe § 19 Rn. 5, 13 und 45 im HauptB, zur Öffentlichkeit siehe § 15 Rn. 12 ff. Bild- und Tonträger sind nach § 16 Abs. 2 Vorrichtungen zur wiederholbaren Wiedergabe von Bild- oder Tonfolgen. Hier kommen Aufnahmen mit Filmkameras, auf Tonbändern, Minidiscs etc. in Betracht. Erfasst vom Verbot der Aufnahme ist nur die sogenannte **Erstfixierung.** Anders als das Mitschneiden eines Konzertes im Konzertsaal ist die Aufnahme eines im Radio gesendeten Livemitschnitts desselben Konzertes bei Vorliegen der sonstigen Voraussetzungen des § 53 zulässig (Schricker/*Loewenheim* § 53 Rn. 53). **42**

Verboten sind nach Abs. 7 die Ausführung von Plänen und Entwürfen zu Werken der bildenden Künste sowie der Nachbau eines Werkes der Baukunst. Nicht vom Verbot der Ausführung von Plänen und Entwürfen zu Werken der bildenden Künste erfasst ist die Vervielfältigung eines existierenden Werkes der bildenden Kunst; ebenfalls nicht erfasst ist die Vervielfältigung von Entwürfen zu diesen Werken, solange es dabei nicht zum Werk der bildenden Kunst kommt. Der Nachbau eines Werkes der Baukunst als Modell ist nach Abs. 1 bis 3 zulässig (Schricker/*Loewenheim* § 53 Rn. 34). Die Regelung des Abs. 7 über Entwürfe zu Werken der bildenden Künste und dem Nachbau eines Werkes der Baukunst entspricht der Regelung des § 23 S. 2. **43**

§ 56. Vervielfältigung und öffentliche Wiedergabe in Geschäftsbetrieben

(1) **In Geschäftsbetrieben, in denen Geräte zur Herstellung oder zur Wiedergabe von Bild- oder Tonträgern, zum Empfang von Funksendungen oder zur elektronischen Datenverarbeitung vertrieben oder instand gesetzt werden, ist die Übertragung von Werken auf Bild-, Ton- oder Datenträger, die öffentliche Wahrnehmbarmachung von Werken mittels Bild-, Ton- oder Datenträger sowie die öffentliche Wahrnehmbarmachung von Funksendungen und öffentliche Zugänglichmachungen von Werken zulässig, soweit dies notwendig ist, um diese Geräte Kunden vorzuführen oder instand zu setzen.**

(2) **Nach Absatz 1 hergestellte Bild-, Ton- oder Datenträger sind unverzüglich zu löschen.**

§ 56. Vervielfältigung und öffentliche Wiedergabe

Literatur: *Bayreuther*, Beschränkungen des Urheberrechts nach der neuen EU-Urheberrechtsrichtlinie, ZUM 2001, 828; *Dreier*, Die Umsetzung der Urheberrechtsrichtlinie 2001/29/EG in deutsches Recht, ZUM 2002, 28; *Flechsig*, Grundlagen des europäischen Urheberrechts, ZUM 2002, 1; *Loewenheim*, Die Benutzung urheberrechtlich geschützter Werke auf Messen und Ausstellungen, GRUR 1987, 659; *Reinbothe*, Die Umsetzung der EU-Urheberrechtsrichtlinie in deutsches Recht, ZUM 2002, 43; *Reinbothe*, Die EG-Richtlinie zum Urheberrecht in der Informationsgesellschaft, GRUR Int. 2001, 733; *Spindler*, Europäisches Urheberrecht in der Informationsgesellschaft, GRUR 2002, 105; *Zecher*, Die Umsetzung der EU-Urheberrechtsrichtlinie in deutsches Recht, ZUM 2002, 52 (Teil I), 451 (Teil II).

Übersicht

	Rn.		Rn.
I. Bedeutung	1	IV. Löschung der Bild-, Ton- oder Datenträger	5
II. Begünstigte Geschäftsbetriebe	2		
III. Zulässige Verwertungshandlungen	3, 4		

I. Bedeutung

1 Die ursprünglich auf Betreiben des Elektrohandels 1965 eingeführte Regelung soll es bestimmten Geschäftsbetrieben mit Publikumsverkehr im Zusammenhang mit dem Vertrieb oder der Reparatur von Geräten ermöglichen, urheberrechtlich geschützte Werke zu nutzen, soweit dies für die **Vorführung und Reparatur erforderlich** ist, ohne eine Erlaubnis des Urhebers einholen oder eine Vergütung zahlen zu müssen. Art. 5 Abs. 3 b) der Multimedia-Richtlinie (siehe Anhang 2 im HauptB) ermöglicht Beschränkungen des Vervielfältigungs-, Verbreitungsrechts sowie des Rechts der öffentlichen Wiedergabe für die Nutzung im Zusammenhang mit der Vorführung und Reparatur von Geräten. Im Rahmen der Umsetzung der Multimedia-Richtlinie wurden neben redaktionellen Änderungen die privilegierten Betriebe im Hinblick auf die technische Entwicklung auf solche Unternehmen erweitert, die Geräte zur **elektronischen Datenverarbeitung** vertreiben und instandsetzen. Um die Funktion auch jener Geräte darstellen und prüfen zu können, wurde der Kreis der privilegierten Handlungen auf die öffentliche Zugänglichmachung von Werken (§ 19a) erstreckt. Als Schranke des Urheberrechts ist § 56 grundsätzlich **eng auszulegen** und einer analogen Anwendung nur in seltenen Ausnahmefällen zugänglich (BGHZ 144, 232 – Parfumflakon; BGH GRUR 2002, 963 – Elektronischer Pressespiegel m. w. N.; siehe vor § 44a Rn. 2).

II. Begünstigte Geschäftsbetriebe

2 Durch § 56 werden Geschäftsbetriebe mit **Publikumsverkehr** begünstigt, die sich mit dem **Vertrieb oder der Instandsetzung** von Geräten zur Herstellung oder Wiedergabe von Bild- oder Tonträgern (Videobänder, Filme, Tonbänder, CD, Minidiscs etc.; siehe § 16 Rn. 2 im HauptB), zum Empfang von Funksendungen (Radio- und Fernsehgeräte) oder zur elektronischen Datenverarbeitung befassen. Geräte zur Herstellung oder zur Wiedergabe von Bild- oder Tonträgern sind beispielsweise Plattenspieler, Tonbandgeräte, Videorecorder, CD-Player und Lautsprecher (Möhring/Nicolini/*Gass* § 56 Rn. 11). Durch die Aufnahme von Geräten zur elektronischen Datenverarbeitung werden auch Geräte zur Vermittlung digitalisierter Werke, wie zum Beispiel Computerbildschirme, Drucker oder

§ 56. Vervielfältigung und öffentliche Wiedergabe   3–5   § 56 UrhG

Modems, erfasst, die anders als beispielsweise digitale Speichergeräte, wie zum Beispiel Computer oder MP3-Player, nicht als Geräte zur Wiedergabe von Bild- oder Tonträgern angesehen werden konnten. Da Bild- oder Tonträger definitionsgemäß Vorrichtungen zur Wiedergabe von Bild- oder Tonfolgen sind (siehe § 16 Abs. 2), Fotokameras und Kopiergeräte aber jeweils nur Einzelabbildungen herstellen, war strittig, ob diese von § 56 erfasst und entsprechende Betriebe privilegiert waren (siehe § 56 Rn. 3 a. F. im HauptB m. w. N.). Da aber beispielsweise eine Digitalkamera ebenso wie ein digitaler Kopierer als Gerät zur elektronischen Datenverarbeitung anzusehen sein wird, besteht keine Veranlassung, Betriebe, die analoge Fotoapparate oder Kopierer vertreiben oder instandsetzen, weiter von der Privilegierung auszunehmen, da eine weitergehende Beeinträchtigung der Rechte des Urhebers insoweit nicht zu befürchten ist.

III. Zulässige Verwertungshandlungen

Die privilegierten Geschäftsbetriebe dürfen nach § 56 Werke auf Bild-, Ton- oder Daten- **3** träger übertragen (siehe § 16 Abs. 2), Werke mittels Bild-, Ton- oder Datenträger öffentlich wahrnehmbar machen (§ 21), Funksendungen öffentlich wahrnehmbar machen (§ 22) und Werke i. S. d. § 19 a öffentlich zugänglich machen, d. h. online zum Abruf bereitstellen. Erfasst sind alle Werkarten i. S. d. § 2 einschließlich deren Bearbeitungen (§ 3) sowie über die Verweisungsvorschriften Lichtbilder, Filmwerke, Multimediawerke, Laufbilder und Leistungsschutzrechte (§§ 72 Abs. 1, 83, 85 Abs. 4, 87 Abs. 4, 94 Abs. 4 und 95). Die Verwertungshandlungen sind jedoch nur zulässig, soweit sie notwendig sind, um den Kunden die aufgeführten Geräte vorzuführen bzw. diese zu reparieren. Die Vorführung der Bild- oder Tonträger selbst ist nicht privilegiert; es ist nicht Sinn der Vorschrift, die Vorführung einer CD zu ermöglichen, sondern die des CD-Players oder dessen Reparatur (AmtlBegr. BT-Drucks. 15/38, 21). Nach der ausdrücklichen Erweiterung der privilegierten Handlungen auf die öffentliche Zugänglichmachung von Werken ist sichergestellt, dass auch der Abruf von Online-Angeboten zur Vorführung beispielsweise eines Computers oder eines Modems zulässig ist.

Die Verwertungshandlungen sind nur insoweit zulässig, wie sie zur **Vorführung der** **4** **Geräte** und deren **Instandsetzung notwendig** sind. Jeder andere, nicht nur unerhebliche Nebenzweck lässt die Privilegierung entfallen. Das ständige Laufenlassen von Stereoanlagen in Warenhäusern oder das Abspielen von Videobändern zur reinen Unterhaltung der Kunden oder zur allgemeinen Kundenwerbung ist nicht gedeckt. Für eine **Vorführung** ist kein persönliches Verkaufsgespräch mit einem Interessenten erforderlich, auch eine Erläuterung eines Gerätes gegenüber einer größeren Gruppe von Interessenten, wie im Rahmen einer Verkaufsmesse, kann zulässig sein. Im Rahmen der **Instandsetzung** von Geräten ist ausschließlich die Nutzung der Werke im Rahmen der Fehlersuche, der eigentlichen Fehlerbehebung und der nach Abschluss der Instandsetzung erforderlichen Funktionsprüfung gedeckt. Soweit kein konkreter Zusammenhang mit den Maßnahmen zur Instandsetzung vorliegt, ist der Rahmen des § 56 überschritten.

IV. Löschung der Bild-, Ton- oder Datenträger

Gemäß Abs. 2 sind die nach Abs. 1 in zulässiger Weise hergestellten Bild-, Ton oder **5** Datenträger **unverzüglich zu löschen.** Dies geschieht nur dann ohne schuldhaftes Zögern

UrhG § 58 1 § 58. Werke in Ausstellungen, öffentlichem Verkauf

(§ 121 BGB), wenn der Bild-, Ton- oder Datenträger unmittelbar nach Abschluss der Reparaturarbeit oder nach der Vorführung des Gerätes gelöscht oder gegebenenfalls unbrauchbar gemacht wird. Ein im Rahmen der Vorführung aufgenommenes Tonband darf deshalb nicht für eine spätere Vorführung für einen weiteren Kunden aufbewahrt werden. Eine Verbreitung des im Rahmen des § 56 in zulässiger Weise bespielten Bild-, Ton- oder Datenträgers ist durch die Vorschrift nicht gedeckt (Schricker/*Melichar* § 56 Rn. 11).

§ 58. Werke in Ausstellungen, öffentlichem Verkauf und öffentlich zugänglichen Einrichtungen

(1) **Zulässig ist die Vervielfältigung, Verbreitung und öffentliche Zugänglichmachung von öffentlich ausgestellten oder zur öffentlichen Ausstellung oder zum öffentlichen Verkauf bestimmten Werken der bildenden Künste und Lichtbildwerken durch den Veranstalter zur Werbung, soweit dies zur Förderung der Veranstaltung erforderlich ist.**

(2) **Zulässig ist ferner die Vervielfältigung und Verbreitung der in Absatz 1 genannten Werke in Verzeichnissen, die von öffentlich zugänglichen Bibliotheken, Bildungseinrichtungen oder Museen in inhaltlichem und zeitlichem Zusammenhang mit einer Ausstellung oder zur Dokumentation von Beständen herausgegeben werden und mit denen kein eigenständiger Erwerbszweck verfolgt wird.**

Literatur: *Bayreuther,* Beschränkungen des Urheberrechts nach der neuen EU-Urheberrechtsrichtlinie, ZUM 2001, 828; *Berger,* Zur zukünftigen Regelung der Katalogbildfreiheit in § 58 UrhG, ZUM 2002, 120; *Dreier,* Die Umsetzung der Urheberrechtsrichtlinie 2001/29/EG in deutsches Recht, ZUM 2002, 28; *Flechsig,* Grundlagen des europäischen Urheberrechts, ZUM 2002, 1; *Reinbothe,* Die Umsetzung der EU-Urheberrechtsrichtlinie in deutsches Recht, ZUM 2002, 43; *Reinbothe,* Die EG-Richtlinie zum Urheberrecht in der Informationsgesellschaft, GRUR Int. 2001, 733; *Spindler,* Europäisches Urheberrecht in der Informationsgesellschaft, GRUR 2002, 105; *Zecher,* Die Umsetzung der EU-Urheberrechtsrichtlinie in deutsches Recht, ZUM 2002, 52 (Teil I), 451 (Teil II).

Übersicht

	Rn.		Rn.
I. Bedeutung	1, 2	IV. Vervielfältigung und Verbreitung in Verzeichnissen von Bibliotheken, Bildungseinrichtungen oder Museen (§ 58 Abs. 2)	10, 11
II. Werke der bildenden Künste und Lichtbildwerke	3, 4		
III. Vervielfältigung, Verbreitung und öffentliche Zugänglichmachung durch den Veranstalter zur Werbung (§ 58 Abs. 1)	5–9		

I. Bedeutung

1 § 58 Abs. 1 ermöglicht im Interesse der **Durchführung von Ausstellungen und öffentlichen Verkaufsveranstaltungen,** aber auch im Interesse des Urhebers, dessen Bekanntheit und Werkabsatz gesteigert wird, die vergütungsfreie Vervielfältigung, Verbreitung und öffentliche Zugänglichmachung von Werken der bildenden Künste und von Lichtbildwerken zur Werbung, soweit dies zur Förderung der Veranstaltung erforderlich ist. Nach Abs. 2 ist darüber hinaus die Vervielfältigung und Verbreitung (nicht die öffentliche Zugänglichmachung) der in Abs. 1 bezeichneten Werke in **Verzeichnissen** zulässig, die von öffentlich zugänglichen Bibliotheken, Bildungseinrichtungen oder Museen in inhaltlichem und

zeitlichem **Zusammenhang mit einer Ausstellung** oder zur **Bestandsdokumentation** herausgegeben werden, wenn mit diesen kein eigenständiger Erwerbszweck verfolgt wird.

Art. 5 Abs. 3j) i. V. m. Abs. 4 der Multimedia-Richtlinie (siehe Anhang 2 im HauptB) **2** erlauben die Beschränkungen des Vervielfältigungs- und des Verbreitungsrechts sowie des Rechts der öffentlichen Zugänglichmachung gemäß Abs. 1. Art. 5 Abs. 2c) i. V. m. mit Abs. 4 erlauben Beschränkungen des Vervielfältigungs- und Verbreitungsrechts zugunsten von öffentlich zugänglichen Bibliotheken, Bildungseinrichtungen oder Museen. Als Schrankenregelung ist § 58, der in der nun geltenden Fassung weit über die in § 58 a. F. geregelte **Katalogbildfreiheit,** d. h. die zulässige Aufnahme von Werken ausschließlich in Ausstellungs- oder Versteigerungsverzeichnisse, hinausgeht, **eng auszulegen** (BGH GRUR 2002, 605 – Verhüllter Reichstag; BGH GRUR 2002, 963, Elektronischer Pressespiegel m. w. N.). Das **Urheberpersönlichkeitsrecht** wird durch § 14 und das Änderungsverbot (§ 62) bzw. die Verpflichtung zur Quellenangabe (§ 63) gewahrt.

II. Werke der bildenden Künste und Lichtbildwerke

§ 58 bezieht sich auf Werke der **bildenden Künste,** also auf Bilder, Skulpturen und **3** Grafiken (vgl. § 2 Abs. 1 Nr. 4) sowie **Lichtbildwerke** (§ 2 Abs. 1 Nr. 5). Bereits vor Umsetzung der Multimedia-Richtlinie war anerkannt, dass § 58 auch auf Lichtbildwerke Anwendung findet, da dies der Systematik der §§ 18 und 44 entspricht (Schricker/*Vogel* § 58 Rn. 1; Möhring/Nicolini/*Gass* § 58 Rn. 18). Strittig blieb, inwieweit auch Werke der angewandten Kunst (siehe § 2 Rn. 94 im HauptB) unter § 58 fallen können. Nach *Vogel* (Schricker/*Vogel* § 58 Rn. 10) scheiden Werke der angewandten Kunst aus, *Nordemann* (Fromm/Nordemann/*Nordemann* § 58 Rn. 1) ist dagegen für eine Ausdehnung auf solche Werke. In der Entscheidung „Parfumflakon" zu § 58 a. F. (BGHZ 144, 232) hat der BGH diese Frage offengelassen, aber auch bei Werken der angewandten Kunst wie bei Werken der reinen Kunst das Bedürfnis gesehen, sie in einem Ausstellungs- und Versteigerungskatalog abzubilden. Ein sachlicher Grund für eine Differenzierung scheint nicht existent zu sein, so dass eine analoge Anwendung auch auf Werke der angewandten Kunst angezeigt ist.

Die nach § 58 Abs. 1 vervielfältigten, verbreiteten und öffentlich zugänglich gemachten **4** Werke müssen gemäß Abs. 1 **öffentlich ausgestellt** sein oder **zu öffentlichen Ausstellungen oder zum öffentlichen Verkauf bestimmt** sein. Werke sind dann zur öffentlichen Ausstellung bestimmt, wenn sie in absehbarer Zeit ausgestellt werden; es schadet nicht, wenn sie vorübergehend aus Platzmangel im Magazin des Museums eingelagert sind (BGHZ 126, 313 – Museums-Katalog). **Ausstellungen** i. S. d. § 58 sind nicht nur vorübergehende Ausstellungen, sondern auch ständige Ausstellungen (a. A. Fromm/Nordemann/ *Nordemann* § 58 Rn. 2). Zum **öffentlichen Verkauf** sind Werke bestimmt, wenn sie einer Vielzahl, theoretisch nicht abgegrenzten Anzahl von potentiellen Interessenten (siehe § 15 Abs. 3) angeboten werden sollen. Die Vorschrift erfasst nicht mehr nur Versteigerungen, sondern auch jede andere Art des öffentlichen Verkaufs. Diese Erweiterung des Privilegierungstatbestandes war erforderlich, weil die besondere Begünstigung von Versteigerern im Hinblick auf den Erschöpfungsgrundsatz (§ 17 Abs. 2) nicht berechtigt war und entspricht dem Wortlaut von Art. 5 Abs. 3j) Multimedia-Richtlinie (*Berger* ZUM 2002, 21). Nachdem es ausreicht, wenn die Werke zur öffentlichen Ausstellung oder dem öffentlichen Verkauf bestimmt sind, ändert die spätere Nichtdurchführung einer geplanten Veranstaltung nichts an der Zulässigkeit der Verwertungshandlung gemäß § 58 Abs. 1 (Möhring/Nicolini/*Gass* § 58 Rn. 23; Schricker/*Vogel* § 58 Rn. 10).

III. Vervielfältigung, Verbreitung und öffentliche Zugänglichmachung durch den Veranstalter zur Werbung (§ 58 Abs. 1)

5   § 58 Abs. 1 privilegiert den **Veranstalter**, d. h. denjenigen, der in organisatorischer und finanzieller Hinsicht für die Durchführung der Ausstellung oder der öffentlichen Verkaufsveranstaltung verantwortlich ist (zum Veranstalterbegriff siehe § 81 Rn. 10 ff. im HauptB). Kunstbände, die von Dritten anläßlich einer Ausstellung herausgegeben werden, fallen nicht unter die Privilegierung.

6   § 58 Abs. 1 erlaubt die Vervielfältigung, Verbreitung und öffentliche Zugänglichmachung durch den Veranstalter zur Werbung für eine öffentliche Ausstellung oder einen öffentlichen Verkauf, soweit dies zu der Förderung der Veranstaltung erforderlich ist. Anders als in § 58 a. F. ist folglich die Verwertung nicht nur in „Verzeichnissen", nach ehemals herrschender Ansicht gedruckte Kataloge (siehe § 58 a. F. Rn. 5 f. HauptB), sondern auch im Rahmen digitaler Offline-Medien (CD-ROM etc.) sowie das zum Abruf in digitalen Netzen verfügbar Halten i. S. d. § 19 a zulässig. Beschränkt wird die Verwertung durch den erforderlichen Zweck der Werbung zur Förderung der öffentlichen Ausstellung oder des öffentlichen Verkaufs; nicht zulässig ist folglich eine Verwertungshandlung, die die Vermittlung des Werkgenusses in den Vordergrund stellt. Ein allgemeiner Werbeprospekt, mit dem generell für die Tätigkeit eines Veranstalters geworben wird, dürfte weiterhin nicht privilegiert sein, da nicht die Werbung für eine konkrete Ausstellung oder eine konkrete Verkaufsveranstaltung im Vordergrund steht (zu § 58 a. F. BGH GRUR 1993, 822 – Katalogbild).

7   In **zeitlicher Hinsicht** erlaubt § 58 Abs. 1 die Verwertung der Werke nur in der Vorbereitungszeit der Veranstaltung oder während der Dauer der Veranstaltung. Nach Abschluss der Veranstaltungen sind weitere Verwertungshandlungen zustimmungsbedürftig, da sie nicht mehr der Werbung für die Veranstaltung dienen können. Nicht durch § 58 Abs. 1 privilegiert ist die Verwertung von Werken mit Gewinnerzielungsabsicht, beispielsweise wenn Poster, Postkarten oder Kataloge gegen Entgelt verbreitet oder im Buchhandel vertrieben werden (siehe zu § 58 a. F. Schricker/*Vogel* § 58 Rn. 16; Möhring/Nicolini/*Gass* § 58 Rn. 37).

8   Zweifelhaft ist, ob **Ausstellungs- und Museumskataloge** zur Werbung für eine Ausstellung dienen und diese fördern, da die Existenz eines Kataloges die Anziehungskraft einer Ausstellung oder einer öffentlichen Verkaufsveranstaltung jedenfalls erhöht und für weite Teile des Verkehrs die Akzeptanz und Einschätzung einer Veranstaltung verbessert. Eine Subsumtion des „klassischen" Ausstellungskataloges unter die Werbemaßnahmen i. S. d. § 58 Abs. 1 ist wohl noch möglich (siehe auch *Bayreuther* ZUM 2001, 828).

9   Der Auffassung, das Prinzip, den Urheber in möglichst großem Umfang am wirtschaftlichen Nutzen seines Werkes teilhaben zu lassen, erfordere, einen finanziellen Ausgleich vorzusehen (Schricker/*Vogel* § 58 Rn. 7; Möhring/Nicolini/*Gass* § 58 Rn. 11; *Berger* ZUM 2002, 26), ist der Gesetzgeber nicht gefolgt, obwohl dies möglich gewesen wäre (siehe Erwägungsgrund 36 der Mulimedia-Richtlinie). Da § 58 Abs. 1 nur zur Werbung für eine öffentliche Ausstellung und dem öffentlichen Verkauf von Werken berechtigt und zur Förderung der Veranstaltung erforderlich sein muss, erscheint eine i. S. d. Drei-Stufen-Tests gemäß Art. 5 Abs. 5 Multimedia-Richtlinie ungebührliche Verletzung der Interessen des

§ 60. Bildnisse   **§ 60 UrhG**

Rechtsinhabers nicht vorzuliegen; soweit eine öffentliche Verkaufsveranstaltung beworben wird, sind die Interessen des Urhebers bereits durch das Folgerecht des § 26 gewahrt (*Berger* ZUM 2002, 26; siehe § 26 Rn. 1 ff. im HauptB).

IV. Vervielfältigung und Verbreitung in Verzeichnissen von Bibliotheken, Bildungseinrichtungen oder Museen (§ 58 Abs. 2)

Die neu ins UrhG aufgenommene Schranke des § 58 Abs. 2 erlaubt ausgehend von der **10** zu Abs. 1 identischen Verwertungsbasis, d. h. Werken der bildenden Künste, der angewandten Kunst und Lichtbildwerken (siehe § 58 Rn. 3), die Vervielfältigung und Verbreitung in Verzeichnissen. Nach „dem mittlerweile geänderten technischen Umfeld in diesem Zusammenhang" umfasst der Begriff des Verzeichnisses auch digitale Offline-Medien wie die CD-ROM (AmtlBegr. BT-Drucks. 15/38, 22). Nicht von § 58 Abs. 2 privilegiert ist das öffentliche Zugänglichmachen i. S. d. § 19a; Verzeichnisse können folglich nicht nach § 58 Abs. 2 im Internet zum Abruf zur Verfügung gestellt werden.

Die von § 58 Abs. 2 privilegierten Verzeichnisse müssen von öffentlich zugänglichen **11** Bibliotheken, Bildungseinrichtungen oder Museen in inhaltlichem und zeitlichem Zusammenhang mit einer Ausstellung oder zur Dokumentation von Beständen herausgegeben werden. Ein inhaltlicher und zeitlicher Zusammenhang mit einer Ausstellung dürfte nur gegeben sein, wenn Gegenstand des Kataloges die ausgestellten Werke sind und die Herausgabe während der Vorbereitungsphase und während des Ausstellungszeitraumes erfolgt. Ein **eigenständiger Erwerbszweck** darf mit den privilegierten Verzeichnissen nicht verfolgt werden. Nachdem die Schranke den öffentlich zugänglichen Bibliotheken, Bildungseinrichtungen und Museen im Hinblick auf ein kulturpolitisches Bedürfnis die Möglichkeit zur Herausgabe von Katalogen sichern soll (AmtlBegr. BT-Drucks. 15/38, 22), wird eine Veräußerung der Verzeichnisse zum Selbstkostenpreis noch privilegiert sein.

§ 60. Bildnisse

(1) **Zulässig ist die Vervielfältigung sowie die unentgeltliche und nicht zu gewerblichen Zwecken vorgenommene Verbreitung eines Bildnisses durch den Besteller des Bildnisses oder seinen Rechtsnachfolger oder bei einem auf Bestellung geschaffenen Bildnis durch den Abgebildeten oder nach dessen Tod durch seine Angehörigen oder durch einen im Auftrag einer dieser Personen handelnden Dritten. Handelt es sich bei dem Bildnis um ein Werk der bildenden Künste, so ist die Verwertung nur durch Lichtbild zulässig.**

(2) **Angehörige im Sinne von Absatz 1 Satz 1 sind der Ehegatte oder der Lebenspartner und die Kinder oder, wenn weder ein Ehegatte oder Lebenspartner noch Kinder vorhanden sind, die Eltern.**

Literatur: *Bayreuther*, Beschränkungen des Urheberrechts nach der neuen EU-Urheberrechtsrichtlinie, ZUM 2001, 828; *Dreier*, Die Umsetzung der Urheberrechtsrichtlinie 2001/29/EG in deutsches Recht, ZUM 2002, 28; *Flechsig*, Grundlagen des europäischen Urheberrechts, ZUM 2002, 1; *Reinbothe*, Die Umsetzung der EU-Urheberrechtlinie in deutsches Recht, ZUM 2002, 43; *Reinbothe*, Die EG-Richtlinie zum Urheberrecht in der Informationsgesellschaft, GRUR Int. 2001, 733; *Spindler*, Europäisches Urheberrecht in der Informationsgesellschaft, GRUR 2002, 105; *Zecher*, Die Umsetzung der EU-Urheberrechtsrichtlinie in deutsches Recht, ZUM 2002, 52 (Teil I), 451 (Teil II).

§ 60. Bildnisse

Übersicht

	Rn.		Rn.
I. Bedeutung	1, 2	III. Besteller und Auftraggeber bzw. Rechtsnachfolger	5
II. Bildnisse auf Bestellung	3, 4	IV. Zugelassene Nutzungshandlungen	6, 7
1. Bildnis	3		
2. Auf Bestellung	4		

I. Bedeutung

1 Im Interesse des **Bestellers eines Bildnisses** oder dessen Rechtsnachfolger bzw. des auf einem auf Bestellung geschaffenen Bildnis **Abgebildeten** oder dessen Angehörigen erlaubt § 60 die Herstellung von Vervielfältigungsstücken sowie die unentgeltliche und nicht zu gewerblichen Zwecken vorgenommene Verbreitung. Die Multimedia-Richtlinie (siehe Anhang 2 im HauptB) enthält keine dem § 60 entsprechende Regelung. Der Fortbestand der Schranke des § 60 war damit nach Art. 5 Abs. 3 o) der Multimedia-Richtlinie nur zulässig, soweit die Schranke ausschließlich analoge Nutzungen betrifft. Konsequenterweise wurden bei der Neuformulierung des § 60 die erlaubnisfrei zulässigen Verwertungshandlungen nicht auf die öffentliche Zugänglichmachung und damit auf eine digitale Nutzungsform ausgeweitet (AmtlBegr. BT-Drucks. 15/38, 22). Sinn der Vorschrift ist es, den Bestellern oder Abgebildeten zu ermöglichen, Erinnerungsstücke von Bildnissen herzustellen und Vervielfältigungsstücke zu verschenken (*Rehbinder* 201). Hierbei ist nach dem Wortlaut der Vorschrift unerheblich, ob der Urheber aufgefunden werden kann oder nicht. § 60 stellt keine reine Schrankenbestimmung des Urheberrechts dar, sondern ist vielmehr als **abdingbare urhebervertragsrechtliche Auslegungsregel** im Verhältnis zwischen Urheber und Besteller oder Abgebildetem anzusehen (OLG Karlsruhe ZUM 1994, 737 – Musikgruppe S; Schricker/*Vogel* § 60 Rn. 4; Fromm/Nordemann/*Nordemann* § 60 Rn. 5; Möhring/Nicolini/*Gass* § 60 Rn. 13). Die Einbehaltung des Negativs durch einen Fotografen kann insoweit noch nicht als stillschweigende Abbedingungen angesehen werden (Fromm/Nordemann/*Nordemann* § 60 Rn. 5). Sind die Rechte aus § 60 wirksam abbedungen, begründet die Vervielfältigung eines Bildnisses Ansprüche aus §§ 97 ff. Ein Anspruch auf Herausgabe des Bildnisses im Original, eines Vervielfältigungsstückes oder von Negativen kann aus der Vorschrift nicht hergeleitet werden (LG Wuppertal GRUR 1989, 54 – Lichtbild-Negative).

2 § 60 gilt für das Verhältnis zwischen Besteller und Urheber sowie Abgebildetem und Urheber. Möchte der Besteller Vervielfältigungsstücke der Abbildung verbreiten oder öffentlich zur Schau stellen, benötigt er die Zustimmung des Abgebildeten nach § 22 KUG. § 53 ist uneingeschränkt neben § 60 anwendbar (Schricker/*Vogel* § 60 Rn. 6; *Rehbinder* 202). Als Beschränkung der Rechte des Urhebers ist § 60 **eng auszulegen** (BGHZ 126, 313 – Museumskatalog; siehe Vor §§ 44 a ff. Rn. 4). Eine Verpflichtung zur Quellenangabe besteht in den Fällen des § 60 nicht. Das Urheberpersönlichkeitsrecht wird durch das **Änderungsverbot** (§ 62) geschützt.

II. Bildnisse auf Bestellung

1. Bildnis

3 Bildnisse i. S. d. § 60 sind wie in § 22 KUG (siehe § 22 KUG Rn. 5 im HauptB) **Personendarstellungen,** die eine oder mehrere Personen wiedergeben (OLG Karlsruhe

ZUM 1994, 737 – Musikgruppe S; Schricker/*Vogel* § 60 Rn. 13). Die abgebildete Person muss hierbei anhand von persönlichen individuellen Merkmalen, wie regelmäßig Gesichtszügen oder Statur, wiederzuerkennen sein. Ob es sich beim Bildnis um ein Portrait oder um eine Wiedergabe des gesamten Körpers oder des Torsos handelt, ist unerheblich. Auch eine Totenmaske kommt als Bildnis i. S. d. § 60 in Betracht (KG GRUR 1981, 742 – Totenmaske I; Fromm/Nordemann/*Nordemann* § 60 Rn. 2), da es weder darauf ankommt, ob die abgebildete Person bereits verstorben ist, noch ob es sich um ein zweidimensionales Werk, sei es ein Lichtbildwerk, sei es ein Lichtbild oder ein Aquarell, Ölgemälde oder um ein dreidimensionales Werk wie Statuen, Büsten oder Reliefs handelt (Schricker/*Vogel* § 60 Rn. 15; Möhring/Nicolini/*Gass* § 60 Rn. 19). Für das Eingreifen von § 60 ist jedoch Voraussetzung, dass die wiedergegebene Person oder Personen **Hauptgegenstand der Darstellung** sind (Möhring/Nicolini/*Gass* § 60 Rn. 18; Schricker/*Vogel* § 60 Rn. 14).

2. Auf Bestellung

Die durch die gesetzliche Auslegungsregel des § 60 erfolgte Einschränkung der Rechte des Urhebers eines Bildnisses gilt nur für Bildnisse, die **auf Bestellung,** d. h. im Auftrag des Abgebildeten oder einer dritten Person gefertigt wurden. Bildet der Urheber Personen ohne Vorliegen eines Auftrages, sondern aus eigenem Antrieb, ab, greift § 60 nicht; die Zulässigkeit der Fertigung von Vervielfältigungsstücken richtet sich dann nach den weiteren Vorschriften, insbesondere nach § 53. Nur die Beschränkung des § 60 auf Bildnisse, die auf Bestellung gefertigt wurden, dürfte die Vorschrift rechtfertigen, da der Schöpfer die Möglichkeit hat, eine angemessene Vergütung im Rahmen des Auftrags zur Erstellung des Werks zu erhalten.

III. Besteller und Auftraggeber bzw. Rechtsnachfolger

Nach § 60 Abs. 1 ist der Besteller des Bildnisses oder dessen Rechtsnachfolger begünstigt. **Besteller** ist hierbei derjenige, in dessen Auftrag der Fotograf, Bildhauer oder Maler etc. bei der Erstellung des Bildnisses tätig wurde. Für die Bestimmung des Rechtsnachfolgers sind die allgemeinen Regeln des BGB maßgeblich. Es kommen sowohl **Einzelrechtsnachfolge** im Hinblick auf die Rechte des Bestellers wie auch **Universalsukzession** in Betracht. **Abgebildete** sind die erkennbar im Bildnis wiedergegebenen Personen. Die Angehörigen, auf die die Rechte des Abgebildeten nach dessen Tode übergehen, sind in Abs. 2 definiert. Die Übertragung der Rechtsposition des Abgebildeten auf die Angehörigen stellt keine echte Rechtsnachfolge dar, sie führt lediglich zu eigenen Werknutzungsmöglichkeiten (*v. Gamm* § 60 Rn. 5); diese Position der Angehörigen ist nicht übertragbar.

IV. Zugelassene Nutzungshandlungen

Die durch § 60 Berechtigten dürfen das Bildnis **vervielfältigen;** zum Begriff der Vervielfältigung siehe § 16 Rn. 2 im HauptB. Im Gegensatz zur a. F. beschränkt die neue Fassung die Vervielfältigung nicht nur auf eine Vervielfältigung durch Lichtbildwerk oder Lichtbild. Das Bildnis darf folglich auch abgemalt, abgezeichnet oder digital gespeichert werden. Etwa hieraus resultierende Bearbeitungen des Bildnisses kann der Urheber nicht nach § 23 untersagen (Schricker/*Vogel* § 60 Rn. 25; Möhring/Nicolini/*Gass* § 60 Rn. 22; a. A. *von Gamm* § 61 Rn. 6, der zwar die Herstellung solcher Bearbeitungen durch § 60 gedeckt sieht, die Veröffentlichung und Verbreitung jedoch dem Recht des Urhebers aus § 23 unterwerfen will, was dem Sinn des Abs. 1 S. 1 zuwiderlaufen dürfte). Handelt es sich bei dem Bildnis um ein Werk der bildenden Künste i. S. d. § 2 Nr. 4 (siehe § 2 Rn. 80 ff. im HauptB), ist die Verwertung, d. h. die Vervielfältigung nur durch Lichtbild i. S. d. § 72 zulässig (Abs. 1 S. 2). Die Vervielfältigung der Bildnisse darf durch Dritte erfolgen; es ist unerheblich, ob diese gegen Entgelt oder unentgeltlich für die Berechtigten tätig werden.

7 Die nach § 60 in zulässiger Weise hergestellten Vervielfältigungsstücke der Bildnisse dürfen nach Abs. 1 S. 1 **verbreitet** werden, soweit die Verbreitung unentgeltlich und nicht zu gewerblichen Zwecken erfolgt; zum Begriff der Verbreitung siehe § 17 Rn. 4 im HauptB. Die Rechte des Abgebildeten aus §§ 22 ff. KUG sind zu beachten. Anders als nach § 60 a. F. darf das Bildnis nicht mehr zu gewerblichen Zwecken verbreitet werden. Zulässig ist die Verbreitung nur noch zu nicht gewerblichen, d. h. zu privaten Zwecken. Das zur Eigenwerbung erfolgende Verteilen von Handzetteln mit dem Bildnis des Werbenden fällt folglich nicht mehr unter die Privilegierung des § 60 n. F. (AmtlBegr. BT-Drucks. 15/38, 22). Unentgeltlich ist eine Verbreitung, wenn die Berechtigten hierfür keinerlei Entgelt erhalten. Selbst eine Erstattung von Herstellungskosten für die Vervielfältigungsstücke dürfte im Hinblick auf die gebotene enge Auslegung (siehe Rn. 2) die Verbreitung nicht mehr durch § 60 gedeckt sein lassen (Möhring/Nicolini/*Gass* § 60 Rn. 26).

§ 61. Zwangslizenz zur Herstellung von Tonträgern (weggefallen)

Aufgehoben m. W. v. 13. 9. 2003 durch Art. 1 Abs. 1 Ziff. 19 des Gesetzes zur Regelung des Urheberrechts in der Informationsgesellschaft v. 10. 9. 2003, BGBl. I S. 1774. Die Vorschrift wurde inhaltsgleich als neuer § 42 a in das Gesetz aufgenommen (siehe § 42 a Rn. 1 ff.).

§ 62. Änderungsverbot

(1) **Soweit nach den Bestimmungen dieses Abschnitts die Benutzung eines Werkes zulässig ist, dürfen Änderungen an dem Werk nicht vorgenommen werden. § 39 gilt entsprechend.**

(2) **Soweit der Benutzungszweck es erfordert, sind Übersetzungen und solche Änderungen des Werkes zulässig, die nur Auszüge oder Übertragungen in eine andere Tonart oder Stimmlage darstellen.**

(3) **Bei Werken der bildenden Künste und Lichtbildwerken sind Übertragungen des Werkes in eine andere Größe und solche Änderungen zulässig, die das für die Vervielfältigung angewendete Verfahren mit sich bringt.**

(4) **Bei Sammlungen für Kirchen-, Schul- oder Unterrichtsgebrauch (§ 46) sind außer den nach den Absätzen 1 bis 3 erlaubten Änderungen solche Änderungen von Sprachwerken zulässig, die für den Kirchen-, Schul- oder Unterrichtsgebrauch erforderlich sind. Diese Änderungen bedürfen jedoch der Einwilligung des Urhebers, nach seinem Tode der Einwilligung seines Rechtsnachfolgers (§ 30), wenn dieser Angehöriger (§ 60 Abs. 2) des Urhebers ist oder das Urheberrecht auf Grund letztwilliger Verfügung des Urhebers erworben hat. Die Einwilligung gilt als erteilt, wenn der Urheber oder der Rechtsnachfolger nicht innerhalb eines Monats, nachdem ihm die beabsichtigte Änderung mitgeteilt worden ist, widerspricht und er bei der Mitteilung der Änderung auf diese Rechtsfolge hingewiesen worden ist.**

§ 63. Quellenangabe

Die Vorschrift wird durch die Gesetzesnovellierung in ihrem Regelungsgehalt nicht berührt. Es erfolgt lediglich eine redaktionelle Anpassung an die Umstellung der Absätze in § 60. Die Verweisung des § 62 Abs. 4 a. F. auf § 60 Abs. 3 a. F. wird geändert. § 62 Abs. 4 n. F. verweist auf § 60 Abs. 2 n. F., der nunmehr den Begriff des „Angehörigen" definiert.

§ 63. Quellenangabe

(1) Wenn ein Werk oder ein Teil eines Werkes in den Fällen des § 45 Abs. 1, der §§ 45a bis 48, 50, 51, 58 und 59 vervielfältigt wird, ist stets die Quelle deutlich anzugeben. Das gleich gilt in den Fällen des § 53 Abs. 2 Nr. 1 und Abs. 3 Nr. 1 für die Vervielfältigung eines Datenbankwerkes. Bei der Vervielfältigung ganzer Sprachwerke oder ganzer Werke der Musik ist neben dem Urheber auch der Verlag anzugeben, in dem das Werk erschienen ist, und außerdem kenntlich zu machen, ob an dem Werk Kürzungen oder andere Änderungen vorgenommen worden sind. Die Verpflichtung zur Quellenangabe entfällt, wenn die Quelle weder auf dem benutzten Werkstück oder bei der benutzten Werkwiedergabe genannt noch dem zur Vervielfältigung Befugten anderweit bekannt ist.

(2) Soweit nach den Bestimmungen dieses Abschnitts die öffentliche Wiedergabe eines Werkes zulässig ist, ist die Quelle deutlich anzugeben, wenn und soweit die Verkehrssitte es erfordert. In den Fällen der öffentlichen Wiedergabe nach den §§ 46, 48, 51 und 52a ist die Quelle einschließlich des Namens des Urhebers stets anzugeben, es sei denn, dass dies nicht möglich ist.

(3) Wird ein Artikel aus einer Zeitung oder einem anderen Informationsblatt nach § 49 Abs. 1 in einer anderen Zeitung oder in einem anderen Informationsblatt abgedruckt oder durch Funk gesendet, so ist stets außer dem Urheber, der in der benutzten Quelle bezeichnet ist, auch die Zeitung oder das Informationsblatt anzugeben, woraus der Artikel entnommen ist; ist dort eine andere Zeitung oder ein anderes Informationsblatt als Quelle angeführt, so ist diese Zeitung oder dieses Informationsblatt anzugeben. Wird ein Rundfunkkommentar nach § 49 Abs. 1 in einer Zeitung oder einem anderen Informationsblatt abgedruckt oder durch Funk gesendet, so ist stets außer dem Urheber auch das Sendeunternehmen anzugeben, das den Kommentar gesendet hat.

In die Vorschrift wird mit der Gesetzesnovellierung ein Verweis auf die neue Vorschrift des § 45a (Behinderte Menschen) mit aufgenommen.

Weiter wurde die Vorschrift um Abs. 2 S. 2 ergänzt. Die Anforderungen an die Quellenangabe bei der öffentlichen Wiedergabe nach §§ 46, 48, 51 und 52a wurden erhöht. Die Quellenangabe hat, sofern sie möglich ist, stets und nicht nur wie bisher bei entsprechender Verkehrssitte zu erfolgen. Zum Begriff der Möglichkeit siehe § 63 Rn. 23 im HauptB. Die Namensnennung des Urhebers als Teil der Quellenangabe wird ausdrücklich bestimmt. Da die Namensnennung des Urhebers Bestandteil der Quellenangabe ist (siehe § 63 Rn. 12 im HauptB), hat die Formulierung klarstellende Funktion. Die ergänzende Bestimmung erfüllt die gegenüber § 63 a. F. strengeren Vorgaben an die Quellenangabe in Art. 5 Abs. 3 a), d) und f) der Multimedia-Richtlinie.

Im Übrigen bleibt § 63 unverändert (siehe § 63 Rn. 1 ff. im HauptB).

Abschnitt 8. Besondere Bestimmungen für Computerprogramme

§ 69 a. Gegenstand des Schutzes

(1) **Computerprogramme im Sinne dieses Gesetzes sind Programme in jeder Gestalt,** einschließlich des Entwurfsmaterials.

(2) **Der gewährte Schutz gilt für alle Ausdrucksformen eines Computerprogramms.** Ideen und Grundsätze, die einem Element eines Computerprogramms zugrunde liegen, einschließlich der den Schnittstellen zugrundeliegenden Ideen und Grundsätze, sind nicht geschützt.

(3) **Computerprogramme werden geschützt, wenn sie individuelle Werke in dem Sinne darstellen, daß sie das Ergebnis der eigenen geistigen Schöpfung ihres Urhebers sind.** Zur Bestimmung ihrer Schutzfähigkeit sind keine anderen Kriterien, insbesondere nicht qualitative oder ästhetische, anzuwenden.

(4) **Auf Computergrogramme finden die für Sprachwerke geltenden Bestimmungen Anwendung, soweit in diesem Abschnitt nichts anderes bestimmt ist.**

(5) **Die Vorschriften der §§ 95 a bis 95 d finden auf Computerprogramme keine Anwendung.**

Literatur: *Dreier*, Die Umsetzung der Urheberrechtsrichtlinie 2001/29/EG in deutsches Recht, ZUM 2002, 28; *Lindhorst*, Schutz von und vor technischen Maßnahmen, Osnabrück 2002; *Jaeger*, Auswirkungen der EU-Urheberrechtsrichtlinie auf die Regelungen des Urheberrechtsgesetzes für Software, CR 2002, 309.

Zu den unveränderten § 69 a Abs. 1 bis 4 siehe die Kommentierung im HauptB

Übersicht

	Rn.		Rn.
I. Hintergrund und Systematik des § 69 a Abs. 5	1, 2	II. Regelungsinhalt des § 69 a Abs. 5 ...	3–5

I. Hintergrund und Systematik des § 69 a Abs. 5

1   Die Regelung ist **Ausnahme zu** bzw. i. S. v. **§ 69 a Abs. 4**. Nach § 69 a Abs. 4 sollen auf Computerprogramme die für Sprachwerke geltenden Bestimmungen Anwendung finden, soweit die §§ 69 a ff. nichts anderes bestimmen. In diesem Sinne stellt Abs. 5 klar, dass die **für Sprachwerke** geltenden Regelungen **§§ 95 a bis 95 d** über den Schutz technischer Maßnahmen zum Schutz von Urheberrechten auf Computerprogramme grundsätzlich keine Anwendung finden.

2   **Für Computerprogramme** bleibt es **allein** (beachte aber auch das Zugangskontrolldiensteschutz-Gesetz – ZKDSG) bei der **Spezialregelung des § 69 f Abs. 2**. Der Regierungsentwurf begründet dies damit, dass die Multimedia-Richtlinie (siehe Anhang 2 im HauptB) selbst den Schutz nicht auf den Bereich der Computerprogramme erstrecke (vgl. Art. 1 Abs. 2 lit. a sowie Erwägungsgrund 50 Multimedia-Richtlinie; *Dreier* ZUM 2002, 28, 36), sowie damit, dass schon im Hinblick auf die erheblichen Probleme im Verhältnis zu § 69 d Abs. 2 – Erstellung von Sicherheitskopien – (siehe §§ 69 d Rn. 57,

§ 69 a. Gegenstand des Schutzes　　　　　　　　　　　　　3, 4　**§ 69 a UrhG**

69 f Rn. 18 im HauptB) und § 69 e – Dekompilierung – eine über die Umsetzungspflicht der Multimedia-Richtlinie hinausgehende Ausdehnung des Schutzes der technischen Maßnahmen auf Software nicht angezeigt sei (Begr. RegE BR-Drucks. 684/02, 50; vgl. Erwägungsgrund 50 S. 3 Multimedia-Richtlinie; vgl. zur Kritik des Bundesrats an der generellen Ausnahme von Computerprogrammen, BR-Drucks. 684/1/02, 8 f., die Gegenäußerung der Bundesregierung, BT-Drucks. 15/38, 42; kritisch auch *Lindhorst* 117, 121 f., 131, 139, 143 f., 164 f., der eine konsistente Regelung für alle Werke bevorzugt hätte). Die Richtlinie gebietet in Erwägungsgrund 50 S. 2, den harmonisierten Rechtsschutz von Computerprogrammen nicht zu erweitern (siehe aber auch *Lindhorst* 122, 137, 143, der betont, dass die Ausnahme europarechtlich und inhaltlich nicht zwingend war). Genau dies geschähe aber ohne § 69 a Abs. 5, weil die Multimedia-Richtlinie bzw. § 95 a Abs. 1 anders als die Computerprogramm-Richtlinie bzw. § 69 f Abs. 2 nicht nur einen Schutz gegen das In-Verkehr-Bringen und gegen das Besitzen von Umgehungsmitteln, sondern auch einen Schutz gegen die Umgehung von technischen Schutzmaßnahmen als solche vorsieht (*Jaeger* CR 2002, 309, 310; vgl. *Dreier* ZUM 2002, 28, 36, 39). Außerdem sollen nach Erwägungsgrund 50 S. 1 Multimedia-Richtlinie „any", also jegliche (und nicht bloß entsprechend der deutschen Fassung „andere"; dazu *Jaeger* CR 2002, 309, 310) Mittel zur Umgehung technischer Maßnahmen weiterhin entwickelt und verwendet werden können, die erforderlich sind, um Handlungen nach Art. 5 Abs. 3 und Art. 6 Computerprogramm-Richtlinie bzw. § 69 d Abs. 3 und § 69 e vorzunehmen.

II. Regelungsinhalt des § 69 a Abs. 5

Die Wirkung des § 69 a Abs. 5 wird **maßgeblich** durch die **Definition von Computerprogrammen** i. S. d. § 69 a bestimmt (siehe dazu näher § 69 a Rn. 2 ff. im HauptB). Abgrenzungsschwierigkeiten ergeben sich dementsprechend dort, wo diese Definition vage ist (etwa bei der Abgrenzung zu Datenbanken; siehe § 69 a Rn. 16, 19 im HauptB). Weiter können Computerprogramme zusammen mit anderen Werken auf einem Medium oder sogar in Form eines interaktiven Multimedia- oder sonstigen Werkes ausgeliefert werden (siehe auch § 69 g Rn. 2 ff. im HauptB), und zwar geschützt durch technische Maßnahmen. Unter solchen Umständen führt § 69 a Abs. 5 nicht zwangsläufig zum Ausschluss der §§ 95 a ff. Zwar ist im **Grundsatz** davon auszugehen, dass die **§§ 95 a bis 95 d** entsprechend § 69 a Abs. 5 auf Computerprogramme **keine Anwendung** finden. Erste Auslegungsprobleme bestehen dabei, wo Computerprogramme mit gemäß § 2 urheberschutzfähigen Benutzeroberflächen (siehe § 69 a Rn. 14, § 69 g Rn. 3 im HauptB) ausgestattet sind. Hier dient der technische Schutz i. S. v. § 95 a noch dem Schutz des Computerprogramms, so dass die Anwendung der §§ 95 a ff. gemäß § 69 a Abs. 5 ausgeschlossen ist.

Abweichend vom Grundsatz sind die §§ 95 a ff. mitunter aber dann anzuwenden, 4 wenn der technische Schutz nicht nur dem Schutz von Computerprogrammen dient, sondern zugleich auch dem von anderen Werken oder Schutzgegenständen (vgl. § 95 a Abs. 1: „technische Maßnahmen zum Schutz eines ... Werkes oder eines anderen ... geschützten Schutzgegenstandes"). In derartigen Fällen führt der von der EU vorgegebene (siehe § 69 a Rn. 2) und vom deutschen Gesetzgeber umgesetzte Grundsatz zu extremen Abgrenzungsproblemen (besonders besorgt insofern *Lindhorst* 144, der fürchtet, dass der Schutz gem. §§ 95 a ff. durchlöchert wird) und überlässt den Rechtsanwender einer kaum zu prognostizierenden Rechtsprechung. Denn dem Wortlaut nach ist § 95 a in solchen Fällen erfüllt, ohne dass § 69 a Abs. 5 dessen Anwendung – über Computerprogramme hinaus – entgegensteht. Diese Situation ist bei manchen Produkten die Regel, so etwa bei Computerspielen, Software bestehend aus Computerprogrammen und Datenbanken oder programmgesteuerten Multimediaapplikationen. Sie ergibt sich auch bei der Speicherung eines Programms mit anderen, von diesen unabhängigen Werken auf einem kopiergeschützten Medium. Es fragt sich jeweils, ob schon die Kombination der Werkgattungen bzw. Schutzgegenstände zur vollen Anwendbarkeit der §§ 95 a ff. führt. Da kaum noch Software ohne Datenbanken i. S. v. § 87 a ausgeliefert wird, würde § 69 a Abs. 5 weitgehend leer laufen. Die Probleme im Verhältnis zu §§ 69 d Abs. 2 und 69 e (siehe Rn. 2) wären nicht gelöst, Erwägungsgrund 50 der Multimedia-Richtlinie nicht umgesetzt. Dementsprechend ist nach dem Telos des § 69 a Abs. 5 darauf abzustellen, ob im Schwerpunkt ein Computerprogramm oder ein anderes Werk geschützt werden soll. Entscheidend dürfte insofern auf die wirtschaftlichen Werte der Schutzgegenstände und deren Verhältnis zueinander abzustellen sein. Danach sind die §§ 95 a ff. nicht anzuwenden auf Computerspiele, weil bei diesen die technischen Maßnahmen die Übernahme des Codes und nicht die Nachahmung der Sequenzen des Spiels verhindern sollen, und auf Software, deren besonderer Wert im Programm und nicht in der mitgelieferten Datenbank liegt. Hingegen wären **umfangreiche Datenbanken** mit primär deren Bedienung dienenden Programmen und **Multimediaapplikationen** nicht nur über § 69 f, sondern auch über die §§ 95 a ff. zu schützen. Ebenso finden die §§ 95 a ff. trotz § 69 a Abs. 5 Anwendung, wenn die technische Maßnahme, also etwa der Kopierschutz, softwareimplementiert ist (vgl. Begr. RegE BR-Drucks. 684/02, 60). Dann schützt sich das dafür genutzte Computerprogramm zwar mittelbar selbst mit, sein Einsatz dient aber im Kern dem Schutz anderer Werke. Bei der Kombination eines Computerprogramms mit einem davon unabhängigen sonstigen Werk oder Schutzgegenstand wird darauf abzustellen sein, ob der Schutz separat besteht bzw. umgangen werden kann. Nur dann finden die §§ 95 a ff. Anwendung.

5   Neben §§ 95 a und 95 b findet entgegen anders lautenden Vorschlägen im Gesetzgebungsverfahren (BT-Drucks. 15/1066, 2) auch § 95 c keine Anwendung auf Computerprogramme, und zwar mangels planwidriger Lücke auch nicht analog. Direkte Rechtsfolge des § 69 a Abs. 5 ist weiter, dass für Computerprogramme einerseits keine Kennzeichnungspflicht gemäß § 95 d besteht (vgl. aber OLG München CR 2001, 11: fehlender Hinweis auf Programmsperre irreführend i. S. v. § 3 UWG), anderseits aber auch kein Strafrechtsschutz gemäß § 108 b in Ansehung des Vorhaltens oder der Verwendung von nach § 69 f verbotenen Umgehungsmitteln. Letzteres ist mit Blick auf § 108 b Abs. 2 dem Verweis auf § 95 a Abs. 3 zu entnehmen, bei § 108 b Abs. 1 der Gesetzeshistorie und -systematik. Erst auf Empfehlung des Rechtsausschusses wurden nämlich Verweisungen auf die §§ 95 a und 95 c durch vermeintlich klarere Texte (vgl. zu den Motiven die Beschlussempfehlung und den Bericht des Rechtsausschusses, BT-Drucks. 15/837, 35) ersetzt. Dass § 108 b Abs. 1 für Computerprogramme nicht gelten soll, ergibt sich weiter aus den in § 108 b Abs. 1 genutzten Begriffen „wirksame technische Maßnahme" und „Information für die Rechtewahrnehmung", die § 95 a bzw. § 95 c entstammen. Weder die Richtlinie (dazu § 69 a Rn. 2) noch Art. 11 WCT (dazu *Lindhorst* 99 f.) erfordern einen Strafrechtsschutz bei Computerprogrammen. Die Unklarheit ist mithin ein gesetzgeberisches Redaktionsversehen.

§ 69 c. Zustimmungsbedürftige Handlungen

Der Rechtsinhaber hat das ausschließliche Recht, folgende Handlungen vorzunehmen oder zu gestatten:

1. die dauerhafte oder vorübergehende Vervielfältigung, ganz oder teilweise, eines Computerprogramms mit jedem Mittel und in jeder Form. Soweit das Laden, Anzeigen, Ablaufen, Übertragen oder Speichern des Computerprogramms eine Vervielfältigung erfordert, bedürfen diese Handlungen der Zustimmung des Rechtsinhabers;
2. die Übersetzung, die Bearbeitung, das Arrangement und andere Umarbeitungen eines Computerprogramms sowie die Vervielfältigung der erzielten Ergebnisse. Die Rechte derjenigen, die das Programm bearbeiten, bleiben unberührt;
3. jede Form der Verbreitung des Originals eines Computerprogramms oder von Vervielfältigungsstücken, einschließlich der Vermietung. Wird ein Vervielfältigungsstück eines Computerprogramms mit Zustimmung des Rechtsinhabers im Gebiet der Europäischen Union oder eines anderen Vertragsstaates des Abkommens über den Europäischen Wirtschaftsraum im Wege der Veräußerung in Verkehr gebracht, so erschöpft sich das Verbreitungsrecht in bezug auf dieses Vervielfältigungsstück mit Ausnahme des Vermietrechts;
4. die drahtgebundene oder drahtlose öffentliche Wiedergabe eines Computerprogramms einschließlich der öffentlichen Zugänglichmachung in der Weise, dass es Mitgliedern der Öffentlichkeit von Orten und zu Zeiten ihrer Wahl zugänglich ist.

Literatur: *Dreier,* Die Umsetzung der Urheberrechtsrichtlinie 2001/29/EG in deutsches Recht, ZUM 2002, 28; *Flechsig,* Grundlagen der Europäischen Urheberrechts, ZUM 2002, 1; *v. Gerlach,* „Making available right" – Böhmische Dörfer?, ZUM 1999, 278; *Grützmacher,* Urheber-, Leistungs- und Sui-generis-Schutz von Datenbanken, Baden-Baden 1999; *Grützmacher,* Application Service Providing – Urhebervertragsrechtliche Aspekte, ITRB 2001, 59; *Hoeren,* Entwurf einer EU-Richtlinie zum Urheberrecht in der Informationsgesellschaft, MMR 2000, 515; *Hoeren,* Grundzüge des Internetrechts, 2. Aufl. München 2002; *Jaeger,* Auswirkungen der EU-Urheberrechtsrichtlinie auf die Regelungen des Urheberrechtsgesetzes für Software, CR 2002, 309; *Koch,* Urheberrechtliche Zulässigkeit technischer Beschränkungen und Kontrolle der Software-Nutzung, CR 2002, 629; *Knies,* Erschöpfung Online?, GRUR Int. 2002, 314; *Kotthoff,* Zum Schutz von Datenbanken beim Einsatz von CD-ROMs in Netzwerken, GRUR 1997, 597; *Kröger,* Die Urheberrechtsrichtlinie für die Informationsgesellschaft – Bestandsaufnahme und kritische Bewertung, CR 2001, 316; *Leupold,* „Push" und „Narrowcasting" im Lichte des Medien- und Urheberrechts, ZUM 1998, 99; *v. Lewinski,* Die Multimedia-Richtlinie, MMR 1998, 115; *Reinbothe,* Die EG-Richtlinie zum Urheberrecht in der Informationsgesellschaft, GRUR Int. 2001, 733; *Reinbothe,* Die Umsetzung der EU-Richtlinie ins deutsche Recht, ZUM 2002, 43; *Rosén,* Urheberrecht und verwandte Schutzrechte in der Informationsgesellschaft – Zur Umsetzung der EG-Richtlinie 2001/29/EG in den nordischen Ländern, GRUR Int. 2002, 195; *Sack,* Das internationale Wettbewerbs- und Immaterialgüterrecht nach der EGBGB-Novelle, WRP 2000, 269; *Spindler,* Europäisches Urheberrecht in der Informationsgesellschaft, GRUR 2002, 105; *Thum,* Internationalprivatrechtliche Aspekte der Verwertung urheberrechtlich geschützter Werke im Internet, GRUR Int. 2001, 9; *Völcker,* Kapitel 3: Urheberrechtliche Bewertung der Vorgänge im Internet, in: Ensthaler u. a. (Hrsg.), Handbuch Urheberrecht und Internet, Heidelberg 2002, 162 (zit. *Völcker* in: Ensthaler); *Zecher,* Die Umsetzung der EU-Urheberrechtsrichtlinie in deutsches Recht II, ZUM 2002, 451.

Übersicht

	Rn.		Rn.
I. Schutzzweck und Systematik von § 69 c Nr. 4	1, 2	2. Insbesondere in Form der öffentlichen Zugänglichmachung	4–9
II. Regelungsinhalt des § 69 c Nr. 4	3–10	a) Zugänglichmachung eines Computerprogramms	4–6
1. Öffentliche Wiedergabe eines Computerprogramms	3	b) Mitglieder der Öffentlichkeit	7

	Rn.		Rn.
c) Von Orten ihrer Wahl zugänglich	8	3. Drahtgebundene oder drahtlose Übertragung	10
d) Zu Zeiten ihrer Wahl zugänglich	9	III. Einzelfragen	11–14

Zu den unveränderten § 69 c Nr. 1 bis 3 siehe die Kommentierung im HauptB

I. Schutzzweck und Systematik von § 69 c Nr. 4

1 § 15 kennt neben den benannten auch unbenannte Verwertungsrechte (dazu *v. Gamm* § 15 Rn. 1, 3 f.). Hierzu zählte bisher auch die gegenüber der Öffentlichkeit erfolgende Online-Übermittlung und -Bereithaltung, welche nach h. M. eine Form der öffentlichen Wiedergabe darstellte (dazu § 69 c Rn. 52 im HauptB). Der Gesetzgeber sah sich in Folge der Verpflichtung aus **Art. 8 WCT** (dazu Vor §§ 69 a ff. Rn. 9 im HauptB) und in Ansehung von **Art. 3 Multimedia-Richtlinie** veranlasst, nun auch speziell für Computerprogramme das Recht der öffentlichen Wiedergabe zu kodifizieren und mit der Regelung des Rechts der öffentlichen Zugänglichmachung eine Form der öffentlichen Wiedergabe als Ausschließlichkeitsrecht explizit zu benennen. Er folgt damit den Empfehlungen der EU-Kommission (vgl. Bericht der Kommission KOM 2000 199 endg. vom 10. 4. 2000, 18; siehe dazu näher § 69 c Rn. 1 im HauptB). Der Neueinführung der besagten Rechte steht auch nicht Art. 1 Abs. 2 lit. a) Multimedia-Richtlinie entgegen, denn die Regelung besagt lediglich, dass bereits aufgrund der Computerprogramm-Richtlinie vorgesehene Bestimmungen unberührt bleiben müssen (§ 69 c Rn. 1 im HauptB; *Jaeger* CR 2002, 309, 311; *Dreier* ZUM 2002, 28, 29). Eine gleichartige Bestimmung gab es bisher aber nicht.

2 § 69 c Nr. 4 hat ausweislich der Begründung des Gesetzgebers primär **klarstellende Funktion** (Begr. RegE BR-Drucks. 684/02, 51). Ausschließlich dem Rechtsinhaber soll das in den §§ 69 a ff. bisher nicht geregelte Recht der öffentlichen Zugänglichmachung und der sonstigen öffentlichen Wiedergabe eines Computerprogramms zustehen. Die Neuregelung bestätigt, dass auch der Gesetzgeber davon ausgeht, dass **Online-Übertragungen** nicht dem Verbreitungsrecht unterfallen, sondern Teil des Rechts der öffentlichen Wiedergabe sind. Die entsprechende Anwendung des § 15 Abs. 2 und 3 gemäß § 69 a Abs. 4 (vgl. § 69 c Rn. 1 im HauptB) ist künftig nicht mehr erforderlich. Zugleich entfällt der Streit, ob das Recht der öffentlichen Wiedergabe auch auf eine sukzessive Zugänglichmachung Anwendung findet (zur bisherigen Rechtslage § 15 Rn. 22; § 69 c Rn. 1, 52 im HauptB; KG GRUR 2002, 252, 253 – Mantellieferung; LG Köln MMR 2002, 689, 690 – Online-Fahrplanauskunft; LG München I K&R 2002, 261, 264). Wie zu den entsprechenden Änderungen der §§ 15 und 19 a ausgeführt wird, hat sich der Gesetzgeber damit begnügt, dem Wortlaut des Art. 3 Abs. 1 und 2 der Multimedia-Richtlinie weitestgehend zu folgen und damit den Stand der internationalen Rechtsvereinheitlichung mit Blick auf das Recht der öffentlichen Zugänglichmachung abzubilden (Begr. RegE BR-Drucks. 684/02, 37 f.). Er hat dadurch die so genannte „**Umbrella**"**-Lösung** des Art. 8 WCT übernommen, bei der das Recht der öffentlichen Zugänglichmachung Bestandteil des Rechts der öffentlichen Wiedergabe ist (*Reinbothe* ZUM 2002, 43, 48).

II. Regelungsinhalt des § 69 c Nr. 4

1. Öffentliche Wiedergabe eines Computerprogramms

Eine öffentliche Wiedergabe liegt vor, wenn das Computerprogramm einer **Vielzahl von nicht persönlich verbundenen Nutzern** gleichzeitig oder sukzessive (bisher str., siehe dazu § 15 Rn. 22 im HauptB) in unkörperlicher Form wahrnehmbar oder zugänglich gemacht wird. Heranzuziehen ist die **Definition des § 15 Abs. 3,** die im Rahmen der Novellierung leicht modifiziert wurde (vgl. Begr. RegE BR-Drucks. 684/02, 36 ff.; § 15 Rn. 12 ff.). Das Nutzungsrecht geht damit über die öffentliche Wiedergabe im Sinne der Multimedia-Richtlinie hinaus. Diese umfasst laut englischer Fassung nur das „right of communication to the public" (inklusive der Rundfunkübertragung), nicht aber das der „performance" und fordert daher eine gewisse Distanz zwischen dem Ursprungsort der Wiedergabe und dem Empfangsort (vgl. Art. 3 Abs. 1 und Erwägungsgrund 23 Multimedia-Richtlinie; *Dreier* ZUM 2002, 28, 30; *Reinbothe* GRUR Int. 2001, 733, 736; *Rosén* GRUR Int. 2002, 195, 197 f.; *Spindler* GRUR 2002, 105, 107). Auf den **Auffangtatbestand** ist regelmäßig dann zurückzugreifen, wenn **Übertragungen ohne vorherige Interaktion** mit den Nutzern erfolgen (siehe § 69 c Rn. 4), insbesondere wenn der Nutzer sich zur ohnehin erfolgenden Übertragung lediglich „zuschaltet" (vgl. *v. Lewinski* MMR 1998, 115, 116). Keine öffentliche Wiedergabe ist gemäß Erwägungsgrund 27 Multimedia-Richtlinie das bloße Bereitstellen von Einrichtungen, die eine Wiedergabe ermöglichen oder bewirken (dazu *Flechsig* ZUM 2002, 1, 8; *Spindler* GRUR 2002, 105, 107: haftungsausschließende Klarstellung auf Wunsch und zu Gunsten von Herstellern, TK-Unternehmen und Providern).

2. Insbesondere in Form der öffentlichen Zugänglichmachung

a) Zugänglichmachung eines Computerprogramms

Als Spezialform der öffentlichen Wiedergabe besonders geschützt ist das Recht der öffentlichen Zugänglichmachung. Dieses unterscheidet sich von sonstigen Verwertungshandlungen, die nur dem Auffangtatbestand der (allgemeinen) öffentlichen Wiedergabe unterfallen, dadurch, dass es **interaktive Übertragungen auf Abruf** erfasst („On-Demand", nicht hingegen „Near-on-Demand"; vgl. Erwägungsgrund 25 S. 2 und 3 Multimedia-Richtlinie; *Kröger* CR 2001, 316, 318; *Reinbothe* GRUR Int. 2001, 733, 736; *Spindler* GRUR 2002, 105, 108; a. A. § 19 a Rn. 19 ff.). Das ergibt sich aus den Merkmalen „von Orten und zu Zeiten nach Wahl" der Empfänger (dazu Rn. 8 f.). Computerprogramme werden – es sei denn, sie werden physisch verbreitet – fast immer interaktiv zugänglich gemacht. Nur selten werden sie übertragen, ohne dass ein Abruf oder eine ähnliche Interaktion erfolgt. Regelmäßig werden sie über Netzwerke zugänglich gemacht (vgl. Erwägungsgrund 25 S. 1 Multimedia-Richtlinie: netzwerkvermittelte Übertragung), und zwar entweder über ein Lokal Area Network (LAN) – wie etwa ein betriebseigenes PC- oder Intra-Netz (dazu auch § 69 c Rn. 7) – oder ein Wide Area Network (WAN) – z. B. das Internet bzw. WWW. Einen Grenzfall zum nicht umfassten „Zuschalten" stellt das Browsen im Internet dar, bei dem mitunter aus Java-Applets oder Java-Script bestehende Computerprogramme (vgl. § 69 a Rn. 18 im HauptB) übertragen werden. Aber auch hier veranlasst der Nutzer die Übertragung, wenn auch oft unbewusst. Noch schwieriger ist die Abgrenzung zwischen Abruf- und Verteildiensten im Fall von Push-Diensten und die Einordnung von E-Mail-

Verteildiensten in Form von Mailing-Listen (vgl. *Spindler* GRUR 2002, 105, 108 m. w. N.; *Dreier* ZUM 2002, 28, 30, Fn. 20; *Völcker* in: Ensthaler, 162, 191 f.). Richtig erscheint die Auffassung, dass Push-Dienste mangels Abrufs nur dem Generaltatbestand der (allgemeinen) öffentlichen Wiedergabe unterfallen (vgl. § 19 a Rn. 30 f.; zweifelnd wohl *Dreier* ZUM 2002, 28, 30, Fn. 20 m. w. N.; vgl. auch *Völcker* in: Ensthaler, 162, 180 f., 184 und *Leupold* ZUM 1998, 99, 106 f.: kein interaktives Abrufmedium, daher Sendung i. S. v. § 20).

5   **Ausreichend** ist als Verwertungshandlung i. S. d. § 69 c Nr. 4 **bereits** das **Zugänglichmachen** des Computerprogramms **zum interaktiven Abruf**; sichergestellt werden soll damit ein möglichst frühzeitiger Schutz (vgl. Begr. RegE BR-Drucks. 684/02, 36 zu §§ 15, 19 a, 22), also schon gegen das unerlaubte Bereithalten zur bzw. Anbieten der Online-Übertragung (*v. Lewinski* MMR 1998, 115, 116; *Reinbothe* GRUR Int. 2001, 733, 736 f.). Nur das Abstellen auf die Bereithaltung wird dem Anliegen des Art. 8 WCT gerecht, den Rechtsinhaber bereits im Vorfeld effektiv zu schützen (vgl. Bericht über die 5. Sitzung des Sachverständigenkomitees zum WCT vom 4.–8. und 12. 9. 1995, WIPO-Dokument BCP/CE/V/9-INR/CEIV/8, 59 zu Art. 8 WCT). Denn die Übertragung wird man oft nicht nachweisen können. Aus der Multimedia-Richtlinie ergibt sich nichts Gegenteiliges, die Begründung zu Art. 3 des ersten Richtlinien-Vorschlags bestätigt die hier vertretene Auffassung (KOM 97 628 endg. v. 10. 12. 1997, 33 ff.). Dem steht auch nicht der Wortlaut des § 69 c Nr. 4 entgegen, wie kritische Stimmen zu befürchten scheinen, die daher ein Bereithaltungs- und Übertragungsrecht in einem zweistufigen Alternativtatbestand (ähnlich § 17) gefordert hatten (vgl. etwa *v. Ungern-Sternberg*, berichtet von *Zecher* ZUM 2002, 451, 453 f.; Antrag der FDP-Fraktion, BT-Drucks. 15/837, 29). Denn zumindest zugänglich ist ein Werk schon mit dem Anbieten der Übertragung.

6   Anderseits bedeutet das nicht, dass die Abruf- bzw. **Übertragungshandlung** unbeachtlich wäre (ausführlich *v. Gerlach* ZUM 1999, 278, 279 ff.; siehe auch § 69 c Rn. 13). Auch sie stellt ein Zugänglichmachen und damit eine urheberrechtsrelevante Handlung i. S. v. § 69 c Nr. 4 dar. – Nach dem Wortlaut ist weiter unklar, ob ein Zugänglichmachen erst dann vorliegt, wenn das Programm oder wesentliche Teile desselben für den Nutzer im Quell- oder Objektcode abrufbar sind, oder ob es reicht, dass der Nutzer das Programm online nutzen kann, ohne dass dafür das Programm übertragen wird. Nach der gesamten Systematik der urheberrechtlichen Verwertungsrechte ist Ersteres der Fall.

b) Mitglieder der Öffentlichkeit

7   Das Computerprogramm muss einer Vielzahl von Personen, die nicht persönlich verbunden sind (§ 15 Abs. 3 n. F.; Begr. RegE BR-Drucks. 684/02, 37), zugänglich gemacht werden. Die zielgerichtete Zugänglichmachung eines Computerprogramms gegenüber einer bestimmten Person erfüllt diese Tatbestandsvoraussetzung nicht (siehe § 69 c Rn. 52 im HauptB; *Völcker* in: Ensthaler, 162, 186 f. m. w. N.). Das gilt etwa für die Versendung individueller E-Mails (*Völcker* in: Ensthaler, 162, 191; wohl auch *Spindler* GRUR 2002, 105, 108; siehe aber auch § 63 c Rn. 4). Ein weiteres Beispiel stellt mitunter das im Rahmen eines Wartungs- bzw. Pflegevertrages online erfolgende Updating dar (vgl. *Koch* CR 2002, 629, 631). Hier mangelt es jeweils an der Vielzahl der nicht persönlich verbundenen Personen. § 69 c Nr. 4 unterfällt demgegenüber die Zugänglichmachung von Patches oder Updates durch das unbegrenzte Bereitstellen von Programmen im **Internet**. Nicht persönlich verbunden sind aber regelmäßig auch schon die **Beschäftigten eines Betriebes** (BGHZ 17, 376, 380 f. – „Betriebsfeier"; § 69 c Rn. 51 f. im HauptB; vgl. *Spindler* GRUR 2002, 105, 108 f.; tendenziell a. A. *Hoeren* 87 f.; differenzierend und m. w. N. zur Rspr. *Kotthoff* GRUR

§ 69 c. Zustimmungsbedürftige Handlungen   8–11 § 69 c UrhG

1997, 597, 600: je nach Mitarbeiteranzahl und -fluktuation). Jedenfalls fehlt es an der persönlichen Verbundenheit bei Personen, die nur technisch miteinander verbunden sind (Begr. RegE BR-Drucks. 684/02, 37 nennt beispielhaft File-Sharing-Systeme; vgl. *Völcker* in: Ensthaler, 162, 179: auch bei kleineren Netzwerken und Intranets; a. A. wohl *Hoeren* 87 f.).

c) Von Orten ihrer Wahl zugänglich

Eine öffentliche Zugänglichmachung liegt auch dann noch vor, wenn die Mitglieder der **8** Öffentlichkeit sich „an" (vgl. Art. 8 WCT) ganz unterschiedlichen Orten aufhalten und das Computerprogramm „von" (vgl. BT-Drucks. 15/837, 34 sowie Art. 3 Abs. 1 Multimedia-Richtlinie) diesen Orten zugänglich ist. Räumliche Verbundenheit ist wie schon bisher im Rahmen des § 15 Abs. 3 (siehe § 15 Rn. 24 im HauptB) nicht erforderlich. Erfasst wird damit insbesondere auch die öffentliche Zugänglichmachung über Wide Area Networks (WANs), insbesondere das Internet. Das Tatbestandsmerkmal darf hingegen nicht missverstanden werden: Wenn das Computerprogramm nicht von (allen) Orten nach Wahl einer Vielzahl von Personen zugänglich ist, schließt das nicht aus, dass eine öffentliche Zugänglichmachung vorliegt. Telos ist lediglich, die Abruf- und Kommunikationshandlung zu betonen.

d) Zu Zeiten ihrer Wahl zugänglich

Dieses Merkmal stellt klar, dass auch eine „sukzessive Öffentlichkeit" (der sukzessive **9** Zugang) ausreichend ist (Begr. RegE BR-Drucks. 684/02, 37 f. zu §§ 15, 19 a, 22). Die Regierungsbegründung geht davon aus, dass für einige digitale Netze Geschäftsmodelle vorliegen können, bei denen dieses Tatbestandsmerkmal nicht erfüllt ist, gleichwohl aber das allgemeine Recht der öffentlichen Wiedergabe vorliegen kann (vgl. Begr. RegE BR-Drucks. 684/02, 36 zu §§ 15, 19 a, 22). Das bedeutet aber nicht, dass das Computerprogramm jederzeit zugänglich sein muss. Telos ist auch hier wieder lediglich, den Aspekt der Abrufhandlung zu betonen.

3. Drahtgebundene oder drahtlose Übertragung

Die Übertragung kann **drahtgebunden** – etwa über herkömmliche kabelgebundene **10** Telekommunikationssysteme wie Telefon-, Glasfaser- oder Breitbandnetze – oder aber **drahtlos** – etwa über Bluetooth, WLAN, Mobilfunk- (GSM, GPRS, HDGE, I-MODE, UMTS etc.), Satellitenfunk- oder sonstige Funknetze oder Radiosendungen – erfolgen. Dass § 69 c Nr. 4 beide Alternativen erfasst, ist schon deshalb konsequent, weil die Übertragungsarten im Rahmen der Datenfernübertragung oft kombiniert auftreten.

III. Einzelfragen

§ 69 c Nr. 4 kann insbesondere beim **Netzwerkbetrieb** (siehe § 69 c Rn. 50 f. im **11** HauptB) und der Datenfernübertragung im Wege von On-Demand-Services (siehe § 69 c Rn. 52 f. im HauptB) eingreifen, denn hier werden Programme einer Vielzahl persönlich nicht verbundener Personen zugänglich gemacht (kritisch *v. Ungern-Sternberg,* berichtet von *Zecher* ZUM 2002, 451, 453 f.). Auch das sog. **Application Service Providing** (siehe dazu auch § 69 c Rn. 44 f., § 69 d Rn. 13 im HauptB) kann ausnahmsweise unter § 69 c Nr. 4 fallen, nämlich dann, wenn Programmteile und nicht bloß Grafikdaten übertragen werden (siehe dazu näher *Grützmacher* ITRB 2001, 59, 62; die Bedeutung offenbar überschätzend *Jaeger* CR 2002, 309, 311). Dass es notwendig sein wird, die §§ 69 d Abs. 2 und 69 e auch auf das Recht der öffentlichen Wiedergabe und Zugänglichmachung entsprechend anzuwenden, erscheint zweifelhaft (so aber *Jaeger* CR 2002, 309, 311). Denn technisch sind zum Programmlauf, zur Anfertigung von Sicherheitskopien und zur Dekompilierung regelmäßig nur Vervielfältigungen und Bearbeitungen des Programms notwendig. Etwas anderes gilt aber für § 69 d Abs. 1, der ggf. auf die Rechte gemäß § 69 c Nr. 4 analog anzuwenden ist (siehe § 69 d Rn. 12 im HauptB; *Jaeger* CR 2002, 309, 311).

12 Ausweislich des Art. 3 Abs. 3 Multimedia-Richtlinie unterliegen das Recht der öffentlichen Wiedergabe und das Recht der öffentlichen Zugänglichmachung nicht der **Erschöpfung**. Wenn die Kommission diesen Grundsatz allerdings auch auf die unkörperliche Übertragung als verbreitungsähnlichen Einzelakt und das aus dieser resultierende Vervielfältigungstück erstrecken will (vgl. Erwägungsgrund 29 Multimedia-Richtlinie; Bericht der Kommission über die Umsetzung und die Auswirkung der Richtlinie 91/250/EWG über den Rechtsschutz von Computerprogrammen, KOM 2000 1999 endg. vom 10. 4. 2000, 18), überzeugt dies nicht (siehe dazu § 69 c Rn. 31 im HauptB; *Dreier* ZUM 2002, 28, 32; *Hoeren* MMR 2000, 515, 517; *Knies* GRUR Int. 2002, 314, 315 ff.; *Kröger* CR 2001, 316, 318; tendenziell auch *Spindler* GRUR 2002, 105, 110; *Reinbothe* GRUR Int. 2001, 733, 737; a. A. *Flechsig* ZUM 2002, 1, 7 f.). Vielmehr ist auch im Fall der unkörperlichen Veräußerung § 69 c Nr. 3 S. 2 entsprechend heranzuziehen (siehe § 69 c Rn. 31, 36 im HauptB; detailliert zu den Analogievoraussetzungen im Lichte von Erwägungsgrund 29 Multimedia-Richtlinie *Knies* GRUR Int. 2002, 314, 315 ff.).

13 Die öffentliche **Wiedergabe bzw. Zugänglichmachung** kann auch **aus dem Ausland** oder dorthin erfolgen. Für das Internet ist dieses geradezu typisch. Dann fragt sich, ob es angesichts des im Urheberrecht nach h. M. grundsätzlich geltenden Territorialitätsprinzips (dazu Vor §§ 120 Rn. 4 ff. im HauptB) für die Anknüpfung des Rechts allein auf den Ort der Einspeisung (Server bzw. Ort des Angebots) oder auch auf den des Empfangs ankommt. Grundsätzlich ist bei Übertragungsvorgängen im Internet und ähnlichen Netzen nach ganz h. M. von der **Bogsch-Theorie** auszugehen, die auch auf den Empfangsort abstellt (näher *Dreier* ZUM 2002, 28, 32 f.; *Grützmacher* 264, 339; *Sack* WRP 2000, 269, 277; *Schack* Rn. 933; *Spindler* GRUR 2002, 105, 109; vgl. *Hoeren* 67 f.; mit Nachweisen zum internationalen Streitstand *Thum* GRUR Int. 2001, 9, 20 ff.; Vor §§ 120 Rn. 19 im HauptB mit Nachweisen zur Gegenauffassung; siehe ferner BGH GRUR 2003, 328, 329 f. – Sender Felsberg). Dass für § 69 c Nr. 4 im Übrigen schon auf das Zugänglichmachen selbst als Vorbereitung des Empfangs abzustellen ist (dazu Rn. 5), steht dem nicht entgegen. Intention der Richtlinie (und deren nationaler Umsetzung) war es nicht, eine Kollisionsregelung zu treffen, zumal die Kommission die Ursprungstheorie bzw. die Herkunftslandtheorie wegen der Gefahr einer Flucht in Urheberrechtsoasen explizit abgelehnt hat (Begründung der Multimedia-Richtlinie, KOM 1997 628 endg., 11 f.; *v. Gerlach* ZUM 1999, 278, 280; *Spindler* GRUR 2002, 105, 109, 120; *Hoeren* 68). Gemäß § 4 Abs. 4 Nr. 6 TDG ist das Urheberrecht auch innereuropäisch vom Herkunftslandprinzip nach der E-Commerce-Richtlinie (vgl. § 4 TDG; Art. 3 der Richtlinie 2000/31/EG v. 8. 6. 2000 über den elektronischen Geschäftsverkehr, ABl. EG Nr. L 178/1 vom 17. 7. 2000) ausgenommen.

14 Wurde in der **Vergangenheit** das Recht zur Online-Übertragung und -Bereithaltung als unbenanntes Recht i. S. v. § 15 Abs. 2 und 3 **vertraglich eingeräumt**, umfasst diese Lizenz nach Inkrafttreten des § 69 c Nr. 4 regelmäßig auch das nun benannte Recht zur öffentlichen Zugänglichmachung; wurde pauschal nur das Recht der öffentlichen Wiedergabe eingeräumt, ist eine Auslegung nach Maßgabe der Zweckübertragungslehre angebracht (vgl. *Dreier* ZUM 2002, 28, 41 f.).

Teil 2. Verwandte Schutzrechte

Abschnitt 1. Schutz bestimmter Ausgaben

§ 70. Wissenschaftliche Ausgaben

(1) **Ausgaben urheberrechtlich nicht geschützter Werke oder Texte werden in entsprechender Anwendung der Vorschriften des Teils 1 geschützt, wenn sie das Ergebnis wissenschaftlich sichtender Tätigkeit darstellen und sich im wesentlichen von den bisher bekannten Ausgaben der Werke oder Texte unterscheiden.**

(2) **Das Recht steht dem Verfasser der Ausgabe zu.**

(3) **Das Recht erlischt fünfundzwanzig Jahre nach dem Erscheinen der Ausgabe, jedoch bereits fünfundzwanzig Jahre nach der Herstellung, wenn die Ausgabe innerhalb dieser Frist nicht erschienen ist. Die Frist ist nach § 69 zu berechnen.**

Der Verweis in § 70 Abs. 1 auf die Vorschriften des Teils 1 (§§ 1 ff.) wurde redaktionell angepasst an die durch Art. 1 Abs. 2 des Gesetzes zur Regelung des Urheberrechts in der Informationsgesellschaft veränderten Gliederungsbezeichnungen des Urheberrechtsgesetzes. Inhaltlich ist hiermit keine Änderung verbunden, zur Regelung siehe die Kommentierung zu § 70 im HauptB.

Abschnitt 2. Schutz der Lichtbilder

§ 72. Lichtbilder

(1) **Lichtbilder und Erzeugnisse, die ähnlich wie Lichtbilder hergestellt werden, werden in entsprechender Anwendung der für Lichtbilder geltenden Vorschriften des Teils 1 geschützt.**

(2) **Das Recht nach Absatz 1 erlischt fünfzig Jahre nach dem Erscheinen des Lichtbildes oder, wenn seine erste erlaubte öffentliche Wiedergabe früher erfolgt ist, nach dieser, jedoch bereits fünfzig Jahre nach der Herstellung, wenn das Lichtbild innerhalb dieser Frist nicht erschienen oder erlaubterweise öffentlich wiedergegeben worden ist. Die Frist ist nach § 69 zu berechnen.**

Der Verweis in § 72 Abs. 1 auf die Vorschriften des Teils 1 (§§ 1 ff.) wurde redaktionell angepasst an die durch Art. 1 Abs. 2 des Gesetzes zur Regelung des Urheberrechts in der Informationsgesellschaft veränderten Gliederungsbezeichnungen des Urheberrechtsgesetzes. Ferner wurde durch die Anlage zu Art. 1 Abs. 2 (vgl. BT-Drucks. 15/38, 31 ff.) das Wort „Lichtbilder" als amtliche Überschrift eingefügt. Inhaltlich ist hiermit keine Änderung verbunden, zur Regelung siehe die Kommentierung zu § 72 im HauptB.

Abschnitt 3. Schutz des ausübenden Künstlers

Vorbemerkung vor §§ 73 ff.

Literatur: *Bayreuther,* Beschränkungen des Urheberrechts nach der neuen EU-Urheberrechtsrichtlinie, ZUM 2001, 828; *Beining,* Der Schutz ausübender Künstler im internationalen und supranationalen Recht, Baden-Baden 2000; *Braun,* „Filesharing"-Netze und deutsches Urheberrecht, GRUR 2001, 1106; *Dietz,* Die Entwicklung des bundesdeutschen Urheberrechts in Gesetzgebung und Rechtsprechung von 1972 bis 1979, UFITA 87 (1980), 1; *Dreier,* Die Umsetzung der Urheberrechtsrichtlinie 2001/29/EG in deutsches Recht, ZUM 2002, 28; *Fiscor,* Attempts to Provide International Protection for Folklore by Intellectual Property Rights, in: UNESCO – WIPO World Forum on the Protection of Folklore, Phuket Thailand, April 8 to 10, 1997, WIPO Publication No. 758 (zit.: *Fiscor,* WIPO Publication No. 758); *Freitag,* Die Kommerzialisierung von Darbietung und Persönlichkeit des ausübenden Künstlers, Baden-Baden 1993 (zit.: *Freitag,* Kommerzialisierung); *Gerlach,* Lizenzrecht und Internet – Statement aus der Sicht der GVL, ZUM 2000, 856; *Gottschalk,* Digitale Musik und Urheberrecht aus US-amerikanischer Sicht, GRUR Int. 2002, 95; *Hillig,* Urheber- und Verlagsrecht, 8. Aufl. 2001; *Hock,* Das Namensnennungsrecht des Urhebers, Baden-Baden 1993; *Hoeren,* Entwurf einer EU-Richtlinie zum Urheberrecht in der Informationsgesellschaft, MMR 2000, 515; *Jaeger,* Der ausübende Künstler und der Schutz seiner Persönlichkeitsrechte im Urheberrecht Deutschlands, Frankreichs und der Europäischen Union, Baden-Baden 2002; *Kloth,* Der Schutz der ausübenden Künstler nach TRIPs und WPPT, Baden-Baden 2000; *Kreile,* Bericht über die WIPO-Sitzungen zum möglichen Protokoll zur Berner Kovention und zum „Neuen Instrument" im Dezember 1994, ZUM 1995, 307; *Kloth,* Bericht über die WIPO-Sitzungen zum möglichen Protokoll zur Berner Kovention und zum „Neuen Instrument" im September 1995, ZUM 1995, 815; *Kröger,* Die Urheberrechtsrichtlinie für die Informationsgesellschaft – Bestandsaufnahme und kritische Bewertung, CR 2001, 316; *Krüger,* Kritische Bemerkungen zum Regierungsentwurf für ein Gesetz zur Regelung des Urheberrechts in der Informationsgesellschaft aus der Sicht eines Praktikers, ZUM 2003, 122; *Lindner,* Der Referentenentwurf für ein Gesetz zur Regelung des Urheberrechts in der Informationsgesellschaft vom 18. März 2002, KUR 2002, 56; *v. Lewinski,* 7. Teil: Verwandte Schutzrechte, in: Schricker (Hrsg.), Urheberrecht auf dem Weg in die Informationsgesellschaft, Baden-Baden 1997, 219 (zitiert: *v. Lewinski,* Informationsgesellschaft); *Leupold/Demisch,* Bereithalten von Musikwerken zum Abruf in digitalen Netzen, ZUM 2000, 379; *Mayer,* Richtlinie 2001/29/EG zur Harmonisierung bestimmter Aspekte des Urheberrechts und der verwandten Schutzrechte in der „Informationsgesellschaft", EuZW 2002, 325; *Metzger/Kreutzer,* Richtlinie zum Urheberrecht in der „Informationsgesellschaft" – Privatkopie trotz technischer Schutzmaßnahmen, MMR 2002, 139; *Obergfell,* Deutscher Urheberschutz auf internationalem Kollisionskurs – Zur zwingenden Geltung der §§ 32, 32 a UrhG im Internationalen Vertragsrecht, K&R 2003, 118; *Peukert,* Die Leistungsschutzrechte des ausübenden Künstlers nach dem Tode, Baden-Baden 1999; *Peukert,* Leistungsschutz des ausübenden Künstlers de lege lata und de lege ferenda unter besonderer Berücksichtigung der postmortalen Rechtslage, UFITA 138 (1999), 63; *Reimer/Ulmer,* Die Reform der materiellrechtlichen Bestimmungen der Berner Übereinkunft, GRUR Int. 1967, 431; *Reinbothe,* Die EG-Richtlinie zum Urheberrecht in der Informationsgesellschaft, GRUR Int. 2001, 733; *Reinbothe,* Die Umsetzung der EU-Urheberrechtsrichtlinie in deutsches Recht, ZUM 2002, 43; *Reinbothe/v. Lewinski,* The WIPO Treaties 1996, The WIPO Copyright Treaty and the WIPO Performances and Phonograms Treaty, Commentary and Legal Analysis, Butterworths 2002; *Reinhard/Distelkötter,* Die Haftung des Dritten bei Bestsellerwerken nach § 32 a Abs. 2 UrhG, ZUM 2003, 269; *v. Rom,* Die Leistungsschutzrechte im Regierungsentwurf für ein Gesetz zur Regelung des Urheberrechts in der Informationsgesellschaft, Diskussionsbericht der gleich lautenden Arbeitssitzung des Instituts für Urheber- und Medienrecht am 29. November 2002, ZUM 2003, 128; *Rüll,* Allgemeiner und urheberrechtlicher Persönlichkeitsrechtsschutz des ausübenden Künstlers, Baden-Baden 1998; *Sasse/Waldhausen,* Musikverwertung im Internet und deren vertragliche Gestaltung – MP3, Streaming, On-Demand-Service etc., ZUM 2000, 837; *Schack,* Das Persönlichkeitsrecht der Urheber und ausübenden Künstler nach dem Tode, GRUR 1985, 352; *Schack,* Schutz digitaler Werke vor privater Vervielfältigung – zu den Auswirkungen der Digitalisierung auf § 53 UrhG, GRUR 2002, 497; *Schardt,* Musikverwertung im Internet und deren vertragliche Gestaltung, ZUM 2000, 849; *Schippan,* Urheberrecht goes digital – Die Verabschiedung der „Multimedia-Richtlinie 2001/29/EG", NJW 2001, 2682; *Schmidt,* Der Vergütungsanspruch des Urhebers nach der Reform des Urhebervertragsrechts, ZUM 2002, 781; *Schricker,* Zum neuen deutschen Urhebervertragsrecht, GRUR Int. 2002, 797; *Schwenzer,* Tonträgerauswertung zwischen Exklusivrecht und Sendeprivileg im Lichte von Internetradio, GRUR Int. 2001, 722; *Sontag,* Das Miturheberrecht, Köln u. a., 1972; *Spindler,* Europäisches Urheberrecht in der Informationsgesellschaft, GRUR 2002, 105; *Walter* in Walter (Hrsg.), Europäisches Urheberrecht, 2001 (zit.: *Walter* Info-RL); *v. Welser,* Die Wahrnehmung urheberpersönlichkeitsrechtlicher Befugnisse durch Dritte, Berlin 2000; *Zecher,* Die Umsetzung der EU-Urheberrechtsrichtlinie in deutsches Recht, ZUM 2002, 52.

Vorbemerkung vor §§ 73 ff. 1 **Vor §§ 73 ff. UrhG**

Übersicht

	Rn.		Rn.
I. Reform der Leistungsschutzrechte....	1	3. Vermögensrechte	8–13
II. Neukonzeption der §§ 73 ff. im Überblick............................	2–14	a) Gegenstand der Vermögensrechte	9
1. Begriff des ausübenden Künstlers..	3	b) Schutzdauer	10
2. Persönlichkeitsrechte	4–7	c) Einräumung von Nutzungsrechten	11
a) Anerkennungs- und Namensnennungsrecht...................	5	d) Ensembledarbietungen..........	12
b) Integritätsschutz.................	6	e) Schranken der Verwertungsrechte	13
c) Schutzdauer der Persönlichkeitsrechte	7	4. Schutz des Veranstalters	14
		III. Synopse	15

I. Reform der Leistungsschutzrechte

Mit dem Gesetz zur Regelung des Urheberrechts in der Informationsgesellschaft soll das **1** Urheberrecht an die Neuerungen im Bereich der Informations- und Kommunikationstechnologie angepasst werden. Dabei geht es dem Gesetzgeber zum einen darum, den Schutz von Urhebern und Inhabern verwandter Schutzrechte „im digitalen Umfeld" zu gewährleisten; zum anderen soll den Verwertern und Nutzern ein „angemessener Rechtsrahmen" vorgegeben werden, der einen „effizienten Einsatz der neuen Technologien" zulässt (vgl. Begr. des Gesetzesentwurfs BT-Drucks. 15/38, 14). Die Diskussion um eine Anpassung des Urheberrechts an die neuen Technologien hat auf internationaler Ebene zur Verabschiedung des WIPO-Urheberrechtsvertrages (WIPO Copyright Treaty – **WCT**) und des WIPO-Vertrages über Darbietungen und Tonträger (WIPO Performances and Phonograms Treaty – **WPPT**) geführt. Durch den WIPO-Vertrag über Darbietungen und Tonträger (im Folgenden: WPPT) werden vor allem die persönlichkeitsrechtlichen Befugnisse der Leistungsschutzberechtigten gestärkt und den technischen Entwicklungen in der Informationsgesellschaft angepasst (zur Umsetzung des WPPT vgl. *Jaeger* 137 ff. m. w. N.). Beide WIPO-Verträge wurden von Deutschland am 20. 12. 1996 unterzeichnet; durch das Gesetz zur Regelung des Urheberrechts in der Informationsgesellschaft werden die Voraussetzungen für die Ratifikation der Verträge geschaffen. Der Rat der Europäischen Gemeinschaft hat am 16. 3. 2000 den Beitritt zu den WIPO-Verträgen beschlossen (vgl. Beschluss des Rates vom 16. 3. 2000, 2000/278/EG, ABl. EG L 89/6 vom 11. 4. 2000). Der Beitritt der Europäischen Gemeinschaft soll mit dem Beitritt aller EG-Mitgliedstaaten vollzogen werden, sobald die Verpflichtungen aus den WIPO-Verträgen in sämtlichen Mitgliedstaaten sowie auf Gemeinschaftsebene umgesetzt sind (vgl. Begr. des Gesetzentwurfs, BT-Drucks. 15/38, 14). Auf europäischer Ebene ist am 22. 5. 2001 die **Richtlinie** zur Harmonisierung bestimmter Aspekte des Urheberrechts und der verwandten Schutzrechte in der **Informationsgesellschaft** (im Folgenden Multimediarichtlinie) erlassen worden und am 22. 6. 2001 mit ihrer Veröffentlichung im Amtsblatt (ABl. EG L 167 vom 22. 6. 2001, S. 10) in Kraft getreten. Mit der Multimediarichtlinie werden die Mehrzahl der Verpflichtungen aus WCT und WPPT auf Gemeinschaftsebene umgesetzt. Darüber hinaus harmonisiert die Multimediarichtlinie die Definition des Vervielfältigungsrechts, des Rechts auf öffentliche Zugänglichmachung sowie des Rechts der öffentlichen Wiedergabe. Schließlich enthält sie einen abschließenden Katalog möglicher Ausnahmen und Schranken der Verwertungsrechte (zur Umsetzung der Multimediarichtlinie vgl. *Reinbothe* ZUM 2002, 43 ff.;

Spindler GRUR 2002, 105 ff.; *Mayer* EuZW 2002, 325 ff.; *Metzger/Kreutzer* MMR 2002, 139 ff.; *Hoeren* MMR 2000, 515 ff.; *Schippan* NJW 2001, 6182 ff.; *Zecher* ZUM 2002, 52 ff.).

II. Neukonzeption der §§ 73 ff. im Überblick

2   Der Gesetzgeber hat die §§ 73 ff. in wesentlichen Punkten neugefasst. Dabei war es weniger die Informations-Richtlinie, die eine grundlegende Neukonzeption der Leistungsschutzrechte erforderlich gemacht hat, als vielmehr der WIPO-Vertrag über Darbietungen und Tonträger (WPPT). Mit den Änderungen der §§ 73 ff. hat der Gesetzgeber vor allem den Vorgaben des WPPT im Bereich der Persönlichkeitsrechte der ausübenden Künstler Rechnung getragen. Konzeptionell neu ist ferner der Übergang von den „Einwilligungsrechten" zum System der „Verbotsrechte" in Form einfacher oder ausschließlicher Nutzungsrechte, wodurch eine Verbesserung der Rechtsposition der ausübenden Künstler im Hinblick auf Multimediaproduktionen erreicht werden soll (vgl. *Lindner* KuR 2002, 64). Die Neufassung der §§ 73 ff. sieht im Einzelnen folgende Änderungen vor:

1. Begriff des ausübenden Künstlers

3   Der neugefasste § 73 bestimmt, wer ausübender Künstler i. S. d. Urheberrechtsgesetzes ist und damit den Schutz der §§ 74 ff. genießt. **Neu** ist die – durch Art. 2 a WPPT geforderte – Ausdehnung des Schutzbereichs auf **„Ausdrucksformen der Volkskunst"**. Bislang war der Schutz der ausübenden Künstler untrennbar mit der Darbietung eines urheberschutzfähigen Werks verbunden. Von dieser „Werkakzessorietät" macht die Neufassung des § 73 durch die Einbeziehung nicht notwendig urheberrechtlich geschützter folkloristischer Darbietungen eine Ausnahme.

2. Persönlichkeitsrechte

4   Die **persönlichkeitsrechtlichen Befugnisse** des ausübenden Künstlers werden deutlich **erweitert**: Während der ausübende Künstler bislang (§ 83 a. F.) lediglich rufgefährdende Beeinträchtigungen seiner Darbietung untersagen konnte (**Integritätsschutz**), steht ihm nunmehr – wie dem Urheber – auch ein umfassendes **Anerkennungs- und Namensnennungsrecht** zu (§ 74 n. F.). Die gesteigerte Bedeutung, die der Gesetzgeber den Persönlichkeitsrechten der ausübenden Künstler zumisst, manifestiert sich auch in der Systematik der §§ 73 ff. Während mit § 83 a. F. die einzige persönlichkeitsrechtliche Vorschrift am Ende des Dritten Abschnitts stand, rücken deren Pendant (§ 75 n. F.) sowie der neu eingeführte § 74 nun an den Anfang des Abschnitts.

a) Anerkennungs- und Namensnennungsrecht

5   Die Einführung eines Anerkennungs- und Namensnennungsrechts (**§ 74**) basiert auf Art. 5 Abs. 1 WPPT. Der ausübende Künstler hat – ebenso wie der Urheber – das Recht, hinsichtlich seiner Darbietung als solcher anerkannt und namentlich genannt zu werden (Abs. 1). Haben mehrere ausübende Künstler eine Darbietung gemeinsam erbracht, so können sie aus Praktikabilitätsgründen grundsätzlich nur verlangen, als Künstlergruppe genannt zu werden (Abs. 2). Besteht bei einer Ensembledarbietung jedoch ein besonderes

Interesse einzelner beteiligter ausübender Künstler (etwa bei solistischen Auftritten von Ensemblemitgliedern), steht diesen gem. § 74 Abs. 2 S. 4 im Einzelfall das Recht auf Namensnennung zu. Vertretungsbefugt sind der Vorstand oder, sofern ein solcher nicht besteht, der Leiter bzw. ein gewählter Vertreter der Künstlergruppe (§ 74 Abs. 2 S. 2 und 3).

b) Integritätsschutz

§ 75 schützt die Integrität der Darbietung; er ist wortlautgleich mit dem bisherigen § 83 Abs. 1 und 2.

c) Schutzdauer der Persönlichkeitsrechte

Der neugefasste § 76 regelt die Schutzdauer der in §§ 74 und 75 normierten Persönlichkeitsrechte des ausübenden Künstlers. Er entspricht im Wesentlichen § 83 Abs. 3 a. F., wonach die Persönlichkeitsrechte des ausübenden Künstlers mit dessen Tod, jedoch erst 50 Jahre nach der Darbietung erlöschen, wenn der ausübende Künstler vor Ablauf dieser Frist verstorben ist. Neu aufgenommen wurde der Zusatz in § 76 S. 1 a. E., wonach die Persönlichkeitsrechte nicht vor Ablauf der für die Verwertungsrechte geltenden Frist erlöschen. Damit hat der Gesetzgeber den Vorgaben des Art. 5 Abs. 2 WPPT Rechnung getragen.

3. Vermögensrechte

Im Anschluss an die Persönlichkeitsrechte hat der Gesetzgeber in **§§ 77 bis 83** die vermögensrechtlichen Befugnisse des ausübenden Künstlers sowie des Veranstalters (§ 81) geregelt. Konzeptionell neu ist hier der Übergang von den bisherigen „Einwilligungsrechten" des ausübenden Künstlers zum System ausschließlicher Verwertungsrechte. Die **Einräumung ausschließlicher Nutzungsrechte** bewirkt weniger eine sachliche Änderung der Befugnisse der ausübenden Künstler, als vielmehr die **Stärkung von Rechten Dritter.** Während die Vertragspartner der ausübenden Künstler nach bisherigem Recht durch deren „Einwilligung" lediglich eine schuldrechtliche Position erlangen konnten, die die Verwertungshandlung rechtmäßig werden ließ, können Dritte nunmehr (einfache oder ausschließliche) Nutzungsrechte (und damit nach h. M. eine dingliche Rechtsposition, vgl. § 31 Rn. 27 ff. im HauptB) erwerben. Inhaltlich entsprechen die Vermögensrechte – abgesehen von dem **neu** eingeführten **Recht auf Zugänglichmachung** – im Wesentlichen der bisherigen Fassung.

a) Gegenstand der Vermögensrechte

Dem ausübenden Künstler stehen gemäß §§ 77 und 78 folgende Vermögensrechte als ausschließliche Rechte zu:
– das Recht, die Darbietung auf Bild- oder Tonträger aufzunehmen (§ 77 Abs. 1);
– das Recht, eine aufgenommene Darbietung zu vervielfältigen und zu verbreiten (§ 77 Abs. 2);
– das Recht der öffentlichen Zugänglichmachung (§ 78 Abs. 1 Nr. 1);
– das Senderecht, soweit die Darbietung nicht erlaubterweise auf Bild- oder Tonträger aufgenommen worden ist, die erschienen oder erlaubterweise öffentlich zugänglich gemacht worden sind (§ 78 Abs. 1 Nr. 2);
– das Recht, eine Darbietung öffentlich wahrnehmbar zu machen (§ 78 Abs. 1 Nr. 3).

§ 78 Abs. 2 gewährt dem ausübenden Künstler für bestimmte Fälle der öffentlichen Wiedergabe seiner Darbietung einen Vergütungsanspruch.

b) Schutzdauer

10 § 82 regelt die Schutzfrist für die Vermögensrechte der ausübenden Künstler (sowie des Veranstalters) und entspricht inhaltlich – bis auf wenige (rein) redaktionelle Änderungen – der bisherigen Fassung.

c) Einräumung von Nutzungsrechten

11 Die neugefasste Vorschrift des § 79 regelt die Einräumung von Verwertungsrechten an Dritte. Bedingt durch den dogmatischen Übergang von Einwilligungsrechten zu ausschließlichen Verwertungsrechten sieht § 79 Abs. 2 S. 1 neben der translativen Übertragung der Verwertungsrechte, die gem. § 79 Abs. 1 möglich bleibt, die Einräumung von einfachen oder ausschließlichen Nutzungsrechten vor. § 79 Abs. 2 S. 2 verweist auf die urhebervertraglichen Regelungen der §§ 31 Abs. 1 bis 3 und 5 sowie §§ 32 bis 43. Im Unterschied zu den Rechten des Urhebers gilt die Beschränkung des § 31 Abs. 4 im Bereich der Leistungsschutzrechte nicht. Ausübende Künstler können also Nutzungsrechte **auch** hinsichtlich (im Zeitpunkt des Vertragsschlusses) **unbekannter Nutzungsarten** einräumen. Durch den Verweis auf § 43 wird die bisherige Regelung des § 79 überflüssig.

d) Ensembledarbietungen

12 Der neugefasste § 80 regelt (wie bisher) die Zuordnung der Vermögensrechte, wenn eine Darbietung von mehreren ausübenden Künstlern gemeinsam erbracht worden ist. Anders als § 80 a. F., der sich ausdrücklich nur auf Chor-, Orchester- und Bühnenaufführungen bezog, ist § 80 n. F. nun – in Anlehnung § 8 – allgemein gefasst. § 80 Abs. 2 verweist auf die in § 74 Abs. 2 Satz 2 u. 3 enthaltene Vertretungsregelung bei gemeinsamen Darbietungen ausübender Künstler.

e) Schranken der Verwertungsrechte

13 Die Schranken der Verwertungsrechte sind nunmehr in § 83 geregelt, der inhaltlich – bis auf wenige redaktionelle Änderungen (und ein redaktionelles Versehen) – der bisherigen Fassung des § 84 entspricht.

4. Schutz des Veranstalters

14 Die Vorschrift des § 81 entspricht im Wesentlichen § 81 a. F. Ebenso wie ausübenden Künstlern steht den Veranstaltern künftig ein **Verbotsrecht,** nicht mehr nur ein Einwilligungsrecht zu. Entsprechend verweist § 81 auf einzelne Vorschriften der §§ 31 ff.

III. Synopse

15 Zur praktischen Handhabung vgl. im Folgenden eine Gegenüberstellung zwischen altem und neuem Recht:

Neues Recht	Altes Recht	Bemerkungen
§ 73	§ 73	Ausdehnung des Gegenstands der Darbietung auf „Ausdrucksweisen der Volkskunst"

§ 73. Ausübender Künstler § 73 UrhG

Neues Recht	Altes Recht	Bemerkungen
§ 74	———	Neu: Persönlichkeitsrecht des ausübenden Künstlers in Form eines Anerkennungs- und Namensnennungsrechts
§ 75	§ 83 Abs. 1 und 2	Keine inhaltlichen Änderungen
§ 76	§ 83 Abs. 3	Neu: Persönlichkeitsrechte erlöschen nicht vor Ablauf der für die Verwertungsrechte geltenden Frist
§ 77	§ 75 Abs. 1–3	Neu: Übergang von (bisher) „Einwilligungsrechten" zu (nunmehr) ausschließlichen Verwertungsrechten
§ 78	§§ 74, 76, 77	Neu: ausschließliches Recht der öffentlichen Zugänglichmachung
§ 79	§ 78 (§ 75 Abs. 4)	Neu: Übergang von (bisher) „Einwilligungsrechten" zu (nunmehr) ausschließlichen Verwertungsrechten; Übertragung von Nutzungsrechten auch hinsichtlich unbekannter Nutzungsarten möglich!
§ 80	§ 80	Neu: Anlehnung an § 8 (Miturheberschaft); gesamthänderische Bindung der Verwertungsrechte bei Ensembledarbietungen
§ 81	§ 81	Neu: Konzept der ausschließlichen Nutzungsrechte gilt auch für Veranstalter
§ 82	§ 82	Keine inhaltlichen Änderungen, lediglich redaktionelle Anpassungen
§ 83	§ 84	Keine inhaltlichen Änderungen, lediglich redaktionelle Anpassungen
§ 84		Aufgehoben (wegen systematischer Verschiebungen im Dritten Abschnitt)
	§ 75 Abs. 5	Ersatzlos weggefallen
	§ 79	Weggefallen (statt dessen: Verweis in § 79 n. F. auf die für Arbeitnehmerurheber geltende Vorschrift des § 43)

§ 73. Ausübender Künstler

Ausübender Künstler im Sinne dieses Gesetzes ist, wer ein Werk oder eine Ausdrucksform der Volkskunst aufführt, singt, spielt oder auf eine andere Weise darbietet oder an einer solchen Darbietung künstlerisch mitwirkt.

Literatur: Siehe die Angaben bei der Vorbemerkung vor §§ 73 ff.

Übersicht

	Rn.		Rn.
I. Allgemeines	1	III. Darbietung von Ausdrucksformen der Volkskunst	3–6
II. Darbietung eines Werks	2	IV. Künstlerische Mitwirkung	7

I. Allgemeines

1 Die Neufassung des § 73 weitet den Schutz des ausübenden Künstlers aus, indem nunmehr neben Werken der Literatur und Kunst auch **Ausdrucksformen der Volkskunst** unter den Begriff des ausübenden Künstlers fallen. Diese neue Definition des ausübenden Künstlers basiert auf **Art. 2 a WPPT**. Danach sind ausübende Künstler „Schauspieler, Sänger, Musiker, Tänzer und andere Personen, die Werke der Literatur oder der Kunst oder Ausdrucksformen der Volkskunst aufführen, singen, vortragen, vorlesen, spielen, interpretieren oder auf irgend eine andere Weise darbieten" („‚performers' are actors, singers, musicians, dancers, and other persons who act, sing, deliver, declaim, play in, interpret, or otherwise perform literary or artistic works or expressions of folklore"). Gegenüber der Begriffsbestimmung im Rom-Abkommen (Art. 3 a RA) enthält die Definition des ausübenden Künstlers in Art. 2 a WPPT zwei **Erweiterungen**: Zum einen wurde der Katalog der Darbietungsformen um das Merkmal „interpretieren" ergänzt. Zum anderen sind nun auch solche Personen in den geschützten Kreis der ausübenden Künstler einbezogen, die „Ausdrucksweisen der Volkskunst" darbieten (zur Definition des Art. 2 a WPPT vgl. *Reinbothe/v. Lewinski* The WIPO Treaties, Art. 2 Rn. 23 ff.; *Beining* 24 ff.; *Kloth* 194 f.). Während die Aufnahme des Merkmals „interpretieren" keine inhaltliche Änderung darstellt, sondern lediglich klarstellende Funktion hat (*Reinbothe/v. Lewinski* The WIPO Treaties 1996, Art. 2 Rn. 27), bedeutet die Ausdehnung der Darbietungsformen auf „Ausdrucksweisen der Volkskunst" durchaus eine inhaltliche Erweiterung (vgl. die Memoranden des internationalen Büros der WIPO für den Sachverständigenausschuss, CE, Memorandum 1. Session, Copyright 1993, 142, 145 und CE, Memorandum 3. Session, Copyright 1994, 241, 244; *Jaeger* 139 f.). Zu Einzelheiten vgl. § 73 Rn. 3 ff.

II. Darbietung eines Werks

2 Mit der Neufassung des Katalogs der Darbietungsformen in § 73 ist – abgesehen von der Einbeziehung folkloristischer Ausdrucksformen (dazu sogleich unter § 73 Rn. 3) – keine inhaltliche Änderung verbunden. Während § 73 a. F. allgemein auf den „Vortrag" oder die „Aufführung" eines (urheberschutzfähigen) Werkes abstellte, werden diese Begriffe in Anlehnung an die Definition des Art. 2 a WPPT nun durch die Aufzählung von Beispielen („singt", „spielt" etc.) konkretisiert. Insbesondere führt die Aufnahme der Darbietungsform „interpretieren" in Art. 2 a WPPT zu keiner anderen Auslegung des § 73. Das neu eingefügte Merkmal „interpretieren" bewirkt, wie die Gesetzesbegründung im Hinblick auf § 73 ausdrücklich klarstellt, keine „inhaltliche Änderung", sondern dient „lediglich der Klarstellung" (vgl. Begr. des Gesetzesentwurfs, BT-Drucks. 15/38, 23). „Interpretationen" eines Werks fallen – unstreitig – in den Schutzbereich des § 73; nichts anderes stellt Art. 2 a WPPT, der bei der Auslegung des § 73 zu berücksichtigen ist, nunmehr ausdrücklich klar. Auf die im Rahmen des § 73 a. F. erörterte Streitfrage, ob auch solche Darbietungen leistungsschutzrechtlich geschützt sind, die kein interpretatorisches/künstlerisches Element enthalten (zum Streitstand siehe § 73 Rn. 6 f. im HauptB), hat die Neuregelung des Art. 2 a WPPT keine Auswirkung. Hinsichtlich der Auslegung der einzelnen Darbietungsformen wird auf die Ausführungen zu § 73 Rn. 3–10 im HauptB verwiesen.

III. Darbietung von Ausdrucksformen der Volkskunst

Die Einbeziehung von „Ausdrucksformen der Volkskunst" („expressions of folklore") in den Schutzbereich des § 73 stellt sowohl **systematisch** als auch **inhaltlich** eine fundamentale **Neuerung** dar. Bislang war der Begriff des ausübenden Künstlers – auf internationaler (Art. 3 a RA) und nationaler (§ 73 a. F.) Ebene – untrennbar mit der Darbietung eines urheberschutzfähigen Werkes verknüpft. Durch die Neufassung des § 73 genießt derjenige, der eine folkloristische Darbietung erbringt, den **Status** (und damit den Schutz) eines ausübenden Künstlers **unabhängig** davon, ob es sich bei dem Gegenstand der Darbietung um ein **urheberschutzfähiges Werk** iSv § 2 handelt. Durch die Einbeziehung von folkloristischen Ausdrucksformen in den Schutzbereich des § 73 entfernt sich der Leistungsschutz des ausübenden Künstlers vom Gegenstand des Urheberrechts, da in Bezug auf die Ausdrucksweisen der Volkskunst eine „kulturvermittelnde" (nicht notwendig eine „werkvermittelnde") Leistung des Darbietenden ausreichend ist (treffend *Kloth* 195). 3

Die Aufnahme der „Ausdrucksformen der Folklore" in den Katalog der geschützten Darbietungsformen des Art. 2 a WPPT geht zurück auf die „Modellvorschläge für nationale Gesetze über den Schutz von Ausdrucksformen der Folklore", die 1982 von einem Komitee aus WIPO- und UNESCO-Experten erarbeitet wurden (CE, Report, Copyright 1982, 278, dazu *Jaeger* 140; zur Entstehungsgeschichte vgl. ferner *Kloth* 195, der die Aufnahme folkloristischer Darbietungsformen als „ein Zugeständnis an die Entwicklungsländer" wertet). 4

Obwohl folkloristischen Ausdrucksformen in aller Regel das Element der „persönlich-geistigen" Schöpfung fehlt, fallen sie nunmehr unter den Schutzbereich des § 73. Ausdrucksformen der Folklore zeichnen sich dadurch aus, dass sie nicht einer einzelnen Person zuzuordnen sind, sondern durch „weiterentwickelte Nachahmung" entstehen (*Fiscor* WIPO-Publication No. 758, 213, 217; *Jaeger* 140). Auch wenn die folkloristische Darbietung nach der Neukonzeption des § 73 kein urheberschutzfähiges Werk zum Gegenstand haben muss, setzt die Einbeziehung folkloristischer Ausdrucksformen doch eine gewisse Choreografie und den **Einsatz künstlerischer Mittel** voraus (*Beining* 26; *Reimer/Ulmer* GRUR Int. 1967, 431, 452). 5

Anhaltspunkte dafür, welche „Ausdrucksformen" als folkloristische Darbietung unter § 73 fallen, lassen sich aus den Modellvorschlägen für nationale Gesetze über den Schutz von Ausdrucksformen der Folklore (CE, Report, Copyright 1982, 278) gewinnen. Dort heißt es in Section 2: „For the purposes of this law, ‚expressions of folklore' means productions consisting of characteristic elements of the traditional artistic heritage developed or maintained by a community or by individuals reflecting the expectations of such community, in particular: (i) verbal expressions, such as folk tales, folk poetry and riddles; (ii) musical expressions, such as folk songs and instrumental music; (iii) expressions by action, such as folk dances, plays and artistic forms or rituals; whether or not reduced to a material form". Zu den „Ausdrucksformen der Folklore" zählen danach **alle sprach-** 6 lichen und **musikalischen Ausdrucksformen**, wie z. B. **Volksmärchen** oder **-dichtung, Volkslieder** oder **Instrumentalmusik,** sowie alle bewegten Darbietungen, wie z. B. **Volkstänze, Rituale** (mit künstlerischen Elementen), sowie die Aufführung von **Volksstücken.**

IV. Künstlerische Mitwirkung

7 Ebenso wie § 73 a. F. schützt auch die Neufassung des § 73 nicht nur denjenigen, der ein Werk bzw. eine Ausdrucksform der Volkskunst unmittelbar darbietet, sondern auch denjenigen, der an einer solchen Darbietung künstlerisch mitwirkt. Für die Auslegung des Merkmals „künstlerisch mitwirken" wird auf die Ausführungen zu § 73 Rn. 11–15 im HauptB verwiesen.

§ 74. Anerkennung als ausübender Künstler

(1) **Der ausübende Künstler hat das Recht, in Bezug auf seine Darbietung als solcher anerkannt zu werden. Er kann dabei bestimmen, ob und mit welchem Namen er genannt wird.**

(2) **Haben mehrere ausübende Künstler gemeinsam eine Darbietung erbracht und erfordert die Nennung jedes einzelnen von ihnen einen unverhältnismäßigen Aufwand, so können sie nur verlangen, als Künstlergruppe genannt zu werden. Hat die Künstlergruppe einen gewählten Vertreter (Vorstand), so ist dieser gegenüber Dritten allein zur Vertretung befugt. Hat eine Gruppe keinen Vorstand, so kann das Recht nur durch den Leiter der Gruppe, mangels eines solchen nur durch einen von der Gruppe zu wählenden Vertreter geltend gemacht werden. Das Recht eines beteiligten ausübenden Künstlers auf persönliche Nennung bleibt bei einem besonderen Interesse unberührt.**

Literatur: Siehe die Angaben bei der Vorbemerkung vor §§ 73 ff.

Übersicht

	Rn.		Rn.
I. Normzweck und Systematik	1–5	4. Fallgruppen	14–16
II. Recht auf Anerkennung als ausübender Künstler (§ 74 Abs. 1 S. 1)	6–10	a) Recht auf Anonymität	14
		b) Künstlernamen/Pseudonyme	15
1. Regelungsgehalt	6, 7	c) Entstellung einer künstlerischen Darbietung	16
2. Inhaber des Rechts	8	5. Verzicht auf Namensnennung	17, 18
3. Bezugsobjekt des Rechts	9	6. Namensnennung und Nutzungsrechtseinräumung	19
4. Anwendungsfälle	10		
III. Recht auf Namensnennung (§ 74 Abs. 1 S. 2)	11–19	IV. Gemeinsame Darbietung mehrerer ausübender Künstler (§ 74 Abs. 2 S. 1)	20–23
1. Gegenstand des Namensnennungsrechts	11	V. Gesetzliche Vertretungsbefugnis (§ 74 Abs. 2 S. 2 und 3)	24, 25
2. Bezugsobjekt des Rechts	12	VI. Ausnahmen bei besonderem Interesse (§ 74 Abs. 2 S. 4)	26
3. Ausgestaltung der Namensnennung	13		

I. Normzweck und Systematik

Die neugefasste Vorschrift des § 74 normiert ein **Anerkennungs- und Namensnen-** 1
nungsrecht des ausübenden Künstlers und schützt damit, wie es in der Begründung des Gesetzesentwurfs heißt, „erstmals das Authentizitätsinteresse des ausübenden Künstlers" (Begr. des Gesetzesentwurfs, BT-Drucks. 15/38, 23). Bisher beschränkte sich der Schutz der (besonderen) Persönlichkeitsrechte der ausübenden Künstler auf den Integritätsschutz gemäß § 83 a. F. Mit der Neufassung des § 74 steht dem ausübenden Künstler nunmehr in Form des Anerkennungs- und Namensnennungsrechts ein weiteres **Persönlichkeitsrecht** zur Seite. § 74 setzt die Vorgaben des **Art. 5 Abs. 1 WPPT** um. Danach genießen ausübende Künstler – neben dem Integritätsschutz („right of integrity") und unabhängig von ihren vermögensrechtlichen Befugnissen – das Recht auf Namensnennung („right to be identified as the performer", vgl. dazu ausführlich *Reinbothe/v. Lewinski* The WIPO Treaties 1996, 290 ff.). Die Einbeziehung der Künstlerpersönlichkeitsrechte in den WIPO-Vertrag über Darbietungen und Tonträger begründete man vor allem mit den Manipulationsmöglichkeiten der digitalen Technologie (*Kloth* 205; *Kreile* ZUM 1995, 307, 315).

Nach **alter Rechtslage** stand den ausübenden Künstlern – anders als den Urhebern – 2
kein Anerkennungs- oder Namensnennungsrecht zu, weil diese, wie es in der amtlichen Begründung heißt, „regelmäßig in der Lage sein werden, sich das Recht auf Namensnennung vertraglich auszubedingen" (Begr. RegE, UFITA 45 (1965) 240, 313). Waren ausdrückliche Abreden nicht getroffen, so hat die Rechtsprechung im Wege der ergänzenden Vertragsauslegung im Einzelfall jedoch ein Recht auf Namensnennung bejaht, sofern sich dies im Rahmen des „Üblichen" bewegt (so OLG Köln UFITA 93 (1982) 203, 205 – TÜLAY B, wonach es bei Solo-Darbietungen von Sängern dem „Üblichen" entspricht, dass deren Name auf dem Tonträger erwähnt wird). Dieser Schutz erwies sich in der Praxis allerdings häufig als nicht ausreichend (vgl. nur die Entscheidung des LG München I UFITA 71 (1974) 253, 274 – Domicile conjugal; dazu kritisch *Dietz* UFITA 87 (1980) 1, 90). In dieser Entscheidung ging es um das Namensnennungsrecht eines französischen Schauspielers, der im Abspann der deutschen Fassung des (französischsprachigen) Spielfilms „Domicile conjugal" von François Truffaut – anders als in der Originalversion – nicht namentlich genannt worden war. Das Landgericht München I hat die Klage mit knapper Begründung abgewiesen, da ein „gesetzlicher Anspruch auf Namensnennung nach deutschem Recht" nicht bestehe. Diese Schutzlücke konnte auch nicht durch Rückgriff auf das allgemeine Persönlichkeitsrecht geschlossen werden, da dieses nach h. M. im Anwendungsbereich der besonderen Persönlichkeitsrechte der ausübenden Künstler keine Anwendung findet (vgl. *Jaeger* 63 m. w. N.; a. A. *Rüll* 226).

Die Neufassung des **§ 74 Abs. 1** unterscheidet zwischen dem Recht auf Anerkennung 3
(S. 1) und dem Recht auf Namensnennung (S. 2) und entspricht damit systematisch der für Urheber geltenden **Parallelvorschrift des § 13**. Das Recht auf Anerkennung hat vor allem eine negative Komponente: der ausübende Künstler kann Ansprüche abwehren, durch die bestritten wird, dass er eine konkrete künstlerische Darbietung erbracht hat. Neben diesem **negativen Abwehrrecht** begründet § 74 Abs. 1 S. 2 ein **positives Recht auf Namensnennung**. Das Namensnennungsrecht stellt sich dogmatisch als Ausprägung des (allgemeinen) Rechts auf Anerkennung dar (vgl. Begr. des Gesetzesentwurfs, BT-Drucks. 15/38, 23). Für die Parallelvorschrift des § 13 ist das Verhältnis zwischen Anerkennungs- und Bezeichnungsrecht des Urhebers umstritten (vgl. BGH GRUR 1995, 671, 672 – Namensnennungs-

recht des Architekten; Schricker/*Dietz* § 13 Rn. 6; Möhring/Nicolini/*Kroitzsch* § 13 Rn. 2, die das Bezeichnungsrecht als Bestandteil des Anerkennungsrechts verstehen; zur Gegenmeinung siehe § 13 Rn. 10 im HauptB). Bezogen auf die Neuregelung des § 74 Abs. 1 erlangt dieser – praktisch ohnehin bedeutungslose – Streit angesichts der eindeutigen Aussage in der Gesetzesbegründung keine Relevanz.

4   In **§ 74 Abs. 2** ist geregelt, wie das Namensnennungsrecht auszuüben ist, wenn mehrere ausübende Künstler eine Darbietung gemeinsam erbracht haben. In diesem Fall können die beteiligten Künstler grundsätzlich nur verlangen, als **Künstlergruppe** genannt zu werden. Würde man bei Ensembledarbietungen (etwa bei der Aufführung eines Werks mit großem Chor und Orchester) jedem einzelnen ausübenden Künstler ein (individuelles) Namensnennungsrecht zubilligen, so wäre dies in vielen Fällen mit unverhältnismäßigem Aufwand verbunden. Gemäß § 74 Abs. 2 S. 2 u. 3 ist im Außenverhältnis entweder der Vorstand der Künstlergruppe oder – soweit ein solcher nicht existiert – der Leiter der Gruppe bzw. ein gewählter Vertreter befugt, das Namensnennungsrecht der Künstlergruppe geltend zu machen. Sofern einzelne Beteiligte ein besonderes Interesse an der persönlichen Namensnennung haben, kann dies gemäß § 74 Abs. 2 S. 4 im Einzelfall Berücksichtigung finden.

5   Als Ausprägung des Persönlichkeitsrechts des ausübenden Künstlers ist das Anerkennungs- und Namensnennungsrecht aus § 74 im Kern **unverzichtbar** und **nicht übertragbar** (vgl. Rn. 17).

II. Recht auf Anerkennung als ausübender Künstler (§ 74 Abs. 1 S. 1)

1. Regelungsgehalt

6   Die Vorschrift des § 74 Abs. 1 S. 1 begründet das Recht des ausübenden Künstlers, als solcher anerkannt zu werden. Die Einführung eines solchen, an die für Urheber geltende Vorschrift des § 13 angelehnten Anerkennungsrechts beruht auf den Vorgaben des **Art. 5 Abs. 1 WPPT**. Obwohl Art. 5 Abs. 1 WPPT lediglich von einem „Recht auf Namensnennung" spricht ("the right to claim to be identified as the performer"), würde es zu kurz greifen, Art. 5 WPPT dahingehend auszulegen, dass dieser lediglich ein Recht auf Namensnennung im engeren Sinne vorschreibt. Art. 5 WPPT entspricht inhaltlich Art. 6 RBÜ, der von dem Recht „to claim the ownership" spricht und damit zweifelsohne neben dem positiven Recht auf Namensnennung auch das negative Abwehrrecht umfasst, Angriffe auf den Urheberstatus abzuwehren. In diesem Sinne ist auch Art. 5 WPPT auszulegen. Der ausübende Künstler hat aufgrund der Bestimmung des Art. 5 Abs. 1 WPPT nicht nur das Recht, namentlich genannt zu werden, sondern auch Angriffe abzuwehren, die etwa daraus resultieren, dass Dritte behaupten, Interpret einer konkreten Darbietung zu sein (so auch *Jaeger* 158).

7   In einem Punkt freilich geht die Neufassung des § 74 Abs. 1 über das Schutzniveau des WIPO-Vertrages über Darbietungen und Tonträger hinaus. Durch die Neufassung des § 74 Abs. 1 erhält der einzelne ausübende Künstler ein **unbeschränktes** Recht auf Anerkennung und Namensnennung. Demgegenüber sieht Art. 5 Abs. 1 WPPT – ohne zwischen individuellen und Ensembleleistungen zu differenzieren – eine Einschränkung des Namensnennungsrechts vor, falls die Unterlassung der Namensnennung im Einzelfall durch die Art der Nutzung geboten ist („except where omission is dictated by the manner of the use of the performance"). Diese Beschränkung des Namensnennungsrechts greift § 74 nur im Rahmen von Ensembledarbietungen auf (vgl. § 74 Rn. 20 ff.).

2. Inhaber des Rechts

Einen Anspruch aus § 74 Abs. 1 hat **ausschließlich der ausübende Künstler** selbst, der **8** eine künstlerische Darbietung erbracht hat. Nach dem Tod des ausübenden Künstlers geht das Persönlichkeitsrecht aus § 74 Abs. 1 auf seinen Rechtsnachfolger über (vgl. § 76 S. 3). Für den Fall, dass mehrere ausübende Künstler eine Darbietung gemeinsam erbracht haben, werden deren Rechte in § 74 Abs. 2 abschließend geregelt.

3. Bezugsobjekt des Rechts

Das in § 74 Abs. 1 S. 1 normierte Anerkennungsrecht bezieht sich auf **alle körperlichen** **9** **und unkörperlichen Verwertungsformen** einer künstlerischen Darbietung. Ebenso wie der Urheber hat auch der ausübende Künstler ein Interesse daran, dass seine Darbietung ihm unabhängig von der Form, in der sie erbracht wird, zugeordnet wird (für die Parallelvorschrift des § 13 S. 1 siehe § 13 Rn. 7 im HauptB; BGH GRUR 1995, 671, 672 – Namensnennungsrecht des Architekten; Schricker/*Dietz* § 13 Rn. 12; a. A. nur *Hock* 48 ff., der § 13 lediglich auf Werkoriginale anwendet).

4. Anwendungsfälle

Die Regelung des § 74 Abs. 1 S. 1 räumt dem ausübenden Künstler das Recht ein, **10** **fremde Angriffe** auf seinen Status als ausübender Künstler **abzuwehren.** Solche Angriffe können sich in unterschiedlicher Weise manifestieren. Denkbar ist zunächst, dass ein Dritter den Status des ausübenden Künstlers in Bezug auf eine bestimmte Interpretation bestreitet. In einem solchen Fall hat der ausübende Künstler Anspruch darauf, als Interpret seiner Darbietung anerkannt und festgestellt zu werden. Denkbar ist auch, dass der Status des ausübenden Künstlers in Bezug auf eine konkrete künstlerische Darbietung von einem Dritten in Anspruch genommen wird. Anders als im Bereich des Urheberpersönlichkeitsrechts nach § 13, wo die Problematik der Plagiate einen der praktischen Hauptanwendungsfälle bildet, dürften „Plagiatsfälle" (d. h. die Anmaßung des Künstlerstatus durch einen Dritten) in Bezug auf die Darbietung eines ausübenden Künstlers in der Praxis eher selten sein. Den **Hauptanwendungsbereich** des neuen § 74 wird voraussichtlich die (positive) Ausprägung des Anerkennungsrechts in Form des Rechts auf Namensnennung nach § 74 Abs. 1 S. 2 bilden.

III. Recht auf Namensnennung (§ 74 Abs. 1 S. 2)

1. Gegenstand des Namensnennungsrechts

Als Ausprägung des allgemeinen Rechts auf Anerkennung (§ 74 Abs. 1 S. 1) normiert **11** § 74 Abs. 1 S. 2 zugunsten des ausübenden Künstlers ein Recht auf Namensnennung. Der ausübende Künstler kann entscheiden, **ob und wie** er mit seiner künstlerischen Darbietung in Verbindung gebracht wird. Ebenso wie dem Urheber steht es nunmehr auch dem ausübenden Künstler frei, eine Darbietung mit seinem wirklichen Namen, einem Künstlernamen bezeichnen zu lassen oder auf die Anbringung seines Namens gänzlich zu verzichten (vgl. Fallgruppen unter § 74 Rn. 14 ff.). Das Recht auf Namensnennung bezieht sich stets nur auf die eigene Darbietung des ausübenden Künstlers (*Reinbothe/v. Lewinski* The WIPO Treaties 1996, Art. 5 Rn. 18); es umfasst nicht das Recht, gegen eine falsche Zuordnung einer (fremden) künstlerischen Darbietung durch einen Dritten vorzugehen.

2. Bezugsobjekt des Rechts

12 Im Unterschied zum Bezeichnungsrecht des Urhebers nach § 13 bezieht sich das Namensnennungsrecht des § 74 Abs. 1 S. 2 sowohl auf **körperliche Verwertungsstücke** als auch auf **jede unkörperliche Verwertung** einer künstlerischen Darbietung. Im Rahmen der Parallelvorschrift des § 13 S. 2 schließen Rechtsprechung und Teile der Literatur aus der Formulierung des Gesetzes, wonach „das Werk mit einer Urheberbezeichnung zu versehen" sei, dass hiermit nur die Anbringung der Urheberbezeichnung an Werkverkörperungen (Original oder Vervielfältigungsstücke) gemeint sei (BGH ZUM 1995, 40, 41; Schricker/*Dietz* § 13 Rn. 12; a. A. siehe § 13 Rn. 10, 34 f. im HauptB). Nach dieser Ansicht fallen verbale Nennungen des Urhebers bei Werkwiedergaben in unkörperlicher Form jedoch unter den Anwendungsbereich des § 13 S. 1, so dass sich der Streit praktisch nicht auswirkt. Im Gegensatz zu § 13 S. 2 ist der Wortlaut des § 74 Abs. 1 S. 2 eindeutig: Der ausübende Künstler kann bestimmen, „ob und mit welchem Namen er genannt wird". Eine Beschränkung auf körperliche Verwertungsstücke lässt sich daraus nicht ableiten. Mit dem Namensnennungsrecht des § 74 Abs. 1 S. 2 ist daher jedes Recht auf Namensnennung gemeint, unabhängig davon, ob es sich um körperliche oder unkörperliche Verwertungsformen handelt (so auch *Jaeger* 156, freilich noch bezogen auf den Referentenentwurf vom 18. März 2002). Diese Auslegung steht auch in Einklang mit Art. 5 Abs. 1 WPPT, wonach sich die Künstlerpersönlichkeitsrechte sowohl auf „hörbare Live-Darbietungen" („live aural performances") als auch auf Darbietungen beziehen, die „auf Tonträgern festgelegt" sind („perfomances fixed in phonograms"). Während eine Differenzierung zwischen körperlichen und unkörperlichen Werkwiedergaben im Bereich des Urheberrechts sinnvoll sein mag (dort kommt der Anbringung der Urheberbezeichnung auf Original- und Vervielfältigungsstücken praktisch eine eigenständige und gegenüber dem allgemeinen Anerkennungsrecht hervorzuhebende Bedeutung zu), entspricht sie im Bereich der künstlerischen Darbietungen nicht den praktischen Bedürfnissen. Für ausübende Künstler ist die Namensnennung bei einer künstlerischen Live-Darbietung mindestens ebenso bedeutsam wie bei Darbietungen, die auf Bild- oder Tonträger aufgenommen werden.

3. Ausgestaltung der Namensnennung

13 Der ausübende Künstler kann nach § 74 Abs. 1 S. 2 über die Ausgestaltung der Namensnennung bestimmen. Der Name des ausübenden Künstlers muss in einer Weise genannt werden, dass das Publikum eine künstlerische Darbietung eindeutig dem ausübenden Künstler zuschreibt. Dies kann z. B. durch die namentliche Nennung im Programm einer Konzert- oder Theateraufführung, durch mündliche Ansage im Radio, durch Angabe der Namen auf Vor- oder Abspann einer Fernsehübertragung, auf der Hülle oder im Booklet einer CD geschehen.

4. Fallgruppen

a) Recht auf Anonymität

14 § 74 Abs. 1 S. 2 gewährt dem ausübenden Künstler neben dem (positiven) Recht auf Nennung seines Namens auch das Recht auf Anonymität. Der ausübende Künstler kann festlegen, dass seine Darbietung nur ohne namentliche Zuordnung öffentlich aufgeführt oder verwertet wird. In der Praxis sind allerdings kaum Fälle vorstellbar, in denen ein Musiker,

§ 74. Anerkennung als ausübender Künstler 15–17 § 74 UrhG

Schauspieler, Sänger, Regisseur etc. es vorziehen wird, anonym zu bleiben, statt vielmehr von dem (positiven) Recht auf Namensnennung Gebrauch zu machen.

b) Künstlernamen/Pseudonyme

Das Namensnennungsrecht des ausübenden Künstlers beinhaltet auch, in Verbindung mit einer Darbietung einen Künstlernamen oder ein Pseudonym zu verwenden. Der ausübende Künstler kann – mit Wirkung gegenüber jedermann – verlangen, dass seine Darbietung nur unter diesem Künstlernamen aufgeführt oder verwertet wird (zur Parallelvorschrift des § 13 siehe § 13 Rn. 13 im HauptB). **15**

c) Entstellung einer künstlerischen Darbietung

Besondere Bedeutung kann das Namensnennungsrecht des ausübenden Künstlers dann erlangen, wenn es darum geht, sich von einer Beeinträchtigung oder Entstellung einer künstlerischen Darbietung zu distanzieren. Wird beispielsweise in wesentliche künstlerische Regieelemente einer Theater- oder Operninszenierung eingegriffen, so kann der Regisseur – neben der Berufung auf § 75 n. F. – nunmehr auch verlangen, dass sein Name im Zusammenhang mit der Inszenierung nicht mehr genannt wird. Die Neufassung des Gesetzes trägt damit dem Umstand Rechnung, dass in der Aufführung oder Verbreitung einer künstlerischen Darbietung in entstellter Form eine besonders schwerwiegende Rechtsverletzung des ausübenden Künstlers liegt, sofern dessen Name untrennbar mit der entstellten Darbietung verknüpft ist. Beim Publikum entsteht dann nämlich der falsche Eindruck, der ausübende Künstler habe der Darbietung in der entstellten Form zugestimmt oder diese sogar selbst veranlasst. Das **Namensnennungsverbot** kann also künftig im Bereich der Persönlichkeitsrechte des ausübenden Künstlers als weitaus weniger einschneidende Alternative zu dem Abwehrrecht gegen Entstellungen oder sonstige Beeinträchtigungen aus § 75 n. F. eigenständige Bedeutung erlangen. **16**

5. Verzicht auf Namensnennung

Räumt der ausübende Künstler Dritten – einfache oder ausschließliche – Nutzungsrechte an seiner Darbietung ein, so bleibt das Recht auf Anerkennung und Namensnennung als ausübender Künstler aus § 74 Abs. 1 davon grundsätzlich unberührt. Die **Persönlichkeitsrechte** des ausübenden Künstlers bestehen **unabhängig** von dessen **Vermögensrechten** (*Reinbothe/v. Lewinski* The WIPO Treaties 1996, Art. 5 Rn. 11). Das Recht aus § 74 Abs. 1 ist auch nicht davon abhängig, ob der ausübende Künstler seine Darbietung im Arbeitsverhältnis oder sonst abhängig geschaffen hat. Wegen seiner **höchstpersönlichen Natur** ist das Namensnennungsrecht – ebenso wie die Urheberpersönlichkeitsrechte – **nicht übertragbar** und **nicht** mit dinglicher Wirkung **verzichtbar** oder **vertraglich abdingbar.** Zwar sieht Art. 5 WPPT keine ausdrückliche Bestimmung zur Unübertragbarkeit oder Unverzichtbarkeit der Künstlerpersönlichkeitsrechte vor (die USA und Großbritannien akzeptierten die Einbeziehung der Künstlerpersönlichkeitsrechte in den WPPT nur unter der Voraussetzung, dass die Unverzichtbarkeit nicht im Vertragstext geregelt wird, vgl. WPPT Basic Proposal, Art. 5 Ziff. 5.07, WIPO-Dok. CRNR/DC/5 vom 30. 8. 1996; *Kloth* 206; *Kreile* ZUM 1995, 819 f.); nach der Systematik des Urheberrechtsgesetzes sind jedoch höchstpersönliche Rechte von Urhebern und ausübenden Künstlern im Kern nicht disponibel (LG München I UFITA 87 (1980) 342, 345 – Wahlkampf; Schricker/*Vogel* § 83 Rn. 7). **17**

18 Der ausübende Künstler kann allerdings im Rahmen der vertraglichen Einräumung eines Nutzungsrechts zustimmen, dass seine Darbietung in Bezug auf eine **konkrete Nutzung** ohne Namensnennung verwandt wird. Dies folgt unmittelbar aus § 74 Abs. 1 S. 2, wonach der ausübende Künstler selbst entscheiden kann, ob sein Name bei einer bestimmten Verwertungsform genannt werden soll oder nicht. Verzichtet der ausübende Künstler im Rahmen einer vertraglichen Nutzungsrechtseinräumung für einen konkreten Fall auf sein Namensnennungsrecht, so ist dies mit der Neukonzeption des § 74 vereinbar. Lediglich ein vollständiger Verzicht auf das Recht auf Namensnennung ist wegen der Natur der Persönlichkeitsrechte ausgeschlossen.

6. Namensnennung und Nutzungsrechtseinräumung

19 Räumt der ausübende Künstler einem Dritten Nutzungsrechte an seiner Darbietung ein, so ist neben § 74 stets auch **§ 39** zu beachten, der über die Verweisung in § 79 n. F. auf ausübende Künstler entsprechende Anwendung findet. Gemäß § 39 Abs. 1 darf der Inhaber eines Nutzungsrechts die Urheberbezeichnung eines Werkes nicht ändern, sofern er mit dem Urheber nichts anderes vereinbart hat. Nach § 39 Abs. 2 sind lediglich solche Änderungen eines Werks oder seines Titels zulässig, zu denen der Urheber seine Einwilligung nach Treu und Glauben nicht versagen kann. Von § 39 Abs. 2 ist die Urheberbezeichnung indes nicht erfasst; insoweit kann sich ein Werknutzer also nicht auf Treu und Glauben berufen, um die Einwilligung des Urhebers/ausübenden Künstlers zur Änderung der Urheberbezeichnung zu verlangen (siehe § 13 Rn. 19 im HauptB; Schricker/*Dietz* § 13 Rn. 17; Möring/Nicolini/*Kroitzsch* § 13 Rn. 24). Wendet man dies auf den ausübenden Künstler entsprechend an, so ergibt sich: Der Inhaber eines Nutzungsrechts darf ohne eine entsprechende vertragliche Vereinbarung mit dem ausübenden Künstler keine Änderung hinsichtlich der Namensnennung/Anerkennung des ausübenden Künstlers vornehmen.

IV. Gemeinsame Darbietung mehrerer ausübender Künstler (§ 74 Abs. 2 S. 1)

20 § 74 Abs. 2 trifft Bestimmungen für den Fall, dass eine Darbietung von mehreren ausübenden Künstlern gemeinsam erbracht wird. Bei einer großen Anzahl von mitwirkenden ausübenden Künstlern, etwa bei Ensembleleistungen durch Chor oder Orchester, kann ein individuelles Namensnennungsrecht jedes einzelnen Beteiligten mit einem **unverhältnismäßigen Aufwand** verbunden sein. So ist es etwa unpraktikabel, bei einer Radioübertragung die Namen sämtlicher Orchester- oder Chormitglieder zu verlesen; ebenso reicht der Platz auf einer CD-Hülle regelmäßig nicht aus, um dort sämtliche beteiligten ausübenden Künstler namentlich aufzuführen (vgl. die Beispiele bei Reinbothe/v. Lewinski The WIPO Treaties 1996, Art. 5, Rn. 16). Nach § 74 Abs. 2 S. 1 steht den ausübenden Künstlern in solchen Fällen daher lediglich das Recht zu, als **Künstlergruppe** namentlich genannt zu werden. Diese Einschränkung des Namensnennungsrechts basiert auf **Art. 5 Abs. 1 WPPT**, der eine Ausnahme von dem Namensnennungsrecht für diejenigen Fälle vorsieht, in denen dies aufgrund der „Art der Nutzung der Darbietung" geboten ist („except where omission is dictated by the manner of the use of the performance").

21 Die **Einschränkung** bezieht sich nach dem eindeutigen Wortlaut des § 74 Abs. S. 1 **ausschließlich** auf das **Namensnennungsrecht** nach Abs. 1 S. 2, nicht auf das Anerkennungsrecht des ausübenden Künstlers nach Abs. 1 S. 1. Diese Differenzierung macht – auch wenn der Gesetzgeber für sie keine Gründe benennt – Sinn. Bei Ensembledarbietungen würde ein uneingeschränktes Recht auf Namensnennung praktisch enorm große Probleme aufwerfen, die Nennung jedes einzelnen beteiligten Künstlers einen unverhältnismäßigen Aufwand erfordern. Im Hinblick darauf erscheint eine Beschränkung des Namensnennungsrechts bei Künstlergruppen sinnvoll. Bezogen auf das Anerkennungsrecht ist ein vergleichbarer sachlicher Grund für eine Beschränkung indes nicht gegeben. Das Anerkennungsrecht eröffnet dem ausübenden Künstler primär die Möglichkeit, sich gegen fremde Angriffe auf den eigenen Künstlerstatus zur Wehr zu setzen. Ein solcher Abwehranspruch muss grundsätzlich jedem einzelnen ausübenden Künstler – auch bei Ensembledarbietungen – möglich sein.

Auch wenn § 74 Abs. 2 S. 1 eine Beschränkung des Namensnennungsrechts bei Ensembledarbietungen vorsieht, bleibt es Veranstaltern oder Verwertern einer künstlerischen Darbietung im Einzelfall naturgemäß unbenommen, sämtliche beteiligten ausübenden Künstler namentlich zu nennen. Die in § 74 Abs. 2 S. 1 vorgesehene Beschränkung des Namensnennungsrechts ist **nicht zwingend.** 22

Ebenso wie das individuelle Namensnennungsrecht des ausübenden Künstlers nach § 74 Abs. 1 S. 2 bezieht sich auch das eingeschränkte Namensnennungsrecht als Künstlergruppe sowohl auf **körperliche** als auch **unkörperliche Verwertungsformen** (vgl. dazu § 74 Rn. 12). 23

V. Gesetzliche Vertretungsbefugnis (§ 74 Abs. 2 S. 2 und 3)

Die Vorschriften der § 74 Abs. 2 S. 2 und 3 regeln, wie das Namensnennungsrecht der Künstlergruppe im Außenverhältnis geltend zu machen ist. Sie wurden aufgrund der Beschlussempfehlung und des Berichts des Rechtsausschusses in das Gesetz eingefügt (BT-Drucks. 15/837 vom 8. 4. 2003, 23). Der Gesetzesentwurf der Bundesregierung sah vor, dass das Recht auf Namensnennung „nur mit Zustimmung der Mehrheit der beteiligten ausübenden Künstler durch einen von ihnen gewählten Vertreter geltend gemacht werden" kann (BT-Drucks. 15/38, 8). Nach der Begründung der Beschlussempfehlung des Rechtsausschusses erfolgte die Änderung des § 74 Abs. 2 S. 2 im Hinblick auf die „Vertreterregelung der Parallelvorschrift des § 80 Abs. 2", um die „von der Kulturwirtschaft gewünschte Gleichbehandlung der Rechtsausübung bei gemeinsamen Darbietungen" sicherzustellen (BT-Drucks. 15/837, 80). 24

Die neu gefassten **§ 74 Abs. 2 S. 2 und 3** sehen folgende **gesetzliche Vertretungsregelung** vor: Sofern die Künstlergruppe einen **Vorstand** hat, ist dieser gemäß § 74 Abs. 2 S. 2 allein zur Vertretung befugt. Ist kein Vorstand gewählt, so ist gemäß § 74 Abs. 2 S. 3 der **Leiter** des Ensembles berechtigt, das Namensnennungsrecht im Außenverhältnis geltend zu machen. Hat das Ensemble keinen Leiter, so muss es sich auf einen gemeinsamen Vertreter einigen, der im Außenverhältnis für die Durchsetzung des Namensnennungsrechts sorgt. Im Gegensatz zu der ursprünglichen Fassung des § 74 Abs. 2 S. 2 lässt die vom Bundestag beschlossene Gesetzesfassung offen, nach welchen Kriterien innerhalb der Künstlergruppe über die Geltendmachung des Namensnennungsrechts zu entscheiden ist. Vor dem Hintergrund des Rücksichtnahmegebots (§ 75 S. 2) spricht vieles für eine **Mehrheitsentscheidung,** wie sie im Gesetzesentwurf der Bundesregierung ausdrücklich vorgesehen war. Gibt es innerhalb eines Ensembles unterschiedliche Auffassungen darüber, ob man als Künstler- 25

UrhG § 75 1   § 75. Beeinträchtigungen der Darbietung

gruppe genannt (und damit mit einer bestimmten künstlerischen Darbietung in Verbindung gebracht) werden möchte oder nicht, so sollte die Entscheidung über die Ausübung des Namensnennungsrechts von der Mehrheit der Ensemblemitglieder getragen sein.

VI. Ausnahmen bei besonderem Interesse (§ 74 Abs. 2 S. 4)

26   Die Vorschrift des § 74 Abs. 2 S. 3 stellt klar, dass die Beschränkung des Namensnennungsrechts bei Ensembledarbietungen für einzelne Beteiligte nicht gilt, sofern diese ein **besonderes Interesse** an der persönlichen Nennung haben. Ein solches besonderes Interesse kommt etwa dann in Betracht, wenn einzelne ausübende Künstler eines Ensembles (z. B. Mitglieder eines Chores) als **Solisten** hervortreten. In einem solchen Fall haben Ensemblemitglieder nunmehr nach § 74 Abs. 2 S. 3 das Recht, individuell namentlich genannt zu werden.

§ 75. Beeinträchtigungen der Darbietung

Der ausübende Künstler hat das Recht, eine Entstellung oder eine andere Beeinträchtigung seiner Darbietung zu verbieten, die geeignet ist, sein Ansehen oder seinen Ruf als ausübender Künstler zu gefährden. Haben mehrere ausübende Künstler gemeinsam eine Darbietung erbracht, so haben sie bei der Ausübung des Rechts aufeinander angemessene Rücksicht zu nehmen.

Literatur: Siehe die Angaben bei der Vorbemerkung vor §§ 73 ff.

Übersicht

	Rn.
I. Allgemeines	1–4
II. Voraussetzungen für Integritätsschutz des ausübenden Künstlers	5

I. Allgemeines

1   Die Vorschrift des § 75 ist **wortlautgleich** mit dem in § 83 Abs. 1 und 2 a. F. geregelten **Integritätsschutz** des ausübenden Künstlers. Dieser kann solche Beeinträchtigungen seiner Darbietung verbieten, die geeignet sind, sein Ansehen oder seinen Ruf als ausübender Künstler zu gefährden. § 75 schützt den ausübenden Künstler in seiner besonderen Beziehung zu einer konkreten künstlerischen Darbietung. Der Integritätsschutz erlangt vor dem Hintergrund der mit der Digitaltechnik verbundenen Gefahren von Manipulationen an aufgezeichneten Darbietungen immer größere Bedeutung. Mit *File-Sharing* Systemen wie *Napster* oder *Gnutella* ist es ohne größeren technischen und finanziellen Aufwand möglich, Musikstücke im MP 3-Format aus dem Internet herunterzuladen und digital zu verändern. Auch Techniken wie *„dubbing"*, die es ermöglichen, Bilder mit Tönen zu versehen, die nicht den ursprünglich den Bildern unterlegten Tönen entsprechen, können Entstellungen bewirken, die sich negativ auf den Ruf der ausübenden Künstler auswirken (vgl. dazu *Jaeger* 144 m. w. N.; allgemein zur Problematik der Nutzung von Musik im Internet *Braun* GRUR 2001, 1106 ff.; *Gottschalk* GRUR Int. 2002, 95 ff.; *Leupold/Demisch* ZUM 2000, 379 ff.; *Schack* ZUM 2002, 497 ff.).

§ 75. Beeinträchtigungen der Darbietung

Im Zuge des Gesetzgebungsverfahrens war zunächst beabsichtigt, den Integritätsschutz des 2 ausübenden Künstlers auszudehnen und dem für Urheber geltenden Schutzstandard des § 14 anzupassen (für eine solche Gleichstellung von Urhebern und ausübenden Künstlern *Jaeger* 160 f.; *v. Lewinski* Informationsgesellschaft 244 f.; *Rüll* 165; kritisch *Freitag* Kommerzialisierung 94). Die Geltendmachung des Verbotsrechts sollte bereits bei solchen Beeinträchtigungen möglich sein, die geeignet sind, die „berechtigten künstlerischen und persönlichen Interessen an der Darbietung zu gefährden" (zur ursprünglich beabsichtigten Gesetzesfassung vgl. den Diskussionsentwurf eines fünften Gesetzes zur Änderung des Urheberrechtsgesetzes vom 7. 4. 2000, § 75 UrhG-E, abgedr. bei *Hillig* 499 ff.). Durch die Erhöhung des Schutzstandards sollte, wie es in der Begründung des Diskussionsentwurfs heißt, das „Prinzip der Gleichbehandlung von Urhebern und ausübenden Künstlern im Hinblick auf die persönlichkeitsrechtlichen Befugnisse" verwirklicht werden (vgl. Begr. des Diskussionsentwurfs zum 5. Urheberrechtsänderungsgesetz vom 15. 7. 1998, 17).

Bei der Neuregelung der Leistungsschutzrechte hat der Gesetzgeber jedoch von einer 3 Ausweitung des Integritätsschutzes, wie sie ursprünglich geplant war, abgesehen und es bei dem bisherigen Schutzstandard belassen. Obwohl sich maßgebliche Stimmen in der Literatur für eine Erweiterung des Integritätsschutzes ausgesprochen haben (vgl. die Nachweise unter § 75 Rn. 2), ist die geplante Neufassung in der Praxis, vor allem im Bühnenbereich, auf heftige Kritik gestoßen. Aus Sicht der Bühnen hat sich der Schutzstandard des bisherigen § 83 für die tägliche Arbeit im Theater oder in der Oper als angemessen, aber auch ausreichend erwiesen. Unter der Regelung des § 83 a. F. waren technische oder organisatorische Änderungen einer Inszenierung in Ausnahmefällen zulässig, wenn etwa ein Sänger oder Schauspieler kurzfristig erkrankt war oder die Produktion in einer anderen Spielstätte aufgeführt werden musste; nach der beabsichtigten Neuregelung hätten bereits in einer solchen Konstellation die „berechtigten künstlerischen oder persönlichen Interessen" des ausübenden Künstlers entgegengestanden. Wo es um substantielle Eingriffe in eine Theater- oder Operninszenierung geht, bot die Anwendung und Auslegung des § 83 a. F. durch die Gerichte in der Praxis indes ausreichenden Schutz gegen Entstellungen bzw. sonstige Beeinträchtigungen (vgl. nur die Entscheidung des OLG Dresden ZUM 2000, 955 ff. – Czárdásfürstin).

Für eine Ausweitung des Schutzes bestand aber auch im Hinblick auf die internationalen 4 Vorgaben kein Bedürfnis: Weder die EU-Richtlinie zur Informationsgesellschaft noch der WIPO-Vertrag über Darbietungen und Tonträger fordern eine Gleichstellung von Urhebern und ausübenden Künstlern in Bezug auf ihre persönlichkeitsrechtlichen Befugnisse. Art. 5 Abs. 1 WPPT räumt den ausübenden Künstlern ein Abwehrrecht gegen Entstellungen und sonstige Beeinträchtigungen („distortion, mutilation or any other modification") vielmehr nur insoweit ein, als dadurch eine Beeinträchtigung des Rufs des ausübenden Künstlern herbeigeführt würde („that would be prejudicial to his (sc. the performer's) reputation"). Die Regelung des § 83 a. F., die lediglich aus systematischen Gründen in Form des § 75 n. F. an den Anfang des Abschnitts über die Leistungsschutzrechte gerückt, inhaltlich aber unverändert geblieben ist, entspricht dem von Art. 5 WPPT geforderten Schutzniveau.

II. Voraussetzungen für Integritätsschutz des ausübenden Künstlers

Da die Neufassung des § 75 gegenüber § 83 Abs. 1 und 2 a. F. keine inhaltlichen 5 Änderungen enthält, wird auf die Ausführungen zu § 83 Rn. 2–11 und 14–18 im HauptB verwiesen.

§ 76. Dauer der Rechte

Die in den §§ 74 und 75 bezeichneten Rechte erlöschen mit dem Tode des ausübenden Künstlers, jedoch erst 50 Jahre nach der Darbietung, wenn der ausübende Künstler vor Ablauf dieser Frist verstorben ist, sowie nicht vor Ablauf der für die Verwertungsrechte nach § 82 geltenden Frist. Die Frist ist nach § 69 zu berechnen. Haben mehrere ausübende Künstler gemeinsam eine Darbietung erbracht, so ist der Tod des letzten der beteiligten ausübenden Künstler maßgeblich. Nach dem Tod des ausübenden Künstlers stehen die Rechte seinen Angehörigen (§ 60 Abs. 2) zu.

Literatur: Siehe die Angaben bei der Vorbemerkung vor §§ 73 ff.

Übersicht

	Rn.		Rn.
I. Allgemeines	1	IV. Besonderheiten bei gemeinsamer Darbietung (§ 76 S. 3)	5
II. Dauer der Persönlichkeitsrechte (§ 76 S. 1)	2, 3	V. Ausübung der Persönlichkeitsrechte nach dem Tod des ausübenden Künstlers (§ 76 S. 4)	6
III. Berechnung der Frist (§ 76 S. 2)	4		

I. Allgemeines

1   Die Vorschrift des § 76 normiert – abweichend von der in § 82 festgelegten Schutzdauer für die Vermögensrechte – die **Dauer der Persönlichkeitsrechte** des ausübenden Künstlers. Sie entspricht im Wesentlichen der Vorschrift des bisherigen § 83 Abs. 3, der die Schutzdauer für den Fall einer Entstellung oder sonstigen Beeinträchtigung der Darbietung des ausübenden Künstlers regelte. Bedingt durch die Einführung des § 74, der in Gestalt des Anerkennungs- und Namensnennungsrechts neben § 75 n. F. ein weiteres Persönlichkeitsrecht des ausübenden Künstlers normiert, bezieht sich § 76 sowohl auf das Anerkennungs- und Namensnennungsrecht als auch auf das Recht des ausübenden Künstlers, Beeinträchtigungen seiner Darbietung abzuwehren.

II. Dauer der Persönlichkeitsrechte (§ 76 S. 1)

2   Ebenso wie nach dem bisherigen § 83 Abs. 3 erlischt auch das nunmehr in § 75 normierte Abwehrrecht des ausübenden Künstlers gegen Beeinträchtigungen seiner Darbietung mit dem **Tod** des ausübenden Künstlers, jedoch erst **50 Jahre nach** der **Darbietung**, wenn der ausübende Künstler vor Ablauf dieser Frist verstorben ist. Entsprechendes gilt für das neu in das Urheberrechtsgesetz eingefügte Namensnennungs- und Anerkennungsrecht des ausübenden Künstlers nach § 74. Liegt die Darbietung des ausübenden Künstlers mehr als 50 Jahre seit dessen Tod zurück, erlischt das Persönlichkeitsrecht mit dem Tod des ausübenden Künstlers. Sind zwischen der Darbietung und dem Tod des ausübenden Künstlers weniger als 50 Jahre vergangen, so läuft die Frist des § 76 auch über den Tod des ausübenden Künstlers hinaus. Die Schutzfrist für die Persönlichkeitsrechte endet somit nie vor dem Tod des ausübenden Künstlers.

3   Die Neufassung des § 76 enthält – im Vergleich zur bisherigen Rechtslage – eine **Neuerung. Art. 5 Abs. 2 S. 1 WPPT** schreibt vor, dass die Rechte der ausübenden Künstler „nach ihrem Tod **mindestens bis zum Erlöschen der wirtschaftlichen Rechte**

§ 76. Dauer der Rechte

fortbestehen" („The rights granted to a performer ... shall, after his death, be maintained at least until the expiry of the economic rights"). Diese Vorgabe des WPPT setzt der Gesetzgeber in § 76 S. 1 a. E. um: Danach erlöschen die Rechte des ausübenden Künstlers nach §§ 74 und 75 nicht vor Ablauf der für die Verwertungsrechte gemäß § 82 geltenden Frist. In der Praxis kann dieser Zusatz durchaus Bedeutung erlangen, da § 76 und § 82, der die Dauer der vermögensrechtlichen Verwertungsrechte regelt, an unterschiedliche Ereignisse für die Fristberechnung anknüpfen. Während die fünfzigjährige Frist des § 76 mit der Darbietung des ausübenden Künstlers beginnt, knüpft § 82 an den **Zeitpunkt des Erscheinens** der Darbietung auf Bild- oder Tonträger bzw. an die **erste erlaubte Benutzung** zur öffentlichen Wiedergabe an. Dies kann im Einzelfall zu einem deutlich späteren Fristbeginn führen. Durch die Umsetzung der Vorgaben des Art. 5 Abs. 2 S. 1 WPPT reicht der Schutz der Persönlichkeitsrechte der ausübenden Künstler daher im Einzelfall weiter als nach bisherigem Recht (zur Auslegung von Art. 5 Abs. 2 WPPT vgl. *Reinbothe/v. Lewinski* The WIPO Treaties 1996, Art. 5 Rn. 27 f.).

III. Berechnung der Frist (§ 76 S. 2)

Ebenso wie § 83 Abs. 3 a. F. sieht auch § 76 vor, dass die in Satz 1 genannte Frist gemäß **4** § 69 zu berechnen ist. Danach beginnen die Fristen mit dem Ablauf des Kalenderjahres, in dem das für den Beginn der Frist maßgebende Ereignis eingetreten ist (zu Einzelheiten siehe § 69 Rn. 1 und 2 im HauptB).

IV. Besonderheiten bei gemeinsamer Darbietung (§ 76 S. 3)

§ 76 S. 3 stellt klar, dass bei einer gemeinsamen Darbietung mehrerer ausübender Künstler **5** für die Dauer der Schutzrechte der Tod des letzten der beteiligten ausübenden Künstler maßgeblich ist. Freilich bleibt es dabei, dass gem. § 76 S. 1 die Künstlerpersönlichkeitsrechte nicht vor Ablauf der für die Verwertungsrechte nach § 82 geltenden Frist erlöschen.

V. Ausübung der Persönlichkeitsrechte nach dem Tod des ausübenden Künstlers (§ 76 S. 4)

Gelten die Persönlichkeitsrechte nach dem Tode des ausübenden Künstlers fort, so gehen **6** sie – wie schon nach bisherigem Recht – auf die Angehörigen i. S. v. § 60 über. Aufgrund der redaktionellen Änderung des § 60 – dessen bisheriger Abs. 3 wurde zu Abs. 2 – verweist die Regelung des § 76 S. 4 nunmehr auf § 60 Abs. 2 (statt bisher auf § 60 Abs. 3). **Inhaltlich** ist mit diesem Verweis **keine Änderung** verbunden. Die Neuregelung des § 76 S. 4 betrifft die **Wahrnehmungsbefugnis** der Angehörigen; eine Vererbung der besonderen Persönlichkeitsrechte der ausübenden Künstler sieht das Gesetz nicht vor (BGHZ 50, 133, 137 ff. – Mephisto; BGH GRUR 1995, 668, 670 – Emil Nolde; *Schack* GRUR 1985, 352, 354; Schricker/*Vogel* § 83 Rn. 38; a. A. Fromm/Nordemann/*Hertin* § 83 Rn. 7). Zu den persönlichkeitsrechtlichen Befugnissen des ausübenden Künstlers nach dem Tode vgl. ausführlich *Penkert* 124 ff. Im Zuge des Gesetzgebungsverfahrens wurde von Teilen der Literatur vorgeschlagen, § 76 S. 4 zu streichen und statt dessen die für Urheber geltenden §§ 28, 29 auf ausübende Künstler entsprechend anzuwenden (so *Krüger* ZUM 2003, 122, 126). Als

Begründung führte man an, dass seit der Marlene Dietrich-Entscheidung des BGH (BGH NJW 2000, 2195, 2197) zumindest die vermögensrechtlichen Bestandteile des allgemeinen Persönlichkeitsrechts auf die Erben übergehen, soweit die nichtvererblichen ideellen Bestandteile noch geschützt sind. Der Gesetzgeber hat es jedoch bei einer bloßen Wahrnehmungsbefugnis der Angehörigen in Bezug auf die postmortalen besonderen Persönlichkeitsrechte belassen.

§ 77. Aufnahme, Vervielfältigung und Verbreitung

(1) **Der ausübende Künstler hat das ausschließliche Recht, seine Darbietung auf Bild- oder Tonträger aufzunehmen.**

(2) **Der ausübende Künstler hat das ausschließliche Recht, den Bild- oder Tonträger, auf den seine Darbietung aufgenommen worden ist, zu vervielfältigen und zu verbreiten.** § 27 ist entsprechend anzuwenden.

Literatur: Siehe die Angaben bei der Vorbemerkung vor §§ 73 ff.

Übersicht

	Rn.		Rn.
I. Allgemeines	1, 2	III. Vervielfältigung und Verbreitung (§ 77 Abs. 2 S. 1)	4
II. Aufnahme (§ 77 Abs. 1)	3	IV. Vergütungsanspruch (§ 77 Abs. 2 S. 2)	5

I. Allgemeines

1 Die Vorschrift des § 77 entspricht inhaltlich im Wesentlichen dem bisherigen § 75 Abs. 1–3. Sie garantiert dem ausübenden Künstler die Entscheidungsbefugnis über Umfang und Wirkungsbereich seiner Darbietung. Sowohl die erstmalige Aufnahme, als auch die Vervielfältigung und Verbreitung der Darbietung hängen von der Einräumung der entsprechenden Rechte durch den ausübenden Künstler ab. Im Gegensatz zur bisherigen Fassung räumt § 77 dem ausübenden Künstler – wie dem Urheber – ein **ausschließliches Verwertungsrecht** ein, welches an die Stelle der bisherigen „Einwilligungsrechte" tritt. Diese konzeptionelle Änderung wirkt sich weniger auf die Befugnisse des ausübenden Künstlers als vielmehr auf dessen Möglichkeit aus, Dritten vertraglich die Befugnis zur Verwertung der Darbietung einzuräumen. Die Einwilligung des ausübenden Künstlers in die Aufnahme der Darbietung auf Bild- und Tonträger nach § 75 Abs. 1 a. F. begründete zugunsten des Verwerters lediglich eine schuldrechtliche Position, die die Verwertungshandlung rechtmäßig werden ließ. Nach der Neukonzeption des Gesetzes hat der ausübende Künstler die Möglichkeit, Dritten ein – einfaches oder ausschließliches – Nutzungsrecht an der Darbietung einzuräumen (vgl. § 79 Rn. 3 ff.).

2 Die konzeptionelle Änderung vom System der Einwilligungsrechte zum System der ausschließlichen Verwertungsrechte bewirkt **keine inhaltliche Änderung** der Befugnisse des ausübenden Künstlers. Wie schon im Rahmen von § 75 a. F. gelten auch nach der Neuregelung des § 77 die in Abs. 1 und 2 gewährten **Rechte unabhängig voneinander;** sie können vom ausübenden Künstler selbständig geltend gemacht werden (siehe § 75 Rn. 2 im HauptB). Ebenso wie die Einwilligung nach altem Recht nur beschränkt für eine bestimmte Anzahl von Vervielfältigungsexemplaren oder einen bestimmten Vervielfälti-

§ 78. Öffentliche Wiedergabe § 78 UrhG

gungsort ausgesprochen werden konnte, kann der ausübende Künstler nunmehr die Verwertungsrechte **sachlich beschränkt** einräumen (zu Einzelheiten vgl. § 79 Rn. 6).

II. Aufnahme (§ 77 Abs. 1)

Zum Begriff der Aufnahme siehe die Erläuterungen in § 75 Rn. 4 f. im HauptB. 3

III. Vervielfältigung und Verbreitung (§ 77 Abs. 2 S. 1)

Für die Begriffsbestimmung der Vervielfältigung und Verbreitung wird auf die Erläuterungen zu § 75 Rn. 6 ff. im HauptB verwiesen. Nach OLG Hamburg (ZUM-RD 2002, 145 ff.) bleibt das Leistungsschutzrecht des ausübenden Künstlers grundsätzlich auch nach technischen Veränderungen einer Tonaufnahme durch **Remix** oder **Digitales Remastering** unberührt. Sämtliche Verwertungsrechte an den Originalaufnahmen verbleiben beim ausübenden Künstler. Die Veränderung des Sounds führt nicht zu einem gesonderten, in seiner Nutzung von der Zustimmung des ausübenden Künstlers unabhängigen Rechtserwerb. 4

IV. Vergütungsanspruch (§ 77 Abs. 2 S. 2)

Der ursprünglich in § 75 Abs. 3 enthaltene Hinweis, dass sich die entsprechende Anwendung von § 27 „auf die Vergütungsansprüche des ausübenden Künstlers für die Vermietung und das Verleihen der Bild- oder Tonträger" bezieht, ist gestrichen worden. Nach der Gesetzesbegründung war dieser „Hinweis" entbehrlich, da sich „diese Vergütungsansprüche erst aus der Verweisung auf § 27 ergeben und nicht unabhängig von dieser bestehen" (vgl. Begr. des Gesetzesentwurfs, BT-Drucks. 15/38, 23 f.). **Inhaltlich** sind mit dieser Streichung **keine Änderungen** verbunden; der in § 27 für Urheber geregelte Vergütungsanspruch für Vermietung und Verleihen eines Werks gilt bezogen auf ausübende Künstler entsprechend. 5

§ 78. Öffentliche Wiedergabe

(1) **Der ausübende Künstler hat das ausschließliche Recht, seine Darbietung**
1. öffentlich zugänglich zu machen (§ 19 a),
2. zu senden, es sei denn, dass die Darbietung erlaubterweise auf Bild- oder Tonträger aufgenommen worden ist, die erschienen oder erlaubterweise öffentlich zugänglich gemacht worden sind,
3. außerhalb des Raumes, in dem sie stattfindet, durch Bildschirm, Lautsprecher oder ähnliche technische Einrichtungen öffentlich wahrnehmbar zu machen.

(2) **Dem ausübenden Künstler ist eine angemessene Vergütung zu zahlen, wenn**
1. die Darbietung nach Abs. 1 Nr. 2 erlaubterweise gesendet,
2. die Darbietung mittels Bild- oder Tonträger öffentlich wahrnehmbar gemacht oder
3. die Sendung oder die auf öffentlicher Zugänglichmachung beruhende Wiedergabe der Darbietung öffentlich wahrnehmbar gemacht wird.

(3) **Auf Vergütungsansprüche nach Absatz 2 kann der ausübende Künstler im Voraus nicht verzichten. Sie können im Voraus nur an eine Verwertungsgesellschaft abgetreten werden.**

(4) **§ 20 b gilt entsprechend.**

Literatur: Siehe die Angaben bei der Vorbemerkung vor §§ 73 ff.

Übersicht

	Rn.		Rn.
I. Allgemeines, Synopse	1, 2	III. Vergütungsansprüche (§ 78 Abs. 2)	11–14
II. Rechte im Zusammenhang mit der öffentlichen Wiedergabe einer Darbietung (§ 78 Abs. 1)	3–10	1. Vergütungsanspruch bei (erlaubter) Sendung	12
1. Recht auf öffentliche Zugänglichmachung	3–8	2. Vergütungsanspruch bei öffentlicher Wahrnehmbarmachung	13
2. Senderecht	9	3. Vergütungsanspruch bei öffentlicher Wahrnehmbarmachung der Wiedergabe der Darbietung	14
3. Recht auf öffentliche Wahrnehmbarmachung	10	IV. Unverzichtbarkeit der Vergütungsansprüche (§ 78 Abs. 3)	15
		V. Kabelweitersendung (§ 78 Abs. 4)	16

I. Allgemeines, Synopse

1 Die neugefasste Vorschrift des § 78 fasst die bisher in §§ 74, 76 und 77 geregelten Rechte und Vergütungsansprüche des ausübenden Künstlers im Zusammenhang mit der öffentlichen Wiedergabe seiner Darbietung zusammen. **Neu** hinzu tritt das **ausschließliche Recht** der **öffentlichen Zugänglichmachung**. Die Einführung dieses „interaktiven Anbieterrechts" (*Reinbothe* ZUM 2002, 43, 48) beruht auf den Vorgaben der Richtlinie zum Urheberrecht in der Informationsgesellschaft (Art. 3 der Multimedia-Richtlinie). Es steht neben Urhebern (§ 19 a) und ausübenden Künstlern (§ 78 Abs. 1 Nr. 1) auch Tonträger- und Filmherstellern (§§ 85 Abs. 1, 94 Abs. 1 S. 1) sowie Sendeanstalten (§ 87 Abs. 1 Nr. 1) zu.

2 Obwohl die Neufassung des § 78 weitgehend dem bisher geltenden Recht entspricht und lediglich die Rechte und Vergütungsansprüche des ausübenden Künstlers in Bezug auf die öffentliche Wiedergabe seiner Darbietung bündelt, wird die **praktische Handhabung** der Vorschrift mit ihren zahlreichen Alternativen zunächst nicht ganz leicht fallen. Vgl. daher im Folgenden eine Gegenüberstellung zwischen altem und neuem Recht.

Neues Recht	**Altes Recht**	**Bemerkungen**
§ 78 Abs. 1 Nr. 1		**neu:** Recht auf öffentliche Zugänglichmachung
§ 78 Abs. 1 Nr. 2	§ 76 Abs. 1 und 2 Halbs. 1	
§ 78 Abs. 1 Nr. 3	§ 74	
§ 78 Abs. 2 Nr. 1	§ 76 Abs. 2 Halbs. 2	

§ 78. Öffentliche Wiedergabe

Neues Recht	Altes Recht	Bemerkungen
§ 78 Abs. 2 Nr. 2	§ 77 (1. Alt.)	
§ 78 Abs. 2 Nr. 3	§ 77 (2. Alt.)	**neu:** Vergütungsanspruch bei öffentlicher Zugänglichmachung
§ 78 Abs. 3		**neu:** Unverzichtbarkeit der Vergütungsansprüche
§ 78 Abs. 4	§ 76 Abs. 3	

II. Rechte im Zusammenhang mit der öffentlichen Wiedergabe einer Darbietung (§ 78 Abs. 1)

1. Recht auf öffentliche Zugänglichmachung

§ 78 Abs. 1 Nr. 1 normiert in Gestalt des Rechts auf öffentliche Zugänglichmachung (§ 19 a) ein **neues Vermögensrecht** des ausübenden Künstlers. Damit trägt der Gesetzgeber sowohl den Vorgaben aus Art. 3 Abs. 2 a) der Richtlinie zum Urheberrecht in der Informationsgesellschaft als auch den Verpflichtungen des WIPO-Vertrages über Darbietungen und Tonträger Rechnung. **Art. 3 Abs. 2 a Multimedia-Richtlinie** gibt den Mitgliedstaaten auf, bezogen auf die ausübenden Künstler das ausschließliche Recht einzuführen, „zu erlauben oder zu verbieten", dass die „Aufzeichnungen ihrer Darbietungen" der Öffentlichkeit drahtgebunden oder drahtlos in einer bestimmten Weise („von Orten und zu Zeiten ihrer Wahl") zugänglich sind. **Art. 10 WPPT** enthält für die auf Tonträger festgelegten Darbietungen von ausübenden Künstlern ein ausschließliches Recht der „öffentlichen Zugänglichmachung" („exclusive right of authorizing the making available to the public of their performances fixed in phonograms").

Nach dem **Wortlaut** des § 78 Abs. 1 Nr. 1 unterfallen **sämtliche Darbietungsformen** dem Recht auf öffentliche Zugänglichmachung, unabhängig davon, ob sie auf Bild- oder Tonträgern festgelegt sind oder nicht (a.A. *Bolwin*, der meint, das Recht auf öffentliche Zugänglichmachung beschränke sich auf Aufzeichnungen; vgl. *v. Rom* ZUM 2003, 128, 133). Der Gesetzgeber wollte mit der Einführung des § 78 Abs. 1 Nr. 1 ersichtlich auch bezogen auf **nicht fixierte Darbietungen** ein ausschließliches Recht auf öffentliche Zugänglichmachung begründen und leitet dies aus **Art. 6 WPPT** her (vgl. Begr. des Gesetzesentwurfs BT-Drucks. 15/38, 24). Art. 6 (i) WPPT sieht im Hinblick auf solche Darbietungen, die nicht auf Bild- oder Tonträger aufgenommen und nicht bereits gesendet sind, ein **umfassendes Recht der öffentlichen Wiedergabe** vor, ohne freilich das Recht auf öffentliche Zugänglichmachung besonders zu erwähnen („Performers shall enjoy the exclusive right of authorizing, as regards their performances: (i) the broadcasting and communication to the public of their unfixed performances except where the performance is already a broadcast performance"). In diesem allgemeinen Recht der öffentlichen Wiedergabe – so jedenfalls legt es die Gesetzesbegründung nahe – sei das Recht des ausübenden Künstlers auf öffentliche Zugänglichmachung hinsichtlich nicht fixierter Darbietungen enthalten. Der Gesetzgeber hat die Vorschrift des Art. 6 WPPT freilich nicht zum Anlass genommen, zugunsten der ausübenden Künstler tatsächlich ein allgemeines ausschließliches Recht der öffentlichen Wiedergabe zu normieren (für ein solches Ausschließlichkeitsrecht: *Dreier*

ZUM 2002, 28, 31 unter Berufung auf die rasante Entwicklung der digitalen Technologie; ebenso *Lindner* KUR 2002, 56, 57 m. w. N.).

5   Die Vorschrift des § 78 Abs. 1 Nr. 1 geht über die internationalen Vorgaben von Informations-Richtlinie und WPPT hinaus: Obwohl Art. 3 Abs. 2 a) Multimedia-Richtlinie und Art. 10 WPPT ein Recht auf öffentliche Zugänglichmachung lediglich bezogen auf die „Aufzeichnungen der Darbietung" (Art. 3 Abs. 2 a) Multimedia-Richtlinie) bzw. für „performances fixed in phonograms" (Art. 10 (i) WPPT) vorsehen, hat der Gesetzgeber sich – unter Berufung auf das allgemeine Wiedergaberecht in Art. 6 WPPT – für ein uneingeschränktes Recht auf öffentliche Zugänglichmachung entschieden. Über die Vorgaben des Art. 6 WPPT geht die Neuregelung insoweit hinaus, als das ausschließliche Übertragungsrecht dem ausübenden Künstler auch dann zusteht, wenn die Darbietung bereits durch Funk gesendet ist (Begr. des Gesetzesentwurfs BT-Drucks.15/38, 24).

6   § 78 Abs. 1 Nr. 1 verweist auf die neu eingeführte Vorschrift des **§ 19 a**. Diese definiert das Recht der öffentlichen Zugänglichmachung als „das Recht, das Werk drahtgebunden oder drahtlos der Öffentlichkeit in einer Weise zugänglich zu machen, dass es Mitgliedern der Öffentlichkeit von Orten und zu Zeiten ihrer Wahl zugänglich ist." (zu Einzelheiten vgl. § 19 a Rn. 5 ff.). Das Recht der Zugänglichmachung erfasst sowohl das **Angebot** an die Öffentlichkeit als auch den **Übertragungsakt** selbst (*Lindner* KUR 2002, 56, 57; *Reinbothe* GRUR 2001, 733, 736; *Walter* Info-RL, Rn. 81). Bezogen auf ausübende Künstler beinhaltet das neue Ausschließlichkeitsrecht neben der **positiven Erlaubnis** auch das **negative Verbot** der öffentlichen Zugänglichmachung (vgl. den Wortlaut der Informations-Richtlinie („zu erlauben oder zu verbieten") sowie die Erläuterungen zu Art. 10 WPPT bei *Reinbothe/v. Lewinski* The WIPO Treaties, Art. 10 Rn. 10).

7   Nach der Gesetzesbegründung ist das Recht auf öffentliche Zugänglichmachung des Werks bzw. der künstlerischen Darbietung auf sog. **interaktive Dienste** (Abrufdienste) beschränkt (vgl. Begr. des Gesetzesentwurfs BT-Drucks. 15/38, 16 f.). Dies entspricht den internationalen Vorgaben: Art. 3 der Richtlinie sowie Art. 10 WPPT gehen davon aus, dass sog. **„Near-on-Demand"** oder vergleichbare **nicht-interaktive Dienste nicht** von dem Recht auf öffentliche Zugänglichmachung **erfasst** sind (vgl. Erwägungsgrund 25 S. 3 der Richtlinie; *Dreier* ZUM 2002, 28, 30; *Kröger* CR 2001, 316, 318; *Lindner* KUR 2002, 56, 57; *Reinbothe* GRUR Int. 2001, 733, 736; *Reinbothe/v. Lewinski* The WIPO Treaties, Art. 10 Rn. 14; *Spindler* GRUR 2002, 105, 108). Aus praktischer Sicht ist eine klare **Abgrenzung** zwischen interaktiven und nicht-interaktiven Diensten, wie sie dem Gesetzgeber vorschwebt, freilich **problematisch**, da die Grenzen zwischen Abruf- und Verteildiensten fließend sind (zur Einbeziehung von nicht-interaktiven Diensten in den Schutz des § 19 a unter bestimmten Voraussetzungen siehe § 19 a Rn. 19 ff.; zur Abgrenzungspolitik vgl. ferner *Dreier* ZUM 2002, 28, 30; *Lindner* KUR 2002, 56, 57; *Spindler* GRUR 2002, 105, 108 jeweils m. w. N.). Die Frage der Grenzziehung zwischen interaktiven und nicht-interaktiven Diensten erlangt im Bereich der Leistungsschutzrechte (bzw. der verwandten Schutzrechte allgemein) besondere Bedeutung, da zugunsten der Inhaber verwandter Schutzrechte kein umfassendes Recht der öffentlichen Wiedergabe vorgesehen ist.

8   Unter § 19 a fallen alle Formen der **On-Demand-Nutzung**, d. h. der individuelle Abruf von Tonaufnahmen im Wege des **„Streaming"** oder **„Downloading"** (*Schwenzer* GRUR Int. 2001, 722, 728; zur Unterscheidung zwischen „Streaming" und „Downloading" vgl. *Leupold/Demisch* ZUM 2000, 379 ff.; *Sasse/Waldhausen* ZUM 2000, 837 ff.). Im Bereich des **Internetradios** ist zu differenzieren: Erhält der Nutzer individuelle Eingriffsmöglichkeiten (z. B. „Stop and Play", „Skip", „Preference Play" oder „Never Play again"), so genügt dies

§ 78. Öffentliche Wiedergabe

der Anforderung des § 19a an eine individuelle Beeinflussbarkeit des zeitlichen Ablaufs (*Schwenzer* GRUR Int. 2001, 722, 728). Sobald der Nutzer von Internetsendungen die Möglichkeit einer **interaktiven Programmbeeinflussung** erhält, gelangt § 19a zur Anwendung. Dies gilt namentlich für den Abruf sog. **Programmpakete**, bei denen eine bestimmte Programmabfolge auf individuellen Abruf aktiviert wird („**Archived Programming**", „**Unicasting**"; dazu eingehend *Schwenzer* GRUR Int. 2001, 722, 723, 729). **Nicht** unter das Recht der öffentlichen Zugänglichmachung fallen demgegenüber das reine **Simulcasting** (zeitlich parallele Übertragung eines terrestrischen Senders) und **Webcasting** (von Sendetätigkeit des terrestrischen Senders unabhängige Übertragung eines durchlaufenden Programms ohne Einflussmöglichkeiten der Empfänger; zu den Begriffen des „Simul- und Webcasting" siehe *Schardt* ZUM 2000, 849, sowie *Gerlach* ZUM 2000, 856f.; zur rechtlichen Einordnung des Webcasting vgl. ferner *Dreier* ZUM 2002, 28, 30; *Kröger* CR 2001, 316, 318; *Reinbothe/v. Lewinski* The WIPO Treaties, Art. 10 Rn. 14; *Schwenzer* GRUR Int. 2001, 722, 726ff. jeweils m.w.N.). Simul- und Webcasting bleiben dem **Senderecht** des §§ 78 Abs. 1 Nr. 2 (§ 76 Abs. 2 a.F.) i.V.m. § 20 zugeordnet. Bei **Spartenprogrammen** in Form sog. **Mehrkanaldienste** greift der Nutzer auf eine vorgegebene Programmabfolge zu, die in regelmäßigen Abständen ausgestrahlt wird (vgl. *Schwenzer* GRUR Int. 2001, 722, 723, 729). Die Programmanbieter verfolgen dabei das Ziel, dem Nutzer den Eindruck zu vermitteln, er könne individuell auf Programmablauf und -auswahl Einfluss nehmen. Vor diesem Hintergrund werden solche „**Near-on-Demand**"-Dienste jedenfalls dann dem Anwendungsbereich des § 19a zugeordnet, wenn aus der Sicht des Nutzers eine Darbietung in so kurzen Abständen abgerufen werden kann, dass subjektiv der Eindruck einer individuellen Beeinflussbarkeit entsteht (siehe § 19a Rn. 19ff.; nach OLG München ZUM 2000, 591, fällt die digitale Sendung im Rahmen von Mehrkanaldiensten unter §§ 20, 76 Abs. 2). In Fällen sog. „**Pay-per-listen**" Dienste ist der Nutzer von der Programmauswahl abhängig und kann nicht, wie es § 19a verlangt, individuell bestimmen, zu welchem Zeitpunkt er auf eine bestimmte Darbietung online zugreifen möchte. Zur sog. „**pull**" und „**push**"-Technologie vgl. *Reinbothe/v. Lewinski* The WIPO Treaties, Art. 10 Rn. 14, wonach sowohl „push" als auch „pull" Dienste unter das Recht der öffentlichen Zugänglichmachung nach Art. 10 WPPT fallen (a.A. zu „push" Diensten im Rahmen des § 19a siehe § 19a Rn. 30).

2. Senderecht

§ 78 Abs. 1 Nr. 2 regelt das bisher in § 76 Abs. 1 und Abs. 2 (1. Hs.) normierte ausschließliche Senderecht; Erläuterungen siehe § 76 Rn. 4ff. im HauptB. Nach Ansicht des BGH (GRUR 2003, 328) unterliegen erdgebundene Rundfunksendungen, die über einen inländischen Sender an die Öffentlichkeit ausgestrahlt werden, auch dann dem Tatbestand des Senderechts (§ 20), auf den § 76 a.F. Bezug nimmt, wenn sie von einem grenznahen Senderstandort aus gezielt für die Öffentlichkeit im benachbarten Ausland abgestrahlt werden und im Inland nur in sehr geringem Umfang empfangen werden können. Klägerin dieses Verfahrens war die GVL, Beklagte ein Unternehmen im Saarland, welches über den „Sender Felsberg" ein Hörfunkprogramm in Richtung Frankreich ausstrahlt. Der BGH hat eine Vergütungspflicht des Senders grundsätzlich bejaht. Bei solchen grenzüberschreitenden Rundfunkausstrahlungen sei es Sache des Bestimmungslandes als Schutzland, zu entscheiden, ob es die Sendungen den nach seiner Rechtsordnung gewährten Schutzrechten unterwirft.

3. Recht auf öffentliche Wahrnehmbarmachung

10 **§ 78 Abs. 1 Nr. 3** entspricht unverändert dem bisherigen § 74; Erläuterungen siehe § 74 im HauptB.

III. Vergütungsansprüche (§ 78 Abs. 2)

11 § 78 Abs. 2 gewährt dem ausübenden Künstler für bestimmte Fälle der öffentlichen Wiedergabe seiner Darbietung einen Vergütungsanspruch. Die Neufassung des § 78 greift die bisher in §§ 77 und 78 geregelten Vergütungsansprüche auf und gewährt dem ausübenden Künstler auch hinsichtlich des neu eingeführten Rechts auf öffentliche Zugänglichmachung (§§ 78 Abs. 1 Nr. 1 i. V. m. 19 a) einen Anspruch auf angemessene Vergütung.

1. Vergütungsanspruch bei (erlaubter) Sendung

12 Nach **§ 78 Abs. 2 Nr. 1** steht dem ausübenden Künstler eine angemessene Vergütung zu, wenn ein erschienener oder öffentlich zugänglich gemachter Tonträger nach Abs. 1 Nr. 2 erlaubterweise gesendet worden ist. Die neugefasste Vorschrift des § 78 Abs. 2 Nr. 1 entspricht dem bisherigen § 76 Abs. 2 (2. Hs.). Auf die Erläuterungen zu § 76 Rn. 10 ff. im HauptB wird verwiesen.

2. Vergütungsanspruch bei öffentlicher Wahrnehmbarmachung

13 Die Vorschrift des **§ 78 Abs. 2 Nr. 2** ist inhaltsgleich mit dem bisherigen § 77 (1. Alt.). Für den Fall der Weiterverbreitung bereits erschienener Bild- oder Tonträger **(Zweitwiedergabe)** steht dem ausübenden Künstler zwar kein Verbotsrecht, wohl aber ein Anspruch auf angemessene Vergütung zu. Zu Einzelheiten siehe § 77 Rn. 2 ff. im HauptB.

3. Vergütungsanspruch bei öffentlicher Wahrnehmbarmachung der Wiedergabe der Darbietung

14 Die Vorschrift des **§ 78 Abs. 2 Nr. 3** betrifft ebenfalls Fälle der **Zweitwiedergabe** und begründet einen Anspruch des ausübenden Künstlers auf angemessene Vergütung in folgenden Fällen: Nach § 78 Abs. 2 Nr. 3 **(1. Alt.)** steht dem ausübenden Künstler ein Vergütungsanspruch zu, wenn die **Sendung** seiner Darbietung öffentlich wahrnehmbar gemacht worden ist. Insoweit ist die Neuregelung des § 78 Abs. 2 Nr. 3 inhaltsgleich mit dem bisherigen § 77 (2. Alt.); Erläuterungen siehe § 77 Rn. 2 ff. im HauptB.

§ 78 Abs. 2 Nr. 3 **(2. Alt.)** gewährt dem ausübenden Künstler einen Anspruch auf angemessene Vergütung für den Fall, dass die auf **öffentlicher Zugänglichmachung** beruhende Wiedergabe seiner Darbietung öffentlich wahrnehmbar gemacht wird. Die Einführung dieses (neuen) Vergütungsanspruchs begründet der Gesetzgeber mit der „strukturellen Vergleichbarkeit" des Vergütungsanspruchs nach § 78 Abs. 2 Nr. 3 (1. Alt.) mit dem in **§ 22** geregelten Zweitwiedergaberecht des Urhebers. Da das Ausschließlichkeitsrecht des Urhebers nach § 22 im Zuge der Gesetzesnovellierung um das Recht der öffentlichen Wahrnehmbarmachung von Wiedergaben erweitert worden ist, die auf öffentlicher Zugänglichmachung beruhen, soll auch dem ausübenden Künstler insoweit ein gesetzlicher Ver-

§ 79. Nutzungsrecht   § 79 UrhG

gütungsanspruch zugebilligt und das in § 78 Abs. 2 Nr. 3 (1. Alt.) geregelte Zweitwiedergaberecht um eine weitere Alternative ergänzt werden (vgl. Begr. des Gesetzesentwurfs BT-Drucks. 15/38, 24).

IV. Unverzichtbarkeit der Vergütungsansprüche (§ 78 Abs. 3)

§ 78 Abs. 3 ordnet an, dass die Vergütungsansprüche nach Abs. 2 im Voraus **unverzichtbar** sind (S. 1) und **im Voraus** nur an eine **Verwertungsgesellschaft abgetreten** werden können (S. 2). Damit soll sichergestellt werden, dass die gesetzlichen Vergütungsansprüche auch „wirtschaftlich tatsächlich dem ausübenden Künstler zugute kommen" (vgl. Begr. des Gesetzesentwurfs, BT-Drucks. 15/38, 24). Die Neufassung des § 78 Abs. 3 ist in Anlehnung an § 27 Abs. 1 S. 2 und 3 sowie § 20 b Abs. 2 S. 2 und 3 formuliert worden. Durch die Unverzichtbarkeit der Vergütungsansprüche soll der ausübende Künstler vor unbedachten und für ihn nachteiligen Entäußerungen seiner Rechte geschützt werden. Bei der Einräumung von Nutzungsrechten wird der ausübende Künstler nicht selten in die Situation gelangen, mit Personen zu verhandeln, für die der Abschluss derartiger Nutzungsverträge zum täglichen Geschäft gehört. Die Vorschrift des § 78 Abs. 3 S. 1 will verhindern, dass der ausübende Künstler in einer solchen Verhandlungskonstellation „übervorteilt" wird. Entsprechend ordnet § 78 Abs. 3 S. 2 an, dass der Anspruch im Voraus nur an eine Verwertungsgesellschaft abgetreten werden kann. Dadurch werden im Interesse des ausübenden Künstlers Vereinbarungen über erst künftig entstehende Ansprüche ausgeschlossen.

15

V. Kabelweitersendung (§ 78 Abs. 4)

Gemäß § 78 Abs. 4 findet die Vorschrift des **§ 20 b,** welche das Recht des Urhebers auf Kabelweitersendung regelt, auf ausübende Künstler entsprechende Anwendung. § 78 Abs. 4 ist inhaltsgleich mit dem bisherigen § 76 Abs. 3; Erläuterungen siehe § 76 Rn. 14 f. im HauptB.

16

§ 79. Nutzungsrecht

(1) **Der ausübende Künstler kann seine Rechte und Ansprüche aus den §§ 77 und 78 übertragen. § 78 Abs. 3 und 4 bleibt unberührt.**

(2) **Der ausübende Künstler kann einem anderen das Recht einräumen, die Darbietung auf einzelne oder alle der ihm vorbehaltenen Nutzungsarten nutzen. § 31 Abs. 1 bis 3 und 5 sowie die §§ 32 bis 43 sind entsprechend anzuwenden.**

Literatur: Siehe die Angaben bei der Vorbemerkung vor §§ 73 ff.

Übersicht

	Rn.		Rn.
I. Allgemeines	1	IV. Entsprechende Anwendbarkeit urhebervertraglicher Bestimmungen (§ 79 Abs. 2 S. 2)	5–19
II. Übertragung der Verwertungsrechte (Abs. 1)	2	1. Verweis auf § 31 Abs. 1–3 und 5	6–9
III. Einräumung von Nutzungsrechten (§ 79 Abs. 2 S. 1)	3, 4	2. Verweis auf §§ 32 bis 43	10–19

	Rn.		Rn.
a) Angemessene Vergütung und Vergütungsregeln (§§ 32, 32 a, 32 b, 36, 36 a)	11	c) Rückrufsrecht (§§ 41, 42)	16
b) Einzelne Bestimmungen über die Einräumung von Nutzungsrechten (§§ 33–35 und 37–40)	12–15	d) Zwangslizenz zur Herstellung von Tonträgern (§ 42 a)	17, 18
		e) Ausübende Künstler in Arbeits- oder Dienstverhältnissen (§ 43)	19

I. Allgemeines

1 Die Vorschrift des § 79 regelt die – bisher in § 78 normierte – **Einräumung von Verwertungsbefugnissen** an Dritte. Während nach § 78 a. F. lediglich die Abtretung der Einwilligungsrechte vorgesehen war (siehe dazu § 78 Rn. 3 ff. im HauptB; ferner BGH GRUR 2002, 795, wonach unter § 78 a. F. eine nachvertragliche Titelexklusivität in einem Künstlervertrag nur mit schuldrechtlicher Wirkung vereinbart werden konnte), kann der ausübende Künstler Dritten nun – neben der Möglichkeit der translativen Übertragung der Verwertungsrechte, die gem. § 79 Abs. 1 unberührt bleibt – **einfache** oder **ausschließliche Nutzungsrechte** einräumen. Eine sachliche Änderung ergibt sich daraus freilich weniger für die Befugnisse des ausübenden Künstlers als vielmehr für die Möglichkeit, „Dritten vertraglich nunmehr die Befugnis zur Verwertung einer Darbietung einzuräumen" (vgl. Begr. des Gesetzesentwurfs, BT-Drucks. 15/38, 22). Mit der „Einwilligung" nach bisherigem Recht konnte lediglich eine schuldrechtliche Position begründet werden, durch die die ansonsten rechtswidrige Verwertungshandlung des Dritten rechtmäßig wurde. Durch die Einräumung eines (einfachen oder ausschließlichen Nutzungsrechts) an der Darbietung wird nach h. M. in der Literatur ein **dingliches Recht** begründet (vgl. Begr. des Gesetzesentwurfs, BT-Drucks. 15/38, 22 f. mit Verweis auf Schricker/*Schricker* §§ 31/32 Rn. 6; vgl. § 31 Rn. 31 f. im HauptB). Zwar kann auch durch die Abtretung der Einwilligungsrechte nach h. M. zugunsten des Zessionars ein dingliches Recht – allerdings nur als ausschließliches Nutzungsrecht – begründet werden (siehe § 78 Rn. 3 im HauptB m. w. N.). Die Neuerung liegt aber gerade darin, dass künftig auch durch die Einräumung einfacher Nutzungsrechte dingliche Rechtspositionen geschaffen werden können, was im Hinblick auf die zahlreichen „neuartigen" Verwertungsformen „im Rahmen multimedialer Produktionen", wie es in der Gesetzesbegründung heißt, „sinnvoll erscheint". Darüber hinaus sprechen „rechtssystematische Gründe" für die dogmatische „Umorientierung" (vgl. Begr. des Gesetzesentwurfs, BT-Drucks. 15/38, 22 f.). Nicht zuletzt wird durch den Übergang vom System der Einwilligungsrechte zu demjenigen der ausschließlichen Verwertungsrechte eine (weitere) Gleichstellung von Urhebern und ausübenden Künstlern erreicht.

II. Übertragung der Verwertungsrechte (Abs. 1)

2 § 79 Abs. 1 wurde aufgrund der Beschlussempfehlung und des Berichts des Rechtsausschusses vom 9. 4. 2003 (BT-Drucks. 15/837) in das Gesetz eingefügt. Die Vorschrift stellt klar, dass die Verwertungsrechte der ausübenden Künstler „vollständig übertragbar und verkehrsfähig" sind (vgl. Begr. der Beschlussempfehlung BT-Drucks. 15/837, 81). Neben der Einräumung von Nutzungsrechten, wie sie § 79 Abs. 2 vorsieht, soll eine **translative Rechtsübertragung** weiterhin möglich sein. Dabei stellt § 79 Abs. 1 S. 1 klar, dass nicht das Leistungsschutzrecht des ausübenden Künstlers insgesamt (mit Ausnahme des Persönlichkeitsrechts), sondern nur die **einzelnen Verwertungsrechte** der §§ 77, 78 übertragen werden können. Bei einer Übertragung der Verwertungsrechte bleiben die Vorschriften des § 78 Abs. 3 und 4 freilich unberührt (§ 79 Abs. 1 S. 2). Ein Verzicht auf die Vergütungsansprüche des § 78 Abs. 2 ist ausgeschlossen; gleiches gilt für das Recht auf Kabelweitersendung (§ 78 Abs. 4 i. V. m. § 20 b).

III. Einräumung von Nutzungsrechten (§ 79 Abs. 2 S. 1)

Nach § 79 Abs. 2 S. 1 kann der ausübende Künstler einem Dritten vertraglich das Recht einräumen, seine künstlerische Darbietung auf bestimmte Nutzungsarten zu nutzen. Das Recht kann – analog zum Urhebervertragsrecht – als **einfaches** oder **ausschließliches Nutzungsrecht** eingeräumt werden. Durch ein ausschließliches Nutzungsrecht erhält der Inhaber eine dingliche Rechtsposition, die ihn berechtigt, die Darbietung unter Ausschluss aller anderen Personen (einschließlich des ausübenden Künstlers) auf die ihm eingeräumte Nutzungsart zu nutzen und weitere Nutzungsrechte einzuräumen, sofern die Ausschließlichkeit nicht vertraglich eingeschränkt ist (vgl. § 31 Rn. 27 im HauptB; Schricker/*Schricker* §§ 31/32 Rn. 4). So kann der ausübende Künstler etwa im Nutzungsvertrag vereinbaren, dass er selbst die Darbietung – konkurrierend zum Inhaber des (ausschließlichen) Nutzungsrechts – in bestimmtem Umfang zu nutzen berechtigt ist.

Die ausschließlichen Nutzungsrechte haben unstreitig **dinglichen Charakter.** Soweit der Umfang der Rechtseinräumung reicht, hat der Inhaber eines ausschließlichen Nutzungsrechts sowohl das **positive Recht,** die ihm vertraglich übertragenen Nutzungshandlungen vorzunehmen, als auch das **negative Recht,** sich gegen mögliche Rechtsverletzungen durch Dritte zur Wehr zu setzen. Das Verbotsrecht beinhaltet insbesondere, die Ansprüche der §§ 97 ff. eigenständig im Klagewege geltend zu machen (vgl. Schricker/*Schricker* §§ 31/32 Rn. 5). Die Rechtsnatur des einfachen Nutzungsrechts ist umstritten; nach h. M. ist jedoch auch dieses als gegenständliches Recht zu qualifizieren (siehe § 31 Rn. 31 im HauptB; vgl. Schricker/*Schricker* §§ 31/32 Rn. 6 m. w. N.). Im Unterschied zum ausschließlichen Nutzungsrecht kann der Inhaber eines einfachen Nutzungsrechts allerdings nicht aus eigenem Recht (sondern allenfalls in gewillkürter Prozessstandschaft) gegen Dritte (Rechtsverletzer) klagen; auch eine Sublizenzierung weiterer Nutzungsrechte an Dritte ist ausgeschlossen (zu Einzelheiten vgl. Schricker/*Schricker* Vor §§ 28 ff. Rn. 49, §§ 31/32 Rn. 6).

IV. Entsprechende Anwendbarkeit urhebervertraglicher Bestimmungen (§ 79 Abs. 2 S. 2)

Nach § 79 Abs. 2 S. 2 finden die urhebervertraglichen Bestimmungen des **§ 31 Abs. 1 bis 3 und 5** sowie der **§§ 32 bis 43** auf die Nutzungsverträge zwischen ausübenden Künstlern und Verwertern entsprechende Anwendung. Nach § 75 Abs. 4 a. F. waren lediglich einige dieser Vorschriften, nämlich § 31 Abs. 5 sowie §§ 32, 32 a, 36, 36 a und 39 entsprechend anwendbar. Durch die Neufassung des § 79 werden nun – bis auf wenige Ausnahmen – fast sämtliche Bestimmungen des Urhebervertragsrechts auf ausübende Künstler angewandt.

1. Verweis auf § 31 Abs. 1–3 und 5

6 § 79 Abs. 2 S. 2 verweist mit § 31 zunächst auf die zentrale Bestimmung über die Einräumung von Nutzungsrechten. **§ 31 Abs. 1 S. 1** enthält eine **Legaldefinition** des Nutzungsrechts. Danach ist unter **Nutzungsrecht** die Befugnis zu verstehen, ein Werk/eine künstlerische Darbietung auf einzelne oder alle Nutzungsarten zu nutzen. Als **Nutzungsart** i. S. v. § 31 Abs. 1 ist jede in wirtschaftlich/technischer Hinsicht selbständige und abgrenzbare Art der Verwendung einer künstlerischen Darbietung anzusehen (siehe § 31 Rn. 2 im HauptB m. w. N.). **§ 31 Abs. 1 S. 2** stellt klar, dass Nutzungsrechte als einfache oder ausschließliche Rechte sowie **räumlich, zeitlich** oder **inhaltlich beschränkt** eingeräumt werden können. Der ausübende Künstler kann das Nutzungsrecht an einer Darbietung etwa auf ein geografisches Gebiet, auf einzelne Orte oder auf ein Sprachgebiet beschränken. So werden die Rechte eines Regisseurs an einer Theater- oder Operninszenierung im Regelfall auf einzelne Städte beschränkt sein (siehe § 31 Rn. 9 f. im HauptB). Nutzungsrechte können naturgemäß auch zeitlich beschränkt, z. B. für einzelne Spielzeiten, eingeräumt werden. Nach Ablauf der im Nutzungsvertrag festgelegten Nutzungsdauer fällt das Recht automatisch wieder dem ursprünglichen Rechtsinhaber zu (siehe Vor §§ 31 ff. Rn. 43 f. im HauptB). Schließlich kann der ausübende Künstler die Nutzung der Darbietung auf einzelne Nutzungsarten beschränken (zu Einzelheiten siehe § 31 Rn. 14 ff. im HauptB). Von all diesen unterschiedlichen Formen der Beschränkung eines Nutzungsrechts kann der ausübende Künstler **alternativ** oder **kumulativ** Gebrauch machen. Wird das Nutzungsrecht räumlich, zeitlich oder inhaltlich beschränkt eingeräumt, so bewirkt dies eine **dingliche Beschränkung** der Nutzungsbefugnis (siehe § 31 Rn. 4 im HauptB m. w. N.). Verstößt der Nutzungsberechtigte gegen eine solche (dinglich wirkende) Beschränkung der Nutzungsrechte, so kann der ausübende Künstler gegen ihn die Ansprüche der §§ 97 ff. geltend machen.

7 § 31 Abs. 2 und § 31 Abs. 3 regeln die Befugnisse des Inhabers von **einfachen** und **ausschließlichen** Nutzungsrechten. Wird das Nutzungsrecht als ausschließliches Recht eingeräumt, so kann sein Inhaber die Darbietung unter Ausschluss aller anderen Personen (einschließlich des ausübenden Künstlers) auf die vereinbarte Art nutzen. Bei einfachen Nutzungsrechten ist es hingegen möglich, dass der ausübende Künstler die Nutzungsrechte mehreren Personen einräumt und diese die Darbietung nebeneinander nutzen können (zu Einzelheiten siehe § 79 Rn. 3 f. sowie § 31 Rn. 27 ff. im HauptB).

8 § 79 Abs. 2 S. 2 nimmt die Regelung des **§ 31 Abs. 4** ausdrücklich von der Verweisung aus. Das **gesetzliche Verbot,** Nutzungsrechte hinsichtlich noch **unbekannter Nutzungsarten** zu vergeben, findet somit auf Nutzungsverträge mit ausübenden Künstlern **keine Anwendung.** Vielmehr können ausübende Künstler Nutzungsrechte an einer Darbietung auch bezogen auf solche Nutzungsarten vergeben, die zum Zeitpunkt der Rechtseinräumung noch unbekannt sind (BGH GRUR 2003, 324 – EROC III).

Im Zuge des Gesetzgebungsverfahrens wurde der Ausschluss des § 31 Abs. 4 vielfach kritisiert (so insbesondere *Krüger* ZUM 2003, 122, 124 f., der in dem Ausschluss des § 31 Abs. 4 eine „unter verfassungsrechtlichen Gesichtspunkten problematische Benachteiligung" ausübender Künstler sieht, unter Hinweis auf *Peukert* UFITA 138 (1999) 63, 81 ff.). Von anderer Seite wurde indes darauf hingewiesen, dass die Vorschrift des § 31 Abs. 4 im europäischen Vergleich ohnehin singulär und daher bereits in ihrem jetzigen Anwendungsbereich höchst problematisch sei; die Vorschrift dürfte daher keinesfalls durch Ausdehnung auf ausübende Künstler bekräftigt werden (vgl. den Diskussionsstand bei *v. Rom* ZUM 2003, 128, 130).

§ 79. Nutzungsrecht 9–13 § 79 UrhG

Die Begründung des Gesetzes zur Regelung des Urheberrechts in der Informationsgesellschaft (BT-Drucks. 15/38) nimmt zu dem Ausschluss des § 31 Abs. 4 nicht Stellung. Lediglich bezogen auf die Tonträgerhersteller verweist der Gesetzgeber darauf, dass bei der Verweisung auf die Vorschriften des Urhebervertragsrechts u. a. diejenigen Bestimmungen ausgeklammert worden seien, die „lediglich dem Schutz des Urhebers als der regelmäßig schwächeren Vertragspartei dienen" (vgl. die Begr. des Gesetzesentwurfs zu § 85 BT-Drucks. 15/38, 25). Die Begründung zu § 79 hält lediglich fest, dass Satz 2 der Vorschrift „auf die urhebervertraglichen Bestimmungen in § 31 Abs. 1 bis 3 und 5 sowie die §§ 32 bis 43" verweist. Eine inhaltliche Auseinandersetzung mit der selektiven, die Regelung des § 31 Abs. 4 ausschließenden Verweisung findet nicht statt. Damit scheidet künftig sowohl die *lege lata* als auch im Hinblick auf die jüngste BGH-Rechtsprechung (BGH GRUR 2003, 234 sowie BGH I ZR 16/00) eine (entsprechende) Anwendbarkeit des § 31 Abs. 4 auf ausübende Künstler aus.

§ 79 Abs. 2 S. 2 verweist – wie bereits § 75 Abs. 4 a. F. – rein klarstellend auch auf die in § 31 Abs. 5 normierte **Zweckübertragungslehre**, die auf Nutzungsverträge mit ausübenden Künstlern entsprechend anwendbar ist (§ 75 Rn. 2, § 31 Rn. 70 ff. im HauptB). **9**

2. Verweis auf §§ 32 bis 43

§ 79 Abs. 2 S. 2 erklärt ferner die Vorschriften der §§ 32 bis 43 für entsprechend anwendbar. Damit erlangen (fast) sämtliche Bestimmungen des Urhebervertragsrechts – ausgenommen sind lediglich §§ 31 Abs. 4 und 44 – künftig bei der Gestaltung von Künstlerverträgen Bedeutung. **10**

a) Angemessene Vergütung und Vergütungsregeln (§§ 32, 32 a, 32 b, 36, 36 a)

Wie § 75 Abs. 4 a. F. verweist auch § 79 Abs. 2 S. 2 auf die durch das Gesetz zur Stärkung der vertraglichen Stellung von Urhebern und ausübenden Künstlern eingeführten Vergütungsregeln der §§ 32, 32 a, 36 und 36 a. Auf die Erläuterungen zu § 75 Rn. 12–19 im HauptB sowie auf die Kommentierung der einzelnen Vorschriften im HauptB wird verwiesen (zum neuen Urhebervertragsrecht vgl. ferner *Schricker* GRUR Int. 2002, 797 ff.; *Schmidt* ZUM 2002, 781 ff. sowie *Reinhard/Distelkötter* ZUM 2003, 269 ff.). **11**

§ 79 verweist zudem auf **§ 32 b**, der in § 75 Abs. 4 a. F. durch ein Redaktionsversehen nicht erwähnt ist. § 32 b stellt klar, dass die durch das Gesetz zur Stärkung der vertraglichen Stellung von Urhebern und ausübenden Künstlern eingeführten Vergütungsregeln der §§ 32 und 32 a **zwingend** sind (siehe Erläuterungen zu § 32 b im HauptB sowie *Obergfell* K & R 2003, 118 ff.).

b) Einzelne Bestimmungen über die Einräumung von Nutzungsrechten (§§ 33–35 und 37–40)

Mit dem Verweis auf die Vorschriften der §§ 33–35 und §§ 37–40 werden weitere zentrale Bestimmungen des Urhebervertragsrechts auf Nutzungsverträge mit ausübenden Künstlern für entsprechend anwendbar erklärt. Die meisten dieser Vorschriften enthalten **Schutzbestimmungen zugunsten des** Urhebers/**ausübenden Künstlers** als der regelmäßig schwächeren Vertragspartei (**§§ 34, 35, 37, 40**). Auf die Erläuterungen zu den einzelnen Vorschriften im HauptB wird verwiesen. **12**

§ 33 ist eine **Schutzvorschrift zugunsten des Inhabers** eines einfachen oder ausschließlichen Nutzungsrechts. Hat der ausübende Künstler (einfache oder ausschließliche) Nutzungsrechte an einer Darbietung eingeräumt, so schützt § 33 den Inhaber vor Beein- **13** trächtigungen seines Nutzungsrechts durch spätere Verfügungen des ausübenden Künstlers, den Wechsel der Inhaberschaft oder den Verzicht (zu Einzelheiten siehe Erläuterungen zu § 33 im HauptB).

14 § 38 enthält **gesetzliche Vermutungsregeln** für den Umfang der Rechtseinräumung an Beiträgen in periodisch und nicht periodisch erscheinenden Sammlungen und Zeitungen (zu Einzelheiten siehe Erläuterungen zu § 38 im HauptB). Im Hinblick auf die Rechtseinräumung an Darbietungen ausübender Künstler sind kaum praktische Anwendungsfälle denkbar.

15 Durch die Verweisung auf § 39 wird klargestellt, dass der Inhaber eines Nutzungsrechts die Urheberbezeichnung eines Werks (die Nennung des ausübenden Künstlers einer Darbietung) nicht ändern darf, sofern er mit dem Urheber/ausübenden Künstler nichts anderes vereinbart hat. Die Vorschrift des § 39 stellt eine vertragsrechtliche Konkretisierung und **Ausprägung** des **Persönlichkeitsrechts** dar; sie erlangt im Hinblick auf ausübende Künstler vor allem im Zusammenspiel mit der neu eingeführten Vorschrift des § 74 Bedeutung (vgl. § 74 Rn. 19; siehe ferner § 75 Rn. 19 im HauptB).

c) Rückrufsrecht (§§ 41, 42)

16 Während der ausübende Künstler bisher keine Möglichkeit hatte, eine einmal erteilte Einwilligung zur Nutzung einer künstlerischen Darbietung zurückzurufen (z. B. wenn eine neuerliche Verwertung rufschädigend wäre), eröffnet § 79 Abs. 2 S. 2 nunmehr die entsprechende Anwendung der urheberrechtlichen Rückrufsrechte der §§ 41 (Nichtausübung) und 42 (gewandelte Überzeugung). Nach **§ 41** kann der ausübende Künstler ein (ausschließliches) Nutzungsrecht zurückrufen, wenn dessen Inhaber das Recht gar nicht oder nur unzureichend ausübt und dadurch **berechtigte Interessen** des ausübenden Künstlers erheblich **verletzt** werden (zu Einzelheiten siehe § 41 Rn. 3 ff. im HauptB). **§ 42** gewährt dem ausübenden Künstler ein Rückrufsrecht, wenn die Darbietung seiner Überzeugung nicht mehr entspricht und ihm deshalb die **Verwertung** der Darbietung **nicht** mehr **zugemutet** werden kann (zu Einzelheiten siehe § 42 Rn. 5 ff. im HauptB). Die Vorschriften der § 41 und (vor allem) § 42 sind trotz ihrer systematischen Stellung im Abschnitt über die urheberrechtlichen Nutzungsrechte Ausdruck des Urheberpersönlichkeitsrechts (siehe § 41 Rn. 2 und § 42 Rn. 1 im HauptB). Das dem ausübenden Künstler gewährte Rückrufsrecht bedeutet somit – obwohl § 79 systematisch bei den vermögensrechtlichen Verwertungsrechten angesiedelt ist – (neben der neu eingefügten Vorschrift des § 74) eine weitere **Stärkung der Persönlichkeitsrechte** des ausübenden Künstlers. In der Praxis kann vor allem das Rückrufsrecht wegen gewandelter Überzeugung (§ 42) Bedeutung erlangen (vgl. *Jaeger* 161 f., der beispielhaft den Fall bildet, dass eine Rockband wegen eines politischen Meinungswechsels die Verwertung alter Aufnahmen untersagen möchte, die rechtsradikale Texte enthalten; kritisch hingegen *Schwarz*, vgl. *v. Rom* ZUM 2003, 128, 131).

d) Zwangslizenz zur Herstellung von Tonträgern (§ 42 a)

17 Die Vorschrift des **§ 42 a,** auf die § 79 verweist, ist **inhaltsgleich** mit dem bisherigen § 61. Aus systematischen Gründen hat der Gesetzgeber die Vorschrift des § 61 a. F. aus dem Abschnitt „Schranken des Urheberrechts" herausgelöst und in den Abschnitt „Rechtsverkehr im Urheberrecht" (Unterabschnitt „Nutzungsrechte") eingefügt (vgl. Begr. des Gesetzesentwurfs, BT-Drucks. 15/38, 17 f.). Bezogen auf **§ 61** bestand kein Zweifel, dass dieser (als einzige urheberrechtliche Schrankenregelung) auf ausübende Künstler **keine Anwendung** finden sollte; § 84 a. F. hat die Bestimmung des § 61 a. F. dementsprechend von der

§ 80. Gemeinsame Darbietung

allgemeinen Verweisung auf die Schrankenregelungen der §§ 45 ff. ausgenommen (siehe § 83 Rn. 2 im HauptB).

Entsprechend hätte man im Zuge der systematischen „Umorientierung" die Vorschrift des § 42a von der Verweisung auf die urhebervertraglichen Bestimmungen der §§ 32 bis 43 ausnehmen müssen. Dass dies nicht geschehen ist, kann nur durch ein **Redaktionsversehen** erklärt werden. Denn es sind weder Anhaltspunkte ersichtlich noch nachvollziehbare Gründe dafür gegeben, dass ausübende Künstler – anders als bisher – nun zur Vergabe von Zwangslizenzen verpflichtet sein sollen (vgl. die Erläuterungen zu § 83 Rn. 2, siehe § 84 Rn. 2 im HauptB). **18**

e) Ausübende Künstler in Arbeits- oder Dienstverhältnissen (§ 43)

Durch die Verweisung auf § 43 wird die (nahezu inhaltsgleiche) Vorschrift des § 79 a. F. überflüssig. Auf die Erläuterungen zu § 43 im HauptB wird verwiesen. **19**

§ 80. Gemeinsame Darbietung mehrerer ausübender Künstler

(1) Erbringen mehrere ausübende Künstler gemeinsam eine Darbietung, ohne dass sich ihre Anteile gesondert verwerten lassen, so steht ihnen das Recht zur Verwertung zur gesamten Hand zu. Keiner der beteiligten ausübenden Künstler darf seine Einwilligung zur Verwertung wider Treu und Glauben verweigern. § 8 Abs. 2 Satz 3, Abs. 3 und 4 ist entsprechend anzuwenden.

(2) Für die Geltendmachung der sich aus den §§ 77 und 78 ergebenden Rechte und Ansprüche gilt § 74 Abs. 2 Satz 2 und 3 entsprechend.

Literatur: Siehe die Angaben bei der Vorbemerkung vor §§ 73 ff.

Übersicht

	Rn.		Rn.
I. Allgemeines	1, 2	III. Rechtsfolgen der „Mitkünstlerschaft"	6–10
II. Voraussetzungen der „Mitkünstlerschaft"	3–5	1. Künstlergemeinschaft als gesetzliches Rechtsverhältnis	7, 8
1. Künstlerische Darbietung mehrerer	4	2. Einwilligungserfordernis	9
2. Einheitlichkeit der Darbietung	5	3. Verwaltung der gemeinsamen Verwertungsrechte	10
		IV. Gesetzliche Vertretungsbefugnis (§ 80 Abs. 2)	11

I. Allgemeines

Der neugefasste § 80 regelt (wie die bisherige Fassung) die **Zuordnung** und **Ausübung** der **Verwertungsrechte** bei einer Darbietung, die von mehreren ausübenden Künstlern gemeinsam erbracht worden ist. Anders als § 80 a. F., der sich konkret auf die Fälle der Chor-, Orchester- und Bühnenaufführungen bezog, ist die Neufassung des § 80 – in Anlehnung an die Vorschrift des **§ 8** (Miturheber) – allgemein formuliert. **§ 80 Abs. 1** regelt die Rechtsbeziehung der an einer Ensembleleistung beteiligten ausübenden Künstler untereinander sowie im Verhältnis zu Dritten. Entsprechend der für Miturheber geltenden Vorschrift des § 8 Abs. 2 S. 1 sieht die Neufassung des § 80 vor, dass zwischen mehreren an einer Darbietung beteiligten ausübenden Künstlern kraft Gesetzes eine **Gesamthandsgemeinschaft** entsteht. Ausübende Künstler können eine gemeinsam erbrachte Darbietung **1** also künftig nur gemeinsam verwerten. Sonderrechte für Solisten, Dirigenten oder Regisseure, wie sie in § 80 a. F. vorgesehen waren, bestehen nach der Neufassung des § 80 nicht mehr. Damit einzelne ausübende Künstler die Verwertung der Darbietung nicht durch Versagen ihrer Einwilligung blockieren können, ist in § 80 Abs. 1 S. 2 vorgesehen, dass die beteiligten ausübenden Künstler ihre **Einwilligung** in die Verwertung nicht wider Treu und Glauben verweigern dürfen. Die für Miturheber geltenden Vorschriften des § 8 Abs. 2 S. 3, Abs. 3 und 4 finden über die Verweisung in § 80 Abs. 1 S. 3 entsprechende Anwendung. Danach ist grundsätzlich jeder ausübende Künstler berechtigt, **Ansprüche aus Verletzungen** des gemeinsamen Verwertungsrechts – auch ohne vorherige Zustimmung der übrigen beteiligten Künstler – **selbstständig** geltend zu machen. Sind die Ansprüche auf Leistung gerichtet, kann allerdings nur die **Leistung an sämtliche ausübende Künstler** verlangt werden (§ 8 Abs. 2 S. 3; siehe § 8 Rn. 38 ff. im HauptB). Die Verteilung der Erträge aus der Nutzung einer gemeinsamen Darbietung richtet sich nach dem Umfang der Mitwirkung jedes einzelnen beteiligten ausübenden Künstlers (§ 8 Abs. 3). **Verzichtet** ein ausübender Künstler auf seinen Anteil an den Verwertungsrechten, so wächst dieser den übrigen ausübenden Künstlern zu (§ 8 Abs. 4). **§ 80 Abs. 2** verweist auf die in § 74 Abs. 2 S. 2 und 3 geregelte Vertretungsregelung bei gemeinsamen Darbietungen ausübender Künstler.

2 Die **praktische Bedeutung** des § 80 ist nicht allzu groß. Die meisten Ensembledarbietungen werden im Rahmen von Dienst- oder Arbeitsverhältnissen erbracht. Insoweit ist **§ 43,** der über die Verweisung in § 79 auf ausübende Künstler entsprechend anzuwenden ist, als maßgebliche Auslegungsregel heranzuziehen. Sonderregelungen bezüglich der Verwertung einer Ensembleleistung können sich ferner aus einschlägigen Tarifverträgen für Bühne, Chor, Tanz sowie für den Musikbereich ergeben (zu Einzelheiten siehe § 80 Rn. 2 im HauptB; Schricker/*Krüger* § 80 Rn. 5). Der Anwendungsbereich des § 80 bleibt somit auf ausübende Künstler beschränkt, die weder einer tarifvertraglichen Bindung unterliegen noch ihre Darbietung im Rahmen eines Dienst- oder Arbeitsverhältnisses erbringen.

II. Voraussetzungen der „Mitkünstlerschaft"

3 In Entsprechung zur Miturheberschaft nach § 8 setzt die „Mitkünstlerschaft" nach dem neugefassten § 80 eine **gemeinsame Darbietung** mehrerer ausübender Künstler voraus (Rn. 4). Diese Darbietung muss **einheitlich** sein; die Anteile der beteiligten Künstler dürfen sich nicht gesondert verwerten lassen (Rn. 5).

1. Künstlerische Darbietung mehrerer

4 § 80 findet nur auf diejenigen ausübenden Künstler Anwendung, die einen Beitrag zu einer nach § 73 geschützten Darbietung leisten. Bedingt durch die Neukonzeption des § 73 ist nicht unbedingt erforderlich, dass die Darbietung ein urheberschutzfähiges Werk i. S. v. § 2 zum Gegenstand hat; vielmehr fallen nunmehr auch folkloristische Darbietungen, die keine persönlich geistige Leistung i. S. v. § 2 darstellen, unter den Schutz des § 73 (siehe § 73 Rn. 3 ff.). Auf den Umfang des Beitrags kommt es nicht an; auch ein geringfügiger Beitrag zu einer nach § 73 geschützten Darbietung ist ausreichend (für die Parallelvorschrift des § 8 siehe § 8 Rn. 3 im HauptB m. w. N.). Voraussetzung ist allerdings, dass es sich um eine **künstlerische Leistung** handelt; technische Mitwirkung ist von § 73 nicht geschützt

§ 80. Gemeinsame Darbietung

(zur Abgrenzung siehe § 73 Rn. 8 im HauptB) und reicht dementsprechend auch nicht zur Begründung der Rechte nach § 80.

2. Einheitlichkeit der Darbietung

§ 80 Abs. 1 S. 1 setzt ferner voraus, dass die Darbietung einheitlich ist. Die Anteile der beteiligten ausübenden Künstler dürfen sich nicht gesondert verwerten lassen. Dies trifft etwa auf die in der bisherigen Fassung des § 80 genannten Fälle der **Chor-, Orchester- und Bühnenaufführungen** zu. Bei einem Symphoniekonzert lassen sich die Leistungen der einzelnen Orchestermusiker nur als Ganzes verwerten; gleiches gilt für die Aufführung eines Chorwerks oder eines Theaterstücks (zu Einzelheiten siehe § 8 Rn. 7 ff. im HauptB).

III. Rechtsfolgen der „Mitkünstlerschaft"

Mit der Aufführung einer gemeinsamen Darbietung entsteht zwischen den an der Darbietung beteiligten ausübenden Künstlern eine **Verwertungsgemeinschaft** besonderer Art (siehe § 8 Rn. 21 im HauptB).

1. Künstlergemeinschaft als gesetzliches Rechtsverhältnis

§ 80 Abs. 1 S. 1 bestimmt, dass die für die Verwertung bedeutsamen Rechte und Ansprüche der ausübenden Künstler (z. B. die Einräumung und Übertragung von Nutzungsrechten, die Verfolgung von Rechtsverletzungen sowie die Geltendmachung obligatorischer Ansprüche aus Nutzungsverträgen) bei einer gemeinsamen Darbietung der **gesamthänderischen Bindung** unterliegen. Auch nach § 80 a. F. war grundsätzlich eine einheitliche Wahrnehmung der Leistungsschutzrechte bei Ensembledarbietungen vorgesehen. Lediglich die Solisten, Dirigenten und Regisseure konnten ihre (damals noch) Einwilligungsrechte eigenständig ausüben. Die Neufassung des § 80 sieht eine solche Privilegierung von einzelnen Ensemblemitgliedern nicht mehr vor, sondern geht bezogen auf die Gesamtheit des Ensembles von einer gesamthänderischen Bindung aus. Nach der traditionellen Gesamthandstheorie sind die Gesamthänder (und nicht eine von ihnen begrifflich verschiedene „Person") Träger der Rechte und Pflichten (Palandt/*Heinrichs* Vor § 21 BGB Rn. 2 m. w. N.). Die Gesamthandsgemeinschaft ist **zwingendes Recht**; abweichende vertragliche Vereinbarungen sind unwirksam. Die gesamthänderische Bindung der ausübenden Künstler entsteht durch **Realakt** der gemeinsamen Aufführung einer Darbietung; sie endet mit Ablauf der 50-jährigen Schutzfrist (vgl. § 82; Einzelheiten siehe § 8 Rn. 22 ff. im HauptB).

Die Neufassung des § 80 Abs. 1 S. 1 bezieht sich allgemein auf das „Recht zur Verwertung", ohne die Rechte und Ansprüche genauer zu bestimmen. Aus § 80 Abs. 2 S. 1 ergibt sich, dass sich die gesamthänderische Bindung auf sämtliche der in §§ 77 und 78 aufgeführten Verwertungsrechte und Vergütungsansprüche bezieht.

2. Einwilligungserfordernis

§ 80 Abs. 1 S. 2 besagt, dass keiner der beteiligten ausübenden Künstler seine „Einwilligung" zur Verwertung wider Treu und Glauben verweigern darf. Das Einwilligungserfordernis betrifft nicht nur das **Innenverhältnis** der ausübenden Künstler untereinander, sondern auch die Vertretung der Gesamthandsgemeinschaft im **Außenverhältnis** (siehe § 8

Rn. 32 im HauptB m. w. N.). Ob der ausübende Künstler bei Versagen seiner Einwilligung im Einzelfall gegen das Gebot von Treu und Glauben verstößt, ist im Rahmen einer **Interessenabwägung** zu ermitteln. Dabei spielen vor allem die Ziele eine Rolle, die die Künstlergruppe mit der gemeinsamen Darbietung verfolgt hat (siehe § 8 Rn. 33 im HauptB mit Verweis auf *Sontag* 46 ff.). Mit dem Einwilligungserfordernis soll verhindert werden, dass einzelne Ensemblemitglieder, etwa weil sie mit dem Ergebnis der Ensembleleistung unzufrieden sind, die Vergütungsansprüche der übrigen Beteiligten blockieren. Ist die Verwertung der gemeinsamen Darbietung hingegen geeignet, Urheberpersönlichkeitsrechte einzelner ausübender Künstler zu verletzen, so verstoßen diese nicht gegen Treu und Glauben, wenn sie ihre Einwilligung zur Verwertung versagen. Verweigert ein ausübender Künstler seine Einwilligung dagegen grundlos (und unter Verstoß gegen Treu und Glauben), so kann er von den übrigen Mitgliedern der Künstlergruppe auf Erteilung der Einwilligung verklagt werden (Einzelheiten siehe § 8 Rn. 33 im HauptB).

3. Verwaltung der gemeinsamen Verwertungsrechte

10 Wie bei der Miturheberschaft bedarf die Verwaltung der gemeinsamen Verwertungsrechte grundsätzlich eines **einstimmigen Beschlusses** aller beteiligten ausübenden Künstler (siehe § 8 Rn. 29 im HauptB). Zu den Verwaltungsmaßnahmen, die einstimmig beschlossen werden müssen, gehören z. B. der Abschluss von Nutzungsverträgen, die Geltendmachung von Rückrufsrechten oder allgemein: die Ausübung aller im Rahmen der Verwertung einer Darbietung bedeutsamen Rechte und Ansprüche. **§ 80 Abs. 1 S. 3** verweist bezüglich der Einzelheiten der Verwaltung der gemeinsamen Verwertungsrechte auf die für Miturheber geltenden Bestimmungen der § 8 Abs. 2 S. 3, Abs. 3 und 4. Nach **§ 8 Abs. 2 S. 3** ist grundsätzlich jeder Miturheber/ausübende Künstler berechtigt, **Ansprüche aus Verletzungen** des gemeinsamen Verwertungsrechts – auch ohne vorherige Zustimmung der übrigen beteiligten Künstler – **selbstständig** geltend zu machen. Sind die Ansprüche auf Leistung gerichtet, kann der einzelne ausübende Künstler allerdings nur die **Leistung an alle** verlangen (Einzelheiten siehe § 8 Rn. 38 ff. im HauptB). **§ 8 Abs. 3** betrifft die **Verteilung der Erträge** aus der Nutzung einer gemeinsamen Darbietung. Sofern die beteiligten ausübenden Künstler keine Vereinbarung über die Aufteilung der Erträge getroffen haben, richtet sich diese gem. § 8 Abs. 3 nach dem **Umfang der Mitwirkung** jedes einzelnen beteiligten ausübenden Künstlers (Erläuterungen siehe § 8 Rn. 34 ff. im HauptB). **§ 8 Abs. 4** sieht schließlich vor, dass der Miturheber/ausübende Künstler auf seinen Anteil an den Verwertungsrechten **verzichten** kann; in diesem Fall wächst der Anteil den übrigen ausübenden Künstlern zu (zu Einzelheiten siehe § 8 Rn. 47 ff. im HauptB).

IV. Gesetzliche Vertretungsbefugnis (§ 80 Abs. 2)

11 **§ 80 Abs. 2** verweist auf die in § 74 Abs. 2 S. 2 und 3 geregelte Vertretungsbestimmung bei gemeinsamen Darbietungen einer Küntlergruppe. Hat das Ensemble einen **Vorstand,** so ist dieser nach § 80 Abs. 2 i. V. m. § 74 Abs. 2 S. 2 vertretungsbefugt. Ist kein Vorstand gewählt, so ist gemäß § 80 Abs. 2 i. V. m. § 74 Abs. 2 S. 3 der **Leiter** des Ensembles bzw. ein gewählter Vertreter berechtigt, die Verwertungsansprüche und – rechte im Außenverhältnis geltend zu machen. Inhaltlich entspricht die Vertretungsbefugnis weitgehend dem bisherigen § 80 Abs. 1 und 2 (Erläuterungen siehe § 80 Rn. 8 ff. im HauptB).

§ 81. Schutz des Veranstalters

Wird die Darbietung des ausübenden Künstlers von einem Unternehmen veranstaltet, so stehen die Rechte nach § 77 Abs. 1 und 2 Satz 1 sowie § 78 Abs. 1 neben dem ausübenden Künstler auch dem Inhaber des Unternehmens zu. § 31 Abs. 1 bis 3 und 5 sowie die §§ 33 und 38 gelten entsprechend.

Literatur: Siehe die Angaben bei der Vorbemerkung vor §§ 73 ff.

Übersicht

	Rn.		Rn.
I. Allgemeines	1, 2	V. Entsprechende Anwendbarkeit urhebervertraglicher Bestimmungen (§ 81 S. 2)	7
II. Rechte des Unternehmers (§ 81 S. 1)	3, 4		
III. Schutzgegenstand des § 81	5	VI. Schutzfrist	8
IV. Berechtiger i. S. v. § 81	6	VII. Auslandsbezug	9

I. Allgemeines

Die neugefasste Vorschrift des § 81 entspricht inhaltlich der bisherigen Fassung. Sie gewährt dem Veranstalter für seine organisatorische und wirtschaftliche Verantwortung ein **selbständiges Leistungsschutzrecht.** Nach § 81 a. F. war der ausübende Künstler in der Ausübung seiner Verwertungsrechte von der Einwilligung des Veranstalters abhängig. Bedingt durch den Übergang vom System der Einwilligungsrechte zum System der ausschließlichen Verwertungsrechte gewährt die Neufassung des § 81 dem Veranstalter die Rechte nach § 77 Abs. 1 und 2 S. 1 sowie § 78 Abs. 1 nun **neben** dem **ausübenden Künstler.** Entsprechend verweist § 81 S. 2 auf die urhebervertraglichen Vorschriften der §§ 31 Abs. 1 bis 3 und 5 sowie §§ 33 und 38. Durch diesen Verweis wird, wie es in der Gesetzesbegründung heißt, das „Konzept der Nutzungsrechte" auch im Bereich des Veranstalterschutzes „zur Anwendung gebracht" (Begr. des Gesetzesentwurfs, BT-Drucks. 15/38, 25). Obwohl die Regelung des § 81 a. F. sowohl ihrer grundsätzlichen Berechtigung als auch ihrer systematischen Stellung nach im Schrifttum auf massive Kritik gestoßen ist (siehe § 81 Rn. 3 im HauptB), hat der Gesetzgeber an der Einräumung eines eigenständigen Leistungsschutzrechts des Veranstalters festgehalten. Der Veranstalter bleibt also im Hinblick auf seine organisatorisch-wirtschaftlichen Leistungen im Kulturbereich **privilegiert.** 1

Neben dem Schutz aus § 81 kommt – sofern die jeweiligen Tatbestandsvoraussetzungen vorliegen – **ergänzend** die Anwendbarkeit der **§§ 85** (Tonträgerhersteller), **87** (Sendeunternehmen) und **94** (Filmhersteller) in Betracht. Gegenüber wettbewerbsrechtlichen oder deliktischen Schutzvorschriften ist § 81 **lex specialis** (zu Einzelheiten siehe § 81 Rn. 18 f. im HauptB). 2

II. Rechte des Unternehmers (§ 81 S. 1)

Die Rechte, die dem Veranstalter über § 81 zugeordnet werden, entsprechen im Wesentlichen der bisherigen Fassung: Nach **§ 77** hat der Veranstalter – neben dem ausübenden Künstler – zunächst das (ausschließliche) Recht, die Darbietung des ausübenden Künstlers auf **Bild- oder Tonträger aufzunehmen** (Abs. 1), sowie die Aufnahmen zu **vervielfältigen** und zu **verbreiten** (Abs. 2). Das Recht des Veranstalters erstreckt sich ferner – wie 3 bisher – auf die **Sendung** und öffentliche **Wahrnehmbarmachung** der Darbietung des ausübenden Künstler (**§ 78 Abs. 1**). Neu hinzugekommen ist das Recht auf **öffentliche Zugänglichmachung**, das im Zuge der Umsetzung der EU-Richtlinie in § 19a normiert und entsprechend in den Katalog des § 78 Abs. 1 aufgenommen worden ist (zu Einzelheiten vgl. die Erläuterungen zu § 78 Rn. 3 ff.).

4 § 81 gewährt dem Unternehmer ein **absolutes** Recht, das originär mit der Veranstalterleistung entsteht. Das Recht des Veranstalters steht **selbstständig** neben den Rechten der ausübenden Künstler und wirkt gegenüber jedermann. Freilich haben ausübende Künstler und Veranstalter bei der Ausübung ihrer Rechte das Gebot von Treu und Glauben zu beachten (zum Verhältnis zwischen Veranstalter- und Interpretenschutz siehe § 81 Rn. 13 f. im HauptB). In der Praxis wird es sich empfehlen, künftig **einheitliche Nutzungsverträge** zu schließen, die sowohl die Rechte der ausübenden Künstler als auch die des Veranstalters regeln.

III. Schutzgegenstand des § 81

5 § 81 schützt die von einem Unternehmen **veranstaltete Darbietung** eines ausübenden Künstlers i. S. v. **§ 73**. Bedingt durch die Ausweitung des Schutzbereichs des § 73 fallen nunmehr auch **folkloristische Live-Darbietungen,** die kein urheberrechtlich schutzfähiges Werk i. S. v. § 2 zum Gegenstand haben, unter den Veranstalterschutz des § 81 (vgl. die Erläuterungen zu § 73 Rn. 3 ff.). Zum Begriff der **Veranstaltung** i. S. v. § 81, siehe § 81 Rn. 5 ff. im HauptB.

IV. Berechtigter i. S. v. § 81

6 Den Veranstalterschutz des § 81 genießt der **Inhaber** des Unternehmens. Je nach Rechtsform des Unternehmens kann der Inhaber eine natürliche oder juristische Person des Privatrechts oder des Öffentlichen Rechts sein. Bei der im Kulturbetrieb häufig praktizierten Rechtsform der GmbH ist das Veranstalterrecht etwa von einem zur Abgabe von Erklärungen befugten Vertreter der GmbH auszuüben. Voraussetzung für die Privilegierung des Veranstalters nach § 81 ist stets, dass er die **organisatorische** und **finanzielle Verantwortung** für die Veranstaltung trägt (zu Einzelheiten siehe § 81 Rn. 10 ff. im HauptB).

V. Entsprechende Anwendbarkeit urhebervertraglicher Bestimmungen (§ 81 S. 2)

7 Der Veranstalter einer Darbietung kann bezogen auf die in § 81 S. 1 genannten Rechte einem Dritten **eigenständig Nutzungsrechte** einräumen. Die urhebervertraglichen Vorschriften der **§ 31 Abs. 1 bis 3 und 5** sowie **§§ 33 und 38** finden über die Verweisung in § 81 S. 2 **entsprechende Anwendung** (vgl. insoweit die Erläuterungen zu § 79 Rn. 5 ff., 13 f.). Anders als beim ausübenden Künstler hat man bezogen auf den Veranstalter aber bestimmte Vorschriften des Urhebervertragsrechts von der allgemeinen Verweisung auf die §§ 31 ff. ausgeklammert. Dazu zählen zunächst diejenigen Bestimmungen, die eine vertragsrechtliche Konkretisierung des Urheberpersönlichkeitsrechts sind (§§ 39, 41, 42). Auf den

§ 82. Dauer der Verwertungsrechte § 82 UrhG

Veranstalter finden diese Vorschriften naturgemäß keine entsprechende Anwendung, da sich dessen Schutz auf rein vermögensrechtliche Befugnisse beschränkt. Ausgenommen sind ferner solche Vorschriften, die primär dem Schutz des Urhebers/ausübenden Künstlers als der regelmäßig schwächeren Vertragspartei dienen (§ 31 Abs. 4, §§ 32, 32a, 34, 35, 36, 36a, 37, 40, 43). Auch insoweit ist der Veranstalter, der als Unternehmensinhaber über hinreichende Verhandlungspraxis und wirtschaftliche Erfahrenheit verfügt, nicht schutzbedürftig.

VI. Schutzfrist

Die Schutzfrist für den Veranstalterschutz richtet sich nach **§ 82,** der inhaltsgleich mit der 8 bisherigen Fassung des § 82 ist. Danach sind die Rechte des Veranstalters für eine Dauer von **25 Jahren** geschützt. Anknüpfungspunkt ist nach § 82 S. 1 (1. Alt.) grundsätzlich der Zeitpunkt des **Erscheinens** des Bild- oder Tonträgers. Wurde die Aufnahme zwischen Produktion und Erscheinen bereits öffentlich genutzt, so verlegt § 82 S. 1 (2. Alt.) den maßgeblichen Zeitpunkt auf die **erstmalige öffentliche Nutzung** vor. Für den Fall, dass der Bild- oder Tonträger innerhalb der Schutzfrist weder erschienen noch erlaubterweise zur öffentlichen Wiedergabe genutzt worden ist, knüpft § 82 S. 2 an den Zeitpunkt der **Darbietung** an. Nach Ablauf der 25-jährigen Schutzfrist kommt allenfalls wettbewerbsrechtlicher Schutz in Betracht (zu Einzelheiten siehe § 81 Rn. 15 im HauptB).

VII. Auslandsbezug

Der Schutz ausländischer Veranstalter richtet sich nach **§ 125**. Obwohl die Vorschrift sich 9 ihrem Wortlaut nach nur auf ausübende Künstler bezieht, findet sie nach h. M. auf den Veranstalterschutz nach § 81 entsprechende Anwendung (für die inhaltsgleiche Regelung des § 81 a. F. siehe § 81 Rn. 16 im HauptB m. w. N.). Bei der Neufassung des § 125 hat der Gesetzgeber sich auf rein redaktionelle Anpassungen beschränkt; eine Klarstellung dahingehend, dass auch ausländische Veranstalter grundsätzlich im Hinblick auf alle im Inland stattfindenden Darbietungen geschützt sind, ist nicht erfolgt.

§ 82. Dauer der Verwertungsrechte

Ist die Darbietung des ausübenden Künstlers auf einen Bild- oder Tonträger aufgenommen worden, so erlöschen die in den §§ 77 und 78 bezeichneten Rechte des ausübenden Künstlers 50 Jahre, die in § 81 bezeichneten Rechte des Veranstalters 25 Jahre nach dem Erscheinen des Bild- oder Tonträgers oder, wenn dessen erste erlaubte Benutzung zur öffentlichen Wiedergabe früher erfolgt ist, nach dieser. Die Rechte des ausübenden Künstlers erlöschen jedoch bereits 50 Jahre, diejenigen des Veranstalters 25 Jahre nach der Darbietung, wenn der Bild- oder Tonträger innerhalb dieser Frist nicht erschienen oder erlaubterweise zur öffentlichen Wiedergabe benutzt worden ist. Die Frist nach Satz 1 oder 2 ist nach § 69 zu berechnen.

Die Neufassung des § 82 ist inhaltsgleich mit der bisherigen Fassung. Geändert wurde lediglich die Überschrift, um klarzustellen, dass § 82 die Schutzdauer der **vermögensrechtlichen Verwertungsrechte** – im Gegensatz zu den Persönlichkeitsrechten – regelt. Angepasst worden ist ferner der Hinweis auf die einzelnen Verwertungsrechte, die unter § 82 fallen. **Inhaltlich** ist mit diesen klarstellenden redaktionellen Änderungen **keine Änderung** verbunden. Auf die Erläuterungen zu § 82 a. F. im HauptB wird daher verwiesen.

§ 83. Schranken der Verwertungsrechte

Auf die dem ausübenden Künstler nach den §§ 77 und 78 sowie die dem Veranstalter nach § 81 zustehenden Rechte sind die Vorschriften des Abschnitts 6 des Teils 1 entsprechend anzuwenden.

Literatur: Siehe die Angaben bei der Vorbemerkung vor §§ 73 ff.

Übersicht

	Rn.
I. Allgemeines	1, 2
II. Einzelne Schrankenbestimmungen	3

I. Allgemeines

1 Die Vorschrift des § 83 entspricht laut Gesetzesbegründung „inhaltlich der bisherigen Fassung des § 84", lediglich der Hinweis auf die Vorschriften über die einzelnen Verwertungsrechte sei angepasst worden (vgl. Begr. des Gesetzesentwurfs, BT-Drucks. 15/38, 25). Nach § 84 a. F. unterlagen die Vermögensrechte von ausübenden Künstlern und Veranstaltern den für Urhebern geltenden Schrankenbestimmungen der §§ 45 ff. Ausgenommen war lediglich die Vorschrift des § 61 (Zwangslizenzen zur Herstellung von Tonträgern, siehe § 84 Rn. 2 im HauptB).

Die Neufassung des § 83 erklärt die im Sechsten Abschnitt des Ersten Teils geregelten **Schrankenbestimmungen** auf die Vermögensrechte von ausübenden Künstlern und Veranstaltern nun – **ohne jede Einschränkung** – für **entsprechend anwendbar**. Eine Ausnahme im Hinblick auf die Vorschrift des § 61 sieht der neugefasste § 83 nicht vor (und kann er nicht vorsehen), da **§ 61 a. F.** im Zuge der Neukonzeption des Urheberrechtsgesetzes systematisch aus dem Abschnitt der Schrankenregelungen herausgelöst und statt dessen – ohne inhaltliche Änderungen – als **§ 42 a** in den Abschnitt „Rechtsverkehr im Urheberrecht" (Unterabschnitt „Nutzungsrechte") eingefügt worden ist. Dadurch soll der „eigentliche Regelungsgehalt" nunmehr auch durch die „richtige systematische Zuordnung verdeutlicht" werden (vgl. Begr. des Gesetzesentwurfs, BT-Drucks. 15/38, 17 f.).

2 Im Zuge dieser systematischen Umorientierung hat man freilich nicht bedacht, die neue Vorschrift des § 42 a aus dem in § 83 enthaltenen Verweis (sowie aus dem in § 79 n. F. enthaltenen Verweis auf die urhebervertraglichen Bestimmungen der §§ 32 bis 43, dazu unter § 79 Rn. 18) auszunehmen. Dabei kann es sich nur um ein **redaktionelles Versehen** handeln, da keine Anhaltspunkte ersichtlich sind (und es keine nachvollziehbaren Gründe dafür gibt), dass ausübende Künstler – anders als nach bisherigem Recht – nunmehr zur Vergabe von Zwangslizenzen verpflichtet sein sollen. Dies würde der Förderung und Aufrechterhaltung des Wettbewerbs auf dem Gebiet der künstlerischen Interpretation entgegenstehen (vgl. die AmtlBegr. zu § 84 a. F. UFITA 45 (1965) 240, 313). Exklusivverträge der Tonträgerindustrie mit ausübenden Künstlern würden durch die Vergabe von Zwangslizenzen unterlaufen (siehe § 84 Rn. 2 im HauptB). Nichts deutet darauf hin, dass dies vom Gesetzgeber gewollt wäre.

II. Einzelne Schrankenregelungen

Bezüglich der einzelnen Schrankenregelungen, die nunmehr über den Verweis des § 83 **3** n. F. auf ausübende Künstler entsprechend anwendbar sind, wird auf die Kommentierung der §§ 45 ff. verwiesen.

§ 84. Beschränkung der Rechte (weggefallen)

Aufgehoben m. W. v. 13. 9. 2003 durch Art. 1 Abs. 1 Ziff. 26 des Gesetzes zur Regelung des Urheberrechts in der Informationsgesellschaft v. 10. 9. 2003, BGBl. I S. 1774. Der bisherige Inhalt dieser Norm (vgl. § 84 Rn. 1 ff. im HauptB) ist nunmehr Gegenstand des § 83 (siehe dort).

Abschnitt 4. Schutz des Herstellers von Tonträgern

§ 85. Verwertungsrechte

(1) **Der Hersteller eines Tonträgers hat das ausschließliche Recht, den Tonträger zu vervielfältigen, zu verbreiten und öffentlich zugänglich zu machen. Ist der Tonträger in einem Unternehmen hergestellt worden, so gilt der Inhaber des Unternehmens als Hersteller. Das Recht entsteht nicht durch Vervielfältigung eines Tonträgers.**

(2) **Das Recht ist übertragbar. Der Tonträgerhersteller kann einem anderen das Recht einräumen, den Tonträger auf einzelne oder alle der ihm vorbehaltenen Nutzungsarten zu nutzen. § 31 Abs. 1 bis 3 und 5 und die §§ 33 und 38 gelten entsprechend.**

(3) **Das Recht erlischt fünfzig Jahre nach dem Erscheinen des Tonträgers. Ist der Tonträger innerhalb von 50 Jahren nach der Herstellung nicht erschienen, aber erlaubterweise zur öffentlichen Wiedergabe benutzt worden, so erlischt das Recht 50 Jahre nach dieser. Ist der Tonträger innerhalb dieser Frist nicht erschienen oder erlaubterweise zur öffentlichen Wiedergabe benutzt worden, so erlischt das Recht 50 Jahre nach der Herstellung des Tonträgers. Die Frist ist nach § 69 zu berechnen.**

(4) **§ 27 Abs. 2 und 3 sowie die Vorschriften des Abschnitts 6 des Teils 1 sind entsprechend anzuwenden.**

Literatur: *Ahlberg,* Der Einfluss des § 31 IV UrhG auf die Auswertungsrechte von Tonträgerunternehmen, GRUR 2002, 313; *Reinbothe/v. Lewinski,* The WIPO Treaties 1996, London 2002; Walter (Hrsg.), Europäisches Urheberrecht, Wien, New York 2001 (zit. Walter/*Bearbeiter*).

Übersicht

	Rn.		Rn.
I. Schutzumfang und Schutzsystematik (§ 85 Abs. 1)	1–3	III. Schutzdauer (§ 85 Abs. 3)	5, 6
		IV. Verweise (§ 85 Abs. 4)	7
1. Die dem Tonträgerhersteller zugewiesenen Rechte	1, 2	V. Einzelfragen	8, 9
2. Das Zusammenspiel der Ausschließlichkeitsrechte	3	1. Künstler- oder Bandübernahmeverträge und neue Nutzungsformen	8
II. Einräumung von Nutzungsrechten (§ 85 Abs. 2)	4	2. Tonträgerpiraterie	9

I. Schutzumfang und Schutzsystematik (§ 85 Abs. 1)

1. Die dem Tonträgerhersteller zugewiesenen Rechte

siehe § 85 Rn. 19–21 im HauptB

1 Es bleibt auch in der neuen Fassung der Vorschrift bei einer enumerativ-abschließenden Fassung (im Gegensatz zum offenen Katalog des § 15 zugunsten der Urheber). Das Recht der öffentlichen Zugänglichmachung (Legaldefinition: § 19 a) tritt nun als neues Ausschließlichkeitsrecht neben die Vervielfältigungs- und Verbreitungsrechte.

2 Durch die Erweiterung des Schrankenkatalogs sind außerdem neue Vergütungsansprüche gemäß § 85 Abs. 4 hinzugekommen, nämlich aus § 45 a Abs. 2 (Behinderte Menschen) und § 52 a Abs. 4 (Öffentliche Zugänglichmachung für Unterricht und Forschung).

2. Das Zusammenspiel der Ausschließlichkeitsrechte

3 Der Gesetzgeber hat es vorgezogen, dem in der Hauptkommentierung (siehe § 85 Rn. 22 bis 24 im HauptB) beschriebenen Zusammenspiel des Rechts der öffentlichen Zugänglichmachung und des Vervielfältigungsrechts nicht durch eine ausdrückliche Beschränkung des Rechts der privaten Vervielfältigung Rechnung zu tragen. Der Download oder die Kopie aus einem durch keinerlei technische Maßnahmen geschützten legalen Online-Abrufdienst könnte also unter Berufung auf § 53 Abs. 1 geschehen. Etwaige (vertragliche) Beschränkungen der Download-Möglichkeit sind damit nicht mehr ohne Weiteres durch den Schutz des absoluten (Vervielfältigungs-)Rechts durchsetzbar. Gegenüber seinem Vertragspartner ist der Rechteinhaber auf die Durchsetzung seiner vertraglichen Ansprüche verwiesen, während er seine Rechte gegenüber Dritten nur durch technische Schutzmaßnahmen wahren kann (§ 95 b Abs. 1 Nr. 6 sieht keine Durchbrechung der Schutzes zur Ermöglichung privater Vervielfältigungen vor). Wenn im Rahmen vertraglicher Vereinbarungen, etwa über die Lieferung einer Tonträgeraufnahme aus einem Download-Dienst (nach § 19 a) gegen Geld, technische Schutzmaßnahmen eingesetzt werden, sind diese in jeder Hinsicht „schrankenfest" (§ 95 b Abs. 3).

II. Einräumung von Nutzungsrechten (§ 85 Abs. 2)

4 S. 1 der Vorschrift entspricht § 79 (hinsichtlich ausübender Künstler) und hat ausschließlich klarstellende Funktion. Schon bisher war es h. M. (stellvertretend Schricker/*Schricker* vor §§ 28 ff. Rn. 36), dass auch Inhaber von verwandten Schutzrechten Nutzungsrechte einräumen können. Die Bedeutung der Regelung liegt daher auch mehr in S. 2, und zwar hinsichtlich den Vorschriften, die sie nicht für entsprechend anwendbar erklärt. Der Verweisungskatalog klammert alle Vorschriften mit urheberpersönlichkeitsrechtlichem Gehalt aus, da dem Recht des Tonträgerherstellers keinerlei urheberpersönlichkeitsrechtlichen Elemente anhaften (vgl. § 85 Rn. 27 im HauptB zur alten Rechtslage) sowie alle Regelungen, die dem Schutz des Urhebers „als der regelmäßig schwächeren Vertragspartei dienen" (BT-Drucks. 15/38, 25). Insbesondere § 31 Abs. 4 ist ausdrücklich nicht auf die Einräumung von Nutzungsrechten am Recht des Tonträgerherstellers anwendbar (siehe § 85 Rn. 37 im HauptB; a. A. ebenfalls zur alten Rechtslage *Ahlberg* GRUR 2002, 316 f.; siehe außerdem unten § 85 Rn. 8).

III. Schutzdauer (§ 85 Abs. 3)

siehe § 85 Rn. 28, 29 im HauptB

Die Neuregelung setzt eine zwingende Vorgabe aus Art. 11 Abs. 2 der Multimedia- 5
Richtlinie (siehe Anhang 2 im HauptB) um (Begr. RegE BR-Drucks. 684/02, 57) und findet sich dort, gleichsam versteckt, unter der Überschrift „Technische Anpassungen". Um eine technische Anpassung handelt es sich mitnichten, denn die Norm führt zu einer tiefgreifenden und weder ausdrücklich vom WPPT noch vom sonstigen Kontext der Richtlinie geforderten (*Reinbothe/v. Lewinski* Art. 17 Rn. 9; Walter/*Lewinski/Walter* 1112) Veränderung des Fristlaufs.

Während nach alter Rechtslage jede Form der Veröffentlichung, entweder durch öffent- 6
liche Wiedergabe oder durch Erscheinen abschließend die 50-jährige Frist in Gang setzte, erlaubt die neue Regelung eine Kumulation dieser Fristläufe. Dies führt ausschließlich zur Möglichkeit längerer Schutzfristen, nie zu einer Verkürzung gegenüber der bisherigen Regelung. Die Beziehung zwischen Satz 2 und 3 ist missverständlich. Der insoweit eindeutige Art. 11 Abs. 2 Multimedia-Richtlinie gibt indes zwingend vor, dass Satz 3 nicht etwa auf die nach Satz 2 in Gang gesetzte Frist, sondern auf die 50-Jahres-Frist als solche zu beziehen ist. Der Beginn von Satz 3 ist also so zu verstehen: „Ist der Tonträger innerhalb 50 Jahren ab Herstellung nicht erschienen oder". Die höchste Schutzfrist beträgt damit wie bisher 100 Jahre, wenn der Tonträger kurz vor Ablauf von 50 Jahren nach Herstellung entweder erscheint oder öffentlich wiedergegeben wird. Während allerdings bisher durch die öffentliche Wiedergabe unwiderruflich die 50-jährige Frist in Gang gesetzt wurde, kann nun innerhalb von 50 Jahren nach Herstellung mit dem Erscheinenlassen ein neuer Fristen-Startschuss gesetzt werden, selbst wenn z.B. eine Aufnahme unmittelbar nach Herstellung bereits durch Rundfunksendung öffentlich wiedergegeben worden war. Von dieser Regelung profitieren praktisch ausschließlich Rundfunksender, die häufig über Archivmaterial verfügen, das in der Vergangenheit nicht erschienen, sondern ausschließlich durch Sendung verwertet worden ist. Diese in Fällen der ausnahmsweisen Mitwirkung von Exklusivkünstlern eines Tonträgerherstellers (siehe § 85 Rn. 26 im HauptB) in Rundfunkproduktionen u. U. auch wirtschaftlich brisante Änderung der EU-Schutzdauer-Richtlinie (RL 92/100/EWG) hatte in der politischen Debatte um die Multimedia-Richtlinie praktisch keine Rolle gespielt. Dies verwundert umso mehr, als die ausübenden Künstler an dieser Möglichkeit der Schutzdauerverlängerung nicht partizipieren (§ 82 n. F.). Zur Anwendung der Norm sollte auch die Übergangsvorschrift des § 137 j herangezogen werden.

IV. Verweise (§ 85 Abs. 4)

siehe § 85 Rn. 30–32 im HauptB

Im entsprechenden § 85 Abs. 3 a. F. war von der Anwendbarkeit der Schrankenregelun- 7
gen des Sechsten Abschnitts die Bestimmung des § 61 ausdrücklich ausgenommen, also die Zwangslizenz zur Herstellung von Tonträgern. § 61 a. F. wurde dem Anschein zum Trotz nicht gestrichen, sondern gilt wortgleich fort als § 42 a, wurde also lediglich aus dem Sechsten in den Fünften Abschnitt verlagert. Der Grund dafür ist darin zu sehen, dass Art. 5 Abs. 2 und 3 Multimedia-Richtlinie einen abschließenden Katalog der zulässigen Ausnahmen und Schranken vorgibt (Erwägungsgrund 32 der Richtlinie), in dem eine

solche Zwangslizenz nicht vorgesehen ist. Die Gesetzesbegründung (BT-Drucks. 15/38, 17) versucht die Beibehaltung der Zwangslizenz damit zu begründen, es handele sich in Wahrheit nicht um eine „Ausnahme oder Schranke" im Sinne der Richtlinie. Die Vorschrift greife in das jeweilige Ausschließlichkeitsrecht nicht ein, sondern regele ausschließlich Teilfragen bezüglich dessen Ausübung. Nun betrifft diese Teilfrage aber eine Beschränkung der Ausübbarkeit als solcher, so dass der seit Jahrzehnten angestammte Platz unter den Schrankenregelungen durchaus seine Berechtigung hatte (sonst hätte es auch nicht des Art. 13 Abs. 1 RBÜ bedurft, der Vorschriften wie diese erst ermöglicht). Die Frage der Richtlinienkonformität des § 42 a dürfte indes hinsichtlich der traditionellen Werknutzung bei der Tonträgerherstellung wirtschaftlich kaum eine Rolle spielen, da die Vervielfältigungs- und Verbreitungsrechte der Autoren regelmäßig in die GEMA eingebracht sind (siehe § 85 Rn. 1 im HauptB) und diese einem Kontrahierungszwang unterliegt (§ 11 Abs. 1 WahrnG).

V. Einzelfragen

1. Künstler- oder Bandübernahmeverträge und neue Nutzungsformen

siehe § 85 Rn. 33–37 im HauptB

8 Durch das Urteil des BGH zur CD als unbekannter Nutzungsart (ZUM 2003, 229, 230) sind die Ausführungen im HauptB zu dieser Problematik obsolet geworden. Bereits bei der Novelle des Urhebervertragsrechts war § 31 Abs. 4 ausdrücklich nicht in den Verweiskatalog des § 79 Abs. 2 (= § 75 Abs. 4 a. F.) aufgenommen worden. Der BGH entscheidet nun, dass § 31 Abs. 4 noch nie auf ausübende Künstler anwendbar war. Damit kommt § 79 Abs. 2 insofern lediglich klarstellender Charakter zu.

2. Tonträgerpiraterie

siehe § 85 Rn. 44 im HauptB

9 Nachdem bei der jüngsten Novelle das Recht der öffentlichen Zugänglichmachung erwartungsgemäß dem Recht der öffentlichen Wiedergabe zugeordnet worden ist (§ 15 Abs. 2 Nr. 2), bleibt es bei der dargestellten Rechtslage, da weder § 53 Abs. 6 noch § 96 geändert wurden. Die Frage, ob von illegalen Online-Angeboten (die also unter Verstoß gegen §§ 19 a, 53 Abs. 6, 78 Abs. 1 Nr. 1, 85 Abs. 1 oder 96 Abs. 1 öffentlich zugänglich gemacht wurden) eine legale private Vervielfältigung möglich sein solle, wurde im Gesetzgebungsprozess über die jüngste Novelle ausgiebig erörtert (BT-Drucks. 15/38, 39). Der Gesetzgeber hat schließlich einen Vorschlag des Vermittlungsausschusses umgesetzt, der die Vervielfältigung zum privaten Gebrauch zulässt, „soweit nicht zur Vervielfältigung eine offensichtlich rechtswidrig hergestellte Vorlage verwendet wird" (§ 53 Abs. 1). Dabei ist „Vorlage" nicht gleichbedeutend mit „Vervielfältigungsstück", sondern im Sinne der unmittelbaren Quelle für die Kopie zu verstehen. Der Begriff der „Offensichtlichkeit" ist wegen Art. 5 Abs. 5 Multimedia-Richtlinie (siehe Anhang 2 im HauptB) richtlinienkonform zu interpretieren. Deshalb wird die geforderte „Offensichtlichkeit" praktisch nur in Fällen von „Identfälschungen" entfallen, in denen ein körperliches oder unkörperliches Angebot bzw. Produkt in seiner äußeren Aufmachung täuschend dem des Berechtigten ähnelt (vgl. aber § 53 Rn. 13).

§ 87. Sendeunternehmen §§ 86, 87 UrhG

§ 86. Anspruch auf Beteiligung

Wird ein erschienener oder erlaubterweise öffentlich zugänglich gemachter Tonträger, auf den die Darbietung eines ausübenden Künstlers aufgenommen ist, zur öffentlichen Wiedergabe der Darbietung benutzt, so hat der Hersteller des Tonträgers gegen den ausübenden Künstler einen Anspruch auf angemessene Beteiligung an der Vergütung, die dieser nach § 78 Abs. 2 erhält.

Die Änderung der Verweisnorm ist durch die neue Reihenfolge und Systematik der §§ 73 ff. erforderlich geworden. Neben die Beteiligung an den bisherigen Vergütungsansprüchen der ausübenden Künstler tritt die **Beteiligung an Vergütungen** für die „öffentliche Wahrnehmbarmachung einer auf öffentlicher Zugänglichmachung beruhenden Wiedergabe" (§§ 78 Abs. 2 Nr. 3, 22 n. F.). Das beträfe etwa den Betrieb einer „Online-Musikbox" in einer Gaststätte, bei der die Musik nicht über im Gerät vorhandene Tonträger, sondern über einen Online-Abrufdienst zum Anhören zugänglich gemacht wird. 1

Durch die Erweiterung des Rechtekanons der Tonträgerhersteller durch das Recht der öffentlichen Zugänglichmachung (§ 85 Abs. 1) sind die in § 86 Rn. 6–8 im HauptB beschriebenen Hilfs-Begründungen des Exklusivrechts für die Zukunft hinfällig geworden. Die Kontroversen um die Einordnung gewisser „Near-on-Demand"-Dienste (siehe § 86 Rn. 5 im HauptB; vgl. auch § 19 a Rn. 19 ff.) bestehen indes fort. 2

Abschnitt 5. Schutz des Sendeunternehmens

§ 87. Sendeunternehmen

(1) **Das Sendeunternehmen hat das ausschließliche Recht,**
1. **seine Funksendungen weiterzusenden und öffentlich zugänglich zu machen,**
2. **seine Funksendung auf Bild- oder Tonträger aufzunehmen, Lichtbilder von seiner Funksendung herzustellen sowie Bild- oder Tonträger oder Lichtbilder zu vervielfältigen und zu verbreiten, ausgenommen das Vermietrecht,**
3. **an Stellen, die der Öffentlichkeit nur gegen Zahlung eines Eintrittsgeldes zugänglich sind, seine Funksendung öffentlich wahrnehmbar zu machen.**

(2) **Das Recht ist übertragbar. Das Sendeunternehmen kann einem anderen das Recht einräumen, die Funksendung auf einzelne oder alle ihm vorbehaltenen Nutzungsarten zu nutzen. § 31 Abs. 1 bis 3 und 5 und die §§ 33 und 38 geltend entsprechend.**

(3) **Das Recht erlischt 50 Jahre nach der ersten Funksendung.**

(4) **Die Vorschriften des Abschnitts 6 Teils 1 mit Ausnahme des § 47 Absatz 2 Satz 2 und des § 54 Absatz 1 sind entsprechend anzuwenden.**

(5) **Sendeunternehmen und Kabelunternehmen sind gegenseitig verpflichtet, einen Vertrag über die Kabelweitersendung im Sinne des § 20 b Absatz 1 Satz 1 zu angemessenen Bedingungen abzuschließen, sofern nicht ein die Ablehnung des Vertragsabschlusses sachlich rechtfertigender Grund besteht; die Verpflichtung des Sendeunternehmens gilt auch für die ihm in bezug auf die eigene Sendung eingeräumten und übertragenen Senderechte.**

Literatur: *Dreier,* Die Umsetzung der Urheberrechtsrichtlinie 2001/29/EG in deutsches Recht, ZUM 2002, 28; *Flechsig,* Grundlagen des Europäischen Urheberrechts, ZUM 2002, 1; *Gounalakis/Mand,* Kabelerweiterung und urheberrechtliche Vergütung, München 2003; *Reinbothe,* Die Umsetzung der EU-Urheberrechtsrichtlinie in deutsches Recht, ZUM 2002, 43; *Reinbothe,* Die EG-Richtlinie zum Urheberrecht in der Informationsgesellschaft, GRUR Int. 2001, 733; *Schwenzer,* Tonträgerauswertung zwischen Exklusivrecht und Sendeprivileg im Lichte von Internetradio, GRUR Int. 2001, 722; *Spindler,* Europäisches Urheberrecht in der Informationsgesellschaft, GRUR 2002, 105; *Spindler,* Die Einspeisung von Rundfunkprogrammen in Kabelnetze – Rechtsfragen der urheberrechtlichen Vergütung und vertragsrechtlichen Gestaltung, Beilage MMR 2/2002; *Weisser/Höppener,* Kabelweitersendung und urheberrechtlicher Kontrahierungszwang, ZUM 2003, 597; *Zecher,* Die Umsetzung der EU-Urheberrechtsrichtlinie in deutsches Recht, ZUM 2002, 52 (Teil I), 451 (Teil II); siehe im Übrigen die Angaben zu § 87 im HauptB.

Übersicht

	Rn.		Rn.
I. Bedeutung: Leitungsschutzrecht	1–3	1. Umfang ..... siehe § 87 Rn. 15 im HauptB	
1. Umfang	1, 2	2. Weitere eigene Leistungsschutzrechte	5
2. Schranken	3		
II. Funksendung des veranstaltenden Sendeunternehmens: Schutz der Programminhalte	4	IV. Öffentliche Wahrnehmbarmachung .... siehe § 87 Rn. 17 im HauptB	
III. Festlegung, Vervielfältigung und Verbreitung der Funksendung	5	V. Schutzdauer	6

I. Bedeutung: Leistungsschutzrecht

1. Umfang

1 Die Vorschrift räumt dem Sendeunternehmen ein **originäres ausschließliches – übertragbares (Abs. 2 S. 1) – Leistungsschutzrecht** (Abs. 1) für seine Produktionen im Hinblick auf deren **Weitersendung und öffentliche Zugänglichmachung (Nr. 1), Aufzeichnung, Vervielfältigung und Verbreitung auf Bild- oder Tonträger bzw. als Lichtbild** (Nr. 2) und **entgeltliche öffentliche Wahrnehmbarmachung** (Nr. 3) ein. In Umsetzung des Art. 3 Abs. 2 Buchst. d) Multimedia-Richtlinie wird das Recht der öffentlichen Zugänglichmachung neben den ausübenden Künstlern (§ 78 Abs. 1 Nr. 1) und den Tonträgerherstellern (§ 85 Abs. 1 S. 1) ausdrücklich auch den Sendeunternehmen zugeordnet. Die Ergänzung soll dem Sendeunternehmen ungeachtet des bereits bestehenden Rechtsschutzes gegen nicht genehmigte Mitschnitte einer Funksendung (Nr. 2) die Kontrolle auch bei einer Mehrheit von aufeinanderfolgenden, eine wirtschaftliche Einheit bildenden Verwertungshandlungen auf jeder einzelnen Stufe ermöglichen (vgl. *Flechsig* ZUM 2002, 1, 5 f.). Gedacht ist insbesondere an den Fall, dass eine mitgeschnittene Funksendung in digitalen Netzen zum Abruf vorgehalten wird (AmtlBegr. BT-Drucks. 15/38, 25). Der neu eingefügte **Abs. 2** stellt nunmehr ausdrücklich klar, dass das Sendeunternehmen Dritten gestatten kann, seine Produktion zu nutzen. Von den urhebervertragsrechtlichen Bestimmungen sind diejenigen nicht in Bezug genommen, die sich entweder als vertragsrechtliche Konkretisierung des Urheberpersönlichkeitsrechts darstellen – wie §§ 39, 40, 42 – oder dem Schutz des Urhebers als der regelmäßig schwächeren Vertragspartei dienen (so die AmtlBegr. BT-Drucks. 15/38, 25). Das trifft – neben §§ 31 Abs. 4, 34, 35, 37, 41, 43 – vor allem für die Vorschriften zu, die den Anspruch des Urhebers auf eine angemessene Vergütung absichern sollen (§§ 32, 32 a, 36, 36 a).

2 Die Regelung des Abs. 1 Nr. 1 wird ergänzt durch die wechselseitige Verpflichtung von Sendeunternehmen und Kabelunternehmen, die Kabelweitersendung i. S. d. § 20 b Abs. 1 S. 1 (vgl. §§ 20–20 b Rn. 29 im HauptB) vertraglich auszugestalten (Abs. 5), um den Facetten des Senderechts der §§ 20 ff. umfassend Rechnung zu tragen (hierzu *Weissner/Höppener* ZUM 2003, 597, 598 ff., 606 ff.).

2. Schranken

siehe § 87 Rn. 2 im HauptB

II. Funksendung des veranstaltenden Sendeunternehmens: Schutz der Programminhalte

Den Sendeunternehmen ist die **Entscheidung über die Weitersendung oder öffentliche Zugänglichmachung ihrer Produktion** vorbehalten (Abs. 1 Nr. 1). Geschützt sind **ausschließlich Funksendungen,** die den Begriff des **Senderechts** i. S. d. §§ 20, 20 a erfüllen (dazu §§ 20–20 b Rn. 7 ff. im HauptB). Nach Auffassung des BGH (GRUR 2000, 699, 700 f. – Kabelweitersendung m. Anm. *Ehlgen* ZUM 2000, 753) soll auch die **Kabelweitersendung im eigenen Versorgungsbereich** der Rundfunkanstalt Sendung i. S. d. § 20 sein (anders die bisherige überwiegende Meinung *Hillig* Urheberrecht in: Fuhr/Rudolf/Wasserburg 384, 403 ff.; *Schricker/v. Ungern-Sternberg* § 15 Rn. 9, 35, §§ 20, 20 a, 20 b Rn. 36 m. w. N.). Da § 20 b Abs. 1 S. 2 den Sendeunternehmen die Entscheidung darüber überlässt, ob sie das Kabelweitersenderecht für ihre eigenen Sendungen und die daraus resultierenden Vergütungsansprüche selbst wahrnehmen oder in eine Verwertungsgesellschaft einbringen (hierzu *Stolz* 220 ff.), fällt im ersten Fall die **Kabelweitersendung i. S. d. § 20 b** ebenfalls in den **Schutzbereich des § 87**. Die öffentlich-rechtlichen Rundfunkanstalten und privaten Rundfunkveranstalter haben bislang keine eigene Verwertungsgesellschaft errichtet; sie übertragen ihre Rechte i. d. R. auf die **VFF Verwertungsgesellschaft der Film- und Fernsehproduzenten** (www.vffvg.de; vgl. Nr. 2 c) VFF-Wahrnehmungsvertrag mit Rundfunkanstalt, Stand Januar 1996, bzw. Nr. 2 c) Wahrnehmungsvertrag mit Filmherstellern, Stand 21. 11. 1999, abgedruckt in RdPubl 860 e, 860 d). Funksendung meint zwar notwendigerweise auch die technischen Mittel der Ausstrahlung des Programms (terrestrisch, Kabel, Satellit), ohne die eine Vermittlung an die Öffentlichkeit gar nicht zustande käme. Der **Leistungsschutz** bezieht sich jedoch, wie der **Katalog des § 87 Abs. 1** zeigt, auf den **Programminhalt** („content"). Unerheblich ist, ob die in das Programm des Sendeunternehmens aufgenommene Produktion von ihm selbst oder durch Dritte (etwa Auftragsproduzenten) hergestellt worden ist, da es insoweit allein auf die Programmverantwortung ankommt (§ 87 Rn. 6; Möhring/Nicolini/*Hillig* § 87 Rn. 24).

siehe im Übrigen § 87 Rn. 13 ff.

III. Festlegung, Vervielfältigung und Verbreitung der Funksendung

1. Umfang

siehe § 87 Rn. 15 im HauptB

2. Weitere eigene Leistungsschutzrechte

Daneben können allerdings entsprechende **Leistungsschutzrechte des Sendeunternehmens als Tonträgerhersteller** (§ 85), **Filmhersteller** (§ 94) und **Hersteller von Laufbildern** (§ 95) bestehen, die nach den genannten Bestimmungen selbständig geschützt sind. Der BGH (in BGHZ 140, 94, 98 ff. – **Sendeunternehmen als Tonträgerhersteller**) hat mit der Bewertung des § 87 Abs. 4 (früherer Abs. 3) als Ausnahmevorschrift die Beteiligung der Sendeunternehmen am Aufkommen der Geräte- und Leerkassettenabgabe (§ 54 Abs. 1) bejaht und damit den in der Literatur ausgetragenen Streit zu ihren Gunsten entschieden (aus verfassungsrechtlicher Sicht bereits in diesem Sinne *Ossenbühl* GRUR 1984, 841, 847 ff.; a. A. *Loewenheim* GRUR 1998, 513, 517 ff. m. w. N.; zum Ganzen Möhring/Nicolini/*Hillig* § 87 Rn. 48 ff., Fromm/Nordemann/*Hertin* § 87 Rn. 14; Schricker/*v. Ungern-Sternberg* § 87 Rn. 46 sowie § 54 Rn. 3 im HauptB; wegen der **Verwendung von Industrietonträgern** vgl. *Flechsig* ZUM 1998, 139, 143 f.; *Flechsig* ZUM 2002, 1, 6 f.; zur Abgrenzung zwischen Sendung und Zugänglichmachung *Schwenzer* GRUR Int. 2001, 722 ff.).

IV. Öffentliche Wahrnehmbarmachung

siehe § 87 Rn. 17 im HauptB

V. Schutzdauer

6 Der bisherige Abs. 2 ist durch das Gesetz zur Regelung des Urheberrechts in der Informationsgesellschaft zu Abs. 3 geworden, inhaltlich blieb die Regelung unverändert (siehe § 87 Rn. 18 im HauptB). Zu den Regelungen der Abs. 4 und 5 (vormals 3 und 4) siehe § 87 Rn. 19 f. im HauptB.

Teil 3. Besondere Bestimmungen für Filme

Abschnitt 1. Filmwerke

§ 92. Ausübende Künstler

(1) Schließt ein ausübender Künstler mit dem Filmhersteller einen Vertrag über seine Mitwirkung bei der Herstellung eines Filmwerks, so liegt darin im Zweifel hinsichtlich der Verwertung des Filmwerks die Einräumung des Rechts, die Darbietung auf eine der dem ausübenden Künstler nach § 77 Abs. 1 und 2 Satz 1 und § 78 Abs. 1 Nr. 1 und 2 vorbehaltenen Nutzungsarten zu nutzen.

(2) Hat der ausübende Künstler im Voraus ein in Absatz 1 genanntes Recht übertragen oder einem Dritten hieran ein Nutzungsrecht eingeräumt, so behält er gleichwohl die Befugnis, dem Filmhersteller dieses Recht hinsichtlich der Verwertung des Filmwerks zu übertragen oder einzuräumen.

(3) § 90 gilt entsprechend.

Übersicht

	Rn.
I. Änderungen aufgrund der Multimedia-Richtlinie	1
II. Bedeutung der Gesetzesänderung	2, 3

I. Änderungen aufgrund der Multimedia-Richtlinie

In Abs. 1 wurden die Wörter „Abtretung der Rechte nach § 75 Abs. 1 und 2 und § 76 Abs. 1" durch die Wörter „Einräumung des Rechts, die Darbietung auf eine der dem ausübenden Künstler nach § 77 Abs. 1 und 2 Satz 1 und § 78 Abs. 1 Nr. 1 und 2 vorbehaltenen Nutzungsarten zu nutzen" ersetzt. Abs. 2 wurde neu gefasst, der Wortlaut von Abs. 2 a. F. erfasste nur die Vorausabtretung der Rechte nach Abs. 1. Abs. 3 wurde neu angefügt. **1**

II. Bedeutung der Gesetzesänderung

Die Änderung von Abs. 1 ist redaktioneller Natur. Es handelt sich um eine Folge der Neufassung der §§ 73 bis 83 (siehe vor §§ 73 ff. Rn. 2). Die neue Fassung des Abs. 1 berücksichtigt die Ersetzung der „Einwilligungsrechte" des ausübenden Künstlers durch ausschließliche Verwertungsrechte des ausübenden Künstlers (siehe vor §§ 73 ff. Rn. 8). Die AmtlBegr. zu § 94 Abs. 2 erwähnt dementsprechend ausdrücklich, dass Abs. 2 dem Filmhersteller einen Schutz vor Vorausverfügungen sowohl bei vorheriger translativer Übertragung des Verwertungsrechts als auch für den Fall der Einräumung von Nutzungsrechten (siehe § 79 Rn. 1 sowie § 93 Rn. 17 im HauptB) gewährt. **2**

Der neugeschaffene Abs. 3 gleicht die Rechtslage für den ausübenden Künstler derjenigen des am Filmwerk mitwirkenden Urhebers an (siehe § 90). Diese Harmonisierung soll der **3** ungestörten Verwertung des Filmwerkes dienen, indem bestimmte Rechte des ausübenden Künstlers nunmehr ausgeschlossen werden, die ansonsten über die Verweisung in § 79 Geltung hätten (siehe § 92 Rn. 8, 9 im HauptB).

§ 93. Schutz gegen Entstellung; Namensnennung

(1) **Die Urheber des Filmwerkes und der zu seiner Herstellung benutzten Werke sowie die Inhaber verwandter Schutzrechte, die bei der Herstellung des Filmwerkes mitwirken oder deren Leistungen zur Herstellung des Filmwerkes benutzt werden, können nach den §§ 14 und 75 hinsichtlich der Herstellung und Verwertung des Filmwerkes nur gröbliche Entstellungen oder andere gröbliche Beeinträchtigungen ihrer Werke oder Leistungen verbieten. Sie haben hierbei aufeinander und auf die Filmhersteller angemessene Rücksicht zu nehmen.**

(2) **Die Nennung jedes einzelnen an einem Film mitwirkenden ausübenden Künstlers ist nicht erforderlich, wenn sie einen unverhältnismäßigen Aufwand bedeutet.**

Änderungen aufgrund der Multimedia-Richtlinie

1   Die Ersetzung der Angabe „§§ 14 und 83" durch die Angabe „§§ 14 und 75" in § 93 berücksichtigt die Neufassung der §§ 73 bis 83. Diese redaktionelle Änderung hat keine Änderung der Rechtslage zur Folge. Absatz 2 mit der entsprechenden Ergänzung der Überschrift wurden neu eingefügt aufgrund Beschlussempfehlung des Rechtsausschusses (BT-Drucks. 15/837 vom 9. 4. 2003, 33).

2   Der neue Absatz 2 ist nach der Begründung des Rechtsausschusses als filmspezifische Einschränkung des Rechts auf Namensnennung des § 74 Abs. 1 eingefügt worden, weil die Beschränkung des § 74 Abs. 2 nach ihrem eindeutigen Wortlaut nur bei der gemeinsamen Darbietung mehrerer ausübender Künstler greift. Im Filmbereich erbringen ausübende Künstler ihre Leistungen jedoch in der Regel unabhängig von einander (BT-Drucks. 15/837, 81). § 93 Abs. 2 gibt nicht nur dem jeweiligen Filmhersteller eine Einrede gegen die Namensnennung, sondern auch den jeweiligen Lizenznehmern, die beispielsweise ein Nutzungsrecht zur Fernsehsendung oder zur Video-/DVD-Vervielfältigung innehaben, das Recht, von einer Nennung im Einzelfall abzusehen. Maßgeblich ist entsprechend der vom jeweiligen Lizenznehmer darzulegende unverhältnismäßige Aufwand. Dies folgt aus der Anknüpfung an § 74 und dem Wortlaut („nicht erforderlich").

§ 94. Schutz des Filmherstellers

(1) **Der Filmhersteller hat das ausschließliche Recht, den Bildträger oder Bild- und Tonträger, auf den das Filmwerk aufgenommen ist, zu vervielfältigen, zu verbreiten und zur öffentlichen Vorführung, Funksendung oder öffentlichen Zugänglichmachung zu benutzen. Der Filmhersteller hat ferner das Recht, jede Entstellung oder Kürzung des Bildträgers oder Bild- und Tonträgers zu verbieten, die geeignet ist, seine berechtigten Interessen an diesem zu gefährden.**

(2) **Das Recht ist übertragbar. Der Filmhersteller kann einem anderen das Recht einräumen, den Bildträger oder Bild- und Tonträger auf einzelne oder alle der ihm vorbehaltenen Nutzungsarten zu nutzen. § 31 Abs. 1 bis 3 und 5 und die §§ 33 und 38 gelten entsprechend.**

§ 94. Schutz des Filmherstellers

(3) Das Recht erlischt fünfzig Jahre nach dem Erscheinen des Bildträgers oder Bild- und Tonträgers oder, wenn seine erste erlaubte Benutzung zur öffentlichen Wiedergabe früher erfolgt ist, nach dieser, jedoch bereits fünfzig Jahre nach der Herstellung, wenn der Bildträger oder Bild- und Tonträger innerhalb dieser Frist erschienen oder erlaubterweise zur öffentlichen Wiedergabe benutzt worden ist.

(4) §§ 20 b, 27 Abs. 2 und 3 sowie die Vorschriften des Abschnitts 6 des Teils 1 sind entsprechend anzuwenden.

Übersicht

	Rn.		Rn.
I. Änderungen aufgrund der Multimedia-Richtlinie	1	1. Recht der öffentlichen Zugänglichmachung (§ 94 Abs. 1)	2
II. Bedeutung der Gesetzesänderung	2–4	2. Nutzungsrechtseinräumung und -übertragung (§ 94 Abs. 2)	3, 4

I. Änderungen aufgrund der Multimedia-Richtlinie

In Abs. 1 S. 1 wurde das Recht zur öffentlichen Zugänglichmachung eingefügt. Abs. 2, **1** der in der a. F. die Übertragbarkeit des Rechts nach Abs. 1 anordnete, wurde neu gefasst. Abs. 4 wurde infolge der Aufhebung des § 61 a. F. lediglich redaktionell geändert.

II. Bedeutung der Gesetzesänderung

1. Recht der öffentlichen Zugänglichmachung (§ 94 Abs. 1)

Entsprechend den Vorgaben des Art. 3 Abs. 3 Buchst. c) der Multimedia-Richtlinie wird **2** dem Filmhersteller wie auch den Inhabern der übrigen verwandten Schutzrechte das ausschließliche Recht der öffentlichen Zugänglichmachung zugeordnet. Das Vorhalten des Films zum Abruf in digitalen Netzen kann somit durch den Filmhersteller aus eigenem Recht kontrolliert werden. Einer gesonderten Übertragung bedarf es insofern nicht. Damit erhält der Filmhersteller insbesondere die Befugnis, die Verwertung seiner Filmträger im Rahmen von **Abrufdiensten (On-Demand-Angebote)** als einer besonders intensiven Art der wirtschaftlichen Nutzung zu kontrollieren. Auf diese Weise soll die künftig wirtschaftlich besonders wichtige Verwertungsart von Bild- sowie Bild- und Tonträgern über öffentliche Netzwerke den deutschen Filmherstellern gesichert werden.

2. Nutzungsrechtseinräumung und -übertragung (§ 94 Abs. 2)

Der neue Abs. 2 stellt nunmehr ausdrücklich klar, dass der Filmhersteller neben der in **3** Satz 1 genannten Übertragung des Vollrechts durch Abtretung des verwandten Schutzrechts auch lediglich ein Nutzungsrecht an dem Filmträger einräumen kann. Abs. 2 a. F. konnte als deklaratorische Regelung entfallen. Die Neufassung entspricht derjenigen der Rechteübertragung für den Tonträgerhersteller in § 85 Abs. 2 sowie der Sendeunternehmen in § 87 Abs. 2 (siehe § 85 Rn. 4; § 87 Rn. 1). Satz 1 wurde zur Klarstellung eingefügt aufgrund Empfehlung des Rechtsausschusses (BT-Drucks. 15/837, 71). Das Ergebnis entspricht allerdings der Rechtsauffassung zu § 94 Abs. 2 a. F. und bedeutet insofern keine Änderung der Rechtslage (siehe § 94 Rn. 64 im HauptB; Schricker/*Schricker* vor §§ 28 ff. Rn. 36).

4 Die partielle Verweisung auf die §§ 31 ff. klammert diejenigen Vorschriften aus, die das Urheberpersönlichkeitsrecht (§§ 39, 40, 42) oder spezifische Schutzbestimmungen betreffen, die dem Schutz des Urhebers als der regelmäßig schwächeren Vertragspartei dienen (§ 31 Abs. 4, §§ 32, 32 a, 34, 35, 36, 36 a, 37, 41, 43).

Teil 4. Gemeinsame Bestimmungen für Urheberrechte und verwandte Schutzrechte

Abschnitt 1. Ergänzende Schutzbestimmungen

§ 95 a. Schutz technischer Maßnahmen

(1) Wirksame technische Maßnahmen zum Schutz eines nach diesem Gesetz geschützten Werkes oder eines anderen nach diesem Gesetz geschützten Schutzgegenstandes dürfen ohne Zustimmung des Rechtsinhabers nicht umgangen werden, soweit dem Handelnden bekannt ist oder den Umständen nach bekannt sein muss, dass die Umgehung erfolgt, um den Zugang zu einem solchen Werk oder Schutzgegenstand oder deren Nutzung zu ermöglichen.

(2) Technische Maßnahmen im Sinne dieses Gesetzes sind Technologien, Vorrichtungen und Bestandteile, die im normalen Betrieb dazu bestimmt sind, geschützte Werke oder andere nach diesem Gesetz geschützte Schutzgegenstände betreffende Handlungen, die vom Rechtsinhaber nicht genehmigt sind, zu verhindern oder einzuschränken. Technische Maßnahmen sind wirksam, soweit durch sie die Nutzung eines geschützten Werkes oder eines anderen nach diesem Gesetz geschützten Schutzgegenstandes von dem Rechtsinhaber durch eine Zugangskontrolle, einen Schutzmechanismus wie Verschlüsselung, Verzerrung oder sonstige Umwandlung oder einen Mechanismus zur Kontrolle der Vervielfältigung, die die Erreichung des Schutzziels sicherstellen, unter Kontrolle gehalten wird.

(3) Verboten sind die Herstellung, die Einfuhr, die Verbreitung, der Verkauf, die Vermietung, die Werbung im Hinblick auf Verkauf oder Vermietung und der gewerblichen Zwecken dienende Besitz von Vorrichtungen, Erzeugnissen oder Bestandteilen sowie die Erbringung von Dienstleistungen, die

1. Gegenstand einer Verkaufsförderung, Werbung oder Vermarktung mit dem Ziel der Umgehung wirksamer technischer Maßnahmen sind oder
2. abgesehen von der Umgehung wirksamer technischer Maßnahmen nur einen begrenzten wirtschaftlichen Zweck oder Nutzen haben oder
3. hauptsächlich entworfen, hergestellt, angepasst oder erbracht werden, um die Umgehung wirksamer technischer Maßnahmen zu ermöglichen oder zu erleichtern.

(4) Von den Verboten der Absätze 1 und 3 unberührt bleiben Aufgaben und Befugnisse öffentlicher Stellen zum Zwecke des Schutzes der öffentlichen Sicherheit oder Strafrechtspflege.

Literatur: *Auer,* Rechtsschutz für technischen Schutz im Gemeinschaftsrecht, in: Festschrift für Robert Dittrich – Ein Leben für Rechtskultur, Wien 2000, 3; *Bechtold,* Multimedia und Urheberrecht – einige grundsätzliche Anmerkungen, GRUR 1998, 18; *Bechtold,* Vom Urheber- zum Informationsrecht, Implikationen des Digital Rights Management, München 2002; *Briem,* Elektronische Lizenzierung von urheberrechtlich geschützten Werken, MMR 1999, 256; *Bröcker/Czychowski/Schäfer,* Praxishandbuch Geistiges Eigentum im Internet, 2003 (zit.: Bröcker/Czychowski/Schäfer/*Bearbeiter*); *Dietz,* Die EU-Richtlinie zum Urheberrecht und zu den Leistungsschutzrechten in der Informationsgesellschaft – Vorstoß in den Kernbereich des Urheberrechts- und Leistungsschutzes und seine Folgen, ZUM 1998, 438; *Dreier,* Die Umsetzung der Urheberrechtsrichtlinie 2001/29/EG in deutsches Recht, ZUM 2002, 28; *Dusollier,* Electrifying the Fence: the Legal

§ 95 a. Schutz technischer Maßnahmen

protection of technological measures für Protecting Copyright, EIPR 1999, 285; *Federrath,* Multimediale Inhalte und technischer Urheberrechtsschutz im Internet, ZUM 2000, 804; *Flechsig,* EU-Harmonisierung des Urheberrechts und der verwandten Schutzrechte – Der Richtlinienvorschlag der EG-Kommission zur Harmonisierung bestimmter Aspekte des Urheberrechts und verwandter Schutzrechte in der Informationsgesellschaft vom 10. 12. 1997, ZUM 1998, 139; *Flechsig,* Grundlagen des Europäischen Urheberrechts, ZUM 2002, 1; *Gass,* Digitale Wasserzeichen als urheberrechtlicher Schutz digitaler Werke, ZUM 1999, 816; *Goldmann/Liepe,* Vertrieb von kopiergeschützten Audio-CDs in Deutschland – Urheberrechtliche, kaufrechtliche und wettbewerbsrechtliche Aspekte, ZUM 2002, 362; *Haedicke,* Die Umgehung technischer Schutzmaßnahmen durch Dritte als mittelbare Urheberrechtsverletzung, in: Festschrift für Adolf Dietz – Urheberrecht Gestern – Heute – Morgen, München 2001, 349; *Hoeren,* Entwurf einer EU-Richtlinie zum Urheberrecht in der Informationsgesellschaft, MMR 2000, 515; *Hugenholtz,* Why the Copyright Directive is unimportant and possibly invalid, EIPR 2000, 499; *Jaeger,* Auswirkungen der EU-Urheberrechtsrichtlinie auf die Regelungen des Urheberrechtsgesetzes für Software – Stellungnahme des ifrOSS zur Umsetzung des Art. 6 Richtlinie 2001/29/EG im Verhältnis zu den §§ 69 a ff. UrhG, CR 2002, 309; *Koelman,* A Hard Nut to Crack: The Protection of Technological Measures, EIPR 2000, 272; *Knies,* Kopierschutz für Audio-CDs – Gibt es den Anspruch auf die Privatkopie?, ZUM 2002, 793; *Knies,* DeCSS – oder: Spiel mir das Lied vom Code, ZUM 2003, 286; *Krempl,* Geschützte Kopiersperren, c't 8/2002, 18; *Kröger,* Die Urheberrechtsrichtlinie für die Informationsgesellschaft – Bestandsaufnahme und kritische Bewertung, CR 2002, 316; *v. Lewinski,* Die Multimedia-Richtlinie – Der EG-Richtlinienvorschlag zum Urheberrecht in der Informationsgesellschaft, MMR 1998, 115; *Lindhorst,* Schutz von und vor technischen Maßnahmen, Osnabrück 2002; *Linnenborn,* Europäisches Urheberrecht in der Informationsgesellschaft, K&R 2001, 394; *Mayer,* Richtlinie 2001/29/EG zur Harmonisierung bestimmter Aspekte des Urheberrechts und der verwandten Schutzrechte in der Informationsgesellschaft, EuZW 2002, 325; *Mayer,* Die Privatkopie nach Umsetzung des Regierungsentwurfs zur Regelung des Urheberrechts in der Informationsgesellschaft, CR 2003, 274; *Möschel/Bechtold,* Copyright-Management im Netz, MMR 1998, 571; *Ohst,* Computerprogramm und Datenbank-Definition und Abgrenzung im Urheberrecht, Frankfurt a. M. u. a. 2003; *Plura,* Der versiegelte PC – Was steckt hinter TCPA und Palladium, c't 22/2002, 204; *Reinbothe,* Die Umsetzung der EU-Urheberrechtsrichtlinie in deutsches Recht, ZUM 2002, 43; *Reinbothe,* Die EG-Richtlinie zum Urheberrecht in der Informationsgesellschaft, GRUR Int. 2001, 733; *Schack,* Schutz digitaler Werke vor privater Vervielfältigung – zu den Auswirkungen der Digitalisierung auf § 53 UrhG, ZUM 2002, 497; *Solmecke,* Aktuelle Probleme des Internet-Rechts aus amerikanischer Sicht, TKMR 2002, 372; *Spindler,* Europäisches Urheberrecht in der Informationsgesellschaft, GRUR 2002, 105; *Wand,* Dreifach genäht hält besser! – Technische Identifizierungs- und Schutzsysteme, GRUR Int. 1996, 897, 902; *Wand,* Technische Schutzmaßnahmen und Urheberrecht – Vergleich des internationalen, europäischen, deutschen und US-amerikanischen Rechts, München 2001; *Westkamp,* Towards Access Control in UK Copyright Law?, CRi 2003, 11; *Wiegand,* Technische Kopierschutzmaßnahmen in Musik-CDs – Aufklärungspflicht über die Implementierung, MMR 2002, 722.

Übersicht

	Rn.		Rn.
I. Überblick	1–9	5. Wirksamkeit technischer Maßnahmen (§ 95 a Abs. 2 S. 2)	47–51
1. Entwicklung des Rechts der technischen Schutzmaßnahmen	1	III. Umgehungsverbot (§ 95 a Abs. 1)	52–66
2. Bedeutung	2, 3	1. Schutzgegenstand	52
3. Regelungsinhalt	4–6	2. Umgehung	53–55
4. Verhältnis zu den Zugangskontrollvorschriften	7	3. Zustimmung des Rechtsinhabers	56–61
5. Verhältnis zum Schutz von Computerprogrammen	8	4. Kenntnis der Umgehung oder Kennenmüssen durch Umstände	62–64
6. Auslegung der Vorschriften	9	5. Zugang zum Werk und anderen Schutzgegenständen oder deren Nutzung	65, 66
II. Wirksame technische Maßnahmen (§ 95 a Abs. 2)	10–51	IV. Verbot von Vorbereitungshandlungen für eine Umgehung (§ 95 a Abs. 3)	67–86
1. Allgemeines	10, 11	1. Allgemeines	67–70
2. Technische Maßnahmen	12–41	2. Vorrichtungen, Erzeugnisse oder Bestandteile	71
a) Zugangskontrollen	14, 15	3. Vorbereitungshandlungen	72–81
b) Nutzungskontrollen	16	a) Herstellung, Einfuhr, Verbreitung, Verkauf und Vermietung	72–76
c) Integritätskontrollen	17		
d) Einzelfälle	18–41		
3. Genehmigung des Rechtsinhabers	42		
4. Bestimmung im normalen Betrieb	43–46		

§ 95 a. Schutz technischer Maßnahmen   § 95 a UrhG

	Rn.		Rn.
b) Werbung	77	b) Begrenzter wirtschaftlicher Zweck oder Nutzen	85
c) Gewerblicher Besitz	78	c) Hauptsächlich zur Umgehung entworfen, hergestellt, angepasst oder erbracht	86
d) Erbringung von Dienstleistungen	79–81	V. Öffentliche Sicherheit und Strafrechtspflege (§ 95 a Abs. 4)	87, 88
4. Handlungskriterien	82–86	VI. Rechtsfolgen	89, 90
a) Gegenstand einer Verkaufsförderung, Werbung oder Vermarktung	83, 84		

I. Überblick

1. Entwicklung des Rechts der technischen Schutzmaßnahmen

Mit der Umsetzung der Multimedia-Richtlinie von 2001 in die geltende Fassung des Urheberrechtsgesetzes ist ein langer Prozess der Gesetzgebung auf dem Gebiet des Urheberrechts und der verwandten Schutzrechte abgeschlossen. Bereits im **Grünbuch von 1988** wurden technische Schutzmaßnahmen problematisiert, allerdings nur in Hinblick auf audiovisuelle Werke, z. B. Fernsehprogramme (KOM (88) 172 endg., 118 f. und 139 ff.). Mit der **Richtlinie über Computerprogramme** 91/250/EWG von 1991 (ausführlich Vor §§ 69 a ff. Rn. 4 f. im HauptB) wurde in Art. 7 Abs. 1 lit. c dieser Richtlinie eine Regelung bzgl. technischer Programmschutzmechanismen geschaffen, die in § 69 f Abs. 2 umgesetzt wurde, aber lediglich einen Vernichtungs- und Überlassungsanspruch gibt (ausführlich § 69 f Rn. 1 ff. im HauptB). Im **Grünbuch von 1995** wird die Frage der technischen Schutzmaßnahmen allgemein und auf alle Werk- und Leistungsarten übergreifend behandelt (KOM (95) 382 endg., 79 ff.). In den **Initiativen zum Grünbuch** wurde das Problem der technischen Identifikations- und Schutzsysteme schließlich als ein vorrangiges Thema für gesetzgeberische Maßnahmen auf Gemeinschaftsebene bezeichnet (KOM (96) 568 endg., 15 f.). Am 20. 12. 1996 wurden die WIPO-Verträge **WCT** und **WPPT** vereinbart, die in Art. 11 WCT und Art. 18 WPPT einen angemessenen Rechtsschutz gegen die Umgehung technischer Schutzmaßnahmen auf internationaler Ebene fordern. Der **erste Vorschlag der Multimedia-Richtlinie** (KOM (97) 628 endg.), der auf europäischer Ebene mit der Umsetzung der WIPO-Verträge begann, sah lediglich die Verpflichtung zur Schaffung eines Umgehungsschutzes in Art. 6 Abs. 1 und Definitionen der Begriffe „technische Maßnahmen" und „wirksam" in Abs. 2 vor. Am 7. Juli 1998 legte das Bundesministerium für Justiz einen **Diskussionsentwurf zur Änderung des deutschen Urheberrechtsgesetzes** vor, mit dem u. a. die WIPO-Verträge umgesetzt und die Regelungen zu den technischen Schutzmaßnahmen in § 96 a festgelegt werden sollten. Der zeitlich folgende **geänderte** europäische **Richtlinienvorschlag** (KOM (99) 250 endg.) verdeutlicht dagegen in Art. 6 Abs. 2 die Erweiterung des Schutzes gegenüber den WIPO-Verträgen auf die Vorbereitungshandlungen. In der **endgültigen Fassung** (siehe Anhang 2 im HauptB) enthält Art. 6 auch Regelungen zum Verhältnis der technischen Schutzmaßnahmen zu den Schrankenregelungen in Abs. 4 (siehe § 95 b Rn. 1 ff.). Die Regelungen des Art. 6 wurden durch die §§ 95 a und 95 b in deutsches Recht umgesetzt. Eine Erweiterung des Umgehungsschutzes, genauer gesagt ein Rechtsschutz gegen Herstellung, Import, Vertrieb und Nutzung unrechtmäßiger technischer Schutzvorrichtungen, wird derzeit auf europäischer Ebene mit Art. 21 des Vorschlags für eine Richtlinie des Europäischen Parlaments und des Rates über die Maßnahmen und Verfahren zum Schutz der Rechte an geistigem Eigentum (KOM (03) 46 endg.) geplant.

2. Bedeutung

2 Unter dem Gesichtspunkt der **Harmonisierung des Urheberrechts** und der verwandten Schutzrechte ist es Ziel des § 95 a, einen wirksamen Schutz gegen die Umgehung technischer Schutzmaßnahmen zu erreichen. Dies ist vor allem eine unerlässliche Voraussetzung für die reibungslose Abwicklung des **elektronischen Geschäftsverkehrs,** der für die Rechtsinhaber, Nutzer und Verbraucher zunehmend an Bedeutung gewinnt (*Reinbothe* GRUR Int. 2001, 733, 741). Angesichts der **Globalisierung** ist es notwendig geworden, dass den Rechtsinhabern des Urheberrechts und der verwandten Schutzrechte durch die technologische Entwicklung nicht nur neue Rechte zuwachsen, sondern mittels technischer Maßnahmen der Schutz der Werke und anderer Schutzgegenstände garantiert wird. Dem hat die Multimedia-Richtlinie Rechnung getragen. Sie basiert auf dem Prinzip der Suche nach einem **angemessenen Interessenausgleich** zwischen Rechtsinhabern und Nutzern, wobei hier den neuen technischen Möglichkeiten Rechnung getragen werden soll. Bedeutsam für die Zukunft wird damit sein, ob und inwieweit die rechtlichen Regelungen über die technischen Schutzmaßnahmen der Rechtsinhaber mit den Interessen der Allgemeinheit bzw. begünstigten Nutzer kollidieren. Denn die Bestimmungen über den Schutz von technischen Schutzmaßnahmen beschreiten in allen Mitgliedstaaten juristisches Neuland (*Reinbothe* ZUM 2002, 43, 50). Erstmals werden mit den §§ 95 a ff. Normen aufgenommen, die die technischen Schutzmaßnahmen im Interesse der Urheber und Inhaber verwandter Schutzrechte regeln. Der Gesetzgeber hat nicht nur Art. 6 der Multimedia-Richtlinie von 2001 umgesetzt, sondern zugleich den weniger weitgehenden Vorgaben aus Art. 11 und 12 WCT und Art. 18 und 19 WPPT von 1996 entsprochen.

3 Mit der **Digitalisierung** bekommt die Erstellung von Raubkopien, die sich nicht vom Original unterscheiden, eine neue Dimension, die für die gesamte Kulturindustrie von erheblicher wirtschaftlicher Bedeutung ist. Es ist daher nicht verwunderlich, dass die Kulturindustrie zunehmend auf Schutzmöglichkeiten außerhalb des herkömmlichen Urheberrechts setzt. Dabei wird das „**Digital Rights Management**" (DRM-System) immer wichtiger (*Bechtold* 2; Bröcker/Czychowski/Schäfer/*Wirtz* § 8 Rn. 176 f.). Dieses System enthält eine Fülle von technischen Schutzmaßnahmen: Verschlüsselungs- und Kopierkontrollverfahren, Metadaten, digitale Wasserzeichen, Verfahren zur Sicherstellung von Authentizität und Integrität, manipulationssichere Hard- und Software und eine Vielzahl weiterer technischer Verfahren sollen dem Rechtsinhaber ermöglichen, seine Werke oder Schutzgegenstände zum berechtigten Nutzer zu übertragen, nicht aber unberechtigten Dritten Zugang oder Nutzung gewähren (*Bechtold* 3). Denn es geht vor allem darum, dass derjenige Rechtsinhaber, der sich zu einem wirksamen Schutz seines Urheberrechts oder verwandter Schutzrechte bedient (sog. digital self-help) in gewissem Umfang rechtlichen Schutz dagegen verdient, dass Dritte diese legitimen technischen Schutzmaßnahmen umgehen. Die praktische Durchsetzbarkeit der rechtlichen Regelungen wird allerdings erhebliche Probleme mit sich bringen. Die Richtlinie wird zu Recht stark kritisiert (vgl. nur *Hugenholtz* EIPR 2000, 499). Derselben **Kritik** setzt sich auch die deutsche Umsetzung aus, die die Richtlinie in vielen Punkten wörtlich übernommen hat und unter anderem dadurch eine verwirrende und umständliche Regelungstechnik aufweist.

3. Regelungsinhalt

Bei dem Umgehungsschutz handelt es sich nicht um ein neues Leistungsschutzrecht **4** (*Dreier* ZUM 2002, 28, 38; *Reinbothe* GRUR Int. 2001, 733, 742), sondern um ein das Urheberrecht **flankierendes Recht.** Die Vorschrift soll wirksame technische Maßnahmen vor Umgehung und vor bestimmten Vorbereitungshandlungen, die einer Umgehung technischer Schutzmaßnahmen dienen können, schützen. Anders als WCT und WPPT gewährt § 95 a rechtlichen Schutz nämlich nicht nur vor der Umgehung selbst (Abs. 1), sondern auch vor bestimmten Vorbereitungshandlungen (Abs. 3), die letztlich illegale Umgehungsmittel sind, z. B. die Herstellung von oder Werbung für Waren oder Dienstleistungen, die den Zweck der Umgehung haben.

Geschützt sind alle **Werke** und Gegenstände von **Leistungsschutzrechten,** also auch **5** die Datenbanken i. S. d. § 87 a, die in der Richtlinie als Sui-Generis-Recht erwähnt sind, im UrhG aber zu den Leistungsschutzrechten zählen (siehe Vor §§ 87 a ff. Rn. 7 im HauptB). Ausgenommen vom vorgegebenen Schutz des § 95 a ist die Anwendung von Schutzmechanismen auf nicht nach dem UrhG geschützte Werke oder andere Schutzgegenstände (zu Computerprogrammen vgl. § 95 a Rn. 8), z. B. amtliche Werke (siehe § 5 Rn. 2 im HauptB; BT-Drucks. 15/38, 26). Dasselbe trifft zu für den Fall, dass die Schutzmechanismen allein zum Zweck der **Marktzugangsbeschränkung** eingerichtet wurden.

Das Verbot der Umgehung von Schutzmaßnahmen war bislang nur ein Problem der § 1 **6** UWG, §§ 823, 1004 BGB und §§ 97 bis 111 UrhG (*Wand* GRUR Int. 1996, 897, 902). Diese werden weiterhin neben den Bestimmungen des § 95 a anwendbar sein, denn die Richtlinie lässt gemäß Art. 9 und Erwägungsgrund 49 andere Vorschriften, insbesondere auch das Wettbewerbsrecht, unberührt.

4. Verhältnis zu den Zugangskontrollvorschriften

Am 28. 11. 1998 wurde die Richtlinie 98/84/EG verabschiedet, die am 19. 3. 2002 mit **7** dem Gesetz über den Schutz von **zugangskontrollierten Diensten** und von **Zugangskontrolldiensten** (Zugangskontrolldiensteschutz-Gesetz – ZKDSG, BGBl. I 2002, 1090) in deutsches Recht umgesetzt wurde. Sie bezieht sich auf den unbefugten Empfang von zugangskontrollierten Diensten (Rundfunkdarbietungen, Telediensten, Mediendiensten, die zwar auch geistiges Eigentum enthalten können oder auf geistigem Eigentum beruhen, aber es nicht müssen) und hat das Ziel, die gewerbsmäßige Verbreitung von Vorrichtungen zu verhindern, mit denen sich der Zugangsschutz von Fernseh- und Radiosendungen sowie von Diensten der Informationsgesellschaft unbefugt überwinden lässt (RegE BT-Drucks. 14/7229, 6). Zugangskontrolldienste sind dabei technische Verfahren oder Vorrichtungen, die die erlaubte Nutzung eines Angebots ermöglichen. Gemäß Erwägungsgrund 21 der Richtlinie 98/84/EG bleiben die gemeinschaftlichen Bestimmungen zum Schutz geistigen Eigentums unberührt. Das ZKDSG sollte dabei den Regelungen des § 95 a auch nicht vorgreifen (RegE BT-Drucks. 14/7229, 7). In den Fällen, wo sich die Regelungen überschneiden, kann sich der Rechtsinhaber im Fall der Verletzung den besseren rechtlichen Schutz aussuchen (*Linnenborn* K&R 1999, 394, 399; *Bechtold* 219 ff.). Das ZKDSG sieht allerdings lediglich **Straf-** und **Bußgeldvorschriften** vor (vgl. § 108 b Rn. 1).

5. Verhältnis zum Schutz von Computerprogrammen

8 Die spezifischen Schutzbestimmungen für Computerprogramme bleiben nach § 69 a Abs. 5 wegen des dort bereits **gesonderten Umgehungsschutzes** unberührt (*Dreier* ZUM 2002, 28, 36; *Jaeger* CR 2002, 309, 311 f.; *Reinbothe* GRUR Int. 2001, 733, 741). Dieser Schutz ist jedoch nicht so weitgehend wie die neuen Regelungen (vgl. § 69 f Rn. 1 ff. im HauptB). Aus diesem Grund empfahl der Bundesrat eine Ausweitung des Schutzes auf Computerprogramme, unter Berücksichtigung der Regelungen des § 69 d Abs. 2 und § 69 e Abs. 1 (BR-Drucks. 684/1/02, 8 f.). Dieser Vorschlag wurde von der Bundesregierung ausdrücklich mit Hinweis auf Erwägungsgrund 50 in der Gegenäußerung zurückgewiesen, da der Schutz auf Computerprogramme **nicht anwendbar** sein soll. Werke i. S. d. § 95 a können damit keine Computerprogramme sein; für diese bleibt es bei der Regelung des § 69 f. Dadurch bedingt werden sich die Abgrenzungsprobleme zwischen Computerprogrammen und anderen Werken, insbesondere Datenbanken, weiter verschärfen (*Ohst* 254). Gerade bei Computerspielen und Multimediaanwendungen ist zu differenzieren (siehe § 69 a Rn. 4).

6. Auslegung der Vorschriften

9 Da die Regelungen über die technischen Schutzmaßnahmen durch die Umsetzung der Multimedia-Richtlinie „**Europäisches Urheberrecht**" darstellen, sind die europäischen Vorgaben im Wege der **richtlinienkonformen Auslegung** dieser Vorschriften zu berücksichtigen. In diesem Zusammenhang sind insbesondere der **Richtlinientext** selbst, die **Erwägungsgründe** und die weiteren Begründungen zur **Entstehungsgeschichte** einzubeziehen. Bei den nationalen Auslegungshilfen ist vor allem die Begründung zum **Regierungsentwurf** (BT-Drucks. 15/38) zu beachten.

II. Wirksame technische Maßnahmen (§ 95 a Abs. 2)

1. Allgemeines

10 § 95 a Abs. 2 stellt auf die Wirksamkeit von Schutzmaßnahmen unter Berücksichtigung ihrer Kontrollfunktion ab. Dabei soll sichergestellt werden, dass die technischen Schutzvorrichtungen den normalen Betrieb elektronischer Geräte und deren Entwicklung nicht behindern (Erwägungsgrund 48). Der Rechtsschutz stellt aber keine Verpflichtung für die Gerätehersteller oder Dienstleistungsanbieter dar, ihre Geräte oder Dienstleistungen so zu konzipieren, dass sie den technischen Maßnahmen entsprechen (*Reinbothe* GRUR Int. 2001, 733, 741).

11 § 95 a Abs. 2 hat Art. 6 Abs. 3 der Multimedia-Richtlinie umgesetzt, in dem definiert wird, was unter einer wirksamen technischen Maßnahme, die nach Abs. 1 nicht umgangen werden darf, zu verstehen ist. Danach hat der Gesetzgeber einen hinreichenden Rechtsschutz und wirksame Rechtsbehelfe gegen die Umgehung wirksamer technischer Maßnahmen zu sichern (*Flechsig* ZUM 2002, 1, 15). Geschützt sind aber nur die technischen Schutzmaßnahmen, die dazu bestimmt sind, Handlungen zu verhindern oder zu erschweren, die einem **Ausschließlichkeitsrecht** des Urhebers oder sonstiger Berechtigter unterliegen (*Auer* FS Dittrich 3, 15).

2. Technische Maßnahmen (§ 95 a Abs. 2 S. 1)

§ 95 a Abs. 2 S. 1 definiert den Begriff „technische Maßnahmen" und präzisiert damit, **12** welche technischen Maßnahmen geschützt werden müssen. **Technische Maßnahmen** sind danach Technologien, Vorrichtungen und Bestandteile, die im normalen Betrieb dazu bestimmt sind, Handlungen einzuschränken, damit geschützte Werke oder andere Schutzgegenstände nicht rechtswidrig genutzt werden können. Sie unterliegen dem Schutz unabhängig von der verwendeten Technologie (z. B. auch softwareimplementierte Schutzmaßnahmen, BT-Drucks. 15/38, 26). Unter **Maßnahmen** können sowohl Vorkehrungen verstanden werden, die auf Hardware oder Software basieren, als auch Technologien, die selbst Bestandteil des Schutzgegenstandes sind (*Wand* 41). Der Begriff **„technisch"** stellt lediglich klar, dass vertragliche Verbote nicht erfasst sind (*Wand* 166).

Mit der Vorschrift des § 95 a will der Gesetzgeber erreichen, dass Zugang und Nutzung **13** kontrolliert werden können, um dadurch die Möglichkeit der Zahlung für den Zugang oder die Nutzungshandlung zu sichern. Zur Erreichung dieser Ziele bieten sich verschiedene Verfahren an.

a) Zugangskontrollen

Zugangskontrollen sind Technologien, die den Zugang zu Werken oder Leistungen in **14** verständlicher Form von einer individuellen Erlaubnis des Rechtsinhabers abhängig machen. Der Zugang kann dabei bereits an der Quelle durch Verwendung von Passwörtern, bei der Übertragung bzw. der Sendung, z. B. durch Verschlüsselung, oder aber auch bei einem bereits erworbenen Werk erfolgen. An dieser Stelle sind die technischen Schutzmaßnahmen i. S. d. § 95 a von den Maßnahmen i. S. d. **Zugangskontrollrichtlinie** abzugrenzen, die unabhängig von der Frage der urheberrechtlichen Relevanz die Zugangskontrolldienste schützen (§ 95 a Rn. 7).

Zwar bestehen Zweifel, ob die Zugangskontrolle nicht außerhalb der urheberrechtlichen **15** Problematik läge (Standpunkt des Rates 2000/C 344/20, der den Wortlaut „Zugang zu" kritisierte). Der Wortlaut „Zugangskontrolle" in S. 2 ist jedoch dahingehend eindeutig und wird durch die Formulierung, dass durch sie die Nutzung des Schutzgegenstandes unter „Kontrolle gehalten wird", bestätigt. Denn die Kontrolle der Nutzung kann effektiv durch die Kontrolle des **Zugangs zur Nutzung** erreicht werden, so dass sich die Nutzungskontrolle als Zugangskontrolle auswirken kann und geschützt wird (*Dreier* ZUM 2002, 28, 36; *Kröger* CR 2001, 316, 321; *Lindhorst* 146 f.; *Linnenborn* K&R 2001, 394, 398; *Mayer* EuZW 2002, 325, 328; *Reinbothe* GRUR Int. 2001, 733, 741; *Westkamp* CRi 2003, 11, 16; a. A. *Spindler* GRUR 2002, 105, 116). Der vom Rat kritisierte Wortlaut findet sich im Übrigen auch in § 95 a Abs. 1 wieder. Ebenso stellt die Begründung für § 95 a klar, dass die Umgehung auf Werknutzung oder Werkzugang gerichtet sein muss (BT-Drucks. 15/38, 26) und schließt damit die Zugangskontrollen ein. Aus dem **Schutzzweck** des § 95 a ergibt sich allerdings, dass die Zugangskontrolle letztendlich nur zu schützen ist, wenn dadurch Handlungen verhindert werden sollen, die Ausschließlichkeitsrechte des Urhebers verhindern oder erschweren.

b) Nutzungskontrollen

Nutzungskontrollen sind Technologien, die die Nutzung von Werken oder Leistungen **16** von einer individuellen Erlaubnis des Rechtsinhabers abhängig machen. Nutzungskontrollen werden vollumfänglich von § 95 a Abs. 2 umfasst.

c) Integritätskontrollen

17 Integritätskontrollen sind Technologien, die eine Beeinträchtigung persönlichkeitsrechtlicher Befugnisse von Urhebern oder ausübenden Künstlern auf Anerkennung der Urheberschaft von einer individuellen Erlaubnis des Rechtsinhabers abhängig machen und nicht bereits Zugangs- oder Nutzungskontrolle sind (*Wand* 22). Da diese nicht auf den Schutz von Zugang oder Nutzung gerichtet sind, unterfallen sie nicht § 95 a, schützen aber Informationen zur Rechtewahrnehmung und werden daher im Rahmen des § 95 c (näher § 95 c Rn. 1 ff.) relevant.

d) Einzelfälle

18 Ein Versuch, unberechtigtes Kopieren zu verhindern, besteht darin, durch **kopierresistente Materialien,** wie z. B. blaufarbigen Druck, das Kopieren von Büchern zu unterbinden oder CD-Brenner beim Brennen auf die Spieldauer der CDs zu begrenzen (vgl. *Schack* ZUM 2002, 497, 504). Diese Versuche, den Kopierschutz bereits im Werk selber anzulegen, können mittlerweile als gescheitert betrachtet werden.

19 Einen hohen Sicherheitsstandard weisen **Verschlüsselungsverfahren** auf, die in § 95 a Abs. 2 S. 1 ausdrücklich genannt werden. Sie bieten vielfältige Möglichkeiten, um den Zugang zu geschützten Werken oder anderen Schutzgegenständen des Urheberrechts und der verwandten Schutzrechte sowie deren Nutzung zu kontrollieren. Mit Hilfe der Verschlüsselungstechnik können digitale Inhalte derart modifiziert werden, dass nur diejenigen Nutzer Zugang zum Werk oder zu den anderen Schutzgegenständen haben, die über einen entsprechenden Schlüssel verfügen. Dies birgt allerdings den Nachteil, dass nach der Entschlüsselung des Codes beliebig viele Vervielfältigungsstücke erstellt werden können.

20 Es gibt **symmetrische** und **asymmetrische Verschlüsselung.** Bei der symmetrischen Verschlüsselung verfügen sowohl Absender als auch Empfänger der Daten über denselben Schlüssel und können sie dadurch verschlüsselt übertragen. Sicherer ist eine asymmetrische Verschlüsselung, bei der ein öffentlicher und ein privater Schlüssel existiert. Dabei stellt der Empfänger einen öffentlichen Schlüssel zur Verfügung, mit dem Daten, die an ihn gesendet werden, verschlüsselt werden. Diese sind nur mit dem privaten Schlüssel, den er für sich behält, zu entschlüsseln. Oft werden auch Kombinationen aus beiden Verschlüsselungssystemen verwendet, z. B. bei **PGP (Pretty Good Privacy).**

21 Dem Nutzer wird in der Regel ein entsprechender Schlüssel zur Verfügung gestellt, soweit er vorher ein Entgelt entrichtet hat. Dann werden „digitale Container" eingesetzt, d. h. eine verschlüsselte Form eines digitalen Inhalts, die an den Nutzer übertragen wird und auch im Endgerät verschlüsselt bleibt. Mit einer speziellen Soft- oder Hardwarekomponente kann der Nutzer die Inhalte entschlüsseln.

22 Die verschiedenen Nutzeranliegen sollen durch entsprechende Schutzsysteme gesichert werden, z. B. das **„Digital Transmission Content Protection" System (DTCP)** oder das **High-bandwidth Digital Content Protection (HDCP),** bei denen jedes Endgerät (z. B. DVD, MP3-Spieler, Set-Top-Box, Computer) mit einer Identifizierungsnummer versehen wird.

23 Verschlüsselungstechniken sind unzweifelhaft wirksame technische Schutzmaßnahmen (vgl. auch *Briem* MMR 1999, 256, 259). Die Entschlüsselungshandlung stellt eine Umgehung dar, unabhängig davon, welches technische Verfahren oder System dabei benutzt wird.

24 Digitale Wasserzeichen sollen die Herkunft des Originals erkennbar machen. Zur Identifizierung des Inhalts, der Rechtsinhaber und der Nutzungsbedingungen werden **Metadaten** eingebunden, z. B. durch Veränderung redundanter Bereiche in einem digitalisierten Bild, so dass darin zusätzliche Informationen gespeichert werden können. Diese Informationen können auch über das gesamte Werk einzeln verteilt werden, um Manipulationen zu erschweren. Wasserzeichen-Verfahren erfassen Daten jeglicher Art (Buchstaben, Wörter, Zahlen, Bilder etc.). Beim **Labeling** können die Zusatzinformationen in der Datei aber ohne großen technischen Aufwand entfernt werden. Beim **Tatooing** werden die Informationen zwar in die Datei integriert, sind aber leicht entfernbar, und die Datei erleidet dadurch einen Qualitätsverlust. Beim **Digital Fingerprinting** wird eine Seriennummer o. ä. in die Dateien eingearbeitet. Die meisten Wasserzeichen können aber auch digital einfach verändert werden (vgl. zu den einzelnen Verfahren *Gass* ZUM 1999, 813, 817).

Digitale Wasserzeichen enthalten im allgemeinen weitere Informationen zum Urheber oder zu den Lizenzbedingungen (vertiefend *Gass* ZUM 1999, 815, 819). So werden z. B. unterschiedliche Wasserzeichen für Informationen über Urheber, ausübende Künstler, Produzenten und Verleger oder den jeweiligen Nutzer eingesetzt (*Bechtold* 55). Die Informationen können auch in den wichtigsten Bestandteil eines Werkes eingebaut werden, so dass dieses bei Entfernung der Daten unbrauchbar wird **(Spread-Spectrum-Verfahren)**. Bekannte Systeme sind z. B. Musiccode, SysCop und Digimarc. Mit der Zeit sind auch Qualitätsverluste, die am Anfang der Entwicklung von Wasserzeichen noch vorhanden waren, nicht mehr erkennbar. Da die heutigen Wasserzeichenverfahren oftmals nicht über die notwendige Sicherheit gegenüber gezielten Umgehungshandlungen verfügen, werden immer neue Verfahren entwickelt (ausführlich *Federrath* ZUM 2000, 804, 808). Der Gesetzgeber hat deshalb Umgehungshandlungen, die ausschließlich wissenschaftlichen Zwecken dienen, wie z. B. die **Kryptografie** und **Steganografie** (versteckter Gebrauch eines Verfahrens, mit dessen Hilfe eine Botschaft in einem scheinbaren Klartext versteckt wird), erlaubt, damit diese Verfahren weiterentwickelt und ihre Fehler beseitigt werden können. Dennoch ist zweifelhaft, ob ein robustes und sicheres Verfahren überhaupt existieren kann. Insbesondere können einmal zulässig verwendete Werke unproblematisch eingescannt oder aufgenommen und damit der Schutz einfach umgangen werden (sog. „analoges Loch"). 25

Das beschriebene Einbinden von Daten durch die verschiedenen Verfahren kann durch eine Nutzungskontrolle, die von § 95 a erfasst ist, erfolgen; in den meisten Fällen wird es sich aber um eine Integritätskontrolle handeln. 26

Digitale Signaturen funktionieren unter Verwendung verschiedener Verschlüsselungsmethoden in Kombination mit Zertifizierungsstellen als Authentizitäts- bzw. Integritätskontrolle. Lizenzierung und Abrechnung erfolgen über einen Content- und Monitoring-Provider (ausführlich *Briem* MMR 1999, 256, 260 f.). Werke können auch individualisiert mit jeweils einem Schlüssel versehen werden, so dass die Zurückverfolgung von illegalen Kopien **(Traitor Tracing)** einfach ist (vertiefend *Federrath* ZUM 2000, 804, 809). 27

Der Schutz von **Pay-TV** erfolgt über den Standard **Digital Video Broadcasting Project (DVB)**. Dazu wird das TV-Programm verschlüsselt übertragen und durch eine beim Nutzer installierte Set-Top-Box entschlüsselt, die die Daten an das Fernsehgerät übergibt. Dabei werden verschiedene Verschlüsselungsverfahren (z. B. DVB-ETSI) verwendet. Hierin liegt eine Zugangskontrolle, die im Regelfall keine Urheberrechtsverletzung ermöglicht, so dass auf das ZKDSG zurückzugreifen ist (siehe § 95 a Rn. 7). 28

Wenn der Nutzer bereits im Besitz des Originals ist, werden ihm auch beim Kopieren Beschränkungen in Form von Nutzungskontrollen auferlegt, denn ein Nutzer soll nicht unbegrenzt Werke oder Leistungen kopieren können. Die Frage der Begrenzung der Kopien kann durch verschiedene Verfahren gesichert werden. **Digital Audio Tape (DAT)** ist ein 29

Kassettenformat bei digitalen Audiogeräten, für dessen Schutz das Kopierschutzsystem **Serial Copyright Management System (SCMS)** entwickelt wurde. Durch dieses System kann eine digitale Kopie nur vom Original erfolgen, nicht aber von einer digitalen Kopie (Kopie der zweiten Generation). Bei der Kopie der ersten Generation – vom Original – wird dabei in zwei Bits markiert, dass es sich um eine Kopie handelt. Bei dem Versuch, eine Kopie der zweiten Generation herzustellen, liest das DAT-Gerät zunächst diese Bits aus und verhindert eine weitere Kopie. Der Einsatz eines SCMS ist daher in jedem Fall vom § 95 a gedeckt. Die Zahl der Vervielfältigungsstücke der ersten Generation ist aber nicht beschränkt. Allerdings konnten sich die DAT-Geräte – auch aufgrund der vergleichsweise leichten Umgehbarkeit durch Rückänderung des markierten Bits – nicht durchsetzen. Der **Automatic Gain Control (AGC)** – Standard wird bei VHS-Kassetten verwendet und fügt beim Kopieren Störsignale ober- und unterhalb des Bildes ein, so dass Bildstörungen entstehen und die Aufzeichnung zusammenbricht; sie können aber durch Copyguard Eliminators entfernt werden (*Wand* 19). Ähnlich funktionieren auch **Trigger Bits** bei DVDs (vgl. zu weiteren Schutzmaßnahmen für DVDs Rn. 34 f.).

30 Mit Hilfe der **Content Protection for Recordable and Prerecorded Media (CPRM/CPPM)** können digitale Audio- und Videodaten auf physikalischen auswechselbaren Datenträgern sicher gespeichert werden, so dass sie kryptografisch damit fest verbunden sind. Dadurch sollen eine Entschlüsselung des verschlüsselten Inhalts auf einem anderen Medium und damit Raubkopien verhindert werden. CPRM steht dabei für Aufnahmen, die der Nutzer selbst z. B. auf bespielbaren DVDs anfertigt, CPPM für Medien, die nicht vom Nutzer beschrieben werden können. Darin liegt eine geschützte Nutzungskontrolle.

31 Erfolgversprechend schien der Versuch, die Hardware in den Kopierschutzmechanismus einzubeziehen. Für diese Verfahrensweise gibt es verschiedene Techniken. Ein **Dongle** ist z. B. eine Hardwarelösung, eine Methode die schon seit einigen Jahren verwendet wird und gegen deren Umgehung ein Anspruch aus §§ 97 Abs. 1, S. 1, 69 c S. 1 Nr. 2 angenommen wurde (OLG Düsseldorf CR 1997, 337 – Dongle-Umgehung). Dongles werden auf eine Computerschnittstelle aufgesteckt und während des Programmablaufs abgefragt. Dies setzt aber voraus, dass Hardwarehersteller und Inhalteanbieter kooperieren.

32 **Smart Cards** (z. B. wichtiger Bestandteil von Mobiltelefonen) enthalten unter anderem Daten zur Ver- und Entschlüsselung und sind in der Lage, Daten direkt auf der Karte zu verarbeiten. Der Zugriff auf die Smart Card kann auch zusätzlich mit einer PIN geschützt werden. Diese Techniken können sowohl als Zugangs- als auch als Nutzungskontrolle verwendet werden.

33 Die gängigen technischen Maßnahmen, die **Audio-CDs** schützen sollen, lassen eine CD entstehen, die nicht mehr der **Red Book CD-Norm,** die 1980 von Sony und Phillips eingeführt wurde, entspricht. Dadurch entsteht ein Sachmangel (*Goldmann/Liepe* ZUM 2002, 362; *Wiegand* MMR 2002, 722, 723 ff.). Z. B. werden – einstufige Lösungen – die Daten auf der Audio-CD derart verändert, dass dem Laufwerk vorgetäuscht wird, es bestünde ein schwerwiegender Fehler auf der CD, oder Inhaltsverzeichnisse manipuliert, so dass vorhandene oder auch nicht vorhandene Tracks in unüblichen Längen eingelesen werden (*Knies* ZUM 2002, 793, 795; *Wiegand* MMR 2002, 722). Eine zweistufige Lösung besteht darin, sowohl die Daten auf der CD zu verschlüsseln, als auch die Verschlüsselung nur mit bestimmter Hardware wieder entschlüsseln zu können (§ 95 a Rn. 54). Diese Methoden können sowohl als Zugangs- als auch als Nutzungskontrolle verwendet werden.

34 Ebenso versuchen die **DVD (Digital Versatile Disc)** – Hersteller mit dem **CSS** – Standard (Control Scrambling System) eine zweistufige Hardware-Lösung. Bei diesem Verfahren enthält sowohl das Gerät als auch die DVD selbst jeweils einen Code, der miteinander verglichen wird. Eine Eins-zu-Eins-Kopie kann mit diesem System nicht verhindert werden, sondern lediglich das Abspielen auf nicht autorisierter Hardware bzw. das Kopieren entschlüsselter Daten. Dieser Versuch, die DVDs derartig zu schützen, endete jedoch mit einem Wettlauf, wer den kürzesten und originellsten Weg finden würde, diesen Code zu knacken (**DeCSS**). CSS ist eine technische Schutzmaßnahme i. S. d. § 95 a (*Knies* ZUM 2002, 793, 796; *Knies* ZUM 2003, 286, 291 f.), ob sie noch als wirksam angesehen werden kann, ist fraglich (§ 95 a Rn. 47 ff.).

Mit Hilfe von **Copy Generation Management System (CGMS)** kann ähnlich wie bei SCMS (oben § 95 a Rn. 29) das Erstellen einer Kopie der zweiten Generation verhindert werden; diese Methoden werden ebenfalls bei DVDs angewendet. Um eine Kontrolle über die geografische Verbreitung der DVDs zu erlangen, wird versucht, den regionalen Austausch durch **Regional Code Playback Control** zu verhindern. Z. B. können auf europäischen DVD-Playern nur DVDs mit dem Region Code 2 abgespielt werden, d. h. sowohl die DVDs als auch die Hardware werden den Region Codes angepasst. Eine Umgehung dieser Schutzmaßnahmen ist durch den Kauf von DVDs mit Region Code 0 oder durch entsprechende Hard- oder Software für DVD-Laufwerke möglich, die einen DVD-Player mit dem gewünschten Region-Code simuliert oder ihn nicht abfragt. **35**

Das **Electronic Copyright Management System (ECMS)** ist eine Methode zur individualisierten Abrechnung der Nutzung von geschützten Werken und Leistungen (zu den Vorteilen vgl. *Möschel/Bechtold* MMR 1998, 571, 575 f.). ECMS können sowohl technische Maßnahmen i. S. d. § 95 a als auch Systeme zur Rechteverwaltung (§ 95 c Rn. 9 f.) darstellen. Auf lange Sicht könnten sie sogar einen Teil der Rolle der Verwertungsgesellschaften einnehmen (*Bechtold* GRUR 1998, 18, 22; *Flechsig* ZUM 1998, 139, 151). Für dieses Verfahren muss jedes einzelne Werk international eindeutig identifiziert und zugeordnet werden. Entwickelt für den Online-Bereich wurden in den letzten Jahren das Common Information System (CIS) und das **Digital Object Identifier System (DOI)**. Letzteres besteht aus der Identifizierungsnummer, dem Routing-System und einer Datenbank. Die DOI-Nummer besteht aus einem Präfix, das einen Verlag kennzeichnet und einem Suffix, dass den spezifischen zu identifizierenden Inhalt bezeichnet. Über das Routing-System und die Datenbank können die DOI-Nummern dann identifiziert werden (ausführlich *Briem* MMR 1999, 256, 257). Die in dem Werk auf diese Art enthaltenen Informationen müssen unveränderlich sein, um einen Schutz zu gewährleisten. Zu diesem Zweck werden Verschlüsselungssequenzen und **Hash-Funktionen** verwendet, die eine Prüfsumme des Werkes an das Gesamtwerk anbringen. Durch den Vergleich dieser Prüfsumme mit einer vom Nutzer erzeugten Prüfsumme können Manipulationen auf dem Übertragungsweg erkannt werden. Dazu werden digitale Signaturen und auch digitale Wasserzeichen verwendet, mit deren Hilfe die Urheberschaft der Werke zu erkennen ist (vgl. auch § 95 c Rn. 9 f.). **36**

Zum Schutz vom **MP3-Dateien** ist bislang noch kein Standard verabschiedet worden. Der Versuch geht dahin, technische Schutzmaßnahmen in tragbare MP3-Player zu integrieren und die MP3-Dateien zu markieren. **37**

Zum Schutz von **eBooks** wurden Verschlüsselungstechniken mit einer Kombination aus einem symmetrischen Schlüssel und einem asymmetrischen Schlüsselpaar bei Verleger und eBook-Lesegerät sowie **Digital Object Identifier (DOI)** angewendet (zum Adobe eBook-Fall vgl. *Solmecke* TKMR 2002, 372, 373). **38**

Passwörter haben sich allgemein in der Praxis durchgesetzt (sog. personal identification numbers, PIN). Bei den Passwörtern handelt es sich allerdings um einen relativ unsicheren **39**

Schutz. Das liegt teilweise darin begründet, dass der Code häufig aufgeschrieben oder bei Buchstabenpasswörtern z. B. der Name des eigenen Kindes oder Partners gewählt wird, der leicht zu erraten ist. Passwörter können als Zugangs- oder Nutzungskontrolle verwendet werden.

40 Nutzungsvorgänge können im Internet durch spezifische Suchmaschinen entdeckt und registriert werden. Der Vorgang kann auch mit einer Weiterleitung an eine **Clearingstelle** verbunden sein. Diese Form der technischen Schutzmaßnahme dient jedoch weder dem Zugang noch der Nutzung, denn diese werden nicht untersagt oder verhindert, sondern lediglich **registriert,** so dass der Rechtsinhaber die ihm zustehende Vergütung erhält. Eine Zugangs- oder Nutzungskontrolle ist darin nicht zu sehen.

41 Ferner wird versucht, ein wirksames einheitliches Schutzsystem für die PC- und Unterhaltungselektronik zu schaffen **(Trusted Computing Platform Alliance (TCPA)/Palladium),** in dem die Sicherheitsmechanismen direkt in die PC-Hardware (z. B. als Coprozessor oder in den Prozessor selbst) integriert werden (ausführlich *Plura* c't 22/2002, 204 ff.).

3. Genehmigung des Rechtsinhabers

42 Die zu verhindernden Handlungen dürfen nicht vom Rechtsinhaber genehmigt worden sein. Der Begriff der Genehmigung ist nicht wie in § 184 BGB als nachträgliche Zustimmung zu verstehen, sondern umfasst auch die Einwilligung i. S. d. § 183 BGB. Die Zustimmung muss sich auf die Handlungen beziehen, die vom Nutzer vorgenommen werden. Dabei kann der Rechtsinhaber die Erteilung der Genehmigung nach Art und Umfang der Handlung auch an bestimmte Bedingungen oder Befristungen knüpfen.

4. Bestimmung im normalen Betrieb

43 Nicht jede beliebige technische Maßnahme unterliegt dem Rechtsschutz. Entscheidend ist, ob die entsprechende technische Maßnahme im „normalen Betrieb" dazu bestimmt ist, **unerlaubte Nutzungshandlungen** zu verhindern oder einzuschränken. Da unerlaubte Nutzungshandlungen verhindert oder eingeschränkt werden sollen, ist nur die Umgehung von Maßnahmen gemeint, die dazu bestimmt sind, urheberrechtlich geschützte Werke oder Leistungen, nicht aber gemeinfreie Werke oder Material, das weder den Anforderungen des § 2 Abs. 2 UrhG (siehe § 2 Rn. 15 ff. im HauptB) noch denen einer schützenswerten Leistung genügt, zu schützen. Der Begriff der unerlaubten Nutzungshandlungen schließt nicht die Handlungen aus, die nach den Schrankenregelungen erfolgen dürfen, denn diese Regelungen werden gemäß § 95 b gesondert berücksichtigt (§ 95 b Rn. 17 ff.), sondern knüpft an die Regelung des Abs. 1 an und meint die Nutzungshandlungen, die nicht der Zustimmung des Rechtsinhabers unterliegen. Diese Regelung verlangt nach einer **objektiven Zweckbestimmung** (*Wand* 107 f.). Bei der Frage, ob eine technische Maßnahme dazu bestimmt ist, unerlaubte Nutzungshandlungen zu verhindern, ist ferner der **aktuelle, konkrete Gebrauch** der Schutzmaßnahme entscheidend (*Koelman* EIPR 2000, 272, 273) und nicht die ursprüngliche, abstrakte Ermittlung des Zwecks (a. A. *Wand* 107 f.). Denn es kann nicht darauf ankommen, ob eine Schutzmaßnahme abstrakt dazu bestimmt ist, Werke vor Verletzungen zu schützen, wenn sie in ihrem konkreten Einsatz eine andere Funktion erfüllen soll, z. B. den Schutz amtlicher Werke i. S. d. § 5 UrhG.

44 Dem Kriterium des **normalen Betriebes** kommt keine besondere normative Bedeutung zu, denn die Definition der technischen Schutzmaßnahme bezieht sich nicht auf die tatsäch-

§ 95 a. Schutz technischer Maßnahmen   45–50 § 95 a UrhG

liche Wirkung der Schutzmaßnahme, sondern auf ihren Schutzzweck (*Auer* FS Dittrich 3, 15). Dieser wird durch das Merkmal „Bestimmung" bereits näher definiert und festgelegt.

Die Regelung für den „normalen Betrieb" wurde aufgenommen, um sicherzustellen, dass **45** keine künstlichen Marktzutrittsschranken, z. B. für Produzenten von elektronischen Geräten geschaffen werden (*Spindler* GRUR 2002, 105, 116). Sie stammt aus dem US-amerikanischen DMCA (17 U. S. C. § 1201), wo sie funktionsgestörte Allzweckvorrichtungen aus dem Schutzzweck heraushalten sollte, was in Abs. 2 aber bereits durch die „Bestimmung" erfolgt (vgl. *Wand* 109).

Bei der Auslegung der Bestimmung zum normalen Betrieb ist ferner das **Verhältnis-** **46** **mäßigkeitsprinzip** zu wahren. Insbesondere sollen wissenschaftliche Arbeiten im Bereich der Kryptografie nicht beeinträchtigt werden (Erwägungsgrund 48; BT-Drucks. 15/38, 26). Dazu gehört auch die **wissenschaftliche Auseinandersetzung** mit Sicherheitstechnologien und das Auffinden von Sicherheitslücken, solange es nicht kommerziellen Zwecken dient. Damit wird sichergestellt, dass die wissenschaftliche und praktische Diskussion über Sicherheitslücken nicht unterbunden wird (vgl. z. B. Adobe eBook-Fall *Solmecke* TKMR 2002, 372, 373) und die Regelungen des § 95 a nicht dazu führen, z. B. Wissenschaftler deshalb der Strafverfolgung auszusetzen (vgl. Felten-Fall *Solmecke* TKMR 2002, 372, 373).

5. Wirksamkeit technischer Maßnahmen (§ 95 a Abs. 2 S. 2)

Der Gesetzgeber hat in Übereinstimmung mit der Multimedia-Richtlinie das Merkmal **47** „wirksam" in die Vorschrift aufgenommen. Die technische Maßnahme ist wirksam, soweit sie durch die Nutzung eines geschützten Werkes oder eines anderen Schutzgegenstandes von dem Rechtsinhaber kontrolliert werden kann. Es ist nicht erforderlich, dass die Umgehung unmöglich ist, sondern die Vorkehrungen, die getroffen werden, müssen einen **bestimmten Mindeststandard** haben (*Wand* 41). Es darf sich nicht um Sperren handeln, die derart leicht auszuschalten sind, so dass sie lediglich auf ein Verbot des Rechtsinhabers hinauslaufen (*v. Lewinski/Walter* in: Walter Info-RL Rn. 155). Die Wirksamkeit technischer Schutzmaßnahmen betrifft sowohl die **Zugangs-** als auch die **Kopierkontrolle,** sowohl kumulativ als auch alternativ.

Ursprünglich wurde der unbestimmte Rechtsbegriff der Wirksamkeit in die Richtlinie **48** eingefügt, um den Mitgliedstaaten die Möglichkeit zu geben, ihn ihrer nationalen Rechtsordnung anzupassen (*Wand* 42); in den § 95 a Abs. 2 wurde er aber ohne Änderungen übernommen. Der Begriff der „Wirksamkeit" kann nicht allgemeingültig bzw. zukunftsfest festgelegt werden, so dass schon diese Formulierung bedenklich ist (*Haedicke* FS Dietz 349, 358) und nicht viel zur Klarstellung beiträgt.

Die Funktion der nachfolgenden Aufzählungen ist nicht erkennbar, da die **Verschlüsse-** **49** **lung** und die **Verzerrung** ebenso wie alle anderen Schutzmaßnahmen wirksam oder unwirksam sein können (*Auer* FS Dittrich 3, 16). Der Wortlaut des § 95 a bestimmt damit auch nicht, dass diese Maßnahmen als wirksam anzusehen sind, ohne dass eine genaue Prüfung erfolgen muss, sondern stellt auch sie unter die Wirksamkeitsvoraussetzung (*Spindler* GRUR 2002, 105, 115). Es handelt sich dabei nicht um besonders wirkungsvolle Maßnahmen, sondern lediglich um Beispiele von Schutzmechanismen.

Ob das alleinige Abstellen auf die **technische Wirksamkeit** einen Widerspruch darstellt, **50** da der rechtliche Schutz die Umgehung des technischen verhindern soll (so *Spindler* GRUR 2002, 105, 115), ist nicht zu erkennen. Es ist vielmehr die Frage zu stellen, was unter der technischen Wirksamkeit rechtlich zu verstehen ist. Unter Wirksamkeit eines technischen

Systems kann offensichtlich nicht verstanden werden, dass es nicht umgehbar ist, denn dann fehlte der rechtlichen Regelung der Anwendungsbereich. Es ist vielmehr auf die Situation des **durchschnittlichen Benutzers** abzustellen, der durch die technischen Schutzmechanismen von Verletzungen des Urheberrechts abgehalten werden kann (*Hoeren* MMR 2000, 515, 520; *Kröger* CR 2001, 316, 321; *Mayer* EuZW 2002, 325, 328; a. A. *Lindhorst* 119), d. h. sie muss nicht wirksam gegenüber dem Hacker sein.

51 Vorgeschlagen wird zudem eine **ex-ante-Betrachtung**, denn ex-post sind alle technischen Maßnahmen unwirksam (*Hoeren* MMR 2000, 515, 520). Der Regelung ist immanent, dass technische Maßnahmen grundsätzlich auch dann wirksam sein können, wenn ihre Umgehung möglich ist. Anderenfalls wäre das Umgehungsverbot obsolet. Wichtig ist in diesem Zusammenhang aber, dass die Maßnahme nur dann wirksam sein kann, wenn sie die **Erreichung des Schutzziels** sicherstellt. Es ist zu bestimmen, wie schwierig es für einen potentiellen Verletzter ist, ein Werk trotz der technischen Schutzmaßnahmen und ohne vom Rechtsinhaber, der diese Maßnahmen anwendet, die Mittel zur Umgehung erhalten zu haben, zu verwerten (*Auer* FS Dittrich 3, 16). Die Frage, welche Schutzmechanismen konkret wirksam sind und welche nicht, wird und muss der Rechtsprechung überlassen bleiben, wobei diese durch den schnell fortschreitenden technologischen Wandel ständigen Veränderungen unterliegen wird und auch muss (vgl. zur immer noch unklaren amerikanischen Rechtsprechung *Solmecke* TKMR 2002, 372, 373). So werden sich zwar Kriterien für die Wirksamkeit herausbilden, nicht aber die Wirksamkeit eines Systems für eine längere Zeit bestimmt werden können. Es obliegt aber dem Rechtsinhaber, zu zeigen, dass die gewählten technischen Maßnahmen auch wirksam sind (*Dusollier* EIPR 1999, 285, 290; *Wand* 109).

III. Umgehungsverbot (§ 95 a Abs. 1)

1. Schutzgegenstand

52 Schutzgegenstand sind alle wirksamen technischen Schutzmaßnahmen i. S. d. Abs. 2, die Werke i. S. d. § 2 oder andere Schutzgegenstände des UrhG vor unerlaubten Handlungen anderer schützen.

2. Umgehung

53 **Umgehung** ist die Ausschaltung bzw. die Manipulation von technischen Schutzmaßnahmen (*Wand* 105). Dieser Begriff ist sehr weit und erfasst alle Handlungen, die zu einer Verwertung im Sinne des Urheberrechts führen. Allein zum Zweck der **Marktzugangsbeschränkung** wird die Einrichtung von Schutzmechanismen aber nicht geschützt (BT-Drucks. 15/38, 26).

54 Problematisch ist die so genannte Fehlerkorrektur von **Audio-CDs** (vgl. § 95 a Rn. 33). In diesem Fall, argumentieren Copy-Programmhersteller, würden durch ihre Programme die Daten nicht verändert, sondern nur wiederhergestellt und der Sachmangel der CD beseitigt (*Krempl* c't 8/2002, 18; *Mayer* CR 2003, 274, 279). Jede Software, die diese Korrekturen vornehmen kann, auch nur um die CD am PC abzuspielen, wird aber dem § 95 a unterfallen (so mit Bedenken *Spindler* GRUR 2002, 105, 116), denn die auf den Audio-CDs gespeicherten Musikstücke sind geschützte Werke, so dass ein Außerkraftsetzen der technischen Schutzmaßnahme zunächst eine Umgehung darstellt. Ob diese Umgehung von der Zustimmung des Rechtsinhabers für den Käufer der CD gedeckt ist, ist eine Frage des Einzelfalls.

Eine andere Frage ist, ob der Kopierschutz auch dann umgangen wird, wenn der Kopier- 55
schutz nicht im technischen Sinn umgangen, sondern **mitkopiert** wird (*Mayer* CR 2003, 274, 279). Da der Wortlaut des Abs. 1 aber nicht auf eine Veränderung oder Entfernung abstellt, sondern auf die Ermöglichung der Verwertung, ist auch das Mitkopieren des technischen Schutzes erfasst.

3. Zustimmung des Rechtsinhabers

Sind technische Schutzmaßnahmen geschaffen worden und hat der Urheber oder der 56
Inhaber eines verwandten Schutzrechts diese für Werke oder für Leistungen eingerichtet oder einrichten lassen, dürfen diese technischen Schutzmaßnahmen nicht ohne Zustimmung des Rechtsinhabers umgangen werden. Diese Regelungen gelten auch für **begünstigte Nutzer** i. S. d. § 95 b (§ 95 b Rn. 11 f.; Standpunkt des Rates 2000/C 344/19). Mit der Formulierung der erforderlichen Zustimmung des Rechtsinhabers und den zusätzlichen Bestimmungen in § 95 b vermeidet § 95 a die Auslegungsprobleme der „unerlaubten Umgehung" aus § 69 f, bei der sich insbesondere die Frage stellt, ob die Umgehung bei einem Defekt oder ähnlichen Gründen zulässig ist (vgl. *Marly* K&R 1999, 106, 111).

Der Gesetzgeber hat für jeden begünstigten oder nicht begünstigten Nutzer den Werk- 57
zugang oder die Nutzung des Werkes nur erlaubt, wenn eine **Einwilligung** i. S. d. § 183 S. 1 BGB des Rechtsinhabers vorliegt. Der Inhalt und Umfang der Zustimmung ist i. d. R. im Zusammenhang mit einem Online-Vertrag, der den Zugang und die Nutzung enthält, auszuweisen. Nach erfolgter Umgehung ist auch die rechtliche Möglichkeit der nachträglichen Zustimmung, d. h. der **Genehmigung** i. S. d. § 184 Abs. 1 BGB möglich. Das bedeutet, dass der Rechtsinhaber die Umgehung rückwirkend liquidiert. Inwieweit sich dieser Vorgang in der Praxis durchsetzt, bleibt abzuwarten.

Werden vom Rechtsinhaber an die Zustimmung bestimmte **Bedingungen** geknüpft, z. B. 58
Art und Umfang des Werkzugangs oder der Umfang der Nutzung, die vom Rechtsinhaber aus § 95 a Abs. 2 S. 1 vorgenommen werden können, sind diese für die Frage, ob eine Umgehung der technischen Schutzmaßnahmen vorliegt, von Bedeutung. Werden die Bedingungen nicht beachtet, liegt keine Zustimmung vor. Das Gleiche gilt, wenn die Befristung der Zustimmung abgelaufen ist oder der Rechtsinhaber wegen Verletzung der Bedingungen die Zustimmung widerrufen hat.

Die Zustimmung ist vom **Rechtsinhaber** zu erklären. Wer Rechtsinhaber ist, ergibt sich 59
im Einzelfall aus den konkreten Umständen. Zunächst sind es die Urheber und Leistungsschutzberechtigten. Ferner kommen auch die Inhaber von Rechten, die ihnen aufgrund von Verträgen oder kraft Gesetzes eingeräumt wurden, in Betracht. Wurde die technische Schutzmaßnahme von mehreren Rechtsinhabern installiert, z. B. bei einer Kompilation aus verschiedenen Musikstücken, muss die Zustimmung aller Rechtsinhaber eingeholt werden (*Wand* 105). Bei Miturhebern gilt § 8 Abs. 2 S. 1 analog (§ 8 Rn. 31 im HauptB; *Wand* 169).

Durch die Zustimmung des Rechtsinhabers wird aber **kein neues Verwertungsrecht** 60
geschaffen, denn die Umgehung technischer Schutzmaßnahmen ist an sich nicht urheberrechtsverletzend (*Koelman* EIPR 2000, 272, 273). Es handelt sich vielmehr um einen **urheberrechtlichen Hilfsanspruch** (*Auer* FS Dittrich 3, 12), der der Durchsetzung der urheberrechtlichen Ansprüche dient bzw. die Verletzung der Urheberrechte von vornherein verhindern soll.

61 Daher kann ein Rechtsinhaber i. S. d. § 95 a UrhG nur der Urheber oder ein anderer Nutzungsberechtigter sein, aber nicht derjenige, der die Zustimmung gemäß § 95 a erhalten hat und damit die Zustimmung einer weiteren Person erteilen möchte.

4. Kenntnis der Umgehung oder Kennenmüssen durch Umstände

62 § 95 a setzt eine auf Werkzugang oder Werknutzung gerichtete Umgehungsabsicht als subjektiven Tatbestand voraus (BT-Drucks. 15/38, 26). Die Kenntnis bezieht sich demnach auf die **Umgehungshandlung** und nicht auf das Unerlaubtsein (vgl. *Marly* K&R 1999, 106, 111). Für diese Umgehungsabsicht ist **positive Kenntnis** erforderlich, aber auch das **Kennenmüssen,** d. h. die Kenntnis der Umgehung auch durch Umstände genügt. So ist der Hinweis auf Produkte in der Werbung bzw. in Katalogen bzw. Zeitungen und Zeitschriften sowie im Internet ein Umstand i. S. d. § 95 a Abs. 1, wenn diese Produkte ihrer technischen Natur und Zweckbestimmung nach auf eine Umgehung abgestellt sind.

63 Das **Kennenmüssen** bedeutet, wie legaldefiniert in § 122 Abs. 2 BGB, dass der Verletzter die Umgehung infolge von Fahrlässigkeit nicht kannte, wobei jede Fahrlässigkeit genügt (Palandt/*Heinrichs* § 122 BGB Rn. 5). Bzgl. der Art der Fahrlässigkeit muss die Formulierung so verstanden werden, dass diejenigen Handlungen ausgenommen werden, die ohne das Bewusstsein vorgenommen werden, dass sie die Umgehung ermöglichen (Begr. zum Richtlinienvorschlag zu Art. 6 Punkt 2). Damit liegt bzgl. der **Art der Fahrlässigkeit** eine Einschränkung auf **bewusste Fahrlässigkeit** vor. Zur Beschränkung des erforderlichen **Grades der Fahrlässigkeit** auf grobe Fahrlässigkeit (*Spindler* GRUR 2002, 105, 116; *Spindler* MMR 2000 Beilage Nr. 7, 4, 17 f.) sind aufgrund der Formulierung des § 95 a zunächst keine Anhaltspunkte zu erkennen. Dazu wird diese Formulierung mit Art. 14 Abs. 1 E-Commerce Richtlinie (*Spindler* GRUR 2002, 105, 116) und Art. 45 TRIPs (Begr. zum Richtlinienvorschlag zu Art. 6 Punkt 2) verglichen. Beide Vorschriften weichen jedoch in diesem Punkt von der Formulierung in § 95 a ab, denn Art. 14 Abs. 1 E-Commerce Richtlinie geht von Umständen aus, „aus denen die Rechtswidrigkeit offensichtlich wird" und Art. 45 TRIPs davon, dass der Handelnde „nicht vernünftigerweise hätte wissen müssen", dass er eine Verletzungshandlung vornahm. In diesen beiden Fällen stützt die Formulierung die Beschränkung auf grobe Fahrlässigkeit, was bei § 95 a aber nicht der Fall ist. Allerdings liegt hier ein Übersetzungsfehler vor, denn die englische und französische Fassung der Richtlinie orientieren sich an der Formulierung von Art. 45 TRIPs („with reasonable grounds to know", „en ayant des raisons valables de penser") und wurden bereits nicht wie bei TRIPs, sondern falsch übersetzt. Somit ist § 95 a wie Art. 45 TRIPs zu lesen: „**nach den Umständen vernünftigerweise bekannt sein muss**", so dass **grobe Fahrlässigkeit** erforderlich ist (vgl. BGHZ 10, 16; BGH VersR 1982, 33; BGH GRUR 1991, 332 – Lizenzmangel) und leichte nicht genügt.

64 Diese Bösgläubigkeit (Bröcker/Czychowski/Schäfer/*Wirtz* § 8 Rn. 181 a) gilt auch für **zivilrechtliche Ansprüche,** so dass z. B. die Störereigenschaft beim Unterlassungsanspruch nicht ausreichend ist.

5. Zugang zum Werk und anderen Schutzgegenständen oder deren Nutzung

65 Die Umgehung muss erfolgen, um den Zugang zu einem Werk oder einem anderen nach diesem Gesetz geschützten Gegenstand oder deren Nutzung zu ermöglichen. Mit der

§ 95 a. Schutz technischer Maßnahmen

Möglichkeit, durch Umgehung technischer Schutzmaßnahmen nicht nur den Zugang zu den Werken oder anderen Schutzgegenständen zu erreichen, sondern zugleich dieselben zu nutzen, wird ein weites Feld der Piraterie eröffnet.

Die so bezeichneten Nutzungshandlungen, die von der Vorschrift erfasst werden, beziehen sich auf die **Werkverwertung** im urheberrechtlichen Sinne. So ist z. B. das **Downloading,** d. h. das Herunterladen von Dateien vom Serverrechner auf den eigenen Rechner, eine Vervielfältigung (Schricker/*Loewenheim* § 16 Rn. 22) und unterfällt als Nutzung dem § 95 a Abs. 1.

IV. Verbot von Vorbereitungshandlungen für eine Umgehung (§ 95 a Abs. 3)

1. Allgemeines

Nach Art. 6 Abs. 2 der Multimedia-Richtlinie und nunmehr gemäß § 95 a Abs. 3 gewährt die Vorschrift, anders als die entsprechenden Bestimmungen in den beiden WIPO-Abkommen, nicht nur Schutz gegen Handlungen der Umgehung technischer Schutzvorrichtungen selbst, sondern auch gegen **Vorbereitungshandlungen,** wobei der Text des Art. 6 Abs. 2 beinahe wortwörtlich übernommen wurde. Dadurch soll dem Rechtsinhaber gemeinschaftsweit ein Instrument zur weitreichenden Kontrolle über die Verbreitung und die anderen genannten Handlungen gegeben werden (*Reinbothe* GRUR Int. 2001, 733, 741). Diese Regelung zeigt, dass erkannt wurde, dass die eigentliche Gefahr für die Urheber nicht in den Umgehungshandlungen Privater, sondern in den vorbereitenden Handlungen liegt, die von kommerziellen Unternehmen vorgenommen werden (vgl. Begr. zum Richtlinienvorschlag zu Art. 6 Punkt 1). Die meisten Nutzer haben überhaupt nicht die Möglichkeiten und Fähigkeiten, technische Schutzmaßnahmen selbst zu überwinden, und verwenden deshalb **Werkzeuge,** z. B. Software Dritter. Würde der Schutz nicht auf die Vorbereitungshandlungen zur Schaffung und Verbreitung dieser Werkzeuge ausgedehnt, wäre er wirkungslos. Das bedeutet, dass es nicht zu einer unmittelbaren Urheberrechtsverletzung gekommen sein muss (*Haedicke* FS Dietz 349, 351).

Typische Verletzungen des Urheberrechts und der verwandten Schutzrechte erfolgen vor allem in der Herstellung von Vervielfältigungsstücken und deren Einfuhr und ihrer Verbreitung sowie in der Vermarktung der Produkte und Dienstleistungen und in der Werbung. Zwar ist der Anwendungsbereich nicht ausdrücklich auf **kommerzielle Handlungen** beschränkt, dennoch dürften diese den **Hauptanwendungsbereich** des Abs. 3 bilden. Der Gesetzgeber hat verschiedene Verbotstatbestände in § 95 a Abs. 3 aufgeführt, die die Umgehung technischer Schutzmaßnahmen betreffen. Diese Liste ist **erschöpfend** (Standpunkt des Rates 2000/C 344/19). Während die Umgehung von technischen Schutzmaßnahmen für die Fälle der **freien Werknutzung** unproblematisch ist, betreffen die Vorbereitungshandlungen jedwede Vorbereitungshandlung und sind nicht an die unerlaubte Nutzung gebunden, sondern erfassen sowohl geschützte als auch nicht geschützte Werke und Leistungen (*Auer* FS Dittrich 3, 18).

Die genannten Handlungen müssen **ohne Genehmigung** erfolgen, auch wenn dieses Tatbestandsmerkmal nicht Bestandteil des Abs. 3 ist. Abs. 3 folgt dahingehend Art. 6 Abs. 2 der Richtlinie, bei dem dieses Merkmal gestrichen wurde, da es von der Definition des Art. 6 Abs. 3, in der deutschen Umsetzung § 95 a Abs. 2, abgedeckt ist (Standpunkt des Rates 2000/C 344/19).

70 Die beschreibende Auflistung in § 95a Abs. 3 Nr. 1–3 ist an die US-Gesetzgebung angelehnt (*Wand* 191). Die Norm ist sehr unübersichtlich aufgebaut. Zunächst werden Handlungen beschrieben, die sich entweder auf Dienstleistungen oder Geräte beziehen, um dann nachfolgend Kriterien aufzustellen, die **alternativ** zusätzlich erfüllt werden müssen.

2. Vorrichtungen, Erzeugnisse oder Bestandteile

71 Die Vorbereitungshandlungen müssen sich auf Vorrichtungen, Erzeugnisse oder Bestandteile beziehen. Diese Aufzählung ist sehr weit und dürfte alle Geräte und Teile umfassen, die zur Umgehung technischer Schutzmaßnahmen geeignet sind, insbesondere auch Softwareprodukte.

3. Vorbereitungshandlungen

a) Herstellung, Einfuhr, Verbreitung, Verkauf und Vermietung

72 **Herstellung** ist die industrielle oder handwerkliche Fertigung von Vorrichtungen, deren bestimmungsgemäßer Zweck in der Umgehung technischer Maßnahmen besteht.

73 Der Begriff **Einfuhr** umfasst das Verbringen in den Geltungsbereich dieses Gesetzes (BT-Drucks. 15/38, 26). Davon umfasst ist auch die private Einfuhr entsprechender Geräte (*Spindler* GRUR 2002, 105, 116).

74 Der im § 95a Abs. 3 verwendete Begriff des **Verbreiten**s ist von dem auf körperliche Werkstücke beschränkten Verbreitungsrecht nach § 17 (siehe § 17 Rn. 4 ff. im HauptB) zu unterscheiden. Die Verbreitung kann sich daher auch auf unkörperliche Werke beziehen, z. B. im Internet erfolgen.

75 Der **Verkauf** umfasst den Vorgang des Anbietens der Vorrichtung, des Erzeugnisses oder des Bestandteils auf dem Markt und des Abschlusses von Kaufverträgen nach §§ 433 ff. BGB (vgl. Palandt/*Putzo* Einf v § 433 BGB Rn. 1 ff.).

76 Der Begriff der **Vermietung** umfasst nicht die Vorschrift des § 17, sondern ist i. S. d. §§ 535 ff. BGB (Palandt/*Weidenkaff* Einf v § 535 BGB Rn. 1 ff.) zu verstehen.

b) Werbung

77 **Werbung** für Produkte und Dienstleistungen, die auf eine Umgehung der technischen Schutzmaßnahmen gerichtet ist, fällt ebenfalls unter § 95a Abs. 3. Werbung zielt auf die freie Entschließung des Kunden, die angebotenen Vorrichtungen oder Bestandteile von Erzeugnissen zu kaufen. Die Werbung muss jedoch in Hinblick auf den Verkauf oder die Vermietung von Umgehungsvorrichtungen erfolgen.

c) Gewerblicher Besitz

78 Verboten ist der **gewerblichen Zwecken dienende Besitz** von Vorrichtungen, Erzeugnissen oder Bestandteilen, die Gegenstand einer Verkaufsförderung, Werbung oder Vermarktung mit dem Ziel der Umgehung wirksamer technischer Maßnahmen sind. Der Begriff des Besitzes ist i. S. d. §§ 854 ff. BGB zu qualifizieren (Palandt/*Bassenge* § 854 BGB Rn. 1 ff.). Der private Besitz von Vorrichtungen ist von der Regelung ausgeschlossen (*Dreier* ZUM 2002, 28, 38; *Spindler* GRUR 2002, 105, 116). Die einzelstaatlichen Vorschriften bleiben hier unberührt (Erwägungsgrund 49).

d) Erbringung von Dienstleistungen

Die Erbringung von **Dienstleistungen,** die auf eine Umgehung der technischen 79 Schutzmaßnahmen ausgerichtet sind, hat der Gesetzgeber gleichermaßen als Verbotstatbestand aufgenommen. Dienstleistungen sind angebotene Leistungsfaktoren, die direkt an den Menschen und in der Regel gegen Entgelt erbracht werden. Der Begriff der Dienstleistung wird nach dem Schutzzweck des § 95 a Abs. 3 insbesondere unter dem Gesichtspunkt der Anbietung und **Anleitung zur Umgehung** verwendet (BT-Drucks. 15/38, 26), was insbesondere Berichterstattungen in Computerzeitschriften o. ä. betrifft, gleich ob es sich um Print-, Online- oder Fernsehausgaben handelt oder die **Veröffentlichung von Seriennummern** und **Cracks.** So stellt eine **kommerzielle Anbietung** zur Umgehung einer technischen Schutzmaßnahme durch einen Internetanbieter eine verbotene Dienstleistung dar. Als Dienstleister ist in diesem Rahmen auch jeder zu sehen, der sich nicht unmittelbar, sondern durch entsprechende Angebote anderweitige Vorteile verspricht, z. B. erhöhte Zugriffszahlen und dadurch erhöhte Werbeeinnahmen auf der Website oder Kundenbindung.

Ob diese Regelung auch für **Private** und nicht kommerzielle Anbieter gelten soll, ist 80 dem Gesetzeswortlaut zwar nicht klar zu entnehmen, ist aber, da es sich hier nur um eine Weitergabe von Informationen von Privaten an Private und nicht um eine Dienstleistung handelt, abzulehnen. Das bestätigt auch der Zweck der Vorschrift, die sich im Wesentlichen gegen die vorbereitenden Handlungen kommerzieller Unternehmen richtet (Begründung zum Richtlinienvorschlag zu Art. 6 Punkt 1).

Die Dienstleistung, z. B. eine Anleitung, muss ferner so **konkret** sein, dass der interessier- 81 te Durchschnittsnutzer mit ihrer Hilfe die Schutzmaßnahmen ohne weitere Informationen umgehen kann. Allgemeine Informationen sind zulässig, ebenso wie die wissenschaftliche Auseinandersetzung.

4. Handlungskriterien

Die Kriterien der Nummern 1–3 müssen zusätzlich zu den Vorbereitungshandlungen 82 vorliegen. Erforderlich ist jedoch lediglich alternatives Zusammentreffen.

a) Verkaufsförderung, Werbung oder Vermarktung (Nr. 1)

Die Vorbereitungshandlungen müssen Gegenstand einer **Verkaufsförderung, Werbung** 83 oder **Vermarktung** mit dem Ziel der Umgehung wirksamer technischer Maßnahmen sein.

Mit dem Begriff der Vermarktung von Vorrichtungen und Erzeugnissen, die für die 84 Umgehung von Schutzmaßnahmen bestimmt bzw. geeignet sind, wird ein Prozess erfasst, der die **Werbung bis zum Verkauf** einschließt. Der Begriff der Werbung könnte dahingehend auszulegen sein, dass es sich nur nicht um irreführende Werbung handeln darf, d. h. dass die beworbenen Geräte auch tatsächlich zur Umgehung geeignet sind (so *Auer* FS Dittrich 3, 17). Das Ziel des gesamten Prozesses muss die Umgehung technischer Schutzmaßnahmen sein, so dass die Herstellung und Verkaufsförderung etc. von **neutralen Gegenständen,** z. B. von Computern, nicht erfasst ist (*Wand* 111).

b) Begrenzter wirtschaftlicher Zweck oder Nutzen (Nr. 2)

Verfolgen Herstellung, Einfuhr, Verbreitung, Verkauf, Vermietung etc. von Vorrichtun- 85 gen, Erzeugnissen oder Bestandteilen mehrere Zweckbestimmungen, werden vom Gesetzgeber Verbotstatbestände dann angenommen, wenn diese Produkte dennoch **hauptsäch-**

lich der Umgehung technischer Schutzmaßnahmen dienen. Der Grund, aus dem diese Regelung eingeführt wurde, war zu vermeiden, dass **Allzweckausrüstungen und -dienste** deshalb sanktioniert werden, weil mit ihrer Hilfe auch technische Schutzmaßnahmen umgangen werden können (*v. Lewinski* MMR 1998, 115, 118). Allerdings bestehen durch die Regelung auch berechtigte Befürchtungen, dass die Produktion bestimmter Komponenten gefördert wird, die bei Zusammensetzung mit **Zusatzkomponenten** als Nebeneffekt technische Schutzmaßnahmen umgehen können (vgl. *Dietz* ZUM 1998, 438, 449). Die Auslegung kann allerdings nicht wie bei § 69f erfolgen (vgl. § 69f Rn. 20 im HauptB), da dabei noch auf die alleinige Bestimmung abgestellt wird und ein begrenzter Nebennutzen hier nicht ausreicht, um die Umgehung zu legalisieren (*Wand* 111). Für **Crack- und Klonprogramme** ist der hauptsächliche Zweck, die Umgehung technischer Schutzmaßnahmen, gegeben.

c) Hauptsächlich zur Umgehung entworfen, hergestellt, angepasst oder erbracht (Nr. 3)

86 Hat der Produktanbieter Vorrichtungen hauptsächlich **entworfen, hergestellt, angepasst** oder hat der Dienstanbieter **Dienste erbracht,** die die Umgehung technischer Schutzmaßnahmen ermöglichen oder erleichtern, so ist Abs. 3 auch erfüllt (*v. Lewinski/Walter* in: Walter Info-RL Rn. 154). Bzgl. des **hauptsächlichen** Zwecks gilt das zu Nr. 2 Gesagte (oben § 95a Rn. 85).

V. Öffentliche Sicherheit und Strafrechtspflege (§ 95a Abs. 4)

87 § 95a Abs. 4 stellt klar, dass es im Interesse der öffentlichen Sicherheit oder der Strafrechtspflege erforderlich sein kann, dass trotz der urheberrechtlichen Regelungen Abs. 1 und 3 für bestimmte öffentliche Stellen keine Anwendung finden. Die entsprechenden Befugnisse der Strafverfolgungs- und Sicherheitsbehörden zum Zwecke und zum Schutz der öffentlichen Sicherheit werden damit durch § 95a nicht tangiert (BT-Drucks. 15/38, 26).

88 Privilegiert nach § 95a Abs. 4 sind öffentliche Stellen, die im Rahmen der öffentlichen Sicherheit tätig werden. Zu den öffentlichen Stellen gehören vor allem **Sicherheitsbehörden,** nicht aber jede Behörde, der Verwaltungsaufgaben vom Gesetz übertragen sind. Die Möglichkeit, technische Schutzmaßnahmen im Interesse der öffentlichen Sicherheit zu umgehen, wird ebenso der **Strafverfolgungsbehörde** zugewiesen (vgl. zur Schranke der Rechtspflege und öffentlichen Sicherheit (§ 45) und zum Verhältnis zu § 95a Abs. 4 § 95b Rn. 20).

VI. Rechtsfolgen

89 § 95a ist ein **Schutzgesetz** i. S. d. § 823 Abs. 2 BGB. **Unterlassungs- und Beseitigungsansprüche** können gemäß § 1004 BGB geltend gemacht werden. Ebenso kann § 97 UrhG auf **Unterlassung** und **Schadensersatz** einschlägig sein (*Dreier* ZUM 2002, 28, 38). Auch die Ansprüche auf **Vernichtung** und **Überlassung** gemäß §§ 98, 99 sind gegebenenfalls anwendbar. **Aktivlegitimiert** sind die Rechtsinhaber, die sich der technischen Schutzmaßnahmen bedienen. Bei Klagen von Miturhebern ist die Regelung des § 8 Abs. 2 S. 1 analog anzuwenden (siehe § 8 Rn. 31 im HauptB). Ob daneben auch der Hersteller oder

§ 95 b. Durchsetzung von Schrankenbestimmungen § **95 b UrhG**

Betreiber der Schutzmaßnahmen aktivlegitimiert ist, ist bislang noch ungeklärt. Für eine Aktivlegitimation der Betreiber spricht zwar der Effektivitätsgedanke, aber Sinn und Zweck der Regelung des § 95 a bleibt der Schutz der Urheber- und Leistungsschutzrechte. Eine Aktivlegitimation für die Hersteller und Betreiber würde zu einer unbeabsichtigten Ausweitung des Umgehungsschutzes als „Paracopyright" führen (*Lindhorst* 120) und ist damit abzulehnen. Dies ergibt sich auch bereits aus der Natur der Sache, da es sich bei dem Anspruch nur um einen Hilfsanspruch handelt, der zur Durchsetzung der Ausschließlichkeitsrechte des Urhebers dient und somit auch nur von ihm geltend gemacht werden kann.

Eine **Anspruchskonkurrenz zu § 95 c** ist möglich. Ein Verstoß gegen § 95 a kann **90** auch eine **Straftat** (§ 108 b Rn. 2) oder eine **Ordnungswidrigkeit** (§ 111 a Rn. 1 ff.) darstellen.

§ 95 b. Durchsetzung von Schrankenbestimmungen

(1) Soweit ein Rechtsinhaber technische Maßnahmen nach Maßgabe dieses Gesetzes anwendet, ist er verpflichtet, den durch eine der nachfolgend genannten Bestimmungen Begünstigten, soweit sie rechtmäßig Zugang zu dem Werk oder Schutzgegenstand haben, die notwendigen Mittel zur Verfügung zu stellen, um von diesen Bestimmungen in dem erforderlichen Maße Gebrauch machen zu können:
1. § 45 (Rechtspflege und öffentliche Sicherheit),
2. § 45 a (Behinderte Menschen),
3. § 46 (Sammlungen für Kirchen-, Schul- oder Unterrichtsgebrauch), mit Ausnahme des Kirchengebrauchs,
4. § 47 (Schulfunksendungen),
5. § 52 a (Öffentliche Zugänglichmachung für Unterricht und Forschung),
6. § 53 (Vervielfältigungen zum privaten und sonstigen eigenen Gebrauch)
    a. Absatz 1, soweit es sich um Vervielfältigungen auf Papier oder einen ähnlichen Träger mittels beliebiger photomechanischer Verfahren oder anderer Verfahren mit ähnlicher Wirkung handelt,
    b. Absatz 2 Satz 1 Nr. 1,
    c. Absatz 2 Satz 1 Nr. 2 in Verbindung mit Satz 2 Nr. 1 oder 3,
    d. Absatz 2 Satz 1 Nr. 3 und 4 jeweils in Verbindung mit Satz 2 Nr. 1 und Satz 3,
    e. Absatz 3,
7. § 55 (Vervielfältigung durch Sendeunternehmen).
Vereinbarungen zum Ausschluss der Verpflichtung nach Satz 1 sind unwirksam.

(2) Wer gegen das Gebot nach Absatz 1 verstößt, kann von dem Begünstigten einer der genannten Bestimmungen darauf in Anspruch genommen werden, die zur Verwirklichung der jeweiligen Befugnis benötigten Mittel zur Verfügung stellen. Entspricht das angebotene Mittel einer Vereinbarung zwischen Vereinigungen der Rechtsinhaber und der durch die Schrankenregelung Begünstigten, so wird vermutet, dass das Mittel ausreicht.

(3) Die Absätze 1 und 2 gelten nicht, soweit Werke und sonstige Schutzgegenstände der Öffentlichkeit aufgrund einer vertraglichen Vereinbarung in einer Weise zugänglich gemacht werden, dass sie Mitgliedern der Öffentlichkeit von Orten und zu Zeiten ihrer Wahl zugänglich sind.

(4) Zur Erfüllung der Verpflichtungen aus Absatz 1 angewandte technische Maßnahmen, einschließlich der zur Umsetzung freiwilliger Vereinbarungen angewandten Maßnahmen, genießen Rechtsschutz nach § 95 a.

UrhG § 95 b § 95 b. Durchsetzung von Schrankenbestimmungen

Literatur: *Bayreuther,* Beschränkungen des Urheberrechts nach der EU-Urheberrechtsrichtlinie, ZUM 2001, 828; *Däubler-Gmelin,* Private Vervielfältigung unter dem Vorzeichen digitaler Technik, ZUM 1999, 769; *Davies,* Copyright in the Information Society – Technical Devices to Control Private Copying, Festschrift für Adolf Dietz – Urheberrecht Gestern – Heute – Morgen, München 2001, 307; *Davies,* Urheberrecht in der Informationsgesellschaft: Technische Maßnahmen zur Kontrolle privater Vervielfältigung, GRUR Int. 2001, 915; *Diemar,* Kein Recht auf Privatkopien – Zur Rechtsnatur der gesetzlichen Lizenz zu Gunsten der Privatvervielfältigung, GRUR 2002, 587; *Dreier,* Die Umsetzung der Urheberrechtsrichtlinie 2001/29/EG in deutsches Recht, ZUM 2002, 28; *Flechsig,* Grundlagen des Europäischen Urheberrechts – Die Richtlinie zur Harmonisierung des Urheberrechtsschutzes in Europa und die Anforderungen an ihre Umsetzung ins deutsche Recht, ZUM 2002, 1; *Gottschalk,* Das Ende von „fair use"? – Technische Schutzmaßnahmen im Urheberrecht der USA, MMR 2003, 148; *Hilty,* Rechtsschutz technischer Maßnahmen: Zum UrhG-Regierungsentwurf vom 31. 7. 2002, MMR 2002, 577; *Hugenholtz,* Why the Copyright Directive is unimportant and possibly invalid, EIPR 2000, 499; *Knies,* Kopierschutz für Audio-CDs – Gibt es den Anspruch auf die Privatkopie?, ZUM 2002, 793; *Kröger,* Die Urheberrechtsrichtlinie für die Informationsgesellschaft – Bestandsaufnahme und kritische Bewertung, CR 2002, 316; *Lindhorst,* Schutz von und vor technischen Maßnahmen, Osnabrück 2002; *Linnenborn,* Europäisches Urheberrecht in der Informationsgesellschaft, K&R 2001, 394; *Marly,* Rechtsschutz für technische Schutzmechanismen geistiger Leistungen, K&R 1999, 106; *Mayer,* Richtlinie 2001/29/EG zur Harmonisierung bestimmter Aspekte des Urheberrechts und der verwandten Schutzrechte in der Informationsgesellschaft, EuZW 2002, 325; *Mayer,* Die Privatkopie nach Umsetzung des Regierungsentwurfs zur Regelung des Urheberrechts in der Informationsgesellschaft, CR 2003, 274; *Ory,* Urheberrecht in der Informationsgesellschaft, JurPC Web-Dok. 126/2002; *Reinbothe,* Die Umsetzung der EU-Urheberrechtsrichtlinie in deutsches Recht, ZUM 2002, 43; *Reinbothe,* Die EG-Richtlinie zum Urheberrecht in der Informationsgesellschaft, GRUR Int. 2001, 733; *Solmecke,* Aktuelle Probleme des Internet-Rechts aus amerikanischer Sicht, TKMR 2002, 372; *Spindler,* Europäisches Urheberrecht in der Informationsgesellschaft, GRUR 2002, 105; *Wand,* Technische Schutzmaßnahmen und Urheberrecht – Vergleich des internationalen, europäischen, deutschen und US-amerikanischen Rechts, München 2001; *Zecher,* Die Umsetzung der EU-Urheberrechtsrichtlinie in deutsches Recht II, ZUM 2002, 451.

Übersicht

	Rn.		Rn.
I. Überblick	1–9	photomechanischer Verfahren oder anderer Verfahren (§ 53 Abs. 1)	28, 29
1. Verhältnis von technischen Schutzmaßnahmen und Schrankenregelungen	1–3	bb) Vervielfältigungsstücke zum eigenen wissenschaftlichen Gebrauch (§ 53 Abs. 2 Nr. 1)	30
2. Verfassungsrechtliche Bedenken	4–6	cc) Vervielfältigungsstücke für Archivzwecke (§ 53 Abs. 2 Nr. 2)	31
3. Regelungstechnik	7–9	dd) Unterrichtung über Tagesfragen (§ 53 Abs. 2 Nr. 3)	32
II. Verpflichtung des Rechtsinhabers (§ 95 b Abs. 1)	10–36	ee) Zum sonstigen eigenen Gebrauch (§ 53 Abs. 2 Nr. 4)	33
1. Anwendung von technischen Maßnahmen	10	ff) Vervielfältigungsstücke für die Aus- und Weiterbildung (§ 53 Abs. 3)	34
2. Begünstigter	11, 12	g) Vervielfältigung durch Sendeunternehmen (§ 55)	35
3. Rechtmäßiger Zugang zum Werk oder anderen Schutzgegenständen	13, 14	6. Unwirksamkeit von Vereinbarungen (§ 95 b Abs. 1 S. 2)	36
4. Notwendige Mittel des Rechtsinhabers	15, 16	III. Ansprüche des Begünstigten (§ 95 b Abs. 2)	37–42
5. Erlaubte Nutzungen	17–35	IV. Vertragliche Vereinbarung (§ 95 b Abs. 3)	43–48
a) Rechtspflege und öffentliche Sicherheit (§ 45)	18–20	V. Rechtsschutz nach § 95 a (§ 95 b Abs. 4)	49
b) Behinderte Menschen (§ 45 a)	21	VI. Inkrafttreten	50
c) Sammlungen für Schul- oder Unterrichtsgebrauch (§ 46)	22, 23		
d) Schulfunksendungen (§ 47)	24		
e) Öffentliche Zugänglichmachung für Unterricht und Forschung (§ 52 a)	25		
f) Vervielfältigungen zum privaten und sonstigen eigenen Gebrauch (§ 53)	26–34		
aa) Vervielfältigungen auf Papier oder einen ähnlichen Träger mittels beliebiger			

§ 95 b. Durchsetzung von Schrankenbestimmungen   1–4 § 95 b UrhG

I. Überblick

1. Verhältnis von technischen Schutzmaßnahmen und Schrankenregelungen

Um das Spannungsverhältnis zwischen den technischen Schutzmaßnahmen und den **1** Schrankenregelungen, insbesondere des § 53 zu lösen, standen verschiedene Möglichkeiten auf dem Prüfstand. Ein Weg bestand darin, das Problem ohne technische Maßnahmen über **Vergütungssysteme** wie §§ 54 ff. zu lösen, der vom Richtliniengeber jedoch gescheut wurde (*Davies* FS Dietz 307 ff.). Zwar verringert sich der Zwang zur Harmonisierung in Bezug auf die Vergütungssysteme, wenn die Technik es dem Rechtsinhaber gestattet, die Vervielfältigung zu kontrollieren (*Dreier* in: Schricker, Informationsgesellschaft 149), aber an diesem Punkt ist die technische Entwicklung noch nicht angekommen. Die bestehenden Vergütungssysteme finden nun zusätzlich zu den technischen Schutzmaßnahmen Anwendung, wobei die Gefahr einer **Doppelvergütung** besteht (*Davies* GRUR Int. 2001, 915, 916; *Diemar* GRUR 2002, 587, 592; *Ory* JurPC Web-Dok. 126/2002, Abs. 13). Denn wenn durch die technische Schutzmaßnahme bereits eine Einzelabrechnung mit dem jeweiligen Nutzer möglich und zwingend ist, erfolgt hier durch das pauschale Vergütungssystem eine zusätzliche Vergütung. Dieser Gefahr soll dadurch begegnet werden, dass bei Bestehen von technischen Schutzmaßnahmen zur Verhinderung von Privatkopien der Ausgleich nach §§ 54 ff. geringer ausfällt, als wenn keine technischen Schutzmaßnahmen getroffen wären (*Davies* GRUR Int. 2001, 915, 918). Eine Auswirkung auf die verfassungsrechtliche Zulässigkeit der §§ 54 ff. besteht nicht (*Diemar* GRUR 2002, 587, 592 f.), solange die Verhältnismäßigkeit gewahrt bleibt. Wie diese Verteilung in der Praxis aussehen kann, ist bislang noch ungeklärt. Eine Möglichkeit besteht langfristig in der Anpassung der Vergütungssätze für die betreffenden Vervielfältigungen (*Diemar* GRUR 2002, 587, 593), wie sie in § 13 Abs. 4 WahrnG (vertiefend § 13 WahrnG Rn. 1 ff.) zur Verhinderung von Doppelvergütungen vorgesehen ist.

Ein weiterer Ansatz bestand darin, den **Schrankenregelungen Vorrang vor den tech-** **2** **nischen Schutzmaßnahmen** zu gewähren. Eine dahingehende Regelung wäre durch die WIPO-Verträge unterstützt worden, die nur die Umgehungshandlungen erfassten, die nicht vom Urheber erlaubt (§ 95 a) oder nicht gesetzlich gestattet sind. Denselben Weg ging auch noch der erste Vorschlag der Richtlinie (Begr. zum Richtlinienentwurf zu Art. 6 Punkt 3). Durch die Regelung in der Endfassung der Richtlinie ist aber deutlich, dass der Richtliniengeber von dieser Lösung abgewichen ist.

Der Richtlinien- wie der deutsche Gesetzgeber entschieden sich schließlich **zu Gunsten** **3** **der technischen Schutzmaßnahmen** (§ 95 a) und verpflichten die Rechtsinhaber in § 95 b Abs. 1 S. 1 lediglich zu Maßnahmen, die sicherstellen sollen, dass die von den Schrankenregelungen Begünstigten ihre Rechte auch wahrnehmen können.

2. Verfassungsrechtliche Bedenken

Bei der Frage nach dem Verhältnis der technischen Schutzmaßnahmen zu den Schranken- **4** regelungen wurden auch verfassungsrechtliche Bedenken angemeldet (*Diemar* GRUR 2002, 587, 592). In Betracht kommt dabei insbesondere die **Informationsfreiheit** (Art. 5 Abs. 1 S. 1 1. Alt. GG). Sie kann hier jedoch nicht als Abwehrrecht dienen, denn der Eingriff erfolgt von privater und nicht von staatlicher Seite. Zu beachten ist aber der Einfluss der Informationsfreiheit in ihrem objektiv-rechtlichen Gehalt auf die Werteordnung, die durch die Grundrechte umrissen wird. Zur Einhaltung der daraus für den Gesetzgeber resultierenden Schutzpflichten hat dieser aber einen weiten Spielraum. Die Informationsfreiheit ist ein Recht, das die freie Information aus allgemein zugänglichen Quellen sichert, wenn diese zur allgemeinen Informationsverschaffung technisch geeignet und dazu bestimmt sind (BVerfGE 27, 71, 83). Das bedeutet jedoch nicht, dass diese Informationsbeschaffung auch kostenlos sein muss, so dass Regelungen für eine kostenpflichtige Informationserlangung nicht mit dem Grundrecht auf Information kollidieren (*Diemar* GRUR 2002, 587, 592). § 95 b ist daher mit der Informationsfreiheit vereinbar.

5   Aus denselben Überlegungen besteht auch kein Verstoß gegen Art. 14 Abs. 2 S. 2 GG, **Sozialpflichtigkeit des Eigentums,** denn ein Anspruch auf den kostenlosen Zugang zu Kulturgütern besteht nicht (*Diemar* GRUR 2002, 587, 592; *Wand* 175 f.).

6   Ein weiteres Problem ist, ob durch die technischen Schutzmaßnahmen das **Recht auf Privatsphäre** ausreichend geschützt bleibt. Zwar besteht durch Verschlüsselungssysteme die Möglichkeit der anonymen oder pseudonymen Nutzung (*Däubler-Gmelin* ZUM 1999, 769, 773 f.), aber technische Schutzmaßnahmen können dennoch Daten über den Anwender, u. a. auch zur Erstellung von Nutzerprofilen, erfassen. Diese Fragen des Datenschutzes müssen durch entsprechende Regelungen sichergestellt und konkretisiert werden (vgl. auch § 95 c Rn. 5).

3. Regelungstechnik

7   § 95 b Abs. 1 setzt die Verpflichtung aus Art. 6 Abs. 4 Unterabsatz 1 der Richtlinie um, die Einhaltung bestimmter Schranken zur **Nutzung der Begünstigten** zu gewährleisten, auch wenn die Richtlinie vorrangig auf **freiwillige Maßnahmen** der Rechtsinhaber setzt (*v. Lewinski/Walter* in: Walter Info-RL Rn. 157).

8   Zweck dieser doch recht komplizierten Regelung ist es, die Beteiligten zu einer **Zusammenarbeit** zu zwingen (*Reinbothe* GRUR Int. 2001, 733, 741). Die Ausgestaltung der **Schrankenregelungen** in der Multimedia-Richtlinie (siehe Anhang 2 im HauptB), die in § 95 b zu den **technischen Schutzmaßnahmen** in Beziehung gesetzt werden, gehörte zu den schwierigsten Aufgaben der Kommission, da hier die unterschiedlichen Traditionen und Besitzstände in den einzelnen Mitgliedstaaten besonders deutlich wurden (*Spindler* GRUR 2002, 105, 110; *Bayreuther* ZUM 2001, 828, 829; *Kröger* CR 2001, 316, 318; *Reinbothe* ZUM 2002, 43, 50). Um ein reibungsloses Funktionieren des Binnenmarktes zu gewährleisten, war es erforderlich, die Ausnahmen und Beschränkungen einheitlich zu definieren. Die Richtlinie legt daher einen **Kernbestand von Schranken** fest, die durch die technischen Schutzmaßnahmen nicht beeinträchtigt werden dürfen. Besonders gravierend ist das Verhältnis zwischen **Privatvervielfältigung** und technischen Schutzmaßnahmen (*Diemar* GRUR 2002, 587, 592), weil auf der einen Seite der Rechtsinhaber steht, der die privaten Kopiervorgänge kaum bzw. schwer kontrollieren kann, und auf der anderen Seite der Nutzer, der rechtmäßigen Zugang oder Nutzung gesichert wissen will (vgl. zur umstrittenen Lösung des deutschen Gesetzgebers § 95 b Rn. 26 ff.).

9   Damit die Verpflichtung aus Abs. 1 auch eingehalten wird, besteht in Abs. 2 ein Anspruch des Schrankenbegünstigten auf Zurverfügungstellung der notwendigen Mittel, um von seinen Schrankenrechten den erforderlichen Gebrauch machen zu können. Damit stehen erstmals in der Geschichte des Urheberrechts dem Nutzer zur Einhaltung der Schrankenregelungen **zivilrechtliche Ansprüche** zu. Allerdings werden sie zunächst durch den § 95 a eingeschränkt, so dass dieser Anspruch für den Nutzer nur ein **notwendiger Ausgleich** ist.

§ 95 b. Durchsetzung von Schrankenbestimmungen   10–14   § 95 b UrhG

Die Praxis wird zeigen, ob die **Durchsetzungsmechanismen,** die der Gesetzgeber für den einzelnen Begünstigten gemäß § 95 b Abs. 2 geregelt hat, greifen werden.

II. Verpflichtung des Rechtsinhabers (§ 95 b Abs. 1)

1. Anwendung von technischen Maßnahmen

Technische Schutzmaßnahmen sollen vor allem unerlaubte Handlungen verhindern. **10** § 95 b – wie Art. 6 Abs. 4 der Multimedia-Richtlinie – ist ein Gegengewicht gegen den umfassenden Rechtsschutz, den § 95 a gegen Umgehungshandlungen gewährt (*Reinbothe* GRUR 2001, 741), und deshalb nur auf Maßnahmen i. S. d. § 95 a anzuwenden (§ 95 a Rn. 10 ff.). Zu beachten ist, dass § 95 b Abs. 1 aber nicht auf § 95 a Abs. 3 anwendbar ist. § 95 b Abs. 1 soll nur auf Umgehungshandlungen i. S. d. § 95 a Abs. 1 angewendet werden, nicht aber auch Vorbereitungshandlungen nach § 95 a Abs. 3. Diese Rechtslage stimmt zwar mit Art. 6 der Multimedia-Richtlinie überein (so *Reinbothe* GRUR 2002, 733, 741; *Reinbothe* ZUM 2002, 43, 50; *Spindler* GRUR 2002, 105, 117), ist aber auf heftige Kritik gestoßen (*Hugenholtz* EIPR 2000, 499, 500), denn es sei nicht einsichtig, warum der Rechtsschutz aus § 95 a Abs. 3, der die Vorbereitungshandlungen zur Umgehung wirksamer technischer Maßnahmen erfasst, nicht auch im Verhältnis zu den Schrankenregelungen gelten soll.

2. Begünstigter

Begünstigter ist diejenige Person, die entsprechend den Schrankenregelungen der **11** §§ 45 ff. die Erlaubnis hat, das Werk oder einen anderen Schutzgegenstand im Rahmen der gesetzlichen Tatbestände zu nutzen. Zu den Begünstigten gehören z. B. Behörden, Gerichte, Schulen, Universitäten, Fachhochschulen, Verlage und Sendeanstalten.

Diese Begünstigten sind vor allem natürliche Personen, die geschützte Werke oder andere **12** Schutzgegenstände nutzen, in einigen Fällen aber auch juristische (zu den jeweiligen Begünstigten vgl. die Kommentierungen der §§ 45 ff.). Begünstigter ist der rechtmäßige Nutzer. Das bedeutet jedoch nicht, dass der rechtmäßige Nutzer zu dem Zwecke der rechtmäßigen Nutzung die technischen Schutzmaßnahmen in Eigenregie überwinden dürfte (§ 95 a Rn. 52 ff.). Der Gesetzgeber hat sich für den Vorrang der technischen Schutzmaßnahmen entschieden und die Schrankenbegünstigten auf die zu treffenden Maßnahmen der Rechtsinhaber nach § 95 b Abs. 1 verwiesen.

3. Rechtmäßiger Zugang zum Werk oder anderen Schutzgegenständen

Ein rechtmäßiger Zugang zum Werk oder anderen Schutzgegenständen liegt vor, soweit **13** der Nutzer die im Rahmen der Schrankenregelungen vorgesehenen **privilegierten Nutzungshandlungen** vornimmt.

Im **Offline-Bereich** wird der Erwerb des Gegenstandes regelmäßig mit dem Erwerb des **14** Zugangsrechts zusammenfallen (*Linnenborn* K&R 1999, 394, 400). Im **Online-Bereich** gilt zwar grundsätzlich dasselbe Prinzip, hier wird die Zugangskontrolle dem Erwerb aber oft zeitlich vorausgehen, so dass sich ergibt, dass auch Zugang, und zwar nicht nur der Zugang zwecks Nutzung, gefordert ist (vgl. *Knies* ZUM 2002, 793, 796 f.), der den Berechtigten nach Abs. 1 eigentlich nicht zusteht. Es wird deshalb eine Lösung über Erwägungsgrund 51 angedacht, der allen technischen Maßnahmen den Rechtsschutz zuspricht, die bei der

Umsetzung derartiger Maßnahmen zur Anwendung kommen, und darin ein **technisches Nutzerkontrollrecht** sieht (unklar *Linnenborn* K&R 1999, 394, 400; *Dreier* ZUM 2002, 28, 38; a. A. *Spindler* GRUR 2002, 105, 117, der das Recht lediglich dann im Wege eines annexartigen Anspruchs einbezieht, wenn das Urheberrecht eine Zwangslizenz vorsieht). Dies ist auch einleuchtend, denn die Verpflichtung aus Abs. 1 würde leer laufen, wenn nicht gleichzeitig ein Zugangsrecht gewährt würde, das parallel mit dem Nutzungsrecht läuft.

4. Notwendige Mittel des Rechtsinhabers

15 § 95 b Abs. 1 enthält keine Vorgaben zu Art und Weise oder Form, in der der Verwender technischer Schutzmaßnahmen die Nutzung der jeweiligen Schranken zu gewähren hat. Es soll ein breiter Gestaltungsspielraum verbleiben, damit unterschiedliche Lösungen gewählt werden können (BT-Drucks. 15/38, 27). Der Verwender technischer Schutzmaßnahmen ist aber nach § 95 b Abs. 1 verpflichtet, dem Begünstigten die **notwendigen Mittel** zur Verfügung zu stellen, um ihn in den Genuss der entsprechenden Schranke oder Ausnahme zu bringen (*Reinbothe* GRUR Int. 2001, 733, 741). Der Gesetzgeber hat den Begriff der „notwendigen Mittel" für den Begünstigten absichtlich **abstrakt** gehalten, weil nur so dem Hintergrund eines sich ständig wandelnden technologischen Umfeldes Rechnung getragen werden kann. Die Rechtspflicht des Rechtsinhabers bezieht sich also nicht auf ein konkretes Mittel. Dadurch wird auch verhindert, dass die Nutzungsmöglichkeit im Rahmen einer Schrankenregelung auf ein Verfahren beschränkt wird, das nicht mehr oder noch nicht allgemein üblich oder mit mehr als unerheblichem zusätzlichem Aufwand verfügbar ist, z. B. den Einsatz eines speziellen Betriebssystems (BT-Drucks. 15/38, 27).

16 Denkbar ist etwa, dem Begünstigten **Schlüsselinformationen** zum ein- oder mehrmaligen Überwinden der technische Maßnahme zu überlassen (BT-Drucks. 15/38, 27) oder den **Abruf** über das Internet zu gestatten. Eine andere Möglichkeit ist, die Erteilung der Berechtigung an **Verbände von Schrankenbegünstigten** weiterzugeben, die dann die Berechtigungen weiterverteilen dürfen. Nach dem Wortlaut des § 95 b Abs. 1, der mit Art. 6 Abs. 4 Unterabsatz 1 übereinstimmt, darf der Begünstigte bzw. Nutzer nicht selbst Maßnahmen ergreifen, auch wenn der Rechtsinhaber keine Mittel zur Verfügung stellt. Ein Rechtfertigungsgrund der **Selbsthilfe** („Right to hack") durch den begünstigten Nutzer gegen Kopierschutzmaßnahmen, die ihn an einer zulässigen Nutzung hindern, scheidet aus (*Spindler* GRUR 2002, 105, 117; *Reinbothe* GRUR 2001, 742).

5. Erlaubte Nutzungen

17 Soweit die Möglichkeit besteht, die Nutzungshandlungen im Rahmen der Schrankenregelungen §§ 45 ff. vorzunehmen, ist der Zugang von der Nutzung zu trennen. Denn die Kontrolle des Zugangs zum Werk ist ein anderer Vorgang als die Nutzung als solche. Wird dem begünstigten Nutzer der Zugang zum Werk oder einem anderen Schutzgegenstand verwehrt, ist die Nutzung desselben ausgeschlossen. Wenn der Gesetzgeber den Rechtsinhaber auffordert, dem Begünstigten die privilegierten Nutzungshandlungen zu ermöglichen, muss der **rechtmäßige Zugang** gewährleistet werden. Mit § 95 b Abs. 1 S. 1 hat der Gesetzgeber konkret vorgeschrieben, welche **Nutzungshandlungen** im Zusammenhang mit dem digitalen Umfeld und der Internetnutzung für den Begünstigten möglich sind, wenn der Rechtsinhaber technische Maßnahmen anwendet. Dabei mussten einige Schranken **zwingend** aus der Richtlinie berücksichtigt werden, wobei es sich um fakultative

Schranken i. S. d. Art. 5 handelt, andere konnten die Mitgliedstaaten im Rahmen ihres Umsetzungsspielraumes auswählen. Die sieben Ausnahmen, die die Richtlinie selbst zwingend vorsieht, wurden aufgrund ihres engen Zusammenhangs mit Erwägungen des **Gemeinwohls** und der **öffentlichen Sicherheit** ausgewählt (*Reinbothe* GRUR Int. 2001, 733, 741; zur Frage eines Wahlrechts bei der Umsetzung vgl. *Linnenborn* K&R 1999, 394, 399; *Spindler* GRUR 2002, 105, 118).

a) Rechtspflege und öffentliche Sicherheit (§ 45)

Diese Schranke musste **zwingend** in den § 95 b eingefügt werden (Art. 5 Abs. 3 lit. e)). **18** Begünstigte Nutzer sind i. S. d. § 45 **Gerichte, Schiedsgerichte und Behörden** (siehe § 45 Rn. 8 im HauptB).

§ 45 beschränkt im Interesse der Rechtspflege und der öffentlichen Sicherheit nicht nur **19** das Vervielfältigungsrecht des Urhebers (§ 16), sondern auch das Verbreitungsrecht (§ 17) sowie das Recht der öffentlichen Ausstellung (§ 18) und der öffentlichen Wiedergabe (§ 15 Abs. 2).

Damit die Begünstigten ihre Aufgaben erfüllen können, sind die von den Rechtsinhabern **20** angewendeten technischen Maßnahmen so einzusetzen, dass die Zweckbestimmung des § 45 erfüllt werden kann. Der Zweck des § 45 lag vor allem bislang in analogen Handlungen, und die Schutzmaßnahmen verhindern in der Regel nur digitale Vervielfältigungen. Diese Betrachtung trägt aber dem **Beschleunigungsgebot** und dem Interesse an der **Verfahrensvereinfachung,** denen Behörden und Gerichte verpflichtet sind, nicht ausreichend Rechnung (*Wand* 181). Im Zivilprozess können aber die Grundsätze der Beweisvereitelung herangezogen werden, und für die Strafrechtspflege, mit der diese Schranke bislang bzgl. der technischen Schutzmaßnahmen begründet wurde (*Wand* 182), gilt bereits § 95 a Abs. 4. Zu erklären ist diese teilweise **Doppelung** damit, dass § 45 komplett in § 95 b übernommen werden sollte, um Auslegungsschwierigkeiten zu vermeiden, die wichtige Bereiche der Strafrechtspflege und öffentlichen Sicherheit, die aus tatsächlichen und rechtlichen Gründen auf eine beschleunigte Arbeit angewiesen sind, aber nicht erst auf die Ansprüche aus § 95 b verwiesen werden sollten (vgl. auch *Marly* K&R 1999, 106, 109). Die öffentliche Sicherheit ist sowohl Bestandteil des § 95 a Abs. 4 als auch des § 95 b Abs. 1 Nr. 1. Allerdings unterfallen dem § 45 im Gegensatz zu § 95 a Abs. 4 nicht nur die Sicherheitsbehörden, sondern alle Stellen, die Aufgaben der öffentlichen Verwaltung wahrnehmen (siehe § 45 Rn. 8 im HauptB). Auf die Regelung des § 95 b Abs. 1 Nr. 1 werden damit alle Gerichte und Behörden, die weder Sicherheits- noch Strafrechtsaufgaben wahrnehmen, zurückgreifen können.

b) Behinderte Menschen (§ 45 a)

Mit § 45 a wurde erstmals im deutschen Urheberrecht eine Schranke zugunsten **behin- 21 derter Menschen** eingeführt. Bei der Umsetzung in § 45 a handelt es sich um eine gemäß Art. 6 Abs. 4 Unterabsatz 1 der Multimedia-Richtlinie gegenüber technischen Schutzmaßnahmen einzubeziehende Vorschrift (Art. 5 Abs. 3 lit. b)). Begünstigte i. S. d. § 95 b Abs. 1 sind insbesondere **Blinde** und **Gehörlose** (vgl. ausführlich § 45 a Rn. 3 f.). Der Gesetzgeber hat zugunsten behinderter Menschen **stärkere Durchsetzungsmöglichkeiten** gegen technische Schutzmaßnahmen (§ 95 a) im Verhältnis zu nichtbehinderten Personen aufgenommen, denn § 45 a soll es Menschen, denen die sinnliche Wahrnehmung eines Werkes oder Schutzgegenstandes aufgrund ihrer Behinderung wesentlich erschwert ist, ermöglichen, Vervielfältigungen vorzunehmen, die das Werk oder den Schutzgegenstand in eine andere Wahrnehmungsform übertragen. Darin sollen sie auch nicht durch technische Schutzmaßnahmen eingeschränkt werden.

c) Sammlungen für Schul- oder Unterrichtsgebrauch (§ 46)

22 Art. 5 Abs. 3 lit. a) der Multimedia-Richtlinie – die Schranke für Nutzungen im Unterricht – gehört auch zu den zwingenden Ausnahmen des nunmehr umgesetzten § 95 b. Von dieser Regelung begünstigt sind **allgemeinbildende Berufs- und Sonderschulen** und Nutzer von Materialien für den **Privatunterricht** (ausführlich § 46 Rn. 7). Im Rahmen des **Schulbuchparagrafen** ist die Vervielfältigung, die Verbreitung und öffentliche Zugänglichmachung von Teilen eines Werkes, von Sprachwerken oder von Werken der Musik von geringem Umfang, von einzelnen Werken der bildenden Künste oder einzelnen Lichtbildwerken als Element einer Sammlung, die Werke einer größeren Anzahl von Urhebern vereinigt und die nach ihrer Beschaffenheit nur für den Unterrichtsgebrauch in Schulen, in nichtgewerblichen Einrichtungen der Aus- und Weiterbildung oder Berufsausbildung bestimmt ist, erfasst (ausführlich § 46 Rn. 1 ff.). Mit der Umsetzung des Rechts auf Zugänglichmachung (§ 19 a) aus der Multimedia-Richtlinie in das geltende UrhG wird auch der Tatsache Rechnung getragen, dass in den Schulen bzw. Berufsschulen die Vernetzung weiter fortgeschritten ist und der Zugang zum geschützten Werk und dessen Nutzung zur alltäglichen Praxis gehört.

23 Unklar ist, wieso Sammlungen für den **Kirchengebrauch** ausgeschlossen sind. Ein Hinweis in der Gesetzesbegründung zu § 95 b fehlt. Die Ausnahme ist wohl darin begründet, dass die Schranken, die in § 95 b zu finden sind, zwingend für den Ausgleich der technischen Schutzmaßnahmen umzusetzen waren und der Gesetzgeber von der Einbeziehung der fakultativen Schranken wie Art. 5 Abs. 3 lit. g) Multimedia-Richtlinie – der Nutzung für religiöse Veranstaltungen – weitgehend keinen Gebrauch gemacht hat.

d) Schulfunksendungen (§ 47)

24 Die Einbeziehung der Schulfunksendungen beruht auch auf Art. 5 Abs. 3 lit. a) Multimedia-Richtlinie, der zwingend einbezogen wurde. Begünstigte i. S. d. § 95 a sind hierbei **Schulen** sowie Einrichtungen der **Lehrerbildung** und **Lehrerfortbildung, Heime der Jugendhilfe** u. a. (ausführlich siehe § 47 Rn. 2 ff. im HauptB). § 47 bezieht sich nur auf Werke, die **innerhalb einer Schulfunksendung** gesendet werden. Da die **Sendungen** ohnehin nur von Rundfunkanstalten ausgestrahlt werden und der Sender auch ohne technische Schutzmaßnahmen die Ausstrahlung verhindern kann, wird dieser Schranke im Verhältnis zu den technischen Schutzmaßnahmen keine große praktische Bedeutung zukommen.

e) Öffentliche Zugänglichmachung für Unterricht und Forschung (§ 52 a)

25 Die Einbeziehung der öffentlichen Zugänglichmachung für Unterricht und Forschung beruht auch auf Art. 5 Abs. 3 lit. a) Multimedia-Richtlinie, der zwingend einbezogen wurde. Begünstigte sind Personen, die im **Lehrer-Schüler-Verhältnis** im engeren Sinne stehen, beispielsweise im Kommunions- und Konfirmandenunterricht sowie im Privatunterricht (ausführlich § 52 a Rn. 8 ff.). Mit dieser Vorschrift soll den berechtigten Interessen in der Wissenschaft und im Unterricht Rechnung getragen werden. § 52 a steht für die Nutzung von Teilen von Werken zur Veranschaulichung im Unterricht oder für Zwecke der wissenschaftlichen Forschung, wenn die Verwertung zur Verfolgung nicht kommerzieller Zwecke erfolgt.

f) Vervielfältigungen zum privaten und sonstigen eigenen Gebrauch (§ 53)

Die Frage, ob die digitale Privatkopie erlaubt sein soll, war, da sie von der Richtlinie als **26** Kann-Vorschrift den Mitgliedstaaten überlassen wurde, heftig umstritten. Die im Gesetz vorgenommenen Änderungen des § 53 dienen vor allem der Klarstellung wegen der Möglichkeit der digitalen Vervielfältigung zum privaten und sonstigen Gebrauch (§ 53 Rn. 6). Die Änderung entspricht den Vorgaben in Art. 5 Abs. 2 und 3 der Multimedia-Richtlinie. Bei dieser Vorschrift ist aber im Verhältnis zu den **technischen Schutzmaßnahmen** zwischen den Vervielfältigungsverfahren zu unterscheiden, denn der Gesetzgeber hat sich dafür entschieden, zunächst nur die Schranken in § 95 b umzusetzen, die ihm vom Richtliniengeber als zwingend vorgeschrieben wurden. Eine Kann-Vorschrift bzgl. der **digitalen Privatkopie** hinsichtlich ihrer Durchsetzung – Art. 6 Abs. 4 Unterabsatz 2 Multimedia-Richtlinie – wurde deshalb bislang noch nicht in das deutsche Recht umgesetzt, da diese Frage noch weiterer Klärung bedarf und ohne Zeitdruck erörtert werden soll (BT-Drucks. 15/38, 15). Das bedeutet, dass die Frage des Spannungsverhältnisses zwischen der digitalen Privatkopie und den technischen Schutzmaßnahmen bislang bedauerlicherweise noch offengelassen wurde. Daran, dass ein Recht auf die Privatkopie nicht besteht, hat sich nichts geändert (*Diemar* GRUR 2002, 587, 592).

Auch bei den Schranken zur privaten und sonstigen Vervielfältigung entschied sich der **27** Richtliniengeber dagegen, durch die Einführung von **Vergütungssystemen** wie in § 54 a die Regelungen europaweit zu harmonisieren (vgl. zur Kritik *Davies* GRUR Int. 2001, 915 ff.).

aa) Vervielfältigungen auf Papier oder einen ähnlichen Träger mittels beliebiger **28** **photomechanischer Verfahren oder anderer Verfahren (§ 53 Abs. 1).** Gemäß Art. 6 Abs. 4 Unterabsatz 1 war diese Schranke nach Art. 5 Abs. 2 lit. a) Multimedia-Richtlinie zu berücksichtigen. Die nunmehr in § 53 Abs. 1 aufgenommene Formulierung „**natürliche Person**" weist auf die Begünstigten i. S. d. § 95 b Abs. 1 hin. Nur die natürliche Person ist berechtigt, Vervielfältigungen eines Werkes oder anderer Schutzgegenstände zum privaten Gebrauch vorzunehmen, sofern sie nicht von offensichtlich rechtswidrigen Vervielfältigungsvorlagen erstellt werden (ausführlich § 53 Rn. 13). § 53 Abs. 1 unterscheidet bei den Vervielfältigungen zum privaten Gebrauch im Gegensatz zu § 95 b Abs. 1 Nr. 6 a) nicht zwischen analogen und digitalen Trägern. Die Rechtsinhaber sind aber verpflichtet, Kopien, die mittels **photomechanischer Vervielfältigung** oder auch **vergleichbarer Kopiertechniken** (z. B. Reprographie) angefertigt werden, wobei das Ergebnis des Vervielfältigungsvorgangs in **Papierform** oder auf einem **ähnlichen Träger** fixiert sein muss (ausführlich § 53 Rn. 9), zu ermöglichen. Erfasst wird auch die Anfertigung einer Kopie durch eine natürliche Person für die privaten Zwecke einer anderen natürlichen Person (*Spindler* GRUR 2002, 105, 112).

Die Kopien, die möglicherweise vom Begünstigten angefertigt werden, sind beschränkt. **29** Angesichts des Begriffs des privaten Gebrauchs kann die **Anzahl der Kopien** aber recht unterschiedlich sein (so Schricker/*Loewenheim* § 53 Rn. 14; näher § 53 Rn. 10). Für die Rechtsinhaber besteht keine Verpflichtung, eine bestimmte Anzahl an privaten Kopien zu gewähren. Sie können sogar zwischen verschiedenen Anwendungsbereichen, z. B. Neuerscheinungen und älteren Auflagen, Unterschiede machen (*Dreier* ZUM 2002, 28, 37 Fn. 66).

bb) Vervielfältigungsstücke zum eigenen Gebrauch (§ 53 Abs. 2 Nr. 1). Gemäß **30** Art. 6 Abs. 4 Unterabsatz 1 war auch diese Schranke nach Art. 5 Abs. 2 lit. a) der Multimedia-Richtlinie zu berücksichtigen. Begünstigte sind **natürliche** und **juristische Personen,** die ausschließlich für den **eigenen Gebrauch,** allerdings auch aus beruflichen Gründen, vervielfältigen (ausführlich § 53 Rn. 19 ff.). Sie privilegiert die Vervielfältigung zum eigenen wissenschaftlichen Gebrauch, wenn und soweit die Vervielfältigung zu diesem Zweck geboten ist.

31 cc) **Vervielfältigungsstücke für Archivzwecke (§ 53 Abs. 2 Nr. 2).** Diese Schranke entspricht Art. 5 Abs. 2 a) und c) der Multimedia-Richtlinie. Sie privilegiert die Aufnahme in ein **eigenes Archiv,** wenn und soweit die Vervielfältigung zu diesem Zweck geboten ist und als Vorlage für die Vervielfältigung ein eigenes Werkstück benutzt wird. Allerdings schränkt § 95 b Abs. 1 Nr. 6 c) den Anwendungsbereich zusätzlich auf die Vervielfältigung auf **Papier** oder einem **ähnlichen Träger** mittels beliebiger **photomechanischer Verfahren** oder anderer Verfahren mit ähnlicher Wirkung ein. **Alternativ** dazu genügt es, wenn das Archiv keinen **unmittelbar** oder **mittelbar wirtschaftlichen** oder **Erwerbszweck** verfolgt (ausführlich § 53 Rn. 25 f.).

32 dd) **Unterrichtung über Tagesfragen (§ 53 Abs. 2 Nr. 3).** Diese Schranke privilegiert die Vervielfältigung eines durch **Funk** gesendeten Werkes zur eigenen Unterrichtung über **Tagesfragen.** Auch hier schränkt § 95 b die Anwendbarkeit auf die Vervielfältigung auf Papier oder einem **ähnlichen Träger mittels beliebiger** photomechanischer Verfahren oder **anderer Verfahren mit ähnlicher Wirkung** ein. Aus der Natur der Sache ergibt sich, dass das gesendete Werk nur durch Verfahren ähnlicher Wirkung vervielfältigt werden kann. Der Wortlaut des § 95 b Abs. 1 Nr. 6 d) ist bzgl. der Frage, ob auch § 53 Abs. 2 S. 3 kumulativ anzuwenden ist, unglücklich formuliert. Aus der Regelung des S. 3 ist jedoch zu schließen, dass dieser auf Nr. 6 d) 1. Alt. nicht anzuwenden ist, da eine zwingende Voraussetzung des § 53 Abs. 2 S. 2 Nr. 1 kumulativ mit der alternativen Anwendung des § 53 Abs. 2 S. 2 Nr. 1 oder 2 sinnlos wäre.

33 ee) **Zum sonstigen eigenen Gebrauch (§ 53 Abs. 2 Nr. 4).** Diese Schranke privilegiert den sonstigen eigenen Gebrauch, wenn es sich um **kleine Teile eines erschienenen Werkes** oder um einzelne Beiträge handelt, die in **Zeitungen** oder **Zeitschriften** erschienen sind oder wenn es sich um ein **seit mindestens zwei Jahren vergriffenes Werk** handelt (ausführlich § 53 Rn. 29 ff.). Entsprechend der Auslegung von § 95 b Abs. 1 Nr. 6 d) 1. Alt. ist bei der 2. Alt. lediglich die **alternative** Beschränkung auf die Vervielfältigung auf Papier oder einem ähnlichen Träger mittels beliebiger photomechanischer Verfahren oder anderer Verfahren mit ähnlicher Wirkung (Nr. 1) *oder* eine ausschließliche analoge Nutzung (Nr. 2) anzunehmen.

34 ff) **Vervielfältigungsstücke für die Aus- und Weiterbildung (§ 53 Abs. 3).** Diese Schranke privilegiert Vervielfältigungsstücke von **kleinen Teilen eines Werkes,** von Werken von geringem Umfang oder von einzelnen Beiträgen, die in **Zeitungen** oder **Zeitschriften** erschienen oder öffentlich zugänglich gemacht worden sind, zum eigenen Gebrauch, entweder im Schulunterricht, in nichtgewerblichen Einrichtungen der Aus- und Weiterbildung sowie in Einrichtungen der Berufsbildung in der für eine Schulklasse erforderlichen Anzahl oder für **staatliche Prüfungen** und Prüfungen in Schulen, Hochschulen, in nichtgewerblichen Einrichtungen der **Aus-** und **Weiterbildung** sowie in der Berufsbildung in der erforderlichen Anzahl herzustellen oder herstellen zu lassen, wenn und soweit die Vervielfältigung zu diesem Zweck geboten ist. Ob diese Schranke von den Befugnissen der Multimedia-Richtlinie gedeckt ist, ist fraglich (ausführlich § 53 Rn. 35).

g) Vervielfältigung durch Sendeunternehmen (§ 55)

Gemäß Art. 6 Abs. 4 Unterabsatz 1 war auch diese Schranke nach Art. 5 Abs. 2 lit. d) der 35 Multimedia-Richtlinie zu berücksichtigen. Sie betrifft die **Übertragung eines Werkes** mit eigenen Mitteln auf **Bild- oder Tonträger,** um diese zur Funksendung zu benutzen. Begünstigter ist das **Sendeunternehmen,** das zur **Funksendung** des Werkes berechtigt ist. Bei außergewöhnlichem dokumentarischen Wert muss die Aufnahme nicht gelöscht werden (ausführlich siehe § 55 Rn. 1 ff. im HauptB).

6. Unwirksamkeit von Vereinbarungen (§ 95 b Abs. 1 S. 2)

Verträge zwischen Rechtsinhaber und Begünstigtem, die zum Ausschluss der Verpflichtun- 36 gen aus § 95 b Abs. 1 führen, sind unwirksam. Damit klärt der Gesetzgeber von vornherein die Frage, ob bei vertraglichen Regelungen, die nicht dem Abs. 3 unterfallen, die Verpflichtungen aus Abs. 1 vertraglich abbedungen werden können (*Spindler* GRUR 2002, 105, 118). Da die Schrankenregelungen gesetzliche Erlaubnistatbestände für den Nutzer darstellen, können derartige Klauseln oder Individualabreden keine Wirkung entfalten. Sie sind nichtig (Palandt/*Heinrichs* Überbl v § 104 BGB Rn. 28 f.) und führen zur Nichtigkeit des Gesamtvertrages, wenn nicht gemäß § 139 BGB anzunehmen ist, dass der Vertrag auch ohne die Abbedingung der Schrankenregelung geschlossen worden wäre (Palandt/*Heinrichs* § 139 BGB Rn. 2).

III. Ansprüche der Begünstigten (§ 95 b Abs. 2)

§ 95 b Abs. 2 begründet einen **individuellen zivilrechtlichen Anspruch** des einzelnen 37 Begünstigten gegen den Rechtsinhaber, wenn dieser die notwendigen Mittel i. S. d. § 95 b Abs. 1 (§ 95 b Rn. 15 f.) nicht zur Verfügung stellt, um die Ausübung der jeweiligen Schrankenvorschrift zu sichern (BT-Drucks. 15/38, 27).

Der Gesetzgeber hat mit einem individuellen zivilrechtlichen Anspruch erstmals in der 38 Urheberrechtsgeschichte in Deutschland dem Begünstigten gegen den Rechtsinhaber ein eigenes Schutzrecht in die Hand gegeben. Dies ist aber nur ein notwendiger Ausgleich für die faktische Einschränkung seiner Rechte, denn es ist ausgeschlossen, dass der Begünstigte als Nutzer in Form der **Selbsthilfe** („Right to hack") gegen technische Schutzmaßnahmen vorgeht, die ihn an der Nutzung (z. B. Vervielfältigung einer analogen Kopie) hindern (vgl. § 108 b Rn. 10; *Spindler* GRUR 2002, 105, 117).

Da der Individualanspruch des Schrankenbegünstigten nicht genügt, um eine wirksame 39 Durchsetzung der Schranke i. S. d. §§ 45 ff. zu gewährleisten, weil der einzelne Nutzer kaum in der Lage sein dürfte, einen entsprechenden Prozess zu führen, hat der Gesetzgeber das Unterlassungsklagegesetz auch für die Verbände geöffnet. Danach ist eine **Verbandsklage** wegen Verletzung des § 95 b Abs. 1 zulässig (§§ 2 a, 3 a, 6 Abs. 1 S. 2 Nr. 3 UKlaG). Dabei entfallen die Belastungen für den einzelnen Schrankenbegünstigten. Außerdem besteht der Vorteil, eine **einheitliche Rechtspraxis** zu erreichen, die über den Einzelfall hinaus geht. Für ein Schlichtungsverfahren hat sich der Gesetzgeber aus Effizienzgründen nicht entschieden. Vervollständigt wird das Instrumentarium zur wirksamen Durchsetzung der Schrankenregelung durch die ausgestaltete **Pönalisierung** in § 111 a Abs. 1 Nr. 2, Abs. 2 und 3 (§ 111 a Rn. 1 ff.). Ob diese Möglichkeiten zur Durchsetzung der Schrankenbestimmungen ausreichend sind, wird sich zeigen. Für die Angaben, die im Falle der Klage benötigt werden, ist § 95 d Abs. 2 heranzuziehen (§ 95 d Rn. 11 ff.).

40 Der Richtliniengeber setzt seine Hoffnungen zur Durchsetzung der Schrankenbestimmungen ohnehin zunächst ausschließlich in **freiwillige Maßnahmen** der Rechtsinhaber. Der Begriff der **freiwilligen** Vereinbarungen ist allerdings sehr unklar und wurde vielfach kritisiert (*Hugenholtz* EIPR 2000, 499, 500; *Lindhorst* 128); er taucht auch erst in § 95 b Abs. 4 erstmalig ohne Bezug auf. Hintergrund ist, dass die Mitgliedstaaten zunächst angehalten werden sollen, freiwillige Maßnahmen zur Einhaltung der Schrankenbestimmungen zu fördern, bevor sie nach einer **angemessenen Frist**, die nicht näher bestimmt ist, zwingende Regelungen zu ihrer Durchsetzung schaffen (Erwägungsgrund 52). Das betrifft insbesondere die Schranke für den privaten Gebrauch (§ 53). Wie diese Maßnahmen aussehen werden, ist bislang nicht spezifiziert; in der Wahl der Mittel sind die Mitgliedstaaten frei (vgl. *v. Lewinski/Walter* in: Walter Info-RL Rn. 157). Dies beruhe darauf, dass der Gesetzgeber in technischer Hinsicht keine Standards setzen könne (*Kröger* CR 2001, 316, 322). Allerdings ist der Anbieter hier dem Nutzer gegenüber in einer überlegenen Stellung, so dass die praktische Wirksamkeit dieser Regelung zu bezweifeln ist (*Kröger* CR 2001, 316, 322; *Hilty* MMR 2002, 577, 578). Hier wäre der Gesetzgeber gefordert gewesen, klare Ziele vorzugeben (*Kröger* CR 2001, 316, 322). Einigkeit scheint lediglich darüber zu herrschen, dass die Einhaltung der Verpflichtungen der Rechtsinhaber aus § 95 b Abs. 1 nicht durch behördliches Einschreiten sichergestellt werden kann (*Reinbothe* ZUM 2002, 43, 50). Der Begriff der „**Mittel**" könnte eine Beschränkung auf die technischen Umgehungsmittel implizieren. Richtigerweise muss vom Gesetzgeber im Falle eines Versagens der bisherigen Regelungen auch eine volle Anwendung der Schrankenbestimmungen auf die technischen Schutzmaßnahmen angedacht werden (*Linnenborn* K&R 2001, 394, 399). Der deutsche Gesetzgeber hat jedoch in § 95 b Abs. 2 dem Begünstigten bereits ein Instrument in die Hand gegeben, das den Rechtsinhaber zu Kooperation anhalten soll (§ 95 b Rn. 50). Ob dies ausreichend ist, wird die Praxis erweisen.

41 Die Regelungen, die die Rechtsinhaber festlegen, können beinhalten, dass eine bestimmte **Anzahl von Kopien** pro Person von vornherein erlaubt wird und dann eine Sperre automatisch eintritt. Eine andere Möglichkeit besteht darin, grundsätzlich alle Vervielfältigungen zu sperren, **Kopien** aber über den Rechtsinhaber unter Angabe der Begünstigung zu **ordern**. Damit könnten die Vervielfältigungen gesteuert werden (*Kröger* CR 2002, 316, 322). Das dürfte vor allem private oder eigene Kopien betreffen. Handelt es sich bei den Begünstigten um eine bestimmte Personengruppe wie behinderte Menschen oder Institute wie Schulen und Universitäten, so empfiehlt sich eine vertragliche Vereinbarung mit **Vereinen, Verbänden** oder **Zusammenschlüssen**, die ihrerseits vertraglich verpflichtet werden, auf die Einhaltung der Beschränkung der Kopien bei den begünstigten Gruppen zu achten. Eine andere Möglichkeit besteht darin, den **Schlüssel** den Begünstigten zu übergeben. Dies kann in Form eines einfachen Codes, in Form von Entschlüsselungssoftware oder Hardwaredecodern erfolgen. Weitere Möglichkeiten sind das **Zulassen von Kopien bei schlechterer Qualität** oder aber, dass die Kopie den Rechtsinhaber von der Vervielfältigung „unterrichtet", so dass eine **Einzelabrechnung** möglich ist (§ 95 c Rn. 9). Welche Möglichkeiten sich durchsetzen, wird die Praxis zeigen (vgl. zu den notwendigen Mitteln auch § 95 b Rn. 15 f.).

42 § 95 b Abs. 2 S. 2 legt eine **Beweislastumkehr** zu Gunsten der Rechtsinhaber fest und soll ein Anreiz für freiwillige Vereinbarungen zwischen den Rechtsinhabern und Schrankenbegünstigten auf Verbandsebene schaffen. Diese Vereinbarungen werden keine Drittwirkung gegenüber Außenseitern entfalten. Es soll aber gegenüber Dritten die Vermutung begründet werden, dass die von Rechtsinhabern angebotene Möglichkeit der Werknutzung den Anforderungen des Abs. 1 genügt. Demzufolge muss der Schrankenbegünstigte im Streitfall darlegen und beweisen, weshalb die ihm angebotenen Mittel zur Durchsetzung der Schranke nicht ausreichend sind.

IV. Vertragliche Vereinbarung (§ 95 b Abs. 3)

Entsprechend Art. 6 Abs. 4 Unterabsatz 4 Multimedia-Richtlinie hat der Gesetzgeber im Rahmen des **interaktiven** Zurverfügungstellens die wirksamen technischen Maßnahmen zur Durchsetzung der Schrankenregelungen ausgenommen, wenn eine **vertragliche Vereinbarung** vorliegt. Interaktive Dienste, die vertraglichen Regelungen unterstellt sind, fallen damit nicht in den Anwendungsbereich des Abs. 1, unabhängig davon, ob ein Nutzungsentgelt vereinbart wird oder nicht (*Mayer* CR 2003, 274, 280). Für den Fall, dass die interaktiven Dienste **zusätzlich** zu anderen Vertriebsformen angeboten werden, sind die Abs. 1 und 2 für letztere weiterhin anwendbar. Die Regelung des Art. 6 Abs. 4 Unterabsatz 4 Multimedia-Richtlinie wurde erst recht spät in die Richtlinie eingefügt und bezieht sich in ihrem Anwendungsbereich auf **Art. 3** Multimedia-Richtlinie. Durch die Formulierung „soweit" wird klargestellt, dass sich diese Sonderregelung allein auf die technischen Maßnahmen erstreckt (BT-Drucks. 15/38, 27), die im Rahmen der interaktiven Zurverfügungstellung auf Grundlage vertraglicher Vereinbarung Anwendung finden. Die Anwendbarkeit ist auf interaktive Dienste auf Abruf beschränkt, das bedeutet auf Dienste, bei denen der Nutzer die individuelle Wahl bzgl. Ort und Zeit der Übertragung trifft. Dabei entsteht eine **Punkt-zu-Punkt-Kommunikation (Unicast)**. Zu den interaktiven Diensten i. S. d. § 95 b Abs. 3 zählen deshalb z. B. **On-Demand-Dienste, Datenbanken** und sonstige **Informationsabrufdienste** mit oder ohne Entgeltpflichtigkeit. Gerade bei Datenbanken könnte durch dieses System unter anderem der wissenschaftliche Austausch gefährdet sein (*Dietz* in: *Zecher* ZUM 2002, 451, 457). 43

Andere Online-Dienste, die nicht in den Anwendungsbereich fallen, sind die verschiedenen Sendeformen, denen die Punkt-zu-Punkt-Kommunikation fehlt **(Multicast),** wie das **Streamen** von Inhalten, z. B. beim Radio über das Internet (*Flechsig* ZUM 2002, 1, 16; *Gottschalk* MMR 2003, 148, 155; *Mayer* EuZW 2002, 325, 329), **Pay-Per-View, Near-Video-on-Demand** oder **Webcasting.** Sie sind in der Regel schon nicht erfasst, da es meist an den urheberrechtlichen Vereinbarungen fehlt. Eine weitere Einschränkung erfährt Abs. 3 dadurch, dass nur interaktive Dienste im **elektronischen Geschäftsverkehr** der Regelung unterfallen (*Reinbothe* GRUR Int. 2001, 733, 742); praktisch hat diese Einschränkung kaum eine Bedeutung. 44

Vorgeschlagen wird weiterhin eine **Einschränkung** auf den **Zugang zu den Werken und Leistungen.** Sobald ein Werk bereits zugänglich gemacht wurde, sollen die Schrankenregelungen auf die Nutzung des Werkes wieder anwendbar sein, denn Gegenstand der Regelung ist nicht die Kopie selbst, sondern die **Übertragung** (*Linnenborn* K&R 2001, 394, 400 f.; *Dreier* ZUM 2002, 28, 37; a. A. *Spindler* GRUR 2002, 105, 119). 45

Auf **Computerprogramme** ist § 95 b Abs. 3 nicht anwendbar (a. A. *Dreier* ZUM 2002, 28, 37), auch wenn die Kommission die Auswirkungen auf Computerprogramme beobachten will (Erklärung der Kommission im Ratsprotokoll, bei *Reinbothe* GRUR Int. 2001, 733, 744 Fn. 56), denn sowohl die Richtlinie als auch die deutsche Umsetzung haben sich zu dieser Frage eindeutig geäußert (§ 95 a Rn. 8), so dass hier ausschließlich § 69 f in Betracht kommt. Die Erklärung der Kommission besagt außerdem lediglich, dass die Wirkung zwischen den jeweiligen Richtlinien untersucht werden soll. 46

47 Da die Schrankenregelungen **zwingender Natur** sind, ist fraglich, ob die Schranken als Leitbild durch vertragliche Vereinbarungen ausgehebelt werden können. Denn solche strengeren vertraglichen Regelungen werden durch entsprechende Lizenzbedingungen zum Regelfall werden (*Kröger* CR 2002, 316, 323). Zumindest muss auch hier eine **Inhaltskontrolle** nach § 307 BGB bestehen. Unklar ist, ob die Schranken als gesetzliches Leitbild i. S. d. § 307 Abs. 2 BGB zu verstehen sind (dagegen für urheberschützende Bestimmungen BGH GRUR 1984, 45 – Honorarbedingungen; dafür *Spindler* GRUR 2002, 105, 118). Eine andere Möglichkeit besteht darin, eine Regelung, die den Verbraucher allzu sehr einschränkt, als **sittenwidrig** einzustufen (vgl. *Dreier* ZUM 2002, 28, 38 Fn. 75).

48 Im Übrigen bleibt es bei diesen auf vertraglicher Grundlage öffentlich zugänglich gemachten Werken und Leistungen **außerhalb der technischen Schutzmaßnahmen** bei den allgemeinen Schrankenbestimmungen. Allerdings ist es den Begünstigten der Schrankenbestimmungen dabei nicht möglich, aufgrund von Abs. 2 die insoweit zwingenden Maßnahmen der Richtlinie durchzusetzen. Die Schrankennutzung steht hier im Belieben des jeweiligen Rechtsinhabers.

V. Rechtsschutz nach § 95 a (§ 95 b Abs. 4)

49 Unabhängig von vertraglichen Vereinbarungen im Zusammenhang mit interaktiven Diensten i. S. d. § 95 a Abs. 3 gewährt Abs. 4 in Umsetzung des Art. 6 Abs. 4 Unterabsatz 3 der Multimedia-Richtlinie ausdrücklich **Rechtsschutz** nach § 95 a **für angewandte technische Schutzmaßnahmen** zur Erfüllung der Verpflichtungen aus § 95 b Abs. 1 und für Maßnahmen zur Umsetzung der **freiwilligen Vereinbarungen** (siehe § 95 b Rn. 40).

VI. Inkrafttreten

50 Gemäß Art. 6 des Gesetzes zur Regelung des Urheberrechts in der Informationsgesellschaft tritt § 95 b Abs. 2 erst am ersten Tag des zwölften auf die Verkündung folgenden Kalendermonats in Kraft und somit am 1. 9. 2004 (vgl. § 137 j Rn. 11 f.). Diese Frist wurde eingefügt, um den Rechtsinhabern die Gelegenheit zu geben, sich im Rahmen freiwilliger Maßnahmen mit den Schrankenbegünstigten über die Schrankendurchsetzung zu einigen. Diese Frist betrifft nicht nur die zivilrechtlichen Mittel und die Kennzeichnungspflicht zur prozessualen Durchsetzung (§ 95 d Rn. 16), sondern auch die Mittel des Ordnungswidrigkeitenrechts (§ 111 a Rn. 13).

---

§ 95 c. Schutz der zur Rechtewahrnehmung erforderlichen Informationen

(1) **Von Rechtsinhabern stammende Informationen für die Rechtewahrnehmung** dürfen nicht entfernt oder verändert werden, wenn irgendeine der betreffenden Informationen an einem Vervielfältigungsstück eines Werkes oder eines sonstigen Schutzgegenstandes angebracht ist oder im Zusammenhang mit der öffentlichen Wiedergabe eines solchen Werks oder Schutzgegenstandes erscheint und wenn die Entfernung oder Veränderung wissentlich unbefugt erfolgt und dem Handelnden bekannt ist oder den Umständen nach bekannt sein muss, dass er dadurch die Verletzung von Urheberrechten oder verwandter Schutzrechte veranlasst, ermöglicht, erleichtert oder verschleiert.

§ 95 c. Schutz der erforderlichen Informationen

(2) Informationen für die Rechtewahrnehmung im Sinne dieses Gesetzes sind elektronische Informationen, die Werke oder andere Schutzgegenstände, den Urheber oder jeden anderen Rechtsinhaber identifizieren, Informationen über die Modalitäten und Bedingungen für die Nutzung der Werke oder Schutzgegenstände sowie die Zahlen und Codes, durch die derartige Informationen ausgedrückt werden.

(3) Werke oder sonstige Schutzgegenstände, bei denen Informationen für die Rechtewahrnehmung unbefugt entfernt oder geändert wurden, dürfen nicht wissentlich unbefugt verbreitet, zur Verbreitung eingeführt, gesendet, öffentlich wiedergegeben oder öffentlich zugänglich gemacht werden, wenn dem Handelnden bekannt ist oder den Umständen nach bekannt sein muss, dass er dadurch die Verletzung von Urheberrechten oder verwandter Schutzrechte veranlasst, ermöglicht, erleichtert oder verschleiert.

Literatur: *Bechtold*, Vom Urheber- zum Informationsrecht, Implikationen des Digital Rights Management, München 2002; *Briem*, Elektronische Lizenzierung von urheberrechtlich geschützten Werken, MMR 1999, 256; *Dietz*, Die EU-Richtlinie zum Urheberrecht und zu den Leistungsschutzrechten in der Informationsgesellschaft – Vorstoß in den Kernbereich des Urheberrechts- und Leistungsschutzes und seine Folgen, ZUM 1998, 438; *Dreier*, Die Umsetzung der Urheberrechtsrichtlinie 2001/29/EG in deutsches Recht, ZUM 2002, 28; *Dusollier*, Electrifying the Fence: the Legal protection of technological measures for Protecting Copyright, EIPR 1999, 285; *Federrath*, Multimediale Inhalte und technischer Urheberrechtsschutz im Internet, ZUM 2000, 804; *Flechsig*, Grundlagen des Europäischen Urheberrechts, ZUM 2002, 1; *Gass*, Digitale Wasserzeichen als urheberrechtlicher Schutz digitaler Werke, ZUM 1999, 816; *Kröger*, Die Urheberrechtsrichtlinie für die Informationsgesellschaft – Bestandsaufnahme und kritische Bewertung, CR 2002, 316; *Peukert*, Digital Rights Management und Urheberrecht, UFITA 2002/III, 689; *Reinbothe*, Die EG-Richtlinie zum Urheberrecht in der Informationsgesellschaft, GRUR Int. 2001, 733; *Spindler*, Europäisches Urheberrecht in der Informationsgesellschaft, GRUR 2002, 105; *Wand*, Technische Schutzmaßnahmen und Urheberrecht – Vergleich des internationalen, europäischen, deutschen und US-amerikanischen Rechts, München 2001.

Übersicht

	Rn.		Rn.
I. Überblick	1–6	b) Veranlassen	20
1. Entwicklung des Schutzes der zur Rechtewahrnehmung erforderlichen Informationen	1	c) Ermöglichen	21
		d) Erleichtern	22
2. Bedeutung	2–5	e) Verschleiern	23
3. Auslegung der Vorschriften	6	IV. Handlungen nach dem Entfernen von Informationen (§ 95 c Abs. 3)	24–32
II. Informationsbegriff (§ 95 c Abs. 2)	7–13	1. Verwertungsverbote	25–30
1. Allgemeines	7, 8	a) Verbreitung	25
2. Verfahren zur Rechtewahrnehmung	9, 10	b) Einfuhr	26
		c) Sendung	27
3. Art von Informationen	11	d) Öffentliche Wiedergabe	28
4. Elektronische Form	12	e) Öffentliche Zugänglichmachung	29
5. Verbindung mit Werken	13	f) Wissentlich unbefugt	30
III. Entfernen oder Verändern der Informationen (§ 95 c Abs. 1)	14–23	2. Verletzungshandlungen	31, 32
1. Allgemeines	14	a) Veranlassen, Ermöglichen, Erleichtern oder Verschleiern	31
2. Wissentlich unbefugte Entfernung oder Veränderung	15, 16	b) Kenntnis oder Kennenmüssen durch Umstände	32
3. Kenntnis oder Kennenmüssen durch Umstände	17, 18	V. Rechtsfolgen	33, 34
4. Verletzungshandlungen	19–23		
a) Allgemeines	19		

§ 95 c. Schutz der erforderlichen Informationen

I. Überblick

1. Entwicklung des Schutzes der zur Rechtewahrnehmung erforderlichen Informationen

1 In den beiden WIPO-Verträgen **WCT** und **WPPT** wurden die Vertragsparteien dazu verpflichtet, einen angemessenen Rechtsschutz gegen Personen zu schaffen, die elektronische Informationen zur Rechtewahrnehmung entfernen oder sie nach der Entfernung verwerten. Die Bestimmungen der beiden WIPO-Abkommen sind bereits ausführlich formuliert. In Übertragung der Art. 12 WCT und Art. 19 WPPT hat der Richtliniengeber in **Art. 7** der **Multimedia-Richtlinie** (siehe Anhang 2 im HauptB) die Mitgliedstaaten aufgefordert, die verschiedenen Identifizierungssysteme für Werke und sonstige Schutzgegenstände kompatibel und interoperabel zu machen (Erwägungsgrund 54), und ihren Rechtsschutz als flankierende Maßnahme umgesetzt. Am 7. Juli 1998 legte das Bundesministerium für Justiz einen **Diskussionsentwurf** zur Änderung des deutschen Urheberrechtsgesetzes vor, mit dem u. a. die WIPO-Verträge umgesetzt und die Regelungen zu den Informationen zur Rechtewahrnehmung in § 96 b festgelegt werden sollten. Die Endfassung des Art. 7 entspricht weitgehend dem ersten Richtlinienvorschlag (KOM (97) 628 endg.), lediglich bzgl. der Verletzungshandlungen wurde umformuliert. § 95 c setzt wiederum den Art. 7 Multimedia-Richtlinie fast wörtlich um.

2. Bedeutung

2 Wie Art. 7 der Multimedia-Richtlinie dient der eng an dessen Wortlaut angelehnte § 95 c dem Schutz der sog. Rights-Management-Systeme (*Flechsig* ZUM 2002, 1, 16).

3 Digitale Informationen über die Wahrnehmung von Rechten (**Rights Management Information**) auf dem Gebiet des Urheberrechts und der verwandten Rechte gehören zum unerlässlichen Bestandteil der Vermarktung von geschützten Werken und anderen Schutzgegenständen. In der **Pirateriebekämpfung** und im **elektronischen Geschäftsverkehr** kommt diesen Informationen eine große Bedeutung zu, denn die technische Entwicklung, die die Verbreitung von Werken über Netze fördert, bringt es mit sich, dass die Rechtsinhaber ihre Werke genauer identifizieren und genauere Informationen über die Nutzungsbedingungen angeben müssen, um ihre Rechte zu wahren (Erwägungsgrund 55). Die Kennzeichnung von Rechtsinhabern, dass sie die Erlaubnis für die Eingabe der Werke und Leistungsgegenstände in das Netz erteilt haben, soll gefördert werden (Erwägungsgrund 55; Standpunkt des Rates 2000/C 344/20). Bislang ist bereits ein legitimes Interesse an der Verwendung von Herstellungsnummern zur Überwachung der Vertriebswege anerkannt (BGH GRUR 1999, 1109 – Entfernung der Herstellungsnummer).

4 Durch den Einsatz von Integritäts- und Authentizitätskontrollen soll mittelbar Fälschungen, Raubkopien etc. vorgebeugt werden und damit auch der Schutzbehauptung, man habe von einer Rechtsverletzung nichts gewusst. Der individuelle Nutzungsvorgang wird erfasst, um so bessere Bedingungen für die Durchsetzung des Vergütungsanspruchs zu schaffen (*Flechsig* ZUM 2002, 1, 17; zur Frage, ob Digital Rights Management-Systeme das Urheberrecht ersetzen können vgl. *Bechtold* 364 ff.; *Peukert* UFITA 2002/III, 689, 703 ff.). Derartige Schutzmaßnahmen erfassen nicht nur die wissentlich unbefugt vorgenommenen Veränderungshandlungen an diesen Informationen, sondern auch die Einfuhr, Verbreitung, Sendung, öffentliche Wiedergabe oder das Zugänglichmachen von geschützten Werken oder anderen Schutzgegenständen, aus denen diese Informationen ohne Erlaubnis der Rechtsinhaber entfernt wurden (*Spindler* GRUR 2002, 105, 119).

Nach Erwägungsgrund 57 ist bei der Datenverarbeitung durch Informationssysteme für die Wahrnehmung der Rechte der Schutz der Privatsphäre nach der EG-**Datenschutzrichtlinie** zu beachten, die am 30. 5. 2002 als Richtlinie zum Schutz natürlicher Personen bei der Verarbeitung personenbezogener Daten und zum freien Datenverkehr 95/46/EG verabschiedet wurde, denn die mögliche Kontrolle über den Einsatz von geschützten Werken oder anderen Schutzgegenständen beim Nutzer wirft Probleme des Datenschutzes auf, da die Rechtsinhaber leicht Profile der Nutzer erstellen und weiterverbreiten können (*Spindler* GRUR 2002, 119). Dieser Richtlinie sollen die **technischen Funktionen** der zur Rechtewahrnehmung verwendeten Informationssysteme gerecht werden (Begr. zum Richtlinienvorschlag Kapitel 3, III. A. 2.).

3. Auslegung der Vorschriften

Da die Regelungen über die zur Rechtewahrnehmung erforderlichen Informationen durch die Umsetzung der Multimedia-Richtlinie „**Europäisches Urheberrecht**" darstellen, sind die europäischen Vorgaben im Wege der **richtlinienkonformen Auslegung** dieser Vorschriften zu beachten. Dabei sind insbesondere der **Richtlinientext** selbst, die **Erwägungsgründe** und die weiteren Begründungen zur **Entstehungsgeschichte** einzubeziehen. Bei den nationalen Auslegungshilfen vor allem die Begründung zum **Regierungsentwurf** (BT-Drucks. 15/38) zu berücksichtigen.

II. Informationsbegriff (§ 95 c Abs. 2)

1. Allgemeines

Der Informationsbegriff des § 95 c Abs. 2 entspricht dem Art. 7 Abs. 2 der Multimedia-Richtlinie, der wiederum die Vorgaben der WIPO-Verträge aufgegriffen hat (*Flechsig* ZUM 2002, 1, 17). Informationen i. S. d. § 95 c sind daher elektronische Informationen, die Werke oder andere Schutzgegenstände, den Urheber oder jeden anderen Rechtsinhaber identifizieren, Informationen über die Modalitäten und Bedingungen für die Nutzung der Werke oder Schutzgegenstände sowie die Zahlen und Codes, durch die derartige Informationen ausgedrückt werden.

Dadurch, dass wie in Art. 12 WCT Informationen über den Urheber des Werkes genannt werden, wird darauf hingewiesen, dass auch die Informationen über die Rechtewahrnehmung einen **persönlichkeitsrechtlichen** Aspekt haben (*Dietz* ZUM 1998, 438, 448).

2. Verfahren zur Rechtewahrnehmung

Durch die Möglichkeit der Codierung wird klargestellt, dass auch standardisierte numerische und alphanumerische Identifizierungssysteme, die zur Interpretation auf **externe Datenbanken** zurückgreifen, geschützt sind (*Wand* 47). Solche Systeme sind z. B. die ISBN-Nummern (zu weiteren Systemen siehe § 95 a Rn. 18 ff.). Auch das **Electronic Copyright Management System (ECMS)** dient der individualisierten Abrechnung der Nutzung von urheberrechtlichen Schutzgegenständen. Für diese Methode muss jedes einzelne Werk international eindeutig identifiziert und zugeordnet werden können (vgl. *Briem* MMR 1999,

256 ff.). Eine einheitliche Identifizierung sollen das **CIS (Common Information System)** und **DOI (Digital Object Identifier System)** bieten (ausführlich § 95 a Rn. 36). Zur Überprüfung der Echtheit und Herkunft von Informationen werden unter anderem **digitale Signaturen** (vgl. Gesetz zur digitalen Signatur (Signaturgesetz – SigG)) verwendet, bei denen mit dem **Hashing-Verfahren** Prüfsummen gebildet, diese mit einem privaten Signaturschlüssel chiffriert und den Daten hinzugefügt werden (sog. digitaler Fingerabdruck). Um die Authentizität zu überprüfen, wird die chiffrierte Signatur mit dem öffentlichen Schlüssel dechiffriert, wobei die erhaltene Prüfsumme mit der erneuten Anwendung der Hashing-Methode auf den Datensatz auf Übereinstimmung geprüft werden kann. Stimmen die Prüfsummen überein, sind die Daten im ursprünglichen Zustand verblieben. Durch dieses Verfahren kann die Integrität der Daten sichergestellt werden. Die Authentizität kann zudem durch den Abgleich der Daten mit **Zertifizierungsstellen** festgestellt werden. Lizenzierung und Abrechnung erfolgen über einen Content- und Monitoring-Provider (ausführlich *Briem* MMR 1999, 256, 260 f.).

10 Ebenso werden zur Identifizierung **digitale Wasserzeichen,** die im allgemeinen weitere Informationen zu dem Urheber oder den Lizenzbedingungen (vertiefend *Gass* ZUM 1999, 815, 819) enthalten, verwendet. Auf diese Weise finden z. B. unterschiedliche Wasserzeichen für Informationen über Urheber, ausübende Künstler, Produzenten und Verleger oder auch den jeweiligen Nutzer Verwendung (*Bechtold* 55). Bekannte Verfahren sind das **Labeling,** bei dem die Zusatzinformationen in der Datei aber ohne großen technischen Aufwand entfernbar sind, das **Tatooing,** bei dem die Informationen in das Bild integriert, und das **Digital Fingerprinting,** bei dem eine Seriennummer o. ä. in die Dateien eingearbeitet werden. Die Informationen können auch in die wichtigsten Bestandteile eines Werkes eingebaut werden, so dass es bei Entfernung der Daten unbrauchbar wird **(Spread-Spectrum-Verfahren)** (vgl. § 95 a Rn. 25). Eine andere Möglichkeit ist das **Traitor Tracing,** bei dem Werke individualisiert mit jeweils einem Schlüssel versehen und so illegale Kopien leicht zurückverfolgt werden können (vertiefend *Federrath* ZUM 2000, 804, 809).

3. Art von Informationen

11 Die Definition der Information ist sehr weit. Sie umfasst sowohl Informationen über den **Urheber bzw. Rechtsinhaber** selbst als auch weitergehende Informationen. Die **Nutzungsbedingungen** oder auch **einfache Nachrichten,** die an dem Werk angebracht sind, können geschützt sein. Selbst die **Lizenz,** die auch durch einen Mausklick vereinbart werden kann, zählt zu den geschützten Informationen (*Dusollier* EIPR 1999, 285, 295). Die Informationen, die durch **ECMS** oder **DOI** verwaltet werden, sind gleichermaßen geschützt. **Persönliche Daten,** die für Nutzerprofile **automatisch** gesammelt werden, zählen allerdings nicht dazu, da sie nicht den Rechtsinhabern zuzuordnen sind (*Dusollier* EIPR 1999, 285, 296). Hier ist auch die Wertung der Datenschutznormen zu berücksichtigen (§ 95 c Rn. 5).

4. Elektronische Form

12 Die Informationen müssen in elektronischer Form vorliegen, d. h. in Codes, in Zahlenform, als Binärcodes etc., wenngleich der deutsche Diskussionsentwurf in § 96 b auch nicht-elektronische Informationen schützen wollte. Die elektronische Form ist dadurch gekennzeichnet, dass sie auf die elektronische Information ausgerichtet ist. Unter elektronischen Informationen sind diejenigen Informationen zu verstehen, die mit Hilfe von **elektronischen Mitteln digital gespeichert** werden. Ob zur Auswertung elektronische Geräte benutzt werden müssen, ist nicht von Bedeutung, denn nach der Verbindung mit dem Werk kann die Verbindung in verschiedenen Medien vorliegen und ist oft auch umwandelbar.

5. Verbindung mit Werken

Diese Informationen müssen an einem Vervielfältigungsstück angebracht werden oder im Zusammenhang mit der öffentlichen Wiedergabe geschützten Materials erscheinen. Computerprogramme sind gemäß § 69 a Abs. 5 aus dem Anwendungsbereich ausgenommen (§ 95 a Rn. 8). Erforderlich ist eine **physische Verbindung,** die allerdings nicht für jedermann wahrnehmbar sein muss (*Wand* 49). Eine Verbindung von elektronischen Informationen und Werken entsteht beispielsweise bei **digitalen Wasserzeichen** (§ 95 a Rn. 24). Der Schutz beschränkt sich aber nicht auf Informationen in digitalen Werken. Zwar müssen die Werke z. Zt. der Speicherung notwendigerweise in digitaler Form vorliegen, eine spätere Umwandlung, z. B. durch Ausdruck eines Bildes, kann den Schutz aber nicht beenden. 13

III. Entfernen oder Verändern der Informationen (§ 95 c Abs. 1)

1. Allgemeines

Abs. 1 ist eng am Wortlaut des Art. 7 Abs. 1 lit. a) Multimedia-Richtlinie orientiert und regelt das Verbot der Entfernung oder Änderung elektronischer Informationen, die zur Rechtewahrnehmung erforderlich sind. Da die Verwendung von Informationen auf diese Weise zur Rechtewahrnehmung **freiwillig** ist, kann § 95 c nur dann Anwendung finden, wenn die Informationen **tatsächlich eingesetzt** werden (*Wand* 114). 14

2. Wissentlich unbefugte Entfernung oder Veränderung

Informationen werden **entfernt,** wenn sie nach der Verletzungshandlung nicht mehr erkennbar sind. Bei der **Veränderung** sind die Informationen zwar noch vorhanden, haben aber einen anderen Aussagegehalt angenommen als vom Rechtsinhaber ursprünglich beabsichtigt. 15

Handlungen sind dann **unbefugt,** wenn sie von den Rechtsinhabern nicht gestattet oder gesetzlich erlaubt (*Wand* 114) oder sogar vorgeschrieben sind, wie aus Datenschutzgründen. Anderenfalls ist die Handlung nicht tatbestandsmäßig. Sind mehrere Verfügungsberechtigte gleichberechtigt, kann die Verfügungsbefugnis der einzelnen Rechtsinhaber nach dem Recht der einzelnen Mitgliedstaaten Beschränkungen unterliegen. Im Übrigen gilt auch hier bei Miturhebern § 8 Abs. 2 S. 1 analog (siehe § 8 Rn. 31 im HauptB). **Wissentlichkeit** setzt Vorsatz bzgl. des Unbefugtseins der Handlung voraus. Wissenmüssen, d. h. Fahrlässigkeit, genügt nicht. 16

3. Kenntnis oder Kennenmüssen durch Umstände

Zur Klarstellung wurde im Vergleich zu den Bestimmungen in den WIPO-Verträgen das **subjektive Element der Kenntnis bzw. des Kennenmüssens** der unbefugt vorgenommenen Verletzungshandlungen an diesen Informationen hinzugefügt (*Reinbothe* GRUR 17

2001, 733, 742; *Spindler* GRUR 2002, 105, 119). Erforderlich ist wie bei § 95a die positive Kenntnis oder das Kennenmüssen (§ 95a Rn. 62) der Handlung. Problematisch ist auch hier, welcher **Grad an Fahrlässigkeit** zu fordern ist, denn nach dem Wortlaut und der Legaldefinition des § 122 BGB wäre auf jede Art der Fahrlässigkeit zu schließen. Wie auch bei § 95a (Rn. 63) liegt hier ein Übersetzungsfehler bereits in der deutschen Richtlinienfassung vor, denn die englische und französische Fassung der Richtlinie orientieren sich an der Formulierung von Art. 45 TRIPs („with reasonable grounds to know"/„en ayant des raisons valables de penser"). Diese falsche Übersetzung setzt sich in § 95c fort, so dass § 95c richtigerweise wie folgt zu lesen ist: **„nach den Umständen vernünftigerweise bekannt sein muss"**, so dass **grobe Fahrlässigkeit** erforderlich ist und leichte nicht genügt.

18   Das Kennen bzw. Kennenmüssen bezieht sich darauf, dass der Handelnde damit rechnen muss, dass Urheberrechte verletzt werden oder ihre Verletzung erleichtert wird (*Spindler* GRUR 2002, 105, 119).

4. Verletzungshandlungen

a) Allgemeines

19   Verschiedene Handlungen werden von § 95c erfasst. Die unbefugte Handlung muss zu einer **Verletzung von Urheber-** oder **Leistungsschutzrechten,** zu denen auch die Datenbankherstellerrechte i. S. d. §§ 87a ff. UrhG gehören (Vor §§ 87a ff. Rn. 7 im HauptB), geführt haben. Ausreichend ist daher nicht, wenn **ergänzende Tätigkeiten** vorgenommen werden, wie die betrügerische Wiedergabe von Informationen für die Wahrnehmung von Rechten an eine Behörde (Begr. zum Richtlinienentwurf zu Art. 7 Punkt 2). Ob die Verletzungshandlung in Form der **Täterschaft** oder **Teilnahme** erfolgt, ist nicht von Belang (*Wand* 52), wie auch die einzelnen Verletzungsalternativen beweisen.

b) Veranlassen

20   Die erste Alternative der Verletzungshandlungen – das Veranlassen – hat in der deutschen Fassung der Richtlinie einige Änderungen erfahren: Vom „Anregen" (Vorschlag der Richtlinie), über das „Bewirken" (geänderter Vorschlag der Richtlinie) bis zum „Veranlassen" (Endfassung), obwohl die englische Fassung („inducing") und die französische („entraîne") unverändert blieben. Dem Begriff des Veranlassens in § 95c ist daher nur dahingehend Bedeutung zuzumessen, dass eine Initiierungshandlung verlangt wird.

c) Ermöglichen

21   Die Alternative des Ermöglichens ist das Schaffen von Voraussetzungen für eine Urheberrechtsverletzung. Ein Ermöglichen ist z. B. in dem Zurverfügungstellen von Werkzeugen zur Entfernung oder Veränderung der Informationen zu sehen.

d) Erleichtern

22   Das Erleichtern setzt voraus, dass ein Entfernen auch ohne die Mithilfe des Handelnden erfolgen könnte, jedoch nicht so schnell oder gründlich, und ist daher eine Beihilfehandlung.

e) Verschleiern

23   Das Verschleiern wurde erst in die Endfassung der Richtlinie aufgenommen und nimmt das Verbergen des Art. 12 WCT wieder auf (in der englischen Fassung sowohl in Art. 12 WCT als auch in Art. 7 Multimedia-Richtlinie „conceal"). Warum diese Verletzungsalterna-

§ 95 c. Schutz der erforderlichen Informationen

tive erst so spät aufgenommen wurde, ist unverständlich (vgl. *Dietz* ZUM 1998, 438, 448; *Wand* 116 zum geänderten Vorschlag der Richtlinie).

III. Handlungen nach dem Entfernen von Informationen (§ 95 c Abs. 3)

Abs. 3 setzt Art. 7 Abs. 1 lit. b) der Multimedia-Richtlinie um und regelt das Verbot von Nutzungen von Schutzgegenständen, bei denen elektronische Informationen zur Rechtewahrnehmung unbefugt entfernt oder geändert wurden. Dabei handelt es sich um ein **Verwertungsverbot**. 24

1. Verwertungverbote

a) Verbreitung

Verbreitung ist gemäß § 17 das Recht, das Original oder Vervielfältigungsstücke des Werkes der Öffentlichkeit anzubieten oder in Verkehr zu bringen. Das Verbreitungsrecht betrifft nur die körperliche Form (siehe § 17 Rn. 5 f. im HauptB). Ob das Werk aber nun die Informationen zur Rechtewahrnehmung in elektronischer oder nicht elektronischer Form beinhaltet, ist unbeachtlich, da es auf die Verbreitung des mit den Informationen verbundenen Werkes ankommt. 25

b) Einfuhr

Einfuhr ist im Gegensatz zu den anderen Handlungen kein im UrhG verankertes Verwertungsrecht. Der Begriff der Einfuhr ist wie die Einfuhr in § 95 a zu verstehen. Sie umfasst daher das Verbringen in den Geltungsbereich dieses Gesetzes (BT-Drucks. 15/38, 26). Die Einfuhr muss zur Verbreitung i. S. d. § 17 erfolgen. 26

c) Sendung

Sendung ist gemäß § 20 das Recht, das Werk durch Funk, wie Ton- und Fernsehrundfunk, Satellitenrundfunk, Kabelfunk oder ähnliche technische Mittel, der Öffentlichkeit zugänglich zu machen (ausführlich siehe §§ 20–20 b Rn. 8 im HauptB). 27

d) Öffentliche Wiedergabe

Öffentliche Wiedergabe ist gemäß § 15 Abs. 2, 3 das Recht, das Werk in unkörperlicher Form öffentlich wiederzugeben, wobei die Wiedergabe eines Werkes öffentlich ist, wenn sie für eine Mehrzahl von Mitgliedern der Öffentlichkeit bestimmt ist (ausführlich § 15 Rn. 12 ff.). Zum Recht der öffentlichen Wiedergabe gehört auch die Sendung (Nr. 3) und die öffentliche Zugänglichmachung (Nr. 2), so dass unklar ist, warum der Gesetzgeber die Sendung und öffentliche Zugänglichmachung explizit in das Gesetz aufgenommen hat, anstatt diese Rechte über die öffentliche Wiedergabe zu erfassen. Dies liegt wohl erneut an der wörtlichen Übernahme der Richtlinie. 28

e) Öffentliche Zugänglichmachung

§ 95 c Abs. 3 stellt als Verletzungshandlung auch das zugleich eingeführte Recht der öffentlichen Zugänglichmachung des § 19 a dar. Öffentliche Zugänglichmachung ist das Recht, das Werk drahtgebunden oder drahtlos der Öffentlichkeit in einer Weise zur Verfügung zu stellen, dass es den Mitgliedern der Öffentlichkeit von Orten und Zeiten ihrer Wahl zugänglich ist (ausführlich § 19 a Rn. 5 ff.). 29

f) Wissentlich unbefugt

30 Für die unbefugte Verwertung ist nur positive Kenntnis ausreichend. Das bedeutet, dass im Gegensatz zu der Verletzungshandlung für die Verwertung nur das Wissen, nicht auch das Wissenmüssen ausreichend ist.

2. Verletzungshandlungen

a) Veranlassen, Ermöglichen, Erleichtern oder Verschleiern

31 Bei diesen Verletzungshandlungen kann auf die Kommentierung unter § 95 c Rn. 20 ff. verwiesen werden. Die Verletzungshandlungen müssen sich auch hier auf die Verletzung von Urheber- oder verwandten Schutzrechten beziehen.

b) Kenntnis oder Kennenmüssen durch Umstände

32 Von den Verletzungshandlungen des Veranlassens, Ermöglichens, der Erleichterung oder Verschleierung muss der Handelnde im Gegensatz zu den Verwertungsverboten keine **Kenntnis** haben, sondern es genügt, wenn er nach den Umständen hätte Kenntnis haben müssen, d. h. Fahrlässigkeit genügt. Wie auch in Abs. 1 ist aus denselben Gründen bzgl. des Grades der Fahrlässigkeit auf die **grobe Fahrlässigkeit** einzuschränken (§ 95 c Rn. 17).

V. Rechtsfolgen

33 Ein Verstoß gegen § 95 c zieht ähnliche Rechtsfolgen wie § 95 a nach sich (§ 95 a Rn. 89 f.). § 95 a ist ein **Schutzgesetz** i. S. d. § 823 Abs. 2 BGB. **Unterlassungs- und Beseitigungsansprüche** können gemäß § 1004 BGB geltend gemacht werden. Ebenso kann § 97 auf **Unterlassung** und **Schadensersatz** einschlägig sein (*Dreier* ZUM 2002, 28, 38). **Aktivlegitimiert** sind die Rechtsinhaber, die sich der Techniken zur Rechtewahrnehmung bedienen. Ein Verstoß gegen § 95 c kann auch eine **Straftat** (§ 108 b Rn. 1 ff.) oder eine **Ordnungswidrigkeit** (§ 111 a Rn. 1 ff.) darstellen.

34 Soweit diese Informationen die Voraussetzungen für technische Schutzmaßnahmen i. S. d. § 95 a Abs. 2, d. h. für die Nutzungs- und Integritätskontrolle schaffen, sind sie Bestandteile dieser Maßnahmen (*Wand* 114). Hier ist demnach eine **Anspruchskonkurrenz** möglich.

---

§ 95 d. Kennzeichnungspflichten

(1) **Werke und andere Schutzgegenstände, die mit technischen Maßnahmen geschützt werden, sind deutlich sichtbar mit Angaben über die Eigenschaften der technischen Maßnahmen zu kennzeichnen.**

(2) **Wer Werke und andere Schutzgegenstände mit technischen Maßnahmen schützt, hat diese zur Ermöglichung der Geltendmachung von Ansprüchen nach § 95 b Abs. 2 mit seinem Namen oder seiner Firma und der zustellungsfähigen Anschrift zu kennzeichnen. Satz 1 findet in den Fällen des § 95 b Abs. 3 keine Anwendung.**

Literatur: *Lindhorst*, Schutz von und vor technischen Maßnahmen, Osnabrück 2002; *Wiegand*, Technische Kopierschutzmaßnahmen in Musik-CDs – Aufklärungspflicht über die Implementierung, MMR 2002, 722.

§ 95 d. Kennzeichnungspflichten

Übersicht

	Rn.		Rn.
I. Pflicht zur Kennzeichnung von Eigenschaften (§ 95 d Abs. 1)	1–10	II. Kennzeichnungspflicht von Rechtsinhabern (§ 95 d Abs. 2)	11–14
1. Bedeutung	1–3	1. Bedeutung	11
2. Eigenschaften der technischen Maßnahmen	4–9	2. Namen oder Firma und zustellungsfähige Anschrift	12
a) Compact Discs (CDs)	6	3. Kennzeichnung	13
b) DVDs	7	4. Keine Kennzeichnungspflicht in den Fällen des § 95 b Abs. 3 (§ 95 d Abs. 2 S. 2)	14
c) Computerprogramme	8		
d) Online-Erwerb	9		
3. Kennzeichnung	10	III. Übergangsvorschrift und Inkrafttreten	15, 16

I. Pflicht zur Kennzeichnung von Eigenschaften (§ 95 d Abs. 1)

1. Bedeutung

Das Kennzeichnungsgebot des § 95 d Abs. 1 dient dem **Verbraucherschutz** und der **1** **Lauterkeit des Wettbewerbs** (vgl. zur Frage der Kennzeichnung nach wettbewerbsrechtlichen Grundsätzen *Wiegand* MMR 2002, 722, 727 ff.) sowie der Klarstellung einer bereits bestehenden gewährleistungsrechtlichen (§ 95 a Rn. 33) Verpflichtung (*Lindhorst* 138).

Der Verbraucher soll über **Umfang** und **Wirkungen** der **technischen Schutzmaßnah- 2 men** in Kenntnis gesetzt werden. Eine Kennzeichnung erleichtert dem Verbraucher das Erkennen bestimmter Eigenschaften und kann so den Kauf von technisch geschützten Produkten fördern. Eine solche Kennzeichnungspflicht ist notwendig, weil der Verbraucher für den Erwerb Aufklärung über maßgebliche Umstände erwarten darf. Der Verbraucher erwartet, dass Bild- und Tonträger **kopierfähig** und auf allen marktüblichen Gerätetypen unbegrenzt **abspielbar** sind. Treffen diese Erwartungen nicht zu, weil technische Schutzmaßnahmen nach § 95 a getroffen wurden, muss der Verbraucher danach seine Kaufentscheidung ausrichten können. Denn diese Eigenschaften sind preisbildende Faktoren, mit der Folge, dass der Käufer bei negativ abweichenden Eigenschaften einen günstigeren Preis erwarten wird (BT-Drucks. 15/38, 28).

Die Kennzeichnungspflicht, die schon teilweise praktiziert wird, z. B. durch Hinweis auf **3** einigen Audio-CDs, dass diese nicht auf PCs abspielbar sind, ist dem Verwender technischer Schutzmaßnahmen selbst unter Berücksichtigung seiner Absatzinteressen zumutbar (BT-Drucks. 15/38, 28). Dass für die Wirtschaft dadurch **Kosten** entstehen, ist zu erwarten, allerdings nur in geringem, gegenwärtig aber nicht quantifizierbarem Umfang (BT-Drucks. 15/38, 16). Im Übrigen bestehen diese Kennzeichnungspflichten teilweise bereits nach dem Wettbewerbsrecht, da das Verschweigen integrierter Kopierschutzmaßnahmen gegen das Irreführungsverbot gemäß § 3 UWG verstößt (OLG München ZUM-RD 2001, 244, 246 f.).

2. Eigenschaften der technischen Maßnahmen

Eigenschaften von technischen Schutzmaßnahmen sind neben den auf ihrer Beschaffen- **4** heit beruhenden Merkmalen auch tatsächliche oder rechtliche Verhältnisse und Beziehungen zur Umwelt, soweit sie nach der Verkehrsanschauung für die Wertschätzung und Verwendbarkeit von Bedeutung sind. Eigenschaften einer technischen Schutzmaßnahme beinhalten aber nicht die **technischen Details,** denn diese sind für die Verwendbarkeit durch den Verbraucher nicht von Bedeutung. Der Verbraucher sieht aber in der **Abspiel- und Kopierfähigkeit** marktüblicher Geräte eine Eigenschaft, denn sie beeinflusst maßgeblich seine Kaufentscheidung. Ist diese nicht vorhanden oder ist die Eigenschaftszusicherung technischer Maßnahmen vom Verkäufer nicht eingehalten worden, so liegt ein **Sachmangel** vor (*Wiegand* MMR 2002, 722 ff.). Zu den Eigenschaften zählt daher, ob das Werk kopiert – in den meisten Fällen geht es hier um den privaten Gebrauch – oder anderweitig **urheberrechtlich** verwertet werden kann, sofern diese Verwertung nach den Schrankenbestimmungen in § 95 b ohne die technische Schutzmaßnahme möglich wäre. Relevant sind aber nicht nur die Eigenschaften, die originär z. B. die Kopierfähigkeit des Werkes betreffen, sondern auch **Nebenfolgen,** die durch den Kopierschutz entstehen, denn sie beeinflussen die tatsächlichen und rechtlichen Verhältnisse, z. B. die mit dem Kaufgegenstand verwendete Hard- oder Software, und sind wegen der damit verbundenen Auswirkungen auf die Rechtsgüter des Käufers für diesen von Bedeutung. Wichtig sind daher Angaben zu **kompatibler Hardware** sowie **Problemen** und **Schäden,** die bei der bestimmungsgemäßen Nutzung des Werkes auftreten können.

5   Allerdings ist nicht jede Eigenschaft zu erwähnen, sondern nur dann, wenn eine gewisse **Wahrscheinlichkeit,** dass ein Problem auftritt, besteht, im Verhältnis zu dem zu erwartenden **Schaden.** Denn der Sinn der Kennzeichnungspflicht soll nicht durch Angaben vom Umfang eines „Beipackzettels" ad absurdum geführt werden. Die erforderlichen Eigenschaften müssen nach dem **jeweiligen Kenntnisstand** angegeben bzw. aktualisiert werden.

a) Compact Discs (CDs)

6   Der Kopierschutz bei **Audio-CDs** ist schon weit verbreitet und wird von der Musikindustrie demnächst in die meisten CDs integriert. Ein Hinweis auf diesen Schutz ist jedoch nur auf wenigen CDs zu finden (*Wiegand* MMR 2002, 722 f.). Zu den gemäß § 95 d erforderlichen Eigenschaften zählen bei Audio-CDs, dass sie nicht auf PCs, DVD-Playern und älteren CD-Playern abgespielt werden bzw. Probleme bei Verwendung verschiedener Betriebssysteme auftreten können. Zu kennzeichnen ist auch, wenn sie nicht auf eine andere CD überspielbar sind (zur Technik vgl. § 95 a Rn. 33).

b) DVDs

7   Bei **DVDs** ist der RegionCode zu vermerken, um dem Käufer zu ermöglichen, eine DVD zu erwerben, die zu seinem DVD-Player kompatibel ist. Dieser Anforderung werden die meisten DVDs allerdings schon gerecht.

c) Computerprogramme

8   Bei **Computerprogrammen** tritt gemäß § 69 a Abs. 5 **keine Kennzeichnungspflicht** nach § 95 d ein, denn diese Regelung steht eng in Verbindung mit §§ 95 a und 95 b, die nicht für Programme i. S. d. § 69 a gelten und für die auch ein Großteil der Schrankenregelungen, insbesondere § 53, keine Anwendung findet (§ 69 a Rn. 5).

d) Online-Erwerb

9   Eine Eigenschaft stellt auch die Erstellung von **Nutzerprofilen** im Rahmen technischer Kontrollmaßnahmen beim Online-Erwerb von Produkten dar. Der Rechtsinhaber und Profilersteller ist schon aus datenschutzrechtlichen Gründen verpflichtet, die Einwilligung des Nutzers einzuholen. Eine Mitteilungspflicht besteht jedoch auch im Rahmen der Eigen-

schaftskennzeichnung der technischen Schutzmaßnahme, da auch hier Rechtsgüter (das Recht auf informationelle Selbstbestimmung) des Nutzers verletzt werden können.

3. Kennzeichnung

Angaben über die Eigenschaften der technischen Schutzmaßnahmen sollen den Verbraucher zum Kauf animieren. Deshalb und auch aus Verbraucherschutzgründen ist es erforderlich, dass die Angaben im **Offline-Bereich** auch auf der **Verpackung** und nicht erst auf dem Medium selbst angebracht werden. Die Eigenschaften sind deutlich lesbar (*Lindhorst* 138) oder mit allgemein verständlichen Symbolen zu kennzeichnen. Außerdem sind die Kennzeichnungen nicht mit Aufklebern des Rechtsinhabers zu überkleben oder an Positionen anzubringen, an denen sie üblicherweise z. B. von Preisschildern überdeckt werden. Im **Online-Bereich** muss die Kennzeichnung gut erkennbar in der **Produktbeschreibung** enthalten sein. Eine andere Möglichkeit ist ein **Link**, z. B. „Diese CD ist kopiergeschützt. Weitere Informationen …", der dann zu den Eigenschaften der Schutzmaßnahme führt. Bei Dauerschuldverhältnissen kann ein einmaliger Hinweis ausreichend sein. In jedem Fall müssen die Informationen **vor Vertragsschluss** verfügbar sein. Die Einhaltung der Kennzeichnungspflicht kann gemäß § 442 Abs. 1 BGB dazu führen, dass der Käufer seine Rechte wegen des Mangels, z. B. des Fehlens der Kopierfähigkeit, nicht mehr geltend machen kann. 10

II. Kennzeichnungspflicht von Rechtsinhabern (§ 95 d Abs. 2)

1. Bedeutung

§ 95 d Abs. 2 ist eine **flankierende Maßnahme** zu § 95 b. Die Kennzeichnung erlaubt es dem Begünstigten, seine Ansprüche aus § 95 b Abs. 2 **prozessual** durchzusetzen. Ohne Kennzeichnungspflicht wäre § 95 b unvollkommen, denn die für den Begünstigten erforderlichen Informationen über die Passivlegitimation könnten verschleiert oder unterdrückt werden (BT-Drucks. 15/38, 28). 11

2. Namen oder Firma und zustellungsfähige Anschrift

Anzugeben ist entweder der Name oder die Firma (§§ 17 ff. HGB), unter der der Verwender verklagt werden kann. Das Erfordernis der **zustellungsfähigen Anschrift** basiert auf dem Gedanken, dass dem Kläger einer zivilrechtlichen Streitigkeit wegen einer technischen Maßnahme die erforderlichen Angaben für das **Passivrubrum** gemäß § 253 Abs. 2 Nr. 1 ZPO und für die **Vollstreckung** § 750 ZPO zur Verfügung stehen. Dazu gehören in jedem Fall die Anschrift und weitere Angaben, z. B. klarstellende Zusätze, sofern diese zur Ermittlung und Zustellung der Klageschrift erforderlich sind (Baumbach/Lauterbach/Albers/Hartmann/*Hartmann* § 253 ZPO Rn. 22 ff.). 12

3. Kennzeichnung

Bei der Kennzeichnung nach Abs. 2 ist es ausreichend, dass die Informationen in der Verpackung oder auf dem Medium enthalten sind. Sie sind spätestens unverzüglich nach Vertragsschluss bekanntzugeben. 13

4. Keine Kennzeichnungspflicht in den Fällen des § 95 b Abs. 3 (§ 95 d Abs. 2 S. 2)

14   Keine Kennzeichnungspflicht von Rechtsinhabern besteht, soweit Werke und sonstige Schutzgegenstände der Öffentlichkeit aufgrund einer vertraglichen Vereinbarung in einer Weise zugänglich gemacht werden, dass sie Mitgliedern der Öffentlichkeit von Orten und zu Zeiten ihrer Wahl zugänglich sind, d. h. interaktiven Diensten mit Punkt-zu-Punkt-Kommunikation (§ 95 b Rn. 43). In diesen Fällen kann davon ausgegangen werden, dass aufgrund des Vertragsschlusses die Vertragspartner bekannt sind, so dass kein Schutzbedürfnis mehr besteht. Außerdem handelt es sich hier ausschließlich um interaktive Online-Dienste, die ohnehin zur Angabe eines Impressums verpflichtet sind bzw. über allgemeine Whois-Abfragen identifiziert werden können.

III. Übergangsvorschrift und Inkrafttreten

15   Die **Kennzeichnungspflicht** gilt gemäß § 137 j Abs. 1 nur für Werke, die ab dem 1. Dezember 2003 in Verkehr gebracht werden. Dadurch wird den Verpflichteten ein angemessener Zeitraum zugebilligt, um die nötigen Vorbereitungen zu treffen. Zudem müssen die bereits im Handel befindlichen Medien nicht mehr gekennzeichnet werden.

16   Gemäß Art. 6 des Gesetzes zur Regelung des Urheberrechts in der Informationsgesellschaft tritt § 95 d Abs. 2 erst am 1. 9. 2004 in Kraft (vgl. § 137 j Rn. 11 ff.). Die Regelung des § 95 d Abs. 2 steht in engem sachlichen Zusammenhang mit § 95 b Abs. 2, so dass beide Regelungen gleichzeitig in Kraft treten sollen (§ 95 b Rn. 50).

§ 96. Verwertungsverbot

(1) **Rechtswidrig hergestellte Vervielfältigungsstücke dürfen weder verbreitet noch zu öffentlichen Wiedergaben benutzt werden.**

(2) **Rechtswidrig veranstaltete Funksendungen dürfen nicht auf Bild- oder Tonträger aufgenommen oder öffentlich wiedergegeben werden.**

Amtliche Überschrift eingefügt durch Art. 1 Abs. 1 Ziff. 35 des Gesetzes zur Regelung des Urheberrechts in der Informationsgesellschaft v. 10. 9. 2003, BGBl. I S. 1774. Zur Kommentierung der im Übrigen unveränderten Vorschrift siehe HauptB § 96 Rn. 1 ff.

Unterabschnitt 2. Straf- und Bußgeldvorschriften

1   Als Folge der neuen Bußgeldvorschrift des § 111 a wurde durch das Gesetz zur Regelung des Urheberrechts in der Informationsgesellschaft vom 10. 9. 2003 (BGBl. I 1774) die Überschrift angepasst.

§ 108. Unerlaubte Eingriffe in verwandte Schutzrechte

(1) **Wer in anderen als den gesetzlich zugelassenen Fällen ohne Einwilligung des Berechtigten**
  1. **eine wissenschaftliche Ausgabe (§ 70) oder eine Bearbeitung oder Umgestaltung einer solchen Ausgabe vervielfältigt, verbreitet oder öffentlich wiedergibt,**

§ 108. Unerlaubte Eingriffe in verwandte Schutzrechte   1, 2 § 108 UrhG

2. ein nachgelassenes Werk oder eine Bearbeitung oder Umgestaltung eines solchen Werkes entgegen § 71 verwertet,
3. ein Lichtbild (§ 72) oder eine Bearbeitung oder Umgestaltung eines Lichtbildes vervielfältigt, verbreitet oder öffentlich wiedergibt,
4. die Darbietung eines ausübenden Künstlers entgegen den § 77 Abs. 1 oder Abs. 2 Satz 1, § 78 Abs. 1 verwertet,
5. einen Tonträger entgegen § 85 verwertet,
6. eine Funksendung entgegen § 87 verwertet,
7. einen Bildträger oder Bild- und Tonträger entgegen §§ 94 oder 95 in Verbindung mit § 94 verwertet,
8. eine Datenbank entgegen § 87 b Abs. 1 verwertet,

wird mit Freiheitsstrafe bis zu drei Jahren oder mit Geldstrafe bestraft.

(2) Der Versuch ist strafbar.

Literatur: *Doepner/Reese,* Auswirkungen von EG-Richtlinien auf die innerstaatliche Anwendung wettbewerbsregelnden Nebenstrafrechts, dargestellt an Beispielen des Heilmittelwerberechts, GRUR 1998, 761; *Erdmann/Bornkamm,* Schutz von Computerprogrammen, Rechtslage nach der EG-Richtlinie, GRUR 1991, 877; *Hildebrandt,* Die Strafvorschriften des Urheberrechts, Berlin 2001; *Jarass/Pieroth,* Grundgesetz für die Bundesrepublik Deutschland, Kommentar, 6. Aufl. München 2002; *Raubenheimer,* Softwareschutz nach dem neuen Urheberrecht, CR 1994, 69.

Übersicht

	Rn.		Rn.
I. Bedeutung der Gesetzesänderung	1	II. Ausdehnung des Begriffs des ausübenden Künstlers und Rückwirkungsverbot	2

I. Bedeutung der Gesetzesänderung

Die Bedeutung der Änderung der durch § 108 Abs. 1 Nr. 4 in Bezug genommenen **1** Normen durch das Gesetz zur Regelung des Urheberrechts in der Informationsgesellschaft von 2003 erschöpft sich im Wesentlichen in der **Anpassung an die Neufassung der §§ 75 bis 78** (so auch Begründung der Bundesregierung zum Gesetzesentwurf BR-Drucks. 684/02, 67). Der Verweis auf das dem ausübenden Künstler in § 78 Abs. 1 Nr. 1 gewährte Recht der **öffentlichen Zugänglichmachung** (hierzu § 19 a) erweitert den Straftatbestand gegenüber der früheren Fassung. Wegen des strafrechtlichen **Rückwirkungsverbots** (§ 1 StGB, Art. 103 Abs. 2 GG) kann eine öffentliche Zugänglichmachung vor Inkrafttreten des Gesetzes am 13. 9. 2003 nicht bestraft werden.

II. Ausdehnung des Begriffs des ausübenden Künstlers und Rückwirkungsverbot

Mit dem Gesetz zur Regelung des Urheberrechts in der Informationsgesellschaft wurde **2** der Begriff des ausübenden Künstlers weiter gefasst, indem nun die Darbietung von **Ausdrucksformen der Volkskunst** erfasst ist (siehe § 73 Rn. 1, 3 ff.). Aus dem **Rückwirkungsverbot** (§ 1 StGB, Art. 103 Abs. 2 GG) folgt hier ein Bestrafungsverbot hinsichtlich solcher Rechtsverletzungen an Ausdrucksformen der Volkskunst, die vor Inkrafttreten des Gesetzes am 13. 9. 2003 begangen sind (entsprechend zur Erweiterung der Strafbarkeit auf Computerprogramme *Hildebrandt* 45 f.; *Raubenheimer* 74). Auch der Gedanke einer unmittelbaren Anwendung des WIPO-Vertrages über Darbietungen und Tonträger (siehe § 121 Rn. 29 ff. im HauptB) im Wege völkerrechtskonformer Auslegung (zur richtlinienkonformen Auslegung *Erdmann/Bornkamm* 879 f.) führt zu keinem anderen Ergebnis. Der – im Übrigen bisher nicht ratifizierte – völkerrechtliche Vertrag genügt nicht den Anforderungen des Rückwirkungsverbots (§ 1 StGB, Art. 103 Abs. 2 GG; entsprechend zur richtlinienkonformen Auslegung *Doepner/Reese* 772 f.; auch Jarass/Pieroth/*Pieroth* Art. 103 GG Rn. 43) und verpflichtet die Vertragsstaaten mit Art. 23 nicht zu strafrechtlichem Schutz. Trotz § 1 StGB, Art. 103 Abs. 2 GG ist eine Rechtsverletzung an älteren Ausdrucksformen der Volkskunst strafbar, soweit sie nach Inkrafttreten der Gesetzesänderung begangen wurde. Seit diesem Zeitpunkt gilt der erweiterte Begriff des ausübenden Künstlers infolge einer fehlenden Differenzierung in § 73 auch hinsichtlich solcher Ausdrucksformen der Volkskunst, die vor Inkrafttreten der Gesetzesänderung geschaffen wurden.

§ 108 b. Unerlaubte Eingriffe in technische Schutzmaßnahmen und zur Rechtewahrnehmung erforderliche Informationen

(1) **Wer**

1. **in der Absicht, sich oder einem Dritten den Zugang zu einem nach diesem Gesetz geschützten Werk oder einem anderen nach diesem Gesetz geschützten Schutzgegenstand oder deren Nutzung zu ermöglichen, eine wirksame technische Maßnahme ohne Zustimmung des Rechtsinhabers umgeht oder**
2. **wissentlich unbefugt**
   a) **eine von Rechtsinhabern stammende Information für die Rechtswahrnehmung entfernt oder verändert, wenn irgendeine der betreffenden Informationen an einem Vervielfältigungsstück eines Werkes oder eines sonstigen Schutzgegenstandes angebracht ist oder im Zusammenhang mit der öffentlichen Wiedergabe eines solchen Werks oder Schutzgegenstands erscheint, oder**
   b) **ein Werk oder einen sonstigen Schutzgegenstand, bei dem eine Information für die Rechtswahrnehmung unbefugt entfernt oder geändert wurde, verbreitet, zur Verbreitung einführt, sendet, öffentlich wiedergibt oder öffentlich zugänglich macht**

und dadurch wenigstens leichtfertig die Verletzung von Urheberrechten oder verwandten Schutzrechten veranlasst, ermöglicht, erleichtert oder verschleiert,
wird, wenn die Tat nicht ausschließlich zum eigenen privaten Gebrauch des Täters oder mit dem Täter persönlich verbundener Personen erfolgt oder sich auf einen derartigen Gebrauch bezieht, mit Freiheitsstrafe bis zu einem Jahr oder mit Geldstrafe bestraft.

(2) Ebenso wird bestraft, wer entgegen § 95 a Abs. 3 eine Vorrichtung, ein Erzeugnis oder einen Bestandteil zu gewerblichen Zwecken herstellt, einführt, verbreitet, verkauft oder vermietet.

(3) **Handelt der Täter in den Fällen des Absatzes 1 gewerbsmäßig, so ist die Strafe Freiheitsstrafe bis zu drei Jahren oder Geldstrafe.**

Literatur: *Bär/Hoffmann,* Das Zugangskontrolldiensteschutz-Gesetz – Ein erster Schritt auf dem richtigen Weg, MMR 2002, 654; *Bechtold,* Vom Urheber- zum Informationsrecht, München 2002; *Eichmann/v. Falckenstein,* Geschmacksmustergesetz, 2. Aufl. München 1997; *Furler,* Geschmacksmustergesetz, 4. Aufl. Köln u. a. 1985; *v. Gamm,* Geschmacksmustergesetz, 2. Aufl. München 1989; *Gercke,* Die Entwicklung der Rechtsprechung zum Internetstrafrecht in den Jahren 2000 und 2001, ZUM 2002, 283; *Hildebrandt,* Die Strafvorschriften des Urheberrechts, Berlin 2001; *Hörnle,* Pornografische Schriften im Internet – Die Verbotsnormen im deutschen Strafrecht und ihre Reichweite, NJW 2002, 1008; *Reinbothe,* Die EG-Richtlinie zum Urheberrecht in der Informationsgesellschaft, GRUR Int. 2001, 733; *v. Rom,* Die Leistungsschutzrechte im Regierungsentwurf für ein Gesetz zur Regelung des Urheberrechts in der Informationsgesellschaft, ZUM 2003, 128; *Rosén,* Urheberrecht und verwandte Schutzrechte in der Informationsgesell-

§ 108 b. Unerlaubte Eingriffe in Schutzmaßnahmen   1   § 108 b UrhG

schaft – Zur Umsetzung der EG-Richtlinie 2001/29/EG in den nordischen Ländern, GRUR Int. 2002, 195; *Roxin,* Strafrecht, Allgemeiner Teil, Bd. 1, 3. Aufl. München 1997; *Spindler,* Europäisches Urheberrecht in der Informationsgesellschaft, GRUR 2002, 105; *Tröndle/Fischer,* Strafgesetzbuch und Nebengesetze, 50. Aufl. München 2001; *Zecher,* Die Umsetzung der EU-Urheberrechtsrichtlinie in deutsches Recht II, ZUM 2002, 451.

Übersicht

	Rn.		Rn.
I. Anwendungsbereich, Rechtsgut und Verfassungsmäßigkeit	1–3	b) Handeln zu gewerblichen Zwecken (§ 108 b Abs. 2) und gewerbsmäßiges Handeln (§ 108 b Abs. 3)	7
1. Anwendungsbereich	1		
2. Rechtsgut	2		
3. Verfassungsmäßigkeit	3	III. Subjektiver Tatbestand	8, 9
II. Objektiver Tatbestand	4–7	1. Grundsätze	8
1. Verweisung	4	2. Besonderheiten bei § 108 b Abs. 1 Nr. 2	9
2. Bedeutung des Merkmals „unbefugt" in Abs. 1 Nr. 2	5	IV. Weitere Strafbarkeitsvoraussetzungen	10
3. Beschränkung auf Handlungen außerhalb des privaten Bereichs	6	V. Konkurrenzen	11
a) Erfordernis der persönlichen Verbundenheit (§ 108 b Abs. 1)	6	VI. Verfahren	12

I. Anwendungsbereich, Rechtsgut und Verfassungsmäßigkeit

1. Anwendungsbereich

Ohne dass Art. 8 Multimedia-Richtlinie dies vorschreibt (vgl. Begr. der BReg zum **1** Gesetzesentwurf BR-Drucks. 684/02, 68; *Reinbothe* GRUR Int 2001, 733, 742; *Zecher* ZUM 2002, 451, 452), werden mit den §§ 108 b und 111 a **Verstöße gegen §§ 95 a bis 95 d außerhalb des privaten Bereichs strafrechtlich sowie als Ordnungswidrigkeit sanktioniert.** Auf Computerprogramme finden die Vorschriften nach § 69 a Abs. 5 keine Anwendung (so auch Erwägungsgrund 50 der Multimedia-Richtlinie). In Anlehnung an die Regelungen im ZKDSG (siehe § 95 a Rn. 7), **nach der Schwere des Eingriffs differenzierend,** erfasst die Strafvorschrift des § 108 b die schwerwiegenderen Fälle, während die weniger schwerwiegenden Fälle der Bußgeldvorschrift des § 111 a überlassen bleiben (vgl. Begr. der BReg zum Gesetzesentwurf BR-Drucks. 684/02, 68). Für die Umgehung einer wirksamen technischen Maßnahme (§ 95 a Abs. 1) und den Eingriff in zur Rechtewahrnehmung erforderliche Informationen (§ 95 c Abs. 1 und 3) wird die Strafbarkeit angeordnet. Das Nichtzurverfügungstellen eines zur Durchsetzung von Schrankenbestimmungen notwendigen Mittels (§ 95 b Abs. 1) und die fehlende oder unvollständige Kennzeichnung von Schutzgegenständen (§ 95 d Abs. 2 S. 1) sind bußgeldbewehrt. Aus dem Bereich der von § 95 a Abs. 3 beschriebenen Vorbereitungshandlungen zur Umgehung wirksamer technischer Maßnahmen sind in § 108 b Abs. 2 die schwerwiegenden Fälle der Herstellung, Einfuhr, Verbreitung, Verkauf und Vermietung, die zu gewerblichen Zwecken erfolgen, strafrechtlich erfasst. In § 111 a Abs. 1 Nr. 1 Buchstaben a) und b) ist für die weniger schwerwiegenden Fälle des bloßen Besitzes zu gewerblichen Zwecken, der Werbung und der Erbringung von Dienstleistungen sowie des Verkaufs, der Vermietung oder der – nicht gewerbsmäßigen – Verbreitung die Sanktionierung als Ordnungswidrigkeit vorgesehen. Weder straf- noch bußgeldbewehrt ist die nicht gewerbsmäßig erfolgende Herstellung oder Einfuhr.

2. Rechtsgut

2 § 108 b bezweckt den **Schutz des geistigen Eigentums im Allgemeinen sowie verwertungsrechtlicher Befugnisse im Besonderen.** Mit § 95 a Abs. 1 und 3 schützen § 108 b Abs. 1 Nr. 1 und Abs. 2 wirksame technische Maßnahmen vor Umgehung sowie vor bestimmten Vorbereitungshandlungen (Begr. der BReg zum Gesetzesentwurf BR-Drucks. 684/02, 62). Technische Maßnahmen wiederum zielen gemäß § 95 a Abs. 2, Art. 6 Abs. 3 Multimedia-Richtlinie auf die Verhinderung unzulässiger Verwertung von Werken oder verwandten Schutzrechten (ähnlich *Reinbothe* GRUR Int. 2001, 733, 740). Auch § 108 b Abs. 1 Nr. 2 dient – wie im subjektiven Tatbestand deutlich wird – der Verhinderung einer Verletzung von Urheberrechten oder verwandten Schutzrechten. Wie bei den §§ 106 und 108 (siehe § 106 Rn. 6 und § 108 Rn. 2 im HauptB) ist strafrechtlicher Schutz von Persönlichkeitsrechten grundsätzlich nicht vorgesehen. Auch die hinter der technischen Maßnahme bzw. der Information zur Rechtewahrnehmung stehende technische oder sonstige Leistung ist als bloßes Mittel zum Zweck allenfalls mittelbar geschützt.

3. Verfassungsmäßigkeit

3 § 108 b dürfte **mit dem Bestimmtheitsgrundsatz** des Art. 103 Abs. 2 GG, § 1 StGB **vereinbar** sein. Zwar hat die Verweisungsstruktur der Norm zur Folge, dass die von Art. 6 der Multimedia-Richtlinie übernommenen (siehe Begr. der BReg zum Gesetzesentwurf BR-Drucks. 684/02, 63), unscharfen Begriffe „einen begrenzten wirtschaftlichen Zweck oder Nutzen" (§ 95 a Abs. 3 Nr. 2) und „hauptsächlich" (§ 95 a Abs. 3 Nr. 3) Tatbestandsmerkmale der Strafvorschrift werden und Abgrenzungsprobleme befürchten lassen (*Spindler* GRUR 2002, 105, 116; auch *Rosén* GRUR Int. 2002, 195, 204). Dies gilt auch im Hinblick auf den Begriff der „technischen Maßnahme" in § 108 b Abs. 1 Nr. 1, den § 95 a Abs. 2 unter Verwendung der unscharfen Formulierung „im normalen Betrieb" definiert. Mit Blick auf den klar umrissenen Regelungszweck, nicht jene Vorrichtungen oder Handlungen zu untersagen, deren wirtschaftlicher Zweck und Nutzen nicht in der Umgehung technischer Schutzvorkehrungen besteht (so der 48. Erwägungsgrund der Multimedia-Richtlinie), dürfte § 108 b jedoch letztlich auf einen bestimmbaren Kern reduzierbar sein (zu diesem Kriterium etwa BVerfGE 92, 1, 13 f.; *Roxin* § 5 Rn. 77). In Zweifelsfällen zivilrechtlich ungeklärter Rechtsfragen kann im Strafrecht eine enge Auslegung geboten sein (hierzu ausführlich *Hildebrandt* 50 ff.).

II. Objektiver Tatbestand

1. Verweisung

4 § 108 b flankiert den zivilrechtlichen Schutz der §§ 95 a, 95 c. Hierbei findet § 108 b Abs. 1 Nr. 1 seine zivilrechtliche Entsprechung in § 95 a Abs. 1, § 108 b Abs. 1 Nr. 2 Buchst. a) in § 95 c Abs. 1 und § 108 b Abs. 1 Nr. 2 Buchst. b) in § 95 c Abs. 3; § 108b Abs. 2 schließlich nimmt ausdrücklich Bezug auf § 95 a Abs. 3. Hinsichtlich der Tatobjekte und -handlungen des § 108 b **kann** daher **grundsätzlich auf die jeweiligen urheberzivilrechtlichen Vorschriften verwiesen werden** (vgl. insbesondere § 95 a Rn. 52 ff.; § 95 c Rn. 14 ff. und 24 ff.). Der in Abs. 2 verwendete Begriff der Verbreitung ist von dem auf körperliche Werkstücke beschränkten Verbreitungsrecht des § 17 zu unterscheiden (Begr. der BReg zum Gesetzesentwurf BR-Drucks. 684/02, 63; zur Verbreitung pornogra-

§ 108 b. Unerlaubte Eingriffe in Schutzmaßnahmen   5, 6 § 108 b UrhG

fischer Schriften im Internet BGH NJW 2001, 3558; *Gercke* ZUM 2002, 283 ff.; *Hörnle* NJW 2002, 1008 ff.). Nachdem sich der Wortlaut der §§ 95 a, 95 c eng an Art. 6 und 7 Multimedia-Richtlinie orientiert und einer unterschiedlichen Auslegung straf- und zivilrechtlicher Vorschriften der Grundsatz der Einheitlichkeit der Rechtsordnung entgegensteht, entscheidet im Ergebnis der EuGH in den wesentlichen Punkten über die Auslegung der Strafvorschriften. Weil die §§ 95 a, 95 c gemäß § 69 a Abs. 5 keine Anwendung auf Computerprogramme finden, scheidet in diesem Bereich eine Bestrafung aus (entsprechend Erwägungsgrund 50 der Multimedia-Richtlinie).

2. Bedeutung des Merkmals „unbefugt" in Abs. 1 Nr. 2

Das Merkmal **„unbefugt"** in § 108 b Abs. 1 Nr. 2 ist **Tatbestandsmerkmal**, nicht 5 dagegen allgemeiner Hinweis auf Rechtfertigungsgründe (in der Tendenz anders die Stellungnahme des Bundesrates BR-Drucks. 684/02; zur problematischen Auslegung des Begriffs „unbefugt" im StGB Tröndle/Fischer/*Tröndle* § 203 StGB Rn. 26 und § 201 StGB Rn. 7 jeweils m. w. N.) oder auf ein Bewusstsein der Rechtswidrigkeit im Sinne des zivilrechtlichen Vorsatzbegriffs (hierzu Palandt/*Heinrichs* § 276 BGB Rn. 11). **„Unbefugt" bedeutet, dass** das Handeln des Beschuldigten **nicht vom Berechtigten autorisiert** wurde. Berechtigter ist hierbei zunächst der Verletzte (zum Begriff des Verletzten § 109 Rn. 2) als Inhaber des durch § 108 b Abs. 1 Nr. 2 geschützten Rechtsguts. Die Formulierung „wissentlich unbefugt" geht auf die deutsche Fassung des Art. 7 der Multimedia-Richtlinie zurück. Die beiden der Richtlinie zugrundeliegenden WIPO-Abkommen verwenden in Art. 12 WCT und Art. 19 WPPT demgegenüber lediglich den Begriff „knowingly". Die englische Fassung der Multimedia-Richtlinie formuliert unmissverständlich: „knowingly performing without authority". Dass mit dem Begriff „unbefugt" kein allgemeiner Hinweis auf Rechtswidrigkeitselemente bezweckt ist, zeigt auch die Gesetzessystematik: Ermöglichen Umstände, die der Beschuldigte nicht positiv kennt, die er aber leichtfertig verkennt, infolge der Entfernung einer Information zur Rechtewahrnehmung eine Verletzung von Urheberrechten, so würde dies wegen des Leichtfertigkeitserfordernisses des § 108 b Abs. 1 Nr. 2 letzter Halbs. genügen. In einem solchen Fall hätte der Beschuldigte jedoch nicht nur keine positive Kenntnis der Rechtswidrigkeit seines Handelns, sondern sogar keine Kenntnis der Tatsachen, die die Rechtswidrigkeit begründen. Versteht man daher die Formulierung „wissentlich unbefugt" dahin, dass dem Beschuldigten die Rechtswidrigkeit seines Handelns oder jedenfalls die die Rechtswidrigkeit begründenden Umstände bewusst sein müssten, so würde das Leichtfertigkeitserfordernis leer laufen. Soll das im Gesetz angelegte Nebeneinander der Wissens- und Fahrlässigkeitselemente einen Sinn behalten, so ist die Formulierung „wissentlich unbefugt" als Tatbestandsmerkmal im Sinne einer fehlenden Autorisierung des Beschuldigten auszulegen.

3. Beschränkung auf Handlungen außerhalb des privaten Bereichs

a) Erfordernis der persönlichen Verbundenheit (§ 108 b Abs. 1)

Sämtliche Tatbestände des § 108 b Abs. 1 setzen voraus, dass die Tat nicht ausschließlich 6 zum eigenen privaten Gebrauch des Täters oder mit dem Täter persönlich verbundener Personen erfolgt oder sich auf einen derartigen Gebrauch bezieht. Das Erfordernis der persönlichen Verbundenheit im Sinne des Abs. 1 greift auf **das bereits in § 15 Abs. 3 zur Abgrenzung der Öffentlichkeit verwendete Kriterium** (vgl. § 15 Rn. 12 ff.) zurück, das durch Rechtsprechung (BGH GRUR 1983, 562/563 – Zoll- und Finanzschulen; BGH NJW 1996, 3084 – Zweibettzimmer im Krankenhaus, jeweils m. w. N.) und Lehre (zum Urheberstrafrecht *Hildebrandt* 87 ff. m. w. N.) herausgearbeitet worden ist und grenzt die Privilegierung auf das ganz persönliche Umfeld ein (Begr. der BReg zum Gesetzesentwurf BR-Drucks. 684/02, 68). Die Begrenzung ist vor dem Hintergrund des Legalitätsprinzips zu sehen und soll zugleich einen Zwang zu umfangreichem Tätigwerden der Strafverfolgungsbehörden vermeiden, das weitgehend wenig erfolgversprechend bliebe und im Hinblick der sich häufig ergebenden Notwendigkeit von Hausdurchsuchungen in der Verhältnismäßigkeit nicht unproblematisch wäre (Begr. der BReg zum Gesetzentwurf BR-Drucks. 684/02, 68 f.; vgl. auch *Bär/Hoffmann* MMR 2002, 654, 656; *v. Rom* ZUM 2003, 128, 129 f.; *Zecher* ZUM 2002, 451, 452).

b) Handeln zu gewerblichen Zwecken (§ 108 b Abs. 2) und gewerbsmäßiges Handeln (§ 108 b Abs. 3)

7   Der in Abs. 2 verwendete Begriff des Handelns zu gewerblichen Zwecken ist dem deutschen Strafrecht bislang fremd. Seine Verwendung in Abs. 2 dürfte eher auf den in Art. 6 Abs. 2 Multimedia-Richlinie verwendeten Begriff des Besitzes „zu kommerziellen Zwecken" zurückzuführen sein, als eine inhaltliche Differenzierung gegenüber dem in Abs. 3 verwendeten Begriff gewerbsmäßigen Handelns bezwecken (in diesem Sinne trotz des Hinweises auf den Begriff der nachhaltigen Tätigkeit zur Erzielung von Einnahmen i. S. d. § 2 Abs. 1 S. 3 UStG wohl auch die Begr. der BReg zum ZKDSG BT-Drucks. 14/7229, 8). Beide Begriffe stimmen darin überein, dass es entscheidend auf die Zweckrichtung des potentiellen Täters ankommt. Der **Begriff des Handelns zu gewerblichen Zwecken ist daher auszulegen wie der Begriff des gewerbsmäßigen Handelns** in Abs. 3 und damit wie in anderen Strafvorschriften (vgl. die Ausführungen zu § 108 a Rn. 2 im HauptB).

III. Subjektiver Tatbestand

1. Grundsätze

8   Im Rahmen des § 108 b gilt der **allgemeine strafrechtliche Vorsatzbegriff aus § 15 StGB. Bedingter Vorsatz, nicht aber Fahrlässigkeit genügt** (siehe § 106 Rn. 29 f. im HauptB). Bedingter Vorsatz ist dann gegeben, wenn der Täter die Verwirklichung des Tatbestandes für möglich hält und sich damit abfindet. Eine Bestrafung wegen der Umgehung technischer Schutzmaßnahmen nach **§ 108 b Abs. 1 Nr. 1** setzt **zusätzlich** zum allgemeinen Vorsatz voraus, dass der Beschuldigte in der **Absicht** (zum Absichtsbegriff *Tröndle/Fischer/Tröndle* § 15 StGB Rn. 6 m. w. N.) handelt, sich oder einem Dritten den Zugang zu einem urheberrechtlich geschützten Werk oder verwandten Schutzrecht oder deren Nutzung zu ermöglichen (zum ähnlich strukturierten Absichtsmerkmal in § 14 Abs. 1 GeschmMG *Eichmann/v. Falkenstein/Eichmann* § 14 GeschmMG Rn. 3; *Furler/Bauer* § 14 GeschmMG; *v. Gamm* § 14 GeschmMG Rn. 6 f.). Anders als bei der entsprechenden zivilrechtlichen Vorschrift des § 95 a Abs. 1 genügt bloße Kenntnis oder ein Kennenmüssen also nicht (vgl. Beschlussempfehlung des Rechtsausschusses BT-Drucks. 15/837, 82 f.). Straflos bleibt daher, wer ohne weitere Absicht eine Schutzmaßnahme umgeht, um die Wirksamkeit des Schutzes zu überprüfen oder wer aus bloßer Experimentierfreude oder zu wissenschaftlichen Zwecken handelt.

2. Besonderheiten bei § 108 b Abs. 1 Nr. 2

Der Beschuldigte muss „wissentlich unbefugt" handeln, demnach **Kenntnis der fehlen-** 9
den Autorisierung durch den Berechtigten (zum Tatbestandmerkmal „unbefugt"
§ 108 b Rn. 5) haben; dass er lediglich damit rechnet, nicht autorisiert zu sein, genügt
nach dem Wortlaut nicht. **Hinsichtlich der Veranlassung, Ermöglichung, Erleichterung oder Verschleierung der Rechtsverletzung** lässt § 108 b Abs. 1 Nr. 2 letzter
Halbs. in Abweichung vom allgemeinen Vorsatzerfordernis des § 15 StGB **Leichtfertigkeit** genügen. Leichtfertigkeit bedeutet einen erhöhten Grad von Fahrlässigkeit, der etwa
der groben Fahrlässigkeit des bürgerlichen Rechts entspricht, aber im Gegensatz dazu auf
die persönlichen Fertigkeiten des Täters abstellt (Tröndle/Fischer/*Tröndle* § 15 StGB
Rn. 20 m. w. N.). Andere Ergebnisse als bei der in § 95 c verwendeten Formulierung
„bekannt sein muss" werden in der Praxis kaum zu erwarten sein (vgl. *Spindler* GRUR
2002, 105, 19).

IV. Weitere Strafbarkeitsvoraussetzungen

Hinsichtlich **Rechtswidrigkeit und Schuld** (siehe § 106 Rn. 31 im HauptB), **Tä-** 10
terschaft und Teilnahme (siehe § 106 Rn. 40 ff. im HauptB) und **Unterlassungsstrafbarkeit** (siehe § 106 Rn. 45 im HauptB) kann auf die Ausführungen zu § 106 im
HauptB verwiesen werden. Eine Selbsthilfe des Nutzers gegen technische Maßnahmen,
die ihn an einer zulässigen Nutzung hindern, scheidet aus (vgl. § 95 b Rn. 38; *Reinbothe*
GRUR Int. 2001, 733, 741; *Spindler* GRUR 2002, 105, 117). Anders als bei den §§ 106
bis 108 a ist der **Versuch** einer Tat nach § 108 b **nicht strafbar.** Mit Blick auf die in
§ 95 a verwendeten unscharfen Begriffe (hierzu oben § 108 b Rn. 3) dürften **Irrtümer**
bei der rechtlichen Beurteilung des Tatobjekts in den Fällen des § 108 a Abs. 1 Nr. 1
und Abs. 2 als Irrtum über normative Tatbestandsmerkmale nach den Grundsätzen der
Parallelwertung in der Laiensphäre (siehe § 106 Rn. 37 im HauptB) zu behandeln sein.
In anderen Irrtumsfällen über Rechtsfragen dürfte eher ein Verbotsirrtum gemäß § 17
StGB vorliegen (zum Begriff der Vermeidbarkeit in § 17 siehe § 106 Rn. 38 im
HauptB). Bei Fällen mit **Auslandsberührung** sind die bei § 106 (siehe § 106 Rn. 46
im HauptB) aufgezeigten Grundsätze anzuwenden. Der Schutzbereich des § 108 b ist
durch die §§ 120 ff. insofern begrenzt, als eine Bestrafung voraussetzt, dass das mittelbar
durch § 108 b geschützte Werk oder verwandte Schutzrecht im Inland Schutz beansprucht.

V. Konkurrenzen

Bei **mehreren Umgehungshandlungen** nach § 108 b Abs. 1 Nr. 1 dürfte dann Hand- 11
lungseinheit vorliegen, wenn diese aufgrund einheitlichen Entschlusses an einem einzigen
Tatobjekt erfolgen. Im Übrigen ist auf Vorstellung und Plan des Täters abzustellen. Die
verschiedenen Handlungsalternativen des § 108 b Abs. 1 Nr. 2 bzw. Nr. 3 sind
danach dann in Handlungseinheit verwirklicht, wenn der Täter schon von Anfang an einen
einheitlichen Entschluss gefasst hatte. § 108 b tritt dann im Wege der Subsidiarität zurück,
wenn der Täter zugleich in strafbarer Weise das mittelbar nach **§§ 106, 108, oder 108 a**
geschützte Werk oder verwandte Schutzrecht verletzt. Dies dürfte unter dem Gesichtspunkt

der mitbestraften Vor- bzw. Nachtat (hierzu Tröndle/Fischer/*Tröndle* vor § 52 StGB Rn. 48 ff.) selbst bei Handlungsmehrheit gelten. Denn § 108 b bezweckt die strafrechtliche Absicherung gegen Handlungen im Vorfeld der Verletzung urheberrechtlich geschützter Werke oder verwandter Schutzrechte bzw. gegen Nachtathandlungen im Falle der Nr. 2 unter dem Gesichtspunkt der Verschleierung von Verletzungshandlungen. Gegenüber § 108 b Abs. 1 Nr. 1 oder 3, Abs. 2 unter dem Gesichtspunkt der Gefährdung oder Verletzung von Senderechten (§ 87) ist **§ 4 ZKDSG** subsidiär. Das ZKDSG pönalisiert mit der Umgehung von Zugangskontrolldiensten unmittelbar vergleichbare, teilweise sogar identische Vorgänge (siehe Begr. der BReg zum Gesetzesentwurf BR-Drucks. 684/02, 68) und schützt Inhaltsdienste, die verschlüsselt werden, um das Erzielen eines Entgelts zu ermöglichen (BT-Drucks. 14/7229, 7), letztlich damit wie § 87 die unternehmerische Leistung des Sendeunternehmens. Im Verhältnis zu **anderen Vorschriften** (insbesondere §§ 202 a, 263 a, 265 a StGB; vgl. hierzu *Bechtold* 206 f., 224 f., 235) dürfte aufgrund unterschiedlicher Schutzrichtung Idealkonkurrenz anzunehmen sein.

VI. Verfahren

12 Nach § 109 ist § 108 b **relatives Antragsdelikt.** Gemäß § 374 Abs. 1 Nr. 8 StPO handelt es sich in Anlehnung an die Systematik der §§ 106 bis 108 a (so die Begr. der BReg zum Gesetzesentwurf BR-Drucks. 684/02, 72) bei Taten nach § 108 b Abs. 1 und 2, nicht aber in Fällen gewerbsmäßigen Handelns nach Abs. 3, um **Privatklagedelikte** (siehe § 106 Rn. 49 im HauptB). Aus § 395 Abs. 2 Nr. 3 StPO folgt unabhängig davon, ob gewerbsmäßiges Handeln vorliegt, die **Nebenklageberechtigung** des Verletzten. Verletzter und damit berechtigt ist jede strafantragsberechtigte Person (siehe § 109 Rn. 2). **Verfolgungsverjährung** tritt in Fällen der Abs. 1 und 2 gemäß § 78 Abs. 3 Nr. 5 StGB nach drei Jahren, in Fällen gewerbsmäßigen Handelns des Abs. 3 gemäß § 78 Abs. 3 Nr. 4 StGB nach fünf Jahren ein. Über das ZKDSG hinausgehend (vgl. Begr. der BReg zum Gesetzesentwurf BR-Drucks. 684/02, 68, die demgegenüber Gleichklang der Regelungen herstellen will; zum ZKDSG *Bär/Hoffmann* MMR 2002, 654 ff.) droht § 108 b auf der **Rechtsfolgenseite** in Fällen der **Abs. 1 und 2 Freiheitsstrafe bis zu einem Jahr oder Geldstrafe,** in Fällen gewerbsmäßigen Handelns des **Abs. 3 Freiheitsstrafe bis zu drei Jahren oder Geldstrafe** an. Wie in Fällen des § 106 (siehe § 106 Rn. 52 im HauptB) wird das Verfahren häufig durch **Einstellung des Verfahrens oder Beschränkung der Strafverfolgung** nach §§ 153, 153 a, 154, 154 a, 383 Abs. 2, 390 Abs. 5 StPO abgeschlossen werden. Wegen weiterer Einzelheiten zum Verfahren kann auf die Ausführungen zu § 106 Rn. 49 ff. im HauptB verwiesen werden.

§ 109. Strafantrag

In den Fällen der §§ 106 bis 108 und des § 108 b wird die Tat nur auf Antrag verfolgt, es sei denn, dass die Strafverfolgungsbehörde wegen des besonderen öffentlichen Interesses an der Strafverfolgung ein Einschreiten von Amts wegen für geboten hält.

Literatur: *Erbs/Kohlhaas,* Strafrechtliche Nebengesetze, 146. Ergänzungslieferung München 2002; *v. Gravenreuth,* Das Plagiat aus strafrechtlicher Sicht, München 1986; *Heinrich,* Die Strafbarkeit der unbefugten Vervielfältigung und Verbreitung von Standardsoftware, Berlin 1993; *Hildebrandt,* Die Strafvorschriften des Urheberrechts, Berlin 2001.

§ 110. Einziehung   1 § 110 UrhG

Übersicht

	Rn.
I. Bedeutung der Gesetzesänderung	1
II. Antragsberechtigung bei § 108 b	2

I. Bedeutung der Gesetzesänderung

Die Aufnahme des § 108 b in den Katalog der Antragsdelikte durch das Gesetz zur **1** Regelung des Urheberrechts in der Informationsgesellschaft vom 10. 9. 2003 (BGBl. I 1774) stellt klar, dass eine Tat nach § 108 b nur bei Vorliegen eines Strafantrags verfolgt werden kann, soweit die Staatsanwaltschaft nicht ein besonderes öffentliches Interesse bejaht. Dies gilt in Abweichung von der Systematik der §§ 106 bis 108 a auch im Falle gewerbsmäßigen Handelns. Einzelfragen zum Strafantrag sind unter § 109 Rn. 1 ff. im HauptB behandelt.

II. Antragsberechtigung bei § 108 b

Antragsberechtigt ist nach § 77 Abs. 1 StGB **der Verletzte.** Dies ist der Inhaber des durch **2** die Tat unmittelbar verletzten Rechtsgutes zum Zeitpunkt der Tat (RGSt 38, 6, 7; 46, 324, 325; 68, 305; Erbs/Kohlhaas/*Meurer* § 109 Rn. 1; *v. Gravenreuth* 133 f.; *Heinrich* 332; *Hildebrandt* 341 f. m. w. N.; Möhring/Nicolini/*Spautz* § 109 Rn. 6; Schricker/*Haß* § 109 Rn. 2, 4; *Ulmer* 569; zum Rechtsgut der Vorschrift § 108 b Rn. 2). Antragsberechtigt ist danach nicht der Hersteller der technischen Schutzmaßnahme bzw. der für die zur Rechtewahrnehmung erforderliche Information Verantwortliche, sondern der Inhaber der Rechte am betroffenen Werk bzw. am verwandten Schutzrecht. Für Personenmehrheiten, Inhaber von Nutzungsrechten, Gesamtrechtsnachfolger und Verwertungsgesellschaften gelten folglich mittelbar die unter § 109 Rn. 4 ff. im HauptB aufgezeigten Grundsätze.

§ 110. Einziehung

Gegenstände, auf die sich eine Straftat nach den §§ 106, 107 Abs. 1 Nr. 2, §§ 108 bis 108 b bezieht, können eingezogen werden. § 74 a des Strafgesetzbuches ist anzuwenden. Soweit den in den §§ 98 und 99 bezeichneten Ansprüchen im Verfahren nach den Vorschriften der Strafprozeßordnung über die Entschädigung des Verletzten (§§ 403 bis 406 c) stattgegeben wird, sind die Vorschriften über die Einziehung nicht anzuwenden.

Literatur: *Hildebrandt,* Die Strafvorschriften des Urheberrechts, Berlin 2001; *Rehbinder,* Die rechtlichen Sanktionen bei Urheberrechtsverletzungen nach ihrer Neuordnung durch das Produktpirateriegesetz, ZUM 1990, 462; *Weber,* Probleme der Strafvereitelung (§ 258 StGB) im Anschluss an Urheberstraftaten (§§ 106 ff. UrhG), in: Geppert/Dehnicke (Hrsg.), Gedächtnisschrift für Karlheinz Meyer, Berlin 1990, 633 (zit. Weber FS Meyer).

Das Gesetz zur Regelung des Urheberrechts in der Informationsgesellschaft vom 10. 9. **1** 2003 (BGBl. I S. 1774) erweitert die strafrechtlichen **Einziehungsmöglichkeiten** auch für unerlaubte Eingriffe in technische Schutzmaßnahmen oder zur Rechtewahrnehmung erforderliche Informationen nach § 108 b. Als Einziehungsobjekte kommen neben den Tatobjekten selbst solche Gegenstände in Betracht, die zur Begehung oder Vorbereitung des Eingriffs in technische Schutzmaßnahmen oder in zur Rechtewahrnehmung erforderliche Informationen gebraucht oder bestimmt gewesen sind. Wegen des Verhältnismäßigkeitsgrundsatzes wird die Einziehung von Geräten, die auch legal verwendet werden können, regelmäßig nur bei gewerbsmäßigem Handeln zulässig sein (ebenso zu Hilfsmitteln zur Werkvervielfältigung *Hildebrandt* 402 f.; *Rehbinder* ZUM 1990, 462, 466; wohl auch *Weber* FS Meyer 633, 637). Im Übrigen ergeben sich im Zusammenhang mit Taten nach § 108 b keine Unterschiede zur bisherigen Rechtslage (siehe die Erläuterungen zu § 110 im HauptB).

§ 111. Bekanntgabe der Verurteilung

Wird in den Fällen der §§ 106 bis 108 b auf Strafe erkannt, so ist, wenn der Verletzte es beantragt und ein berechtigtes Interesse daran dartut, anzuordnen, daß die Verurteilung auf Verlangen öffentlich bekannt gemacht wird. Die Art der Bekanntmachung ist im Urteil zu bestimmen.

1 Nachdem das Gesetz zur Regelung des Urheberrechts in der Informationsgesellschaft vom 10. 9. 2003 (BGBl. I S. 1774) § 108 b in den Katalog des § 111 aufnimmt, ist unter bestimmten Voraussetzungen (siehe § 111 Rn. 2 ff. im HauptB) auf Antrag des Verletzten (zum Begriff des Verletzten § 109 Rn. 2) die **Veröffentlichung einer Verurteilung** wegen unerlaubter Eingriffe in technische Schutzmaßnahmen oder in zur Rechtewahrnehmung erforderliche Informationen nach § 108 b möglich. Die Art der Bekanntmachung unterscheidet sich bei § 108 b nicht vom bisherigen Recht (siehe § 111 Rn. 6 im HauptB).

§ 111 a. Bußgeldvorschriften

(1) **Ordnungswidrig handelt, wer**
1. **entgegen § 95 a Abs. 3**
   a) **eine Vorrichtung, ein Erzeugnis oder einen Bestandteil verkauft, vermietet oder über den Kreis der mit dem Täter persönlich verbundenen Personen hinaus verbreitet oder**
   b) **zu gewerblichen Zwecken eine Vorrichtung, ein Erzeugnis oder einen Bestandteil besitzt, für deren Verkauf oder Vermietung wirbt oder eine Dienstleistung erbringt,**
2. **entgegen § 95 b Abs. 1 Satz 1 ein notwendiges Mittel nicht zur Verfügung stellt oder**
3. **entgegen § 95 d Abs. 2 Satz 1 Werke oder andere Schutzgegenstände nicht oder nicht vollständig kennzeichnet.**

(2) **Die Ordnungswidrigkeit kann in den Fällen des Absatzes 1 Nr. 1 und 2 mit einer Geldbuße bis zu fünfzigtausend Euro und in den übrigen Fällen mit einer Geldbuße bis zu zehntausend Euro geahndet werden.**

Literatur: *Bohnert,* Ordnungswidrigkeiten und Jugendrecht, Tübingen 1989; *Dannecker,* Beweiserhebung, Verfahrensgarantien und Verteidigungsrechte im europäischen Kartellordnungswidrigkeitenverfahren als Vorbild für ein europäisches Sanktionsverfahren, ZStW 111 (1999), 256; *Dörr,* Herausgabe von Aufzeichnungen durch private Rundfunkveranstalter an Landesmedienanstalt, JuS 1998, 76; *Göhler,* Gesetz über Ordnungswidrigkeiten, 13. Aufl. München 2002; *Hildebrandt,* Die Strafvorschriften des Urheberrechts, Berlin 2001; *Hilty,* Rechtsschutz technischer Maßnahmen: Zum UrhG-Regierungsentwurf vom 31. 7. 2002, MMR 2002, 577; *Immenga/Mestmäcker,* GWB, Kommentar, München, 3. Aufl. 2001; *Katholnigg,* Das Gesetz zur

§ 111 a. Bußgeldvorschriften	1, 2 § 111 a UrhG

Änderung des Gesetzes über Ordnungswidrigkeiten und anderer Gesetze, NJW 1998, 568; *Kleinknecht/ Meyer-Goßner*, Strafpozeßordnung, 45. Aufl. München 2001; *Lauer*, Der Irrtum über Blankettstrafgesetze am Beispiel des § 106 UrhG, Bonn 1997; *Lemke*, Heidelberger Kommentar zum Ordnungswidrigkeitengesetz, Heidelberg 1999; *Rebmann/Roth/Herrmann*, Gesetz über Ordnungswidrigkeiten, 3. Aufl. Stuttgart 6. Lieferung 2002; *Reinbothe*, Die EG-Richtlinie zum Urheberrecht in der Informationsgesellschaft, GRUR Int. 2001, 733; *Rochlitz*, Der strafrechtliche Schutz des ausübenden Künstlers, des Tonträger- und Filmherstellers und des Sendeunternehmens, Frankfurt/Main u. a. 1987; *v. Rom*, Die Leistungsschutzrechte im Regierungsentwurf für ein Gesetz zur Regelung des Urheberrechts in der Informationsgesellschaft, ZUM 2003, 128; *Spindler*, Europäisches Urheberrecht in der Informationsgesellschaft, GRUR 2002, 105; *Tiedemann*, Strafrechtliche Grundprobleme im Kartellrecht, NJW 1979, 1849; *Weiß*, Haben juristische Personen ein Aussageverweigerungsrecht?, JZ 1998, 289; *Weiß*, Der Schutz des Rechts auf Aussageverweigerung durch die EMRK, NJW 1999, 2236; *Zecher*, Die Umsetzung der EU-Urheberrechtsrichtlinie in deutsches Recht II, ZUM 2002, 451.

Übersicht

	Rn.		Rn.
I. Anwendungsbereich, Rechtsgut und Verfassungsmäßigkeit	1–3	2. Ermittlungsbefugnisse	7
1. Anwendungsbereich	1	3. Nemo-tenetur-Grundsatz	8
2. Rechtsgut	2	4. Recht auf Verteidigung und Akteneinsicht	9
3. Verfassungsmäßigkeit	3	5. Verjährung und Zuständigkeit	10
II. Objektiver Tatbestand	4	6. Rechtsfolgen	11
III. Weitere Umstände	5	7. Rechtsmittel	12
IV. Verfahren	6–12	V. Inkrafttreten	13
1. Grundsätze des Ordnungswidrigkeitenverfahrens	6		

I. Anwendungsbereich, Rechtsgut und Verfassungsmäßigkeit

1. Anwendungsbereich

Mit § 111 a erfolgt die bei der Erläuterung des Anwendungsbereichs des § 108 b bereits **1** dargestellte (§ 108 b Rn. 1) **zusätzliche Absicherung** gegen die Vorbereitung der Umgehung einer wirksamen technischen Maßnahme (§ 95 a Abs. 3), gegen das Nichtzurverfügungstellen eines zur Durchsetzung von Schrankenbestimmungen notwendigen Mittels (§ 95 b Abs. 1) sowie gegen die fehlende oder unvollständige Kennzeichnung von Schutzgegenständen (§ 95 d Abs. 2 S. 1) durch einen Ordnungswidrigkeitentatbestand.

2. Rechtsgut

Aufgrund der parallelen Zielrichtung der Vorschriften entspricht das durch **§ 111 a** **2** **Abs. 1 Nr. 1** geschützte Rechtsgut demjenigen des § 108 b Abs. 1 Nr. 1 (hierzu § 108 b Rn. 2). Die Norm bezweckt den **Schutz des geistigen Eigentums im Allgemeinen sowie verwertungsrechtlicher Befugnisse im Besonderen. § 111 a Abs. 1 Nr. 2** dient wie § 95 b (hierzu Begr. der BReg zum Gesetzesentwurf BR-Drucks. 684/02, 63; auch *Reinbothe* GRUR Int. 2001, 733, 741 m. w. N.; *Spindler* GRUR 2002, 105, 117 f.) dazu, die Nutzung bestimmter Schranken für die Begünstigten sicherzustellen. Geschütztes Rechtsgut ist daher **das durch die einzelne** in § 95 b Abs. 1 aufgeführte **Schrankenbestimmung geschützte Gut.** Entsprechendes gilt für **§ 111 a Abs. 1 Nr. 3**, der mit der Bußgeldbewehrung der Kennzeichnungspflicht des § 95 d Abs. 2 S. 1 mittelbar die prozessuale Durchsetzung der Pflichten und Ansprüche aus § 95 b gewährleisten soll (vgl. die Begr. der BReg zum Gesetzesentwurf BR-Drucks. 684/02, 67).

3. Verfassungsmäßigkeit

3 § 111 a dürfte trotz der komplexen Verweisungsstruktur der §§ 111 a, 95 b, 53 UrhG **mit dem Bestimmtheitsgrundsatz** des Art. 103 Abs. 2 GG (= § 1 StGB) **vereinbar** sein (vgl. demgegenüber *Dietz* in *Zecher* ZUM 2002, 451, 457). Bei Blankettgesetzen ist die Bestimmtheit des Tatbestands auch dann gewahrt, wenn der Tatbestand in der Verweisungsnorm bestimmt ist (entsprechend zu §§ 106, 108 *Hildebrandt* 140 und 230; *Lauer* 76 f.; *Rochlitz* 93 und 141). Zur Verfassungsmäßigkeit der Vorschrift trotz der in der Bezugsnorm des § 95 a verwendeten **unscharfen Begriffe** gelten die Ausführungen zur parallelen Strafvorschrift § 108 b entsprechend (§ 108 b Rn. 3).

II. Objektiver Tatbestand

4 Nach § 69 a Abs. 5 finden die §§ 95 a bis 95 d und damit auch § 111 a **keine Anwendung auf Computerprogramme.** Auch im Rahmen der Bußgeldvorschrift des § 111 a Abs. 1 Nr. 2 gilt die Beschränkung des § 95 b Abs. 3, die wirksame technische Maßnahmen, die im Rahmen des interaktiven Zurverfügungstellens auf der Grundlage **vertraglicher Vereinbarung** angewandt werden, von der Durchsetzung der Schrankenregelungen ausnimmt (kritisch zu dieser Einschränkung der Bußgeldbewehrung durch den gemeinschaftsrechtlich vorgezeichneten § 95 b Abs. 3 *Hilty* MMR 2002, 577, 578). Das Merkmal der **„über den Kreis der mit dem Täter persönlich verbundenen Personen"** in § 111 a Abs. 1 Nr. 1 Buchst. a) bezieht sich nur auf die Tathandlung der Verbreitung (vgl. Begr. der BReg zum Gesetzesentwurf BR-Drucks. 684/02, 69), nicht auch auf das – ohnehin regelmäßig außerhalb des Privatbereichs erfolgende – Verkaufen oder Vermieten; das Merkmal ist zu verstehen wie in § 108 b (hierzu § 108 b Rn. 6). Der Begriff des **Handelns zu gewerblichen Zwecken** in § 111 a Abs. 1 Nr. 1 Buchst. b entspricht dem des gewerbsmäßigen Handelns (ausführlicher § 108 b Rn. 7).

III. Weitere Umstände

5 Nach § 10 OWiG ist nur **vorsätzliches Handeln** bußgeldbewehrt. Die **Konkurrenzen** im Ordnungswidrigkeitenrecht sind in §§ 19, 20 OWiG geregelt. Wenn eine Handlung gleichzeitig Straftat und Ordnungswidrigkeit ist, findet gemäß § 21 Abs. 1 S. 1 OWiG nur das Strafgesetz Anwendung. Ähnlich wie bei § 108 b Abs. 1 Nr. 1 oder 3, Abs. 2 (vgl. § 108 b Rn. 11) dürfte bei § 111 a Abs. 1 Nr. 1 im Falle einer Gefährdung von Senderechten (§ 87) der Bußgeldtatbestand des **§ 5 ZKDSG** subsidiär zurücktreten. § 111 a Abs. 1 Nr. 3 dürfte als bloßer Hilfstatbestand gegenüber § 111 a Abs. 1 Nr. 2 subsidiär sein. Nach der **Übergangsregelung** des § 137 j Abs. 1 ist § 111 a Abs. 1 Nr. 2, Abs. 3 erst ab dem 1. 12. 2003 anzuwenden. Wegen der **weiteren Tatbestandsvoraussetzungen** kann auf die Ausführungen zu § 108 b verwiesen werden (vgl. § 108 b Rn. 10).

IV. Verfahren

1. Grundsätze des Ordnungswidrigkeitenverfahrens

6 Die **Grundsätze des Verfahrens** ergeben sich aus dem OWiG. Die zuständige Behörde hat dieselben Rechte und Pflichten wie die Staatsanwaltschaft bei der Verfolgung von

§ 111 a. Bußgeldvorschriften　　　　　　　　　　　　　7, 8　§ 111 a UrhG

Straftaten (§ 46 Abs. 2 OWiG). Die Einleitung des Verfahrens und die Verfolgung und Ahndung der Ordnungswidrigkeiten liegen im pflichtgemäßen Ermessen der zuständigen Behörde (§ 47 Abs. 1 OWiG; zu Besonderheiten im **Jugendrecht** *Bohnert* 60 ff.). Es gilt der **Opportunitätsgrundsatz.** Die Behörde kann sich auf eine Verfolgung einzelner Ordnungswidrigkeiten beschränken (zu den Einzelheiten *Göhler* § 47 Rn. 3 ff.). Zu beachten sein wird bei der Ermessensausübung die gesetzgeberische Intention, über die Verfolgung als Ordnungswidrigkeit auf die öffentliche Meinungsbildung einzuwirken (Begr. der BReg zum Gesetzesentwurf BR-Drucks. 684/02, 65). Auch kann die Behörde über § 47 OWiG nicht wirksam im Voraus im Wege der Ermessensbindung auf die Verfolgung einer erst noch bevorstehenden Ordnungswidrigkeit verzichten (*Tiedemann* NJW 1979, 1855; *Immenga/ Mestmäcker/Dannecker/Biermann* vor § 81 GWB Rn. 157). Das **Bußgeldverfahren** kann – ohne dass es eines formellen Aktes bedürfte – entweder von Amts wegen oder auf Anzeige hin **eingeleitet** werden (§ 46 Abs. 1 OWiG i. V. m. § 158 StPO), wenn Anhaltspunkte für das Vorliegen einer Ordnungswidrigkeit gegeben sind und der Verfolgung keine Verfahrenshindernisse entgegenstehen.

2. Ermittlungsbefugnisse

Im Bußgeldverfahren gilt der **Untersuchungsgrundsatz,** der die zuständige Behörde　7 zur Beibringung des Beweisstoffes von Amts wegen verpflichtet (§§ 160, 163 StPO i. V. m. § 46 Abs. 1 OWiG). Gesetzliche Vermutungen finden wie im Strafrecht (siehe § 106 Rn. 27 im HauptB) keine Anwendung (str., Nachweise bei Immenga/Mestmäcker/*Dannecker/Biermann* vor § 81 GWB Rn. 205). Da dies auch zugunsten des Betroffenen gilt, ist die Vermutung des § 95 b Abs. 2 S. 2 im Bußgeldverfahren nicht anwendbar; wegen des klaren Wortlauts der Vorschrift wird man § 95 b Abs. 1 S. 2 auch nicht in eine Auslegungsregel umdeuten können. Unzulässig sind **Verhaftungen** und vorläufige Festnahmen sowie Beschlagnahmen von Postsendungen und Telegrammen und Auskunftsersuche über Umstände, die dem **Post- und Fernmeldegeheimnis** unterliegen (§ 46 Abs. 3 S. 1 OWiG). Als schwerer Grundrechtseingriff muss die Anordnung einer **Durchsuchung** nach dem Verhältnismäßigkeitsgrundsatz in angemessenem Verhältnis zur Bedeutung der Tat stehen (BVerfGE 27, 211, 219; 44, 353, 373).

3. Nemo-tenetur-Grundsatz

Der Betroffene ist nicht gehalten, an seiner Überführung mitzuwirken (**nemo tenetur,**　8 vgl. zur Frage der Aussagepflicht bezüglich persönlicher Daten *Göhler* § 111 OWiG Rn. 17; *Rebmann/Roth/Herrmann* § 55 OWiG Rn. 9). Unterbleibt die nach § 136 StPO erforderliche (*Göhler* § 55 GWB OWiG Rn. 8) Belehrung über das **Schweigerecht,** so hat dies grundsätzlich ein Beweisverwertungsverbot zur Folge (BGHSt 38, 214 ff.; *Göhler* § 55 OWiG Rn. 9 m. w. N. auch zur Gegenansicht; *Lemke* § 55 OWiG Rn. 10; *Rebmann/ Roth/Herrmann* § 55 OWiG Rn. 9; ausführlich zur Frage im Strafverfahren *Kleinknecht/ Meyer-Goßner* § 136 StPO Rn. 20, m. w. N.). Der nemo-tenetur-Grundsatz soll nicht gelten, wenn sich das Verfahren gegen eine **juristische Person** (hierzu § 30 OWiG) richtet (BVerfGE 95, 220 ff.; mit Blick auf die EMRK kritisch *Dannecker* ZStW 111 (1999), 256, 284 ff.; Immenga/Mestmäcker/*Dannecker/Biermann* vor § 81 GWB Rn. 167 ff. m. w. N.; *Weiß* JZ 1998, 289 ff.; *Weiß* NJW 1999, 2236 f.; zur Entscheidung des BVerfG *Dörr* JuS 1998, 76 ff.).

4. Recht auf Verteidigung und Akteneinsicht

9 In jedem Stadium des Bußgeldverfahrens kann der Betroffene als Beistand einen **Verteidiger** wählen (§ 137 Abs. 1 StPO i. V. m. § 46 Abs. 1 OWiG). **Absprachen** der Beteiligten sind wie im Strafverfahren unter bestimmten Voraussetzungen (hierzu BGHSt 43, 195 ff.) zulässig (vgl. Immenga/Mestmäcker/*Dannecker/Biermann* vor § 81 GWB Rn. 199). Der Verteidiger kann das Recht auf **Akteneinsicht** ausüben (§ 147 StPO i. V. m. § 46 Abs. 1 OWiG). Dem Betroffenen selbst ist unter den Voraussetzungen des § 49 Abs. 1 OWiG Akteneinsicht zu gewähren. § 46 Abs. 3 S. 4 Hs. 2 OWiG, der die Anwendbarkeit des § 406 e StPO unberührt lässt, verschafft dem Verletzten der Ordnungswidrigkeit ein eingeschränktes Akteneinsichtsrecht. Der Begriff des Verletzten (*Kleinknecht/Meyer-Goßner* vor § 406 c StPO Rn. 2 und § 172 StPO Rn. 9, m. w. N.) entspricht in Fällen des § 111 a Abs. 1 Nr. 1 dem bei § 108 b (hierzu § 109 Rn. 2); bei § 111 a Abs. 1 Nr. 2 und 3 werden die einzelnen Schrankenbegünstigten Akteneinsicht nehmen können, bei § 111 a Abs. 1 Nr. 2 korrespondierend mit der zivilrechtlichen Berechtigung auch die in § 3 Abs. 1 S. 1 Nr. 4 UnterlassungsklagenG erwähnten Verbände. Wie bei den urheberrechtlichen Strafvorschriften ist durch das Akteneinsichtsrecht eine Funktionalisierung der Bußgeldbewehrung zu befürchten (siehe § 106 Rn. 4 im HauptB; ausführlich *Hildebrandt* 490 ff.). Ob und inwieweit im Bußgeldverfahren **Namen der Betroffenen oder Verfahrensinhalte veröffentlicht** werden dürfen, ist rechtlich ungeklärt und umstritten (zum Streitstand Immenga/Mestmäcker/*Dannecker/Biermann* vor § 81 GWB Rn. 218 ff. m. w. N.).

5. Verjährung und Zuständigkeit

10 **Verfolgungsverjährung** tritt in Fällen des Abs. 1 Nr. 1 und 2 (bußgeldbewehrte Eingriffe in technische Schutzmaßnahmen; Nichtzurverfügungstellen eines zur Durchsetzung von Schrankenbestimmungen notwendigen Mittels) gemäß § 31 Abs. 2 Nr. 1 OWiG grundsätzlich nach drei Jahren, in Fällen des Abs. 1 Nr. 3 (fehlende oder unvollständige Kennzeichnung von Schutzgegenständen) gemäß § 31 Abs. 2 Nr. 2 OWiG nach zwei Jahren ein. Die **Vollstreckungsverjährung** richtet sich nach § 34 OWiG. Die **behördliche Zuständigkeit** ergibt sich aus den §§ 35 ff. OWiG.

6. Rechtsfolgen

11 Das **Höchstmaß der Geldbuße** setzt § 111 a Abs. 2 in Fällen des Absatz 1 Nr. 1 und Nr. 2 (bußgeldbewehrte Eingriffe in technische Schutzmaßnahmen; Nichtzurverfügungstellen eines zur Durchsetzung von Schrankenbestimmungen notwendigen Mittels) mit bis zu fünfzigtausend Euro und in Fällen des Abs. 1 Nr. 3 (fehlende oder unvollständige Kennzeichnung von Schutzgegenständen) mit bis zu zehntausend Euro fest (zum unterschiedlichen Bußgeldrahmen *v. Rom* ZUM 2003, 128, 130). Bei der Festsetzung der Geldbuße ist auch die wirtschaftliche Leistungsfähigkeit potentieller Täter zu berücksichtigen, zu deren Kreis insbesondere auch juristische Personen zählen. Der Gesetzgeber zielt darauf, tatsächlich eine Abschreckungswirkung zu erzielen, die geeignet ist, nachdrücklich zur Befolgung der Rechtsordnung anzuhalten (Begr. der BReg zum Gesetzesentwurf BR-Drucks. 684/02, 65). Der erforderliche **Inhalt des Bußgeldbescheids** ergibt sich aus § 66 OWiG. Haben die Ermittlungen keinen Beweis für das Vorliegen einer Ordnungswidrigkeit erbracht, besteht ein endgültiges Verfolgungshindernis (§ 46 Abs. 1 OWiG i. V. m. § 170 Abs. 2 S. 1 StPO) oder ist die Verfolgung i. S. v. § 47 OWiG nicht mehr geboten, so kann die Behörde

§ 111 b. Maßnahmen der Zollbehörde   § 111 b UrhG

die **Verfahrenseinstellung** schriftlich verfügen. Die Einstellung darf nach § 47 Abs. 3 OWiG nicht von der Zahlung eines Geldbetrags an eine gemeinnützige Einrichtung oder an eine sonstige Stelle – insbesondere den Staat – abhängig gemacht oder in Zusammenhang gebracht werden. Dagegen kommt eine Einstellung des Verfahrens infolge der Erfüllung etwaiger Ersatzansprüche des Verletzten oder infolge der Beseitigung des rechtswidrigen Zustands in Betracht (*Göhler* § 47 OWiG Rn. 34). Der Einstellung kommt keine Rechtskraftwirkung zu, sodass das Verfahren ohne weiteres wieder aufgenommen werden kann (*Göhler* vor § 59 OWiG Rn. 161 m. w. N.).

7. Rechtsmittel

Innerhalb von zwei Wochen nach Zustellung des Bescheids kann der Betroffene nach 12 § 67 OWiG schriftlich oder zur Niederschrift bei der Behörde, die den Bescheid erlassen hat, **Einspruch** einlegen. Eine – zweckmäßige – Begründung ist nicht vorgeschrieben. Eine falsche Bezeichnung des Einspruchs ist unschädlich (§ 300 StPO i. V. m. § 67 Abs. 1 S. 2 OWiG). Eine Beschränkung des Einspruchs, insbesondere auf die Höhe der Geldbuße, ist möglich (hierzu *Katholnigg* NJW 1998, 568, 570). Das Verfahren nach Einspruch richtet sich nach §§ 69, 83 OWiG. Mit Ausnahme des Bußgeldbescheids und der Einstellungsverfügung kann der Betroffene gegen Entscheidungen gemäß § 62 OWiG **gerichtliche Entscheidung** beantragen. Zuständig ist das Amtsgericht, in dessen Bezirk die tätige Behörde ihren Sitz hat (§ 68 Abs. 1 OWiG; anders § 98 Abs. 2 S. 3 StPO, der wegen Spezialität des § 68 OWiG nicht anzuwenden ist).

V. Inkrafttreten

Nach Art. 6 Abs. 2 des Gesetzes zur Regelung des Urheberrechts in der Informations- 13 gesellschaft vom 10. 9. 2003 (BGBl. I S. 1774) tritt **§ 111 a Abs. 1 Nr. 2 und 3** (Nichtzurverfügungstellen eines zur Durchsetzung von Schrankenbestimmungen notwendigen Mittels; fehlende oder unvollständige Kennzeichnung von Schutzgegenständen) erst am 1. 9. 2004 in Kraft (siehe § 137 j Rn. 11 f.). Für **§ 111 a Abs. 1 Nr. 1** (bußgeldbewehrte Eingriffe in technische Schutzmaßnahmen) bleibt es demgegenüber bei der allgemeinen Regelung des Art. 6 Abs. 1, wonach das Gesetz am Tage nach der Verkündung in Kraft tritt, demnach am 13. 9. 2003.

Unterabschnitt 3. Vorschriften über Maßnahmen der Zollbehörde

§ 111 b. Maßnahmen der Zollbehörde

(1) **Verletzt die Herstellung oder Verbreitung von Vervielfältigungsstücken das Urheberrecht oder ein anderes nach diesem Gesetz geschütztes Recht, so unterliegen die Vervielfältigungsstücke soweit nicht die Verordnung (EG) Nr. 3295/94 des Rates vom 22. 12. 1994 über Maßnahmen zum Verbot der Überführung nachgeahmter Waren und unerlaubt hergestellter Vervielfältigungsstücke oder Nachbildungen in den zollrechtlich freien Verkehr oder in ein Nichterhebungsverfahren zum Verbot ihrer Ausfuhr und Wiederausfuhr (ABl. EG Nr. L 341 S. 8) in ihrer jeweils geltenden Fassung anzuwenden ist, auf Antrag und gegen Sicherheitsleistung des Rechtsinhabers bei ihrer Einfuhr oder Ausfuhr der Beschlagnahme durch die Zollbehörde, sofern die**

Rechtsverletzung offensichtlich ist. Dies gilt für den Verkehr mit anderen Mitgliedstaaten der Europäischen Union sowie mit den anderen Vertragsstaaten des Abkommens über den europäischen Wirtschaftsraum nur, soweit Kontrollen durch die Zollbehörden stattfinden.

(2) Ordnet die Zollbehörde die Beschlagnahme an, so unterrichtet sie unverzüglich den Verfügungsberechtigten sowie den Antragsteller. Dem Antragsteller sind Herkunft, Menge und Lageort der Vervielfältigungsstücke sowie Namen und Anschrift des Verfügungsberechtigten mitzuteilen; das Brief- und Postgeheimnis (Art. 10 des Grundgesetzes) wird insoweit eingeschränkt. Dem Antragsteller wird Gelegenheit gegeben, die Vervielfältigungsstücke zu besichtigen, soweit hierdurch nicht in Geschäfts- oder Betriebsgeheimnisse eingegriffen wird.

(3) Wird der Beschlagnahme nicht spätestens nach Ablauf von zwei Wochen nach Zustellung der Mitteilung nach Abs. 2 Satz 1 widersprochen, so ordnet die Zollbehörde die Einziehung der beschlagnahmten Vervielfältigungsstücke an.

(4) Widerspricht der Verfügungsberechtigte der Beschlagnahme, so unterrichtet die Zollbehörde hiervon unverzüglich den Antragsteller. Dieser hat gegenüber der Zollbehörde unverzüglich zu erklären, ob er den Antrag nach Abs. 1 in Bezug auf die beschlagnahmten Vervielfältigungsstücke aufrechterhält.

1. Nimmt der Antragsteller den Antrag zurück, hebt die Zollbehörde die Beschlagnahme unverzüglich auf.
2. Hält der Antragsteller den Antrag aufrecht und legt er eine vollziehbare gerichtliche Entscheidung vor, die die Verwahrung der beschlagnahmten Vervielfältigungsstücke oder eine Verfügungsbeschränkung anordnet, trifft die Zollbehörde die erforderlichen Maßnahmen.

Liegen die Fälle der Nummern 1 oder 2 nicht vor, hebt die Zollbehörde die Beschlagnahme nach Ablauf von zwei Wochen nach Zustellung der Mitteilung an den Antragsteller nach Satz 1 auf; weist der Antragsteller nach, daß die gerichtliche Entscheidung nach Nr. 2 beantragt, ihm aber noch nicht zugegangen ist, wird die Beschlagnahme für längstens zwei weitere Wochen aufrechterhalten.

(5) Erweist sich die Beschlagnahme als von Anfang an ungerechtfertigt und hat der Antragsteller den Antrag nach Abs. 1 in Bezug auf die beschlagnahmten Vervielfältigungsstücke aufrechterhalten oder sich nicht unverzüglich erklärt (Absatz 4 Satz 2), so ist er verpflichtet, den dem Verfügungsberechtigten durch die Beschlagnahme entstandenen Schaden zu ersetzen.

(6) Der Antrag nach Abs. 1 ist bei der Oberfinanzdirektion zu stellen und hat Wirkung für zwei Jahre, sofern keine kürzere Geltungsdauer beantragt wird; er kann wiederholt werden. Für die mit dem Antrag verbundenen Amtshandlungen werden vom Antragsteller Kosten nach Maßgabe des § 178 der Abgabenordnung erhoben.

(7) Die Beschlagnahme und die Einziehung können mit den Rechtsmitteln angefochten werden, die im Bußgeldverfahren nach dem Gesetz über Ordnungswidrigkeiten gegen die Beschlagnahme und Einziehung zulässig sind. Im Rechtsmittelverfahren ist der Antragsteller zu hören. Gegen die Entscheidung des Amtsgerichts ist die sofortige Beschwerde zulässig; über sie entscheidet das Oberlandesgericht.

(8) In Verfahren nach der Verordnung (EG) Nr. 3295/94 sind die Abs. 1–7 entsprechend anzuwenden, soweit in der Verordnung nichts anderes bestimmt ist.

Ehemaliger § 111 a ist in § 111 b **umnummeriert** und mit amtlicher Überschrift versehen worden m. W. v. 13. 9. 2003 durch Art. 1 Abs. 1 Ziff. 43, Abs. 2 i. V. m. der Anlage des Gesetzes zur Regelung des Urheberrechts in der Informationsgesellschaft v.

10. 9. 2003, BGBl. I S. 1774. Zur Kommentierung der im Übrigen unveränderten Vorschrift siehe HauptB § 111 a Rn. 1 ff.

Abschnitt 3. Zwangsvollstreckung

Unterabschnitt 5. Zwangsvollstreckung wegen Geldforderungen in bestimmte Vorrichtungen

§ 119. Zwangsvollstreckung in bestimmte Vorrichtungen

(1) **Vorrichtungen, die ausschließlich zur Vervielfältigung oder Funksendung eines Werkes bestimmt sind, wie Formen, Platten, Steine, Druckstöcke, Matrizen und Negative, unterliegen der Zwangsvollstreckung wegen Geldforderungen nur, soweit der Gläubiger zur Nutzung des Werkes mittels dieser Vorrichtungen berechtigt ist.**

(2) **Das Gleiche gilt für Vorrichtungen, die ausschließlich zur Vorführung eines Filmwerkes bestimmt sind, wie Filmstreifen und dergleichen.**

(3) **Die Abs. 1 und 2 sind auf die nach den §§ 70 und 71 geschützten Ausgaben, die nach § 72 geschützten Lichtbilder, die nach § 77 Abs. 2 Satz 1, § 85, 87, 94 und 95 geschützten Bild- und Tonträger und die nach § 87 b Abs. 1 geschützten Datenbanken entsprechend anzuwenden.**

§ 119 ist mit amtlicher Überschrift versehen, Abs. 3 (Verweisung auf § 77 Abs. 2 S. 1 n. F. statt auf § 75 Abs. 2 a. F.) redaktionell angepasst worden m. W. v. 13. 9. 2003 durch Art. 1 Abs. 1 Ziff. 44, Abs. 2 i. V. m. der Anlage des Gesetzes zur Regelung des Urheberrechts in der Informationsgesellschaft v. 10. 9. 2003, BGBl. I S. 1774. Zur Kommentierung der im Übrigen unveränderten Vorschrift siehe HauptB § 119 Rn. 1 ff.

Teil 5. Anwendungsbereich, Übergangs- und Schlussbestimmungen

Abschnitt 1. Anwendungsbereich des Gesetzes

Unterabschnitt 2. Verwandte Schutzrechte

§ 125. Schutz des ausübenden Künstlers

(1) Den nach den §§ 73 bis 83 gewährten Schutz genießen deutsche Staatsangehörige für alle ihre Darbietungen, gleichviel, wo diese stattfinden. § 120 Abs. 2 ist anzuwenden.

(2) Ausländische Staatsangehörige genießen den Schutz für alle ihre Darbietungen, die im Geltungsbereich dieses Gesetzes stattfinden, soweit nicht in den Absätzen 3 und 4 etwas anderes bestimmt ist.

(3) Werden Darbietungen ausländischer Staatsangehöriger erlaubterweise auf Bild- oder Tonträger aufgenommen und sind diese erschienen, so genießen die ausländischen Staatsangehörigen hinsichtlich dieser Bild- oder Tonträger den Schutz nach § 77 Abs. 2 Satz 1, 78 Abs. 1 Nr. 1 und Abs. 2, wenn die Bild- oder Tonträger im Geltungsbereich dieses Gesetzes erschienen sind, es sei denn, daß die Bild- oder Tonträger früher als dreißig Tage vor dem Erscheinen im Geltungsbereich dieses Gesetzes außerhalb dieses Gebietes erschienen sind.

(4) Werden Darbietungen ausländischer Staatsangehöriger erlaubterweise durch Funk gesendet, so genießen die ausländischen Staatsangehörigen den Schutz gegen Aufnahme der Funksendung auf Bild- oder Tonträger (§ 77 Abs. 1) und Weitersendung der Funksendung (§ 78 Abs. 1 Nr. 2) sowie den Schutz nach § 78 Abs. 2, wenn die Funksendung im Geltungsbereich dieses Gesetzes ausgestrahlt worden ist.

(5) Im übrigen genießen ausländische Staatsangehörige den Schutz nach Inhalt der Staatsverträge. § 121 Abs. 4 Satz 2 sowie die §§ 122 und 123 gelten entsprechend.

(6) Den Schutz nach den §§ 74 und 75, § 77 Abs. 1 sowie § 78 Abs. 1 Nr. 3 genießen ausländische Staatsangehörige für alle ihre Darbietungen, auch wenn die Voraussetzungen der Absätze 2 bis 5 nicht vorliegen. Das gleiche gilt für den Schutz nach § 78 Abs. 1 Nr. 2, soweit es sich um die unmittelbare Sendung der Darbietung handelt.

(7) Wird Schutz nach den Absätzen 2 bis 4 oder 6 gewährt, so erlischt er spätestens mit dem Ablauf der Schutzdauer in dem Staat, dessen Staatsangehöriger der ausübende Künstler ist, ohne die Schutzfrist nach § 82 zu überschreiten.

1 Mit dem Gesetz zur Regelung des Urheberrechts in der Informationsgesellschaft ist das gesamte Leistungsschutzrecht der ausübenden Künstler reformiert worden (siehe dazu Vor §§ 73 ff. Rn. 2). In § 125 waren deshalb **Änderungen** notwendig, die aber überwiegend **rein redaktioneller Natur** sind und die Verweise auf die Vorschriften der §§ 73 ff. betreffen. Die einzige inhaltliche Änderung ist hinsichtlich des **persönlichkeitsrechtlichen Mindestschutzes** in Abs. 6 vorgenommen worden. Dort ist zusätzlich zum Beeinträchti-

§ 127. Schutz des Sendeunternehmens §§ 126, 127 UrhG

gungsverbot des § 75 n. F. auch das neue Recht auf **Anerkennung als ausübender Künstler (§ 74 n. F.)** aufgenommen worden (siehe § 125 a. F. Rn. 7 im HauptB). Dieses steht damit wegen seines persönlichkeitsrechtlichen Gehalts ausländischen Interpreten ohne fremdenrechtliche Einschränkungen für alle ihre Darbietungen zu. Zu den übrigen Bestimmungen siehe die Kommentierung zu § 125 im HauptB.

§ 126. Schutz des Herstellers von Tonträgern

(1) Den nach den §§ 85 und 86 gewährten Schutz genießen deutsche Staatsangehörige oder Unternehmen mit Sitz im Geltungsbereich dieses Gesetzes für alle ihre Tonträger, gleichviel, ob und wo diese erschienen sind. § 120 Abs. 2 ist anzuwenden. Unternehmen mit Sitz in einem anderen Mitgliedstaat der Europäischen Union oder in einem anderen Vertragsstaat des Abkommens über den Europäischen Wirtschaftsraum stehen Unternehmen mit Sitz im Geltungsbereich dieses Gesetzes gleich.

(2) Ausländische Staatsangehörige oder Unternehmen ohne Sitz im Geltungsbereich dieses Gesetzes genießen den Schutz für ihre im Geltungsbereich dieses Gesetzes erschienenen Tonträger, es sei denn, dass der Tonträger früher als dreißig Tage vor dem Erscheinen im Geltungsbereich dieses Gesetzes außerhalb dieses Gebietes erschienen ist. Der Schutz erlischt jedoch spätestens mit dem Ablauf der Schutzdauer in dem Staat, dessen Staatsangehörigkeit der Hersteller des Tonträgers besitzt oder in welchem das Unternehmen seinen Sitz hat, ohne die Schutzfrist nach § 85 Abs. 3 zu überschreiten.

(3) Im übrigen genießen ausländische Staatsangehörige oder Unternehmen ohne Sitz im Geltungsbereich dieses Gesetzes den Schutz nach Inhalt der Staatsverträge. § 121 Abs. 4 Satz 2 sowie die §§ 122 und 123 gelten entsprechend.

In Abs. 2 ist lediglich eine **redaktionelle Änderung** (Verweis auf die Schutzfristenregelung in § 85 Abs. 3) vorgenommen worden. Zur Regelung siehe die Kommentierung zu § 126 im HauptB.

§ 127. Schutz des Sendeunternehmens

(1) Den nach § 87 gewährten Schutz genießen Sendeunternehmen mit Sitz im Geltungsbereich dieses Gesetzes für alle Funksendungen, gleichviel, wo sie diese ausstrahlen. § 126 Abs. 1 Satz 3 ist anzuwenden.

(2) Sendeunternehmen ohne Sitz im Geltungsbereich dieses Gesetzes genießen den Schutz für alle Funksendungen, die sie im Geltungsbereich dieses Gesetzes ausstrahlen. Der Schutz erlischt spätestens mit dem Ablauf der Schutzdauer in dem Staat, in dem das Sendeunternehmen seinen Sitz hat, ohne die Schutzfrist nach § 87 Abs. 3 zu überschreiten.

(3) Im Übrigen genießen Sendeunternehmen ohne Sitz im Geltungsbereich dieses Gesetzes den Schutz nach Inhalt der Staatsverträge. § 121 Abs. 4 Satz 2 gilt entsprechend.

Abs. 2 (Verweisung auf § 87 Abs. 3 n. F. statt auf § 87 Abs. 2 a. F.) wurde redaktionell angepasst m. W. v. 13. 9. 2003 durch Art. 1 Abs. 1 Ziff. 47 des Gesetzes zur Regelung des Urheberrechts in der Informationsgesellschaft v. 10. 9. 2003, BGBl. I S. 1774. Zur Kommentierung der im Übrigen unveränderten Vorschrift siehe HauptB § 127 Rn. 1 ff.

Abschnitt 2. Übergangsbestimmungen

§ 132. Verträge

(1) Die Vorschriften dieses Gesetzes sind mit Ausnahme der §§ 42 und 43 auf Verträge, die vor dem 1. Januar 1966 abgeschlossen worden sind, nicht anzuwenden. § 43 gilt für ausübende Künstler entsprechend. Die §§ 40 und 41 gelten für solche Verträge mit der Maßgabe, daß die in § 40 Abs. 1 Satz 2 und § 41 Abs. 2 genannten Fristen frühestens mit dem Inkrafttreten dieses Gesetzes beginnen.

(2) Vor dem 1. Januar 1966 getroffene Verfügungen bleiben wirksam.

(3) Auf Verträge oder sonstige Sachverhalte, die vor dem 1. Juli 2002 geschlossen worden oder entstanden sind, sind die Vorschriften dieses Gesetzes vorbehaltlich der Sätze 2 und 3 in der am 28. März 2002 geltenden Fassung weiter anzuwenden. § 32 a findet auf Sachverhalte Anwendung, die nach dem 28. März 2002 entstanden sind. Auf Verträge, die seit dem 1. Juni 2001 und bis zum 30. Juni 2002 geschlossen worden sind, findet auch § 32 Anwendung, sofern von dem eingeräumten Recht oder der Erlaubnis nach dem 30. Juni 2002 Gebrauch gemacht wird.

(4) Absatz 3 gilt für ausübende Künstler entsprechend.

Übersicht

	Rn.
I. Änderung des Abs. 1	1
II. Änderung des Abs. 3	2

I. Änderung des Abs. 1

1 Mit dem Gesetz zur Regelung des Urheberrechts in der Informationsgesellschaft ist die Vorschrift des § 79 a. F. zu ausübenden Künstlern in Arbeits- oder Dienstverhältnissen aufgehoben worden. An ihre Stelle tritt § 43, der eine § 79 a. F. entsprechende Regelung enthält (Begr. RegE, BT-Drucks. 15/38, 24; siehe § 79 Rn. 1 im HauptB; Schricker/*Rojahn* § 79 Rn. 3). In § 132 Abs. 1 sind die in dieser Übergangsvorschrift notwendigen Anpassungen an das neue Recht vorgenommen worden, die **redaktioneller Natur** sind. § 43 galt auch bislang schon für vor dem 1. Januar 1966 geschlossene Verträge mit Urhebern. Er findet – an Stelle von § 79 a. F. – nunmehr auch auf Altverträge mit ausübenden Künstlern Anwendung (Abs. 1 S. 2). Zur Regelung siehe die Kommentierung zu § 132 a im HauptB.

II. Änderung des Abs. 3

2 Mit der Änderung in Abs. 3 S. 3 wird der Redaktionsfehler behoben, der bei der Regelung des Urhebervertragsrechts aufgetreten war (siehe BT-Drucks. 15/837, 36). Bislang klaffte in der Übergangsvorschrift eine **zeitliche Lücke** zwischen dem 28. 3. 2002 (Tag der Verkündung des Gesetzes zur Stärkung der vertraglichen Stellung von Urhebern und ausübenden Künstlern) und dem 30. 6. 2003 (Tag vor Inkrafttreten des Gesetzes), die bei der kurzfristigen Einfügung der dreimonatigen Karenzfrist für den Übergang zum neuen Urhebervertragsrecht übersehen worden war (siehe dazu § 32 Rn. 53 und § 132 a. F. Rn. 10 im HauptB).

§ 137 g. Übergangsregelung bei Umsetzung   §§ 137 d-137 g UrhG

§ 137 d. Computerprogramme

(1) **Die Vorschriften des Abschnitts 8 des Teils 1 sind auch auf Computerprogramme anzuwenden, die vor dem 24. Juni 1993 geschaffen worden sind.** Jedoch erstreckt sich das ausschließliche Vermietrecht (§ 69 c Nr. 3) nicht auf Vervielfältigungsstücke eines Programms, die ein Dritter vor dem 1. Januar 1993 zum Zweck der Vermietung erworben hat.

(2) § 69 g Abs. 2 ist auch auf Verträge anzuwenden, die vor dem 24. Juni 1993 abgeschlossen worden sind.

Abs. 1 (Verweisung auf „Abschnitt 8 des Teils 1" n. F. statt auf bisherige Formulierung der Zwischenüberschrift) ist redaktionell angepasst worden m. W. v. 13. 9. 2003 durch Art. 1 Abs. 1 Ziff. 49 des Gesetzes zur Regelung des Urheberrechts in der Informationsgesellschaft v. 10. 9. 2003, BGBl. I S. 1774. Zur Kommentierung der im Übrigen unveränderten Vorschrift siehe HauptB § 137 d Rn. 1 ff.

§ 137 e. Übergangsregelung bei Umsetzung der Richtlinie 92/100/EWG

(1) **Die am 30. Juni 1995 in Kraft tretenden Vorschriften dieses Gesetzes finden auch auf vorher geschaffene Werke, Darbietungen, Tonträger, Funksendungen und Filme Anwendung, es sei denn, daß diese zu diesem Zeitpunkt nicht mehr geschützt sind.**

(2) **Ist ein Original oder Vervielfältigungsstück eines Werkes oder ein Bild- oder Tonträger vor dem 30. Juni 1995 erworben oder zum Zweck der Vermietung einem Dritten überlassen worden, so gilt für die Vermietung nach diesem Zeitpunkt die Zustimmung der Inhaber des Vermietrechts (§§ 17, 77 Abs. 2 Satz 1, §§ 85 und 94) als erteilt.** Diesen Rechtsinhabern hat der Vermieter jeweils eine angemessene Vergütung zu zahlen; § 27 Abs. 1 Satz 2 und 3 hinsichtlich der Ansprüche der Urheber und ausübenden Künstler und § 27 Abs. 3 finden entsprechende Anwendung. § 137 d bleibt unberührt.

(3) **Wurde ein Bild- oder Tonträger, der vor dem 30. Juni 1995 erworben oder zum Zweck der Vermietung einem Dritten überlassen worden ist, zwischen dem 1. Juli 1994 und dem 30. Juni 1995 vermietet, besteht für diese Vermietung ein Vergütungsanspruch in entsprechender Anwendung des Absatzes 2 Satz 2.**

(4) **Hat ein Urheber vor dem 30. Juni 1995 ein ausschließliches Verbreitungsrecht eingeräumt, so gilt die Einräumung auch für das Vermietrecht. Hat ein ausübender Künstler vor diesem Zeitpunkt bei der Herstellung eines Filmwerkes mitgewirkt oder in die Benutzung seiner Darbietung zur Herstellung eines Filmwerkes eingewilligt, so gelten seine ausschließlichen Rechte als auf den Filmhersteller übertragen.** Hat er vor diesem Zeitpunkt in die Aufnahme seiner Darbietung auf Tonträger und in die Vervielfältigung eingewilligt, so gilt die Einwilligung auch als Übertragung des Verbreitungsrechts, einschließlich der Vermietung.

In Abs. 2 ist lediglich eine **redaktionelle Änderung** (Verweis auf das nunmehr in § 77 Abs. 2 S. 1 geregelte Verbreitungsrecht der ausübenden Künstler) vorgenommen worden. Zur Regelung siehe die Kommentierung zu § 137 e im HauptB.

§ 137 g. Übergangsregelung bei Umsetzung der Richtlinie 96/9/EG

(1) **§ 23 Satz 2, § 53 Abs. 5, die §§ 55 a und 63 Abs. 1 Satz 2 sind auch auf Datenbankwerke anzuwenden, die vor dem 1. Januar 1998 geschaffen wurden.**

(2) **Die Vorschriften des Abschnitts 6 des Teils 2 sind auch auf Datenbanken anzuwenden, die zwischen dem 1. Januar 1983 und dem 31. Dezember 1997 hergestellt worden sind. Die Schutzfrist beginnt in diesen Fällen am 1. Januar 1998.**

(3) **Die §§ 55a und 87e sind nicht auf Verträge anzuwenden, die vor dem 1. Januar 1998 abgeschlossen worden sind.**

Abs. 2 (Verweisung auf „Abschnitt 6 des Teils 2" n. F. statt auf bisherige Formulierung der Zwischenüberschrift) ist redaktionell angepasst worden m. W. v. 13. 9. 2003 durch Art. 1 Abs. 1 Ziff. 51 des Gesetzes zur Regelung des Urheberrechts in der Informationsgesellschaft v. 10. 9. 2003, BGBl. I S. 1774. Zur Kommentierung der im Übrigen unveränderten Vorschrift siehe § 137g Rn. 1 ff. im HauptB.

§ 137j. Übergangsregelung aus Anlass der Umsetzung der Richtlinie 2001/29/EG

(1) **§ 95d Abs. 1 ist auf alle ab dem 1. Dezember 2003 neu in den Verkehr gebrachten Werke und anderen Schutzgegenstände anzuwenden.**

(2) **Die Vorschrift dieses Gesetzes über die Schutzdauer für Hersteller von Tonträgern in der ab dem 13. September 2003 geltenden Fassung ist auch auf verwandte Schutzrechte anzuwenden, deren Schutz am 22. Dezember 2002 noch nicht erloschen ist.**

(3) **Lebt nach Absatz 2 der Schutz eines Tonträgers wieder auf, so stehen die wiederauflebenden Rechte dem Hersteller des Tonträgers zu.**

(4) **Ist vor dem 13. September 2003 einem anderen ein Nutzungsrecht an einem nach diesem Gesetz noch geschützten Tonträger eingeräumt oder übertragen worden, so erstreckt sich, im Fall einer Verlängerung der Schutzdauer nach § 85 Abs. 3, die Einräumung oder Übertragung im Zweifel auch auf diesen Zeitraum. Im Fall des Satzes 1 ist eine angemessene Vergütung zu zahlen.**

Übersicht

	Rn.		Rn.
I. Bedeutung.............................	1, 2	IV. Anhang: weitere Übergangsbestimmung zum Schutz technischer Maßnahmen.............................	10–12
II. Kennzeichnungspflicht § 95d Abs. 1	3–5		
III. Schutzfrist für Tonträgerhersteller.....	6–9		
1. Vorbestehende Leistungen	6–8		
2. Vertragsrecht......................	9		

I. Bedeutung

1 Die neu eingefügte Vorschrift trifft Übergangsregelungen für einen Teil der mit dem Gesetz zur Regelung des Urheberrechts in der Informationsgesellschaft in das UrhG aufgenommen bzw. darin geänderten Vorschriften. Geregelt wird, auf welche Produkte die **Kennzeichnungspflicht des § 95d Abs. 1** anzuwenden ist (**Abs. 1**), sowie der **Übergang zu der neuen Berechnung der Schutzfrist für die Rechte von Tonträgerherstellern (Abs. 2 bis 4).**

2 Anders als bei früheren Novellen erklärt die Vorschrift nicht das gesamte neue Recht für auf vorbestehende Werke und Leistungen anwendbar. Um die parallele Geltung verschiedener Rechtsordnungen zu vermeiden, ist diese Lücke durch die allgemeine Vorschrift des **§ 129 Abs. 1 S. 1** zu schließen. Das neue Recht gilt danach für alle Werke und Leistungen,

§ 137j. Übergangsregelung aus Anlass der Umsetzung   3–5   § 137j UrhG

die zum Zeitpunkt des Inkrafttretens des Gesetzes am 13. 9. 2003 noch geschützt waren (siehe dazu § 129 Rn. 2 ff. im HauptB).

II. Kennzeichnungspflicht, § 95d Abs. 1

Hinsichtlich der Kennzeichnungspflicht des § 95d Abs. 1 weicht Abs. 1 von der Regel 3
der uneingeschränkten Geltung des neuen Rechts auf vorbestehende Werke und Leistungen ab. Dadurch, dass alle bereits in Verkehr gebrachten Schutzgegenstände von der Kennzeichnungspflicht ausgenommen sind, wird eine praktisch kaum durchführbare **nachträgliche Kennzeichnung** bereits im Handel befindlicher Produkte vermieden (so die Begr. BT-Drucks. 15/837, 36). Darüber hinaus räumt Abs. 1 den Rechtsinhabern eine **Karenzfrist von drei Monaten** ein: Erst ab dem 1. Dezember 2003 neu in Verkehr gebrachte Werke und Schutzgegenstände sind mit Angaben über die eingesetzte technische Schutzmaßnahme zu versehen. Diese zusätzliche Frist soll es den Rechtsinhabern ermöglichen, die notwendigen Vorbereitungen für die Kennzeichnung ihrer Produkte zu treffen (BT-Drucks. 15/837, 36).

Zwar dürften auch bislang schon mit technischen Maßnahmen versehene Schutzgegen- 4
stände (z. B. kopiergeschützte CDs) hinreichend gekennzeichnet sein. Gleichwohl besteht Bedarf an einer Übergangsregelung: Die ausdrückliche Kennzeichnungspflicht des § 95d Abs. 1 geht weiter als die aus Verbraucherschutzgründen bestehenden **Hinweispflichten nach allgemeinem Gewährleistungs- und Wettbewerbsrecht.** Sie erfasst nämlich auch Produkte, die nie anders, als mit technischen Sicherungsmaßnahmen versehen, angeboten worden sind (beispielhaft sei auf DVD-Videos verwiesen), so dass eigentlich keine Erwartungen der Verbraucher hinsichtlich der Nutzbarkeit des Produkts eine Kennzeichnung angezeigt erscheinen lassen. Darüber hinaus muss bei international vermarkteten Produkten, die häufig zentral für verschiedene Staaten gefertigt werden, die Erfüllung der Kennzeichnungspflicht koordiniert, also in die Produktionsabläufe eingebunden werden. Dies gilt natürlich auch für die Pflicht zur Angabe einer „ladungsfähigen Anschrift" in **§ 95d Abs. 2,** die aber gemäß Art. 6 des Gesetzes zur Regelung des Urheberrechts in der Informationsgesellschaft erst nach einer **Übergangsfrist von einem Jahr** in Kraft treten wird.

Abs. 1 stellt auf den **Zeitpunkt des Inverkehrbringens** der Werke und sonstigen 5
Schutzgegenstände ab (siehe zum Begriff des Inverkehrbringens § 17 Rn. 11 im HauptB). Dies und die Begründung, in der von einer Herausnahme „bereits im Handel befindlicher Medien" aus der Kennzeichnungspflicht die Rede ist (BT-Drucks. 15/837, 36), macht deutlich, dass der Gesetzgeber bei Schaffung der Übergangsvorschrift vorrangig die Verbreitung körperlicher Werkstücke vor Augen hatte. Gleichwohl wird man Abs. 1 auf sämtliche Formen des Inverkehrbringens von Werken und sonstigen Schutzgegenständen anzuwenden haben, so dass beispielsweise auch technisch geschützte Online-Angebote erst ab dem 1. Dezember 2003 gemäß § 95d Abs. 1 zu kennzeichnen sind. Nach diesem Zeitpunkt sind allerdings sämtliche Werke und sonstigen Schutzgegenstände zu kennzeichnen, also insbesondere auch bereits produzierte Medien, die noch nicht an den Handel ausgeliefert worden sind. Eine nachträgliche Kennzeichnung von Produkten wird demnach durch § 137j Abs. 1 nicht vollständig ausgeschlossen.

§ 137 j. Übergangsregelung aus Anlass der Umsetzung

III. Schutzfrist für Tonträgerhersteller

1. Vorbestehende Leistungen

6 Dem Grundsatz des § 129 Abs. 1 S. 1 folgend gelten die geänderten Regelungen zur Berechnung der Schutzfrist für Tonträgerherstellerrechte (siehe § 85 Rn. 5 f.) gemäß Abs. 2 auch für vorbestehende Tonträgeraufnahmen, um ein Nebeneinander verschiedener Rechtsordnungen zu vermeiden (siehe § 129 Rn. 1 im HauptB). Voraussetzung ist, dass der Schutz der Tonträgerherstellerrechte am **22. Dezember 2002** noch nicht erloschen ist. Wegen der verspäteten Umsetzung der Multimedia-Richtlinie ist nicht der Zeitpunkt des Inkrafttretens der neuen Schutzfristenregelung maßgebend, sondern der des **Ablaufs der Umsetzungsfrist** (Art. 13 Abs. 1 Multimedia-Richtlinie). Da das neue Recht nur zu **Schutzfristverlängerungen** führen kann, nicht dagegen zu Verkürzungen der Schutzfrist (siehe § 85 Rn. 6), ist seine Anwendung auf vorbestehende Leistungen grundsätzlich unproblematisch. Eine Sonderregelung für Fälle, in denen das neue Recht eine bereits laufende längere Schutzfrist verkürzen würde, war deshalb, anders als bei Umsetzung der Schutzdauer-Richtlinie (siehe dazu § 137 f Rn. 3 f. im HauptB), nicht erforderlich.

7 Wegen der Verspätung bei der Umsetzung der Multimedia-Richtlinie musste in Abs. 3 eine Regelung für den Fall des **Wiederauflebens bereits erloschener Rechte** getroffen werden. Diese erscheint auf den ersten Blick unvollständig: Abs. 3 regelt nur die **Inhaberschaft an wiederauflebenden Schutzrechten**. Der Übergangsvorschrift bei Umsetzung der Schutzdauer-Richtlinien folgend (siehe § 137 f Rn. 10 im HauptB), stehen die Rechte im Fall des Wiederauflebens dem Tonträgerhersteller zu. Offen bleibt dagegen, was für Nutzungshandlungen gilt, die in der – wenn auch kurzen – Phase stattgefunden haben, in der eine Tonträgeraufnahme vorübergehend bereits gemeinfrei war. Hierzu ein praktisches **Beispiel:** Eine 1952 hergestellte Tonträgeraufnahme ist im selben Jahr erstmals erlaubter Weise gesendet worden, jedoch erst 1960 erschienen. Nach altem Recht (§§ 85 Abs. 2 a. F., 69; siehe dazu § 85 a. F. Rn. 28 im HauptB) wäre der frühere Zeitpunkt der ersten öffentlichen Wiedergabe für den Beginn der Schutzfrist maßgebend gewesen, so dass die Aufnahme nach dem 31. 12. 2002 gemeinfrei gewesen wäre. Das neue Recht, das anwendbar ist, weil die Aufnahme am 22. 12. 2002 nach altem Recht noch geschützt war, knüpft dagegen vorrangig an den Zeitpunkt des Erscheinens des Tonträgers an. Die Aufnahme ist danach noch bis Ende 2010 geschützt, nach einer kurzen Phase der Gemeinfreiheit lebt das Tonträgerherstellerrecht zum 13. 9. 2003 wieder auf. Was gilt nun, wenn ein Dritter im Januar 2003 die zu diesem Zeitpunkt nicht mehr geschützte Aufnahme vervielfältigt hat, um sie anschließend zu verbreiten?

8 Denkbar ist, aus Gründen des **Vertrauensschutzes** die vermeintliche Lücke in Abs. 3 in entsprechender Anwendung von § 136 Abs. 1 und 2 (siehe dazu § 136 Rn. 1 im HauptB) oder § 137 f Abs. 3 zu schließen, so dass die Fortführung einer begonnenen Nutzungshandlung in dem vorgesehenen Rahmen zulässig wäre. Andererseits besteht für eine solche Übergangsregelung kaum ein praktisches Bedürfnis: Da die Änderung der Schutzfristberechnung bereits für Ende Dezember 2002 vorhersehbar war, besteht für Nutzungshandlungen, die bereits in Kenntnis der bevorstehenden Änderung innerhalb der kurzen Zeitspanne von nur wenigen Monaten vorgenommen wurden, kein schutzwürdiges Vertrauen, dem man mit einer Übergangsregelung Rechnung tragen müsste (siehe auch § 137 e Rn. 5 im HauptB: kein schutzwürdiges Vertrauen auf die verspätete Umsetzung einer EU-Richtlinie). Bereits abgeschlossene Nutzungshandlungen bleiben demnach zwar vom neuen Recht unberührt, eine Fortführung begonnener Nutzungen (also beispielsweise die weitere Verbreitung bereits hergestellter Tonträger) ist dagegen nicht möglich.

2. Vertragsrecht

Die **gesetzliche Auslegungsregel** des Abs. 4 S. 1 beantwortet nach dem Vorbild des 9 § 137 f Abs. 4 S. 1 die vertragsrechtliche Frage, wie sich eine etwaige Verlängerung der Schutzfrist auf vor dem 13. 9. 2003 erfolgte Rechtseinräumungen oder -übertragungen auswirkt: Im Zweifel erstrecken sich diese auch auf den Verlängerungszeitraum (siehe auch § 137 Rn. 6 f. im HauptB und § 137 f Rn. 12 im HauptB). Gem. Abs. 3 S. 2 ist dem Leistungsschutzrechtsinhaber hierfür eine **angemessene Vergütung** zu zahlen, die – wie in § 137 f Abs. 4 S. 2, aber anders als in § 137 Abs. 3 – nicht vorausgesetzt, dass der Rechtsinhaber eine höhere Gegenleistung hätte erzielen können, wenn bei Vertragsschluss bereits die verlängerte Schutzdauer gegolten hätte (siehe § 137 f Rn. 12 im HauptB).

IV. Anhang: weitere Übergangsbestimmung zum Schutz technischer Maßnahmen

Art. 6 des Gesetzes zur Regelung der Urheberrechte in der Informationsgesellschaft sieht 10 weitere Übergangsbestimmungen vor:

Artikel 6. Inkrafttreten

(1) **Dieses Gesetz tritt vorbehaltlich des Absatzes 2 am Tage nach der Verkündung in Kraft.**

(2) **Es treten in Artikel 1 Nr. 34 der § 95 b Abs. 2 und der § 95 d Abs. 2 sowie in Nr. 42 der § 111 a Abs. 1 Nr. 2 und 3, Abs. 3 und der Artikel 3 am 1. September 2004 in Kraft.**

Das Gesetz zur Regelung des Urheberrechts in der Informationsgesellschaft ist am 12. 9. 11 2003 verkündet worden (BGBl. I S. 1774). Mit Ausnahme der in Abs. 2 genannten Vorschriften ist es damit **am 13. 9. 2003 in Kraft getreten.**

Die Ausnahmen beziehen sich auf die **Vorschriften zur Durchsetzung von Schran-** 12 **ken**, mit denen der Gesetzgeber rechtliches Neuland beschritten hat. Schranken werden zu einklagbaren Ansprüchen, die sowohl im Wege der Individual- als auch der Verbandsklage durchgesetzt werden können. Darüber hinaus ist die Nichtgewährung von zur privilegierten Schrankennutzung notwendigen Mitteln eine bußgeldbewehrte Ordnungswidrigkeit. Der Gesetzgeber hielt eine solche dreifache Sicherung der „Rechte" der Schrankenbegünstigten für erforderlich, um die befürchtete Aushöhlung von Schranken durch technische Schutzmaßnahmen zu verhindern. Die **Sanktionsvorschriften (§§ 95 b Abs. 2, 111 a Abs. 1 Nr. 2 und 3, sowie §§ 2 a und 3 a UKlaG)** sollen aber erst mit einer zeitlichen Verzögerung in Kraft treten. Gleiches gilt für die damit in Zusammenhang stehende **Kennzeichnungspflicht des § 95 d Abs. 2** (Pflicht zur Angabe der „ladungsfähigen Anschrift"). Damit will der Gesetzgeber Rechtsinhabern und Schrankenbegünstigten Zeit geben, freiwillige Maßnahmen zur Durchsetzung von Schranken zu vereinbaren. Im Regierungsentwurf war noch eine „Schonfrist" von drei Monaten vorgesehen (BT-Drucks. 15/38, 29). Auf Empfehlung des Rechtsausschusses (BT-Drucks. 15/837, 36 f.)

wurde die Frist schließlich auf **ein Jahr** verlängert. Außerdem wurde die ursprünglich für die Übergangsvorschrift des § 137 j vorgesehene Regelung in Art. 6 verschoben, da es um den Zeitpunkt des Inkrafttretens einzelner Normen gehe (BT-Drucks. 15/837, 37). Übersehen wurde dabei, dass die ursprünglich im Regierungsentwurf in § 111a Abs. 3 vorgesehene Bestimmung der zuständigen Verwaltungsbehörde gestrichen worden war, weil dies Sache der Länder ist (BT-Drucks. 15/837, 36). Der Verweis auf § 111a Abs. 3 in Art. 6 Abs. 2 geht also ins Leere.

§ 137k. Übergangsregelung zur öffentlichen Zugänglichmachung für Unterricht und Forschung

§ 52 a ist mit Ablauf des 31. Dezember 2006 nicht mehr anzuwenden.

1 § 137 k trifft eine eigene Übergangsregelung zu der wohl umstrittensten Vorschrift des Gesetzes zur Regelung des Urheberrechts in der Informationsgesellschaft. § 52a, die neue Schranke zur Zugänglichmachung für Unterricht und Forschung, stieß insbesondere bei den Wissenschaftsverlagen auf heftigen Widerstand. Diese sehen in § 52a eine existenzielle Bedrohung ihrer Primärmärkte und starteten in der Endphase der parlamentarischen Beratungen des Gesetzentwurfs eine breit angelegte Kampagne gegen die Einführung der neuen Schranke (siehe die eigens eingerichtete Protest-Website „www.52a.de"). Der Rechtsausschuss des Bundestags griff in seiner Beschlussempfehlung (BT-Drucks. 15/837, 34) die gegen die Schranke vorgetragenen Bedenken teilweise auf. Er empfahl zwar nicht die von Einigen geforderte Streichung der Vorschrift, wohl aber deutliche tatbestandliche Einschränkungen (siehe § 52a Rn. 1 f.). Auf Empfehlung des Rechtsausschusses wurde die Vorschrift darüber hinaus durch § 137 k mit einem **Verfallsdatum** ausgestattet. § 52a ist befristet und gilt zunächst nur bis zum 31. Dezember 2006. Danach ist die Vorschrift nicht mehr anwendbar. Die Zwischenzeit soll dafür genutzt werden, die praktischen Auswirkungen der Norm zu beobachten. Vorzeitige Änderungen des § 52a sollen dabei ebensowenig ausgeschlossen sein wie eine vorzeitige Aufhebung der Befristung (siehe die Begr. der Beschlussempfehlung des Rechtsausschusses, BT-Drucks. 15/837, 33; so auch Bundesjustizministerin Zypries in ihrer Rede im Deutschen Bundestag, BT-Plenarprotokoll 15/41, 3375).

2 § 137 k ist deutlich von dem Gedanken getragen, dass die von den Verlagen befürchteten Missbräuche und wesentlichen Beeinträchtigungen in der Praxis nicht eintreten und die Befristung des § 52a in dem geplanten „zweiten Korb" einer Urheberrechtsnovelle aufgehoben werden kann (siehe BT-Drucks. 15/837, 33: „Sollte es wider Erwarten zu wesentlichen Missbäuchen und Beeinträchtigungen der Verlage kommen"). Die Frage, was im Falle des tatsächlichen Ablaufs der Geltungsdauer von § 52a im Hinblick auf vorher erfolgte Nutzungshandlungen (und die Produkte dieser Nutzungshandlungen) gelten soll, wurde deshalb auch im Rechtsausschuss offenbar nicht erörtert. Sollte § 52a ab dem 31. Dezember 2006 nicht mehr anwendbar sein, so ist klar, dass nach diesem Zeitpunkt eine öffentliche Zugänglichmachung zu den in § 52a Abs. 1 genannten Zwecken ohne Einwilligung der Rechtsinhaber nicht mehr zulässig ist. Vorher erfolgte Nutzungen bleiben hiervon natürlich unberührt. Dies gilt auch für die zum Zweck der Zugänglichmachung vorgenommenen Vervielfältigungen eines geschützten Inhalts (z. B. auf dem Server einer Schule), die durch § 52a Abs. 3 gestattet sind. Sie dürfen nach dem

31. Dezember 2006 nicht mehr zugänglich gemacht werden. Anders als bei körperlichen Vervielfältigungsstücken, die zur Verbreitung bestimmt sind, ist bei der unkörperlichen Zugänglichmachung die Gewährung einer „**Aufbrauchsfrist**" nicht erforderlich. Deshalb besteht auch kein Bedürfnis für eine entsprechende Anwendung von § 136 Abs. 2. Im Gegenteil: Um einen Missbrauch der vormals rechtmäßig vervielfältigten Inhalte auszuschließen, werden die Schrankenbegünstigten nach Ablauf der Geltungsdauer von § 52a zu deren Löschung verpflichtet sein. Schließlich sind nur die für die Zugänglichmachung erforderlichen Vervielfältigungen privilegiert, ihre Nutzung zu anderen Zwecken ist also ausgeschlossen.

Abschnitt 3. Schlussbestimmungen

§ 142. Geltung im Land Berlin

(weggefallen)

§ 142 regelte die Geltung des UrhG im Land Berlin und war mit der deutschen Wiedervereinigung für die Zeit ab dem 3. Oktober 1990 **gegenstandslos** geworden. Die Vorschrift ist deshalb aufgehoben worden.

Gesetz über die Wahrnehmung von Urheberrechten und verwandten Schutzrechten (Urheberrechtswahrnehmungsgesetz)

Vom 9. September 1965

(BGBl. I S. 1294, zuletzt geändert durch Art. 2 Gesetz zur Regelung des Urheberrechts in der Informationsgesellschaft v. 10. 9. 2003, BGBl. I S. 1774)

– Auszug –

Zweiter Abschnitt. Rechte und Pflichten der Verwertungsgesellschaft

§ 11. Abschlusszwang

(1) **Die Verwertungsgesellschaft ist verpflichtet, aufgrund der von ihr wahrgenommenen Rechte jedermann auf Verlangen zu angemessenen Bedingungen Nutzungsrechte einzuräumen.**

(2) **Kommt eine Einigung über die Höhe der Vergütung für die Einräumung der Nutzungsrechte nicht zustande, so gelten die Nutzungsrechte als eingeräumt, wenn die Vergütung in Höhe des vom Nutzer anerkannten Betrages an die Verwertungsgesellschaft gezahlt und in Höhe der darüber hinaus gehenden Forderung der Verwertungsgesellschaft unter Vorbehalt an die Verwertungsgesellschaft gezahlt oder zu ihren Gunsten hinterlegt worden ist.**

1 Durch das Gesetz zur Umsetzung der Multimedia-Richtlinie wurde § 11 in zwei Punkten geändert:

2 Zum einen entfiel in Abs. 1 am Ende die Formulierung „oder Einwilligungen zu erteilen". Damit wurde der Tatsache Rechnung getragen, dass auch im Bereich der Leistungsschutzrechte den Leistungsschutzberechtigten – wie den Urhebern – bestimmte Verwertungsbefugnisse durch Zuerkennung ausschließlicher Verwertungsrechte zugewiesen werden. Diese treten an die Stelle der bisherigen „Einwilligungsrechte" (zu den dogmatischen Unterschieden siehe Vor §§ 73 ff. Rn. 8).

3 Zum anderen wird in Abs. 2 nunmehr ausdrücklich klargestellt, dass sich die Zahlung unter Vorbehalt oder Hinterlegung, die zur berechtigten Nutzung führen, nur auf den streitigen Teil bezieht. Der unstreitige Sockelbetrag, der sich aus dem Angebot des Nutzers ergibt, muss vorbehaltlos gezahlt werden. Die gesetzliche Klarstellung entspricht der bisherigen ganz herrschenden Meinung (siehe § 11 WahrnG Rn. 10 im HauptB).

§ 13. Tarife

(1) **Die Verwertungsgesellschaft hat Tarife aufzustellen über die Vergütung, die sie auf Grund der von ihr wahrgenommenen Rechte und Ansprüche fordert. Soweit**

§ 13. Tarife

Gesamtverträge abgeschlossen sind, gelten die in diesen Verträgen vereinbarten Vergütungssätze als Tarife.

(2) **Die Verwertungsgesellschaft ist verpflichtet, die Tarife und jede Tarifänderung unverzüglich im Bundesanzeiger zu veröffentlichen.**

(3) Berechnungsgrundlage für die Tarife sollen in der Regel die geldwerten Vorteile sein, die durch die Verwertung erzielt werden. Die Tarife können sich auch auf andere Berechnungsgrundlagen stützen, wenn diese ausreichende, mit einem wirtschaftlich vertretbaren Aufwand zu erfassende Anhaltspunkte für die durch die Verwertung erzielten Vorteile ergeben. Bei der Tarifgestaltung ist auf den Anteil der Werknutzung am Gesamtumfang des Verwertungsvorganges angemessen Rücksicht zu nehmen. Die Verwertungsgesellschaft soll bei der Tarifgestaltung und bei der Einziehung der tariflichen Vergütung auf religiöse, kulturelle und soziale Belange der zur Zahlung der Vergütung Verpflichteten einschließlich der Belange der Jugendpflege angemessene Rücksicht nehmen.

(4) **Bei der Gestaltung von Tarifen, die auf den §§ 54 und 54a des Urheberrechtsgesetzes beruhen, ist auch zu berücksichtigen, inwieweit technische Schutzmaßnahmen nach § 95a des Urheberrechtsgesetzes auf die betreffenden Werke oder die betreffenden Schutzgegenstände angewendet werden.**

Mit dem Gesetz zur Umsetzung der Multimedia-Richtlinie wurde Abs. 4 angefügt. 1 Dieser dient der Umsetzung von Art. 5 Abs. 2b der Multimedia-Richtlinie. Dort ist vorgegeben, dass im Rahmen des für die Rechtsinhaber sicherzustellenden gerechten Ausgleichs zu berücksichtigen ist, ob technische Schutzmaßnahmen i. S. d. Art. 6 der Richtlinien angewendet wurden. Art. 5 Abs. 2b betrifft das Recht der privaten Vervielfältigung, das in § 53 geregelt ist. Auswirkungen hat die Regelung des Abs. 4 auf die Vergütungspflicht für Vervielfältigung im Wege der **Bild- und Tonaufzeichnung** nach § 54 UrhG und die Vergütungspflicht für Vervielfältigung im Wege der Ablichtung, die sog. **Reprographie-Vergütung** nach § 54a.

Abs. 4 gestattet eine flexible Reaktion im Rahmen der entsprechenden Tarife auf sich 2 ändernde tatsächliche Nutzungsverhältnisse durch technische Schutzmaßnahmen. Da für individuelle Abrechnungen digitaler Kopien gegenwärtig noch keine marktreifen Systeme bestehen, die den erforderlichen Sicherheitsstandards entsprechen, soll die bisherige Pauschalvergütung nach §§ 54 und 54a beibehalten werden, wobei der Gesetzgeber zutreffend erkennt, dass auch in Zukunft analoge Kopien und Kopien bereits im Markt befindlicher, ohne technische Schutzmechanismen versehener Vervielfältigungsstücke stattfinden werden. Abs. 4 soll die nötige Flexibilität verschaffen, um Doppelvergütungen zum einen über lizenzierte Vervielfältigungsvorgänge und zum anderen über eine Leermedienabgabe zu verhindern.

§ 13 Abs. 4 ist im Rahmen der angemessenen Vergütung nach § 54d und der dazu 3 ergangenen Anlage zu berücksichtigen. Da die Anlage zu § 54d allerdings festgeschriebene Vergütungssätze enthält, die seit 1985 unverändert sind, kann nicht davon ausgegangen werden, dass durch die Neuregelung des Abs. 4 mit einer geringeren Leergeräte- oder Leermedienabgabe zu rechnen ist. In Hinblick auf die Trägermedien wird der Einsatz von technischen Schutzmechanismen gegen die Vervielfältigung ohnehin dazu führen, dass der Gesamtabsatz zurückgeht, die einzelnen Träger als solche aber im bisherigen Umfang weiter genutzt werden können bzw. gerade im digitalen Bereich bei der Anwendung von Kompressionstechniken noch intensiver als bisher genutzt werden. Die Bundesregierung hat in den beiden Vergütungsberichten (1. Vergütungsbericht von 1989, UFITA 113 (1990),

131 ff.; 2. Vergütungsbericht von 2000, UFITA 2000 III, 691) bereits darauf hingewiesen, dass diese dringend angehoben werden müssen, daher wird im Ergebnis auch bei den Gerätevergütungen nicht damit zu rechnen sein, dass der neue Abs. 4 zu geringeren als den bisherigen Vergütungssätzen führt. Zur Regelung im Übrigen siehe die Kommentierung zu § 13 WahrnG im HauptB.

§ 13 b. Vermutung der Sachbefugnis; Außenseiter bei Kabelweitersendung

(1) Macht die Verwertungsgesellschaft einen Auskunftsanspruch geltend, der nur durch eine Verwertungsgesellschaft geltend gemacht werden kann, so wird vermutet, dass sie die Rechte aller Berechtigten wahrnimmt.

(2) Macht die Verwertungsgesellschaft einen Vergütungsanspruch nach §§ 27, 54 Abs. 1, § 54a Abs. 1 oder 2, § 77 Abs. 2, § 85 Abs. 4 oder § 94 Abs. 5 des Urheberrechtsgesetzes geltend, so wird vermutet, dass sie die Rechte aller Berechtigten wahrnimmt. Sind mehr als eine Verwertungsgesellschaft zur Geltendmachung des Anspruchs berechtigt, so gilt die Vermutung nur, wenn der Anspruch von allen berechtigten Verwertungsgesellschaften gemeinsam geltend gemacht wird. Soweit die Verwertungsgesellschaft Zahlungen auch für die Berechtigten erhält, deren Rechte sie nicht wahrnimmt, hat sie den zur Zahlung Verpflichteten von den Vergütungsansprüchen dieser Berechtigten freizustellen.

(3) Hat ein Rechtsinhaber die Wahrnehmung seines Rechts der Kabelweitersendung im Sinne des § 20b Abs. 1 des UrhG keiner Verwertungsgesellschaft übertragen, so gilt die Verwertungsgesellschaft, die Rechte dieser Art wahrnimmt, als berechtigt, seine Rechte wahrzunehmen. Kommen dafür mehrere Verwertungsgesellschaften in Betracht, so gelten sie gemeinsam als berechtigt; wählt der Rechtsinhaber eine von ihnen aus, so gilt nur diese als berechtigt. Die Sätze 1 und 2 gelten nicht für Rechte, die das Sendunternehmen innehat, dessen Sendung weitergesendet wird.

1 In Abs. 2 wurden durch das Gesetz zur Umsetzung der Multimedia-Richtlinie die bisher in § 75 Abs. 3, § 85 Abs. 3 und § 94 Abs. 4 genannten Vergütungsansprüche durch § 77 Abs. 2, § 85 Abs. 4 und § 94 Abs. 5 ersetzt. Inhaltlich ergibt sich dadurch keine Änderung. Damit wird lediglich der Tatsache Rechnung getragen, dass sich die Vergütungsansprüche für Vermietung und Verleih, die den ausübenden Künstlern, Tonträgerherstellern und Filmherstellern zustehen, nunmehr an den neu genannten Stellen wiederfinden. Zur Regelung im Übrigen siehe die Kommentierung zu § 13b WahrnG im HauptB.

Dritter Abschnitt. Aufsicht über die Verwertungsgesellschaft

§ 19. Inhalt der Aufsicht

(1) Die Aufsichtsbehörde hat darauf zu achten, daß die Verwertungsgesellschaft den ihr nach diesem Gesetz obliegenden Verpflichtungen ordnungsgemäß nachkommt.

(2) Wird eine Verwertungsgesellschaft ohne eine Erlaubnis nach § 1 Abs. 1 tätig, kann die Aufsichtsbehörde die Fortsetzung des Geschäftsbetriebs untersagen. Die Aufsichtsbehörde kann alle erforderlichen Maßnahmen ergreifen, um sicherzustellen, dass die Verwertungsgesellschaft die sonstigen ihr obliegenden Verpflichtungen ordnungsgemäß erfüllt.

§ 19. Inhalt der Aufsicht § 19 WahrnG

(3) **Die Aufsichtsbehörde kann von der Verwertungsgesellschaft jederzeit Auskunft über alle die Geschäftsführung betreffenden Angelegenheiten sowie Vorlage der Geschäftsbücher und anderer geschäftlichen Unterlagen verlangen.**

(4) **Die Aufsichtsbehörde ist berechtigt, an der Mitgliederversammlung und, wenn ein Aufsichtsrat oder Beirat besteht, auch an dessen Sitzungen durch einen Beauftragten teilzunehmen.**

(5) **Rechtfertigen Tatsachen die Annahme, daß ein nach Gesetz oder Satzung zur Vertretung der Verwertungsgesellschaft Berechtigter die für die Ausübung seiner Tätigkeit erforderliche Zuverlässigkeit nicht besitzt, so setzt die Aufsichtsbehörde der Verwertungsgesellschaft zur Vermeidung des Widerrufs der Erlaubnis nach § 4 Abs. 1 Nr. 1 eine Frist zu seiner Abberufung. Die Aufsichtsbehörde kann ihm bis zum Ablauf dieser Frist die weitere Ausübung seiner Tätigkeit untersagen, wenn dies zur Abwendung schwerer Nachteile erforderlich ist.**

§ 19 wurde durch das Gesetz zur Umsetzung der Multimedia-Richtlinie um den Abs. 2 **1** ergänzt. Die bisherigen Abs. 2 bis 4 wurden zu den Abs. 3 bis 5. Die Ergänzung, deren Ursache nicht in der Richtlinie liegt, beseitigt einen Missstand, der offenbar wurde, als das DPMA als Aufsichtsbehörde einem Unternehmen, das keine Erlaubnis zum Geschäftsbetrieb nach § 1 WahrnG besaß, die Geschäftstätigkeit untersagt hat. Die PMG-Presse-Monitor Deutschland, deren Geschäftsgegenstand die Rechtevermittlung bei elektronischen Pressespiegeln ist, erfüllt nach eigener Ansicht nicht die Voraussetzungen einer genehmigungspflichtigen Verwertungsgesellschaft. Das DPMA als Aufsichtsbehörde von Verwertungsgesellschaften teilte diese Auffassung nicht und untersagte deshalb die Betätigung ohne entsprechende Erlaubnis des DPMA. Die Verfügung wurde vom DPMA für sofortig vollziehbar nach § 80 Abs. 2 Ziff. 4 VwGO erklärt. Die PMG beantragte nach Einlegung des Widerspruchs die Wiederherstellung der aufschiebenden Wirkung beim Bayerischen Verwaltungsgericht München. Dies stellte entsprechend dem Antrag die aufschiebende Wirkung wieder her, da es nach Auffassung des Gerichts an einer Ermächtigungsgrundlage für die Untersagung fehlte (Beschluss vom 17. 5. 2002 – Aktenzeichen M 16 S 02.1186 – unveröffentlicht). Dagegen legte das DPMA Beschwerde ein, die vom Bayerischen Verwaltungsgerichtshof mit Beschluss vom 13. 8. 2002 – Aktenzeichen 22 CS 02.1347 (ZUM 2003, 78 ff.) als unbegründet zurückgewiesen wurde. Nach dem Grundsatz des Gesetzesvorbehalts im Bereich der Eingriffsverwaltung erfordert ein solches Verbot eine ausdrückliche Ermächtigungsnorm. §§ 18 Abs. 1 und 19 Abs. 1 WahrnG seien lediglich Zuständigkeitsregelungen, ermächtigen nach Auffassung des Bayerischen Verwaltungsgerichtshofes allerdings nicht zu Eingriffen, auch wenn sie zur Erfüllung der Aufgabe erforderlich sind. Erforderlich ist vielmehr eine Befugnis zu einseitig verbindlicher Regelung (Anordnungs-Befugnis; Wolf/Bachhof/*Stober,* Verwaltungsrecht, Band I, 10. Aufl. 1994, 356). Der Bayerische Verwaltungsgerichtshof stellte zwar zutreffend fest, dass sich eine Eingriffsbefugnis auch ohne ausdrückliche gesetzliche Regelung aus dem Gesamtzusammenhang ergeben könne, doch müsse gerade im Bereich besonders grundrechtsrelevanter Eingriffsnormen das Bestimmtheitsgebot nach Art. 20 Abs. 3 GG beachtet werden (ZUM 2003, 79). Vor diesem Hintergrund fehle es an einer hinreichend bestimmten Eingriffsgrundlage. Es hätte zwar die Möglichkeit bestanden, auf § 15 Abs. 2 S. 1 der Gewerbeordnung zurückzugreifen, wonach jede erlaubnispflichtige gewerbliche Betätigung, die ohne Erlaubnis ausgeübt wird, untersagt werden kann, doch wäre zuständig für einen Vollzug des § 15 Abs. 2 S. 1 GewO nicht das DPMA, sondern die nach jeweiligem Landesrecht zuständige Behörde.

WahrnG § 21 1

Der Gesetzgeber erkannte zu Recht, dass die §§ 1 bis 5 WahrnG, die die Erlaubnispflicht, die Erteilung, Versagung und den Widerruf der Erlaubnisregeln, bedeutungslos und unverständlich sind, wenn das DPMA gegenüber demjenigen, der ohne Erlaubnis eine Verwertungsgesellschaft betreibt, keine wirksamen Maßnahmen ergreifen kann. Da das DPMA mangels erforderlicher Ermächtigungsgrundlage auch keine hinreichende Befugnisse gegenüber Verwertungsgesellschaften hatte, die mit Erlaubnis der Behörde tätig sind, aber den ihnen nach dem Wahrnehmungsgesetz obliegenden Verpflichtungen trotz Abmahnung nicht nachkommen, war auch insoweit Nachbesserungsbedarf vorhanden.

2 § 19 Abs. 2 enthält deshalb in **Satz 1** die **Befugnisnorm für die Untersagung** durch die Aufsichtsbehörde im Falle einer fehlenden Erlaubnis. In **Satz 2** wird klargestellt, dass das DPMA auch alle **sonstigen erforderlichen Maßnahmen** ergreifen kann, um die Erfüllung der den Verwertungsgesellschaften obliegenden Pflichten sicherzustellen. Angesichts dieser neuen spezialgesetzlichen Regelung muss für nachträgliche Anordnungen nicht mehr auf § 36 Abs. 1 VwVfG (siehe § 4 Rn. 2 im HauptB) zurückgegriffen werden. Zur Regelung im Übrigen siehe die Kommentierung zu § 19 WahrnG im HauptB.

Vierter Abschnitt. Übergangs- und Schlussbestimmungen

§ 21. Zwangsgeld

> Auf die Vollstreckung von Verwaltungsakten, die auf Grund dieses Gesetzes erlassen werden, findet das Verwaltungs-Vollstreckungsgesetz vom 27. April 1953 (BGBl. I S. 157) mit der Maßgabe Anwendung, dass die Höhe des Zwangsgeldes bis hunderttausend Euro betragen kann.

Literatur: *Dördelmann*, Gedanken zur Zukunft der Staatsaufsicht über Verwertungsgesellschaften, GRUR 1999, 890.

1 Mit dem Gesetz zur Umsetzung der Multimedia-Richtlinie wurde die bisherige Obergrenze für die Höhe des Zwangsgeldes von fünftausend Euro auf hunderttausend Euro erhöht. Angesichts der Tatsachen, dass die Verwertungsgesellschaften zusammen über 1 Milliarde Euro pro Jahr erlösen, erschien dem Gesetzgeber die bisherige Obergrenze zu gering und es wurde befürchtet, dass eine Vollstreckung im Wege des Zwangsgeldes, sollte sie erforderlich sein, ihre Wirkung verfehlt. Die Anhebung geht zurück auf den Vorschlag *Dördelmanns* (GRUR 1999, 890, 894). Zur Regelung im Übrigen siehe die Kommentierung zu § 21 WahrnG im HauptB.

Gesetz über Unterlassungsklagen bei Verbraucherrechts- und anderen Verstößen (Unterlassungsklagengesetz)

Vom 26. November 2001

(BGBl. I S. 3138, 3173, zuletzt geändert durch Art. 3 Gesetz zur Regelung des Urheberrechts in der Informationsgesellschaft v. 10. 9. 2003, BGBl. I S. 1774)

– Auszug –

Abschnitt 1. Ansprüche bei Verbraucherrechts- und anderen Verstößen

§ 2 a. Unterlassungsanspruch nach dem Urheberrechtsgesetz

(1) **Wer gegen § 95 b Abs. 1 des Urheberrechtsgesetzes verstößt, kann auf Unterlassung in Anspruch genommen werden.**

(2) **Absatz 1 gilt nicht, soweit Werke und sonstige Schutzgegenstände der Öffentlichkeit aufgrund einer vertraglichen Vereinbarung in einer Weise zugänglich gemacht werden, dass sie Mitgliedern der Öffentlichkeit von Orten und zu Zeiten ihrer Wahl zugänglich sind.**

(3) **§ 2 Abs. 3 gilt entsprechend.**

§ 95 b Abs. 2 UrhG begründet einen individuellen zivilrechtlichen Anspruch des einzelnen Begünstigten gegen den Rechtsinhaber und ist darauf gerichtet, von diesem die Mittel zur Inanspruchnahme der jeweiligen Schrankenvorschrift im erforderlichen Maße zu erhalten (siehe § 95 b Rn. 37 ff.). Die Durchsetzung dieses Anspruchs ist indessen für den einzelnen Begünstigten mit Kostenrisiken und erheblichem Aufwand verbunden. Eine Entscheidung wird vielfach erst mit deutlicher zeitlicher Verzögerung nur für den Einzelfall zu erlangen sein. Durch den neu eingefügten § 2 a UKlaG und die Ergänzung des § 3 Abs. 1 UKlaG wird deshalb im Interesse einer effektiven Durchsetzung der Schranken die **Verbandsklage** auch zur Durchsetzung der Verpflichtungen aus § 95 b UrhG zugelassen. Hierdurch soll überdies die einheitliche Rechtspraxis gefördert und eine über den Einzelfall hinausgehende Verbindlichkeit von Entscheidungen erreicht werden (BT-Drucks. 15/38, 65). Die teilweise geforderte Vorschaltung eines Schlichtungsverfahrens wäre nach Auffassung des Gesetzgebers der effizienten Schrankendurchsetzung abträglich gewesen. 1

Der Unterlassungsanspruch ist nach § 2 a Abs. 2 UKlaG **ausgeschlossen** bei öffentlicher Zugänglichmachung auf vertraglicher Grundlage im Wege von Abrufdiensten. Die Begünstigten erhalten hinsichtlich der Werke und Schutzgegenstände, die auf vertraglicher Grundlage öffentlich zugänglich gemacht werden, nach den insoweit zwingenden Vorgaben der Richtlinie gegenüber technischen Maßnahmen keine Durchsetzungsmöglichkeit für ihre Nutzung. Damit steht die Zulassung der Schrankennutzung in diesem Bereich im Belieben des jeweiligen Rechtsinhabers. 2

3 Die Verweisung auf § 2 Abs. 3 UKlaG stellt klar, dass der Anspruch nicht geltend gemacht werden kann (und die auf ihn gestützte Klage somit als **unzulässig** abzuweisen ist, Palandt/ *Bassenge* § 2 UKlaG Rn. 19), wenn er sich unter Berücksichtigung der gesamten Umstände als **missbräuchlich** darstellt, insbesondere wenn er vorwiegend dazu dient, gegen den Zuwiderhandelnden einen Anspruch auf Ersatz von Aufwendungen oder von Kosten der Rechtsverfolgung entstehen zu lassen.

4 Zum **Inkrafttreten** bestimmt Art. 6 Abs. 2 des Gesetzes zur Regelung des Urheberrechts in der Informationsgesellschaft, dass sämtliche zum Schutz technischer Maßnahmen in das Unterlassungsklagegesetz eingefügten bzw. geänderten Vorschriften mit einer zeitlichen Verzögerung von zwölf Monaten nach Verkündung des Gesetzes in Kraft treten (siehe § 137j Rn. 11 f.). Hierdurch soll den Beteiligten Gelegenheit gegeben werden, sich auf freiwillige Maßnahmen zur Durchsetzung von Schranken zu einigen (vgl. § 95b Rn. 50, § 95d Rn. 16).

§ 3 a. Anspruchsberechtigte Verbände nach § 2 a

Der in § 2 a Abs. 1 bezeichnete Anspruch auf Unterlassung steht rechtsfähigen Verbänden zur nicht gewerbsmäßigen und nicht nur vorübergehenden Förderung der Interessen derjenigen zu, die durch § 95 b Abs. 1 Satz 1 des Urheberrechtsgesetzes begünstigt werden. Der Anspruch kann nur an Verbände im Sinne des Satzes 1 abgetreten werden.

1 § 3a nennt die Verbände, die berechtigt sind, die Verpflichtungen der Rechtsinhaber durchzusetzen. Er begründet (zum **Inkrafttreten** siehe § 2a UKlaG Rn. 4 und § 137j Rn. 11 f.) damit ausschließlich für den Anwendungsbereich des § 2a die Aktivlegitimation rechtsfähiger Verbände, die sich dauerhaft und nichtgewerblich den Interessen des durch § 95b Abs. 1 S. 1 UrhG geschützten Personenkreises widmen. Ursprünglich sollte lediglich § 3 Abs. 1 um eine Nr. 4 ergänzt werden. Aus Gründen der Systematik, Klarheit und Lesbarkeit des Gesetzes wurde aber eine eigenständige Norm für die anspruchsberechtigten Verbände geschaffen.

§ 6. Zuständigkeit

(1) **Für Klagen nach diesem Gesetz ist das Landgericht ausschließlich zuständig, in dessen Bezirk der Beklagte seine gewerbliche Niederlassung oder in Ermangelung einer solchen seinen Wohnsitz hat. Hat der Beklagte im Inland weder eine gewerbliche Niederlassung noch einen Wohnsitz, so ist das Gericht des inländischen Aufenthaltsorts zuständig, in Ermangelung eines solchen das Gericht, in dessen Bezirk
1. die nach den §§ 307 bis 309 des Bürgerlichen Gesetzbuches unwirksamen Bestimmungen in Allgemeinen Geschäftsbedingungen verwendet wurden,
2. gegen Verbraucherschutzgesetze verstoßen wurde oder
3. gegen § 95 b Abs. 1 des Urheberrechtsgesetzes verstoßen wurde.**
(2) **Die Landesregierungen werden ermächtigt, zur sachdienlichen Förderung oder schnelleren Erledigung der Verfahren durch Rechtsverordnung einem Landgericht für die Bezirke mehrerer Landgerichte Rechtsstreitigkeiten nach diesem Gesetz zuzuweisen. Die Landesregierungen können die Ermächtigung durch Rechtsverordnung auf die Landesjustizverwaltungen übertragen.**

§ 6. Zuständigkeit

(3) **Die vorstehenden Absätze gelten nicht für Klagen, die einen Anspruch der in § 13 bezeichneten Art zum Gegenstand haben.**

Abs. 1 S. 2 Nr. 3 wird auf Empfehlung des Bundesrates um eine spezielle Auffangzuständigkeit für Verstöße gegen § 95 b Abs. 1 ergänzt (zum **Inkrafttreten** siehe § 2 a UKlaG Rn. 4 und § 137 j Rn. 11 f.). Da es sich bei den in § 95 b genannten Bestimmungen weder um Verbraucherschutzgesetze noch um die Verwendung von unwirksamen Bestimmungen in Allgemeinen Geschäftbedingungen handelt, würde es ansonsten an einer Auffangregelung für den Fall fehlen, dass der Beklagte im Inland weder eine gewerbliche Niederlassung oder einen Wohnsitz noch einen Aufenthaltsort hat (BR-Drucks. 684/1/02, 10).

Wie beim Gerichtsstand der unerlaubten Handlung (§ 32 ZPO) können auch bei einem Verstoß gegen § 95 b Abs. 1 mehrere Begehungsorte in Betracht kommen. Daher ist auch das Gericht zuständig, in dessen Bezirk die Folgen des Verstoßes wirken, d. h. regelmäßig der **Wohn- bzw. Geschäftssitz des Anspruchsinhabers.**

Anhang

1. Gesetz über Urheberrecht und verwandte Schutzrechte (Urheberrechtsgesetz)

Vom 9. September 1965

(BGBl. I S. 1273, zuletzt geändert durch Art. 1 Gesetz zur Regelung des Urheberrechts in der Informationsgesellschaft v. 10. September 2003, BGBl. I S. 1774)

Inhaltsübersicht

Teil 1. Urheberrecht

Abschnitt 1. Allgemeines

§ 1. Allgemeines

Abschnitt 2. Das Werk

§ 2. Geschützte Werke
§ 3. Bearbeitungen
§ 4. Sammelwerke und Datenbankwerke
§ 5. Amtliche Werke
§ 6. Veröffentlichte und erschienene Werke

Abschnitt 3. Der Urheber

§ 7. Urheber
§ 8. Miturheber
§ 9. Urheber verbundener Werke
§ 10. Vermutung der Urheberschaft

Abschnitt 4. Inhalt des Urheberrechts

Unterabschnitt 1. Allgemeines

§ 11. Allgemeines

Unterabschnitt 2. Urheberpersönlichkeitsrecht

§ 12. Veröffentlichungsrecht
§ 13. Anerkennung der Urheberschaft
§ 14. Entstellung des Werkes

Unterabschnitt 3. Verwertungsrechte

§ 15. Allgemeines
§ 16. Vervielfältigungsrecht
§ 17. Verbreitungsrecht
§ 18. Ausstellungsrecht
§ 19. Vortrags-, Aufführungs- und Vorführungsrecht
§ 19 a. Recht der öffentlichen Zugänglichmachung
§ 20. Senderecht
§ 20 a. Europäische Satellitensendung
§ 20 b. Kabelweitersendung
§ 21. Recht der Wiedergabe durch Bild- oder Tonträger
§ 22. Recht der Wiedergabe von Funksendungen und von öffentlicher Zugänglichmachung
§ 23. Bearbeitungen und Umgestaltungen
§ 24. Freie Benutzung

Unterabschnitt 4. Sonstige Rechte des Urhebers

§ 25. Zugang zu Werkstücken
§ 26. Folgerecht
§ 27. Vergütung für Vermietung und Verleihen

Abschnitt 5. Rechtsverkehr im Urheberrecht

Unterabschnitt 1. Rechtsnachfolge in das Urheberrecht

§ 28. Vererbung des Urheberrechts
§ 29. Rechtsgeschäfte über das Urheberrecht
§ 30. Rechtsnachfolger des Urhebers

Unterabschnitt 2. Nutzungsrechte

§ 31. Einräumung von Nutzungsrechten
§ 32. Angemessene Vergütung
§ 32 a. Weitere Beteiligung des Urhebers
§ 32 b. Zwingende Anwendung
§ 33. Weiterwirkung von Nutzungsrechten
§ 34. Übertragung von Nutzungsrechten
§ 35. Einräumung weiterer Nutzungsrechte
§ 36. Gemeinsame Vergütungsregeln
§ 36 a. Schlichtungsstelle
§ 37. Verträge über die Einräumung von Nutzungsrechten
§ 38. Beiträge zu Sammlungen
§ 39. Änderungen des Werkes
§ 40. Verträge über künftige Werke
§ 41. Rückrufsrecht wegen Nichtausübung
§ 42. Rückrufsrecht wegen gewandelter Überzeugung
§ 42 a. Zwangslizenz zur Herstellung von Tonträgern
§ 43. Urheber in Arbeits- oder Dienstverhältnissen
§ 44. Veräußerung des Originals des Werkes

Abschnitt 6. Schranken des Urheberrechts

§ 44 a. Vorübergehende Vervielfältigungshandlungen
§ 45. Rechtspflege und öffentliche Sicherheit
§ 45 a. Behinderte Menschen
§ 46. Sammlungen für Kirchen-, Schul- oder Unterrichtsgebrauch
§ 47. Schulfunksendungen
§ 48. Öffentliche Reden
§ 49. Zeitungsartikel und Rundfunkkommentare

Anh 1 UrhG i. d. F. des Gesetzes zur Regelung des Urheberrechts

§ 50. Berichterstattung über Tagesereignisse
§ 51. Zitate
§ 52. Öffentliche Wiedergabe
§ 52 a. Öffentliche Zugänglichmachung für Unterricht und Forschung
§ 53. Vervielfältigungen zum privaten und sonstigen eigenen Gebrauch
§ 54. Vergütungspflicht für Vervielfältigung im Wege der Bild- und Tonaufzeichnung
§ 54 a. Vergütungspflicht für Vervielfältigung im Wege der Ablichtung
§ 54 b. Wegfall der Vergütungspflicht des Händlers
§ 54 c. Wegfall der Vergütungspflicht bei Ausfuhr
§ 54 d. Vergütungshöhe
§ 54 e. Hinweispflicht in Rechnungen auf urheberrechtliche Vergütungen
§ 54 f. Meldepflicht
§ 54 g. Auskunftspflicht
§ 54 h. Verwertungsgesellschaften; Handhabung der Mitteilungen
§ 55. Vervielfältigung durch Sendeunternehmen
§ 55 a. Benutzung eines Datenbankwerkes
§ 56. Vervielfältigung und öffentliche Wiedergabe in Geschäftsbetrieben
§ 57. Unwesentliches Beiwerk
§ 58. Werke in Ausstellungen, öffentlichem Verkauf und öffentlich zugänglichen Einrichtungen
§ 59. Werke an öffentlichen Plätzen
§ 60. Bildnisse
§ 61. *(weggefallen)*
§ 62. Änderungsverbot
§ 63. Quellenangabe
§ 63 a. Gesetzliche Vergütungsansprüche

Abschnitt 7. Dauer des Urheberrechts

§ 64. Allgemeines
§ 65. Miturheber, Filmwerke
§ 66. Anonyme und pseudonyme Werke
§ 67. Lieferungswerke
§ 68. *(weggefallen)*
§ 69. Berechnung der Fristen

Abschnitt 8. Besondere Bestimmungen für Computerprogramme

§ 69 a. Gegenstand des Schutzes
§ 69 b. Urheber in Arbeits- und Dienstverhältnissen
§ 69 c. Zustimmungsbedürftige Handlungen
§ 69 d. Ausnahmen von den zustimmungsbedürftigen Handlungen
§ 69 e. Dekompilierung
§ 69 f. Rechtsverletzungen
§ 69 g. Anwendung sonstiger Rechtsvorschriften; Vertragsrecht

Teil 2. Verwandte Schutzrechte

Abschnitt 1. Schutz bestimmter Ausgaben

§ 70. Wissenschaftliche Ausgaben
§ 71. Nachgelassene Werke

Abschnitt 2. Schutz der Lichtbilder

§ 72. Lichtbilder

Abschnitt 3. Schutz des ausübenden Künstlers

§ 73. Ausübender Künstler
§ 74. Anerkennung als ausübender Künstler
§ 75. Beeinträchtigungen der Darbietung
§ 76. Dauer der Persönlichkeitsrechte
§ 77. Aufnahme, Vervielfältigung und Verbreitung
§ 78. Öffentliche Wiedergabe
§ 79. Nutzungsrechte
§ 80. Gemeinsame Darbietung mehrerer ausübender Künstler
§ 81. Schutz des Veranstalters
§ 82. Dauer der Verwertungsrechte
§ 83. Schranken der Verwertungsrechte
§ 84. *(weggefallen)*

Abschnitt 4. Schutz des Herstellers von Tonträgern

§ 85. Verwertungsrechte
§ 86. Anspruch auf Beteiligung

Abschnitt 5. Schutz des Sendeunternehmens

§ 87. Sendeunternehmen

Abschnitt 6. Schutz des Datenbankherstellers

§ 87 a. Begriffsbestimmungen
§ 87 b. Rechte des Datenbankherstellers
§ 87 c. Schranken des Rechts des Datenbankherstellers
§ 87 d. Dauer der Rechte
§ 87 e. Verträge über die Benutzung einer Datenbank

Teil 3. Besondere Bestimmungen für Filme

Abschnitt 1. Filmwerke

§ 88. Recht zur Verfilmung
§ 89. Rechte am Filmwerk
§ 90. Einschränkung der Rechte
§ 91. *(weggefallen)*
§ 92. Ausübende Künstler
§ 93. Schutz gegen Entstellung; Namensnennung
§ 94. Schutz des Filmherstellers

Abschnitt 2. Laufbilder

§ 95. Laufbilder

Teil 4. Gemeinsame Bestimmungen für Urheberrecht und verwandte Schutzrechte

Abschnitt 1. Ergänzende Schutzbestimmungen

§ 95 a. Schutz technischer Maßnahmen
§ 95 b. Durchsetzung von Schrankenbestimmungen
§ 95 c. Schutz der zur Rechtewahrnehmung erforderlichen Informationen
§ 95 d. Kennzeichnungspflichten
§ 96. Verwertungsverbot

Abschnitt 2. Rechtsverletzungen

Unterabschnitt 1. Bürgerlich-rechtliche Vorschriften; Rechtsweg

§ 97. Anspruch auf Unterlassung und Schadensersatz

UrhG i. d. F. des Gesetzes zur Regelung des Urheberrechts — Anh 1

§ 98. Anspruch auf Vernichtung oder Überlassung der Vervielfältigungsstücke
§ 99. Anspruch auf Vernichtung oder Überlassung der Vorrichtungen
§ 100. Haftung des Inhabers eines Unternehmens
§ 101. Ausnahmen
§ 101 a. Anspruch auf Auskunft hinsichtlich Dritter
§ 102. Verjährung
§ 103. Bekanntmachung des Urteils
§ 104. Rechtsweg
§ 105. Gerichte für Urheberrechtsstreitsachen

Unterabschnitt 2. Straf- und Bußgeldvorschriften

§ 106. Unerlaubte Verwertung urheberrechtlich geschützter Werke
§ 107. Unzulässiges Anbringen der Urheberbezeichnung
§ 108. Unerlaubte Eingriffe in verwandte Schutzrechte
§ 108 a. Gewerbsmäßige unerlaubte Verwertung
§ 108 b. Unerlaubte Eingriffe in technische Schutzmaßnahmen und zur Rechtewahrnehmung erforderliche Informationen
§ 109. Strafantrag
§ 110. Einziehung
§ 111. Bekanntgabe der Verurteilung
§ 111 a. Bußgeldvorschriften

Unterabschnitt 3. Vorschriften über Maßnahmen der Zollbehörde

§ 111 b. Maßnahmen der Zollbehörde

Abschnitt 3. Zwangsvollstreckung

Unterabschnitt 1. Allgemeines

§ 112. Allgemeines

Unterabschnitt 2. Zwangsvollstreckung wegen Geldforderungen gegen den Urheber

§ 113. Urheberrecht
§ 114. Originale von Werken

Unterabschnitt 3. Zwangsvollstreckung wegen Geldforderungen gegen den Rechtsnachfolger des Urhebers

§ 115. Urheberrecht
§ 116. Originale von Werken
§ 117. Testamentsvollstrecker

Unterabschnitt 4. Zwangsvollstreckung wegen Geldforderungen gegen den Verfasser wissenschaftlicher Ausgaben und gegen den Lichtbildner

§ 118. Entsprechende Anwendung

Unterabschnitt 5. Zwangsvollstreckung wegen Geldforderungen in bestimmte Vorrichtungen

§ 119. Zwangsvollstreckung in bestimmte Vorrichtungen

Teil 5. Anwendungsbereich, Übergangs- und Schlussbestimmungen

Abschnitt 1. Anwendungsbereich des Gesetzes

Unterabschnitt 1. Urheberrecht

§ 120. Deutsche Staatsangehörige und Staatsangehörige anderer EU-Staaten und EWR-Staaten
§ 121. Ausländische Staatsangehörige
§ 122. Staatenlose
§ 123. Ausländische Flüchtlinge

Unterabschnitt 2. Verwandte Schutzrechte

§ 124. Wissenschaftliche Ausgaben und Lichtbilder
§ 125. Schutz des ausübenden Künstlers
§ 126. Schutz des Herstellers von Tonträgern
§ 127. Schutz des Sendeunternehmens
§ 127 a. Schutz des Datenbankherstellers
§ 128. Schutz des Filmherstellers

Abschnitt 2. Übergangsbestimmungen

§ 129. Werke
§ 130. Übersetzungen
§ 131. Vertonte Sprachwerke
§ 132. Verträge
§ 133. *(weggefallen)*
§ 134. Urheber
§ 135. Inhaber verwandter Schutzrechte
§ 135 a. Berechnung der Schutzfrist
§ 136. Vervielfältigung und Verbreitung
§ 137. Übertragung von Rechten
§ 137 a. Lichtbildwerke
§ 137 b. Bestimmte Ausgaben
§ 137 c. Ausübende Künstler
§ 137 d. Computerprogramme
§ 137 e. Übergangsregelung bei Umsetzung der Richtlinie 92/100/EWG
§ 137 f. Übergangsregelung bei Umsetzung der Richtlinie 93/98/EWG
§ 137 g. Übergangsregelung bei Umsetzung der Richtlinie 96/9/EG
§ 137 h. Übergangsregelung bei Umsetzung der Richtlinie 93/83/EWG
§ 137 i. Übergangsregelung zum Gesetz zur Modernisierung des Schuldrechts
§ 137 j. Übergangsregelung aus Anlass der Umsetzung der Richtlinie 2001/29/EG
§ 137 k. Übergangsregelung zur öffentlichen Zugänglichmachung für Unterricht und Forschung

Abschnitt 3. Schlussbestimmungen

§ 138. Register anonymer und pseudonymer Werke
§ 139. Änderung der Strafprozessordnung
§ 140. Änderung des Gesetzes über das am 6. September 1952 unterzeichnete Welturheberrechtsabkommen
§ 141. Aufgehobene Vorschriften
§ 142. *(weggefallen)*
§ 143. Inkrafttreten
Anlage (zu § 54 d Abs. 1 des Urheberrechtsgesetzes)

Anh 1 UrhG i. d. F. des Gesetzes zur Regelung des Urheberrechts

Teil 1. Urheberrecht

Abschnitt 1. Allgemeines

§ 1. Allgemeines

Die Urheber von Werken der Literatur, Wissenschaft und Kunst genießen für ihre Werke Schutz nach Maßgabe dieses Gesetzes.

Abschnitt 2. Das Werk

§ 2. Geschützte Werke

(1) Zu den geschützten Werken der Literatur, Wissenschaft und Kunst gehören insbesondere:
1. Sprachwerke, wie Schriftwerke, Reden und Computerprogramme;
2. Werke der Musik;
3. pantomimische Werke einschließlich der Werke der Tanzkunst;
4. Werke der bildenden Künste einschließlich der Werke der Baukunst und der angewandten Kunst und Entwürfe solcher Werke;
5. Lichtbildwerke einschließlich der Werke, die ähnlich wie Lichtbildwerke geschaffen werden;
6. Filmwerke einschließlich der Werke, die ähnlich wie Filmwerke geschaffen werden;
7. Darstellungen wissenschaftlicher oder technischer Art, wie Zeichnungen, Pläne, Karten, Skizzen, Tabellen und plastische Darstellungen.

(2) Werke im Sinne dieses Gesetzes sind nur persönliche geistige Schöpfungen.

§ 3. Bearbeitungen

Übersetzungen und andere Bearbeitungen eines Werkes, die persönliche geistige Schöpfungen des Bearbeiters sind, werden unbeschadet des Urheberrechts am bearbeiteten Werk wie selbständige Werke geschützt. Die nur unwesentliche Bearbeitung eines nicht geschützten Werkes der Musik wird nicht als selbständiges Werk geschützt.

§ 4. Sammelwerke und Datenbankwerke

(1) Sammlungen von Werken, Daten oder anderen unabhängigen Elementen, die aufgrund der Auswahl oder Anordnung der Elemente eine persönliche geistige Schöpfung sind (Sammelwerke), werden, unbeschadet eines an den einzelnen Elementen gegebenenfalls bestehenden Urheberrechts oder verwandten Schutzrechts, wie selbständige Werke geschützt.

(2) Datenbankwerk im Sinne dieses Gesetzes ist ein Sammelwerk, dessen Elemente systematisch oder methodisch angeordnet und einzeln mit Hilfe elektronischer Mittel oder auf andere Weise zugänglich sind. Ein zur Schaffung des Datenbankwerkes oder zur Ermöglichung des Zugangs zu dessen Elementen verwendetes Computerprogramm (§ 69 a) ist nicht Bestandteil des Datenbankwerkes.

§ 5. Amtliche Werke

(1) Gesetze, Verordnungen, amtliche Erlasse und Bekanntmachungen sowie Entscheidungen und amtlich verfaßte Leitsätze zu Entscheidungen genießen keinen urheberrechtlichen Schutz.

(2) Das gleiche gilt für andere amtliche Werke, die im amtlichen Interesse zur allgemeinen Kenntnisnahme veröffentlicht worden sind, mit der Einschränkung, daß die Bestimmungen über Änderungsverbot und Quellenangabe in § 62 Abs. 1 bis 3 und § 63 Abs. 1 und 2 entsprechend anzuwenden sind.

(3) Das Urheberrecht an privaten Normwerken wird durch die Absätze 1 und 2 nicht berührt, wenn Gesetze, Verordnungen, Erlasse oder amtliche Bekanntmachungen auf sie verweisen, ohne ihren Wortlaut wiederzugeben. In diesem Fall ist der Urheber verpflichtet, jedem Verleger zu angemessenen Bedingungen ein Recht zur Vervielfältigung und Verbreitung einzuräumen. Ist ein Dritter Inhaber des ausschließlichen Rechts zur Vervielfältigung und Verbreitung, so ist dieser zur Einräumung des Nutzungsrechts nach Satz 2 verpflichtet.

§ 6. Veröffentlichte und erschienene Werke

(1) Ein Werk ist veröffentlicht, wenn es mit Zustimmung des Berechtigten der Öffentlichkeit zugänglich gemacht worden ist.

(2) Ein Werk ist erschienen, wenn mit Zustimmung des Berechtigten Vervielfältigungsstücke des Werkes nach ihrer Herstellung in genügender Anzahl der Öffentlichkeit angeboten oder in Verkehr gebracht worden sind. Ein Werk der bildenden Künste gilt auch dann als erschienen, wenn das Original oder ein Vervielfältigungsstück des Werkes mit Zustimmung des Berechtigten bleibend der Öffentlichkeit zugänglich ist.

Abschnitt 3. Der Urheber

§ 7. Urheber

Urheber ist der Schöpfer des Werkes.

§ 8. Miturheber

(1) Haben mehrere ein Werk gemeinsam geschaffen, ohne daß sich ihre Anteile gesondert verwerten lassen, so sind sie Miturheber des Werkes.

(2) Das Recht zur Veröffentlichung und zur Verwertung des Werkes steht den Miturhebern zur gesamten Hand zu; Änderungen des Werkes sind nur mit Einwilligung der Miturheber zulässig. Ein Miturheber darf jedoch seine Einwilligung zur Veröffentlichung, Verwertung oder Änderung nicht wider Treu und Glauben verweigern. Jeder Miturheber ist berechtigt, Ansprüche aus Verletzungen des gemeinsamen Urheberrechts geltend zu machen; er kann jedoch nur Leistung an alle Miturheber verlangen.

(3) Die Erträgnisse aus der Nutzung des Werkes gebühren den Miturhebern nach dem Umfang ihrer Mitwirkung an der Schöpfung des Werkes, wenn nichts anderes zwischen den Miturhebern vereinbart ist.

(4) Ein Miturheber kann auf seinen Anteil an den Verwertungsrechten (§ 15) verzichten. Der Verzicht ist den anderen Miturhebern gegenüber zu erklären. Mit der Erklärung wächst der Anteil den anderen Miturhebern zu.

§ 9. Urheber verbundener Werke

Haben mehrere Urheber ihre Werke zu gemeinsamer Verwertung miteinander verbunden, so kann jeder vom anderen die Einwilligung zur Veröffentlichung, Verwertung und Änderung der verbundenen Werke verlangen, wenn die Einwilligung dem anderen nach Treu und Glauben zuzumuten ist.

§ 10. Vermutung der Urheberschaft

(1) Wer auf den Vervielfältigungsstücken eines erschienenen Werkes oder auf dem Original eines Werkes der bildenden Künste in der üblichen Weise als Urheber bezeichnet ist, wird bis zum Beweis des Gegenteils als Urheber des Werkes angesehen; dies gilt auch für eine Bezeichnung, die als Deckname oder Künstlerzeichen des Urhebers bekannt ist.

(2) Ist der Urheber nicht nach Absatz 1 bezeichnet, so wird vermutet, daß derjenige ermächtigt ist, die Rechte des Urhebers geltend zu machen, der auf den Vervielfältigungsstücken des Werkes als Herausgeber bezeichnet ist. Ist kein Herausgeber angegeben, so wird vermutet, daß der Verleger ermächtigt ist.

Abschnitt 4. Inhalt des Urheberrechts

Unterabschnitt 1. Allgemeines

§ 11. Allgemeines

Das Urheberrecht schützt den Urheber in seinen geistigen und persönlichen Beziehungen zum Werk und in der Nutzung des Werkes. Es dient zugleich der Sicherung einer angemessenen Vergütung für die Nutzung des Werkes.

Unterabschnitt 2. Urheberpersönlichkeitsrecht

§ 12. Veröffentlichungsrecht

(1) Der Urheber hat das Recht zu bestimmen, ob und wie sein Werk zu veröffentlichen ist.

(2) Dem Urheber ist es vorbehalten, den Inhalt seines Werkes öffentlich mitzuteilen oder zu beschreiben, solange weder das Werk noch der wesentliche Inhalt oder eine Beschreibung des Werkes mit seiner Zustimmung veröffentlicht ist.

§ 13. Anerkennung der Urheberschaft

Der Urheber hat das Recht auf Anerkennung seiner Urheberschaft am Werk. Er kann bestimmen, ob das Werk mit einer Urheberbezeichnung zu versehen und welche Bezeichnung zu verwenden ist.

§ 14. Entstellung des Werkes

Der Urheber hat das Recht, eine Entstellung oder eine andere Beeinträchtigung seines Werkes zu verbieten, die geeignet ist, seine berechtigten geistigen oder persönlichen Interessen am Werk zu gefährden.

Unterabschnitt 3. Verwertungsrechte

§ 15. Allgemeines

(1) Der Urheber hat das ausschließliche Recht, sein Werk in körperlicher Form zu verwerten; das Recht umfaßt insbesondere

1. das Vervielfältigungsrecht (§ 16),
2. das Verbreitungsrecht (§ 17),
3. das Ausstellungsrecht (§ 18).

(2) Der Urheber hat ferner das ausschließliche Recht, sein Werk in unkörperlicher Form öffentlich wiederzugeben (Recht der öffentlichen Wiedergabe). Das Recht der öffentlichen Wiedergabe umfasst insbesondere

1. das Vortrags-, Aufführungs- und Vorführungsrecht (§ 19),
2. das Recht der öffentlichen Zugänglichmachung (§ 19 a),
3. das Senderecht (§ 20),
4. das Recht der Wiedergabe durch Bild- oder Tonträger (§ 21),
5. das Recht der Wiedergabe von Funksendungen und von öffentlicher Zugänglichmachung (§ 22).

(3) Die Wiedergabe ist öffentlich, wenn sie für eine Mehrzahl von Mitgliedern der Öffentlichkeit bestimmt ist. Zur Öffentlichkeit gehört jeder, der nicht mit demjenigen, der das Werk verwertet, oder mit den anderen Personen, denen das Werk in unkörperlicher Form wahrnehmbar oder zugänglich gemacht wird, durch persönliche Beziehungen verbunden ist.

§ 16. Vervielfältigungsrecht

(1) Das Vervielfältigungsrecht ist das Recht, Vervielfältigungsstücke des Werkes herzustellen, gleichviel ob vorübergehend oder dauerhaft, in welchem Verfahren und in welcher Zahl.

(2) Eine Vervielfältigung ist auch die Übertragung des Werkes auf Vorrichtungen zur wiederholbaren Wiedergabe von Bild- oder Tonfolgen (Bild- oder Tonträger), gleichviel, ob es sich um die Aufnahme einer Wiedergabe des Werkes auf einen Bild- oder Tonträger oder um die Übertragung des Werkes von einem Bild- oder Tonträger auf einen anderen handelt.

§ 17. Verbreitungsrecht

(1) Das Verbreitungsrecht ist das Recht, das Original oder Vervielfältigungsstücke des Werkes der Öffentlichkeit anzubieten oder in Verkehr zu bringen.

(2) Sind das Original oder Vervielfältigungsstücke des Werkes mit Zustimmung des zur Verbreitung Berechtigten im Gebiet der Europäischen Union oder eines anderen Vertragsstaates des Abkommens über den Europäischen Wirtschaftsraum im Wege der Veräußerung in Verkehr gebracht worden, so ist ihre Weiterverbreitung mit Ausnahme der Vermietung zulässig.

(3) Vermietung im Sinne der Vorschriften dieses Gesetzes ist die zeitlich begrenzte, unmittelbar oder mittelbar Erwerbszwecken dienende Gebrauchsüberlassung. Als Vermietung gilt jedoch nicht die Überlassung von Originalen oder Vervielfältigungsstücken

1. von Bauwerken und Werken der angewandten Kunst oder

2. im Rahmen eines Arbeits- oder Dienstverhältnisses zu dem ausschließlichen Zweck, bei der Erfüllung von Verpflichtungen aus dem Arbeits- oder Dienstverhältnis benutzt zu werden.

§ 18. Ausstellungsrecht

Das Ausstellungsrecht ist das Recht, das Original oder Vervielfältigungsstücke eines unveröffentlichten Werkes der bildenden Künste oder eines unveröffentlichten Lichtbildwerkes öffentlich zur Schau zu stellen.

§ 19. Vortrags-, Aufführungs- und Vorführungsrecht

(1) Das Vortragsrecht ist das Recht, ein Sprachwerk durch persönliche Darbietung öffentlich zu Gehör zu bringen.

(2) Das Aufführungsrecht ist das Recht, ein Werk der Musik durch persönliche Darbietung öffentlich zu Gehör zu bringen oder ein Werk öffentlich bühnenmäßig darzustellen.

(3) Das Vortrags- und das Aufführungsrecht umfassen das Recht, Vorträge und Aufführungen außerhalb des Raumes, in dem die persönliche Darbietung stattfindet, durch Bildschirm, Lautsprecher oder ähnliche technische Einrichtungen öffentlich wahrnehmbar zu machen.

(4) Das Vorführungsrecht ist das Recht, ein Werk der bildenden Künste, ein Lichtbildwerk, ein Filmwerk oder Darstellungen wissenschaftlicher oder technischer Art durch technische Einrichtungen öffentlich wahrnehmbar zu machen. Das Vorführungsrecht umfaßt nicht das Recht, die Funksendung oder öffentliche Zugänglichmachung solcher Werke öffentlich wahrnehmbar zu machen (§ 22).

§ 19 a. Recht der öffentlichen Zugänglichmachung

Das Recht der öffentlichen Zugänglichmachung ist das Recht, das Werk drahtgebunden oder drahtlos der Öffentlichkeit in einer Weise zugänglich zu machen, dass es Mitgliedern der Öffentlichkeit von Orten und zu Zeiten ihrer Wahl zugänglich ist.

§ 20. Senderecht

Das Senderecht ist das Recht, das Werk durch Funk, wie Ton- und Fernsehrundfunk, Satellitenrundfunk, Kabelfunk oder ähnliche technische Mittel, der Öffentlichkeit zugänglich zu machen.

§ 20 a. Europäische Satellitensendung

(1) Wird eine Satellitensendung innerhalb des Gebietes eines Mitgliedstaates der Europäischen Union oder Vertragsstaates des Abkommens über den Europäischen Wirtschaftsraum ausgeführt, so gilt sie ausschließlich als in diesem Mitgliedstaat oder Vertragsstaat erfolgt.

(2) Wird eine Satellitensendung im Gebiet eines Staates ausgeführt, der weder Mitgliedstaat der Europäischen Union noch Vertragsstaat des Abkommens über den Europäischen Wirtschaftsraum ist und in dem für das Recht der Satellitensendung das in Kapitel II der Richtlinie 93/83/EWG des Rates vom 27. September 1993 zur Koordinierung bestimmter urheber- und leistungsschutzrechtlicher Vorschriften betreffend Satellitenrundfunk und Kabelweiterverbreitung (ABl. EG Nr. L 248 S. 15) vorgesehene

Schutzniveau nicht gewährleistet ist, so gilt sie als in dem Mitgliedstaat oder Vertragsstaat erfolgt,

1. in dem die Erdfunkstation liegt, von der aus die programmtragenden Signale zum Satelliten geleitet werden, oder
2. in dem das Sendeunternehmen seine Niederlassung hat, wenn die Voraussetzung nach Nummer 1 nicht gegeben ist.

Das Senderecht ist im Fall der Nummer 1 gegenüber dem Betreiber der Erdfunkstation, im Fall der Nummer 2 gegenüber dem Sendeunternehmen geltend zu machen.

(3) Satellitensendung im Sinne von Absatz 1 und 2 ist die unter der Kontrolle und Verantwortung des Sendeunternehmens stattfindende Eingabe der für den öffentlichen Empfang bestimmten programmtragenden Signale in eine ununterbrochene Übertragungskette, die zum Satelliten und zurück zur Erde führt.

§ 20 b. Kabelweitersendung

(1) Das Recht, ein gesendetes Werk im Rahmen eines zeitgleich unverändert und vollständig weiterübertragenen Programms durch Kabelsysteme oder Mikrowellensysteme weiterzusenden (Kabelweitersendung), kann nur durch eine Verwertungsgesellschaft geltend gemacht werden. Dies gilt nicht für Rechte, die ein Sendeunternehmen in bezug auf seine Sendungen geltend macht.

(2) Hat der Urheber das Recht der Kabelweitersendung einem Sendeunternehmen oder einem Tonträger- oder Filmhersteller eingeräumt, so hat das Kabelunternehmen gleichwohl dem Urheber eine angemessene Vergütung für die Kabelweitersendung zu zahlen. Auf den Vergütungsanspruch kann nicht verzichtet werden. Er kann im voraus nur an eine Verwertungsgesellschaft abgetreten und nur durch eine solche geltend gemacht werden. Diese Regelung steht Tarifverträgen und Betriebsvereinbarungen von Sendeunternehmen nicht entgegen, soweit dadurch dem Urheber eine angemessene Vergütung für jede Kabelweitersendung eingeräumt wird.

§ 21. Recht der Wiedergabe durch Bild- oder Tonträger

Das Recht der Wiedergabe durch Bild- oder Tonträger ist das Recht, Vorträge oder Aufführungen des Werkes mittels Bild- oder Tonträger öffentlich wahrnehmbar zu machen. § 19 Abs. 3 gilt entsprechend.

§ 22. Recht der Wiedergabe von Funksendungen und von öffentlicher Zugänglichmachung

Das Recht der Wiedergabe von Funksendungen und der Wiedergabe von öffentlicher Zugänglichmachung ist das Recht, Funksendungen und auf öffentlicher Zugänglichmachung beruhende Wiedergaben des Werkes durch Bildschirm, Lautsprecher oder ähnliche technische Einrichtungen öffentlich wahrnehmbar zu machen. § 19 Abs. 3 gilt entsprechend.

§ 23. Bearbeitungen und Umgestaltungen

Bearbeitungen oder andere Umgestaltungen des Werkes dürfen nur mit Einwilligung des Urhebers des bearbeiteten oder umgestalteten Werkes veröffentlicht oder verwertet werden. Handelt es sich um eine Verfilmung des Werkes, um die Ausführung von Plänen und Entwürfen eines Werkes der bildenden Künste, um den Nachbau eines Werkes der Baukunst oder um die Bearbeitung oder Umgestaltung eines Datenbankwerkes, so bedarf bereits das Herstellen der Bearbeitung oder Umgestaltung der Einwilligung des Urhebers.

§ 24. Freie Benutzung

(1) Ein selbständiges Werk, das in freier Benutzung des Werkes eines anderen geschaffen worden ist, darf ohne Zustimmung des Urhebers des benutzten Werkes veröffentlicht und verwertet werden.

(2) Absatz 1 gilt nicht für die Benutzung eines Werkes der Musik, durch welche eine Melodie erkennbar dem Werk entnommen und einem neuen Werk zugrunde gelegt wird.

Unterabschnitt 4. Sonstige Rechte des Urhebers

§ 25. Zugang zu Werkstücken

(1) Der Urheber kann vom Besitzer des Originals oder eines Vervielfältigungsstückes seines Werkes verlangen, daß er ihm das Original oder das Vervielfältigungsstück zugänglich macht, soweit dies zur Herstellung von Vervielfältigungsstücken oder Bearbeitungen des Werkes erforderlich ist und nicht berechtigte Interessen des Besitzers entgegenstehen.

(2) Der Besitzer ist nicht verpflichtet, das Original oder das Vervielfältigungsstück dem Urheber herauszugeben.

§ 26. Folgerecht

(1) Wird das Original eines Werkes der bildenden Künste weiterveräußert und ist hieran ein Kunsthändler oder Versteigerer als Erwerber, Veräußerer oder Vermittler beteiligt, so hat der Veräußerer dem Urheber einen Anteil in Höhe von fünf vom Hundert des Veräußerungserlöses zu entrichten. Die Verpflichtung entfällt, wenn der Veräußerungserlös weniger als 50 Euro beträgt.

(2) Der Urheber kann auf seinen Anteil im voraus nicht verzichten. Die Anwartschaft darauf unterliegt nicht der Zwangsvollstreckung; eine Verfügung über die Anwartschaft ist unwirksam.

(3) Der Urheber kann von einem Kunsthändler oder Versteigerer Auskunft darüber verlangen, welche Originale von Werken des Urhebers innerhalb des letzten vor dem Auskunftsersuchen abgelaufenen Kalenderjahres unter Beteiligung des Kunsthändlers oder Versteigerers weiterveräußert wurden.

(4) Der Urheber kann, soweit dies zur Durchsetzung seines Anspruchs gegen den Veräußerer erforderlich ist, von dem Kunsthändler oder Versteigerer Auskunft über den Namen und die Anschrift des Veräußerers sowie über die Höhe des Veräußerungserlöses verlangen. Der Kunsthändler oder Versteigerer darf die Auskunft über Namen und Anschrift des Veräußerers verweigern, wenn er dem Urheber den Anteil entrichtet.

(5) Die Ansprüche nach den Absätzen 3 und 4 können nur durch eine Verwertungsgesellschaft geltend gemacht werden.

(6) Bestehen begründete Zweifel an der Richtigkeit oder Vollständigkeit einer Auskunft nach Absatz 3 oder 4, so kann die Verwertungsgesellschaft verlangen, daß nach Wahl des Auskunftspflichtigen ihr oder einem von ihm zu bestimmenden Wirtschaftsprüfer oder vereidigten Buchprüfer Einsicht in die Geschäftsbücher oder sonstige Urkunden soweit gewährt wird, wie dies zur Feststellung der Richtigkeit oder Voll-

ständigkeit der Auskunft erforderlich ist. Erweist sich die Auskunft als unrichtig oder unvollständig, so hat der Auskunftspflichtige die Kosten der Prüfung zu erstatten.

(7) *(aufgehoben)*

(8) **Die vorstehenden Bestimmungen sind auf Werke der Baukunst und der angewandten Kunst nicht anzuwenden.**

§ 27. Vergütung für Vermietung und Verleihen

(1) Hat der Urheber das Vermietrecht (§ 17) an einem Bild- oder Tonträger dem Tonträger- oder Filmhersteller eingeräumt, so hat der Vermieter gleichwohl dem Urheber eine angemessene Vergütung für die Vermietung zu zahlen. Auf den Vergütungsanspruch kann nicht verzichtet werden. Er kann im voraus nur an eine Verwertungsgesellschaft abgetreten werden.

(2) Für das Verleihen von Originalen oder Vervielfältigungsstücken eines Werkes, deren Weiterverbreitung nach § 17 Abs. 2 zulässig ist, ist dem Urheber eine angemessene Vergütung zu zahlen, wenn die Originale oder Vervielfältigungsstücke durch eine der Öffentlichkeit zugängliche Einrichtung (Bücherei, Sammlung von Bild- oder Tonträgern oder anderer Originale oder Vervielfältigungsstücke) verliehen werden. Verleihen im Sinne von Satz 1 ist die zeitlich begrenzte, weder unmittelbar noch mittelbar Erwerbszwecken dienende Gebrauchsüberlassung; § 17 Abs. 3 Satz 2 findet entsprechende Anwendung.

(3) Die Vergütungsansprüche nach den Absätzen 1 und 2 können nur durch eine Verwertungsgesellschaft geltend gemacht werden.

Abschnitt 5. Rechtsverkehr im Urheberrecht

Unterabschnitt 1. Rechtsnachfolge in das Urheberrecht

§ 28. Vererbung des Urheberrechts

(1) **Das Urheberrecht ist vererblich.**

(2) Der Urheber kann durch letztwillige Verfügung die Ausübung des Urheberrechts einem Testamentsvollstrecker übertragen. § 2210 des Bürgerlichen Gesetzbuchs ist nicht anzuwenden.

§ 29. Rechtsgeschäfte über das Urheberrecht

(1) Das Urheberrecht ist nicht übertragbar, es sei denn, es wird in Erfüllung einer Verfügung von Todes wegen oder an Miterben im Wege der Erbauseinandersetzung übertragen.

(2) Zulässig sind die Einräumung von Nutzungsrechten (§ 31), schuldrechtliche Einwilligungen und Vereinbarungen zu Verwertungsrechten sowie die in § 39 geregelten Rechtsgeschäfte über Urheberpersönlichkeitsrechte.

§ 30. Rechtsnachfolger des Urhebers

Der Rechtsnachfolger des Urhebers hat die dem Urheber nach diesem Gesetz zustehenden Rechte, soweit nichts anderes bestimmt ist.

Unterabschnitt 2. Nutzungsrechte

§ 31. Einräumung von Nutzungsrechten

(1) Der Urheber kann einem anderen das Recht einräumen, das Werk auf einzelne oder alle Nutzungsarten zu nutzen (Nutzungsrecht). Das Nutzungsrecht kann als einfaches oder ausschließliches Recht sowie räumlich, zeitlich oder inhaltlich beschränkt eingeräumt werden.

(2) Das einfache Nutzungsrecht berechtigt den Inhaber, das Werk auf die erlaubte Art zu nutzen, ohne dass eine Nutzung durch andere ausgeschlossen ist.

(3) Das ausschließliche Nutzungsrecht berechtigt den Inhaber, das Werk unter Ausschluss aller anderen Personen auf die ihm erlaubte Art zu nutzen und Nutzungsrechte einzuräumen. Es kann bestimmt werden, dass die Nutzung durch den Urheber vorbehalten bleibt. § 35 bleibt unberührt.

(4) Die Einräumung von Nutzungsrechten für noch nicht bekannte Nutzungsarten sowie Verpflichtungen hierzu sind unwirksam.

(5) Sind bei der Einräumung eines Nutzungsrechts die Nutzungsarten nicht ausdrücklich einzeln bezeichnet, so bestimmt sich nach dem von beiden Partnern zugrunde gelegten Vertragszweck, auf welche Nutzungsarten es sich erstreckt. Entsprechendes gilt für die Frage, ob ein Nutzungsrecht eingeräumt wird, ob es sich um ein einfaches oder ausschließliches Nutzungsrecht handelt, wie weit Nutzungsrecht und Verbotsrecht reichen und welchen Einschränkungen das Nutzungsrecht unterliegt.

§ 32. Angemessene Vergütung

(1) Der Urheber hat für die Einräumung von Nutzungsrechten und die Erlaubnis zur Werknutzung Anspruch auf die vertraglich vereinbarte Vergütung. Ist die Höhe der Vergütung nicht bestimmt, gilt die angemessene Vergütung als vereinbart. Soweit die vereinbarte Vergütung nicht angemessen ist, kann der Urheber von seinem Vertragspartner die Einwilligung in die Änderung des Vertrages verlangen, durch die dem Urheber die angemessene Vergütung gewährt wird.

(2) Eine nach einer gemeinsamen Vergütungsregel (§ 36) ermittelte Vergütung ist angemessen. Im Übrigen ist die Vergütung angemessen, wenn sie im Zeitpunkt des Vertragsschlusses dem entspricht. was im Geschäftsverkehr nach Art und Umfang der eingeräumten Nutzungsmöglichkeit, insbesondere nach Dauer und Zeitpunkt der Nutzung, unter Berücksichtigung aller Umstände üblicher- und redlicherweise zu leisten ist.

(3) Auf eine Vereinbarung, die zum Nachteil des Urhebers von den Absätzen 1 und 2 abweicht, kann der Vertragspartner sich nicht berufen. Die in Satz 1 bezeichneten Vorschriften finden auch Anwendung, wenn sie durch anderweitige Gestaltungen umgangen werden. Der Urheber kann aber unentgeltlich ein einfaches Nutzungsrecht für jedermann einräumen.

(4) Der Urheber hat keinen Anspruch nach Absatz 1 Satz 3, soweit die Vergütung für die Nutzung seiner Werke tarifvertraglich bestimmt ist.

§ 32 a. Weitere Beteiligung des Urhebers

(1) Hat der Urheber einem anderen ein Nutzungsrecht zu Bedingungen eingeräumt, die dazu führen, dass die vereinbarte Gegenleistung unter Berücksichtigung der gesamten Beziehungen des Urhebers zu dem anderen in einem auffälligen Missverhältnis zu den Erträgen und Vorteilen aus der Nutzung des Werkes steht, so ist der andere auf

Verlangen des Urhebers verpflichtet, in eine Änderung des Vertrages einzuwilligen, durch die dem Urheber eine den Umständen nach weitere angemessene Beteiligung gewährt wird. Ob die Vertragspartner die Höhe der erzielten Erträge oder Vorteile vorhergesehen haben oder hätten vorhersehen können, ist unerheblich.

(2) Hat der andere das Nutzungsrecht übertragen oder weitere Nutzungsrechte eingeräumt und ergibt sich das auffällige Missverhältnis aus den Erträgnissen oder Vorteilen eines Dritten, so haftet dieser dem Urheber unmittelbar nach Maßgabe des Absatzes 1 unter Berücksichtigung der vertraglichen Beziehungen in der Lizenzkette. Die Haftung des anderen entfällt.

(3) Auf die Ansprüche nach den Absätzen 1 und 2 kann im Voraus nicht verzichtet werden. Die Anwartschaft hierauf unterliegt nicht der Zwangsvollstreckung; eine Verfügung über die Anwartschaft ist unwirksam.

(4) Der Urheber hat keinen Anspruch nach Absatz 1, soweit die Vergütung nach einer gemeinsamen Vergütungsregel (§ 36) oder tarifvertraglich bestimmt worden ist und ausdrücklich eine weitere angemessene Beteiligung für den Fall des Absatzes 1 vorsieht.

§ 32 b. Zwingende Anwendung

Die §§ 32 und 32 a finden zwingend Anwendung,
1. wenn auf den Nutzungsvertrag mangels einer Rechtswahl deutsches Recht anzuwenden wäre oder
2. soweit Gegenstand des Vertrages maßgebliche Nutzungshandlungen im räumlichen Geltungsbereich dieses Gesetzes sind.

§ 33. Weiterwirkung von Nutzungsrechten

Ausschließliche und einfache Nutzungsrechte bleiben gegenüber später eingeräumten Nutzungsrechten wirksam. Gleiches gilt, wenn der Inhaber des Rechts, der das Nutzungsrecht eingeräumt hat, wechselt oder wenn er auf sein Recht verzichtet.

§ 34. Übertragung von Nutzungsrechten

(1) Ein Nutzungsrecht kann nur mit Zustimmung des Urhebers übertragen werden. Der Urheber darf die Zustimmung nicht wider Treu und Glauben verweigern.

(2) Werden mit dem Nutzungsrecht an einem Sammelwerk (§ 4) Nutzungsrechte an den in das Sammelwerk aufgenommenen einzelnen Werken übertragen, so genügt die Zustimmung des Urhebers des Sammelwerkes.

(3) Ein Nutzungsrecht kann ohne Zustimmung des Urhebers übertragen werden, wenn die Übertragung im Rahmen der Gesamtveräußerung eines Unternehmens oder der Veräußerung von Teilen eines Unternehmens geschieht. Der Urheber kann das Nutzungsrecht zurückrufen, wenn ihm die Ausübung des Nutzungsrechts durch den Erwerber nach Treu und Glauben nicht zuzumuten ist. Satz 2 findet auch dann Anwendung, wenn sich die Beteiligungsverhältnisse am Unternehmen des Inhabers des Nutzungsrechts wesentlich ändern.

(4) Der Erwerber des Nutzungsrechts haftet gesamtschuldnerisch für die Erfüllung der sich aus dem Vertrag mit dem Urheber ergebenden Verpflichtungen des Veräußerers, wenn der Urheber der Übertragung des Nutzungsrechts nicht im Einzelfall ausdrücklich zugestimmt hat.

(5) Der Urheber kann auf das Rückrufsrecht und die Haftung des Erwerbers im Voraus nicht verzichten. Im Übrigen können der Inhaber des Nutzungsrechts und der Urheber Abweichendes vereinbaren.

§ 35. Einräumung weiterer Nutzungsrechte

(1) Der Inhaber eines ausschließlichen Nutzungsrechts kann weitere Nutzungsrechte nur mit Zustimmung des Urhebers einräumen. Der Zustimmung bedarf es nicht, wenn das ausschließliche Nutzungsrecht nur zur Wahrnehmung der Belange des Urhebers eingeräumt ist.

(2) Die Bestimmungen in § 34 Abs. 1 Satz 2, Abs. 2 und Absatz 5 Satz 2 sind entsprechend anzuwenden.

§ 36. Gemeinsame Vergütungsregeln

(1) Zur Bestimmung der Angemessenheit von Vergütungen nach § 32 stellen Vereinigungen von Urhebern mit Vereinigungen von Werknutzern oder einzelnen Werknutzern gemeinsame Vergütungsregeln auf. Die gemeinsamen Vergütungsregeln sollen die Umstände des jeweiligen Regelungsbereichs berücksichtigen, insbesondere die Struktur und Größe der Verwerter. In Tarifverträgen enthaltene Regelungen gehen gemeinsamen Vergütungsregeln vor.

(2) Vereinigungen nach Absatz 1 müssen repräsentativ, unabhängig und zur Aufstellung gemeinsamer Vergütungsregeln ermächtigt sein.

(3) Ein Verfahren zur Aufstellung gemeinsamer Vergütungsregeln vor der Schlichtungsstelle (§ 36 a) findet statt, wenn die Parteien dies vereinbaren. Das Verfahren findet auf schriftliches Verlangen einer Partei statt, wenn

1. die andere Partei nicht binnen drei Monaten, nachdem eine Partei schriftlich die Aufnahme von Verhandlungen verlangt hat, Verhandlungen über gemeinsame Vergütungsregeln beginnt,
2. Verhandlungen über gemeinsame Vergütungsregeln ein Jahr, nachdem schriftlich ihre Aufnahme verlangt worden ist, ohne Ergebnis bleiben oder
3. eine Partei die Verhandlungen endgültig für gescheitert erklärt hat.

(4) Die Schlichtungsstelle hat den Parteien einen begründeten Einigungsvorschlag zu machen, der den Inhalt der gemeinsamen Vergütungsregeln enthält. Er gilt als angenommen, wenn ihm nicht innerhalb von drei Monaten nach Empfang des Vorschlages schriftlich widersprochen wird.

§ 36 a. Schlichtungsstelle

(1) Zur Aufstellung gemeinsamer Vergütungsregeln bilden Vereinigungen von Urhebern mit Vereinigungen von Werknutzern oder einzelnen Werknutzern eine Schlichtungsstelle, wenn die Parteien dies vereinbaren oder eine Partei die Durchführung des Schlichtungsverfahrens verlangt.

(2) Die Schlichtungsstelle besteht aus einer gleichen Anzahl von Beisitzern, die jeweils von einer Partei bestellt werden, und einem unparteiischen Vorsitzenden, auf dessen Person sich beide Parteien einigen sollen.

(3) Kommt eine Einigung über die Person des Vorsitzenden nicht zustande, so bestellt ihn das nach § 1062 der Zivilprozessordnung zuständige Oberlandesgericht. Das Oberlandesgericht entscheidet auch, wenn keine Einigung über die Zahl der Beisitzer erzielt wird. Für das Verfahren vor dem Oberlandesgericht gelten die §§ 1063, 1065 der Zivilprozessordnung entsprechend.

(4) Das Verlangen auf Durchführung des Schlichtungsverfahrens gemäß § 36 Abs. 3 Satz 2 muss einen Vorschlag über die Aufstellung gemeinsamer Vergütungsregeln enthalten.

(5) Die Schlichtungsstelle fasst ihren Beschluss nach mündlicher Beratung mit Stimmenmehrheit. Die Beschlussfassung erfolgt zunächst unter den Beisitzern; kommt eine Stimmenmehrheit nicht zustande, so nimmt der Vorsitzende nach weiterer Beratung an der erneuten Beschlussfassung teil. Benennt eine Partei keine Mitglieder oder bleiben die von einer Partei genannten Mitglieder trotz rechtzeitiger Einladung der Sitzung fern, so entscheiden der Vorsitzende und die erschienenen Mitglieder nach Maßgabe der Sätze 1 und 2 allein. Der Beschluss der Schlichtungsstelle ist schriftlich niederzulegen, vom Vorsitzenden zu unterschreiben und beiden Parteien zuzuleiten.

(6) Die Parteien tragen ihre eigenen Kosten sowie die Kosten der von ihnen bestellten Beisitzer. Die sonstigen Kosten tragen die Parteien jeweils zur Hälfte. Die Parteien haben als Gesamtschuldner auf Anforderung des Vorsitzenden zu dessen Händen einen für die Tätigkeit der Schlichtungsstelle erforderlichen Vorschuss zu leisten.

(7) Die Parteien können durch Vereinbarung die Einzelheiten des Verfahrens vor der Schlichtungsstelle regeln.

(8) Das Bundesministerium der Justiz wird ermächtigt, durch Rechtsverordnung ohne Zustimmung des Bundesrates die weiteren Einzelheiten des Verfahrens vor der Schlichtungsstelle zu regeln sowie weitere Vorschriften über die Kosten des Verfahrens und die Entschädigung der Mitglieder der Schlichtungsstelle zu erlassen.

§ 37. Verträge über die Einräumung von Nutzungsrechten

(1) Räumt der Urheber einem anderen ein Nutzungsrecht am Werk ein, so verbleibt ihm im Zweifel das Recht der Einwilligung zur Veröffentlichung oder Verwertung einer Bearbeitung des Werkes.

(2) Räumt der Urheber einem anderen ein Nutzungsrecht zur Vervielfältigung des Werkes ein, so verbleibt ihm im Zweifel das Recht, das Werk auf Bild- oder Tonträger zu übertragen.

(3) Räumt der Urheber einem anderen ein Nutzungsrecht zu einer öffentlichen Wiedergabe des Werkes ein, so ist dieser im Zweifel nicht berechtigt, die Wiedergabe außerhalb der Veranstaltung, für die sie bestimmt ist, durch Bildschirm, Lautsprecher oder ähnliche technische Einrichtungen öffentlich wahrnehmbar zu machen.

§ 38. Beiträge zu Sammlungen

(1) Gestattet der Urheber die Aufnahme des Werkes in eine periodisch erscheinende Sammlung, so erwirbt der Verleger oder Herausgeber im Zweifel ein ausschließliches Nutzungsrecht zur Vervielfältigung und Verbreitung. Jedoch darf der Urheber das Werk nach Ablauf eines Jahres seit Erscheinen anderweit vervielfältigen und verbreiten, wenn nichts anderes vereinbart ist.

(2) Absatz 1 Satz 2 gilt auch für einen Beitrag zu einer nicht periodisch erscheinenden Sammlung, für dessen Überlassung dem Urheber kein Anspruch auf Vergütung zusteht.

(3) Wird der Beitrag einer Zeitung überlassen, so erwirbt der Verleger oder Herausgeber ein einfaches Nutzungsrecht, wenn nichts anderes vereinbart ist. Räumt der Urheber ein ausschließliches Nutzungsrecht ein, so ist er sogleich nach Erscheinen des Beitrags berechtigt, ihn anderweit zu vervielfältigen und zu verbreiten, wenn nichts anderes vereinbart ist.

§ 39. Änderungen des Werkes

(1) Der Inhaber eines Nutzungsrechts darf das Werk, dessen Titel oder Urheberbezeichnung (§ 10 Abs. 1) nicht ändern, wenn nichts anderes vereinbart ist.

(2) Änderungen des Werkes und seines Titels, zu denen der Urheber seine Einwilligung nach Treu und Glauben nicht versagen kann, sind zulässig.

§ 40. Verträge über künftige Werke

(1) Ein Vertrag, durch den sich der Urheber zur Einräumung von Nutzungsrechten an künftigen Werken verpflichtet, die überhaupt nicht näher oder nur der Gattung nach bestimmt sind, bedarf der schriftlichen Form. Er kann von beiden Vertragsteilen nach Ablauf von fünf Jahren seit dem Abschluß des Vertrages gekündigt werden. Die Kündigungsfrist beträgt sechs Monate, wenn keine kürzere Frist vereinbart ist.

(2) Auf das Kündigungsrecht kann im voraus nicht verzichtet werden. Andere vertragliche oder gesetzliche Kündigungsrechte bleiben unberührt.

(3) Wenn in Erfüllung des Vertrages Nutzungsrechte an künftigen Werken eingeräumt worden sind, wird mit Beendigung des Vertrages die Verfügung hinsichtlich der Werke unwirksam, die zu diesem Zeitpunkt noch nicht abgeliefert sind.

§ 41. Rückrufsrecht wegen Nichtausübung

(1) Übt der Inhaber eines ausschließlichen Nutzungsrechts das Recht nicht oder nur unzureichend aus und werden dadurch berechtigte Interessen des Urhebers erheblich verletzt, so kann dieser das Nutzungsrecht zurückrufen. Dies gilt nicht, wenn die Nichtausübung oder die unzureichende Ausübung des Nutzungsrechts überwiegend auf Umständen beruht, deren Behebung dem Urheber zuzumuten ist.

(2) Das Rückrufsrecht kann nicht vor Ablauf von zwei Jahren seit Einräumung oder Übertragung des Nutzungsrechts oder, wenn das Werk später abgeliefert wird, seit der Ablieferung geltend gemacht werden. Bei einem Beitrag zu einer Zeitung beträgt die Frist drei Monate, bei einem Beitrag zu einer Zeitschrift, die monatlich oder in kürzeren Abständen erscheint, sechs Monate und bei einem Beitrag zu anderen Zeitschriften ein Jahr.

(3) Der Rückruf kann erst erklärt werden, nachdem der Urheber dem Inhaber des Nutzungsrechts unter Ankündigung des Rückrufs eine angemessene Nachfrist zur zureichenden Ausübung des Nutzungsrechts bestimmt hat. Der Bestimmung der Nachfrist bedarf es nicht, wenn die Ausübung des Nutzungsrechts seinem Inhaber unmöglich ist oder von ihm verweigert wird oder wenn durch die Gewährung einer Nachfrist überwiegende Interessen des Urhebers gefährdet würden.

(4) Auf das Rückrufsrecht kann im voraus nicht verzichtet werden. Seine Ausübung kann im voraus für mehr als fünf Jahre nicht ausgeschlossen werden.

(5) Mit Wirksamwerden des Rückrufs erlischt das Nutzungsrecht.

(6) Der Urheber hat den Betroffenen zu entschädigen, wenn und soweit es der Billigkeit entspricht.

(7) Rechte und Ansprüche der Beteiligten nach anderen gesetzlichen Vorschriften bleiben unberührt.

§ 42. Rückrufsrecht wegen gewandelter Überzeugung

(1) Der Urheber kann ein Nutzungsrecht gegenüber dem Inhaber zurückrufen, wenn das Werk seiner Überzeugung nicht mehr entspricht und ihm deshalb die Verwertung

des Werkes nicht mehr zugemutet werden kann. Der Rechtsnachfolger des Urhebers (§ 30) kann den Rückruf nur erklären, wenn er nachweist, daß der Urheber vor seinem Tode zum Rückruf berechtigt gewesen wäre und an der Erklärung des Rückrufs gehindert war oder diese letztwillig verfügt hat.

(2) Auf das Rückrufsrecht kann im voraus nicht verzichtet werden. Seine Ausübung kann nicht ausgeschlossen werden.

(3) Der Urheber hat den Inhaber des Nutzungsrechts angemessen zu entschädigen. Die Entschädigung muß mindestens die Aufwendungen decken, die der Inhaber des Nutzungsrechts bis zur Erklärung des Rückrufs gemacht hat; jedoch bleiben hierbei Aufwendungen, die auf bereits gezogene Nutzungen entfallen, außer Betracht. Der Rückruf wird erst wirksam, wenn der Urheber die Aufwendungen ersetzt oder Sicherheit dafür geleistet hat. Der Inhaber des Nutzungsrechts hat dem Urheber binnen einer Frist von drei Monaten nach Erklärung des Rückrufs die Aufwendungen mitzuteilen; kommt er dieser Pflicht nicht nach, so wird der Rückruf bereits mit Ablauf dieser Frist wirksam.

(4) Will der Urheber nach Rückruf das Werk wieder verwerten, so ist er verpflichtet, dem früheren Inhaber des Nutzungsrechts ein entsprechendes Nutzungsrecht zu angemessenen Bedingungen anzubieten.

(5) Die Bestimmungen in § 41 Abs. 5 und 7 sind entsprechend anzuwenden.

§ 42 a. Zwangslizenz zur Herstellung von Tonträgern

(1) Ist einem Hersteller von Tonträgern ein Nutzungsrecht an einem Werk der Musik eingeräumt worden mit dem Inhalt, das Werk zu gewerblichen Zwecken auf Tonträger zu übertragen und diese zu vervielfältigen und zu verbreiten, so ist der Urheber verpflichtet, jedem anderen Hersteller von Tonträgern, der im Geltungsbereich dieses Gesetzes seine Hauptniederlassung oder seinen Wohnsitz hat, nach Erscheinen des Werkes gleichfalls ein Nutzungsrecht mit diesem Inhalt zu angemessenen Bedingungen einzuräumen; dies gilt nicht, wenn das bezeichnete Nutzungsrecht erlaubterweise von einer Verwertungsgesellschaft wahrgenommen wird oder wenn das Werk der Überzeugung des Urhebers nicht mehr entspricht, ihm deshalb die Verwertung des Werkes nicht mehr zugemutet werden kann und er ein etwa bestehendes Nutzungsrecht aus diesem Grunde zurückgerufen hat. Der Urheber ist nicht verpflichtet, die Benutzung des Werkes zur Herstellung eines Filmes zu gestatten.

(2) Gegenüber einem Hersteller von Tonträgern, der weder seine Hauptniederlassung noch seinen Wohnsitz im Geltungsbereich dieses Gesetzes hat, besteht die Verpflichtung nach Absatz 1, soweit in dem Staat, in dem er seine Hauptniederlassung oder seinen Wohnsitz hat, den Herstellern von Tonträgern, die ihre Hauptniederlassung oder ihren Wohnsitz im Geltungsbereich dieses Gesetzes haben, nach einer Bekanntmachung des Bundesministeriums der Justiz im Bundesgesetzblatt ein entsprechendes Recht gewährt wird.

(3) Das nach den vorstehenden Bestimmungen einzuräumende Nutzungsrecht wirkt nur im Geltungsbereich dieses Gesetzes und für die Ausfuhr nach Staaten, in denen das Werk keinen Schutz gegen die Übertragung auf Tonträger genießt.

(4) Hat der Urheber einem anderen das ausschließliche Nutzungsrecht eingeräumt mit dem Inhalt, das Werk zu gewerblichen Zwecken auf Tonträger zu übertragen und diese zu vervielfältigen und zu verbreiten, so gelten die vorstehenden Bestimmungen mit der Maßgabe, dass der Inhaber des ausschließlichen Nutzungsrechts zur Einräumung des in Absatz 1 bezeichneten Nutzungsrechts verpflichtet ist.

(5) **Auf ein Sprachwerk, das als Text mit einem Werk der Musik verbunden ist, sind die vorstehenden Bestimmungen entsprechend anzuwenden, wenn einem Hersteller von Tonträgern ein Nutzungsrecht eingeräumt worden ist mit dem Inhalt, das Sprachwerk in Verbindung mit dem Werk der Musik auf Tonträger zu übertragen und diese zu vervielfältigen und zu verbreiten.

(6) Für Klagen, durch die ein Anspruch auf Einräumung des Nutzungsrechts geltend gemacht wird, sind, sofern der Urheber oder im Falle des Absatzes 4 der Inhaber des ausschließlichen Nutzungsrechts im Geltungsbereich dieses Gesetzes keinen allgemeinen Gerichtsstand hat, die Gerichte zuständig, in deren Bezirk das Patentamt seinen Sitz hat. Einstweilige Verfügungen können erlassen werden, auch wenn die in den §§ 935 und 940 der Zivilprozeßordnung bezeichneten Voraussetzungen nicht zutreffen.

(7) Die vorstehenden Bestimmungen sind nicht anzuwenden, wenn das in Absatz 1 bezeichnete Nutzungsrecht lediglich zur Herstellung eines Filmes eingeräumt worden ist.**

§ 43. Urheber in Arbeits- oder Dienstverhältnissen

Die Vorschriften dieses Unterabschnitts sind auch anzuwenden, wenn der Urheber das Werk in Erfüllung seiner Verpflichtungen aus einem Arbeits- oder Dienstverhältnis geschaffen hat, soweit sich aus dem Inhalt oder dem Wesen des Arbeits- oder Dienstverhältnisses nichts anderes ergibt.

§ 44. Veräußerung des Originals des Werkes

(1) **Veräußert der Urheber das Original des Werkes, so räumt er damit im Zweifel dem Erwerber ein Nutzungsrecht nicht ein.**

(2) **Der Eigentümer des Originals eines Werkes der bildenden Künste oder eines Lichtbildwerkes ist berechtigt, das Werk öffentlich auszustellen, auch wenn es noch nicht veröffentlicht ist, es sei denn, daß der Urheber dies bei der Veräußerung des Originals ausdrücklich ausgeschlossen hat.**

Abschnitt 6. Schranken des Urheberrechts

§ 44 a. Vorübergehende Vervielfältigungshandlungen

Zulässig sind vorübergehende Vervielfältigungshandlungen, die flüchtig oder begleitend sind und einen integralen und wesentlichen Teil eines technischen Verfahrens darstellen und deren alleiniger Zweck es ist,
1. eine Übertragung in einem Netz zwischen Dritten durch einen Vermittler oder
2. eine rechtmäßige Nutzung
   eines Werkes oder sonstigen Schutzgegenstands zu ermöglichen, und die keine eigenständige wirtschaftliche Bedeutung haben.

§ 45. Rechtspflege und öffentliche Sicherheit

(1) **Zulässig ist, einzelne Vervielfältigungsstücke von Werken zur Verwendung in Verfahren vor einem Gericht, einem Schiedsgericht oder einer Behörde herzustellen oder herstellen zu lassen.**

(2) Gerichte und Behörden dürfen für Zwecke der Rechtspflege und der öffentlichen Sicherheit Bildnisse vervielfältigen oder vervielfältigen lassen.

(3) Unter den gleichen Voraussetzungen wie die Vervielfältigung ist auch die Verbreitung, öffentliche Ausstellung und öffentliche Wiedergabe der Werke zulässig.

§ 45 a. Behinderte Menschen

(1) Zulässig ist die nicht Erwerbszwecken dienende Vervielfältigung eines Werkes für und deren Verbreitung ausschließlich an Menschen, soweit diesen der Zugang zu dem Werk in einer bereits verfügbaren Art der sinnlichen Wahrnehmung auf Grund einer Behinderung nicht möglich oder erheblich erschwert ist, soweit es zur Ermöglichung des Zuganges erforderlich ist.

(2) Für die Vervielfältigung und Verbreitung ist dem Urheber eine angemessene Vergütung zu zahlen; ausgenommen ist die Herstellung lediglich einzelner Vervielfältigungsstücke. Der Anspruch kann nur durch eine Verwertungsgesellschaft geltend gemacht werden.

§ 46. Sammlungen für Kirchen-, Schul- oder Unterrichtsgebrauch

(1) Nach der Veröffentlichung zulässig ist die Vervielfältigung, Verbreitung und öffentliche Zugänglichmachung von Teilen eines Werkes, von Sprachwerken oder von Werken der Musik von geringem Umfang, von einzelnen Werken der bildenden Künste oder einzelnen Lichtbildwerken als Element einer Sammlung, die Werke einer größeren Anzahl von Urhebern vereinigt und die nach ihrer Beschaffenheit nur für den Unterrichtsgebrauch in Schulen, in nichtgewerblichen Einrichtungen der Aus- und Weiterbildung oder in Einrichtungen der Berufsbildung oder für den Kirchengebrauch bestimmt ist. In den Vervielfältigungsstücken oder bei der öffentlichen Zugänglichmachung ist deutlich anzugeben, wozu die Sammlung bestimmt ist.

(2) Absatz 1 gilt für Werke der Musik nur, wenn diese Elemente einer Sammlung sind, die für den Gebrauch im Musikunterricht in Schulen mit Ausnahme der Musikschulen bestimmt ist.

(3) Mit der Vervielfältigung oder der öffentlichen Zugänglichmachung darf erst begonnen werden, wenn die Absicht, von der Berechtigung nach Absatz 1 Gebrauch zu machen, dem Urheber oder, wenn sein Wohnort oder Aufenthaltsort unbekannt ist, dem Inhaber des ausschließlichen Nutzungsrechts durch eingeschriebenen Brief mitgeteilt worden ist und seit Absendung des Briefes zwei Wochen verstrichen sind. Ist auch der Wohnort oder Aufenthaltsort des Inhabers des ausschließlichen Nutzungsrechts unbekannt, so kann die Mitteilung durch Veröffentlichung im Bundesanzeiger bewirkt werden.

(4) Für die nach den Absätzen 1 und 2 zulässige Verwertung ist dem Urheber eine angemessene Vergütung zu zahlen.

(5) Der Urheber kann die nach den Absätzen 1 und 2 zulässige Verwertung verbieten, wenn das Werk seiner Überzeugung nicht mehr entspricht, ihm deshalb die Verwertung des Werkes nicht mehr zugemutet werden kann und er ein etwa bestehendes Nutzungsrecht aus diesem Grunde zurückgerufen hat (§ 42). Die Bestimmungen in § 136 Abs. 1 und 2 sind entsprechend anzuwenden.

§ 47. Schulfunksendungen

(1) Schulen sowie Einrichtungen der Lehrerbildung und der Lehrerfortbildung dürfen einzelne Vervielfältigungsstücke von Werken, die innerhalb einer Schulfunksendung

gesendet werden, durch Übertragung der Werke auf Bild- oder Tonträger herstellen. Das gleiche gilt für Heime der Jugendhilfe und die staatlichen Landesbildstellen oder vergleichbare Einrichtungen in öffentlicher Trägerschaft.

(2) Die Bild- oder Tonträger dürfen nur für den Unterricht verwendet werden. Sie sind spätestens am Ende des auf die Übertragung der Schulfunksendung folgenden Schuljahrs zu löschen, es sei denn, daß dem Urheber eine angemessene Vergütung gezahlt wird.

§ 48. Öffentliche Reden

(1) Zulässig ist
1. die Vervielfältigung und Verbreitung von Reden über Tagesfragen in Zeitungen, Zeitschriften sowie in anderen Druckschriften oder sonstigen Datenträgern, die im Wesentlichen den Tagesinteressen Rechnung tragen, wenn die Reden bei öffentlichen Versammlungen gehalten oder durch öffentliche Wiedergabe im Sinne von § 19 a oder § 20 veröffentlicht worden sind, sowie die öffentliche Wiedergabe solcher Reden,
2. die Vervielfältigung, Verbreitung und öffentliche Wiedergabe von Reden, die bei öffentlichen Verhandlungen vor staatlichen, kommunalen oder kirchlichen Organen gehalten worden sind.

(2) Unzulässig ist jedoch die Vervielfältigung und Verbreitung der in Absatz 1 Nr. 2 bezeichneten Reden in Form einer Sammlung, die überwiegend Reden desselben Urhebers enthält.

§ 49. Zeitungsartikel und Rundfunkkommentare

(1) Zulässig ist die Vervielfältigung und Verbreitung einzelner Rundfunkkommentare und einzelner Artikel aus Zeitungen und anderen lediglich Tagesinteressen dienenden Informationsblättern in anderen Zeitungen und Informationsblättern dieser Art sowie die öffentliche Wiedergabe solcher Kommentare und Artikel, wenn sie politische, wirtschaftliche oder religiöse Tagesfragen betreffen und nicht mit einem Vorbehalt der Rechte versehen sind. Für die Vervielfältigung, Verbreitung und öffentliche Wiedergabe ist dem Urheber eine angemessene Vergütung zu zahlen, es sei denn, daß es sich um eine Vervielfältigung, Verbreitung oder öffentliche Wiedergabe kurzer Auszüge aus mehreren Kommentaren oder Artikeln in Form einer Übersicht handelt. Der Anspruch kann nur durch eine Verwertungsgesellschaft geltend gemacht werden.

(2) Unbeschränkt zulässig ist die Vervielfältigung, Verbreitung und öffentliche Wiedergabe von vermischten Nachrichten tatsächlichen Inhalts und von Tagesneuigkeiten, die durch Presse oder Funk veröffentlicht worden sind; ein durch andere gesetzliche Vorschriften gewährter Schutz bleibt unberührt.

§ 50. Berichterstattung über Tagesereignisse

Zur Berichterstattung über Tagesereignisse durch Funk oder durch ähnliche technische Mittel, in Zeitungen, Zeitschriften und in anderen Druckschriften oder sonstigen Datenträgern, die im Wesentlichen Tagesinteressen Rechnung tragen, sowie im Film, ist die Vervielfältigung, Verbreitung und öffentliche Wiedergabe von Werken, die im Verlauf dieser Ereignisse wahrnehmbar werden, in einem durch den Zweck gebotenen Umfang zulässig.

§ 51. Zitate

Zulässig ist die Vervielfältigung, Verbreitung und öffentliche Wiedergabe, wenn in einem durch den Zweck gebotenen Umfang

1. einzelne Werke nach dem Erscheinen in ein selbständiges wissenschaftliches Werk zur Erläuterung des Inhalts aufgenommen werden,
2. Stellen eines Werkes nach der Veröffentlichung in einem selbständigen Sprachwerk angeführt werden,
3. einzelne Stellen eines erschienenen Werkes der Musik in einem selbständigen Werk der Musik angeführt werden.

§ 52. Öffentliche Wiedergabe

(1) Zulässig ist die öffentliche Wiedergabe eines veröffentlichten Werkes, wenn die Wiedergabe keinem Erwerbszweck des Veranstalters dient, die Teilnehmer ohne Entgelt zugelassen werden und im Falle des Vortrags oder der Aufführung des Werkes keiner der ausübenden Künstler (§ 73) eine besondere Vergütung erhält. Für die Wiedergabe ist eine angemessene Vergütung zu zahlen. Die Vergütungspflicht entfällt für Veranstaltungen der Jugendhilfe, der Sozialhilfe, der Alten- und Wohlfahrtspflege, der Gefangenenbetreuung sowie für Schulveranstaltungen, sofern sie nach ihrer sozialen oder erzieherischen Zweckbestimmung nur einem bestimmt abgegrenzten Kreis von Personen zugänglich sind. Dies gilt nicht, wenn die Veranstaltung dem Erwerbszweck eines Dritten dient; in diesem Fall hat der Dritte die Vergütung zu zahlen.

(2) Zulässig ist die öffentliche Wiedergabe eines erschienenen Werkes auch bei einem Gottesdienst oder einer kirchlichen Feier der Kirchen oder Religionsgemeinschaften. Jedoch hat der Veranstalter dem Urheber eine angemessene Vergütung zu zahlen.

(3) Öffentliche bühnenmäßige Darstellungen, öffentliche Zugänglichmachungen und Funksendungen eines Werkes sowie öffentliche Vorführungen eines Filmwerks sind stets nur mit Einwilligung des Berechtigten zulässig.

§ 52 a. Öffentliche Zugänglichmachung für Unterricht und Forschung

(1) Zulässig ist,

1. veröffentlichte kleine Teile eines Werkes, Werke geringen Umfangs sowie einzelne Beiträge aus Zeitungen oder Zeitschriften zur Veranschaulichung im Unterricht an Schulen, Hochschulen, nichtgewerblichen Einrichtungen der Aus- und Weiterbildung sowie an Einrichtungen der Berufsbildung ausschließlich für den bestimmt abgegrenzten Kreis von Unterrichtsteilnehmern oder
2. veröffentlichte Teile eines Werkes, Werke geringen Umfangs sowie einzelne Beiträge aus Zeitungen oder Zeitschriften ausschließlich für einen bestimmt abgegrenzten Kreis von Personen für deren eigene wissenschaftliche Forschung

öffentlich zugänglich zu machen, soweit dies zu dem jeweiligen Zweck geboten und zur Verfolgung nicht kommerzieller Zwecke gerechtfertigt ist.

(2) Die öffentliche Zugänglichmachung eines für den Unterrichtsgebrauch an Schulen bestimmten Werkes ist stets nur mit Einwilligung des Berechtigten zulässig. Die öffentliche Zugänglichmachung eines Filmwerkes ist vor Ablauf von zwei Jahren nach Beginn der üblichen regulären Auswertung in Filmtheatern im Geltungsbereich dieses Gesetzes stets nur mit Einwilligung des Berechtigten zulässig.

(3) Zulässig sind in den Fällen des Absatzes 1 auch die zur öffentlichen Zugänglichmachung erforderlichen Vervielfältigungen.

(4) Für die öffentliche Zugänglichmachung nach Absatz 1 ist eine angemessene Vergütung zu zahlen. Der Anspruch kann nur durch eine Verwertungsgesellschaft geltend gemacht werden.

§ 53. Vervielfältigungen zum privaten und sonstigen eigenen Gebrauch

(1) Zulässig sind einzelne Vervielfältigungen eines Werkes durch eine natürliche Person zum privaten Gebrauch auf beliebigen Trägern, sofern sie weder unmittelbar noch mittelbar Erwerbszwecken dienen, soweit nicht zur Vervielfältigung eine offensichtlich rechtswidrig hergestellte Vorlage verwendet wird. Der zur Vervielfältigung Befugte darf die Vervielfältigungsstücke auch durch einen anderen herstellen lassen, sofern dies unentgeltlich geschieht oder es sich um Vervielfältigungen auf Papier oder einem ähnlichen Träger mittels beliebiger photomechanischer Verfahren oder anderer Verfahren mit ähnlicher Wirkung handelt.

(2) Zulässig ist, einzelne Vervielfältigungsstücke eines Werkes herzustellen oder herstellen zu lassen

1. zum eigenen wissenschaftlichen Gebrauch, wenn und soweit die Vervielfältigung zu diesem Zweck geboten ist,
2. zur Aufnahme in ein eigenes Archiv, wenn und soweit die Vervielfältigung zu diesem Zweck geboten ist und als Vorlage für die Vervielfältigung ein eigenes Werkstück benutzt wird,
3. zur eigenen Unterrichtung über Tagesfragen, wenn es sich um ein durch Funk gesendetes Werk handelt,
4. zum sonstigen eigenen Gebrauch,
   a) wenn es sich um kleine Teile eines erschienenen Werkes oder um einzelne Beiträge handelt, die in Zeitungen oder Zeitschriften erschienen sind,
   b) wenn es sich um ein seit mindestens zwei Jahren vergriffenes Werk handelt.

Dies gilt im Fall des Satzes 1 Nr. 2 nur, wenn zusätzlich

1. die Vervielfältigung auf Papier oder einem ähnlichen Träger mittels beliebiger photomechanischer Verfahren oder anderer Verfahren mit ähnlicher Wirkung vorgenommen wird oder
2. eine ausschließlich analoge Nutzung stattfindet oder
3. das Archiv keinen unmittelbar oder mittelbar wirtschaftlichen oder Erwerbszweck verfolgt.

Dies gilt in den Fällen des Satzes 1 Nr. 3 und 4 nur, wenn zusätzlich eine der Voraussetzungen des Satzes 2 Nr. 1 oder 2 vorliegt.

(3) Zulässig ist, Vervielfältigungsstücke von kleinen Teilen eines Werkes, von Werken von geringem Umfang oder von einzelnen Beiträgen, die in Zeitungen oder Zeitschriften erschienen oder öffentlich zugänglich gemacht worden sind, zum eigenen Gebrauch

1. im Schulunterricht, in nichtgewerblichen Einrichtungen der Aus- und Weiterbildung sowie in Einrichtungen der Berufsbildung in der für eine Schulklasse erforderlichen Anzahl oder
2. für staatliche Prüfungen und Prüfungen in Schulen, Hochschulen, in nichtgewerblichen Einrichtungen der Aus- und Weiterbildung sowie in der Berufsbildung in der erforderlichen Anzahl herzustellen oder herstellen zu lassen, wenn und soweit die Vervielfältigung zu diesem Zweck geboten ist.

(4) Die Vervielfältigung

a) graphischer Aufzeichnungen von Werken der Musik,
b) eines Buches oder einer Zeitschrift, wenn es sich um eine im wesentlichen vollständige Vervielfältigung handelt,

ist, soweit sie nicht durch Abschreiben vorgenommen wird, stets nur mit Einwilligung des Berechtigten zulässig oder unter den Voraussetzungen des Absatzes 2 Nr. 2 oder zum eigenen Gebrauch, wenn es sich um ein seit mindestens zwei Jahren vergriffenes Werk handelt.

(5) Absatz 1, Absatz 2 Nr. 2 bis 4 sowie Absatz 3 Nr. 2 finden keine Anwendung auf Datenbankwerke, deren Elemente einzeln mit Hilfe elektronischer Mittel zugänglich sind. Absatz 2 Nr. 1 sowie Absatz 3 Nr. 1 finden auf solche Datenbankwerke mit der Maßgabe Anwendung, dass der wissenschaftliche Gebrauch sowie der Gebrauch im Unterricht nicht zu gewerblichen Zwecken erfolgen.

(6) Die Vervielfältigungsstücke dürfen weder verbreitet noch zu öffentlichen Wiedergaben benutzt werden. Zulässig ist jedoch, rechtmäßig hergestellte Vervielfältigungsstücke von Zeitungen und vergriffenen Werken sowie solche Werkstücke zu verleihen, bei denen kleine beschädigte oder abhanden gekommene Teile durch Vervielfältigungsstücke ersetzt worden sind.

(7) Die Aufnahme öffentlicher Vorträge, Aufführungen oder Vorführungen eines Werkes auf Bild- oder Tonträger, die Ausführung von Plänen und Entwürfen zu Werken der bildenden Künste und der Nachbau eines Werkes der Baukunst sind stets nur mit Einwilligung des Berechtigten zulässig.

§ 54. Vergütungspflicht für Vervielfältigung im Wege der Bild- und Tonaufzeichnung

(1) Ist nach der Art eines Werkes zu erwarten, daß es durch Aufnahme von Funksendungen auf Bild- oder Tonträger oder durch Übertragungen von einem Bild- oder Tonträger auf einen anderen nach § 53 Abs. 1 oder 2 vervielfältigt wird, so hat der Urheber des Werkes gegen den Hersteller
1. von Geräten und
2. von Bild- oder Tonträgern,

die erkennbar zur Vornahme solcher Vervielfältigungen bestimmt sind, Anspruch auf Zahlung einer angemessenen Vergütung für die durch die Veräußerung der Geräte sowie der Bild- oder Tonträger geschaffene Möglichkeit, solche Vervielfältigungen vorzunehmen. Neben dem Hersteller haftet als Gesamtschuldner, wer die Geräte oder die Bild- oder Tonträger in den Geltungsbereich dieses Gesetzes gewerblich einführt oder wiedereinführt oder wer mit ihnen handelt. Der Händler haftet nicht, wenn er im Kalenderhalbjahr Bild- oder Tonträger von weniger als 6000 Stunden Spieldauer und weniger als 100 Geräte bezieht.

(2) Einführer ist, wer die Geräte oder Bild- oder Tonträger in den Geltungsbereich dieses Gesetzes verbringt oder verbringen läßt. Liegt der Einfuhr ein Vertrag mit einem Gebietsfremden zugrunde, so ist Einführer nur der im Geltungsbereich dieses Gesetzes ansässige Vertragspartner, soweit er gewerblich tätig wird. Wer lediglich als Spediteur oder Frachtführer oder in einer ähnlichen Stellung bei dem Verbringen der Waren tätig wird, ist nicht Einführer. Wer die Gegenstände aus Drittländern in eine Freizone oder in ein Freilager nach Artikel 166 der Verordnung (EWG) Nr. 2913/92 des Rates vom 12. Oktober 1992 zur Festlegung des Zollkodex der Gemeinschaften (ABl. EG Nr. L 302 S. 1) verbringt oder verbringen läßt, ist als Einführer nur anzusehen, wenn die Gegenstände in diesem Bereich gebraucht oder wenn sie in den zollrechtlichen freien Verkehr übergeführt werden.

§ 54 a. Vergütungspflicht für Vervielfältigung im Wege der Ablichtung

(1) Ist nach der Art eines Werkes zu erwarten, daß es nach § 53 Abs. 1 bis 3 durch Ablichtung eines Werkstücks oder in einem Verfahren vergleichbarer Wirkung verviel-

fältigt wird, so hat der Urheber des Werkes gegen den Hersteller von Geräten, die zur Vornahme solcher Vervielfältigungen bestimmt sind, Anspruch auf Zahlung einer angemessenen Vergütung für die durch die Veräußerung oder sonstiges Inverkehrbringen der Geräte geschaffene Möglichkeit, solche Vervielfältigungen vorzunehmen. Neben dem Hersteller haftet als Gesamtschuldner, wer die Geräte in den Geltungsbereich dieses Gesetzes gewerblich einführt oder wiedereinführt oder wer mit ihnen handelt. Der Händler haftet nicht, wenn er im Kalenderhalbjahr weniger als 20 Geräte bezieht.

(2) Werden Geräte dieser Art in Schulen, Hochschulen sowie Einrichtungen der Berufsbildung oder der sonstigen Aus- und Weiterbildung (Bildungseinrichtungen), Forschungseinrichtungen, öffentlichen Bibliotheken oder in Einrichtungen betrieben, die Geräte für die Herstellung von Ablichtungen entgeltlich bereithalten, so hat der Urheber auch gegen den Betreiber des Gerätes einen Anspruch auf Zahlung einer angemessenen Vergütung.

(3) § 54 Abs. 2 gilt entsprechend.

§ 54 b. Wegfall der Vergütungspflicht des Händlers

Die Vergütungspflicht des Händlers (§ 54 Abs. 1 und § 54 a Abs. 1) entfällt,

1. soweit ein zur Zahlung der Vergütung Verpflichteter, von dem der Händler die Geräte oder die Bild- oder Tonträger bezieht, an einen Gesamtvertrag über die Vergütung gebunden ist oder
2. wenn der Händler Art und Stückzahl der bezogenen Geräte und Bild- oder Tonträger und seine Bezugsquelle der nach § 54 h Abs. 3 bezeichneten Empfangsstelle jeweils zum 10. Januar und 10. Juli für das vorangegangene Kalenderhalbjahr schriftlich mitteilt.

§ 54 c. Wegfall der Vergütungspflicht bei Ausfuhr

Der Anspruch nach § 54 Abs. 1 und § 54 a Abs. 1 entfällt, soweit nach den Umständen mit Wahrscheinlichkeit erwartet werden kann, daß die Geräte oder die Bild- oder Tonträger nicht zu Vervielfältigungen im Geltungsbereich dieses Gesetzes benutzt werden.

§ 54 d. Vergütungshöhe

(1) Als angemessene Vergütung nach § 54 Abs. 1 und § 54 a Abs. 1 und 2 gelten die in der Anlage bestimmten Sätze, soweit nicht etwas anderes vereinbart wird.

(2) Die Höhe der von dem Betreiber nach § 54 a Abs. 2 insgesamt geschuldeten Vergütung bemißt sich nach der Art und dem Umfang der Nutzung des Gerätes, die nach den Umständen, insbesondere nach dem Standort und der üblichen Verwendung, wahrscheinlich ist.

§ 54 e. Hinweispflicht in Rechnungen auf urheberrechtliche Vergütungen

(1) In Rechnungen für die Veräußerung oder ein sonstiges Inverkehrbringen der Geräte nach § 54 a Abs. 1 ist auf die auf das Gerät entfallende Urhebervergütung hinzuweisen.

(2) In Rechnungen für die Veräußerung oder ein sonstiges Inverkehrbringen der in § 54 Abs. 1 genannten Geräte oder Bild- oder Tonträger, in denen die Umsatzsteuer nach § 14 Abs. 1 Satz 1 des Umsatzsteuergesetzes gesondert auszuweisen ist, ist zu vermerken, ob die auf das Gerät oder die Bild- oder Tonträger entfallende Urhebervergütung entrichtet wurde.

§ 54 f. Meldepflicht

(1) Wer Geräte oder Bild- oder Tonträger, die erkennbar zur Vornahme von Vervielfältigungen im Wege der Bild- und Tonaufzeichnung bestimmt sind, in den Geltungsbereich dieses Gesetzes gewerblich einführt oder wiedereinführt, ist dem Urheber gegenüber verpflichtet, Art und Stückzahl der eingeführten Gegenstände der nach § 54 h Abs. 3 bezeichneten Empfangsstelle monatlich bis zum 10. Tag nach Ablauf jedes Kalendermonats schriftlich mitzuteilen.

(2) Absatz 1 gilt entsprechend für Geräte, die zur Vornahme von Vervielfältigungen durch Ablichtung eines Werkstücks oder in einem Verfahren vergleichbarer Wirkung bestimmt sind.

(3) Kommt der Meldepflichtige seiner Meldepflicht nicht, nur unvollständig oder sonst unrichtig nach, so kann der doppelte Vergütungssatz verlangt werden.

§ 54 g. Auskunftspflicht

(1) Der Urheber kann von dem nach § 54 Abs. 1 oder § 54 a Abs. 1 zur Zahlung der Vergütung Verpflichteten Auskunft über Art und Stückzahl der im Geltungsbereich dieses Gesetzes veräußerten oder in Verkehr gebrachten Geräte und Bild- oder Tonträger verlangen. Die Auskunftspflicht des Händlers erstreckt sich auch auf die Benennung der Bezugsquellen; sie besteht auch in den Fällen des § 54 Abs. 1 Satz 3, des § 54 a Abs. 1 Satz 3 und des § 54 b Nr. 1. § 26 Abs. 6 gilt entsprechend.

(2) Der Urheber kann von dem Betreiber eines Gerätes in einer Einrichtung im Sinne des § 54 a Abs. 2 Satz 1 die für die Bemessung der Vergütung erforderliche Auskunft verlangen.

(3) Kommt der zur Zahlung der Vergütung Verpflichtete seiner Auskunftspflicht nicht, nur unvollständig oder sonst unrichtig nach, so kann der doppelte Vergütungssatz verlangt werden.

§ 54 h. Verwertungsgesellschaften; Handhabung der Mitteilungen

(1) Die Ansprüche nach den §§ 54, 54 a, 54 f Abs. 3 und § 54 g können nur durch eine Verwertungsgesellschaft geltend gemacht werden.

(2) Jedem Berechtigten steht ein angemessener Anteil an den nach § 54 und § 54 a gezahlten Vergütungen zu.

(3) Für Mitteilungen nach den §§ 54 b und 54 f haben die Verwertungsgesellschaften dem Patentamt, je gesondert für die Vergütungsansprüche nach § 54 Abs. 1 und § 54 a Abs. 1, eine gemeinsame Empfangsstelle zu bezeichnen. Das Patentamt gibt diese im Bundesanzeiger bekannt.

(4) Das Patentamt kann Muster für die Mitteilungen nach § 54 b Nr. 2 und § 54 f im Bundesanzeiger bekanntmachen. Diese Muster sind zu verwenden.

(5) Die Verwertungsgesellschaften und die Empfangsstelle dürfen die gemäß § 54 b Nr. 2, §§ 54 f und 54 g enthaltenen Angaben nur zur Geltendmachung der Ansprüche nach Absatz 1 verwenden.

§ 55. Vervielfältigung durch Sendeunternehmen

(1) Ein Sendeunternehmen, das zur Funksendung eines Werkes berechtigt ist, darf das Werk mit eigenen Mitteln auf Bild- oder Tonträger übertragen, um diese zur Funksendung über jeden seiner Sender oder Richtstrahler je einmal zu benutzen. Die Bild- oder Tonträger sind spätestens einen Monat nach der ersten Funksendung des Werkes zu löschen.

(2) Bild- oder Tonträger, die außergewöhnlichen dokumentarischen Wert haben, brauchen nicht gelöscht zu werden, wenn sie in ein amtliches Archiv aufgenommen werden. Von der Aufnahme in das Archiv ist der Urheber unverzüglich zu benachrichtigen.

§ 55 a. Benutzung eines Datenbankwerkes

Zulässig ist die Bearbeitung sowie die Vervielfältigung eines Datenbankwerkes durch den Eigentümer eines mit Zustimmung des Urhebers durch Veräußerung in Verkehr gebrachten Vervielfältigungsstücks des Datenbankwerkes, den in sonstiger Weise zu dessen Gebrauch Berechtigten oder denjenigen, dem ein Datenbankwerk aufgrund eines mit dem Urheber oder eines mit dessen Zustimmung mit einem Dritten geschlossenen Vertrags zugänglich gemacht wird, wenn und soweit die Bearbeitung oder Vervielfältigung für den Zugang zu den Elementen des Datenbankwerkes und für dessen übliche Benutzung erforderlich ist. Wird aufgrund eines Vertrags nach Satz 1 nur ein Teil des Datenbankwerkes zugänglich gemacht, so ist nur die Bearbeitung sowie die Vervielfältigung dieses Teils zulässig. Entgegenstehende vertragliche Vereinbarungen sind nichtig.

§ 56. Vervielfältigung und öffentliche Wiedergabe in Geschäftsbetrieben

(1) In Geschäftsbetrieben, in denen Geräte zur Herstellung oder zur Wiedergabe von Bild- oder Tonträgern, zum Empfang von Funksendungen oder zur elektronischen Datenverarbeitung vertrieben oder instand gesetzt werden, ist die Übertragung von Werken auf Bild-, Ton- oder Datenträger, die öffentliche Wahrnehmbarmachung von Werken mittels Bild-, Ton- oder Datenträger sowie die öffentliche Wahrnehmbarmachung von Funksendungen und öffentliche Zugänglichmachungen von Werken zulässig, soweit dies notwendig ist, um diese Geräte Kunden vorzuführen oder instand zu setzen.

(2) Nach Absatz 1 hergestellte Bild-, Ton- oder Datenträger sind unverzüglich zu löschen.

§ 57. Unwesentliches Beiwerk

Zulässig ist die Vervielfältigung, Verbreitung und öffentliche Wiedergabe von Werken, wenn sie als unwesentliches Beiwerk neben dem eigentlichen Gegenstand der Vervielfältigung, Verbreitung oder öffentlichen Wiedergabe anzusehen sind.

§ 58. Werke in Ausstellungen, öffentlichem Verkauf und öffentlich zugänglichen Einrichtungen

(1) Zulässig ist die Vervielfältigung, Verbreitung und öffentliche Zugänglichmachung von öffentlich ausgestellten oder zur öffentlichen Ausstellung oder zum öffentlichen Verkauf bestimmten Werken der bildenden Künste und Lichtbildwerken durch den Veranstalter zur Werbung, soweit dies zur Förderung der Veranstaltung erforderlich ist.

(2) Zulässig ist ferner die Vervielfältigung und Verbreitung der in Absatz 1 genannten Werke in Verzeichnissen, die von öffentlich zugänglichen Bibliotheken, Bildungseinrichtungen oder Museen in inhaltlichem und zeitlichem Zusammenhang mit einer Ausstellung oder zur Dokumentation von Beständen herausgegeben werden und mit denen kein eigenständiger Erwerbszweck verfolgt wird.

§ 59. Werke an öffentlichen Plätzen

(1) Zulässig ist, Werke, die sich bleibend an öffentlichen Wegen, Straßen oder Plätzen befinden, mit Mitteln der Malerei oder Graphik, durch Lichtbild oder durch Film zu vervielfältigen, zu verbreiten und öffentlich wiederzugeben. Bei Bauwerken erstrecken sich diese Befugnisse nur auf die äußere Ansicht.

(2) Die Vervielfältigungen dürfen nicht an einem Bauwerk vorgenommen werden.

§ 60. Bildnisse

(1) Zulässig ist die Vervielfältigung sowie die unentgeltliche und nicht zu gewerblichen Zwecken vorgenomme Verbreitung eines Bildnisses durch den Besteller des Bildnisses oder seinen Rechtsnachfolger oder bei einem auf Bestellung geschaffenen Bildnis durch den Abgebildeten oder nach dessen Tod durch seine Angehörigen oder durch einen im Auftrag einer dieser Personen handelnden Dritten. Handelt es sich bei dem Bildnis um ein Werk der bildenden Künste, so ist die Verwertung nur durch Lichtbild zulässig.

(2) Angehörige im Sinne von Absatz 1 Satz 1 sind der Ehegatte oder der Lebenspartner und die Kinder oder, wenn weder ein Ehegatte oder Lebenspartner noch Kinder vorhanden sind, die Eltern.

§ 61 *(weggefallen)*

§ 62. Änderungsverbot

(1) Soweit nach den Bestimmungen dieses Abschnitts die Benutzung eines Werkes zulässig ist, dürfen Änderungen an dem Werk nicht vorgenommen werden. § 39 gilt entsprechend.

(2) Soweit der Benutzungszweck es erfordert, sind Übersetzungen und solche Änderungen des Werkes zulässig, die nur Auszüge oder Übertragungen in eine andere Tonart oder Stimmlage darstellen.

(3) Bei Werken der bildenden Künste und Lichtbildwerken sind Übertragungen des Werkes in eine andere Größe und solche Änderungen zulässig, die das für die Vervielfältigung angewendete Verfahren mit sich bringt.

(4) Bei Sammlungen für Kirchen-, Schul- oder Unterrichtsgebrauch (§ 46) sind außer den nach den Absätzen 1 bis 3 erlaubten Änderungen solche Änderungen von Sprachwerken zulässig, die für den Kirchen-, Schul- oder Unterrichtsgebrauch erforderlich sind. Diese Änderungen bedürfen jedoch der Einwilligung des Urhebers, nach seinem Tode der Einwilligung seines Rechtsnachfolgers (§ 30), wenn dieser Angehöriger (§ 60 Abs. 2) des Urhebers ist oder das Urheberrecht auf Grund letztwilliger Verfügung des Urhebers erworben hat. Die Einwilligung gilt als erteilt, wenn der Urheber oder der Rechtsnachfolger nicht innerhalb eines Monats, nachdem ihm die beabsichtigte Änderung mitgeteilt worden ist, widerspricht und er bei der Mitteilung der Änderung auf diese Rechtsfolge hingewiesen worden ist.

§ 63. Quellenangabe

(1) Wenn ein Werk oder ein Teil eines Werkes in den Fällen des § 45 Abs. 1, der §§ 45a bis 48, 50, 51, 58 und 59 vervielfältigt wird, ist stets die Quelle deutlich anzugeben. Das gleiche gilt in den Fällen des § 53 Abs. 2 Nr. 1 und Abs. 3 Nr. 1 für die Vervielfältigung eines Datenbankwerkes. Bei der Vervielfältigung ganzer Sprachwerke

oder ganzer Werke der Musik ist neben dem Urheber auch der Verlag anzugeben, in dem das Werk erschienen ist, und außerdem kenntlich zu machen, ob an dem Werk Kürzungen oder andere Änderungen vorgenommen worden sind. Die Verpflichtung zur Quellenangabe entfällt, wenn die Quelle weder auf dem benutzten Werkstück oder bei der benutzten Werkwiedergabe genannt noch dem zur Vervielfältigung Befugten anderweit bekannt ist.

(2) Soweit nach den Bestimmungen dieses Abschnitts die öffentliche Wiedergabe eines Werkes zulässig ist, ist die Quelle deutlich anzugeben, wenn und soweit die Verkehrssitte es erfordert. In den Fällen der öffentlichen Wiedergabe nach den §§ 46, 48, 51 und 52a ist die Quelle einschließlich des Namens des Urhebers stets anzugeben, es sei denn, dass dies nicht möglich ist.

(3) Wird ein Artikel aus einer Zeitung oder einem anderen Informationsblatt nach § 49 Abs. 1 in einer anderen Zeitung oder in einem anderen Informationsblatt abgedruckt oder durch Funk gesendet, so ist stets außer dem Urheber, der in der benutzten Quelle bezeichnet ist, auch die Zeitung oder das Informationsblatt anzugeben, woraus der Artikel entnommen ist; ist dort eine andere Zeitung oder ein anderes Informationsblatt als Quelle angeführt, so ist diese Zeitung oder dieses Informationsblatt anzugeben. Wird ein Rundfunkkommentar nach § 49 Abs. 1 in einer Zeitung oder einem anderen Informationsblatt abgedruckt oder durch Funk gesendet, so ist stets außer dem Urheber auch das Sendeunternehmen anzugeben, das den Kommentar gesendet hat.

§ 63 a. Gesetzliche Vergütungsansprüche

Auf gesetzliche Vergütungsansprüche nach diesem Abschnitt kann der Urheber im Voraus nicht verzichten. Sie können im Voraus nur an eine Verwertungsgesellschaft abgetreten werden.

Abschnitt 7. Dauer des Urheberrechts

§ 64. Allgemeines

Das Urheberrecht erlischt siebzig Jahre nach dem Tode des Urhebers.

§ 65. Miturheber, Filmwerke

(1) Steht das Urheberrecht mehreren Miturhebern (§ 8) zu, so erlischt es siebzig Jahre nach dem Tode des längstlebenden Miturhebers.

(2) Bei Filmwerken und Werken, die ähnlich wie Filmwerke hergestellt werden, erlischt das Urheberrecht siebzig Jahre nach dem Tod des Längstlebenden der folgenden Personen: Hauptregisseur, Urheber des Drehbuchs, Urheber der Dialoge, Komponist der für das betreffende Filmwerk komponierten Musik.

§ 66. Anonyme und pseudonyme Werke

(1) Bei anonymen und pseudonymen Werken erlischt das Urheberrecht siebzig Jahre nach der Veröffentlichung. Es erlischt jedoch bereits siebzig Jahre nach der Schaffung des Werkes, wenn das Werk innerhalb dieser Frist nicht veröffentlicht worden ist.

(2) Offenbart der Urheber seine Identität innerhalb der in Absatz 1 Satz 1 bezeichneten Frist oder läßt das vom Urheber angenommene Pseudonym keinen Zweifel an

seiner Identität zu, so berechnet sich die Dauer des Urheberrechts nach den §§ 64 und 65. Dasselbe gilt, wenn innerhalb der in Absatz 1 Satz 1 bezeichneten Frist der wahre Name des Urhebers zur Eintragung in das Register anonymer und pseudonymer Werke (§ 138) angemeldet wird.

(3) Zu den Handlungen nach Absatz 2 sind der Urheber, nach seinem Tode sein Rechtsnachfolger (§ 30) oder der Testamentsvollstrecker (§ 28 Abs. 2) berechtigt.

§ 67. Lieferungswerke

Bei Werken, die in inhaltlich nicht abgeschlossenen Teilen (Lieferungen) veröffentlicht werden, berechnet sich im Falle des § 66 Abs. 1 Satz 1 die Schutzfrist einer jeden Lieferung gesondert ab dem Zeitpunkt ihrer Veröffentlichung.

§ 68 *(weggefallen)*

§ 69. Berechnung der Fristen

Die Fristen dieses Abschnitts beginnen mit dem Ablauf des Kalenderjahres, in dem das für den Beginn der Frist maßgebende Ereignis eingetreten ist.

Abschnitt 8. Besondere Bestimmungen für Computerprogramme

§ 69a. Gegenstand des Schutzes

(1) Computerprogramme im Sinne dieses Gesetzes sind Programme in jeder Gestalt, einschließlich des Entwurfsmaterials.

(2) Der gewährte Schutz gilt für alle Ausdrucksformen eines Computerprogramms. Ideen und Grundsätze, die einem Element eines Computerprogramms zugrunde liegen, einschließlich der den Schnittstellen zugrundeliegenden Ideen und Grundsätze, sind nicht geschützt.

(3) Computerprogramme werden geschützt, wenn sie individuelle Werke in dem Sinne darstellen, daß sie das Ergebnis der eigenen geistigen Schöpfung ihres Urhebers sind. Zur Bestimmung ihrer Schutzfähigkeit sind keine anderen Kriterien, insbesondere nicht qualitative oder ästhetische, anzuwenden.

(4) Auf Computerprogramme finden die für Sprachwerke geltenden Bestimmungen Anwendung, soweit in diesem Abschnitt nichts anderes bestimmt ist.

(5) Die Vorschriften der §§ 95a bis 95d finden auf Computerprogramme keine Anwendung.

§ 69b. Urheber in Arbeits- und Dienstverhältnissen

(1) Wird ein Computerprogramm von einem Arbeitnehmer in Wahrnehmung seiner Aufgaben oder nach den Anweisungen seines Arbeitgebers geschaffen, so ist ausschließlich der Arbeitgeber zur Ausübung aller vermögensrechtlichen Befugnisse an dem Computerprogramm berechtigt, sofern nichts anderes vereinbart ist.

(2) Absatz 1 ist auf Dienstverhältnisse entsprechend anzuwenden.

§ 69 c. Zustimmungsbedürftige Handlungen

Der Rechtsinhaber hat das ausschließliche Recht, folgende Handlungen vorzunehmen oder zu gestatten:

1. die dauerhafte oder vorübergehende Vervielfältigung, ganz oder teilweise, eines Computerprogramms mit jedem Mittel und in jeder Form. Soweit das Laden, Anzeigen, Ablaufen, Übertragen oder Speichern des Computerprogramms eine Vervielfältigung erfordert, bedürfen diese Handlungen der Zustimmung des Rechtsinhabers;
2. die Übersetzung, die Bearbeitung, das Arrangement und andere Umarbeitungen eines Computerprogramms sowie die Vervielfältigung der erzielten Ergebnisse. Die Rechte derjenigen, die das Programm bearbeiten, bleiben unberührt;
3. jede Form der Verbreitung des Originals eines Computerprogramms oder von Vervielfältigungsstücken, einschließlich der Vermietung. Wird ein Vervielfältigungsstück eines Computerprogramms mit Zustimmung des Rechtsinhabers im Gebiet der Europäischen Union im Wege der Veräußerung in Verkehr gebracht, so erschöpft sich das Verbreitungsrecht in bezug auf dieses Vervielfältigungsstück mit Ausnahme des Vermietrechts;
4. die drahtgebundene oder drahtlose öffentliche Wiedergabe eines Computerprogramms einschließlich der öffentlichen Zugänglichmachung in der Weise, dass es Mitgliedern der Öffentlichkeit an Orten und zu Zeiten ihrer Wahl zugänglich ist.

§ 69 d. Ausnahmen von den zustimmungsbedürftigen Handlungen

(1) Soweit keine besonderen vertraglichen Bestimmungen vorliegen, bedürfen die in § 69 c Nr. 1 und 2 genannten Handlungen nicht der Zustimmung des Rechtsinhabers, wenn sie für eine bestimmungsgemäße Benutzung des Computerprogramms einschließlich der Fehlerberichtigung durch jeden zur Verwendung eines Vervielfältigungsstücks des Programms Berechtigten notwendig sind.

(2) Die Erstellung einer Sicherungskopie durch eine Person, die zur Benutzung des Programms berechtigt ist, darf nicht vertraglich untersagt werden, wenn sie für die Sicherung künftiger Benutzung erforderlich ist.

(3) Der zur Verwendung eines Vervielfältigungsstücks eines Programms Berechtigte kann ohne Zustimmung des Rechtsinhabers das Funktionieren dieses Programms beobachten, untersuchen oder testen, um die einem Programmelement zugrundeliegenden Ideen und Grundsätze zu ermitteln, wenn dies durch Handlungen zum Laden, Anzeigen, Ablaufen, Übertragen oder Speichern des Programms geschieht, zu denen er berechtigt ist.

§ 69 e. Dekompilierung

(1) Die Zustimmung des Rechtsinhabers ist nicht erforderlich, wenn die Vervielfältigung des Codes oder die Übersetzung der Codeform im Sinne des § 69 c Nr. 1 und 2 unerläßlich ist, um die erforderlichen Informationen zur Herstellung der Interoperabilität eines unabhängig geschaffenen Computerprogramms mit anderen Programmen zu erhalten, sofern folgende Bedingungen erfüllt sind:

1. Die Handlungen werden von dem Lizenznehmer oder von einer anderen zur Verwendung eines Vervielfältigungsstücks des Programms berechtigten Person oder in deren Namen von einer hierzu ermächtigten Person vorgenommen;
2. die für die Herstellung der Interoperabilität notwendigen Informationen sind für die in Nummer 1 genannten Personen noch nicht ohne weiteres zugänglich gemacht;

UrhG i. d. F. des Gesetzes zur Regelung des Urheberrechts **Anh 1**

3. die Handlungen beschränken sich auf die Teile des ursprünglichen Programms, die zur Herstellung der Interoperabilität notwendig sind.

(2) Bei Handlungen nach Absatz 1 gewonnene Informationen dürfen nicht

1. zu anderen Zwecken als zur Herstellung der Interoperabilität des unabhängig geschaffenen Programms verwendet werden,
2. an Dritte weitergegeben werden, es sei denn, daß dies für die Interoperabilität des unabhängig geschaffenen Programms notwendig ist,
3. für die Entwicklung, Herstellung oder Vermarktung eines Programms mit im wesentlichen ähnlicher Ausdrucksform oder für irgendwelche anderen das Urheberrecht verletzenden Handlungen verwendet werden.

(3) Die Absätze 1 und 2 sind so auszulegen, daß ihre Anwendung weder die normale Auswertung des Werkes beeinträchtigt noch die berechtigten Interessen des Rechtsinhabers unzumutbar verletzt.

§ 69 f. Rechtsverletzungen

(1) Der Rechtsinhaber kann von dem Eigentümer oder Besitzer verlangen, daß alle rechtswidrig hergestellten, verbreiteten oder zur rechtswidrigen Verbreitung bestimmten Vervielfältigungsstücke vernichtet werden. § 98 Abs. 2 und 3 ist entsprechend anzuwenden.

(2) Absatz 1 ist entsprechend auf Mittel anzuwenden, die allein dazu bestimmt sind, die unerlaubte Beseitigung oder Umgehung technischer Programmschutzmechanismen zu erleichtern.

§ 69 g. Anwendung sonstiger Rechtsvorschriften; Vertragsrecht

(1) Die Bestimmungen dieses Abschnitts lassen die Anwendung sonstiger Rechtsvorschriften auf Computerprogramme, insbesondere über den Schutz von Erfindungen, Topographien von Halbleitererzeugnissen, Warenzeichen und den Schutz gegen unlauteren Wettbewerb einschließlich des Schutzes von Geschäfts- und Betriebsgeheimnissen, sowie schuldrechtliche Vereinbarungen unberührt.

(2) Vertragliche Bestimmungen, die in Widerspruch zu § 69 d Abs. 2 und 3 und § 69 e stehen, sind nichtig.

Teil 2. Verwandte Schutzrechte

Abschnitt 1. Schutz bestimmter Ausgaben

§ 70. Wissenschaftliche Ausgaben

(1) Ausgaben urheberrechtlich nicht geschützter Werke oder Texte werden in entsprechender Anwendung der Vorschriften des Teils 1 geschützt, wenn sie das Ergebnis wissenschaftlich sichtender Tätigkeit darstellen und sich wesentlich von den bisher bekannten Ausgaben der Werke oder Texte unterscheiden.

(2) Das Recht steht dem Verfasser der Ausgabe zu.

(3) Das Recht erlischt fünfundzwanzig Jahre nach dem Erscheinen der Ausgabe, jedoch bereits fünfundzwanzig Jahre nach der Herstellung, wenn die Ausgabe innerhalb dieser Frist nicht erschienen ist. Die Frist ist nach § 69 zu berechnen.

§ 71. Nachgelassene Werke

(1) Wer ein nicht erschienenes Werk nach Erlöschen des Urheberrechts erlaubterweise erstmals erscheinen läßt oder erstmals öffentlich wiedergibt, hat das ausschließliche Recht, das Werk zu verwerten. Das gleiche gilt für nicht erschienene Werke, die im Geltungsbereich dieses Gesetzes niemals geschützt waren, deren Urheber aber schon länger als siebzig Jahre tot ist. Die §§ 5, 15 bis 24, 26, 27, 45 bis 63 und 88 sind sinngemäß anzuwenden.

(2) Das Recht ist übertragbar.

(3) Das Recht erlischt fünfundzwanzig Jahre nach dem Erscheinen des Werkes oder, wenn seine erste öffentliche Wiedergabe früher erfolgt ist, nach dieser.

Abschnitt 2. Schutz der Lichtbilder

§ 72. Lichtbilder

(1) Lichtbilder und Erzeugnisse, die ähnlich wie Lichtbilder hergestellt werden, werden in entsprechender Anwendung der für Lichtbildwerke geltenden Vorschriften des Teils 1 geschützt.

(2) Das Recht nach Absatz 1 steht dem Lichtbildner zu.

(3) Das Recht nach Absatz 1 erlischt fünfzig Jahre nach dem Erscheinen des Lichtbildes oder, wenn seine erste erlaubte öffentliche Wiedergabe früher erfolgt ist, nach dieser, jedoch bereits fünfzig Jahre nach der Herstellung, wenn das Lichtbild innerhalb dieser Frist nicht erschienen oder erlaubterweise öffentlich wiedergegeben worden ist. Die Frist ist nach § 69 zu berechnen.

Abschnitt 3. Schutz des ausübenden Künstlers

§ 73. Ausübender Künstler

Ausübender Künstler im Sinne dieses Gesetzes ist, wer ein Werk oder eine Ausdrucksform der Volkskunst aufführt, singt, spielt oder auf eine andere Weise darbietet oder an einer solchen Darbietung künstlerisch mitwirkt.

§ 74. Anerkennung als ausübender Künstler

(1) Der ausübende Künstler hat das Recht, in Bezug auf seine Darbietung als solcher anerkannt zu werden. Er kann dabei bestimmen, ob und mit welchem Namen er genannt wird.

(2) Haben mehrere ausübende Künstler gemeinsam eine Darbietung erbracht und erfordert die Nennung jedes einzelnen von ihnen einen unverhältnismäßigen Aufwand, so können sie nur verlangen, als Künstlergruppe genannt zu werden. Hat die Künstlergruppe einen gewählten Vertreter (Vorstand), so ist dieser gegenüber Dritten allein zur Vertretung befugt. Hat eine Gruppe keinen Vorstand, so kann das Recht nur durch den Leiter der Gruppe, mangels eines solchen nur durch einen von der Gruppe zu wählenden Vertreter geltend gemacht werden. Das Recht eines beteiligten ausübenden Künstlers auf persönliche Nennung bleibt bei einem besonderen Interesse unberührt.

§ 75. Beeinträchtigungen der Darbietung

Der ausübende Künstler hat das Recht, eine Entstellung oder eine andere Beeinträchtigung seiner Darbietung zu verbieten, die geeignet ist, sein Ansehen oder seinen Ruf als ausübender Künstler zu gefährden. Haben mehrere ausübende Künstler gemeinsam eine Darbietung erbracht, so haben sie bei der Ausübung des Rechts aufeinander angemessene Rücksicht zu nehmen.

§ 76. Dauer der Persönlichkeitsrechte

Die in den §§ 74 und 75 bezeichneten Rechte erlöschen mit dem Tode des ausübenden Künstlers, jedoch erst 50 Jahre nach der Darbietung, wenn der ausübende Künstler vor Ablauf dieser Frist verstorben ist, sowie nicht vor Ablauf der für die Verwertungsrechte nach § 82 geltenden Frist. Die Frist ist nach § 69 zu berechnen. Haben mehrere ausübende Künstler gemeinsam eine Darbietung erbracht, so ist der Tod des letzten der beteiligten ausübenden Künstler maßgeblich. Nach dem Tod des ausübenden Künstlers stehen die Rechte seinen Angehörigen (§ 60 Abs. 2) zu.

§ 77. Aufnahme, Vervielfältigung und Verbreitung

(1) Der ausübende Künstler hat das ausschließliche Recht, seine Darbietung auf Bild- oder Tonträger aufzunehmen.

(2) Der ausübende Künstler hat das ausschließliche Recht, den Bild- oder Tonträger, auf den seine Darbietung aufgenommen worden ist, zu vervielfältigen und zu verbreiten. § 27 ist entsprechend anzuwenden.

§ 78. Öffentliche Wiedergabe

(1) Der ausübende Künstler hat das ausschließliche Recht, seine Darbietung
1. öffentlich zugänglich zu machen (§ 19 a),
2. zu senden, es sei denn, dass die Darbietung erlaubterweise auf Bild- oder Tonträger aufgenommen worden ist, die erschienen oder erlaubterweise öffentlich zugänglich gemacht worden sind,
3. außerhalb des Raumes, in dem sie stattfindet, durch Bildschirm, Lautsprecher oder ähnliche technische Einrichtungen öffentlich wahrnehmbar zu machen.

(2) Dem ausübenden Künstler ist eine angemessene Vergütung zu zahlen, wenn
1. die Darbietung nach Absatz 1 Nr. 2 erlaubterweise gesendet,
2. die Darbietung mittels Bild- oder Tonträger öffentlich wahrnehmbar gemacht oder
3. die Sendung oder die auf öffentlicher Zugänglichmachung beruhende Wiedergabe der Darbietung öffentlich wahrnehmbar gemacht wird.

(3) Auf Vergütungsansprüche nach Absatz 2 kann der ausübende Künstler im Voraus nicht verzichten. Sie können im Voraus nur an eine Verwertungsgesellschaft abgetreten werden.

(4) § 20 b gilt entsprechend.

§ 79. Nutzungsrechte

(1) Der ausübende Künstler kann seine Rechte und Ansprüche aus den §§ 77 und 78 übertragen. § 78 Abs. 3 und 4 bleibt unberührt.

(2) Der ausübende Künstler kann einem anderen das Recht einräumen, die Darbietung auf einzelne oder alle der ihm vorbehaltenen Nutzungsarten zu nutzen. § 31 Abs. 1 bis 3 und 5 sowie die §§ 32 bis 43 sind entsprechend anzuwenden.

§ 80. Gemeinsame Darbietung mehrerer ausübender Künstler

(1) Erbringen mehrere ausübende Künstler gemeinsam eine Darbietung, ohne dass sich ihre Anteile gesondert verwerten lassen, so steht ihnen das Recht zur Verwertung zur gesamten Hand zu. Keiner der beteiligten ausübenden Künstler darf seine Einwilligung zur Verwertung wider Treu und Glauben verweigern. § 8 Abs. 2 Satz 3, Abs. 3 und 4 ist entsprechend anzuwenden.

(2) Für die Geltendmachung der sich aus den §§ 77 und 78 ergebenden Rechte und Ansprüche gilt § 74 Abs. 2 Satz 2 und 3 entsprechend.

§ 81. Schutz des Veranstalters

Wird die Darbietung des ausübenden Künstlers von einem Unternehmen veranstaltet, so stehen die Rechte nach § 77 Abs. 1 und 2 Satz 1 sowie § 78 Abs. 1 neben dem ausübenden Künstler auch dem Inhaber des Unternehmens zu. § 31 Abs. 1 bis 3 und 5 sowie die §§ 33 und 38 gelten entsprechend.

§ 82. Dauer der Verwertungsrechte

Ist die Darbietung des ausübenden Künstlers auf einen Bild- oder Tonträger aufgenommen worden, so erlöschen die in den §§ 77 und 78 bezeichneten Rechte des ausübenden Künstlers 50 Jahre, die in § 81 bezeichneten Rechte des Veranstalters 25 Jahre nach dem Erscheinen des Bild- oder Tonträgers oder, wenn dessen erste erlaubte Benutzung zur öffentlichen Wiedergabe früher erfolgt ist, nach dieser. Die Rechte des ausübenden Künstlers erlöschen jedoch bereits 50 Jahre, diejenigen des Veranstalters 25 Jahre nach der Darbietung, wenn der Bild- oder Tonträger innerhalb dieser Frist nicht erschienen oder erlaubterweise zur öffentlichen Wiedergabe benutzt worden ist. Die Frist nach Satz 1 oder 2 ist nach § 69 zu berechnen.

§ 83. Schranken der Verwertungsrechte

Auf die dem ausübenden Künstler nach den §§ 77 und 78 sowie die dem Veranstalter nach § 81 zustehenden Rechte sind die Vorschriften des Abschnitts 6 des Teils 1 entsprechend anzuwenden.

§ 84 *(weggefallen)*

Abschnitt 4. Schutz des Herstellers von Tonträgern

§ 85. Verwertungsrechte

(1) Der Hersteller eines Tonträgers hat das ausschließliche Recht, den Tonträger zu vervielfältigen, zu verbreiten und öffentlich zugänglich zu machen. Ist der Tonträger in einem Unternehmen hergestellt worden, so gilt der Inhaber des Unternehmens als Hersteller. Das Recht entsteht nicht durch Vervielfältigung eines Tonträgers.

(2) Das Recht ist übertragbar. Der Tonträgerhersteller kann einem anderen das Recht einräumen, den Tonträger auf einzelne oder alle der ihm vorbehaltenen Nutzungsarten zu nutzen. § 31 Abs. 1 bis 3 und 5 und die §§ 33 und 38 gelten entsprechend.

(3) Das Recht erlischt 50 Jahre nach dem Erscheinen des Tonträgers. Ist der Tonträger innerhalb von 50 Jahren nach der Herstellung nicht erschienen, aber erlaubter-

weise zur öffentlichen Wiedergabe benutzt worden, so erlischt das Recht 50 Jahre nach dieser. Ist der Tonträger innerhalb dieser Frist nicht erschienen oder erlaubterweise zur öffentlichen Wiedergabe benutzt worden, so erlischt das Recht 50 Jahre nach der Herstellung des Tonträgers. Die Frist ist nach § 69 zu berechnen.

(4) § 27 Abs. 2 und 3 sowie die Vorschriften des Abschnitts 6 des Teils 1 sind entsprechend anzuwenden.

§ 86. Anspruch auf Beteiligung

Wird ein erschienener oder erlaubterweise öffentlich zugänglich gemachter Tonträger, auf den die Darbietung eines ausübenden Künstlers aufgenommen ist, zur öffentlichen Wiedergabe der Darbietung benutzt, so hat der Hersteller des Tonträgers gegen den ausübenden Künstler einen Anspruch auf angemessene Beteiligung an der Vergütung, die dieser nach § 78 Abs. 2 erhält.

Abschnitt 5. Schutz des Sendeunternehmens

§ 87. Sendeunternehmen

(1) Das Sendeunternehmen hat das ausschließliche Recht,
1. seine Funksendung weiterzusenden und öffentlich zugänglich zu machen,
2. seine Funksendung auf Bild- oder Tonträger aufzunehmen, Lichtbilder von seiner Funksendung herzustellen sowie die Bild- oder Tonträger oder Lichtbilder zu vervielfältigen und zu verbreiten, ausgenommen das Vermietrecht,
3. an Stellen, die der Öffentlichkeit nur gegen Zahlung eines Eintrittsgeldes zugänglich sind, seine Funksendung öffentlich wahrnehmbar zu machen.

(2) Das Recht ist übertragbar. Das Sendeunternehmen kann einem anderen das Recht einräumen, die Funksendung auf einzelne oder alle der ihm vorbehaltenen Nutzungsarten zu nutzen. § 31 Abs. 1 bis 3 und 5 und die §§ 33 und 38 gelten entsprechend.

(3) Das Recht erlischt 50 Jahre nach der ersten Funksendung. Die Frist ist nach § 69 zu berechnen.

(4) Die Vorschriften des Abschnitts 6 des Teils 1 mit Ausnahme des § 47 Abs. 2 Satz 2 und des § 54 Abs. 1 sind entsprechend anzuwenden.

(5) Sendeunternehmen und Kabelunternehmen sind gegenseitig verpflichtet, einen Vertrag über die Kabelweitersendung im Sinne des § 20 b Abs. 1 Satz 1 zu angemessenen Bedingungen abzuschließen, sofern nicht ein die Ablehnung des Vertragsabschlusses sachlich rechtfertigender Grund besteht; die Verpflichtung des Sendeunternehmens gilt auch für die ihm in bezug auf die eigene Sendung eingeräumten oder übertragenen Senderechte.

Abschnitt 6. Schutz des Datenbankherstellers

§ 87 a. Begriffsbestimmungen

(1) Datenbank im Sinne dieses Gesetzes ist eine Sammlung von Werken, Daten oder anderen unabhängigen Elementen, die systematisch oder methodisch angeordnet und einzeln mit Hilfe elektronischer Mittel oder auf andere Weise zugänglich sind und

deren Beschaffung, Überprüfung oder Darstellung eine nach Art oder Umfang wesentliche Investition erfordert. Eine in ihrem Inhalt nach Art oder Umfang wesentlich geänderte Datenbank gilt als neue Datenbank, sofern die Änderung eine nach Art oder Umfang wesentliche Investition erfordert.

(2) Datenbankhersteller im Sinne dieses Gesetzes ist derjenige, der die Investition im Sinne des Absatzes 1 vorgenommen hat.

§ 87 b. Rechte des Datenbankherstellers

(1) Der Datenbankhersteller hat das ausschließliche Recht, die Datenbank insgesamt oder einen nach Art oder Umfang wesentlichen Teil der Datenbank zu vervielfältigen, zu verbreiten und öffentlich wiederzugeben. Der Vervielfältigung, Verbreitung oder öffentlichen Wiedergabe eines nach Art oder Umfang wesentlichen Teils der Datenbank steht die wiederholte und systematische Vervielfältigung, Verbreitung oder öffentliche Wiedergabe von nach Art und Umfang unwesentlichen Teilen der Datenbank gleich, sofern diese Handlungen einer normalen Auswertung der Datenbank zuwiderlaufen oder die berechtigten Interessen des Datenbankherstellers unzumutbar beeinträchtigen.

(2) § 17 Abs. 2 und § 27 Abs. 2 und 3 sind entsprechend anzuwenden.

§ 87 c. Schranken des Rechts des Datenbankherstellers

(1) Die Vervielfältigung eines nach Art oder Umfang wesentlichen Teils einer Datenbank ist zulässig

4. zum privaten Gebrauch; dies gilt nicht für eine Datenbank, deren Elemente einzeln mit Hilfe elektronischer Mittel zugänglich sind,
5. zum eigenen wissenschaftlichen Gebrauch, wenn und soweit die Vervielfältigung zu diesem Zweck geboten ist und der wissenschaftliche Gebrauch nicht zu gewerblichen Zwecken erfolgt,
6. für die Benutzung zur Veranschaulichung des Unterrichts, sofern sie nicht zu gewerblichen Zwecken erfolgt.

In den Fällen der Nummern 2 und 3 ist die Quelle deutlich anzugeben.

(2) Die Vervielfältigung, Verbreitung und öffentliche Wiedergabe eines nach Art oder Umfang wesentlichen Teils einer Datenbank ist zulässig zur Verwendung in Verfahren vor einem Gericht, einem Schiedsgericht oder einer Behörde sowie für Zwecke der öffentlichen Sicherheit.

§ 87 d. Dauer der Rechte

Die Rechte des Datenbankherstellers erlöschen fünfzehn Jahre nach der Veröffentlichung der Datenbank, jedoch bereits fünfzehn Jahre nach der Herstellung, wenn die Datenbank innerhalb dieser Frist nicht veröffentlicht worden ist. Die Frist ist nach § 69 zu berechnen.

§ 87 e. Verträge über die Benutzung einer Datenbank

Eine vertragliche Vereinbarung, durch die sich der Eigentümer eines mit Zustimmung des Datenbankherstellers durch Veräußerung in Verkehr gebrachten Vervielfältigungsstücks der Datenbank, der in sonstiger Weise zu dessen Gebrauch Berechtigte oder derjenige, dem eine Datenbank aufgrund eines mit dem Datenbankhersteller oder eines mit dessen Zustimmung mit einem Dritten geschlossenen Vertrags zugänglich gemacht wird, gegenüber dem Datenbankhersteller verpflichtet, die Vervielfältigung,

Verbreitung oder öffentliche Wiedergabe von nach Art und Umfang unwesentlichen Teilen der Datenbank zu unterlassen, ist insoweit unwirksam, als diese Handlungen weder einer normalen Auswertung der Datenbank zuwiderlaufen noch die berechtigten Interessen des Datenbankherstellers unzumutbar beeinträchtigen.

Teil 3. Besondere Bestimmungen für Filme

Abschnitt 1. Filmwerke

§ 88. Recht zur Verfilmung

(1) Gestattet der Urheber einem anderen, sein Werk zu verfilmen, so liegt darin im Zweifel die Einräumung des ausschließlichen Rechts, das Werk unverändert oder unter Bearbeitung oder Umgestaltung zur Herstellung eines Filmwerkes zu benutzen und das Filmwerk sowie Übersetzungen und andere filmische Bearbeitungen auf alle bekannten Nutzungsarten zu nutzen.

(2) Die in Absatz 1 bezeichneten Befugnisse berechtigen im Zweifel nicht zu einer Wiederverfilmung des Werkes. Der Urheber ist im Zweifel berechtigt, sein Werk nach Ablauf von zehn Jahren nach Vertragsabschluß anderweit filmisch zu verwerten.

§ 89. Rechte am Filmwerk

(1) Wer sich zur Mitwirkung bei der Herstellung eines Filmes verpflichtet, räumt damit für den Fall, daß er ein Urheberrecht am Filmwerk erwirbt, dem Filmhersteller im Zweifel das ausschließliche Recht ein, das Filmwerk sowie Übersetzungen und andere filmische Bearbeitungen oder Umgestaltungen des Filmwerkes auf alle bekannten Nutzungsarten zu nutzen.

(2) Hat der Urheber des Filmwerkes das in Absatz 1 bezeichnete Nutzungsrecht im voraus einem Dritten eingeräumt, so behält er gleichwohl stets die Befugnis, dieses Recht beschränkt oder unbeschränkt dem Filmhersteller einzuräumen.

(3) Die Urheberrechte an den zur Herstellung des Filmwerkes benutzten Werken, wie Roman, Drehbuch und Filmmusik, bleiben unberührt.

(4) Für die Rechte zur filmischen Verwertung der bei der Herstellung eines Filmwerkes entstehenden Lichtbilder und Lichtbildwerke gelten die Absätze 1 und 2 entsprechend.

§ 90. Einschränkung der Rechte

Die Bestimmungen über die Übertragung von Nutzungsrechten (§ 34) und über die Einräumung weiterer Nutzungsrechte (§ 35) sowie über das Rückrufrecht wegen Nichtausübung (§ 41) und wegen gewandelter Überzeugung (§ 42) gelten nicht für die in § 88 Abs. 1 und § 89 Abs. 1 bezeichneten Rechte. Satz 1 findet als zum Beginn der Dreharbeiten für das Recht zur Verfilmung keine Anwendung.

§ 91 *(weggefallen)*

§ 92. Ausübende Künstler

(1) Schließt ein ausübender Künstler mit dem Filmhersteller einen Vertrag über seine Mitwirkung bei der Herstellung eines Filmwerks, so liegt darin im Zweifel hinsichtlich

der Verwertung des Filmwerks die Einräumung des Rechts, die Darbietung auf eine der dem ausübenden Künstler nach § 77 Abs. 1 und 2 Satz 1 und § 78 Abs. 1 Nr. 1 und 2 vorbehaltenen Nutzungsarten zu nutzen.

(2) Hat der ausübende Künstler im Voraus ein in Absatz 1 genanntes Recht übertragen oder einem Dritten hieran ein Nutzungsrecht eingeräumt, so behält er gleichwohl die Befugnis, dem Filmhersteller dieses Recht hinsichtlich der Verwertung des Filmwerks zu übertragen oder einzuräumen.

(3) § 90 gilt entsprechend.

§ 93. Schutz gegen Entstellung; Namensnennung

(1) Die Urheber des Filmwerkes und der zu seiner Herstellung benutzten Werke sowie die Inhaber verwandter Schutzrechte, die bei der Herstellung des Filmwerkes mitwirken oder deren Leistungen zur Herstellung des Filmwerkes benutzt werden, können nach den §§ 14 und 75 hinsichtlich der Herstellung und Verwertung des Filmwerkes nur gröbliche Entstellungen oder andere gröbliche Beeinträchtigungen ihrer Werke oder Leistungen verbieten. Sie haben hierbei aufeinander und auf den Filmhersteller angemessene Rücksicht zu nehmen.

(2) Die Nennung jedes einzelnen an einem Film mitwirkenden ausübenden Künstlers ist nicht erforderlich, wenn sie einen unverhältnismäßigen Aufwand bedeutet.

§ 94. Schutz des Filmherstellers

(1) Der Filmhersteller hat das ausschließliche Recht, den Bildträger oder Bild- und Tonträger, auf den das Filmwerk aufgenommen ist, zu vervielfältigen, zu verbreiten und zur öffentlichen Vorführung, Funksendung oder öffentlichen Zugänglichmachung zu benutzen. Der Filmhersteller hat ferner das Recht, jede Entstellung oder Kürzung des Bildträgers oder Bild- und Tonträgers zu verbieten, die geeignet ist, seine berechtigten Interessen an diesem zu gefährden.

(2) Das Recht ist übertragbar. Der Filmhersteller kann einem anderen das Recht einräumen, den Bildträger oder Bild- und Tonträger auf einzelne oder alle der ihm vorbehaltenen Nutzungsarten zu nutzen. § 31 Abs. 1 bis 3 und 5 und die §§ 33 und 38 gelten entsprechend.

(3) Das Recht erlischt fünfzig Jahre nach dem Erscheinen des Bildträgers oder Bild- und Tonträgers oder, wenn seine erste erlaubte Benutzung zur öffentlichen Wiedergabe früher erfolgt ist, nach dieser, jedoch bereits fünfzig Jahre nach der Herstellung, wenn der Bildträger oder Bild- und Tonträger innerhalb dieser Frist nicht erschienen oder erlaubterweise zur öffentlichen Wiedergabe benutzt worden ist.

(4) §§ 20 b, 27 Abs. 2 und 3 sowie die Vorschriften des Sechsten Abschnitts des Abschnitts 6 des Teils 1 sind entsprechend anzuwenden.

Abschnitt 2. Laufbilder

§ 95. Laufbilder

Die §§ 88, 89 Abs. 4, 90, 93 und 94 sind auf Bildfolgen und Bild- und Tonfolgen, die nicht als Filmwerke geschützt sind, entsprechend anzuwenden.

Teil 4. Gemeinsame Bestimmungen für Urheberrecht und verwandte Schutzrechte

Abschnitt 1. Ergänzende Schutzbestimmungen

§ 95 a. Schutz technischer Maßnahmen

(1) Wirksame technische Maßnahmen zum Schutz eines nach diesem Gesetz geschützten Werkes oder eines anderen nach diesem Gesetz geschützten Schutzgegenstandes dürfen ohne Zustimmung des Rechtsinhabers nicht umgangen werden, soweit dem Handelnden bekannt ist oder den Umständen nach bekannt sein muss, dass die Umgehung erfolgt, um den Zugang zu einem solchen Werk oder Schutzgegenstand oder deren Nutzung zu ermöglichen.

(2) Technische Maßnahmen im Sinne dieses Gesetzes sind Technologien, Vorrichtungen und Bestandteile, die im normalen Betrieb dazu bestimmt sind, geschützte Werke oder andere nach diesem Gesetz geschützte Schutzgegenstände betreffende Handlungen, die vom Rechtsinhaber nicht genehmigt sind, zu verhindern oder einzuschränken. Technische Maßnahmen sind wirksam, soweit durch sie die Nutzung eines geschützten Werkes oder eines anderen nach diesem Gesetz geschützten Schutzgegenstandes von dem Rechtsinhaber durch eine Zugangskontrolle, einen Schutzmechanismus wie Verschlüsselung, Verzerrung oder sonstige Umwandlung oder einen Mechanismus zur Kontrolle der Vervielfältigung, die die Erreichung des Schutzziels sicherstellen, unter Kontrolle gehalten wird.

(3) Verboten sind die Herstellung, die Einfuhr, die Verbreitung, der Verkauf, die Vermietung, die Werbung im Hinblick auf Verkauf oder Vermietung und der gewerblichen Zwecken dienende Besitz von Vorrichtungen, Erzeugnissen oder Bestandteilen sowie die Erbringung von Dienstleistungen, die

1. Gegenstand einer Verkaufsförderung, Werbung oder Vermarktung mit dem Ziel der Umgehung wirksamer technischer Maßnahmen sind oder
2. abgesehen von der Umgehung wirksamer technischer Maßnahmen nur einen begrenzten wirtschaftlichen Zweck oder Nutzen haben oder
3. hauptsächlich entworfen, hergestellt, angepasst oder erbracht werden, um die Umgehung wirksamer technischer Maßnahmen zu ermöglichen oder zu erleichtern.

(4) Von den Verboten der Absätze 1 und 3 unberührt bleiben Aufgaben und Befugnisse öffentlicher Stellen zum Zwecke des Schutzes der öffentlichen Sicherheit oder der Strafrechtspflege.

§ 95 b. Durchsetzung von Schrankenbestimmungen

(1) Soweit ein Rechtsinhaber technische Maßnahmen nach Maßgabe dieses Gesetzes anwendet, ist er verpflichtet, den durch eine der nachfolgend genannten Bestimmungen Begünstigten, soweit sie rechtmäßig Zugang zu dem Werk oder Schutzgegenstand haben, die notwendigen Mittel zur Verfügung zu stellen, um von diesen Bestimmungen in dem erforderlichen Maße Gebrauch machen zu können:

1. § 45 (Rechtspflege und öffentliche Sicherheit),
2. § 45 a (Behinderte Menschen),
3. § 46 (Sammlungen für Kirchen-, Schul- oder Unterrichtsgebrauch), mit Ausnahme des Kirchengebrauchs,
4. § 47 (Schulfunksendungen),

5. § 52a (Öffentliche Zugänglichmachung für Unterricht und Forschung),
6. § 53 (Vervielfältigungen zum privaten und sonstigen eigenen Gebrauch)
   a) Absatz 1, soweit es sich um Vervielfältigungen auf Papier oder einen ähnlichen Träger mittels beliebiger photomechanischer Verfahren oder anderer Verfahren mit ähnlicher Wirkung handelt,
   b) Absatz 2 Satz 1 Nr. 1,
   c) Absatz 2 Satz 1 Nr. 2 in Verbindung mit Satz 2 Nr. 1 oder 3,
   d) Absatz 2 Satz 1 Nr. 3 und 4 jeweils in Verbindung mit Satz 2 Nr. 1 und Satz 3,
   e) Absatz 3,
7. § 55 (Vervielfältigung durch Sendeunternehmen).

Vereinbarungen zum Ausschluss der Verpflichtungen nach Satz 1 sind unwirksam.

(2) Wer gegen das Gebot nach Absatz 1 verstößt, kann von dem Begünstigen einer der genannten Bestimmungen darauf in Anspruch genommen werden, die zur Verwirklichung der jeweiligen Befugnis benötigten Mittel zur Verfügung zu stellen. Entspricht das angebotene Mittel einer Vereinbarung zwischen Vereinigungen der Rechtsinhaber und der durch die Schrankenregelung Begünstigten, so wird vermutet, dass das Mittel ausreicht.

(3) Die Absätze 1 und 2 gelten nicht, soweit Werke und sonstige Schutzgegenstände der Öffentlichkeit aufgrund einer vertraglichen Vereinbarung in einer Weise zugänglich gemacht werden, dass sie Mitgliedern der Öffentlichkeit von Orten und zu Zeiten ihrer Wahl zugänglich sind.

(4) Zur Erfüllung der Verpflichtungen aus Absatz 1 angewandte technische Maßnahmen, einschließlich der zur Umsetzung freiwilliger Vereinbarungen angewandten Maßnahmen, genießen Rechtsschutz nach § 95a.

§ 95c. Schutz der zur Rechtewahrnehmung erforderlichen Informationen

(1) Von Rechtsinhabern stammende Informationen für die Rechtewahrnehmung dürfen nicht entfernt oder verändert werden, wenn irgendeine der betreffenden Informationen an einem Vervielfältigungsstück eines Werkes oder eines sonstigen Schutzgegenstandes angebracht ist oder im Zusammenhang mit der öffentlichen Wiedergabe eines solchen Werks oder Schutzgegenstandes erscheint und wenn die Entfernung oder Veränderung wissentlich unbefugt erfolgt und dem Handelnden bekannt ist oder den Umständen nach bekannt sein muss, dass er dadurch die Verletzung von Urheberrechten oder verwandter Schutzrechte veranlasst, ermöglicht, erleichtert oder verschleiert.

(2) Informationen für die Rechtewahrnehmung im Sinne dieses Gesetzes sind elektronische Informationen, die Werke oder andere Schutzgegenstände, den Urheber oder jeden anderen Rechtsinhaber identifizieren, Informationen über die Modalitäten und Bedingungen für die Nutzung der Werke oder Schutzgegenstände sowie die Zahlen und Codes, durch die derartige Informationen ausgedrückt werden.

(3) Werke oder sonstige Schutzgegenstände, bei denen Informationen für die Rechtewahrnehmung unbefugt entfernt oder geändert wurden, dürfen nicht wissentlich unbefugt verbreitet, zur Verbreitung eingeführt, gesendet, öffentlich wiedergegeben oder öffentlich zugänglich gemacht werden, wenn dem Handelnden bekannt ist oder den Umständen nach bekannt sein muss, dass er dadurch die Verletzung von Urheberrechten oder verwandter Schutzrechte veranlasst, ermöglicht, erleichtert oder verschleiert.

§ 95 d. Kennzeichnungspflichten

(1) Werke und andere Schutzgegenstände, die mit technischen Maßnahmen geschützt werden, sind deutlich sichtbar mit Angaben über die Eigenschaften der technischen Maßnahmen zu kennzeichnen.

(2) Wer Werke und andere Schutzgegenstände mit technischen Maßnahmen schützt, hat diese zur Ermöglichung der Geltendmachung von Ansprüchen nach § 95 b Abs. 2 mit seinem Namen oder seiner Firma und der zustellungsfähigen Anschrift zu kennzeichnen. Satz 1 findet in den Fällen des § 95 b Abs. 3 keine Anwendung.

§ 96. Verwertungsverbot

(1) Rechtswidrig hergestellte Vervielfältigungsstücke dürfen weder verbreitet noch zu öffentlichen Wiedergaben benutzt werden.

(2) Rechtswidrig veranstaltete Funksendungen dürfen nicht auf Bild- oder Tonträger aufgenommen oder öffentlich wiedergegeben werden.

Abschnitt 2. Rechtsverletzungen

Unterabschnitt 1. Bürgerlich-rechtliche Vorschriften; Rechtsweg

§ 97. Anspruch auf Unterlassung und Schadenersatz

(1) Wer das Urheberrecht oder ein anderes nach diesem Gesetz geschütztes Recht widerrechtlich verletzt, kann vom Verletzten auf Beseitigung der Beeinträchtigung, bei Wiederholungsgefahr auf Unterlassung und, wenn dem Verletzer Vorsatz oder Fahrlässigkeit zur Last fällt, auch auf Schadenersatz in Anspruch genommen werden. An Stelle des Schadenersatzes kann der Verletzte die Herausgabe des Gewinns, den der Verletzer durch die Verletzung des Rechts erzielt hat, und Rechnungslegung über diesen Gewinn verlangen.

(2) Urheber, Verfasser wissenschaftlicher Ausgaben (§ 70), Lichtbildner (§ 72) und ausübende Künstler (§ 73) können, wenn dem Verletzer Vorsatz oder Fahrlässigkeit zur Last fällt, auch wegen des Schadens, der nicht Vermögensschaden ist, eine Entschädigung in Geld verlangen, wenn und soweit es der Billigkeit entspricht.

(3) Ansprüche aus anderen gesetzlichen Vorschriften bleiben unberührt.

§ 98. Anspruch auf Vernichtung oder Überlassung der Vervielfältigungsstücke

(1) Der Verletzte kann verlangen, daß alle rechtswidrig hergestellten, verbreiteten oder zur rechtswidrigen Verbreitung bestimmten Vervielfältigungsstücke, die im Besitz oder Eigentum des Verletzers stehen, vernichtet werden.

(2) Statt der in Absatz 1 vorgesehenen Maßnahmen kann der Verletzte verlangen, daß ihm die Vervielfältigungsstücke, die im Eigentum des Verletzers stehen, gegen eine angemessene Vergütung überlassen werden, welche die Herstellungskosten nicht übersteigen darf.

(3) Sind die Maßnahmen nach den Absätzen 1 und 2 gegenüber dem Verletzer oder Eigentümer im Einzelfall unverhältnismäßig und kann der durch die Rechtsverletzung verursachte Zustand der Vervielfältigungsstücke auf andere Weise beseitigt werden, so hat der Verletzte nur Anspruch auf die hierfür erforderlichen Maßnahmen.

§ 99. Anspruch auf Vernichtung oder Überlassung der Vorrichtungen

Die Bestimmungen des § 98 sind entsprechend auf die im Eigentum des Verletzers stehenden, ausschließlich oder nahezu ausschließlich zur rechtswidrigen Herstellung von Vervielfältigungsstücken benutzten oder bestimmten Vorrichtungen anzuwenden.

§ 100. Haftung des Inhabers eines Unternehmens

Ist in einem Unternehmen von einem Arbeitnehmer oder Beauftragten ein nach diesem Gesetz geschütztes Recht widerrechtlich verletzt worden, so hat der Verletzte die Ansprüche aus den §§ 97 bis 99 mit Ausnahme des Anspruchs auf Schadenersatz auch gegen den Inhaber des Unternehmens. Weitergehende Ansprüche nach anderen gesetzlichen Vorschriften bleiben unberührt.

§ 101. Ausnahmen

(1) Richten sich im Falle der Verletzung eines nach diesem Gesetz geschützten Rechts die Ansprüche des Verletzten auf Beseitigung oder Unterlassung (§ 97), auf Vernichtung oder Überlassung der Vervielfältigungsstücke (§ 98) oder der Vorrichtungen (§ 99) gegen eine Person, der weder Vorsatz noch Fahrlässigkeit zur Last fällt, so kann diese zur Abwendung der Ansprüche den Verletzten in Geld entschädigen, wenn ihr durch die Erfüllung der Ansprüche ein unverhältnismäßig großer Schaden entstehen würde und dem Verletzten die Abfindung in Geld zuzumuten ist. Als Entschädigung ist der Betrag zu zahlen, der im Falle einer vertraglichen Einräumung des Rechts als Vergütung angemessen gewesen wäre. Mit der Zahlung der Entschädigung gilt die Einwilligung des Verletzten zur Verwertung im üblichen Umfange als erteilt.

(2) Den in den §§ 98 und 99 vorgesehenen Maßnahmen unterliegen nicht:
1. Bauwerke;
2. ausscheidbare Teile von Vervielfältigungsstücken und Vorrichtungen, deren Herstellung oder Verbreitung nicht rechtswidrig ist.

§ 101 a. Anspruch auf Auskunft hinsichtlich Dritter

(1) Wer im geschäftlichen Verkehr durch die Herstellung oder Verbreitung von Vervielfältigungsstücken das Urheberrecht oder ein anderes nach diesem Gesetz geschütztes Recht verletzt, kann vom Verletzten auf unverzügliche Auskunft über die Herkunft und den Vertriebsweg dieser Vervielfältigungsstücke in Anspruch genommen werden, es sei denn, daß dies im Einzelfall unverhältnismäßig ist.

(2) Der nach Absatz 1 zur Auskunft Verpflichtete hat Angaben zu machen über Namen und Anschrift des Herstellers, des Lieferanten und anderer Vorbesitzer der Vervielfältigungsstücke, des gewerblichen Abnehmers oder Auftraggebers sowie über die Menge der hergestellten, ausgelieferten, erhaltenen oder bestellten Vervielfältigungsstücke.

(3) In Fällen offensichtlicher Rechtsverletzung kann die Verpflichtung zur Erteilung der Auskunft im Wege der einstweiligen Verfügung nach den Vorschriften der Zivilprozeßordnung angeordnet werden.

(4) Die Auskunft darf in einem Strafverfahren oder in einem Verfahren nach dem Gesetz über Ordnungswidrigkeiten wegen einer vor der Erteilung der Auskunft begangenen Tat gegen den zur Auskunft Verpflichteten oder gegen einen in § 52 Abs. 1 der Strafprozeßordnung bezeichneten Angehörigen nur mit Zustimmung des zur Auskunft Verpflichteten verwertet werden.

(5) Weitergehende Ansprüche auf Auskunft bleiben unberührt.

§ 102. Verjährung

Auf die Verjährung der Ansprüche wegen Verletzung des Urheberrechts oder eines anderen nach diesem Gesetz geschützten Rechts finden die Vorschriften des Abschnitts 5 des Buches 1 des Bürgerlichen Gesetzbuchs entsprechende Anwendung. Hat der Verpflichtete durch die Verletzung auf Kosten des Berechtigten etwas erlangt, findet § 852 des Bürgerlichen Gesetzbuchs entsprechende Anwendung.

§ 103. Bekanntmachung des Urteils

(1) Ist eine Klage auf Grund dieses Gesetzes erhoben worden, so kann im Urteil der obsiegenden Partei die Befugnis zugesprochen werden, das Urteil auf Kosten der unterliegenden Partei öffentlich bekanntzumachen, wenn sie ein berechtigtes Interesse dartut. Das Urteil darf erst nach Rechtskraft bekanntgemacht werden, wenn nicht das Gericht etwas anderes bestimmt.

(2) Art und Umfang der Bekanntmachung werden im Urteil bestimmt. Die Befugnis zur Bekanntmachung erlischt, wenn das Urteil nicht innerhalb von sechs Monaten nach Eintritt der Rechtskraft bekanntgemacht wird.

(3) Die Partei, der die Befugnis zur Bekanntmachung zusteht, kann beantragen, die unterliegende Partei zur Vorauszahlung der Bekanntmachungskosten zu verurteilen. Über den Antrag entscheidet das Prozeßgericht erster Instanz durch Beschluß ohne mündliche Verhandlung. Vor der Entscheidung ist die unterliegende Partei zu hören.

§ 104. Rechtsweg

Für alle Rechtsstreitigkeiten, durch die ein Anspruch aus einem der in diesem Gesetz geregelten Rechtsverhältnisse geltend gemacht wird (Urheberrechtsstreitsachen), ist der ordentliche Rechtsweg gegeben. Für Urheberrechtsstreitsachen aus Arbeits- oder Dienstverhältnissen, die ausschließlich Ansprüche auf Leistung einer vereinbarten Vergütung zum Gegenstand haben, bleiben der Rechtsweg zu den Gerichten für Arbeitssachen und der Verwaltungsrechtsweg unberührt.

§ 105. Gerichte für Urheberrechtsstreitsachen

(1) Die Landesregierungen werden ermächtigt, durch Rechtsverordnung Urheberrechtsstreitsachen, für die das Landgericht in erster Instanz oder in der Berufungsinstanz zuständig ist, für die Bezirke mehrerer Landgerichte einem von ihnen zuzuweisen, wenn dies der Rechtspflege dienlich ist.

(2) Die Landesregierungen werden ferner ermächtigt, durch Rechtsverordnung die zur Zuständigkeit der Amtsgerichte gehörenden Urheberrechtsstreitsachen für die Bezirke mehrerer Amtsgerichte einem von ihnen zuzuweisen, wenn dies der Rechtspflege dienlich ist.

(3) Die Landesregierungen können die Ermächtigungen nach den Absätzen 1 und 2 auf die Landesjustizverwaltungen übertragen.

Unterabschnitt 2. Straf- und Bußgeldvorschriften

§ 106. Unerlaubte Verwertung urheberrechtlich geschützter Werke

(1) Wer in anderen als den gesetzlich zugelassenen Fällen ohne Einwilligung des Berechtigten ein Werk oder eine Bearbeitung oder Umgestaltung eines Werkes verviel-

fältigt, verbreitet oder öffentlich wiedergibt, wird mit Freiheitsstrafe bis zu drei Jahren oder mit Geldstrafe bestraft.

(2) Der Versuch ist strafbar.

§ 107. Unzulässiges Anbringen der Urheberbezeichnung

(1) Wer

1. auf dem Original eines Werkes der bildenden Künste die Urheberbezeichnung (§ 10 Abs. 1) ohne Einwilligung des Urhebers anbringt oder ein derart bezeichnetes Original verbreitet,
2. auf einem Vervielfältigungsstück, einer Bearbeitung oder Umgestaltung eines Werkes der bildenden Künste die Urheberbezeichnung (§ 10 Abs. 1) auf eine Art anbringt, die dem Vervielfältigungsstück, der Bearbeitung oder Umgestaltung den Anschein eines Originals gibt, oder ein derart bezeichnetes Vervielfältigungsstück, eine solche Bearbeitung oder Umgestaltung verbreitet, wird mit Freiheitsstrafe bis zu drei Jahren oder mit Geldstrafe bestraft, wenn die Tat nicht in anderen Vorschriften mit schwererer Strafe bedroht ist.

(2) Der Versuch ist strafbar.

§ 108. Unerlaubte Eingriffe in verwandte Schutzrechte

(1) Wer in anderen als den gesetzlich zugelassenen Fällen ohne Einwilligung des Berechtigten

1. eine wissenschaftliche Ausgabe (§ 70) oder eine Bearbeitung oder Umgestaltung einer solchen Ausgabe vervielfältigt, verbreitet oder öffentlich wiedergibt,
2. ein nachgelassenes Werk oder eine Bearbeitung oder Umgestaltung eines solchen Werkes entgegen § 71 verwertet,
3. ein Lichtbild (§ 72) oder eine Bearbeitung oder Umgestaltung eines Lichtbildes vervielfältigt, verbreitet oder öffentlich wiedergibt,
4. die Darbietung eines ausübenden Künstlers entgegen den § 77 Abs. 1 oder Abs. 2 Satz 1, § 78 Abs. 1 verwertet,
5. einen Tonträger entgegen § 85 verwertet,
6. eine Funksendung entgegen § 87 verwertet,
7. einen Bildträger oder Bild- und Tonträger entgegen §§ 94 oder 95 in Verbindung mit § 94 verwertet,
8. eine Datenbank entgegen § 87 b Abs. 1 verwertet,

wird mit Freiheitsstrafe bis zu drei Jahren oder mit Geldstrafe bestraft.

(2) Der Versuch ist strafbar.

§ 108 a. Gewerbsmäßige unerlaubte Verwertung

(1) Handelt der Täter in den Fällen der §§ 106 bis 108 gewerbsmäßig, so ist die Strafe Freiheitsstrafe bis zu fünf Jahren oder Geldstrafe.

(2) Der Versuch ist strafbar.

§ 108 b. Unerlaubte Eingriffe in technische Schutzmaßnahmen und zur Rechtewahrnehmung erforderliche Informationen

(1) Wer

1. in der Absicht, sich oder einem Dritten den Zugang zu einem nach diesem Gesetz geschützten Werk oder einem anderen nach diesem Gesetz geschützten Schutz-

gegenstand oder deren Nutzung zu ermöglichen, eine wirksame technische Maßnahme ohne Zustimmung des Rechtsinhabers umgeht oder
2. wissentlich unbefugt
   a) eine von Rechtsinhabern stammende Information für die Rechtewahrnehmung entfernt oder verändert, wenn irgendeine der betreffenden Informationen an einem Vervielfältigungsstück eines Werkes oder eines sonstigen Schutzgegenstandes angebracht ist oder im Zusammenhang mit der öffentlichen Wiedergabe eines solchen Werkes oder Schutzgegenstandes erscheint, oder
   b) ein Werk oder einen sonstigen Schutzgegenstand, bei dem eine Information für die Rechtewahrnehmung unbefugt entfernt oder geändert wurde, verbreitet, zur Verbreitung einführt, sendet, öffentlich wiedergibt oder öffentlich zugänglich macht

und dadurch wenigstens leichtfertig die Verletzung von Urheberrechten oder verwandten Schutzrechten veranlaßt, ermöglicht, erleichtert oder verschleiert,

wird, wenn die Tat nicht ausschließlich zum eigenen privaten Gebrauch des Täters oder mit dem Täter persönlich verbundener Personen erfolgt oder sich auf einen derartigen Gebrauch bezieht, mit Freiheitsstrafe bis zu einem Jahr oder mit Geldstrafe bestraft.

(2) Ebenso wird bestraft, wer entgegen § 95 a Abs. 3 eine Vorrichtung, ein Erzeugnis oder einen Bestandteil zu gewerblichen Zwecken herstellt, einführt, verbreitet, verkauft oder vermietet.

(3) Handelt der Täter in den Fällen des Absatzes 1 gewerbsmäßig, so ist die Strafe Freiheitsstrafe bis zu drei Jahren oder Geldstrafe.

§ 109. Strafantrag

In den Fällen der §§ 106 bis 108 und des § 108 b wird die Tat nur auf Antrag verfolgt, es sei denn, daß die Strafverfolgungsbehörde wegen des besonderen öffentlichen Interesses an der Strafverfolgung ein Einschreiten von Amts wegen für geboten hält.

§ 110. Einziehung

Gegenstände, auf die sich eine Straftat nach den §§ 106, 107 Abs. 1 Nr. 2, §§ 108 bis 108 b bezieht, können eingezogen werden. § 74 a des Strafgesetzbuches ist anzuwenden. Soweit den in den §§ 98 und 99 bezeichneten Ansprüchen im Verfahren nach den Vorschriften der Strafprozeßordnung über die Entschädigung des Verletzten (§§ 403 bis 406 c) stattgegeben wird, sind die Vorschriften über die Einziehung nicht anzuwenden.

§ 111. Bekanntgabe der Verurteilung

Wird in den Fällen der §§ 106 bis 108 b auf Strafe erkannt, so ist, wenn der Verletzte es beantragt und ein berechtigtes Interesse daran dartut, anzuordnen, daß die Verurteilung auf Verlangen öffentlich bekanntgemacht wird. Die Art der Bekanntmachung ist im Urteil zu bestimmen.

§ 111 a. Bußgeldvorschriften

(1) Ordnungswidrig handelt, wer
1. entgegen § 95 a Abs. 3
   a) eine Vorrichtung, ein Erzeugnis oder einen Bestandteil verkauft, vermietet oder über den Kreis der mit dem Täter persönlich verbundenen Personen hinaus verbreitet oder

b) zu gewerblichen Zwecken eine Vorrichtung, ein Erzeugnis oder einen Bestandteil besitzt, für deren Verkauf oder Vermietung wirbt oder eine Dienstleistung erbringt,
2. entgegen § 95 b Abs. 1 Satz 1 ein notwendiges Mittel nicht zur Verfügung stellt oder
3. entgegen § 95 d Abs. 2 Satz 1 Werke oder andere Schutzgegenstände nicht oder nicht vollständig kennzeichnet.

(2) Die Ordnungswidrigkeit kann in den Fällen des Absatzes 1 Nr. 1 und 2 mit einer Geldbuße bis zu fünfzigtausend Euro und in den übrigen Fällen mit einer Geldbuße bis zu zehntausend Euro geahndet werden.

Unterabschnitt 3. Vorschriften über Maßnahmen der Zollbehörde

§ 111 b. Maßnahmen der Zollbehörde

(1) Verletzt die Herstellung oder Verbreitung von Vervielfältigungsstücken das Urheberrecht oder ein anderes nach diesem Gesetz geschütztes Recht, so unterliegen die Vervielfältigungsstücke soweit nicht die Verordnung (EG) Nr. 3295/94 des Rates vom 22. Dezember 1994 über Maßnahmen zum Verbot der Überführung nachgeahmter Waren und unerlaubt hergestellter Vervielfältigungsstücke oder Nachbildungen in den zollrechtlich freien Verkehr oder in ein Nichterhebungsverfahren sowie zum Verbot ihrer Ausfuhr und Wiederausfuhr (ABl. EG Nr. L 341 S. 8) in ihrer jeweils geltenden Fassung anzuwenden ist, auf Antrag und gegen Sicherheitsleistung des Rechtsinhabers bei ihrer Einfuhr oder Ausfuhr der Beschlagnahme durch die Zollbehörde, sofern die Rechtsverletzung offensichtlich ist. Dies gilt für den Verkehr mit anderen Mitgliedstaaten der Europäischen Union sowie mit den anderen Vertragsstaaten des Abkommens über den Europäischen Wirtschaftsraum nur, soweit Kontrollen durch die Zollbehörden stattfinden.

(2) Ordnet die Zollbehörde die Beschlagnahme an, so unterrichtet sie unverzüglich den Verfügungsberechtigten sowie den Antragsteller. Dem Antragsteller sind Herkunft, Menge und Lagerort der Vervielfältigungsstücke sowie Name und Anschrift des Verfügungsberechtigten mitzuteilen; das Brief- und Postgeheimnis (Artikel 10 des Grundgesetzes) wird insoweit eingeschränkt. Dem Antragsteller wird Gelegenheit gegeben, die Vervielfältigungsstücke zu besichtigen, soweit hierdurch nicht in Geschäfts- oder Betriebsgeheimnisse eingegriffen wird.

(3) Wird der Beschlagnahme nicht spätestens nach Ablauf von zwei Wochen nach Zustellung der Mitteilung nach Absatz 2 Satz 1 widersprochen, so ordnet die Zollbehörde die Einziehung der beschlagnahmten Vervielfältigungsstücke an.

(4) Widerspricht der Verfügungsberechtigte der Beschlagnahme, so unterrichtet die Zollbehörde hiervon unverzüglich den Antragsteller. Dieser hat gegenüber der Zollbehörde unverzüglich zu erklären, ob er den Antrag nach Absatz 1 in bezug auf die beschlagnahmten Vervielfältigungsstücke aufrechterhält.
1. Nimmt der Antragsteller den Antrag zurück, hebt die Zollbehörde die Beschlagnahme unverzüglich auf.
2. Hält der Antragsteller den Antrag aufrecht und legt er eine vollziehbare gerichtliche Entscheidung vor, die die Verwahrung der beschlagnahmten Vervielfältigungsstücke oder eine Verfügungsbeschränkung anordnet, trifft die Zollbehörde die erforderlichen Maßnahmen.

Liegen die Fälle der Nummern 1 oder 2 nicht vor, hebt die Zollbehörde die Beschlagnahme nach Ablauf von zwei Wochen nach Zustellung der Mitteilung an den Antragssteller nach Satz 1 auf; weist der Antragsteller nach, daß die gerichtliche Entscheidung nach Nummer 2 beantragt, ihm aber noch nicht zugegangen ist, wird die Beschlagnahme für längstens zwei weitere Wochen aufrechterhalten.

(5) Erweist sich die Beschlagnahme als von Anfang an ungerechtfertigt und hat der Antragsteller den Antrag nach Absatz 1 in bezug auf die beschlagnahmten Vervielfältigungsstücke aufrechterhalten oder sich nicht unverzüglich erklärt (Absatz 4 Satz 2), so ist er verpflichtet, den dem Verfügungsberechtigten durch die Beschlagnahme entstandenen Schaden zu ersetzen.

(6) Der Antrag nach Absatz 1 ist bei der Oberfinanzdirektion zu stellen und hat Wirkung für zwei Jahre, sofern keine kürzere Geltungsdauer beantragt wird; er kann wiederholt werden. Für die mit dem Antrag verbundenen Amtshandlungen werden vom Antragsteller Kosten nach Maßgabe des § 178 der Abgabenordnung erhoben.

(7) Die Beschlagnahme und die Einziehung können mit den Rechtsmitteln angefochten werden, die im Bußgeldverfahren nach dem Gesetz über Ordnungswidrigkeiten gegen die Beschlagnahme und Einziehung zulässig sind. Im Rechtsmittelverfahren ist der Antragsteller zu hören. Gegen die Entscheidung des Amtsgerichts ist die sofortige Beschwerde zulässig; über sie entscheidet das Oberlandesgericht.

(8) In Verfahren nach der Verordnung (EG) Nr. 3295/94 sind die Absätze 1 bis 7 entsprechend anzuwenden, soweit in der Verordnung nichts anderes bestimmt ist.

Abschnitt 3. Zwangsvollstreckung

Unterabschnitt 1. Allgemeines

§ 112. Allgemeines

Die Zulässigkeit der Zwangsvollstreckung in ein nach diesem Gesetz geschütztes Recht richtet sich nach den allgemeinen Vorschriften, soweit sich aus den §§ 113 bis 119 nichts anderes ergibt.

Unterabschnitt 2. Zwangsvollstreckung wegen Geldforderungen gegen den Urheber

§ 113. Urheberrecht

Gegen den Urheber ist die Zwangsvollstreckung wegen Geldforderungen in das Urheberrecht nur mit seiner Einwilligung und nur insoweit zulässig, als er Nutzungsrechte einräumen kann (§ 31). Die Einwilligung kann nicht durch den gesetzlichen Vertreter erteilt werden.

§ 114. Originale von Werken

(1) Gegen den Urheber ist die Zwangsvollstreckung wegen Geldforderungen in die ihm gehörenden Originale seiner Werke nur mit seiner Einwilligung zulässig. Die Einwilligung kann nicht durch den gesetzlichen Vertreter erteilt werden.

(2) Der Einwilligung bedarf es nicht,
1. soweit die Zwangsvollstreckung in das Original des Werkes zur Durchführung der Zwangsvollstreckung in ein Nutzungsrecht am Werk notwendig ist,
2. zur Zwangsvollstreckung in das Original eines Werkes der Baukunst,

3. zur Zwangsvollstreckung in das Original eines anderen Werkes der bildenden Künste, wenn das Werk veröffentlicht ist.

In den Fällen der Nummern 2 und 3 darf das Original des Werkes ohne Zustimmung des Urhebers verbreitet werden.

Unterabschnitt 3. Zwangsvollstreckung wegen Geldforderungen gegen den Rechtsnachfolger des Urhebers

§ 115. Urheberrecht

Gegen den Rechtsnachfolger des Urhebers (§ 30) ist die Zwangsvollstreckung wegen Geldforderungen in das Urheberrecht nur mit seiner Einwilligung und nur insoweit zulässig, als er Nutzungsrechte einräumen kann (§ 31). Der Einwilligung bedarf es nicht, wenn das Werk erschienen ist.

§ 116. Originale von Werken

(1) Gegen den Rechtsnachfolger des Urhebers (§ 30) ist die Zwangsvollstreckung wegen Geldforderungen in die ihm gehörenden Originale von Werken des Urhebers nur mit seiner Einwilligung zulässig.

(2) Der Einwilligung bedarf es nicht
1. in den Fällen des § 114 Abs. 2 Satz 1,
2. zur Zwangsvollstreckung in das Original eines Werkes, wenn das Werk erschienen ist.

§ 114 Abs. 2 Satz 2 gilt entsprechend.

§ 117. Testamentsvollstrecker

Ist nach § 28 Abs. 2 angeordnet, daß das Urheberrecht durch einen Testamentsvollstrecker ausgeübt wird, so ist die nach den §§ 115 und 116 erforderliche Einwilligung durch den Testamentsvollstrecker zu erteilen.

Unterabschnitt 4. Zwangsvollstreckung wegen Geldforderungen gegen den Verfasser wissenschaftlicher Ausgaben und gegen den Lichtbildner

§ 118. Entsprechende Anwendung

Die §§ 113 bis 117 sind sinngemäß anzuwenden
1. auf die Zwangsvollstreckung wegen Geldforderungen gegen den Verfasser wissenschaftlicher Ausgaben (§ 70) und seinen Rechtsnachfolger,
2. auf die Zwangsvollstreckung wegen Geldforderungen gegen den Lichtbildner (§ 72) und seinen Rechtsnachfolger.

Unterabschnitt 5. Zwangsvollstreckung wegen Geldforderungen in bestimmte Vorrichtungen

§ 119. Zwangsvollstreckung in bestimmte Vorrichtungen

(1) Vorrichtungen, die ausschließlich zur Vervielfältigung oder Funksendung eines Werkes bestimmt sind, wie Formen, Platten, Steine, Druckstöcke, Matrizen und Nega-

tive, unterliegen der Zwangsvollstreckung wegen Geldforderungen nur, soweit der Gläubiger zur Nutzung des Werkes mittels dieser Vorrichtungen berechtigt ist.

(2) Das gleiche gilt für Vorrichtungen, die ausschließlich zur Vorführung eines Filmwerkes bestimmt sind, wie Filmstreifen und dergleichen.

(3) Die Absätze 1 und 2 sind auf die nach den §§ 70 und 71 geschützten Ausgaben, die nach § 72 geschützten Lichtbilder, die nach § 77 Abs. 2 Satz 1, §§ 85, 87, 94 und 95 geschützten Bild- und Tonträger und die nach § 87b Abs. 1 geschützten Datenbanken entsprechend anzuwenden.

Teil 5. Anwendungsbereich, Übergangs- und Schlussbestimmungen

Abschnitt 1. Anwendungsbereich des Gesetzes

Unterabschnitt 1. Urheberrecht

§ 120. Deutsche Staatsangehörige und Staatsangehörige anderer EU-Staaten und EWR-Staaten

(1) Deutsche Staatsangehörige genießen den urheberrechtlichen Schutz für alle ihre Werke, gleichviel, ob und wo die Werke erschienen sind. Ist ein Werk von Miturhebern (§ 8) geschaffen, so genügt es, wenn ein Miturheber deutscher Staatsangehöriger ist.

(2) Deutschen Staatsangehörigen stehen gleich:
1. Deutsche im Sinne des Artikels 116 Abs. 1 des Grundgesetzes, die nicht die deutsche Staatsangehörigkeit besitzen, und
2. Staatsangehörige eines anderen Mitgliedstaates der Europäischen Union oder eines anderen Vertragsstaates des Abkommens über den Europäischen Wirtschaftsraum.

§ 121. Ausländische Staatsangehörige

(1) Ausländische Staatsangehörige genießen den urheberrechtlichen Schutz für ihre im Geltungsbereich dieses Gesetzes erschienenen Werke, es sei denn, daß das Werk oder eine Übersetzung des Werkes früher als dreißig Tage vor dem Erscheinen im Geltungsbereich dieses Gesetzes außerhalb dieses Gebietes erschienen ist. Mit der gleichen Einschränkung genießen ausländische Staatsangehörige den Schutz auch für solche Werke, die im Geltungsbereich dieses Gesetzes nur in Übersetzung erschienen sind.

(2) Den im Geltungsbereich dieses Gesetzes erschienenen Werken im Sinne des Absatzes 1 werden die Werke der bildenden Künste gleichgestellt, die mit einem Grundstück im Geltungsbereich dieses Gesetzes fest verbunden sind.

(3) Der Schutz nach Absatz 1 kann durch Rechtsverordnung des Bundesministers der Justiz für ausländische Staatsangehörige beschränkt werden, die keinem Mitgliedstaat der Berner Übereinkunft zum Schutze von Werken der Literatur und der Kunst angehören und zur Zeit des Erscheinens des Werkes weder im Geltungsbereich dieses Gesetzes noch in einem anderen Mitgliedstaat ihren Wohnsitz haben, wenn der Staat, dem sie angehören, deutschen Staatsangehörigen für ihre Werke keinen genügenden Schutz gewährt.

(4) Im übrigen genießen ausländische Staatsangehörige den urheberrechtlichen Schutz nach Inhalt der Staatsverträge. Bestehen keine Staatsverträge, so besteht für solche Werke urheberrechtlicher Schutz, soweit in dem Staat, dem der Urheber ange-

hört, nach einer Bekanntmachung des Bundesministers der Justiz im Bundesgesetzblatt deutsche Staatsangehörige für ihre Werke einen entsprechenden Schutz genießen.

(5) Das Folgerecht (§ 26) steht ausländischen Staatsangehörigen nur zu, wenn der Staat, dem sie angehören, nach einer Bekanntmachung des Bundesministers der Justiz im Bundesgesetzblatt deutschen Staatsangehörigen ein entsprechendes Recht gewährt.

(6) Den Schutz nach den §§ 12 bis 14 genießen ausländische Staatsangehörige für alle ihre Werke, auch wenn die Voraussetzungen der Absätze 1 bis 5 nicht vorliegen.

§ 122. Staatenlose

(1) Staatenlose mit gewöhnlichem Aufenthalt im Geltungsbereich dieses Gesetzes genießen für ihre Werke den gleichen urheberrechtlichen Schutz wie deutsche Staatsangehörige.

(2) Staatenlose ohne gewöhnlichen Aufenthalt im Geltungsbereich dieses Gesetzes genießen für ihre Werke den gleichen urheberrechtlichen Schutz wie die Angehörigen des ausländischen Staates, in dem sie ihren gewöhnlichen Aufenthalt haben.

§ 123. Ausländische Flüchtlinge

Für Ausländer, die Flüchtlinge im Sinne von Staatsverträgen oder anderen Rechtsvorschriften sind, gelten die Bestimmungen des § 122 entsprechend. Hierdurch wird ein Schutz nach § 121 nicht ausgeschlossen.

Unterabschnitt 2. Verwandte Schutzrechte

§ 124. Wissenschaftliche Ausgaben und Lichtbilder

Für den Schutz wissenschaftlicher Ausgaben (§ 70) und den Schutz von Lichtbildern (§ 72) sind die §§ 120 bis 123 sinngemäß anzuwenden.

§ 125. Schutz des ausübenden Künstlers

(1) Den nach den §§ 73 bis 83 gewährten Schutz genießen deutsche Staatsangehörige für alle ihre Darbietungen, gleichviel, wo diese stattfinden. § 120 Abs. 2 ist anzuwenden.

(2) Ausländische Staatsangehörige genießen den Schutz für alle ihre Darbietungen, die im Geltungsbereich dieses Gesetzes stattfinden, soweit nicht in den Absätzen 3 und 4 etwas anderes bestimmt ist.

(3) Werden Darbietungen ausländischer Staatsangehöriger erlaubterweise auf Bild- oder Tonträger aufgenommen und sind diese erschienen, so genießen die ausländischen Staatsangehörigen hinsichtlich dieser Bild- oder Tonträger den Schutz nach § 77 Abs. 2 Satz 1, § 78 Abs. 1 Nr. 1 und Abs. 2, wenn die Bild- oder Tonträger im Geltungsbereich dieses Gesetzes erschienen sind, es sei denn, daß die Bild- oder Tonträger früher als dreißig Tage vor dem Erscheinen im Geltungsbereich dieses Gesetzes außerhalb dieses Gebietes erschienen sind.

(4) Werden Darbietungen ausländischer Staatsangehöriger erlaubterweise durch Funk gesendet, so genießen die ausländischen Staatsangehörigen den Schutz gegen Aufnahme der Funksendung auf Bild- oder Tonträger (§ 77 Abs. 1) und Weitersendung der Funksendung (§ 78 Abs. 1 Nr. 2) sowie den Schutz nach § 78 Abs. 2, wenn die Funksendung im Geltungsbereich dieses Gesetzes ausgestrahlt worden ist.

(5) Im übrigen genießen ausländische Staatsangehörige den Schutz nach Inhalt der Staatsverträge. § 121 Abs. 4 Satz 2 sowie die §§ 122 und 123 gelten entsprechend.

(6) Den Schutz nach den §§ 74 und 75, § 77 Abs. 1 sowie § 78 Abs. 1 Nr. 3 genießen ausländische Staatsangehörige für alle ihre Darbietungen, auch wenn die Voraussetzungen der Absätze 2 bis 5 nicht vorliegen. Das gleiche gilt für den Schutz nach § 78 Abs. 1 Nr. 2, soweit es sich um die unmittelbare Sendung der Darbietung handelt.

(7) Wird Schutz nach den Absätzen 2 bis 4 oder 6 gewährt, so erlischt er spätestens mit dem Ablauf der Schutzdauer in dem Staat, dessen Staatsangehöriger der ausübende Künstler ist, ohne die Schutzfrist nach § 82 zu überschreiten.

§ 126. Schutz des Herstellers von Tonträgern

(1) Den nach den §§ 85 und 86 gewährten Schutz genießen deutsche Staatsangehörige oder Unternehmen mit Sitz im Geltungsbereich dieses Gesetzes für alle ihre Tonträger, gleichviel, ob und wo diese erschienen sind. § 120 Abs. 2 ist anzuwenden. Unternehmen mit Sitz in einem anderen Mitgliedstaat der Europäischen Union oder in einem anderen Vertragsstaat des Abkommens über den Europäischen Wirtschaftsraum stehen Unternehmen mit Sitz im Geltungsbereich dieses Gesetzes gleich.

(2) Ausländische Staatsangehörige oder Unternehmen ohne Sitz im Geltungsbereich dieses Gesetzes genießen den Schutz für ihre im Geltungsbereich dieses Gesetzes erschienenen Tonträger, es sei denn, daß der Tonträger früher als dreißig Tage vor dem Erscheinen im Geltungsbereich dieses Gesetzes außerhalb dieses Gebietes erschienen ist. Der Schutz erlischt jedoch spätestens mit dem Ablauf der Schutzdauer in dem Staat, dessen Staatsangehörigkeit der Hersteller des Tonträgers besitzt oder in welchem das Unternehmen seinen Sitz hat, ohne die Schutzfrist nach § 85 Abs. 3 zu überschreiten.

(3) Im übrigen genießen ausländische Staatsangehörige oder Unternehmen ohne Sitz im Geltungsbereich dieses Gesetzes den Schutz nach Inhalt der Staatsverträge. § 121 Abs. 4 Satz 2 sowie die §§ 122 und 123 gelten entsprechend.

§ 127. Schutz des Sendeunternehmens

(1) Den nach § 87 gewährten Schutz genießen Sendeunternehmen mit Sitz im Geltungsbereich dieses Gesetzes für alle Funksendungen, gleichviel, wo sie diese ausstrahlen. § 126 Abs. 1 Satz 3 ist anzuwenden.

(2) Sendeunternehmen ohne Sitz im Geltungsbereich dieses Gesetzes genießen den Schutz für alle Funksendungen, die sie im Geltungsbereich dieses Gesetzes ausstrahlen. Der Schutz erlischt spätestens mit dem Ablauf der Schutzdauer in dem Staat, in dem das Sendeunternehmen seinen Sitz hat, ohne die Schutzfrist nach § 87 Abs. 3 zu überschreiten.

(3) Im übrigen genießen Sendeunternehmen ohne Sitz im Geltungsbereich dieses Gesetzes den Schutz nach Inhalt der Staatsverträge. § 121 Abs. 4 Satz 2 gilt entsprechend.

§ 127 a. Schutz des Datenbankherstellers

(1) Den nach § 87 b gewährten Schutz genießen deutsche Staatsangehörige sowie juristische Personen mit Sitz im Geltungsbereich dieses Gesetzes. § 120 Abs. 2 ist anzuwenden.

(2) Die nach deutschem Recht oder dem Recht eines der in § 120 Abs. 2 Nr. 2 bezeichneten Staaten gegründeten juristischen Personen ohne Sitz im Geltungsbereich dieses Gesetzes genießen den nach § 87 b gewährten Schutz, wenn

1. ihre Hauptverwaltung oder Hauptniederlassung sich im Gebiet eines der in § 120 Abs. 2 Nr. 2 bezeichneten Staaten befindet oder
2. ihr satzungsmäßiger Sitz sich im Gebiet eines dieser Staaten befindet und ihre Tätigkeit eine tatsächliche Verbindung zur deutschen Wirtschaft oder zur Wirtschaft eines dieser Staaten aufweist.

(3) Im übrigen genießen ausländische Staatsangehörige sowie juristische Personen den Schutz nach dem Inhalt von Staatsverträgen sowie von Vereinbarungen, die die Europäische Gemeinschaft mit dritten Staaten schließt; diese Vereinbarungen werden vom Bundesministerium der Justiz im Bundesgesetzblatt bekanntgemacht.

§ 128. Schutz des Filmherstellers

(1) Den nach den §§ 94 und 95 gewährten Schutz genießen deutsche Staatsangehörige oder Unternehmen mit Sitz im Geltungsbereich dieses Gesetzes für alle ihre Bildträger oder Bild- und Tonträger, gleichviel, ob und wo diese erschienen sind. § 120 Abs. 2 und § 126 Abs. 1 Satz 3 sind anzuwenden.

(2) Für ausländische Staatsangehörige oder Unternehmen ohne Sitz im Geltungsbereich dieses Gesetzes gelten die Bestimmungen in § 126 Abs. 2 und 3 entsprechend.

Abschnitt 2. Übergangsbestimmungen

§ 129. Werke

(1) Die Vorschriften dieses Gesetzes sind auch auf die vor seinem Inkrafttreten geschaffenen Werke anzuwenden, es sei denn, daß sie zu diesem Zeitpunkt urheberrechtlich nicht geschützt sind oder daß in diesem Gesetz sonst etwas anderes bestimmt ist. Dies gilt für verwandte Schutzrechte entsprechend.

(2) Die Dauer des Urheberrechts an einem Werk, das nach Ablauf von fünfzig Jahren nach dem Tode des Urhebers, aber vor dem Inkrafttreten dieses Gesetzes veröffentlicht worden ist, richtet sich nach den bisherigen Vorschriften.

§ 130. Übersetzungen

Unberührt bleiben die Rechte des Urhebers einer Übersetzung, die vor dem 1. Januar 1902 erlaubterweise ohne Zustimmung des Urhebers des übersetzten Werkes erschienen ist.

§ 131. Vertonte Sprachwerke

Vertonte Sprachwerke, die nach § 20 des Gesetzes betreffend das Urheberrecht an Werken der Literatur und der Tonkunst vom 19. Juni 1901 (Reichsgesetzbl. S. 227) in der Fassung des Gesetzes zur Ausführung der revidierten Berner Übereinkunft zum Schutze von Werken der Literatur und Kunst vom 22. Mai 1910 (Reichsgesetzbl. S. 793) ohne Zustimmung ihres Urhebers vervielfältigt, verbreitet und öffentlich wiedergegeben werden durften, dürfen auch weiterhin in gleichem Umfang vervielfältigt, verbreitet und öffentlich wiedergegeben werden, wenn die Vertonung des Werkes vor dem Inkrafttreten dieses Gesetzes erschienen ist.

UrhG i. d. F. des Gesetzes zur Regelung des Urheberrechts **Anh 1**

§ 132. Verträge

(1) Die Vorschriften dieses Gesetzes sind mit Ausnahme der §§ 42 und 43 auf Verträge, die vor dem 1. Januar 1966 abgeschlossen worden sind, nicht anzuwenden. § 43 gilt für ausübende Künstler entsprechend. Die §§ 40 und 41 gelten für solche Verträge mit der Maßgabe, daß die in § 40 Abs. 1 Satz 2 und § 41 Abs. 2 genannten Fristen frühestens mit dem 1. Januar 1966 beginnen.

(2) Vor dem 1. Januar 1966 getroffene Verfügungen bleiben wirksam.

(3) Auf Verträge oder sonstige Sachverhalte, die vor dem 1. Juli 2002 geschlossen worden oder entstanden sind, sind die Vorschriften dieses Gesetzes vorbehaltlich der Sätze 2 und 3 in der am 28. März 2002 geltenden Fassung weiter anzuwenden. § 32 a findet auf Sachverhalte Anwendung, die nach dem 28. März 2002 entstanden sind. Auf Verträge, die seit dem 1. Juni 2001 und bis zum 30. Juni 2002 geschlossen worden sind, findet auch § 32 Anwendung, sofern von dem eingeräumten Recht oder der Erlaubnis nach dem 30. Juni 2002 Gebrauch gemacht wird.

(4) Absatz 3 gilt für ausübende Künstler entsprechend.

§ 133 *(weggefallen)*

§ 134. Urheber

Wer zur Zeit des Inkrafttretens dieses Gesetzes nach den bisherigen Vorschriften, nicht aber nach diesem Gesetz als Urheber eines Werkes anzusehen ist, gilt, abgesehen von den Fällen des § 135, weiterhin als Urheber. Ist nach den bisherigen Vorschriften eine juristische Person als Urheber eines Werkes anzusehen, so sind für die Berechnung der Dauer des Urheberrechts die bisherigen Vorschriften anzuwenden.

§ 135. Inhaber verwandter Schutzrechte

Wer zur Zeit des Inkrafttretens dieses Gesetzes nach den bisherigen Vorschriften als Urheber eines Lichtbildes oder der Übertragung eines Werkes auf Vorrichtungen zur mechanischen Wiedergabe für das Gehör anzusehen ist, ist Inhaber der entsprechenden verwandten Schutzrechte, die dieses Gesetz ihm gewährt.

§ 135 a. Berechnung der Schutzfrist

Wird durch die Anwendung dieses Gesetzes auf ein vor seinem Inkrafttreten entstandenes Recht die Dauer des Schutzes verkürzt und liegt das für den Beginn der Schutzfrist nach diesem Gesetz maßgebende Ereignis vor dem Inkrafttreten dieses Gesetzes, so wird die Frist erst vom Inkrafttreten dieses Gesetzes an berechnet. Der Schutz erlischt jedoch spätestens mit Ablauf der Schutzdauer nach den bisherigen Vorschriften.

§ 136. Vervielfältigung und Verbreitung

(1) War eine Vervielfältigung, die nach diesem Gesetz unzulässig ist, bisher erlaubt, so darf die vor Inkrafttreten dieses Gesetzes begonnene Herstellung von Vervielfältigungsstücken vollendet werden.

(2) Die nach Absatz 1 oder bereits vor dem Inkrafttreten dieses Gesetzes hergestellten Vervielfältigungsstücke dürfen verbreitet werden.

(3) Ist für eine Vervielfältigung, die nach den bisherigen Vorschriften frei zulässig war, nach diesem Gesetz eine angemessene Vergütung an den Berechtigten zu zahlen,

so dürfen die in Absatz 2 bezeichneten Vervielfältigungsstücke ohne Zahlung einer Vergütung verbreitet werden.

§ 137. Übertragung von Rechten

(1) Soweit das Urheberrecht vor Inkrafttreten dieses Gesetzes auf einen anderen übertragen worden ist, stehen dem Erwerber die entsprechenden Nutzungsrechte (§ 31) zu. Jedoch erstreckt sich die Übertragung im Zweifel nicht auf Befugnisse, die erst durch dieses Gesetz begründet werden.

(2) Ist vor dem Inkrafttreten dieses Gesetzes das Urheberrecht ganz oder teilweise einem anderen übertragen worden, so erstreckt sich die Übertragung im Zweifel auch auf den Zeitraum, um den die Dauer des Urheberrechts nach den §§ 64 bis 66 verlängert worden ist. Entsprechendes gilt, wenn vor dem Inkrafttreten dieses Gesetzes einem anderen die Ausübung einer dem Urheber vorbehaltenen Befugnis erlaubt worden ist.

(3) In den Fällen des Absatzes 2 hat der Erwerber oder Erlaubnisnehmer dem Veräußerer oder Erlaubnisgeber eine angemessene Vergütung zu zahlen, sofern anzunehmen ist, daß dieser für die Übertragung oder die Erlaubnis eine höhere Gegenleistung erzielt haben würde, wenn damals bereits die verlängerte Schutzdauer bestimmt gewesen wäre.

(4) Der Anspruch auf die Vergütung entfällt, wenn alsbald nach seiner Geltendmachung der Erwerber dem Veräußerer das Recht für die Zeit nach Ablauf der bisher bestimmten Schutzdauer zur Verfügung stellt oder der Erlaubnisnehmer für diese Zeit auf die Erlaubnis verzichtet. Hat der Erwerber das Urheberrecht vor dem Inkrafttreten dieses Gesetzes weiterveräußert, so ist die Vergütung insoweit nicht zu zahlen, als sie den Erwerber mit Rücksicht auf die Umstände der Weiterveräußerung unbillig belasten würde.

(5) Absatz 1 gilt für verwandte Schutzrechte entsprechend.

§ 137 a. Lichtbildwerke

Die Vorschriften dieses Gesetzes über die Dauer des Urheberrechts sind auch auf Lichtbildwerke anzuwenden, deren Schutzfrist am 1. Juli 1985 nach dem bis dahin geltenden Recht noch nicht abgelaufen ist.

(2) Ist vorher einem anderen ein Nutzungsrecht an einem Lichtbildwerk eingeräumt oder übertragen worden, so erstreckt sich die Einräumung oder Übertragung im Zweifel nicht auf den Zeitraum, um den die Dauer des Urheberrechts an Lichtbildwerken verlängert worden ist.

§ 137 b. Bestimmte Ausgaben

(1) Die Vorschriften dieses Gesetzes über die Dauer des Schutzes nach den §§ 70 und 71 sind auch auf wissenschaftliche Ausgaben und Ausgaben nachgelassener Werke anzuwenden, deren Schutzfrist am 1. Juli 1990 nach dem bis dahin geltenden Recht noch nicht abgelaufen ist.

(2) Ist vor dem 1. Juli 1990 einem anderen ein Nutzungsrecht an einer wissenschaftlichen Ausgabe oder einer Ausgabe nachgelassener Werke eingeräumt oder übertragen worden, so erstreckt sich die Einräumung oder Übertragung im Zweifel auch auf den Zeitraum, um den die Dauer des verwandten Schutzrechtes verlängert worden ist.

(3) Die Bestimmungen in § 137 Abs. 3 und 4 gelten entsprechend.

§ 137 c. Ausübende Künstler

(1) Die Vorschriften dieses Gesetzes über die Dauer des Schutzes nach § 82 sind auch auf Darbietungen anzuwenden, die vor dem 1. Juli 1990 auf Bild- oder Tonträger aufgenommen worden sind, wenn am 1. Januar 1991 seit dem Erscheinen des Bild- oder Tonträgers 50 Jahre noch nicht abgelaufen sind. Ist der Bild- oder Tonträger innerhalb dieser Frist nicht erschienen, so ist die Frist von der Darbietung an zu berechnen. Der Schutz nach diesem Gesetz dauert in keinem Fall länger als 50 Jahre nach dem Erscheinen des Bild- oder Tonträgers oder, falls der Bild- oder Tonträger nicht erschienen ist, 50 Jahre nach der Darbietung.

(2) Ist vor dem 1. Juli 1990 einem anderen ein Nutzungsrecht an der Darbietung eingeräumt oder übertragen worden, so erstreckt sich die Einräumung oder Übertragung im Zweifel auch auf den Zeitraum, um den die Dauer des Schutzes verlängert worden ist.

(3) Die Bestimmungen in § 137 Abs. 3 und 4 gelten entsprechend.

§ 137 d. Computerprogramme

(1) Die Vorschriften des Abschnitts 8 des Teils 1 sind auch auf Computerprogramme anzuwenden, die vor dem 24. Juni 1993 geschaffen worden sind. Jedoch erstreckt sich das ausschließliche Vermietrecht (§ 69 c Nr. 3) nicht auf Vervielfältigungsstücke eines Programms, die ein Dritter vor dem 1. Januar 1993 zum Zweck der Vermietung erworben hat.

(2) § 69 g Abs. 2 ist auch auf Verträge anzuwenden, die vor dem 24. Juni 1993 abgeschlossen worden sind.

§ 137 e. Übergangsregelung bei Umsetzung der Richtlinie 92/100/EWG

(1) Die am 30. Juni 1995 in Kraft tretenden Vorschriften dieses Gesetzes finden auch auf vorher geschaffene Werke Darbietungen, Tonträger, Funksendungen und Filme Anwendung, es sei denn, daß diese zu diesem Zeitpunkt nicht mehr geschützt sind.

(2) Ist ein Original oder Vervielfältigungsstück eines Werkes oder ein Bild- oder Tonträger vor dem 30. Juni 1995 erworben oder zum Zweck der Vermietung einem Dritten überlassen worden so gilt für die Vermietung nach diesem Zeitpunkt die Zustimmung der Inhaber des Vermietrechts (§§ 17, 77 Abs. 2 Satz 1, §§ 85 und 94) als erteilt. Diesen Rechtsinhabern hat der Vermieter jeweils eine angemessene Vergütung zu zahlen; § 27 Abs. 1 Satz 2 und 3 hinsichtlich der Ansprüche der Urheber und ausübenden Künstler und § 27 Abs. 3 finden entsprechende Anwendung. § 137 d bleibt unberührt.

(3) Wurde ein Bild- oder Tonträger, der vor dem 30 Juni 1995 erworben oder zum Zweck der Vermietung einem Dritten überlassen worden ist, zwischen dem 1. Juli 1994 und dem 30. Juni 1995 vermietet, besteht für diese Vermietung ein Vergütungsanspruch in entsprechender Anwendung des Absatzes 2 Satz 2.

(4) Hat ein Urheber vor dem 30. Juni 1995 ein ausschließliches Verbreitungsrecht eingeräumt, so gilt die Einräumung auch für das Vermietrecht. Hat ein ausübender Künstler vor diesem Zeitpunkt bei der Herstellung eines Filmwerks mitgewirkt oder in die Benutzung seiner Darbietung zur Herstellung eines Filmwerkes eingewilligt, so gelten seine ausschließliche Rechte als auf den Filmhersteller übertragen. Hat er vor diesem Zeitpunkt in die Aufnahme seiner Darbietung auf Tonträger und in die Vervielfältigung eingewilligt, so gilt die Einwilligung auch als Übertragung des Verbreitungsrechts, einschließlich der Vermietung.

§ 137 f. Übergangsregelung bei Umsetzung der Richtlinie 93/98/EWG

(1) Würde durch die Anwendung dieses Gesetzes in der ab dem 1. Juli 1995 geltenden Fassung die Dauer eines vorher entstandenen Rechts verkürzt, so erlischt der Schutz mit dem Ablauf der Schutzdauer nach den bis zum 30. Juni 1995 geltenden Vorschriften. Im übrigen sind die Vorschriften dieses Gesetzes über die Schutzdauer in der ab dem 1. Juli 1995 geltenden Fassung auch auf Werke und verwandte Schutzrechte anzuwenden, deren Schutz am 1. Juli 1995 noch nicht erloschen ist.

(2) Die Vorschriften dieses Gesetzes in der ab dem 1. Juli 1995 geltenden Fassung sind auch auf Werke anzuwenden, deren Schutz nach diesem Gesetz vor dem 1. Juli 1995 abgelaufen ist, nach dem Gesetz eines anderen Mitgliedstaates der Europäischen Union oder eines Vertragsstaates des Abkommens über den Europäischen Wirtschaftsraum zu diesem Zeitpunkt aber noch besteht. Satz 1 gilt entsprechend für die verwandten Schutzrechte des Herausgebers nachgelassener Werke (§ 71), der ausübenden Künstler (§ 73), der Hersteller von Tonträgern (§ 85), der Sendeunternehmen (§ 87) und der Filmhersteller (§§ 94 und 95).

(3) Lebt nach Absatz 2 der Schutz eines Werkes im Geltungsbereich dieses Gesetzes wieder auf, so stehen die wiederauflebenden Rechte dem Urheber zu. Eine vor dem 1. Juli 1995 begonnene Nutzungshandlung darf jedoch in dem vorgesehenen Rahmen fortgesetzt werden. Für die Nutzung ab dem 1. Juli 1995 ist eine angemessene Vergütung zu zahlen. Die Sätze 1 bis 3 gelten für verwandte Schutzrechte entsprechend.

(4) Ist vor dem 1. Juli 1995 einem anderen ein Nutzungsrecht an einer nach diesem Gesetz noch geschützten Leistung eingeräumt oder übertragen worden, so erstreckt sich die Einräumung oder Übertragung im Zweifel auch auf den Zeitraum, um den die Schutzdauer verlängert worden ist. Im Fall des Satzes 1 ist eine angemessene Vergütung zu zahlen.

§ 137 g. Übergangsregelung bei Umsetzung der Richtlinie 96/9/EG

(1) § 23 Satz 2, § 53 Abs. 5, die §§ 55 a und 63 Abs. 1 Satz 2 sind auch auf Datenbankwerke anzuwenden, die vor dem 1. Januar 1998 geschaffen wurden.

(2) Die Vorschriften des Abschnitts 6 des Teils 2 sind auch auf Datenbanken anzuwenden, die zwischen dem 1. Januar 1983 und dem 31. Dezember 1997 hergestellt worden sind. Die Schutzfrist beginnt in diesen Fällen am 1. Januar 1998.

(3) Die §§ 55 a und 87 e sind nicht auf Verträge anzuwenden, die vor dem 1. Januar 1998 abgeschlossen worden sind.

§ 137 h. Übergangsregelung bei Umsetzung der Richtlinie 93/83/EWG

(1) Die Vorschrift des § 20 a ist auf Verträge, die vor dem 1. Juni 1998 geschlossen worden sind, erst ab dem 1. Januar 2000 anzuwenden, sofern diese nach diesem Zeitpunkt ablaufen.

(2) Sieht ein Vertrag über die gemeinsame Herstellung eines Bild- oder Tonträgers, der vor dem 1. Juni 1998 zwischen mehreren Herstellern, von denen mindestens einer einem Mitgliedstaat der Europäischen Union oder Vertragsstaat des Europäischen Wirtschaftsraumes angehört, geschlossen worden ist, eine räumliche Aufteilung des Rechts der Sendung unter den Herstellern vor, ohne nach der Satellitensendung und anderen Arten der Sendung zu unterscheiden, und würde die Satellitensendung der gemeinsam hergestellten Produktion durch einen Hersteller die Auswertung der räumlich oder sprachlich beschränkten ausschließlichen Rechte eines anderen Herstellers beeinträchtigen, so ist die Satellitensendung nur zulässig, wenn ihr der Inhaber dieser ausschließlichen Rechte zugestimmt hat.

(3) Die Vorschrift des § 20 b Abs. 2 ist nur anzuwenden, sofern der Vertrag über die Einräumung des Kabelweitersenderechts nach dem 1. Juni 1998 geschlossen wurde.

§ 137 i. Übergangsregelung zum Gesetz zur Modernisierung des Schuldrechts

Artikel 229 § 6 des Einführungsgesetzes zum Bürgerlichen Gesetzbuch findet mit der Maßgabe entsprechende Anwendung, dass § 26 Abs. 7, § 36 Abs. 2 und § 102 in der bis zum 1. Januar 2002 geltenden Fassung den Vorschriften des Bürgerlichen Gesetzbuchs über die Verjährung in der bis zum 1. Januar 2002 geltenden Fassung gleichgestellt sind.

§ 137 j. Übergangsregelung aus Anlass der Umsetzung der Richtlinie 2001/29/EG

(1) § 95 d Abs. 1 ist auf alle ab dem 1. Dezember 2003 neu in den Verkehr gebrachten Werke und anderen Schutzgegenstände anzuwenden.

(2) Die Vorschrift dieses Gesetzes über die Schutzdauer für Hersteller von Tonträgern in der ab dem 13. September 2003 geltenden Fassung ist auch auf verwandte Schutzrechte anzuwenden, deren Schutz am 22. Dezember 2002 noch nicht erloschen ist.

(3) Lebt nach Absatz 2 der Schutz eines Tonträgers wieder auf, so stehen die wiederauflebenden Rechte dem Hersteller des Tonträgers zu.

(4) Ist vor dem 13. September 2003 einem anderen ein Nutzungsrecht an einem nach diesem Gesetz noch geschützten Tonträger eingeräumt oder übertragen worden, so erstreckt sich, im Falle einer Verlängerung der Schutzdauer nach § 85 Abs. 3, die Einräumung oder Übertragung im Zweifel auch auf diesen Zeitraum. Im Fall des Satzes 1 ist eine angemessene Vergütung zu zahlen.

§ 137 k. Übergangsregelung zur öffentlichen Zugänglichmachung für Unterricht und Forschung

§ 52 a ist mit Ablauf des 31. Dezember 2006 nicht mehr anzuwenden.

Abschnitt 3. Schlussbestimmungen

§ 138. Register anonymer und pseudonymer Werke

(1) Das Register anonymer und pseudonymer Werke für die in § 66 Abs. 2 Satz 2 vorgesehenen Eintragungen wird beim Patentamt geführt. Das Patentamt bewirkt die Eintragungen, ohne die Berechtigung des Antragstellers oder die Richtigkeit der zur Eintragung angemeldeten Tatsachen zu prüfen.

(2) Wird die Eintragung abgelehnt, so kann der Antragsteller gerichtliche Entscheidung beantragen. Über den Antrag entscheidet das für den Sitz des Patentamts zuständige Oberlandesgericht durch einen mit Gründen versehenen Beschluß. Der Antrag ist schriftlich bei dem Oberlandesgericht einzureichen. Die Entscheidung des Oberlandesgerichts ist endgültig. Im übrigen gelten für das gerichtliche Verfahren die Vorschriften des Gesetzes über die Angelegenheiten der freiwilligen Gerichtsbarkeit entsprechend. Für die Gerichtskosten gilt die Kostenordnung; die Gebühren richten sich nach § 131 der Kostenordnung.

(3) Die Eintragungen werden im Bundesanzeiger öffentlich bekanntgemacht. Die Kosten für die Bekanntmachung hat der Antragsteller im voraus zu entrichten.

(4) Die Einsicht in das Register ist jedem gestattet. Auf Antrag werden Auszüge aus dem Register erteilt.

(5) Der Bundesminister der Justiz wird ermächtigt, durch Rechtsverordnung
1. Bestimmungen über die Form des Antrags und die Führung des Register zu erlassen,
2. zur Deckung der Verwaltungskosten die Erhebung von Kosten (Gebühren und Auslagen) für die Eintragung, für die Ausfertigung eines Eintragungsscheins und für die Erteilung sonstiger Auszüge und deren Beglaubigung anzuordnen sowie Bestimmungen über den Kostenschuldner, die Fälligkeit von Kosten, die Kostenvorschußpflicht, Kostenbefreiungen, die Verjährung, das Kostenfestsetzungsverfahren und die Rechtsbehelfe gegen die Kostenfestsetzung zu treffen.

(6) Eintragungen, die nach § 56 des Gesetzes betreffend das Urheberrecht an Werken der Literatur und der Tonkunst vom 19. Juni 1901 beim Stadtrat in Leipzig vorgenommen worden sind, bleiben wirksam.

§ 139. Änderung der Strafprozessordnung

§ 374 Abs. 1 Nr. 8 der Strafprozeßordnung erhält folgende Fassung:

„8. alle Verletzungen des Patent-, Gebrauchsmuster-, Warenzeichen- und Geschmacksmusterrechtes, soweit sie als Vergehen strafbar sind, sowie die Vergehen nach §§ 106 bis 108 des Urheberrechtsgesetzes."

§ 140. Änderung des Gesetzes über das am 6. September 1952 unterzeichnete Welturheberrechtsabkommen

In das Gesetz über das am das am 6. September 1952 unterzeichnete Welturheberrechtsabkommen vom 24. Februar 1955 (Bundesgesetzbl. II S. 101) wird nach Artikel 2 folgender Artikel 2 a eingefügt:

„Artikel 2 a

Für die Berechnung der Dauer des Schutzes, den ausländische Staatsangehörige für ihre Werke nach dem Abkommen im Geltungsbereich dieses Gesetzes genießen, sind die Bestimmungen in Artikel IV Nr. 4 bis 6 des Abkommens anzuwenden."

§ 141. Aufgehobene Vorschriften

Mit dem Inkrafttreten dieses Gesetzes werden aufgehoben:
1. die §§ 57 bis 60 des Gesetzes betreffend das Urheberrecht an Schriftwerken, Abbildungen, musikalischen Kompositionen und dramatischen Werken vom 11. Juni 1870 (Bundesgesetzblatt des Norddeutschen Bundes S. 339);
2. die §§ 17 bis 19 des Gesetzes betreffend das Urheberrecht an Werken der bildenden Künste vom 9. Januar 1876 (Reichsgesetzbl. S. 4);
3. das Gesetz betreffend das Urheberrecht an Werken der Literatur und der Tonkunst vom 19. Juni 1901 in der Fassung des Gesetzes zur Ausführung der revidierten Berner Übereinkunft zum Schutze von Werken der Literatur und Kunst vom 22. Mai 1910 und des Gesetzes zur Verlängerung der Schutzfristen im Urheberrecht vom 13. Dezember 1934 (Reichsgesetzbl. II S. 1395);
4. die §§ 3, 13 und 42 des Gesetzes über das Verlagsrecht vom 19. Juni 1901 (Reichsgesetzbl. S. 217) in der Fassung des Gesetzes zur Ausführung der revidierten Berner Übereinkunft zum Schutze von Werken der Literatur und Kunst vom 22. Mai 1910;

UrhG i. d. F. des Gesetzes zur Regelung des Urheberrechts **Anh 1**

5. das Gesetz betreffend das Urheberrecht an Werken der bildenden Künste und der Photographie vom 9. Januar 1907 (Reichsgesetzbl. S. 7) in der Fassung des Gesetzes zur Ausführung der revidierten Berner Übereinkunft zum Schutze von Werken der Literatur und Kunst vom 22. Mai 1910, des Gesetzes zur Verlängerung der Schutzfristen im Urheberrecht vom 13. Dezember 1934 und des Gesetzes zur Verlängerung der Schutzfristen für das Urheberrecht an Lichtbildern vom 12. Mai 1940 (Reichsgesetzbl. I S. 758), soweit es nicht den Schutz von Bildnissen betrifft;
6. die Artikel I, III und IV des Gesetzes zur Ausführung der revidierten Berner Übereinkunft zum Schutze von Werken der Literatur und Kunst vom 22. Mai 1910;
7. das Gesetz zur Erleichterung der Filmberichterstattung vom 30. April 1936 (Reichsgesetzbl. I S. 404);
8. § 10 des Gesetzes über die Rechtsstellung heimatloser Ausländer im Bundesgebiet vom 25. April 1951 (Bundesgesetzbl. I S. 269).

§ 142 *(weggefallen)*

§ 143. Inkrafttreten

(1) Die §§ 64 bis 67, 69, 105 Abs. 1 bis 3 und § 138 Abs. 5 treten am Tage nach der Verkündung dieses Gesetzes in Kraft.

(2) Im übrigen tritt dieses Gesetz am 1. Januar 1966 in Kraft.

Anlage (zu § 54 d Abs. 1 des Urheberrechtsgesetzes)

Vergütungssätze

I. Vergütung nach § 54 Abs. 1
Die Vergütung aller Berechtigten beträgt
   1. für jedes Tonaufzeichnungsgerät: 1,28 EUR
   2. für jedes Tonaufzeichnungsgerät, für dessen Betrieb nach seiner Bauart gesonderte Träger (Nummer 5) nicht erforderlich sind: 2,56 EUR
   3. für jedes Bildaufzeichnungsgerät mit oder ohne Tonteil: 9,21 EUR
   4. für jedes Bildaufzeichnungsgerät, für dessen Betrieb nach seiner Bauart gesonderte Träger (Nummer 6) nicht erforderlich sind: 18,42 EUR
   5. bei Tonträgern für jede Stunde Spieldauer bei üblicher Nutzung: 0,0614 EUR
   6. bei Bildträgern für jede Stunde Spieldauer bei üblicher Nutzung: 0,0870 EUR
II. Vergütung nach § 54 a
   1. Die Vergütung aller Berechtigten nach § 54 a Abs. 1 beträgt für jedes Vervielfältigungsgerät mit einer Leistung
      a) bis 12 Vervielfältigungen je Minute: 38,35 EUR wenn mehrfarbige Vervielfältigungen hergestellt werden können: 76,70 EUR
      b) von 13 bis 35 Vervielfältigungen je Minute: 51,13 EUR wenn mehrfarbige Vervielfältigungen hergestellt werden können: 102,26 EUR
      c) von 36 bis 70 Vervielfältigungen je Minute: 76,70 EUR wenn mehrfarbige Vervielfältigungen hergestellt werden können: 153,40 EUR
      d) über 70 Vervielfältigungen je Minute: 306,78 EUR wenn mehrfarbige Vervielfältigungen hergestellt werden können: 613,56 EUR
   2. Die Vergütung aller Berechtigten nach § 54 a Abs. 2 beträgt für jede DIN-A4-Seite der Ablichtung

a) bei Ablichtungen, die aus ausschließlich für den Schulgebrauch bestimmten, von einer Landesbehörde als Schulbuch zugelassenen Büchern hergestellt werden
einfarbig: 0,0256 EUR
mehrfarbig: 0,0512 EUR
b) bei allen übrigen Ablichtungen
einfarbig: 0,0103 EUR
mehrfarbig: 0,0206 EUR
3. Bei Vervielfältigungsverfahren vergleichbarer Wirkung sind diese Vergütungssätze entsprechend anzuwenden.

2. Gesetz zur Regelung des Urheberrechts in der Informationsgesellschaft[1]

Vom 10. September 2003

(BGBl. I S. 1774)

Artikel 1. Änderung des Urheberrechtsgesetzes

(1) Das Urheberrechtsgesetz vom 9. September 1965 (BGBl. I S. 1273), zuletzt geändert durch Artikel 7 des Gesetzes vom 23. Juli 2002 (BGBl. I S. 2850), wird wie folgt geändert: *(Änderungen gemäß Ziff. 1–53 sind im vorstehend – Anhang 1 – abgedruckten Gesetzestext berücksichtigt)*

(2) Dem Urheberrechtsgesetz vom 9. September 1965 (BGBl. I S. 1273), zuletzt geändert durch Absatz 1, wird die aus der Anlage zu dieser Vorschrift ersichtliche Inhaltsübersicht vorangestellt. Die Untergliederungen des Urheberrechtsgesetzes erhalten die Bezeichnung und Fassung, die sich jeweils aus der Inhaltsübersicht in der Anlage zu dieser Vorschrift ergibt. Die Vorschriften des Urheberrechtsgesetzes erhalten die Überschriften, dies sich jeweils aus der Inhaltsübersicht in der Anlage zu dieser Vorschrift ergeben. *(Änderungen gemäß der Anlage sind im vorstehend – Anhang 1 – abgedruckten Gesetzestext berücksichtigt.)*

Artikel 2. Änderung des Urheberrechtswahrnehmungsgesetzes

Das Urheberrechtswahrnehmungsgesetz vom 9. September 1965 (BGBl. I S. 1294), zuletzt geändert durch Artikel 17 des Gesetzes vom 13. Dezember 2001 (BGBl. I S. 3656), wird wie folgt geändert:

1. § 11 wird wie folgt geändert:
  a) In Absatz 1 werden die Wörter „oder Einwilligungen zu erteilen" gestrichen.
  b) Absatz 2 wird wie folgt gefasst:
„(2) Kommt eine Einigung über die Höhe der Vergütung für die Einräumung der Nutzungsrechte nicht zustande, so gelten die Nutzungsrechte als eingeräumt, wenn die Vergütung in Höhe des vom Nutzer anerkannten Betrages an die Verwertungsgesellschaft gezahlt und in Höhe der darüber hinaus gehenden Forderung der Verwertungsgesellschaft unter Vorbehalt an die Verwertungsgesellschaft gezahlt oder zu ihren Gunsten hinterlegt worden ist.

2. Dem § 13 wird folgender Absatz 4 angefügt:

---

[1] *Amtl. Anm:* Dieses Gesetz dient der Umsetzung der Richtlinie 2001/29/EG des Europäischen Parlaments und des Rates vom 22. Mai 2001 zur Harmonisierung bestimmter Aspekte des Urheberrechts und der verwandten Schutzrechte in der Informationsgesellschaft (ABl. EG Nr. L 167 S. 10).

„(4) Bei der Gestaltung von Tarifen, die auf den §§ 54 und 54a des Urheberrechtsgesetzes beruhen, ist auch zu berücksichtigen, inwieweit technische Schutzmaßnahmen nach § 95a des Urheberrechtsgesetzes auf die betreffenden Werke oder die betreffenden Schutzgegenstände angewendet werden.

3. In § 13b Abs. 2 wird die Angabe „§ 75 Abs. 3, § 85 Abs. 3 oder § 94 Abs. 4" durch die Angabe „§ 77 Abs. 2, § 85 Abs. 4 oder § 94 Abs. 5" ersetzt.
4. In § 21 wird die Angabe „fünftausend Euro" durch die Angabe „hunderttausend Euro" ersetzt.
5. § 19 wird wie folgt geändert:
   a) Nach Absatz 1 wird folgender Absatz 2 eingefügt:
   „(2) Wird eine Verwertungsgesellschaft ohne Erlaubnis nach § 1 Abs. 1 tätig, kann die Aufsichtsbehörde die Fortsetzung des Geschäftsbetriebs untersagen. Die Aufsichtsbehörde kann alle erforderlichen Maßnahmen ergreifen, um sicherzustellen, dass die Verwertungsgesellschaft die sonstigen ihr obliegenden Verpflichtungen ordnungsgemäß erfüllt."
   b) Die bisherigen Absätze 2 bis 4 werden Absätze 3 bis 5.

Artikel 3. Änderung des Unterlassungsklagengesetzes

Das Unterlassungsklagengesetz in der Fassung der Bekanntmachung vom 27. August 2002 (BGBl. I S. 3422, 4346) wird wie folgt geändert:
1. Nach § 2 wird folgender § 2a eingefügt:
„§ 2a. Unterlassungsanspruch nach dem Urheberrechtsgesetz

(1) Wer gegen § 95b Abs. 1 des Urheberrechtsgesetzes verstößt, kann auf Unterlassung in Anspruch genommen werden.

(2) Absatz 1 gilt nicht, soweit Werke und sonstige Schutzgegenstände der Öffentlichkeit auf Grund einer vertraglichen Vereinbarung in einer Weise zugänglich gemacht werden, dass sie Mitgliedern der Öffentlichkeit von Orten und zu Zeiten ihrer Wahl zugänglich sind.

(3) § 2 Abs. 3 gilt entsprechend."
2. Nach § 3 wird folgender § 3a eingefügt:
„§ 3a. Anspruchsberechtigte Verbände nach § 2a

Der in § 2a Abs. 1 bezeichnete Anspruch auf Unterlassung steht rechtsfähigen Verbänden zur nicht gewerbsmäßigen und nicht nur vorübergehenden Förderung der Interessen derjenigen zu, die durch § 95b Abs. 1 Satz 1 des Urheberrechtsgesetzes begünstigt werden. Der Anspruch kann nur an Verbände im Sinne des Satzes 1 abgetreten werden."
2. § 6 Abs. 1 Satz 2 wird wie folgt gefasst:
„Hat der Beklagte im Inland weder eine gewerbliche Niederlassung noch einen Wohnsitz, so ist das Gericht des inländischen Aufenthaltsorts zuständig, in Ermangelung eines solchen das Gericht, in dessen Bezirk
  1. die nach den §§ 307 bis 309 des Bürgerlichen Gesetzbuchs unwirksamen Bestimmungen in Allgemeinen Geschäftsbedingungen verwendet wurden,
  2. gegen Verbraucherschutzgesetze verstoßen wurde oder
  3. gegen § 95b Abs. 1 des Urheberrechtsgesetzes verstoßen wurde."

Artikel 4. Änderung der Strafprozessordnung

Die Strafprozessordnung in der Fassung der Bekanntmachung vom 7. April 1987 (BGBl. I S. 1074, 1319), zuletzt geändert durch Artikel 6 des Gesetzes vom 11. Oktober 2002 (BGBl. I S. 3970), wird wie folgt geändert:

1. In § 374 Abs. 1 Nr. 8 wird nach der Angabe „bis § 108" die Angabe „sowie § 108 b Abs. 1 und 2" eingefügt.
2. In § 395 Abs. 2 Nr. 3 wird die Angabe „und § 108 a" durch die Angabe „und den §§ 108 a und 108 b Abs. 3" ersetzt.

Artikel 5. Neufassung des Urheberrechtsgesetzes und des Unterlassungsklagengesetzes

Das Bundesministerium der Justiz kann das Urheberrechtsgesetz in der vom 13. September 2003 an geltenden Fassung und das Unterlassungsklagengesetz in der vom 1. Dezember 2003 an geltenden Fassung im Bundesgesetzblatt bekannt machen.

Artikel 6. Inkrafttreten

(1) Dieses Gesetz tritt vorbehaltlich des Absatzes 2 am Tage nach der Verkündung in Kraft.

(2) Es treten in Artikel 1 Nr. 34 der § 95 b Abs. 2 und der § 95 d Abs. 2 sowie in Nr. 42 der § 111 a Abs. 1 Nr. 2 und 3, Abs. 3 und der Artikel 3 am 1. September 2004 in Kraft.

Sachverzeichnis

Fette Zahlen = §§, magere Zahlen = Randnummern, **Nachweise ohne Randnummern** beziehen sich auf die Vorschrift insgesamt, **Nachweise ohne Gesetzesangabe** beziehen sich auf das **UrhG, WahrnG** und **UKlaG** bezeichnen die Kommentierungen dieser Gesetze

Abrufdienst 69 c 4 f., 11
Abschreckungswirkung 111 a 11
Absicht 108 b 7
Absprache im Bußgeldverfahren 111 a 9
Akteneinsicht 111 a 9
Allzweckausrüstung 95 a 84 ff.
Altverträge 132 1
Änderung 44 a 11
Antragsberechtigung 109 2
Antragsdelikt 109
– relatives **108 b** 11
Application Service Providing 69 c 11
Arbeits- und Dienstverträge
– ausübende Künstler **132** 1
Arbeitsspeicher 44 a 3
Archivmaterial (Tonträger)
– Auswertung **85** 5
ASP 69 c 11
Audio-CD 95 a 33, 54, **95 d** 6
Audio-on-Demand 19 a 24
Ausland 108 b 9
Auslegung
– richtlinienkonforme **108** 2
Aussagepflicht 111 a 8
Aussageverweigerungsrecht 111 a 8
Ausstellungen
– Schranke **58** 1 ff.
Ausübende Künstler 125
– Anerkennung **125** 1
– Arbeits- und Dienstverträge **132** 1
– Ausschließliche Verwertungsrechte **92** 2
Banner 44 a 12
Behörde 111 a 10
Bekanntgabe der Verurteilung 111
Belehrung 111 a 8
Berechtigter 109 2
Bereithalten zum elektronischen Abruf 15 11
Bereithaltungsrecht 19 a 3
Beschlagnahme 111 a 7
Beschränkung der Strafverfolgung 108 b 11
Bestimmtheitsgrundsatz 108 b 3, 8, **111 a** 3
Beweisverwertungsverbot 111 a 8
Bildnisse
– Schrankenbestimmung **60** 1 ff.
Blankettgesetz 111 a 3
Bluetooth 69 c 10
Bogsch-Theorie 69 c 13
Browsen 44 a 3, **69 c** 4
Browser 44 a 3
Browsing 44 a 3, **69 c** 4
Bundeskartellamt 111 a 10

Bußgeld 111 a 11
Bußgeldbehörde 111 a 10
Bußgeldbescheid 111 a 11
Bußgeldverfahren 111 a 6
Bußgeldvorschrift 111 a
Cache 44 a 4
Caching 44 a 4
Clearingstelle 95 a 40
Client-Caching 44 a 5
Communication to the public 19 a 3
Computerprogramme 44 a 25, **69 a, 95 a** 1, 8, **95 b** 46, **95 d** 8, **108 b** 4, **111 a** 4
Computerspiele 69 a 3 f.
Daten
– persönliche **111 a** 8
Datenbank 44 a 27
Datenbanken 69 a 3 f., **95 a** 5, **95 b** 43
Datenbankwerk 44 a 26
Datenschutzrichtlinie 95 c 5
Deep-Links 44 a 28
Digital Object Identifier System 95 a 36, 38, **95 c** 9
Digital Rights Management 95 a 3, **95 c** 2 ff.
Digitale Netze 15 11
Digitale Signaturen 95 a 27, **95 c** 9
Digitale Wasserzeichen 95 a 24 ff., **95 c** 10, 13
Dongle 69 a 1 ff., **95 a** 31
Drahtgebunden 19 a 5
Drahtlos 19 a 5
Drei-Stufen-Test 44 a 22
Durchsuchung 108 b 5, **111 a** 7
DVD 95 a 34, **95 d** 7
Ebook 95 a 38
E-Commerce-Richtlinie 44 a 10, **69 c** 13
Eigentum
– geistiges **108 b** 2, **111 a** 2
Einfuhr 108 b 1
Einheitlichkeit der Rechtsordnung 108 b 4
Einleitung des Verfahrens 111 a 6
Einnahmen 108 b 6
Einspruch 111 a 12
Einstellung des Bußgeldverfahrens 108 b 11, **111 a** 6
Einstellung des Strafverfahrens 108 b 11
Einverständnis 44 a 17
Einziehung 110
Einziehungsobjekt 110
Electronic Copyright Management System 95 a 36, **95 c** 9
Elektronische Netze 19 a 1
Elektronischer Versand 19 a 26

Sachverzeichnis

fette Zahlen = Paragraphen

E-Mail 16 3, 19 a 30, 69 c 4, 7
Entfernung 44 a 15
Entschluss
– einheitlicher 108 b 10
Erbe 109 2
Erleichterung 108 b 8
Ermittlungsbefugnisse 111 a 7
Ermöglichung 108 b 8
Erschöpfung 69 c 12
Erschöpfungsgrundsatz 15 20 ff.
Erstverbreitung 15 20, 25
Fahrlässigkeit 108 b 7, 8
– grobe 108 b 8
Fernmeldegeheimnis 111 a 7
Festnahme 111 a 7
File-Sharing-Systeme 69 c 7
Filtersoftware 44 a 12
Forschung 52 a 9
Frame 44 a 28
Framing 44 a 28
Freiheitsstrafe 108 b 11
Funktionalisierung der Bußgeldbewehrung 111 a 9
Gebrauch
– privater 108 b 5
Geldbuße 111 a 11
Geldstrafe 108 b 11
Gesamtrechtsnachfolge 109 2
Gewerblich 15 4, 108 b 6, 111 a 4
Gewerbsmäßigkeit 108 b 6, 109 1, 111 a 4
Grundrechte 111 a 7
Haft 111 a 7
Handlungseinheit 108 b 10
Handlungsmehrheit 108 b 10
Herkunftslandprinzip 69 c 13
Herkunftslandtheorie 69 c 13
Hersteller der technischen Schutzmaßnahmen 109 2
Herstellung 108 b 1
Hinterlegung WahrnG 11
Homepage 19 a 31, 44 a 28
HTML 44 a 3
Hyper Text Markup Language 44 a 3
Hyperlinks 19 a 28, 44 a 28
Idealkonkurrenz 108 b 10
Information 95 c 7 ff.
Information zur Rechtewahrnehmung 95 c 1 ff., 108 b
– Entfernen oder Verändern 95 c 14 ff.
– Handlungen nach dem Entfernen von Informationen 95 c 24 ff.
– Information 95 c 7 ff.
– Kennen oder Kennenmüssen 95 c 17 f.
– Verfahren 95 c 9 f.
– Verletzungshandlungen 95 c 19 ff., 31 f.
Inland 108 b 9
Ins-Netz-Stellen 19 a 21
Integritätskontrolle 95 a 17
Interaktive Dienste 95 b 43, 95 d 14
Interaktiver Abruf 19 a 10

Interesse
– besonderes öffentliches 109
International 108 b 9
Internet 19 a 1, 69 c 4, 7, 8, 13, 108 b 4
Internetnutzung
– typischer Ablauf 19 a 12
Intranet 19 a 23, 69 c 4, 7
Irrtum 108 b 9
Java 44 a 3
Jugendlicher 111 a 6
Jugendrecht 111 a 6
Kartellamt 111 a 10
Kennen oder Kennenmüssen 95 a 62 ff.
Kenntnis 108 b 8
Kennzeichnung 111 a
– von Schutzgegenständen 108 b 1, 111 a 1
Kennzeichnungspflicht 95 d 1 ff.
– Eigenschaften 95 d 4 ff.
Kirchengebrauch 46 7, 52 2
Konkurrenzen 108 b 10, 111 a 5
Kopierschutz 108 b
Kopieschutz 111 a 1
Körperliche Festlegung 15 6
Kryptographie 95 a 25, 46
Künstler
– ausübender 108 2
Laiensphäre 108 b 9
LAN 44 a 6, 69 c 4
Landeskartellamt 111 a 10
Legalitätsprinzip 108 b 5
Leichtfertig (Tatbestandsmerkmal) 108 b 8
Leistung
– technische 108 b 2
Leitungskosten 44 a 21
Local Area Network 44 a 6
Maßnahme, technische 108 b 2, 9, 111 a 1
Menschenrechtskonvention
– Europäische 111 a 8
Meta-Suchmaschine 44 a 27
Mirror-Server 44 a 6
Mitglieder der Öffentlichkeit 15 12 ff., 69 c 7
Mobilfunk 69 c 10
MP3 95 a 37
Multimediaapplikationen 69 a 3 f.
Multimedia-Richtlinie 15 11, 19 a 1, 95 a 1 ff.
– Gesetzesänderungen aufgrund 16 1, 92 1, 93 1, 94 1
Multimediawerk 44 a 1
Museumskatalog 58 2, 8
Nachtat
– mitbestrafte 108 b 10
Near-on-Demand(-Dienste) 19 a 19 f., 69 c 4
Near-Video-on-Demand 95 a 44
Nebenklage 108 b 11
Nemo-tenetur-Grundsatz 111 a 8
Netzwerkbetrieb 69 c 7, 11
Nichtzurverfügungstellen 111 a 1
Nutzerprofile 95 d 9
Nutzungsdaten 44 a 10
Nutzungskontrolle 95 a 16

magere Zahlen = Randnummern

Sachverzeichnis

Nutzungsrechte 109 2
– Einräumung bei Tonträgern **85** 3
– Erschöpfung bei öffentlicher Wiedergabe **69 c** 12
– Öffentliche Wiedergabe eines Computerprogramms **69 c** 1 ff.
– Öffentliche Zugänglichmachung eines Computerprogramms **69 c** 1 ff.
Öffentliche Sicherheit **95 a** 87, **95 b** 18 ff.
Öffentliche Wiedergabe **15** 12, **69 c** 1 ff.
– aus dem Ausland **69 c** 13
– ins Ausland **69 c** 13
– Bogsch-Theorie **69 c** 13
– Erschöpfung **15** 21 f., **69 c** 12
Öffentliche Zugänglichmachung **15** 11, **19 a** 1, **69 c** 1 ff., **85** 1, **86** 2, **108** 1
– aus dem Ausland **69 c** 13
– ins Ausland **69 c** 13
– Bogsch-Theorie **69 c** 13
– Erschöpfung **69 c** 12
– Schranke **52 a** 1 ff.
– zum Zeichen ihrer Wahl **19 a** 9
Öffentlichkeit **15** 12, **69 c** 7, **108 b** 5, **111 a** 4
– und Recht der öffentlichen Zugänglichmachung **19 a** 6
On-Demand(-Dienste) **19 a** 22, **69 c** 4, 11, **95 b** 43
Online-Nutzung eines Werkes
– und Verwertungsrechte **15** 11, **19 a** 12
Online-Übertragung
– eines Computerprogramms **69 c** 2, 4 ff.
Opportunitätsgrundsatz **111 a** 6
Ordnungswidrigkeit **108 b** 1, **111 a** 5
Ordnungswidrigkeitenbehörde **111 a** 10
Ordnungswidrigkeitenverfahren **111 a** 6
Organisation
– gemeinnützige **111 a** 11
Orte ihrer Wahl **19 a** 7
Parallelwertung in der Laiensphäre **108 b** 9
Passwort **95 a** 39
Pay TV **95 a** 28
Pay-per-View **95 b** 44
Person
– juristische **111 a** 8
Personenmehrheit **109** 2
Persönlich **108 b** 5, **111 a** 4
Persönlichkeitsrecht **108 b** 2
– Mindestschutz **125** 1
Postgeheimnis **111 a** 7
Pressespiegel **49** 1 ff.
Privat **108 b** 7
Privatbereich **111 a** 4
Private Vervielfältigung
– von Tonträgern **85** 2
Privates Werkgenese **15** 4
Privatklage **108 b** 11
Provider **44 a** 14
Proxy **44 a** 6
Proxy-Caching **44 a** 6
Proxy-Server **44 a** 6
Prozessor **44 a** 5

Push-Dienst **69 c** 4
Push-Media **19 a** 29
RAM **44 a** 3
Random Access Memory **44 a** 3
Recht der öffentlichen Zugänglichmachung **15** 11, **19 a** 1, **85** 1, **86** 2, **94** 1, 3, 4
– Abgrenzung zum Senderecht **19 a** 14 ff.
– Abrufdienste **94** 2
– On-Demand-Angebote **94** 2
Rechtsfolgen **108 b** 11, **111 a** 11
Rechtsgut **108 b** 2, **109** 2, **111 a** 2
Rechtskraft **111 a** 11
Rechtsmittel gegen Bußgeldbescheid **111 a** 12
Rechtswidrigkeit **108 b** 9
Rights Management Information **95 c** 2 ff.
Rückwirkungsverbot **108** 1, 2
Sanktionen **44 a** 14
Schranken des UrhR **Vor 44 a ff.**
– Archiv, eigenes **53** 23, **95 b** 31
– Auslegung der Schrankenbestimmungen **15** 4, **Vor 44 a ff.** 1 ff.
– Ausstellungen **58** 1 ff.
– zG von Behinderten **45 a** 1 ff., **95 b** 21
– Berichterstattung **50** 1 ff.
– Bildnisse **60** 1 ff.
– Eigener Gebrauch, sonstiger **53** 18 ff., **95 b** 33
– Freiwillige Maßnahmen **95 b** 40 ff.
– gesetzliche Lizenz **Vor 44 a ff.** 1
– Kataloge **58** 2, 8
– Kirchengebrauch **46** 7, **52** 2, **95 b** 23
– Öffentliche Wiedergabe **52** 1 ff.
– Pressespiegel **49** 1 ff.
– Privatgebrauch **53** 6 ff., **95 b** 26 ff.
– Privatkopie **53** 6 ff., **95 b** 26 ff.
– Reden (öffentliche) **48** 2
– Reparatur und Instandsetzung von Geräten **56** 1 ff.
– Schulfunk **95 b** 24
– Schulgebrauch **46** 7, **52 a** 3, **53** 31, **95 b** 22, 25
– Schulunterricht s. Schulgebrauch
– Systematik **Vor 44 a ff.** 1 ff.
– Tagesereignisse, Tagesfragen **50** 14, **53** 27
– Technische Schutzmaßnahmen **95 b** 1 ff., 17 ff.
– Unterrichtsgebrauch **46** 7, **52 a** 3, **53** 31, **95 b** 22, 25
– Unterrichtung über Tagesfragen **50** 14, **53** 27, **95 b** 32
– Verbandsklage **95 b** 39
– Vervielfältigungen, Anzahl **53** 9, 18
– Verzeichnisse **58** 10
– Wissenschaftlicher Gebrauch **52 a** 9, **53** 21
– Zeitung **48** 4, **50** 3
– Zeitungsartikel **49** 1 ff., **53** 28
– Zugänglichmachung, öffentliche für Wissenschaft und Unterricht **95 b** 25
Schrankenbestimmung **108 b** 1, **111 a** 1, 2
Schuld **108 b** 9
Schulgebrauch **46** 7, **52 a** 3, **53** 31, **95 b** 22, 25
Schutz technischer Maßnahmen
– Benutzeroberfläche **69 a** 3

309

Sachverzeichnis

fette Zahlen = Paragraphen

- Computerprogramme **69 a** 3 f.
- Computerspiele **69 a** 3 f.
- Datenbanken **69 a** 3 f.
- Kennzeichnungspflicht **69 a** 5
- Multimediaapplikationen **69 a** 3 f.

Schutz von Kopierschutzsystemen 69 a 1 ff.
Schutzdauer (Tonträgerhersteller) 85 4, 5
Schutzmaßnahmen, technische 85 2, **108 b**
Schutzmechanismen 44 a 19
Schweigerecht 111 a 8
Selbsthilfe 108 b 9
Senderecht 108 b 10, **111 a** 5
Serial Copyright Management System 95 a 29
Sichtbarmachung auf Bildschirm 19 a 12
Software 69 a, 108 b 4, **111 a** 4
Speicherung 44 a 1
Sperrung 44 a 15
Staatsanwaltschaft 109
Steganographie 95 a 25, 46
Strafantrag 108 b 11, **109**
Strafantragsberechtigung 109 2
Strafverfolgungsbehörde 95 a 88, **109**
Streaming 95 b 44
Subjektiver Tatbestand 108 b 7, 8
Subsidiarität 108 b 10
Suchmaschine 44 a 27
Sukzessive Öffentlichkeit 69 c 9
Surface-Links 44 a 28
Tagesereignisse, Tagesfragen 50 14, **53** 27
Tarife WahrnG 13
Tatbestand
- objektiver **111 a** 4
- subjektiver **108 b** 7, 8

Tatbestandsmerkmal
- normatives **108 b** 9

Täterschaft 108 b 9
Tatplan 108 b 10
TDG 44 a 10
Technische Schutzmaßnahmen 69 a 1 ff.
- Begriff **95 a** 12 ff.
- Begünstigter **95 b** 11 f., 37 ff.
- Bestimmung im normalen Betrieb **95 a** 43 ff.
- Dienstleistung **95 a** 79 ff.
- Genehmigung **95 a** 42
- Kennzeichnungspflicht **95 d** 2 ff., 11 ff.
- Notwendige Mittel **95 b** 15 f.
- Schrankenbestimmung **95 b** 1 ff.
- Umgehungsverbot **95 a** 52 ff.
- Vertragliche Vereinbarung **95 b** 43 ff.
- Vorbereitungshandlungen **95 a** 67 ff.
- Wirksamkeit **95 a** 10, 47 ff.
- Zustimmung **95 a** 56 ff.

Technische Schutzmechanismen WahrnG 13
Teilnahme 108 b 9
Teledienstegesetz 44 a 10, **69 c** 13
Time To Live 44 a 18
Tonträgerherstellung 126
- Schutzdauer der Rechte **137 j** 4

TTL 44 a 18
Übergangsbestimmungen

- Altverträge **132** 1
- Durchsetzung von Schranken **137 j** 3
- Schutzfrist für Tonträgerhersteller **137 j** 4

Übergangsregelungen 111 a 5
- Richtlinie 2001/29/EG **137 j**

Übermittlung 44 a 9
Übertragung von Werken 19 a 1
Übertragungshandlung 69 c 6
Übertragungsrecht 19 a 3
Umfeld
- persönliches **108 b** 5

Umgehung technischer Maßnahmen 108 b 2, **111 a** 2
Umgehungsmittel 69 a 2, 5
Unbefugt 108 b 8
Unbenanntes Recht 69 c 1, 14
Unterlassungsanspruch 44 a 14
Unterlassungsstrafbarkeit 108 b 9
Unterrichtsgebrauch 46 7, **52 a** 3, **53** 31, **95 b** 22, 25
Untersuchungsgrundsatz 111 a 7
Ursprungstheorie 69 c 13
Veränderungen 44 a 10
Veranlassung 108 b 8
Verband 111 a 9
Verbandsklage 137 j 3, **UKlaG 2 a** 1
Verbreitung 108 b 1, 4
Verbundenheit
- persönliche **15** 16, **108 b** 5, **111 a** 4
- räumliche **15** 15

Verfahren 108 b 11, **111 a** 6
Verfahrenseinstellung 108 b 11, **111 a** 11
Verfassungsmäßigkeit 108 b 3, **111 a** 3
Verfilmungsrecht 15 10
Verfolgungshindernis 111 a 11
Verfolgungsverjährung 108 b 11, **111 a** 10
Vergütung, Anspruch auf angemessene
- bei Tonträgerherstellern **137 j** 5

Vergütungsansprüche (Tonträgerhersteller) 85 1
Verhaftung 111 a 7
Verhältnismäßigkeitsgrundsatz 108 b 5, **110**, **111 a** 7
Verjährung 108 b 11, **111 a** 10
Verkauf 108 b 1, **111 a**
Verletzter 109 2
Vermietung 108 b 1, **111 a**
Vermittler 44 a 9
Vermutungen 111 a 7
Veröffentlichung von Daten
- im Bußgeldverfahren **111 a** 9

Verschleierung 108 b 8
Verschlüsselung 95 a 19 ff., **95 c** 9
Versuch 108 b 9
Verteidigung 111 a 9
Vertrag 111 a 7
Vervielfältigungshandlungen 44 a 1
- vorübergehende **16**

Verwaltungsbehörde 111 a 10
Verweisungsstruktur 108 b 3

310

magere Zahlen = Randnummern

Sachverzeichnis

Verwertungsformen, neue 15 2
Verwertungsgesellschaft 109 2
Verwertungsrechte 15 1, 108 b 2, 111 a 2
– Erschöpfung bei öffentlicher Wiedergabe 15 21 ff., 69 c 12
– Öffentliche Wiedergabe eines Computerprogramms 69 c 1 ff.
– Öffentliche Zugänglichmachung eines Computerprogramms 69 c 1 ff.
Video-on-Demand 19 a 24
Videotext 19 a 25
Volkskunst 108 2
Vollstreckungsverjährung 111 a 10
Vorbereitungshandlung 108 b 2, 110
Vorfeldstrafbarkeit 108 b 10
Vorsatz 108 b 7, 111 a 5
– bedingter 108 b 7
Vortat
– mitbestrafte 108 b 10
Wahlmöglichkeit des Orts der Zugänglichmachung 19 a 7 f.
Wahrnehmbarmachung, öffentliche (von Tonträgern) 86 1
WAN 69 c 4, 8
Warenverkehr, freier 15 23
WCT 15 11, 44 a 22, 69 c 1 f., 5, 95 a 1, 4, 95 c 1
Webseite 44 a 1
Werbebanner 44 a 12
Werbung 44 a 12
Werkveränderung 44 a 13

WIPO Copyright Treaty 44 a 22
WIPO Phonograms and Performances Treaty 44 a 22
Wissenschaft 52 a 9, 53 21
Wissentlich (Tatbestandsmerkmal) 108 b 8
Wortlautgrenze 108 b 8
WPPT 15 11, 44 a 22, 95 a 1, 4, 95 c 1
WWW 69 c 4, 7, 8, 13
Zahlung unter Vorbehalt WahrnG 11
Zugänglichmachung 15 11, 19 a 10, 69 c 4 ff., 85 1, 86 2
– öffentliche s. Öffentliche Zugänglichmachung
Zugangskontrolldienste 95 a 7
Zugangskontrolldiensteschutzgesetz 108 b 1, 6, 11, 111 a 5
Zugangskontrolle 95 a 14 f.
Zurverfügungstellen
– interaktives 111 a 4
Zuständigkeit
– gerichtliche im Bußgeldverfahren 111 a 12
Zustimmung 44 a 17
Zwangsgeld WahrnG 21
Zwangslizenz zur Herstellung von Tonträgern 85 6
Zweck
– gewerblicher 108 b 6, 111 a 4
– kommerzieller 108 b 6
Zweckrichtung 108 b 6
Zweckübertragungsgrundsatz 69 c 14
Zwischenspeicher 44 a 4